Norbert Groeben · Handeln, Tun, Verhalten

Norbert Groeben

Handeln, Tun, Verhalten

als Einheiten einer
verstehend-erklärenden Psychologie

Wissenschaftstheoretischer Überblick und Programmentwurf
zur Integration von Hermeneutik und Empirismus

CIP-Kurztitelaufnahme der Deutschen Bibliothek

Groeben, Norbert; Handeln, Tun, Verhalten als Einheiten einer verstehend-erklärenden Psychologie : wissenschaftstheoret. Überblick u. Programmentwurf zur Integration von Hermeneutik u. Empirismus / Norbert Groeben. – Tübingen : Francke, 1986.

ISBN 3–7720–1793–2 kart.
ISBN 3–7720–1777–0 Gewebe

© 1986 · A. Francke Verlag GmbH Tübingen
Alle Rechte vorbehalten. Nachdruck oder Vervielfältigung, auch auszugsweise, in allen Formen wie Mikrofilm, Xerographie, Mikrofiche, Mikrocard, Offset verboten.
Einbandgestaltung: H. Schmid, Tübingen
Satz: Psychologisches Institut (B. Furian), Heidelberg
Druck: Müller + Bass, Tübingen
Verarbeitung: Braun + Lamparter, Reutlingen
Printed in Germany

ISBN 3–7720–1777–0 (geb.)
ISBN 3–7720–1793–2 (kt.)

O <
- 182,97 ° C
NN

Vorbemerkungen:

Mit der vorliegenden Arbeit versuche ich, zwei Zielsetzungen zu verwirklichen. Zum einen möchte ich einen Überblick über Probleme, Analysen und Ergebnisse der Wissenschaftstheorie geben, die für eine empirisch-*sozialwissenschaftliche* Psychologie relevant und brauchbar sind. Zum anderen lege ich einen Entwurf zur Integration von Hermeneutik und Empirismus vor, von dem ich hoffe, daß er zur Überwindung der Verstehen-Erklären-Kontroverse und vor allem ihrer dichotomisierenden Verhärtung beitragen kann. Beide Zielsetzungen sind in Darstellung und Argumentationsgang aufeinander bezogen und miteinander verschränkt; allerdings behandeln die Kapitel 0., I., II., III./5. und IV./6. in erster Linie das Integrationsproblem (von Verstehen und Erklären, Hermeneutik und Empirismus etc.). Leser, die über (eingehendere) Vorkenntnisse der metatheoretischen Diskussion verfügen, können daher den Grundansatz des Integrationsversuchs diesen Kapiteln entnehmen und die ausführlicheren Einzelbegründungen dafür je nach Bedarf (über Verweise, Inhaltsverzeichnis und Sachregister) in den Kapiteln I. bis IV. und den Exkursen aufsuchen. Lesern, die – auch – einen Überblick zur Metatheorie der Sozialwissenschaften suchen, sei eine kontinuierliche Lektüre von Anfang an empfohlen; sie erhalten dann die entsprechenden, (aus meiner Sicht) zentralen Informationen in komprimierter Form im Laufe der Lektüre – allerdings eingebettet in eine dezidiert sozialwissenschaftliche, d.h. nicht-dichotomistische Position und Bewertungsstruktur.

Das Buch ist das Resultat einer fast zwei Jahrzehnte umfassenden, relativ kontinuierlichen Beschäftigung mit metatheoretischen Frageperspektiven im weitesten Sinn. Die Grundidee zur Integration des hermeneutischen und empiristischen Ansatzes in einem Zwei-Phasen-Modell der Forschungsstruktur ist in Zusammenarbeit mit Brigitte Scheele entstanden (vgl. Groeben & Scheele 1977) und in den letzten zehn Jahren von ihr akzentuierend methodikorientiert (Scheele & Groeben 1984), von mir methodologisch-wissenschaftstheoretisch ausgerichtet weiter elaboriert worden. Entsprechende Ausdifferenzierungen des metatheoretischen Konzepts habe ich in Vorlesungen und Übungen zur Theoretischen Psychologie (in Heidelberg sowie einer Gastvorlesung in Innsbruck) erarbeitet und erprobt; die teilnehmenden Studierenden haben dankenswerterweise sowohl durch motivierende Zustimmung als auch durch kritisches Nachfragen zur Weiterentwicklung des Grundansatzes beigetragen. Über diese mehr strukturellen Bezüge hinaus hat es bei der Entstehung der Arbeit aktuelle Ansprechpartner gegeben, denen ich für ihre konstruktive Kritik Dank schulde. In erster Linie sind das L.-M. Alisch und W. Herzog, die mir sehr umfassende und grundlegende Rückmeldungen zukommen ließen, außerdem Ursula Christmann, Andrea Goll, G. Hufnagel, A. Hartmann, G. Lauer, R. Laier, R. Nüse, M. Sader und Nikola von St. Paul.

Die Abfassung einer ersten Fassung des Manuskripts erfolgte während eines Akademiestipendiums der VW-Stiftung (1983/84). Die sich über mehrere Varianten erstreckende Fertigstellung der Arbeit wäre dennoch in einem akzeptablen Zeitraum nicht möglich gewesen ohne den engagierten, zuverlässigen Einsatz von Brigitte Furian am Textcomposer des Psychologischen Instituts. Ihr möchte ich ganz besonders herzlich danken. Gleiches gilt für die Hilfskräfte der Arbeitseinheit, die mich unterstützt haben, vor allem cand.psych. G. Blickle bei der Zusammenstellung des Literaturverzeichnisses und cand.psych. Nikola von St. Paul für die Herstellung der Register.

Heidelberg
August 86

N.G.

Inhalt

0. *Problemstellung: Psychologie zwischen Monismus und Dualismus*

0.1. Psychologie – ein paradigmatischer Fall der Monismus-Dualismus-Dichotomie 1
0.2. Zwischenbemerkung: Zur Funktion der Wissenschaftstheorie für den Einzel-/Objektwissenschaftler 7
0.3. Psychologie als hermeneutische Naturwissenschaft?: Zielvorgaben zur Auflösung der Erklären-Verstehen-Dichotomie 12

TEIL A. PRÄMISSEN

I. *Das Einheiten-Problem und die unter Komplexitätsaspekten kopfstehende Problemlösestruktur der psychologischen Forschung*

I.1. ‚Gestalten' als historisch paradimatischer Fall komplexer Einheiten in der Psychologie 20
I.2. Die Komplexitätsfrage – Kristallisationspunkt einer adäquaten Gegenstands-Methodik-Interaktion 25
I.3. Die These des ungelösten Einheiten-Problems: am Beispiel der Forschungsentwicklung zur kognitiven Verarbeitung sprachlichen Materials 30
I.4. Erste Ebene der Kritik: latenter Molekularismus bei der Einheitenfestlegung 35
I.5. Zweite Ebene der Kritik: latenter Objektivismus in der Vernachlässigung der Kommunikationsfähigkeit des Erkenntnis-‚Objekts' 38
I.6. Dritte Ebene der Kritik: die auf den Kopf gestellte Problemlösestruktur als Indikator für das Verfehlen einer adäquaten Methodik-Gegenstands-Interaktion 43

II.	*Das Gegenstandsproblem: ‚Handlung' und das Menschenbild des reflexions-, kommunikations- und handlungsfähigen Subjekts als Rahmen für eine adäquate Gegenstands-Methodik-Interaktion*	
II.1.	‚Gegenstandsvorverständnis', die gegenstandskonstituierende Funktion von Menschenbildern und das wissenschaftliche ‚Gegenstandsverständnis'	49
II.2.	Die Ausgangsthese: Trennung von Sinnkonstituierung und Geltungsprüfung als historisches Artefakt	54
II.3.	Von der analytischen Handlungstheorie zum handlungstheoretischen Menschenbild in der Psychologie: das reflexions-, rationalitäts- und handlungsfähige Subjekt	59
II.4.	Rechtfertigung des handlungstheoretischen Gegenstandsvorverständnisses (auf vier Ebenen)	64
II.5.	‚Handlung' und ‚Handlungskomplexität': erste Begriffsexplikation	71
II.6.	Vom Gegenstandsvorverständnis zurück zur Methodik-Dimension: Emergenzproblem und Erkenntnisziel-Festlegung	74
II.7.	Entzerren der Verstehen-Erklären-Dichotomie und Plan der Analyse	80

TEIL B. ARGUMENTATIONEN

1.	*Beschreiben und Beobachten: das Beobachtungssprachen-Problem in der Psychologie*	
1.1.	Wissenschaftstheoretisches Ausgangskonzept: das Zwei-Sprachen-Modell und seine Liberalisierung	87
1.2.	Von der Theoriehaltigkeit der Beobachtungssprache bis zu empirischen Basissätzen (ohne Beobachtungssprache)	93
1.3.	Zwischenbemerkung zu: Wahrheitsbegriff und Wahrheitskriterien	97
1.4.	Anwendung für die Psychologie: intensionale und extensionale (operationale) Analyse/Definition	105
1.5.	Bedeutungsüberschuß hochkomplexer Konstrukte, operationale Schließung und Konstruktvalidierung	109
1.6.	Basissprache, Referenz auf internale Ereignisse und die Sprachkompetenz des (psychologischen) Erkenntnis-Objekts	114
1.7.	Die resultierende Zielidee: statt Sprachvorgabe Überführung spontan-natürlicher Sprache des Erkenntnis-Objekts in wissenschaftliche Basissprache durch systematische Verstehens-Methodik	121

Exkurs Eins: Dreigliedriges Meßkonzept und die Möglichkeiten des reflexiven Subjekts, über sich selbst Auskunft zu geben

E.1.1. Das dreigliedrige Meßkonzept als Konsequenz der (semantischen) Modellbildungs-Kompetenz des psychologischen Erkenntnis-‚Objekts‘ 128
E.1.2. Die Fähigkeit zur Selbstauskunft: artifizielle Grenzen und konstruktive Möglichkeiten 133

2. *Beschreiben und Verstehen: vom impliziten über monologisches zum dialogischen Verstehen bei komplexen Einheiten*

2.1. Die klassische analytische Verstehenskritik 140
2.2. Drei paradigmatische Klassen von Bedeutungsdimensionen und Verstehensprozessen bei psychologischen Beschreibungs-Einheiten 145
2.3. Der Übergang von bedeutungshaltigeren zu weniger bedeutungshaltigen Einheiten: Rechtfertigungsnotwendigkeit und -möglichkeiten 151
2.4. Kritik der (ubiquitären) Tiefen-Hermeneutik 157
2.5. ‚Tun‘ als Restkategorie zwischen ‚Handeln‘ und ‚Verhalten‘ 163
2.6. Die Erhebung des individuellen Motiv- und Überzeugungssystems als Beschreibung der subjektiven Intentionalität 170
2.7. Handlung als ‚Interpretationskonstrukt‘ und der Dialog-Konsens als Wahrheitskriterium 176
2.8. Erstes Fazit: Handeln, Tun, Verhalten als Einheiten eines verstehenden Beschreibens in der Psychologie 182

Exkurs Zwei: Zur Methodik der kommunikativen Validierung – Zielvorstellungen und erste Verfahrensvorschläge

E.2.1. Kommunikative Validierung: Das Beispiel der Heidelberger Struktur-Lege-Technik (SLT) 190
E.2.2. Kommunikative, nicht kumulative Validierung: gegen eine Vermischung von monologischer und dialogischer Hermeneutik 196
E.2.3. ‚Dialogisierung‘ von Interpretationsverfahren: das Beispiel eines sprachfreien Konsenses 199

3. *Beschreiben und Erklären: die fließende Grenze*

3.1. Das (empiristische) covering-law-Modell der Erklärung 202
3.2. Die Grenze zwischen deskriptiver und explanativer Funktion von Konstrukten bei komplexen Ausgangseinheiten: ein Beispiel 208

3.3. Die fließende Grenze zwischen Beschreibung und Erklärung: Absorption (aktiv-)explanativer Funktion durch komplexe Beschreibungs-Einheiten 215
3.4. Dispositionelle Motiv-Erklärung von Handlungen und der ‚Ziehharmonikaeffekt' der intentionalen Handlungs-Beschreibung 220
3.5. Absorption (passiv-)explanativer Funktion in hochkomplexen Beschreibungs-Einheiten: Handlungs-Konstrukte mit individueller, kommunizierbarer Bedeutungsdimension 227
3.6. ‚Theoriehaltigkeit' der (verstehenden) Beschreibung als ‚Erklärungshaltigkeit' – Mittelstellung zwischen monistischer und dualistischer Position 233

Exkurs Drei: Kritik des Experiments und der Aktionsforschung

E.3.1. Beschränkungen von interner und externer Validität des Experiments für den ‚Gegenstand Mensch' 243
E.3.2. Experiment und Intentionalität: Präzisierung des weiten und engeren Intentionalitäts-Begriffs 248
E.3.3. Möglichkeiten und Grenzen des Aktionsforschungs-Ansatzes 254

4. *Beobachten und Erklären: Notwendigkeit der (Fremd-)Beobachtung für Erklärung*

4.1. Unmöglichkeit von covering-law-Erklärungen bei Handlungen?: das Logische-Beziehungs-Argument 262
4.2. Unabhängigkeit der Beschreibung von Intention und Handlungs-Ergebnis sowie die Ablehnung des Gesetzes-Arguments 267
4.3. Die konstruktive dualistische Alternative: ‚Rationale Erklärung' (nach Dray) 273
4.4. Die Erklärungsrolle als fundierende Voraussetzung der Rechtfertigungsrolle (Rationaler Erklärung) 277
4.5. Die intuitive Idee des Realgrundes als Zielvorstellung kausal effektiver Gründe 283
4.6. Zwischenbemerkung: Kausalität, Erklärung, Bestätigung 286
4.7. Das Konzept der ‚schwachen' Erklärung als statistische kausale Erklärung ‚von außen': der notwendige Rückgang auf (externe) Beobachtung 293

Exkurs Vier: Materialismus, Willens-Freiheit und Kritik der physiologischen Substruktion in der Psychologie

E.4.1. Positionen und Varianten des Materialismus-Programms in der analytischen Handlungstheorie 299
E.4.2. Kausale Erklärbarkeit gleich Determiniertheit von Handlungen?: die Möglichkeiten, am Konzept der Handlungs- bzw. Willens-Freiheit festzuhalten 305
E.4.3. Kritik des Materialismus in der Psychologie: statt ‚Fundierung' psychologischer Konstrukte durch physiologische Substruktion das Programm eines psycho-physischen Interaktionismus 313

TEIL C. KONKLUSIONEN

III. Die Integration von hermeneutischer und empiristischer Tradition auf der methodologischen Ebene der Forschungsstruktur

5. Beobachten und Verstehen: Auflösung der beiderseitigen Reduktionismen

5.1. ‚Gründe, die auch Ursachen sind': Explikation und Legitimation der Integrationsperspektive 322
5.2. Das resultierende Zwei-Phasen-Modell der Forschungsstruktur: mit Dialog-Hermeneutik bei Handlungen als höchst-komplexen Ausgangseinheiten 328
5.3. Möglichkeiten optimaler und eingeschränkter (Handlungs-) Rationalität als Grundlage der vollständigen Zwei-Phasen-Forschungsstruktur 336
5.4. Reduktionsformen: Unterschreitung der Dialog-Hermeneutik bei Tuns-Einheiten durch monologisches Verstehen 341
5.5. Reduktion der hermeneutischen Forschungsphase (von Anfang an): Gegenstandsbereiche mit Verhaltens-Konstrukten als Ausgangseinheiten 347
5.6. Fazit: Zwei-Phasen-Modell, Reduktions-Varianten und Integrationspotential 353

Exkurs Fünf: Paradigmen-Inkommensurabilität, Erkenntnisfortschritt und paradigmenübergreifende Argumentation

E.5.1. Paradigmen-Inkommensurabilität und das Rationalitätsproblem: Lösungs-Rekonstruktionen des non-statement views von Theorien 360

E.5.2. Übertragbarkeit auf die Psychologie: das Menschenbild des reflexions- und handlungsfähigen Subjekts als Paradigma mit Erkenntnisfortschritt? 365
E.5.3. Paradigmenübergreifende Argumentation: vom pragmatischen Begründungs-Begriff bis zur Argumentationsintegrität 372

IV. Handeln, Tun, Verhalten als Einheiten einer unreduzierten Gegenstands-Methodik-Interaktion

6. *Verstehen und Erklären: Methodische Manifestationen eines nicht-dichotomistischen, integrativen Menschenbilds in der Psychologie*

6.1. Erklären *durch* Verstehen: die ‚neuen' Funktionen des Verstehens 381
6.2. Jenseits der Ausschließlichkeitsansprüche von Monismus und Dualismus 385
6.3. Überwundene Dichotomien: vom Entdeckungs-/Geltungszusammenhang über die Innen-/Außen- bis zur Selbst-/Welt-Sicht ... 391
6.4. Zwischenbemerkung: noch einmal der Handlungs-Begriff – ein Vergleich verschiedener Konzeptionen 396
6.5. Gegenstands- *und* Methodikimplikationen der Einheiten Handeln, Tun, Verhalten 403
6.6. Verstehend-erklärende Psychologie als Bindeglied zwischen Natur- und Geisteswissenschaften 410

Exkurs Sechs: Wertung als Utopie in einer sozialwissenschaftlichen Psychologie

E.6.1. Die Überwindung des Werturteilsfreiheits-Postulats 416
E.6.2. Utopische Zielvorstellungen einer zukünftigen Psychologie? 423

Anmerkungen 432

Literatur 436

Register 461

0. Problemstellung: Psychologie zwischen Monismus und Dualismus

0.1. Psychologie – ein paradigmatischer Fall der Monismus-Dualismus-Dichotomie

Im Jahr 1894 veröffentlichte Dilthey seine „Ideen über eine beschreibende und zergliedernde Psychologie" (im folgenden aus dem Band V seiner Gesammelten Schriften von 1968 zitiert) – eine Arbeit, mit der er als (einer) der Begründer des Dualismus in die Geschichte eingegangen ist. Dualistisch ist seine Position deshalb, weil er je nach den Gegenstandsbereichen, auf die sich die einzelnen Objekt-Disziplinen beziehen, zwei unterschiedliche Wissenschaftsstrukturen unterscheidet und postuliert. Der Gegenstandsbereich der Psychologie ist dabei so beschaffen, daß hier beide Wissenschaftsstrukturen, die naturwissenschaftliche genauso wie die (eher) geisteswissenschaftliche, angemessen sind und deshalb nach Diltheys Programm auch verwirklicht werden sollten. Seine These ist dementsprechend, daß neben der klassischen naturwissenschaftlichen Konzeption einer ‚erklärenden, konstruktiven Psychologie' (o.c., 139f.) eine ‚beschreibende und zergliedernde Psychologie' zu entwickeln und realisieren sei:

„Ich verstehe unter beschreibender Psychologie die Darstellung der in jedem entwickelten menschlichen Seelenleben gleichförmig auftretenden Bestandteile und Zusammenhänge, wie sie in einem einzigen Zusammenhang verbunden sind, der nicht hinzugedacht oder erschlossen, sondern erlebt ist." (o.c., 152)

Dagegen die naturwissenschaftliche Konzeption:

„Wir verstehen unter erklärender Psychologie ... die Ableitung der in der inneren Erfahrung, dem Versuch, dem Studium anderer Menschen und der geschichtlichen Wirklichkeit gegebenen Tatsachen aus einer begrenzten Zahl von analytisch gefundenen Elementen. ... Eine begrenzte Zahl von eindeutig bestimmten Elementen, von denen aus alle Erscheinungen des Seelenlebens konstruierbar sein sollen: das ist also das Kapital, mit welchem die erklärende Psychologie wirtschaftet." (o.c., 158f.)

Diltheys ‚Ideen' gelten sicher zu Recht als einer der Ausgangspunkte des Dualismus, wie er sich im 20. Jahrhundert entwickelt hat, denn sein Programm einer beschreibenden, zergliedernden Psychologie enthält im Ansatz sowohl die wichtigsten Argumentationsdimensionen der dualistischen Position als auch ihre problematischen Aspekte. Zu den Begründungsargumenten, die sich im Dualismus bis heute durchgehalten haben, gehört z.B. die Forderung, daß sich die wissenschaftliche Methodologie am Gegenstand oder ‚Objekt' der jeweiligen Einzeldisziplin auszurichten habe; Dilthey führt dieses Argument folgenderweise ein:

„Aber gleich hier am Beginn unserer Untersuchungen stellen wir den Anspruch der Geisteswissenschaften fest, ihre Methoden ihrem Objekt entsprechend selbständig zu bestimmen. ... Nicht dadurch erweisen wir uns als echte Schüler der großen naturwissenschaftlichen Denker, daß wir die von ihnen erfundenen Methoden auf unser Gebiet übertragen, sondern dadurch, daß unser Erkennen sich der Natur unserer Objekte anschmiegt ..." (o.c., 143)

Und im Unterschied zu den Naturwissenschaften wird der Mensch als ein ‚Gegenstand' aufgefaßt, der nicht nur ‚von außen' beobachtbar ist, sondern – weil er Sinnhaftes schafft und daher ‚Sinn macht' – quasi ‚von innen' einsehbar oder verstehbar ist; bei Dilthey:

„Nun unterscheiden sich zunächst von den Naturwissenschaften die Geisteswissenschaften dadurch, daß jene zu ihrem Gegenstande Tatsachen haben, welche im Bewußtsein als von außen, als Phänomene und einzeln gegeben auftreten, wogegen sie in diesen von innen, als Realität und als ein lebendiger Zusammenhang originaliter auftreten." (l.c.)

Damit ist bereits bei Dilthey der Vorwurf eines inadäquaten Elementarismus an die Adresse der naturwissenschaftlichen Konzeption von Psychologie erhoben (vgl. oben) und zugleich die zentrale Konsequenz verbunden, die für die Monismus-Dualismus-Kontroverse im 20. Jahrhundert der konstituierende Streitpunkt geworden ist, nämlich die (gegenstandsentsprechende) Dichotomie der Erkenntnismethoden:

„Dies bedingt eine sehr große Verschiedenheit der Methoden, vermittels derer wir Seelenleben, Historie und Gesellschaft studieren, von denen, durch welche die Naturerkenntnis herbeigeführt worden ist. ... Die Natur erklären wir, das Seelenleben verstehen wir." (o.c., 144)

Zugleich mit dieser Dichotomie ist allerdings auch – schon bei Dilthey – eine Fokussierung angelegt, die wiederum von seiten der monistischen Position als reduzierende angesehen und kritisiert wird: nämlich die Beschränkung des Verstehens auf Beschreiben (bzw. Beschreibungsdimensionen). Selbst da, wo der Dualist von (verstehendem) Erklären spricht, handelt es sich nicht um ein Erklären mit Hilfe von (den Naturwissenschaften entsprechenden) Gesetzmäßigkeiten, sondern um (in dieser Gegenüberstellung von Beschreiben und Erklären) nur deskriptive Sätze (als Resultate der ‚Methode des Verstehens'). Das aber ist für den Monisten als Vertreter einer einheitlichen (natur-)wissenschaftlichen Struktur der einzelnen Objektdisziplinen unbefriedigend, unbegründet und daher unnötig: denn unabhängig von allem, was der Dualist an spezifischen Merkmalen des ‚Gegenstandsbereichs' Mensch, des Kultur- oder Geistesbereichs anführt, so ist und bleibt der Mensch doch auch ‚Natur' (was der Dualist weder abstreiten kann noch will). In bezug auf diese Dimension (der Naturhaftigkeit) aber ist eine einheitliche Methodologie des Erklärens möglich, sinnvoll und daher auch zu postulieren (vgl. Esser et al. 1977, II, 65ff.). Die monistische Ablehnung des Diltheyschen Programms bleibt also dabei:

„Es ‚gibt', realwissenschaftlich gesehen, grundsätzlich nur *Erklären*, dem das Verstehen – die Möglichkeit subjektiver ‚Einfühlung' – allenfalls heuristische Dienste zur Bereitstellung des Datenmaterials leistet, ohne selbst in den kausal-nomologischen Erklärungszusammenhang einzugreifen." (Riedel 1978, 25)

Die Geschichte der Monismus-Dualismus-Dichotomie ist daher identisch mit der Erklären-Verstehen-Kontroverse, für die Apel (1979) drei Phasen unterschieden hat:

1. Die Begründung *verstehender* ‚Geistes'- bzw. ‚Kulturwissenschaften', in der – wie erwähnt – Diltheys Programm eine konstitutive Rolle spielt;
2. die neopositivistische Logik der ‚einheitswissenschaftlichen' *Erklärung* (die vom Wiener Kreis über den logischen Empirismus bis zur analytischen Wissenschaftstheorie postuliert und ausgearbeitet worden ist);
3. der neo-wittgensteinsche ‚New Dualism', der die Erklären-Verstehen-Dichotomie als eine Dichotomie der Sprachspiele rekonstruiert (nämlich einmal des auf strikt beobachtbare Naturereignisse, Ursachen etc. bezogenen Sprachspiels vs. dem Sprachspiel, in dem „über die *menschlichen Handlungen*, ihre *Sinnintentionen, Gründe, Ziele*" etc. gesprochen wird: Apel 1979, 55).

Besonders die letzte Phase hat die Erklären-Verstehen- bzw. Monismus-Dualismus-Dichotomie nicht nur wiederaufleben lassen, sondern durch die Rekonstruktion klassischer Argumentationen im Rahmen des Sprachspiel-Gedankens auch neue Vergleichsmöglichkeiten eröffnet: und zwar vor allem insofern, als nun die konkurrierenden Positionen innerhalb eines inhaltlichen Problembereichs formuliert und relativ direkt miteinander diskutierend entwickelt wurden. Es handelt sich um den Inhaltsbereich der Handlungstheorie, wie er von der anglo-amerikanischen (analytischen) Handlungsphilosophie elaboriert worden ist, innerhalb derer sich die Monismus-Dualismus-Dichotomie in der Kontraposition von ‚Kausalisten' und ‚Intentionalisten' (vgl. Beckermann 1977; 1977a; b; Lenk 1978) manifestiert: wobei die ‚Kausalisten' die (naturwissenschaftliche) Erklärbarkeit menschlicher Handlungen im Subsumtionsmodell der Erklärung (als Rückführung auf Ursachen) ansetzen, während die ‚Intentionalisten' für den Bereich des menschlichen Handelns eine spezifische, nicht-naturwissenschaftliche (teleologische oder rationale) ‚Erklärung' postulieren, die von der Substanz her nichts anderes als eine moderne Rekonstruktion des Verstehens-Konzepts darstellt (s. unten B. 4.).

Ich will an dieser Stelle noch nicht die konkreten Argumente der neueren Diskussion im einzelnen anführen und besprechen; das wird Aufgabe des Hauptteils (B.) dieser Arbeit sein. Worauf es mir hier zunächst einmal ankommt, ist, zu verdeutlichen, daß die Psychologie im Bereich der Einzeldisziplinen als paradigmatischer Fall für die Monismus-Dualismus-Dichotomie anzusehen ist. Das zeigt sich m.E. zumindest an drei Phänomenen:

– Die Psychologie spielt historisch bei der Geburt der Erklären-Verstehen-Dichotomie eine konstitutive Rolle (vgl. oben Dilthey);
– der Gegenstand der Psychologie (nämlich das menschliche Subjekt als Objekt) deckt beide Bereiche ab, die jeweils akzentuierend für die Konstituierung von Natur- vs. Geisteswissenschaft reklamiert werden: nämlich den Natur- wie auch den Kulturbereich;
– dementsprechend hat sich die Monismus-Dualismus-Dichotomie auch in der Geschichte der Psychologie immer wieder historisch manifestiert.

Bereits Dilthey weist darauf hin, daß dies im Prinzip schon für den Wissenschaftler gilt, dem in der Regel von Historikern die institutionelle Loslösung der Psychologie aus der Philosophie und Konstituierung als Einzeldisziplin zugeschrieben wird: nämlich Wundt (vgl. Dilthey 1968, 166f.). Denn Wundt richtete zwar in Leipzig (1879) das erste psychologische Laboratorium ein, schrieb aber auch ein mehrbändiges (nicht-experimentelles) Alterswerk, die ‚Völkerpsychologie' — ein historisches Faktum, das allerdings von der naturwissenschaftlich-experimentellen Psychologie, auch und gerade der (amerikanischen) Sozialpsychologie, gern verdrängt wird (vgl. Gergen 1982, 174). Diese Dichotomie, die sich bei Wundt in *einer* Person und *einem* Lebenswerk manifestierte, hat sich in der Folgezeit (des 20. Jahrhunderts) immer wieder in der Psychologie (wenn auch zumeist in verschiedenen Personen und Werken) gezeigt:

— als explizitestes Beispiel in der Geschichte der deutschen Psychologie kann Sprangers ‚Verstehende Psychologie' gelten (1922; 1926), auf deren spannungsvollen Gegensatz zur Experimental-Psychologie sich auch Bühlers ‚Krise der Psychologie' (1927) bezieht;
— starke geisteswissenschaftliche Tendenzen enthalten auch die ganzheitspsychologischen und anthropologischen Ansätze der deutschen Psychologie von 1930 bis Ende der fünfziger Jahre (vgl. z.B. Krueger, Wellek, Lersch etc.);
— in der amerikanischen Psychologie ist vor allem die sich vom Behaviorismus absetzende humanistische Psychologie (May, Maslow, Rogers etc.) als Manifestation einer nicht-naturwissenschaftlichen Psychologie-Konzeption wirksam geworden;
— aus neuerer Zeit ist sicher vor allem die auf einer dialektischen Variante der Hermeneutik aufbauende ‚Kritische Psychologie' (vgl. Holzkamp 1972; 1983) zu nennen, die eine stark antimonistische Dynamik repräsentiert.

All diese Richtungen oder Ansätze haben die Monismus-Dualismus-Dichotomie in der Psychologie immer wieder virulent werden lassen, haben die Erklären-Verstehen-Kontroverse immer wieder in der einen oder anderen Spielform aufgerissen, so daß man nicht ohne Grund der Ansicht sein kann, die Psychologie sei ‚seit ihrer Institutionalisierung von einer Dauerkrise' gekennzeichnet (Aschenbach 1984, 12f.). Wie die oben aufgezählten Beispiele zeigen, manifestiert sich diese Dauerkrise vor allem darin, daß dualistische Ansätze gegen einen dominierenden Monismus ins Feld geführt werden. Es ist daher nicht nur ein Fazit von Dualisten, daß bisher in der Geschichte der Psychologie der Monismus (und damit eine naturwissenschaftlich-empiristische Richtung) die beherrschende Wissenschaftskonzeption war.

Gergen spricht z.B. von einer ‚Hegemonie der logico-empiristischen Richtung' (1982, 108); Mattes stellt bei der Rekonstruktion der Entwicklung der deutschen Psychologie nach dem Zweiten Weltkrieg dar, wie zunächst Vertreter der Ganzheitspsychologie und Charakterologie die Lehrstühle besetzten, aber ab

1960 die jüngeren Wissenschaftler, die sich der amerikanischen Konzeption des methodologischen Behaviorismus anschlossen, zum Zuge kamen – und faßt das zusammen in dem Fazit: „Die Psychologie in der BRD begab sich auf den Weg zur exakten Wissenschaft." (1984, 31) Daß die Normen der naturwissenschaftlich-monistischen Konzeption weithin als geltend unterstellt werden, kommt vor allem auch in impliziten Wertungen wie der von Misiak & Sexton heraus, die die Ansätze von Spranger, Krueger, Stern, der Gestaltpsychologie, von Klages und der typologisch-charakterologischen Modelle in der deutschen Psychologie des 20. Jahrhunderts im Vergleich zur Experimentalpsychologie des ausgehenden 19. Jahrhunderts mit folgenden zusammenfassenden Bewertungen belegen:
„After 1900 there was a steady decline of scientific psychology in Germany, and a pronounced trend toward a qualitative psychology ... appeared." (Misiak & Sexton 1966, 105)
Da ist es m.E. nicht verwunderlich, daß Aschenbach zu dem Fazit kommt: „Die (Dauer-)Krise der Psychologie läßt sich so mit gutem Grund verstehen als Auseinandersetzung um deren Naturwissenschaftlichkeit und das ihr zugrundeliegende Wissenschaftsverständnis." (1984, 44)

Geht man davon aus, daß die These der Herrschaft des Monismus in der Psychologie des 20. Jahrhunderts summa summarum adäquat ist, dann läßt sich die genannte ‚Dauerkrise' so rekonstruieren, daß es ersichtlich bisher nicht möglich war, dualistische Gedankengänge bzw. Konzepte mit monistischen zu verbinden bzw. so in den herrschenden Monismus aufzunehmen, daß es nicht immer wieder zu krisenhaften Dissensen kommt. Nun sind Dissense natürlich nicht eo ipso etwas Negatives; es gibt auch Problembereiche, in denen Konflikttheorien ein hohes Lösungspotential besitzen – und der Bereich der Wissenschaftstheorie gehört u.U. durchaus dazu: man vergleiche nur die Zielidee des Pluralismus von konkurrierenden Theorien im Kritischen Rationalismus. Ohne einem bloß formalen Harmoniebedürfnis zu frönen, läßt sich aber doch festhalten, daß Dissense dann negativ zu beurteilen sind, wenn sie reduktionistisch wirken, d.h. wenn sie das Problemlösepotential der gegeneinanderstehenden Konzeptionen deutlich und unnötig beschränken. Dies nun ist nach meiner Einschätzung für die Monismus-Dualismus-Kontroverse (innerhalb der Psychologie) der Fall: dabei gehe ich von der Vermutung bzw. *These aus, daß der Monismus den Menschen als ‚Gegenstand' der Psychologie – zumindest tendenziell – um die Sinn-Dimension seines Handelns reduziert, während der Dualismus das wissenschaftliche Theoretisieren weitgehend auf Beschreibung beschränkt, d.h. (unnötig) um Erklärungsleistungen reduziert.*

Damit sind auf höchster Abstraktionsebene zwei Reduktionismen genannt, die mir aus einer möglichst großen (kritischen) Distanz zu beiden Positionen, der monistischen wie der dualistischen, unter Rekurs auf die Perspektive des Psychologen als Einzelwissenschaftler als die hervorstechendsten erscheinen; die Begründung dieser Vermutung bzw. These kann natürlich erst im Lauf der weiteren Argumentation geliefert werden. Hier kommt es mir zunächst einmal auf die Benennung der Ausgangspunkte und der Zielrichtung der Arbeit im Sinne einer Vorstrukturierung (vgl. Groeben 1982: d.h. eines ‚advance organizers' sensu Ausubel) an.

Der Terminus ‚Reduktion' impliziert schon eine negative Bewertung und damit die Zielrichtung, daß der Psychologe als Objekt-Wissenschaftler an der Auflösung dieser Beschränkungen interessiert sein sollte. Es erhebt sich die Frage, warum bisher eine solche Auflösung ersichtlich nicht möglich war. Die Antwort ist – auf generellstem Abstraktionsniveau – fast primitiv einfach und erscheint mir dennoch nicht trivial: Es gibt nämlich bei allen kontroversen Argumenten, die von seiten des Monismus und Dualismus gegeneinander vorgebracht werden, einen Punkt, in dem beide Positionen – implizit – übereinstimmen. Das ist die Unterstellung, man könne nur *entweder* die eine *oder* die andere Position einnehmen, nicht aber eine Konzeption dazwischen oder sogar eine der Synthese bzw. Integration. Monismus und Dualismus (und in ihrem Kontext Erklären und Verstehen) werden von beiden Seiten aus als sich ausschließende Positionen betrachtet, konzipiert und verteidigt: deshalb halte ich den Begriff ‚-Dichotomie' für adäquater als das in dieser Dimension unspezifische ‚-Kontroverse'. Wenn man den impliziten ‚Dichotomie'-Konsens der konkurrierenden Wissenschaftskonzeptionen berücksichtigt, kann es m.E. auch nicht (mehr) verwundern, daß die diesbezüglichen Kontroversen (Erklären–Verstehen, Monismus–Dualismus) trotz der erwähnten phasenartigen Wiederholungen bisher zu keiner Auflösung, sondern nur zu Reduplikationen der antithetischen Relation geführt haben.

Es kommt hinzu, daß die Wissenschaftstheoretiker als diejenigen, die den Hauptbeitrag zu diesen Kontroversen geleistet haben, kaum ein drängendes Interesse an der Auflösung einer solchen Dichotomie haben; das gilt, wenn überhaupt, sehr viel eher für den Einzelwissenschaftler, in dessen Interesse einer möglichst ‚reichen' Objektdisziplin die Auflösung von (potentiellen) Reduktionismen liegt. Daher ist nach meiner Einschätzung die Überwindung der Monismus-Dualismus-Dichotomie auch eher von der Bedürfnislage des Einzelwissenschaftlers her zu erwarten (als vom primär oder nur im metatheoretischen Bereich tätigen Wissenschaftstheoretiker). Dabei kann der Einzelwissenschaftler heute – wie schon erwähnt – m.E. durchaus auf fruchtbare metatheoretische Argumentationen zurückgreifen, die Möglichkeiten zur Überwindung der explizierten Dichotomie bieten: dies gilt vor allem für die Diskussion im Bereich der Handlungstheorie (s.o.). Nachdem die Monismus-Dualismus-Dichotomie – nicht nur, aber auch – vom Gebiet der Psychologie ausgegangen ist, sollte man m.E. jetzt die Hoffnung entwickeln und Anstrengungen investieren, diese Kontroverse als *Dichotomie* zu überwinden. Erste Ideen zu einer solchen Überwindung zu explizieren, ist Ziel dieser Arbeit.

Wenn man sich dem impliziten ‚entweder–oder' der Monismus-Dualismus-Debatte entziehen will, bedeutet das unvermeidbar, daß man bei beiden Positionen einzelne Argumente akzeptieren, andere aber auch ablehnen muß. Die Begründung für eine solche Akzeption und Ablehnung wird (mit-)getragen von der Brauchbarkeit dieser Argumente auf dem Hintergrund der thematischen Einzelwissenschaft, hier der Psychologie. Damit aber ist eine Relation zwischen Objektwissenschaft und Wissenschaftstheorie unterstellt, die zumindest im Bewußtsein der Einzelwissenschaftler bisher kaum repräsentiert ist, und die ich daher zunächst als grundlegende generelle Voraussetzung des Argumentationsgangs kurz umreißen und begründen will.

0.2. Zwischenbemerkung: Zur Funktion der Wissenschaftstheorie für den Einzel-/Objektwissenschaftler

Es geht um die Funktion, die die wissenschaftstheoretische Reflexion und Analyse aus der Sicht der einzelnen Objektwissenschaft haben kann bzw. haben soll, und welche Konsequenzen daraus für den Umgang mit wissenschaftstheoretisch-philosophischen Analysen und Analyseergebnissen generell, und das heißt auch im Rahmen der hier vorliegenden Arbeit, folgen.
Im Bereich der Einzelwissenschaften wird von denjenigen, die sich nicht näher mit Wissenschaftstheorie beschäftigen, häufig eine direkte Normierung ihrer (forschenden) Tätigkeit durch die metatheoretische Reflexion erwartet; d.h. also Sicherheit durch die Explikation von notwendigen und hinreichenden Forschungskriterien. Dabei wird allerdings zumeist die Perspektivenvielfalt und Positionendivergenz innerhalb der Wissenschaftstheorie unterschätzt. Aus der Distanz sieht alles – wie immer – viel kompakter aus; beschäftigt sich der Einzelwissenschaftler dann näher mit wissenschaftstheoretischen Analysen, stellt er bald fest, daß auch für diesen metatheoretischen Bereich der Wissenschaft das gleiche wie für alle anderen Disziplinen gilt, daß es nämlich kaum ein aktuelles Problem gibt, das nicht umstritten ist, für das nicht mehrere divergierende, z.T. sich ausschließende Lösungsmöglichkeiten vorgeschlagen und verfochten werden. Damit ändert sich natürlich auch die Funktion, die man der Wissenschaftstheorie für die einzelnen Objektwissenschaften zuschreiben kann.
Die wissenschaftstheoretische Reflexion selbst geht zumeist davon aus, daß ihre Funktion in einer ‚rationalen Rekonstruktion' objektwissenschaftlichen Handelns besteht. In dieser Funktionsangabe ist sowohl ein deskriptives Element (im Terminus ‚Rekonstruktion') wie auch ein normatives Element (im Terminus ‚rational') enthalten. Das deskriptive Element besteht in einer Präzisierung und Explikation von vorhandenem intuitivem Vorgehen der Objektwissenschaftler (bzw. Objektwissenschaften). Diese Explikation hat also objektsprachliche (theoretische) Systeme der Einzelwissenschaft zum Gegenstand und ist dementsprechend eine metasprachliche Analyse; insofern sie Theorien aufstellt über die Struktur eben jener objektwissenschaftlichen Theorien, ist sie auch metatheoretisch. Daraus folgt, daß (bisher und im weiteren) ‚wissenschaftstheoretisch' mit ‚metatheoretisch' gleichgesetzt werden kann. Das bedeutet unter anderem, daß die Explikationen und Normierungen der Wissenschaftstheorie für die Struktur der betrachteten Objekttheorien gelten, nicht aber für die Metatheorie selbst: z.B. ist das empiristische ‚Sinnkriterium' (das fordert, alle, auch die theoretischen Sätze, zumindest mittelbar auf Beobachtungsdaten zurückzuführen; s.u. B.1.) nur eines, das für objektwissenschaftliche Sätze gilt, nicht aber für metatheoretische, denn diese Forderung selbst ist natürlich keineswegs auf Beobachtungsdaten zurückführbar. Dem wird durch die Trennung von objekt- und metatheoretischer Ebene Rechnung getragen.
Damit aber ist schon das normative Element in den Blickpunkt gerückt. Es besteht in der Explikation dessen, was im intuitiven Vorgehen der Objekt-

wissenschaften als das ‚Rationale' angesetzt werden kann, d.h. was als Kriterienexplikation zu fassen ist. Den Ansatzpunkt dafür liefert seit jeher die Logik, wobei sich natürlich eine umfassende, voll entwickelte wissenschaftstheoretische Analyse nicht mehr auf im engeren Sinn logische Fragestellungen beschränkt. Vielmehr handelt es sich eher um eine Rekonstruktion des mit der Logik zu vereinbarenden, nicht zu Widersprüchen mit ihr führenden wissenschaftlichen Vorgehens; in diesem Sinn ist es zu verstehen, wenn die Wissenschaftstheorie von ‚Logik der Forschung' spricht (z.B. Popper 1934). Im Laufe der Entwicklung ist dieser Ansatzpunkt ausgeweitet worden auf eine umfassende Rekonstruktion argumentativ begründbarer Vorgehensweisen. Wenn man, wie im Terminus der ‚rationalen Rekonstruktion' postuliert, sowohl das deskriptive als auch das normative Element der Wissenschaftstheorie berücksichtigt, folgt daraus für die Rolle der metatheoretischen Analyse in bezug auf die Objektwissenschaften: sie macht die Verpflichtungen, aber auch die Freiräume des Wissenschaftlers deutlich, und zwar vor allem hinsichtlich der kreativ-konstruktiven Funktion für den Fortschritt der Wissenschaft. Diese Funktion wird, das impliziert die Zielsetzung der rationalen Rekonstruktion für die wissenschaftstheoretische Analyse, nicht von der Metatheorie, sondern primär von den Objektwissenschaftlern erfüllt.

Damit sind zweierlei Instrumentalisierungen der Wissenschaftstheorie von seiten der Objektwissenschaftler aus abzulehnen. Erstens ist Wissenschaftstheorie nicht als Begrenzung für einzelwissenschaftliche Reformversuche einzusetzen, indem z.B. einfach darauf hingewiesen wird, daß es für bestimmte Forschungsstrukturen, -prozesse etc. (noch) keine wissenschaftstheoretische Legitimation gibt. Wegen der rekonstruktiven Funktion der Wissenschaftstheorie hat diese vom Ansatz her einen historischen ‚Nachlauf', so daß sie schon deswegen nicht zur Disziplinierung der Einzelwissenschaften gegen eine Weiterentwicklung in ihrer Forschungsstruktur eingesetzt werden darf. Zweitens ist Wissenschaftstheorie allerdings auch nicht als Legitimationsknecht für alle sinnlosen, einzelwissenschaftlichen Veränderungen zu benutzen. Wenn eine *rationale* Rekonstruktion bestimmter objektwissenschaftlicher Entwürfe, d.h. eine argumentative Begründbarkeit nach zureichender metatheoretischer Anstrengung nicht erreicht wird, sind gegebenenfalls auch Konsequenzen zu ziehen und objektwissenschaftliche Vorgehensweisen und Strukturentwürfe abzuändern oder (partiell) aufzugeben.

Ich will versuchen, im folgenden wissenschaftstheoretische Analysen und Analyseergebnisse in diesem Sinn einer reflektierten Funktion der Wissenschaftstheorie für die Einzelwissenschaft einzusetzen, nämlich sowohl in der Vermeidung der beiden auszuschließenden mißbräuchlichen Extrempole als auch in der konstruktiven Nutzung des positiven Bereichs dazwischen. Das heißt, ich möchte dasjenige, was aus dem Gesamtbereich der metatheoretischen Analysen für das hier thematische Problem einer nicht-dichotomistischen Psychologie-Konzeption brauchbar ist, heranziehen und zur Lösung eben dieses Problems nutzen. Wenn die Funktionsangabe der ‚rationalen Rekonstruktion' ernst

gemeint ist, ist der Objektwissenschaftler berechtigt, von seiner einzelwissenschaftlichen Problemstellung aus selektiv Rekonstruktionen und Lösungsentwürfe der Wissenschaftstheorie heranzuziehen und – salopp formuliert – ‚auszuschlachten'. In diesem Sinn ist die vorliegende Arbeit ganz entschieden nicht als eine Analyse intendiert, die primär von der üblichen wissenschaftstheoretischen Systematik ausgeht, sondern als eine, die das objektwissenschaftliche Problem der Integration von Hermeneutik und Empirismus in den Mittelpunkt stellt und die zur Lösung dieses Problems daher eine integriert objekt- und metatheoretische sowie (allgemein-)methodologische Diskussion versucht.
Die Gefahr des Eklektizismus, die mancher bei diesem dezidierten Rückgriff auf die Wissenschaftstheorie aus der Sicht des Einzelwissenschaftlers heraus befürchten mag, ist m.E. dadurch zu vermeiden, daß die Widerspruchsfreiheit und Kohärenz der resultierenden Modellierungen bewußt angestrebt, überprüft und gesichert wird (vgl. dazu im einzelnen unten C.III.): und zwar sowohl im Hinblick auf die metatheoretischen Rekonstruktionen als solche wie auch in bezug auf deren Relation zu den objekttheoretischen Inhalten. Zielt man eine solche problemgeleitete Nutzung wissenschaftstheoretischer Analysen von den spezifischen Bedürfnissen der einzelnen Objektwissenschaft aus an, so zeigt sich, daß diese Analysen häufig – über alle metatheoretischen Positionen und Schulen hinweg – durch eine überzogene normative Rigorosität gekennzeichnet sind.

Ein im hier thematischen Zusammenhang bedeutsames Beispiel stellt die Kritik der Kritischen Rationalisten und der sog. Kritischen (neomarxistischen) Theorie aneinander dar. Dabei geht es vor allem darum, ob anhand methodologischer Zielkriterien über die Adäquanz inhaltlicher (in diesem Fall soziologischer) ideologiekritischer Theorien zu entscheiden ist (so die Position des Kritischen Rationalismus) oder ob eine inhaltliche ideologiekritische Kritik die historische Bedingtheit und damit Relativität der methodologischen Kriterien nachweist (so die Position der Kritischen Theorie)[1]. Die Gemeinsamkeit der überzogenen normativen Rigorosität besteht hier darin, daß jede Position die eigenen Kriterien als Konstanten mit Meta-Status gegenüber den Kriterien der Gegenposition ansetzt: d.h. von diesen Kriterien aus sind die der Gegenposition zu kritisieren, während umgekehrt eine Kritik der eigenen Kriterien von denen der Gegenposition aus vehement und vollständig abgelehnt wird. Die eigenen Zielkriterien werden also als unabhängige Konstanten eingeführt, welche alternativen Kriterien gegenüber sowohl vor- als auch übergeordnet sind. Eine solche tendenziell dogmatische normative Rigorosität mag für die Binnenkohärenz einzelner metatheoretischer Schulen funktional sein, für die (re-)konstruktive Aufarbeitung konkreter objektwissenschaftlicher Probleme ist sie es sicherlich nicht. Vielmehr führt sie lediglich zu einem rechthaberischen, festgefahrenen ‚Stellungskrieg' zwischen den einzelnen Positionen, die einer konstruktiven Nutzung metatheoretischer Analysen für objektwissenschaftliche Problemstellungen nicht förderlich ist und daher überwunden werden sollte.

Die Parallelität zur oben explizierten Monismus-Dualismus-*Dichotomie* ist hoffentlich unmittelbar deutlich. Eine Überwindung solcher festgefahrenen Gegenüberstellungen ist m.E. am besten dadurch möglich, daß man metatheoretische Zielkriterien nicht als Konstanten (eventuell gar mit Alles- oder Nichts-Ansprüchen) konzipiert und expliziert, sondern als Kriterien variabler Art, d.h.

solche Kriterien, die mehr oder minder erfüllt werden können, die untereinander vernetzt sind und dementsprechend auch von anderen Kriterien und deren Explikation sowohl abhängen als auch kritisiert werden können (vgl. Groeben & Westmeyer 1975/81, 232ff.). Um diese Konzeption von Zielkriterien als Variablen zu verfolgen und auch sprachlich zu verdeutlichen, soll im folgenden in bezug auf wissenschaftstheoretische Präskriptionen immer von regulativen Zielvorstellungen bzw. Zielideen gesprochen werden. Damit ist natürlich auch das Bemühen verbunden, in den heranzuziehenden bzw. auszuarbeitenden wissenschaftstheoretischen Argumentationen keine Schulenfixierung und keinen Schulenreduktionismus zu übernehmen und zu tradieren.

Als erste konstruktive Konsequenz folgt daraus, daß ich versuchen will, eine möglichst optimale Verbindung von historischen Entwicklungen und systematischen Nutzungsmöglichkeiten der Argumentation aus im Prinzip allen wissenschaftstheoretischen Positionen zu erreichen. Es werden also zur Lösung des Problems einer nicht-dichotomistischen Psychologie-Konzeption im Laufe der Arbeit Argumente sowohl aus der analytischen Wissenschaftstheorie als auch aus dem Kritischen Rationalismus, der neomarxistischen Kritischen Theorie, dem (Erlanger) Konstruktivismus, der Argumentationstheorie, der (analytischen) Handlungsphilosophie, der Wissenschaftshistorie sowie Wissenschaftssoziologie und -psychologie aufgenommen werden. Um die genannten Schulenreduktionismen zu vermeiden, werde ich dabei bemüht sein, möglichst nicht Argumentationen aus verschiedenen historischen Entwicklungsständen gegeneinanderzuhalten.

Denn es kommt in der Kritik der einzelnen wissenschaftstheoretischen Positionen untereinander relativ häufig vor, daß in Form von Strohmann-Kritiken Argumente aus früheren Entwicklungsstadien einer Gegenposition genommen und kritisiert werden, obwohl diese Argumente in der historischen Entwicklung eben dieser Gegenposition von ihr selbst schon längst (z.T. besser) kritisch analysiert und aufgegeben worden sind. Nach meinem Eindruck hat sich hier die neomarxistische Kritische Theorie relativ häufig negativ hervorgetan, indem sie z.B. die Entwicklung der analytischen Position vom Wiener Neopositivismus über den Logischen Empirismus bis zur heutigen Version der Analytischen Wissenschaftstheorie z.T. (bewußt oder unbewußt) unterschlägt. (Beispiele finden sich m.E. im ‚Positivismusstreit in der deutschen Soziologie' – vgl. Adorno et al. 1969 –, wo die Vertreter der Kritischen Theorie relativ häufig auf Positionen des ‚Positivismus' rekurrieren, die in dieser Form – auch in den 60er Jahren dieses Jahrhunderts – gar nicht mehr vertreten wurden).

Ein zweites, für die Durchführung solcher schulenübergreifenden Argumentationsnutzung lehrreiches Beispiel bezieht sich auf die metatheoretischen Sprachspielanforderungen. Es handelt sich um den Umgang mit dem im Laufe der folgenden Analyse noch relevant werdenden Begriff des ‚Gegenstandsvorverständnisses' (vgl. unten II.), wie er von der Kritischen Theorie (vor allem Habermas) expliziert worden ist: mit der Bedeutung, daß man auch schon vor dem methodischen Zugriff von seiten der Objektwissenschaften ein (Vor-)Verständnis vom jeweiligen Gegenstand der Einzeldisziplin besitzt.

Dieses Konzept ist jahrelang aus der Richtung der Analytischen Wissenschaftstheorie-Position abgelehnt worden, und zwar vor allem auch unter Rückgriff auf sprachliche Exaktheitsanforderungen. Es ist dies ein Topos, der von Analytischen Wissenschaftstheoretikern (sowohl Kritischen Rationalisten als auch solchen der im engeren Sinne Analytischen Wissenschaftstheorie, die von marxistischer Seite zumeist als ‚positivistisch' bezeichnet werden) relativ häufig vorgebracht wird: Die Gegenposition möge ihre Argumentation zunächst einmal in eine kritisierbare, explizit-präzise Sprachform bringen, damit sie überhaupt erst verständlich und diskutabel sei; unter einer angemessenen Sprachform wird dabei zumeist das in der analytischen Tradition übliche Sprachspiel verstanden. Sicher kann man mit dem Argument, die Alltagssprache sei sowieso die oberste Metasprache aller Wissenschaftssprachen (wie es z.T. von der Frankfurter Schule vorgebracht wird: Habermas; Apel), nicht legitimieren, daß alle metatheoretischen Rekonstruktionen und Reflexionen gleich in Alltagssprache abzufassen seien; es ist aber auch nicht sinnvoll, Argumentationen erst dann als diskutierwürdig zu akzeptieren, wenn sie voll und ganz im eigenen Sprachspiel formuliert sind. Dies hat sehr pointiert (wie immer) Feyerabend formuliert (z.T. sicher auch gegen Vertreter des klassischen Kritischen Rationalismus, von dem er selbst sich ja im Prinzip losgesagt hat):

„Der Grundsatz ‚Verwende immer, was du weißt, und fordere, daß alles, was du nicht weißt, zurückgeführt wird auf das, was du weißt', ist ein Grundsatz für bequeme Leute und sollte nicht zu einem philosophischen Prinzip erhoben werden." (Feyerabend 1967, 193)

Als eine Anwendung genau dieses Prinzips aber hat sich in der historischen Entwicklung die Ablehnung des Konzepts ‚Gegenstandsvorverständnis' von seiten der Analytischen Wissenschaftstheoretiker erwiesen.

Denn die Analytische Wissenschaftstheorie hat mit dem sog. non-statement view von Theorien ein Konzept entwickelt, das – natürlich in sehr viel umfassenderer, präziserer Form, eben im analytischen Sprach‚spiel' – die zentralen, inkriminierten Merkmale des Konzepts ‚Gegenstandsvorverständnis' ebenfalls aufweist. Nach dem non-statement view bestehen Theorien nicht aus einem System von Aussagen (wie es die klassische Aussagenkonzeption von Theorien, der sog. statement view postuliert), sondern sind in ihrem Kern (der als ‚Strukturkern' aus einer stabilen mathematischen Struktur besteht) eher ‚Gebilde begrifflicher Art' und als solche natürlich gegenüber Erfahrung und damit Falsifikation immun (vgl. Stegmüller 1973). Neben dem Strukturkern besteht eine solche Theorie gemäß dem non-statement view noch aus der Menge der (erfolgreichen) intendierten Anwendungen, die über Zusatzannahmen etc. auch zu prüfbaren Aussagen im Sinne der Aussagenkonzeption von Theorien führen (können). Es ist aber durchaus als rational zu bezeichnen, wenn man beim Scheitern einer solchen intendierten Anwendung nicht etwa den Strukturkern (und damit die non-statement-Theorie) aufgibt, sondern gegebenenfalls nach anderen Bereichen sucht, in denen man mit der Anwendung dieses Strukturkerns erfolgreich sein kann; damit ist der wissenschaftstheoretische Theoriebegriff rekonstruiert, der hinter den wissenschaftshistorischen Analysen von Kuhn (1967) und dessen Beschreibung sog. normaler Wissenschaft und revolutionären Theorienwandels steht (s.u. ausführlicher: Exkurs Fünf). Die ‚nicht-technische Übertragung' der Nicht-Aussagenkonzeption von Theorien auf den Bereich der Sozialwissenschaften durch Herrmann (1976) hat gezeigt, daß es sich bei solchen Theorien nach der Nicht-Aussagenkonzeption praktisch um Problemdefinitionen handelt: Der Wissenschaftler legt (über das Verfahren der Annahmenelimination) die zentralen Kernannahmen fest, die er bei allen empirischen Untersuchungen eines Gegenstandsbereichs als nicht hintergehbar, als nicht revidierbar ansetzt bzw. ansetzen will – nicht revidierbar zumindest durch Ergebnisse empirischer Forschung qua Überprüfung von Hypothesen (als Manifestationen der Aussagenkonzeption von Theorien). Entsprechend den wissenschaftshistorischen Rekonstruktionen von Kuhn ist damit nicht postuliert, daß sich solche Problemfestlegungen überhaupt nicht wandeln können, aber eben nicht durch den ‚Druck' der Empirie. Vielmehr ist es so, daß in der auf die jeweilige Problemperspektive zugeschnittenen ‚disziplinären Matrix' die methodologischen Bewertungskriterien und die paradigmatischen methodischen Verfahrensweisen auf diese Problemperspektive und ihre zentralen Kernannahmen ausgerichtet sind – d.h. sie entsprechen den zentralen Kernannahmen der vorgeordneten Problemdefinition und konstituieren diese im praktischen Forschungsprozeß.

Genau das aber entspricht dem Konzept des ‚Gegenstandsvorverständnisses' (vgl. als inhaltliches Beispiel u. I.3). Die vorgeordnete Problemperspektive erweist sich damit als Bewertungsfolie für das, was von einer adäquaten Forschungsmethodik (aufgrund der hinter ihr stehenden methodologischen Zielkriterien) an Gegenstandsmerkmalen abgehoben wird. Aus diesem hier kurz geschilderten historischen Tatbestand der wissenschaftstheoretischen Diskussion und Debatten ist als zweite wichtige konstruktive Konsequenz abzuleiten, was oben mit dem Zitat von Feyerabend angedeutet worden ist, und zwar insbesondere in bezug auf Sprachspielanforderungen: nämlich daß es nicht legitim ist, immer erst die Rückführung anderer wissenschaftstheoretischer Positionen auf die Sprachform der eigenen Position zu verlangen, ehe man bereit ist, sich damit auseinanderzusetzen. Vielmehr ist diese Forderung – sowohl explizit apodiktisch vorgebracht als auch implizit apodiktisch durchgeführt – immer als Immunisierung der eigenen Position zu betrachten. Im Gegensatz dazu werde ich, um die Folgerung aus diesen (auch ganz persönlichen) Erfahrungen mit der Wissenschaftstheorie der letzten 20 Jahre zu ziehen, im weiteren bemüht sein, Positionen nicht unter Rekurs auf Sprachspielanforderungen abzulehnen; das bedeutet, daß ich mich auch in der sprachlichen Formulierung der metatheoretischen Reflexionen und Rekonstruktionen nicht auf *eine* wissenschaftstheoretische Position beschränken werde. Vielmehr werde ich Konzepte und damit auch sprachliche Manifestationen (Begriffe, Fachtermini etc.) aus verschiedenen wissenschaftstheoretischen Richtungen verwenden und sie in ein übergreifendes, allgemeines *argumentationstheoretisches Sprachspiel* integrieren (vgl. zur Begründung im einzelnen unten Exkurs Fünf).

0.3. Psychologie als hermeneutische Naturwissenschaft?: Zielvorgaben zur Auflösung der Erklären-Verstehen-Dichotomie

Will man unter den bisher herausgearbeiteten Voraussetzungen eine post-dichotomistische Psychologie-Konzeption entwickeln, dann wird es also zunächst einmal darauf ankommen, stärker als bisher dualistische Argumentationen zu berücksichtigen und einzubeziehen. Dazu gehört vor allem, wie dargelegt, die These von der Unterschiedlichkeit und Spezifität des Gegenstandes im Vergleich zu naturwissenschaftlichen Objekten: als erste Rahmenvorstellung möchte ich die Gegenstandscharakterisierung anführen, die Gergen (1982) gibt, einer der radikalsten Dualisten im Bereich der Psychologie, für den die Beschreibung menschlicher (sozialer) Aktivität weder auf Beobachtung basiert noch durch diese korrigiert werden kann:

— Menschliches Verhalten ist weniger ‚gesetzmäßig‘, als das die üblicherweise in den Naturwissenschaften erforschten Ereignisse sind (o.c., 13);
— das menschliche Individuum ist unter biologischer Perspektive (mit Ausnahme der Reflexe) weitgehend stimulus-unabhängig (‚stimulus free‘: o.c., 15);
— menschliches Handeln basiert konstitutiv auf einer Fähigkeit zur ‚symbolischen Restrukturierung‘ (o.c., 17);
— damit verbunden sind die Merkmale der Reflexivität und der Fähigkeit zum autonomen Schaffen von Alternativen (o.c., 18f.);
— hinzu kommt ein (für naturwissenschaftliche Forschung) erosierendes Potential an generellen Strebungen, wie z.B. das Streben nach Freiheit gegen Beschränkungen (‚freedom against restraint‘), nach Einzigartigkeit, Unvorhersagbarkeit etc. (o.c., 119-121).

Die Relevanz solcher (und ähnlicher) Gegenstandscharakterisierungen für die dualistische Wissenschaftskonzeption wird komprimiert deutlich in Thesen wie der von Lorenzer (1974), ‚daß bei dem Versuch, im Bereich menschlichen Handelns, Meinens, Wollens und Fühlens Naturgesetze aufzustellen, die Kultur des Menschen dazwischenkommt‘ (Formulierung von Aschenbach 1984, 302). Im Bereich des im engeren Sinne psychologischen Gegenstandes ‚Mensch‘ sind daher vor allem die Sprachbegabtheit, Reflexivität und Intentionalität als Barriere für eine naturwissenschaftliche Psychologie-Konzeption zentral:

„Die Daten der Naturwissenschaften werden ohne Rekurs auf Intentionen oder Standpunkte der untersuchten Phänomene charakterisiert. Hingegen ist die Interpretation des handelnden Subjekts ein unerläßlicher Bestandteil der Daten, die von der Psychologie untersucht werden." (Mischel 1981, 255)

Will man dualistischen Argumentationen hinsichtlich des Gegenstandes in der Psychologie gerecht werden, so wird man also primär den Gegenstand ‚Handlung‘ in die Analyse und (Re-)Konstruktion einer Wissenschaftsstruktur der Psychologie einbeziehen müssen; das ist der Grund dafür, weswegen eingangs bereits der Handlungstheorie eine wichtige Rolle bei der Entwicklung einer nach-dichotomistischen Psychologie-Konzeption zugesprochen wurde. Denn es ist sicher berechtigt, davon auszugehen, daß die monistisch-naturwissenschaftliche Auffassung der Psychologie im 20. Jahrhundert vor allem den Verhaltensbegriff in den Mittelpunkt gestellt hat (vgl. z.B. Bruder 1984; Friedrich 1979; Groeben & Scheele 1977; Koch 1973; Misiak & Sexton 1966, 328ff.; Sanders 1978); in der Formulierung von Schultz (1969, 263):

„Although behaviorism as a formal school is dead, the neo-behavioristic spirit still flourishes, albeit as a general point of view or attitude rather than as a formal school; for behaviorism has evolved into the American tradition in experimental psychology. No psychologist today calls himself a behaviorist — it is no longer neccessary to do so."

Die erste generelle Zielvorgabe einer nicht-dichotomistischen Psychologie (die sich auf dem Hintergrund der bisherigen Monismus-Dualismus-Debatte als ‚hermeneutische Naturwissenschaft' bezeichnen läßt) ist daher, daß diese Konzeption die beiden Konzepte umgreifen muß, die bisher von den Gegenstandscharakterisierungen her als relative Gegensätze expliziert worden sind: Verhalten *und Handeln.* Die Analyse wird also im folgenden (inhaltlich) immer von der Konzeptvorstellung und dem Problembereich des *Handelns* ausgehen; darin manifestiert sich die oben begründete Notwendigkeit, in der derzeitigen historischen Situation mit einer stärkeren Gewichtung von Problemstellungen aus dem Argumentationsbereich des Dualismus zu beginnen.

Dies gilt auch für die zweite generelle Zielvorgabe, die die zum Gegenstandsproblem entsprechende Dichotomie auf Methodenebene betrifft. Diese Dichotomie ist die schon von Dilthey (s.o.) eingeführte zwischen Erklären und Verstehen, die sich für den Dualisten vor allem am Status des Verstehens herauskristallisiert. Denn, wie schon erwähnt gibt es auch für den Monisten das Verstehen als ein mögliches Verfahren, nur hat dieses Verfahren einen anderen Status im Vergleich zu dualistisch-geisteswissenschaftlichen Konzeptionen; es wird als „eine bloß *psychologisch-pragmatisch* interessante Fragestellung im Vorfeld der *Logik der Erklärung*" (Apel 1979, 28) aufgefaßt — und das heißt: als Heuristik, als Verfahren zur Gewinnung von Annahmen, Hypothesen etc., nicht aber als *Erkenntnis*-Methode. Es wird dem ‚Entdeckungszusammenhang', nicht aber dem ‚Geltungszusammenhang' (Popper) zugeordnet (vgl. oben 0.1.: Riedel). Dies jedoch entspricht natürlich keineswegs dem dualistischen Anspruch, wie er schon von Dilthey erhoben worden ist: hier geht es gerade darum, daß das Verstehen als *Erkenntnismethode* konzipiert und akzeptiert wird! Wenn die Rede von der Psychologie als ‚hermeneutischer Naturwissenschaft' in der Tat eine Monismus und Dualismus integrierende Wissenschaftskonzeption bezeichnen soll (und nicht nur eine Spielerei mit Worten, die letztlich die dualistische Position doch wieder auf den Monismus reduziert), dann ist das Problem des (Erkenntnis-)Status der Hermeneutik eine der entscheidenden Fragen (wenn nicht *die* Entscheidungsfrage schlechthin). ‚Hermeneutische Naturwissenschaft' bezeichnet erst dann eine nicht-dichotomistische (Monismus und Dualismus integrierende) Wissenschaftskonzeption, wenn unter ‚Hermeneutik' ebenfalls Verfahrensteilmengen im ‚context of justification', d.h. im Prozeß der *Geltungsprüfung* verstanden werden. Die (generelle) Zielvorgabe in der methodologischen Dimension besteht also darin, das ‚Verstehen' so weit wie möglich als eine über bloße Heuristik hinausreichende *Methode mit Erkenntnisfunktion* zu rekonstruieren.

Während die beiden bisher explizierten Zielvorgaben monismus-kritisch sind, kommt an dieser Stelle unvermeidbar die dualismus-kritische Vorgabe ins Blickfeld, die sich auf den Haupt-‚Beitrag' der Dualisten zur Dichotomie-Fixierung von Verstehen und Erklären bezieht. Die damit gemeinte dualistische Ausschließlichkeitsbehauptung (zwischen Verstehen und Erklären) findet sich, wie eingangs angesprochen, ebenfalls bereits bei Dilthey: die erklärende Psychologie nennt er ‚konstruktive', weil sie die Einheiten ‚zusammensetzt', d.h. in einen Zusammenhang bringt, wie ihn (naturwissenschaftliche) Gesetze vorsehen; die verstehende Psychologie dagegen ‚beschreibt und zergliedert' die seelischen Phänomene nur (s.o.: allerdings geht das Zergliedern natürlich nur bis zu einem Ausmaß, das die sinnvollen Einheiten nicht zerstört). Wenn auch Dilthey selbst (vgl. oben 0.1.) für den Bereich der Psychologie die Brauchbarkeit beider Wissenschaftskonzeptionen, der ‚erklärenden, konstruktiven' wie der ‚beschreibenden, zergliedernden' postuliert, liegt in der impliziten Ausschließlichkeitsthese, daß man nur *entweder verstehen oder erklären* kann, doch die Beschränkung des Verstehens auf das Beschreiben begründet. Verstehen ist nach dualistischer Auffassung nicht mit naturwissenschaftlichem Erklären im Sinne der Einordnung unter (kausale) Gesetzmäßigkeiten vereinbar. Das gilt auch für die modernen Varianten des Dualismus, in denen z.B. eine ‚Komplementaritätsthese' vertreten wird (Apel), die aber durchaus vergleichbar bedeutet, „daß sich nomologisches Erklären und hermeneutisches Verstehen *gegenseitig ausschließen* und *gerade dadurch* ergänzen" (Riedel 1978, 30). Diese implizite bzw. latente Reduktion einer verstehenden auf eine beschreibende Wissenschaft, die — eventuell — auch für dualistische Konzeptionen gilt, die mit dem Begriff der ‚Erklärung' arbeiten (wie z.B. Drays ‚Rationale Erklärung'; s.u. 4.3.), gilt es zu überprüfen, wenn man sich einer wirklich integrativen Psychologie-Konzeption annähern will. Dabei bedeutet ‚überprüfen', daß zunächst zu analysieren ist, ob dieser Reduktionismus (des Verstehens auf Beschreibung) auf seiten des Dualismus in der Tat existiert, um dann gegebenenfalls zu prüfen, ob und wie er zu überwinden ist.

Die Rede von der ‚hermeneutischen Naturwissenschaft' enthält in dieser methodologischen Dimension also die Zielvorgabe, das Verstehen als Methode mit Erkenntnisfunktion zu rekonstruieren, ohne damit gleichzeitig (naturwissenschaftliches) Erklären auszuschließen. Oder von der anderen Seite bzw. Richtung aus formuliert: Ich möchte prüfen, ob es nicht möglich ist, am Erklären im Sinn der (naturwissenschaftlichen) Gesetzes-Erklärung festzuhalten und gleichzeitig das Verstehen als Methode mit Erkenntnisfunktion einzuführen, d.h. ein Erklären zu re-konstruieren, das gleichzeitig (so weit wie möglich) ein Verstehen des (sinnvollen) Gegenstands der Psychologie bedeutet und verwirklicht. Das ist der Sinn des Terminus ‚verstehend-erklärende Psychologie'. Ich vermeide bewußt die Formulierung ‚verstehende *und* erklärende Psychologie'. Denn dieses ‚und' hat sowohl konzeptuell als auch historisch-pragmatisch keine verbindende, sondern viel mehr trennende Funktion: es gibt dann (wie bei Dilthey) eine verstehende und eine erklärende Psychologie, also zwei ‚Psychologien' qua Wissenschaftskonzeptionen, von denen sich nach aller bisherigen historischen Erfahrung die naturwissenschaftlich-monistische Struktur (der erklärenden Psychologie) durchsetzt (– vielleicht nicht ohne Grund: aber das kann erst die differenziertere Analyse ergeben –). Diese historischen Erfahrungen sind es, die mich mit Skepsis erfüllen, wenn Autoren versuchen, die Argumentation des Dualismus dadurch wirksam werden zu lassen, daß sie ‚Verstehen als zusätzlichen Schritt zum Erklären' (Aschenbach 1984, 15) einführen. Sicher, eine nicht bloß monistische und nicht-dichotomistische Konzeption von Psychologie wird grundsätzlich das Verstehen als Erkenntnismethode ‚hinzufügen' müssen, aber eben nicht rein additiv, sondern in einer strukturellen Verschränktheit mit dem (naturwissenschaftlichen) Erklären, die als Integration beider *Erkenntnis*weisen akzeptierbar ist: die es also erlaubt, von einer verstehend-erklärenden Psychologie zu sprechen. Die prinzipielle Idee für die Realisierung einer solchen strukturellen Verschränkung ist ex negativo in der oben angeführten Kritik an verfahrenen Dichotomie-Fixierungen enthalten: dabei wurde die Unbeweglichkeit der gegeneinander stehenden Positionen darauf zurückgeführt, daß sie sich selbst jeweils gegenüber der anderen vor- und überordnen. Eine Möglichkeit zur Überwindung solcher Dichotomie-Fixierung liegt also eventuell darin, diese Kontamination von Vor- und Überordnung aufzubrechen und in einer anderen, gegenseitig korrektiven Kombination wieder zusammenzuführen. Aber ob diese Möglichkeit sinnvoll ist, kann erst am Ende der ins einzelne gehenden Analyse entschieden werden (vgl. u. C.III./IV.).

Wie die Geschichte der Monismus-Dualismus- bzw. Erklären-Verstehen-Debatte lehrt, ist jedoch eine solche Überwindung der fixierten Dichotomien kaum durch einen direkten Vergleich von Erklären und Verstehen möglich. Versucht man eine solche direkte Analyse der Relation von Verstehen und Erklären, dann sind die Argumentationslinien durch die ca. einhundertjährige Geschichte der Monismus-Dualismus-Diskussion so stark eingeschliffen vorgezeichnet, daß eine Loslösung aus überkommenen Reduktionismen kaum möglich erscheint. Es ist daher m.E. erfolgversprechender, wenn man die Analyse von grundlegend(er)en methodologischen Problemaspekten her beginnt, die in einer gewissen Distanz zur Erklären-Verstehen-Dichotomie liegen und zugleich doch für die dualistische Position und deren Zielperspektiven produktiv sind, wie es ja als Konsequenz der bisherigen historischen Dominanz der monistischen Konzeption(en) postuliert wurde. Als einer dieser metatheoretischen Problemaspekte ist sicherlich die Anforderung einer gegenstandsadäquaten Methodik bzw. (adäquaten) Gegenstands-Methodik-Interaktion zu nennen, die ja schon bei Dilthey den Ausgangspunkt für die dualistische Argumentation darstellt (s.o.). Der andere, weniger offenbare, aber deshalb u.U. umso grundlegendere Ausgangspunkt ist die Frage der adäquaten Einheiten-Definition. Dieses Problem ist implizit schon enthalten in der (oben abgeleiteten) Zielsetzung, den Gegenstands(teil)bereich des Handelns vorrangig (mit) zu berücksichtigen; denn die Einheit ‚Handlung' wird von dualistischer Seite in der Psychologie wie in der Handlungsphilosophie als nicht rückführbar auf die Einheit des Verhaltens angesetzt (s. im einzelnen u. Kap. II. und 2.-6.). Das geht einher mit Vorwürfen in bezug auf Elementarismus und z.T. Physiologismus, die aus dualistischer Sicht in der für den menschlichen Bereich partiell reduktionistischen Konzentration auf das Verhaltens-Konzept manifest werden (auch ein Vorwurf, den bereits Dilthey erhebt: 1968, 159). Das Einheiten-Problem soll daher in der folgenden Analyse als der grundlegendste metatheoretische Ausgangspunkt gewählt werden, um den berechtigten Argumentationen der dualistischen Position zur Geltung zu verhelfen; die Begründung für die Wahl dieser beiden Ausgangspunkte (Einheiten-Problem und Gegenstandsproblem) wird zureichend natürlich erst aus der Explikation dieser Problemperspektiven hervorgehen können (s. Teil A: ‚Prämissen').

TEIL A: PRÄMISSEN

I. Das Einheiten-Problem und die unter Komplexitätsaspekten kopfstehende Problemlösestruktur der psychologischen Forschung

Während das *Einheits*-Problem, das Problem der Einheitswissenschaft, sehr bekannt ist, weil es weitgehend mit der Konzeption des Monismus identisch ist (s.o.), gibt es das Einhei*ten*-Problem in der allgemeinen Wissenschaftstheorie so gut wie gar nicht. Es ist dies höchstens eine Frage der Einzelwissenschaften, die zudem in der Psychologie als historisch gelöst gilt, also bestenfalls für Wissenschaftshistoriker von Interesse ist. Ich möchte in diesem Kapitel dafür argumentieren, daß die Einheiten-Frage, d.h. die Frage, was man in der Psychologie sinnvollerweise als ‚Einheit' des Forschungsprozesses und der Theorienbildung ansetzen sollte, ein Problem bezeichnet, das als wichtiger, grundlegender Ausgangspunkt vor allem für die dualistische Konzeption der Gegenstandsspezifität anzusehen ist. ‚Einheit' meint dabei jenes Ausgangs‚element', auf das sich die Wissenschaft Psychologie in ihren Bemühungen der Erklärung, Prognose und Veränderung des Gegenstandes bezieht. Will man unter Psychologie die Wissenschaft vom Denken, Erleben und Verhalten des Menschen verstehen, so handelt es sich bei den hier gemeinten ‚Einheiten' also um die Ausgangselemente jenes Denkens, Erlebens und Verhaltens, das den Gegenstand der Wissenschaft Psychologie ausmachen soll, d.h. jene ‚Teilstücke', ‚Aspekte' etc. des psychologischen Gegenstandes, die — wissenschaftssprachlich repräsentiert — das Ausgangsmaterial aller weitergehenden wissenschaftlichen Bemühungen der Psychologie darstellen.

I.1. ‚Gestalten' als historisch paradigmatischer Fall komplexer Einheiten in der Psychologie

Die Einheiten-Frage wird wissenschaftshistorisch als Problem nur für den Bereich der Elementen- bzw. Assoziationspsychologie (Wundtscher Prägung) diagnostiziert. Die von der Elementenpsychologie angesetzten kleinsten Einheiten, die Empfindungen und Assoziationen, werden in ihr als jene Bausteine des Psychischen konstituiert, auf die alles komplexere ‚Seelen'leben zurückgeführt werden kann und sollte:

„Associationism attempts to explain man's complicated higher-order mental experiences as resulting from combinations (or assocations) of simpler mental events." (Schultz 1969, 152)
„Die Elemente sind per definitionem grundlegend. ... Wie sind Elemente zu Verbindungen und einfache Verbindungen zu Komplexen höherer Ordnung kombiniert? Durch einen Assoziationsprozeß, der in drei verschiedenen Formen vorkommt: als Fusion (Verschmelzung), Assimilation (Angleichung) und Komplikation (Zusammensetzung)." (Wertheimer 1971, 91 u. 93)

Wie häufig in der Theorienentwicklung wurde erst durch eine alternative, konkurrierende Sichtweise deutlich, wie beschränkt diese Perspektive der Elementenpsychologie war: beschränkt nämlich auf sog. ‚molekulare' Einheiten. Die konkurrierende wissenschaftliche Perspektive oder Theorie – heute würde man am ehesten sagen: das konkurrierende Forschungsprogramm – war die Gestaltpsychologie, die sich genau auf dieser Ebene der Einheiten-Definition zentral von der Elementenpsychologie unterschied. Nach der Gestalttheorie werden komplexere Einheiten (des Erlebens, Verhaltens etc.) gerade nicht durch additive Verbindung von (molekularen) Elementen gebildet, sondern sind, zumindest zu einem wichtigen Teil, genuine, unreduzierbare Komplexe: eben sogenannte Gestalten. Die Gestaltqualitäten, die von v. Ehrenfels (bereits 1890) als Übersummenhaftigkeit und Transponierbarkeit expliziert wurden, charakterisieren daher nicht-molekulare bzw. molare Einheiten, die als unreduzierbare Grundbausteine des Psychischen postuliert werden. Entsprechend der wahrnehmungspsychologischen Ausrichtung der Gestalttheorie sind als solche unreduzierbaren, komplexen Einheiten vor allem Phänomene im auditiven (vgl. Akkorde, Melodien etc.) und visuellen Bereich (siehe Abb. 1) untersucht worden.

Die Unreduzierbarkeit solcher Gestalten als Grundbausteine des Psychischen kommt programmatisch in dem Motto der Gestaltpsychologie zum Ausdruck: „Das Ganze ist mehr als die Summe seiner Teile." Damit wird explizit und dezidiert das erkenntnistheoretische und forschungsstrategische Programm der Elementenpsychologie negiert, das von gestalttheoretischer Seite – etwas despektierlich – als „Baustein- und Mörtelprinzip" bezeichnet wurde (vgl. Pongratz 1967, 56). Dabei wurden vor allem der Molekularismus bzw. Atomismus sowie der (implizite) Objektivismus der (elementaristischen) Assoziationspsychologie als reduktionistisch kritisiert.

So faßt Metzger die Kritik an der Elementarismusdynamik der Assoziationspsychologie folgendermaßen zusammen:

„Für die Arbeitsweise des Atomisten ist das stückhafte Vorgehen kennzeichnend: daß er an seinen Gegenstand möglichst nah herantritt und seine Aufmerksamkeit auf möglichst kleine Bereiche einengt. Man kann geradezu von einer methodisch gezüchteten Blickfeldeinengung sprechen, besonders wo man die andere Möglichkeit, nämlich zurückzutreten und seinen Untersuchungsgegenstand als Ganzes zu betrachten, ja noch mehr, ihn selbst als Teil in noch umfassenderen Zusammenhängen zu erfassen ..., nicht für wissenschaftlich vertretbar hält oder überhaupt nicht sieht." (1963, 48)

Auch die theoretischen Erwiderungen der Assoziationspsychologen, die sich zur Erklärung der Gestaltqualitäten (Transponierbarkeit etc.) auf die Kombination von Elementen-*Paaren* zurückzogen, sind aus gestaltpsychologischer Sicht als ‚Atomismus der Beziehungen' zu kritisieren (Metzger 1963, 61). Diesen Elementarismus, Atomismus und Assoziationismus sehen (gestalttheoretische) Wissenschaftshistoriker in allen psychologischen Richtungen bzw. Schulen vor der Gestalttheorie verwirklicht (nämlich im Strukturalismus, Funktionalismus und Behaviorismus), wie es Michael Wertheimer (1971, 135 u. 138) in den folgenden Klassifikationen komprimiert zusammengefaßt hat:

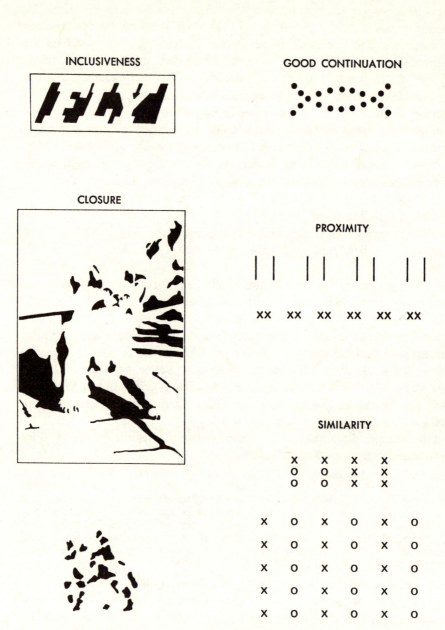

Abb. 1: Visuelle Gestalten (nach Hergenhahn 1976, 244)

Schule u. repräsentative Anhänger	Strukturalismus (Wundt, Titchener)	Funktionalismus (Angell, Carr, Thorndike, Woodworth)	Behaviorismus (Watson, Hunter Hull)	Gestaltpsychologie (Wertheimer, Koffka, Köhler)	Psychoanalyse (Freud, Adler, Jung)
Forschungseinheit	geistige Elemente	geistige Elemente u. Anpassungsprozesse	Reiz/Reaktions-Elemente	*keine* Elemente (natürliche Einheiten, Gestalten)	Elemente u. Prozesse
Atomismus	ja: geistige Elemente	ja: geistige Elemente	ja: Reiz-Reaktions-Verkettung	nein: Antielementaristisch	vielleicht: traumatische Erfahrungen
Assoziationstheorie	ja	ja	ja	nein: antiassoziationistisch	vielleicht: freie Assoziation

Noch wichtiger ist in unserem Zusammenhang aber die unter der Oberfläche liegende Tendenz des Objektivismus, die nach gestaltpsychologischer Kritik mit dem Elementarismus verbunden ist. Durch die Gestalttheorie wird „die phänomenale ... oder anschauliche Welt als psychisch-real" (Kebeck & Sader 1984, 223) anerkannt, während Reste der aus der Elementenpsychologie stammenden ‚Nichtanerkennung des „lediglich Psychischen" auch heute noch durch manche Diskussionen spuken' (l.c.). Das gilt sicher auch für weite Teile des (methodologischen) Behaviorismus, der zwar in der Auseinandersetzung mit der Gestaltpsychologie – partiell – eine ‚subjektive Wende' vollzogen hat, die aber keineswegs so weit reicht, daß der im behavioristischen Programm inhärente Objektivismus völlig überwunden wird. So hält z.B. Pongratz in bezug auf die ‚intervenierenden Variablen' (die seit Hull im Behaviorismus akzeptiert sind) die Beteuerung von Tolman fest:

„es handle sich um Vorgänge und Zustände, die ‚im Organismus liegen' (*lying in the organism*), es handle sich um die unmittelbare Erfahrung (*immediate experience*), reich an Qualitäten, auf weite Bezirke nicht mitteilbar, aber doch wirklich, ja die ‚wirklichste Wirklichkeit, die wir haben oder wünschen können'. Aber leider hat diese ‚wirklichste Wirklichkeit' den unverzeihlichen Fehler, daß sie der andere nicht direkt beobachten kann, daß sie sich nicht offen in die physikalische Ebene erstreckt. Die Psychologie als solche aber ‚ist objektiv und behavioristisch'. Darum ist der Bereich der *intervening variables* letztlich ein verschlossener Bereich. Der Behaviorist sieht nur das Verhalten. Aber er kann es als eine *Funktion* auch von inneren Prozessen gelten lassen: Die Ratte läuft zum Futter, ihr ganzes Verhalten ist auf das Futter ausgerichtet. Man sieht, sie hat es wahrgenommen; man sieht, sie begehrt es; man sieht, sie unterscheidet den weißen Gang, der ins Freie führt, vom schwarzen, der keinen Ausgang hat, usw. Das Innerseelische wird am äußeren Verhalten studiert." (Pongratz 1967, 344)

Es ist hier nicht das Thema, ob und in welchem Ausmaß nun im engeren Sinn gestaltpsychologische Beschreibungs- und Erklärungsansätze unverändert oder modifiziert in die heutige Psychologie übernommen worden sind; aber unabhängig davon gilt auf jeden Fall die Überwindung des elementenpsychologischen Programms als eine historische Leistung der Gestaltpsychologie. Zusammen mit dieser Leistung wird üblicherweise das Einheiten-Problem in der Psychologie, zumindest soweit es die Komplexitätsfrage in der Unterscheidung von molekularen vs. molaren Einheiten betrifft, als gelöst angesehen, und zwar zugunsten der molaren Einheiten.

Sehr engagierte Behavioristen gehen zwar davon aus, daß bereits das behavioristische Programm eine Überwindung des Elementarismus darstellt, und sprechen dementsprechend der Gestaltpsychologie eine entscheidende Funktion bei der Überwindung ab – so z.B. Misiak & Sexton (1966, 357):

„There were many reasons why Gestalt psychology did not evoke much interest among American psychologists. One of them was the fact that American psychology was already far removed from the atomistic psychology to which most of the Gestalt argument was addressed."

Häufiger – und historisch korrekter – dürfte allerdings die Rekonstruktion sein, daß die Gestalttheorie nicht nur zur Überwindung des Elementarismus in der Assoziationspsychologie, sondern auch im Bereich des Behaviorismus beigetragen hat, letzteres vor allem über die Vermittlung von Tolman. Pongratz spricht sogar von einer ‚holistischen Wende im Behaviorismus' (1967, 340), deren Historie – als Wechsel von molekularen zu molaren Einheiten – er folgendermaßen nachzeichnet:

„Die Unterscheidung ‚molekular' und ‚molar' hat Tolman 1932 in den Behaviorismus eingeführt. Sie ist von der Chemie übernommen. Tolman selbst bezieht sich auf C.D. Broad, der in seinem Buch *The Mind and its Place in Nature* (1923) diese Differenzierung vorgenommen hat. Ein Organismus entwickelt sich ihm zufolge nicht durch molekulare Zunahme, sondern nach dem Ganzheitsprinzip (*emergent vitalism*). Auf den Behaviorismus angewendet, versteht man unter ‚molekular' die Reduktion des Verhaltens auf psychologische, neurologische, endokrine, viszerale usw. Vorgänge. Der *molare Behaviorismus* geht im Unterschied dazu von beobachtbaren Verhaltens- oder Handlungseinheiten aus (*acts of behavior*). Damit setzt sich in der amerikanischen Verhaltenslehre das Ganzheitsdenken durch. .. Der Wandel vom molekularen zum molaren Behaviorismus ist unter dem systematischen Einfluß der Gestalttheoretiker erfolgt. ..." (Pongratz 1967, 339f.)

Zumindest von deutschen Psychologen, aber auch in weiten Teilen der historisch reflektierten anglo-amerikanischen Psychologie wird dieser Wechsel von molekularen zu molaren Einheiten als eine, wenn nicht *die* bleibende Wirksamkeit der Gestalttheorie in der Psychologie angesehen, wie es in dem historiographischen Fazit von Wertheimer zum Ausdruck kommt:

„Es ist zweckmäßiger, größere, molare, organisierte Einheiten zu betrachten und ihre Natur und Struktur sorgfältig zu berücksichtigen als natürliche Ganze in willkürlich determinierte Elemente zu zerlegen, da eine derartige Analyse dem eigentlichen Sinn Gewalt antun könnte. Diese Auffassungen der Gestaltpsychologie werden unterdessen von fast allen Psychologen anerkannt." (Wertheimer 1971, 177f.)

‚Gestalten' werden also als der paradigmatische Fall für das Komplexitätsproblem im Rahmen der Einheiten-Frage in der Geschichte der Psychologie angesehen, d.h. als jener Fall, der dieses Komplexitätsproblem grundsätzlich, weil beispielhaft (paradigmatisch) gelöst hat. Das impliziert sicher nicht, daß das Einheiten-Problem für jedes inhaltliche Problem als gelöst gelten kann, aber es erscheint zumindest als prinzipiell gelöst: insofern als man im Zweifelsfall eben vergleichbare molare Einheiten konzipieren kann und sollte, wie es die Gestalttheorie in Relation zur Elementenpsychologie modellhaft vorgemacht hat.

I.2. Die Komplexitätsfrage — Kristallisationspunkt einer adäquaten Gegenstands-Methodik-Interaktion

Unter wissenschaftstheoretischen Gesichtspunkten läßt sich dieses Modell-Beispiel auch zugleich als die Überwindung eines inadäquaten Gegenstands-Methodik-Verhältnisses rekonstruieren. Es ist ja ein (allgemein anerkannter) wissenschaftstheoretischer Topos, daß Gegenstand und Methode in einem Interaktionsverhältnis stehen sollen (vgl. Groeben & Westmeyer 1975, 24ff.). Diese Interaktion oder Interdependenz wird unmittelbar deutlich beim Vergleich einzelner Objektwissenschaften: so kann man in der Mineralogie durch Bearbeitung des Gegenstands mit einem Hammer eventuell bestimmte Erkenntnisse erzielen, in der Chirurgie und Anatomie durch Bearbeitung mit Skalpellen und anderen Handwerkszeugen, die gleichen Instrumente dürften aber für die Psychologie und ihren Gegenstand in der Regel gänzlich inadäquat sein.

Auf dem Hintergrund der generellen Problematik der Gegenstands-Methodik-Relation ist das methodologische Vorgehen der Elementenpsychologie im Spannungsfeld von Monismus vs. Dualismus historisch folgendermaßen interpretierbar: Die Elementenpsychologie hat mit dem sie weitgehend konstituierenden Ansatz der Psychophysik (vgl. Boring 1929/1950) versucht, die Psychologie als selbständige Einzeldisziplin aus der Umfassung durch die Philosophie zu lösen, indem sie sie (und das heißt historisch: sich) nach dem Vorbild der erfolgreichen Naturwissenschaften konzipierte. In den Naturwissenschaften, vor allem in der klassischen Physik, aber war der Rückgang auf kleinste, möglichst ‚reine' Einheiten, aus denen unter ‚idealen', d.h. möglichst störungsfreien, Bedingungen generelle Gesetzmäßigkeiten aufgebaut wurden, das allgemein anerkannte Vorgehen. Die Elementenpsychologie versuchte dieses Vorgehen auf die Psychologie zu übertragen, um damit der gerade konstituierten Einzelwissenschaft die Qualifikation der Wissenschaftlichkeit zu erwerben; dabei gelang es ihr allerdings nicht, zureichend die Angemessenheit in bezug auf den Gegenstandsbereich zu berücksichtigen. Die elementenpsychologische ‚Lösung' des Einheiten-Problems in der Psychologie stellt daher einen eindeutigen Fall von Methodik-Determination dar: die Methodik, das heißt in diesem Fall die naturwissenschaftliche Methodenstruktur, wurde quasi als unabhängige Variable angesetzt, um dem (damaligen) Wissenschaftsverständnis zu entsprechen, wobei dieses Wissenschaftsverständnis eben vorwiegend naturwissenschaftlich geprägt war. Dementsprechend wurde als Gegenstand nur dasjenige in Betracht gezogen, was sich an Merkmalen, Einheiten usw. am Erleben, Verhalten etc. des Menschen in Abhängigkeit von dieser naturwissenschaftlichen Methodenstruktur abheben ließ. Das führte — wie heute in der Regel allgemein akzeptiert wird (s.o.) und von der Zielidee einer Methoden-Gegenstands-Interaktion aus auch nicht anders zu erwarten war — zu einer reduktionistischen bzw. den (psychischen) Gegenstand verfehlenden ‚Psychologie' (Schlagwort ‚Psychologie ohne Seele', vgl. Dilthey 1968, 159). Diese Gegenstandsverfehlung nun, so läßt sich die gestaltpsychologische Lösung des Einheiten-Problems rekonstruieren, wurde mit dem Übergang auf komplexere, unreduzierbare Einheiten (wie z.B. Gestalten) überwunden. Damit stellt der historisch-paradigmatische Fall der Gestalttheorie auch eine beispielhafte Lösung für das Problem der Relation von Methodik und Gegenstand dar: die Zulassung, ja Einführung von Gestalten als komplexeren Grundbausteinen der psychologischen Theorienbildung manifestiert ein aufeinander-ausgerichtet-Sein von Gegenstand und Methode, eine Wechselwirkung zwischen beiden, die die elementenpsychologische Methodik-Determination aufhebt. Auch in dieser Dimension ist die historische Bewertung — zumindest implizit — die, daß damit das Problem einer adäquaten Methodik-Gegenstands-Interaktion in der und für die Psychologie grundsätzlich gelöst sei, und zwar nicht nur für den engeren Bereich des gestalttheoretischen Ansatzes oder der von der Gestalttheorie bearbeiteten Wahrnehmungs- und Denkpsychologie, sondern auch darüber hinaus.

So bedeutet z.B. der erwähnte Tolmansche Wechsel von molekularen zu molaren Einheiten ja auch inhaltlich ein Übergehen auf die Erforschung von ‚zielgerichtetem' Verhalten (purposive behavior: „Purposive behavior in animals and men", 1932); und die Theorie des Lernens als Erwerb von Zeichen, kognitiven Landkarten und Hypothesen unterstellt notwendigerweise — auch von Tolman selbst explizit postuliert — komplexe Verhaltenssequenzen als Einheiten, die sich von dem Ziel aus, auf das sie ausgerichtet sind, als ‚behaviorale Gestalten' ergeben (Tolman 1932, 7f.; vgl. Hergenhahn 1976, 287ff.).

Auch für denjenigen, der mit solchen und anderen Beispielen die Komplexitätsfrage des Einheiten-Problems in der Psychologie inhaltlich noch nicht als vollständig gelöst ansieht, bleibt doch — wiederum — der paradigmatische Charakter dieses Falls als Lösungspotential. Denn dort, wo der Psychologe, sei es als Forscher oder als Anwender von psychologischen Theorien in der Praxis, Ausgangseinheiten oder Grundbausteine der psychologischen Theorien als zu molekular einschätzt, bleibt es ihm unbenommen, entsprechend dem historischen Vorbild der Gestalttheorie molarere Einheiten zu postulieren, einzuführen und zu erforschen. Wenn Theorien in diesem Sinne und gegebenenfalls auf unterschiedlichem Komplexitätsniveau mit zugrundegelegten Einheiten ansetzen, wird ihre empirische Prüfung über den Bewährungsgrad entscheiden (können), welche Einheitenfestlegung die sinnvollere (s.u. I.7.), brauchbarere und d.h. rationalere ist. Und wenn wissenschaftstheoretisch schon eine sehr große Zersplitterung, ein teilweise nicht mehr überschaubarer Pluralismus an Theorien in der Psychologie zu beklagen ist (im Sinne der ‚Parzellierung' und

‚Labilisierung' sensu Holzkamp 1972), so kann man dadurch ja zumindest hinsichtlich der Komplexität von Einheiten in der Psychologie sicher sein, daß hier die notwendigen Variabilitäten in den psychologischen Theorien vorliegen. Damit aber ist berechtigterweise davon auszugehen, daß die Komplexitäts- bzw. die Einheiten-Frage generell in der heutigen Psychologie kein ernsthaftes oder wichtiges Problem mehr darstellt.

Diese allgemein-methodologische Bewertung erscheint wissenschaftstheoretisch reflektiert und gut begründet; denn sie geht von einer sinnvollen regulativen Zielvorstellung, nämlich der einer (adäquaten) Methodik-Gegenstands-Interaktion, aus, sie bietet eine überzeugende historische Rekonstruktion mit dem Negativbeispiel der Elementenpsychologie und dem Positivbeispiel der Gestalttheorie (sowie deren methodologischen Auswirkungen für die Psychologie insgesamt) und stellt auf diese Art und Weise ja auch nicht zu hohe Ansprüche an die Gutwilligkeit und das Argumentationsvertrauen. Außerdem gibt es in der gegenwärtigen Diskussion genügend andere methodologische Problemaspekte, die deutlich hervorstechender sind: von der Rolle der Statistik (in einer möglichst unverkürzten Methodenlehre) bis zu den Ergebnissen unter der Überschrift ‚Sozialpsychologie des Experiments' (experimenter-effects, demand characteristics etc.), deren Auswirkungen viel unmittelbarer als problematisch beeindrucken. Selbst wenn man sich ein von der Historie der Psychologie möglichst ‚unverstelltes' Gegenstandsvorverständnis zu vergegenwärtigen versucht, erscheint einem der normale Wissenschaftsbetrieb zwar manchmal etwas unpsychologisch in dem Sinn, daß er weniger mit den spontanen, individuellen Sichtweisen anderer konkreter Menschen über sich und die Welt zu tun hat, als man es sich vielleicht einmal (ohne Kenntnis der akademischen Psychologie) vorgestellt hat — aber auch dann springt das Einheiten-Problem nicht gerade als die zentrale oder entscheidende Frage hervor. Es gibt eine Fülle anderer metatheoretischer und methodologischer Problemfragen, die heute für die Konzeption der Psychologie ausschlaggebend erscheinen. Dazu gehören etwa:

— Welches Menschenbild ermöglicht der Psychologie für die Zukunft ein Optimum sowohl an innerwissenschaftlich-kreativer Theorienentwicklung als auch an praktisch-gesellschaftlicher Wirksamkeit?
— — Ist es sinnvoll, daß ein solches Menschenbild auch bestimmte Subjektmerkmale positiv bzw. negativ auszeichnet, z.B. im Hinblick auf gewünschte Entwicklungsrichtungen des Menschen (und damit das Werturteilsfreiheits-Postulat aufgegeben wird)?
— — Ist es berechtigt, daß sich das Menschenbild wieder mehr dem Selbstverständnis des ‚Alltagsmenschen' annähert (— mehr als dies für mechanistische und organismische Subjektmodelle in der bisherigen Theorienentwicklung (vgl. Herzog 1984) der Psychologie gilt)?
— — Sind internale Verarbeitungsprozesse, Intentionalität, Autonomie und Kontrolle über (im Gegensatz zu durch) die Umwelt bislang vernachlässigte Subjektmerkmale (oder sind sie von der bisherigen Forschung längst genügend einbezogen und abgedeckt worden)?
— — Impliziert eine Annäherung des wissenschaftlichen Menschenbilds an das

alltagspsychologische auch, daß die Ziele der psychologischen Forschung und Praxis (als Theorienanwendung) mehr unter Einbeziehung der (als Erkenntnis- oder Anwendungs-‚Objekte' betroffenen) Menschen festgelegt werden sollten (im Vergleich zur Vergangenheit)?

— Wo ist die Psychologie nach der bisherigen Geschichte wissenschaftstheoretisch-methodologisch im Spannungsfeld von Natur-, Sozial- und Geisteswissenschaft am sinnvollsten zu lokalisieren bzw. konzeptuell-programmatisch zu verankern?

— — Entspricht die Subjekt-Objekt-Relation in der Psychologie strukturell eher der in den Natur- oder jener in den (hermeneutischen) Geisteswissenschaften?

— — Ist es möglich, die verschiedenen wissenschaftstheoretischen Positionen bzw. Richtungen (von der Analytischen Philosophie bis zur — neomarxistischen — Hermeneutik) zu integrieren oder zumindest konstruktiv zur Ausarbeitung der Psychologie zu nutzen?

— — Sind die klassischen Kriterien der Wissenschaftlichkeit wie Objektivität, Reliabilität, Validität etc. nach dem derzeitigen Diskussionsstand und vor allem auf dem Hintergrund möglicher Veränderungen/Entwicklungen des Menschenbildes noch in sich kohärent explizierbar (vgl. Reliabilitäts-Validitäts-Dilemma, interne/externe Validitäts-Paradoxon etc.)?

— — Hat die bisherige, eher naturwissenschaftlich geprägte Forschungsstruktur und -methodik der Psychologie für den Menschen als Erkenntnis-‚Objekt' die Konsequenz, daß die Gegenstandskonstituierung von der Methodik determiniert ist und keine (gleichberechtigte) Wechselwirkung zwischen beiden Aspekten besteht?

— — Als eines der zentralen Spezialprobleme dieser Frageperspektive: ist im Bereich des Menschen als ‚Gegenstand' der (naturwissenschaftliche) Gesetzesbegriff und das Subsumtionsmodell der Erklärung (unverändert) brauchbar?

— — Sind in diesem (psychologischen) Erkenntnisbereich nicht zumindest die beobachtungsorientierten sog. quantitativen Methoden durch verstehensorientierte sog. qualitative Verfahren zu ergänzen, und wie ist eine solche Ergänzung zu konzipieren und durchzuführen?

— Wie ist die bislang unbefriedigende Theorie-Praxis-Integration der Psychologie und damit ihre Wirksamkeit und Brauchbarkeit in gesellschaftlichen Anwendungsfeldern zu verbessern?

— — Ist eine solche Wirksamkeitssteigerung möglich durch Berücksichtigung der Alltagsreflexionen des Erkenntnis-‚Objekts' Mensch (nicht nur bei der Explikation von Menschenbildern, sondern) auch bei konkreten Forschungsinhalten und -strukturen einschließlich der Rückmeldung von Forschungsergebnissen an die beteiligten Untersuchungspartner?

— — Wie ist für die Betroffenen bei der Anwendung psychologischer Erkenntnisse eine größere Transparenz und Mitbeteiligung zu erzielen, so daß bei der Theorienanwendung nicht eine Determination von seiten des Wissenschaftlers/Experten entsteht?[2]

Diese Fragen bewegen sich, wie nach der Einleitung (s.o.) unmittelbar deutlich, im Spannungsfeld zwischen Monismus und Dualismus; ich halte sie auch persönlich für die im Bereich der Wissenschaftstheorie und Methodologie zentralen, von denen — vielleicht — die Entwicklung der Psychologie in Zukunft abhängen mag. In den letzten 10 Jahren habe ich, vor allem in der Lehre, z.T. auch in der Forschung, möglichst direkte Antworten auf diese Fragen versucht;

die Antworten aber haben mich selbst z.T. nicht recht zufriedengestellt, vor allem weil ihnen die Verbindung untereinander, die Kohärenz fehlte, weil sie keine zusammenhängende, befriedigende Konzeption ergaben. Und die Suche nach einer solchen konzeptuellen Kohärenz führte (zumindest mich persönlich) immer wieder zu der vorgeordneten, grundlegenden Frage: Was ist als Ausgangseinheit, als Grundbaustein des psychologischen Gegenstandsbereichs anzusetzen? Oder: Welche Komplexität sollen, ja müssen diese Einheiten haben, um eine gegenstandsadäquate psychologische Theorienbildung zu ermöglichen, besser noch zu fördern, auf jeden Fall nicht zu behindern oder gar zu verhindern? Im Laufe der Beschäftigung mit metatheoretischen Problemen wuchs in mir der Verdacht, daß dieses eigentlich als längst gelöst geltende Einheiten-Problem der Psychologie vielleicht doch noch nicht bewältigt ist. Denn unter denkpsychologischen wie auch argumentationstheoretischen Perspektiven ist es durchaus wahrscheinlich, daß gerade jener Aspekt, der sich dem aktuellen Problembewußtsein als eigentlich unproblematische Voraussetzung entzieht, am beharrlichsten gegen eine Veränderung der Kognitionsstruktur, der Problemperspektive, in diesem Fall der Gegenstands- und Wissenschaftskonzeption von Psychologie, wirksam ist. So habe ich versucht, noch einmal und möglichst unabhängig von der (oben beschriebenen) psychologie-historischen Sozialisation zu beginnen: mit der Frage nach den Ausgangseinheiten und deren gegenstandsadäquater Komplexität in der Psychologie. Ich habe versucht, mich von den wissenschaftstheoretischen Beruhigungen, die in Richtung des explizierten Sozialisationsdrucks wirken, möglichst freizumachen: jenen Argumenten, daß Wissenschaft von der Lebensrealität als Gegenstand natürlich immer nur bestimmte Merkmale, die der rationalen Analyse zugänglich sind, abheben kann; daß deswegen zwischen dem Alltagsverständnis des Psychischen und demjenigen, was in der Wissenschaft dann als Gegenstand konstituiert und d.h. konstruiert wird (vgl. Herzog 1984), Unterschiede bestehen können, ja müssen; daß diese Unterschiede nur dafür sprechen, daß wissenschaftliches Fragen eben ein Denken über Alltagswissen hinaus ist (vgl. Holzkamp 1964; 1968) und wissenschaftliche Gegenstandsauffassung bzw. -konstituierung daher notwendigerweise unterschiedlich zum Alltagsverständnis des (psychischen) Gegenstandes sein muß, damit sie der Anforderung, eine größere Rationalität zu realisieren, auch genügt. Das ist sicher grundsätzlich alles richtig. Aber gerade der Psychologe als Sozialwissenschaftler muß wissen, daß diese generellen Aussagen keine Sicherheit für den Einzelfall ergeben; daß die Diskrepanz zwischen Alltagsverständnis des Psychischen und Gegenstandskonstituierung der entsprechenden Wissenschaft (Psychologie) im Einzelfall auch einen Gegenstandsreduktionismus auf seiten der Wissenschaft beinhalten kann; daß die vorgebliche Lösung der Komplexitätsfrage beim Einheiten-Problem in der Psychologie unter Umständen nur bzw. primär die Funktion haben könnte, eine immer noch vorherrschende Methodik-Determination zu verstecken; daß, um es praktisch zu sagen, wir uns lediglich angewöhnt haben, die in der Psychologie erforschten Einheiten ‚molar‘ zu nennen, während sie de facto immer noch ‚molekular‘

sind. Und wenn es so sein sollte, dann ergeben sich von einer wirklichen, substantiellen Lösung des Einheiten-Problems aus u.U. tragfähige(re), kohärente(re) und damit dauerhafte(re) Antworten auf die oben angeführten metatheoretischen Fragen der Stunde.

I.3. Die These des ungelösten Einheiten-Problems: am Beispiel der Forschungsentwicklung zur kognitiven Verarbeitung sprachlichen Materials

Die ausführliche Begründung dieser Möglichkeit impliziert natürlich die Vermutung, daß sie zutrifft; d.h. daß auch heute noch, auch in der rezenten Theorieentwicklung der Psychologie die Komplexitätsfrage und damit das Einheiten-Problem generell nicht angemessen gelöst ist: nicht angemessen in dem Sinn, daß damit dem Lippenbekenntnis der Zielidee von der gegenseitigen Interdependenz von Gegenstand und Methode nicht Genüge getan wird. Primär möchte ich hier nicht eine wissenschaftshistorische Rekonstruktion für diese These vorlegen, weil sie nur eine Ausgangsthese für die möglichst konstruktive wissenschaftstheoretische Analyse sein soll. Ich möchte jedoch zumindest an einem Beispiel (Darstellung in diesem Unterkapitel) kurz verdeutlichen, warum und in welchem Sinn ich die in der derzeitigen Psychologie erforschten Einheiten qua Grundbausteine des Psychischen als eher molekular denn in einem gegenstandsangemessenen Sinn molar ansehe (Kritik in den Unterkapiteln I.4.-6.).

Das Beispiel entstammt dem Bereich des verbalen Lernens, d.h. des Lernens von sprachlichem Material, in dem in den letzten zwei Jahrzehnten nicht nur ein wichtiger Theorienwandel (qua Wechsel der zentralen Annahmen über das sprachverarbeitende menschliche Subjekt) erfolgt ist; zudem ist diese Theorienentwicklung mit einer konvergierenden Integration verschiedener Teildisziplinen der Psychologie, nämlich der Sprachpsychologie (Psycholinguistik), der Gedächtnisforschung und der (kognitiven) Lerntheorie einhergegangen. Ich wähle diesen Teilbereich u.a. deswegen, weil er einen meiner eigenen Forschungsschwerpunkte darstellt und ich mich deswegen halbwegs darin auszukennen glaube (vgl. Groeben 1982); vor allem jedoch, weil das Ergebnis dieser Theorienentwicklung in der zentralen Annahme einer kognitiv-konstruktiven Informationsverarbeitung des menschlichen Subjekts auch und gerade bei der Rezeption von sprachlichem Material besteht und dieser Aspekt des kognitiven Konstruktivismus völlig kohärent ist mit den anthropologischen Kernannahmen, die ich später (s.u. II.) als (Vor-)Verständnis des Gegenstands der Psychologie entwickeln möchte.

Verbales Lernen unter der Perspektive der Komplexitätsfrage der Einheiten zu diskutieren, ist, zumindest vom historischen Ansatzpunkt her, sehr plausibel und sinnvoll; denn der Beginn der Gedächtnispsychologie bei Ebbinghaus ist nicht nur durch Verwendung sprachlichen Materials, und zwar sinnloser Silben, charakterisiert, sondern manifestiert in diesen Einheiten auch sehr ‚rein' das oben skizzierte elementenpsychologische Forschungsprogramm. Dabei hat sich zudem noch in der Tat an dieser Stelle die Hoffnung auf eine idealtypische, von allen Störeinflüssen ‚befreite' Gesetzmäßigkeit relativ weitgehend erfüllt, und zwar in der von Ebbinghaus aufgestellten Vergessens- bzw. Behaltenskurve, gemäß der zunächst relativ rasch vergleichsweise viel vergessen wird und von den übrigbleibenden Resten sukzessive immer weniger (asymptotischer Verlauf der Kurve). Die weitere Forschung hat allerdings herausgearbeitet, daß für menschliches Lernen von sprachlichem Material eher die kognitiven Kodierungs- und Integrationsleistungen als Prozesse sinnorientierter Informationsverarbeitung zentral sind, die die über diese sehr formale Vergessenskurve hinaus relevanten qualitativen Aspekte der Behaltensleistung zu erklären in der Lage sind (s. ausführlicher unten).

Dabei ergibt sich in bezug auf die Komplexitätsdimension der erforschten Einheiten allerdings eine Befundlage, die der These von der prinzipiellen Gelöstheit der Komplexitätsfrage relativ eindeutig widerspricht. Es ist nämlich keinesfalls so, daß die Tendenz zu möglichst einfachen, elementaren sprachlichen Einheiten bei der Erforschung des verbalen Lernens in den zwanziger oder dreißiger Jahren der Psychologie bereits gebrochen worden wäre. Vielmehr ist die behavioristisch geprägte Phase der Gedächtnispsychologie wie auch der Psycholinguistik bis in die späten sechziger Jahre dieses Jahrhunderts hinein durch das Streben nach möglichst unkomplexen, elementaren Einheiten als Grundbausteinen der Lernprozesse gekennzeichnet; als symptomatisch dafür können die Versuchsparadigmen des seriellen Lernens und des Paar-Assoziations-Lernens angesehen werden. Allerdings wurden im Laufe der Zeit einige Modifikationen in der Einschätzung der ‚Idealität' der zugrundegelegten Einheiten vorgenommen; dabei war vor allem die ‚Sinnlosigkeit' der zumeist Konsonant-Vokal-Konsonant-Silben (K-V-K-Trigramme) thematisch, die entsprechend dem skizzierten naturwissenschaftlichen Methodologieansatz den möglichst störungsfreien, ‚reinen' Gesetzesfall garantieren sollte. Aus der Rückschau lassen sich als die empirisch bedeutsamsten Modifikationen das Konstrukt der Bedeutungshaltigkeit (m) von Noble (1952) und das Imaginationskonstrukt (I) von Paivio (1971) nennen: Noble stellte auch bei sog. sinnlosen Silben Unterschiede in der Intensität fest, mit der diese Silben Assoziationen auslösten, und nannte den quantitativen Umfang der ausgelösten Assoziationen ‚Bedeutungshaltigkeit'. Es ließ sich empirisch sichern, daß der Behaltenswert von sinnlosen Silben durchaus in Abhängigkeit von dieser Bedeutungshaltigkeit variiert; da nur ein Assoziationswert von Null im strengen (Nobleschen) Sinn ein Indikator für ‚Sinnfreiheit' (oder ‚Sinnlosigkeit') des sprachlichen Materials wäre, ist es seit Noble korrekt und notwendig, höchstens von sinnarmen Silben zu sprechen. Paivio konnte dann für solche sinnarmen Silben sichern, daß als (zugrundeliegende) Bedingung für die Bedeutungshaltigkeit anzusetzen ist: die Leichtigkeit, mit der visuelle (bildliche) Vorstellungen zu solchem sprachlichen Material entwickelt werden können; diese Leichtigkeit bezeichnet er als Imaginationswert. Im Vergleich zu den Korrelationen zwischen Bedeutungshaltigkeit (m) und Behaltenserfolg von sinnarmen Silben konnte das Imaginationskonstrukt (I) mehr als das Doppelte an Varianz aufklären (vgl. Paivio 1971). All diese Modifikationen der ‚Idealität‘ oder ‚Elementarität‘ der zugrundegelegten (sinnarmen) sprachlichen Einheiten in Experimenten der Gedächtnispsychologie und des verbalen Lernens änderten aber nichts an den grundlegenden assoziationstheoretischen Erklärungsannahmen, die bis Ende der sechziger Jahre als gültig angesetzt wurden; als diese Kernannahmen haben Anderson & Bower (1973, 10) rekonstruiert (dt. Fassung nach Treiber & Groeben 1976, 5):

1. Vorstellungen, sensorische Daten, gespeicherte Informationen und ähnliche mentale Elemente verbinden sich aufgrund von Erfahrungen (konnektionistische Annahme).
2. Sämtliche Vorstellungen sind zerlegbar in wenige grundlegende ‚einfache Vorstellungen‘ (reduktionistische oder elementaristische Annahme).
3. Den ‚einfachen Vorstellungen‘ entsprechen elementare und unstrukturierte Empfindungen (sensationistische Annahme).
4. Einfache additive Regeln genügen zur Vorhersage der Merkmale auch komplexer assoziativer Konfigurationen aus den Merkmalen der ihnen zugrundeliegenden ‚einfachen Vorstellungen‘ (mechanistische Annahme).

Diese Kernannahmen sind — zumindest unter der Komplexitätsperspektive des Einheiten-Problems — nichts als eine Manifestation eines assoziationspsychologischen Theorieansatzes, der von der Einheitenebene her als relativ elementaristisch bzw. molekular zu charakterisieren ist. An dieser Struktur änderte sich erst etwas, als man — zunächst nur zur methodischen Kontrolle — postexperimentelle Interviews durchführte über die internal ablaufenden kognitiven Prozesse z.B. beim Paar-Assoziations-Lernen, speziell über die Phase der Herstellung und Speicherung der assoziativen Verknüpfungen. Bei diesen Interviews ergaben sich 7 Klassen von sog. ‚Assoziationsstrategien‘, die nach steigender Komplexität geordnet auch eine Zunahme von konstruktiver semantischer Elaboration der ‚eigentlich‘ sinnarmen Silben implizierten (vgl. Treiber & Groeben 1976, 10):

(1) Keine Assoziationen — (2) Wiederholung — (3) einzelne Buchstaben als ‚cues‘ — (4) Buchstabenkombinationen als ‚cues‘ — (5) Wortbildung — (6) Bildung zweier aufeinander bezogener Wörter: ‚superordinates‘ — (7) Phrasenbildung (‚syntactical‘).

Diese aus den Berichten von Versuchspersonen heuristisch gewonnenen Elaborationsstrategien wurden im folgenden in einer Fülle von Untersuchungen experimentell auf ihre Häufigkeit hin überprüft, und zwar sowohl in bezug auf Anregungsbedingungen des verwendeten Behaltensmaterials als auch hinsichtlich der Wirksamkeit von Instruktionen in Richtung auf solche Elaborationsstrategien. Dabei mußten natürlich die zugrundegelegten Materialien endgültig aus der Zielidee der ‚Sinnfreiheit‘ herausgelöst werden, d.h. es wurden sinnvolle Einheiten verwendet, und zwar sowohl verbale (nämlich Wortpaare) als auch visuelle (nämlich Bildpaare). Die einschlägigen Ergebnisse (zusammengefaßt in Treiber & Groeben 1976, 14ff., denen die Argumentation hier auch im weiteren folgt) zeigen, daß in der Tat die kognitiv-semantische Elaboration bei der menschlichen Informationsverarbeitung und Gedächtnisleistung den zentralen, erklärungskräftig(er)en Prozeß darstellt.

Die semantisch-kognitiv konstruktive Elaboration wurde dabei konzipiert als eine semantische Merkmalsanalyse der zu verarbeitenden Worte sowie als propositional-semantische Tiefenstruktur der Relation dieser Worte z.B. innerhalb eines Satzes. Semantische Merkmale sind Bedeutungsaspekte, „die es erlauben, Gruppen von Wörtern von Gruppen von anderen Wörtern zu unterscheiden" (Engelkamp 1974, 81): z.B. ‚Wasser' ist beschreibbar als ‚nicht lebendig', ‚natürlich' und ‚flüssig' (Engelkamp, l.c.). Bei der Kombination von Wörtern in Sätzen müssen dann bestimmte Merkmale einander entsprechen bzw. miteinander kombinierbar sein, so impliziert das Verb ‚erziehen' für das (Erziehungs-) Objekt das Merkmal ‚menschlich', während für denselben Vorgang bei einem Objekt mit dem Merkmal ‚tierisch' im Deutschen normalerweise ‚dressieren' gesagt wird. Satzbedeutung läßt sich in diesem Sinn als Spezifikation von Wortbedeutungen auffassen (Engelkamp 1974, 102), wobei in der Regel in der Verbbedeutung bestimmte Rahmenbedingungen angelegt sind: z.B. beim Verb ‚stoppen' die Rolle desjenigen, der stoppt, sowie die Rolle dessen, der oder das gestoppt wird; die erste Rolle ist als die des Agenten (Handelnden), die zweite als die des Objekts (des Erleidenden: Patienten) zu bezeichnen. Wenn es z.B. um das Stoppen der ‚Zeit' geht, ist auf jeden Fall noch eine dritte Rolle nötig, ein Mittel: das Instrument. Diese Rollen werden in der Propositionstheorie der Sprachverarbeitung als ‚Argumente' bezeichnet. Die propositionale Tiefenstruktur eines Satzes ist daher als Prädikat-Argument-Struktur zu elaborieren (für die es natürlich noch weitere Argumenttypen gibt wie Ursache, Ursprung, Ziel, Ort, Zeit etc.). Von der propositionalen Tiefenstruktur her besteht ein Satz wie ‚Der Fischer mit der Uhr stoppte die Zeit' aus weniger Prädikat-Argument-Kombinationen als der Satz ‚Der Fischer mit der Brille stoppte die Zeit'. Obwohl die Oberflächenstruktur dieser Sätze (Anzahl der Worte, syntaktische Verbindungen etc.) identisch ist, ist der zweite Satz von der semantischen Tiefenstruktur her schwieriger und sollte daher auch größere Schwierigkeiten bei der Informationsverarbeitung und dem Behalten machen. Genau dies konnte (mit den genannten und einer Fülle vergleichbarer Sätze) auch empirisch gesichert werden (vgl. Engelkamp 1973; 1974; 1976).

Damit sind zwei wichtige Konsequenzen verbunden:

Zunächst einmal haben sich im Laufe der Theorienentwicklung (und des damit implizierten Forschungsprogrammwechsels, vgl. Treiber & Groeben 1976) die relevanten Einheiten für die Erforschung des verbalen Lernens radikal geändert: von ‚sinnlosen' über ‚sinnarme' Silben zu zunächst sinnvollen Wörtern und dann ganzen Sätzen.

Man kann auf der Grundlage solcher sinn*vollen* Einheiten die Assoziation als relationale Struktur auffassen, wie es z.B. Greeno et al. tun („relational structure with stimulus and response terms as components"; 1978, 216). Aber eine solche Re-Interpretation ist — bei Festhalten an den assoziationstheoretischen

Kernannahmen – genauso als Beziehungsatomismus zu kritisieren, wie es schon die Gestalttheorie gegenüber assoziationstheoretischen Re-Interpretationen getan hat (vgl. o. I.1.); oder es liegt mit der so rekonstruierten Forschung, wenn man die Konsequenzen einer kohärenten theoretischen Neu-Interpretation zieht, eben doch „evidence against associationist theory" (Greeno et al. 1978, 213) vor, die sich auch in der Modifikation der assoziationstheoretischen Kernannahmen manifestieren muß (z.B. in Richtung auf ‚innate ideas of relations', o.c., 8; vgl. die nächste Folgerung).

Zum zweiten ist mit diesem Einheitenwechsel auch eine vergleichsweise radikale Ersetzung der zentralen theoretischen Kernannahmen verbunden, die – wiederum nach Anderson & Bower (1973, 41; dt. Fassung bei Treiber & Groeben 1976, 34) – folgenderweise zusammengefaßt werden können:

1. Universalistische (vs. konnektionistische) Annahme: Die propositionale Elaboration sprachlicher Informationen steht dem verarbeitenden Subjekt als universale Disposition zur Verfügung.
2. Holistische (vs. reduktionistische) Annahme: Jede Informationsverarbeitung ist in Zusammenwirkung mit anderen kognitiven Prozessen und Teilsystemen zu sehen und zu erklären.
3. Intentionalistische (vs. mechanistische) Annahme: Kognitive Verarbeitung ist zielgerichtet-konstruktiv, weswegen mechanistisch-kausale Erklärungsprinzipien inadäquat und weitgehend erfolglos sind.
4. Introspektionistische (vs. empiristische) Annahme: Zur Erkenntnis solcher konstruktiver Verarbeitungsstrategien ist auch und gerade der Weg der Introspektion fruchtbar, d.h. es müssen nicht um jeden Preis experimentell-empirische Nachweise gefordert werden.

Als letzter und ergiebigster Schritt des Wechsels in den zentralen theoretischen Kernannahmen ist seit Mitte der siebziger Jahre dann die Geltung dieser Annahmen für die Verarbeitung von Texten in den Mittelpunkt des Interesses gerückt und untersucht worden, wobei sich das propositionstheoretische Elaborationsmodell auch auf dieser Einheitenebene als sinnvoll und erfolgreich erwiesen hat (vgl. ausführlicher Ballstaedt et al. 1981, 30ff.; Groeben 1982, 40ff.). Das gilt sowohl für das Textverstehen als auch für Behaltenseffekte. Ein bekanntgewordenes Beispiel (von Kintsch) ist folgender kurzer Text:

Die Griechen liebten schöne Kunstwerke. Als die Römer die Griechen besiegten, imitierten sie die Griechen und lernten so, schöne Kunstwerke zu schaffen.

Versteht man unter ‚Text' eine aufeinander bezogene, semantisch kohärente Anzahl von zwei und mehr Sätzen, stellen diese beiden Sätze die Minimalform eines Textes dar. Die hierarchische Propositionsstruktur wird nach Kintsch et al. (1975) folgenderweise notiert (dt. Fassung nach Bock 1978, 70):

1. (Lieben, Griechen, Kunstwerk):
2. (Schön, Kunstwerk)
3. (Besiegen, Römer, Griechen)
4. (Imitieren, Römer, Griechen)
5.   (Als, 3, 4)
6.   (Lernen, Römer, 8)
7.   (Konsequenz, 4, 6)
8.   (Schaffen, Römer, 2)

(Wenn in einer Proposition Ziffern auftauchen, handelt es sich um eingebettete Propositionen; die Ziffern beziehen sich auf die vorher unter der entsprechenden Nummer aufgeführte Proposition).

Daß diese propositionale Struktur bei der Verarbeitung des Textes eine Rolle spielt, haben Kintsch und Mitarbeiter sowohl in bezug auf die Lesezeit nachgewiesen (die eine lineare Funktion der Anzahl der in einem Text enthaltenen Propositionen darstellt) als auch in bezug auf die Hierarchiehöhe der Proposition.

In dem angeführten Beispiel gibt es drei Hierarchie-Ebenen (höchste, übergeordnete Ebene: Proposition 1; zweithöchste Ebene: Proposition 2, 3, 4, weil in ihnen jeweils ein Argument aus der Proposition 1 verwendet wird; dritte Ebene: Proposition 5 bis 8, die entweder Propositionen oder Argumente aus der zweiten Ebene verwenden). Es konnte gezeigt werden, daß die Propositionen umso besser behalten werden, je höher sie in der Hierarchie-Ebene des jeweiligen Textes stehen (vgl. Kintsch 1974; Kintsch & Keenan 1973; Kintsch et al. 1975).

Bei längeren, komplizierteren Texten lassen sich dann auch noch zusammenfassende, sog. Makropropositionen rekonstruieren und untersuchen, die durch die Makroregeln des Auslassen, Selektierens, Generalisierens und Konstruierens bzw. Integrierens gebildet werden (vgl. van Dijk 1980, 45ff.). Die entsprechende Forschung zu den hier als beispielhaft genannten Aspekten der Textverarbeitung soll an dieser Stelle nicht weiter ausführlich dargestellt werden; sie ist zusammengefaßt in Arbeiten wie denen von Hörmann (1976), Bock (1978), Ballstaedt et al. (1981), Groeben (1982), van Dijk & Kintsch (1983). Das wichtigste, übereinstimmende Ergebnis dieser Forschung im Bereich der Textlinguistik, Sprachpsychologie, Gedächtnisforschung und kognitiven Lerntheorien ist eingangs schon genannt worden: nämlich die kognitiv-konstruktivistische Erklärungsperspektive als Theorierahmen für die Verarbeitung von (nicht nur, aber auch sprachlicher) Information. Aus ihr folgt, daß z.B. auch das Verstehen von sprachlichem Material nicht als eine passive Rezeption zu denken ist, sondern daß dabei ebenfalls aktiv Information *geschaffen* wird, „nämlich jene Information, die wir brauchen, um die Äußerung in einen sinnvollen Zusammenhang stellen zu können" (Hörmann 1980, 27), d.h. daß Sinnverstehen auch immer Sinn*konstruktion* ist (vgl. Groeben 1982, 48ff.; Groeben 1984).

I.4. Erste Ebene der Kritik: latenter Molekularismus bei der Einheitenfestlegung

Ich habe das Beispiel der Einheitenentwicklung im Bereich der Forschung mit sprachlichem Material nicht nur benannt, sondern in einigen Aspekten auch überblicksweise inhaltlich skizziert, weil ich anhand dieser Darstellung auf drei Ebenen einsichtig machen möchte, daß das Einheiten-Problem, speziell das Komplexitätsproblem der Einheiten-Frage in der Psychologie auch heute beileibe noch nicht als befriedigend gelöst gelten kann. Dabei verdeutlichen die oben skizzierten Aspekte meine folgenden Argumente und Bewertungen, einen vollständigen Beleg können sie natürlich nicht darstellen; dafür sei auf die zitierte Überblicksliteratur verwiesen.

Auf der untersten Ebene ist anhand des skizzierten Beispiels dem eingangs angeführten Topos vom seit der Gestalttheorie gelösten Einheiten-Problem der Psychologie zunächst einmal hinsichtlich der historischen Dimension zu widersprechen. Es zeigt sich, daß molekulare Einheiten-Definitionen auch lange nach der Überwindung der Elementenpsychologie noch gang und gäbe waren, und zwar nicht nur als Ausnahmefall, sondern als der die Forschungstradition konstituierende Regelfall. Dies gilt, wie das angeführte Beispiel der Verarbeitung von sprachlichem Material nachweist, sowohl für die Gedächtnisforschung als auch für die behavioristisch geprägte Psycholinguistik und verbale Lerntheorie. Auch nach dem Zweiten Weltkrieg waren für mindestens zwei Jahrzehnte molekulare sprachliche Einheiten einschließlich der entsprechenden forschungsmethodischen und erkenntnistheoretischen Zielideen, die zumindest implizit eine starke Nähe zum elementenpsychologischen Forschungsprogramm aufweisen, absolut dominierend und die Forschungstradition bestimmend.

Nun kann man natürlich dagegen einwenden: Das mag ja alles sein, vielleicht muß man in dem einen oder anderen Gegenstandsbereich wie z.B. hier dem des verbalen Lernens die historischen Marken etwas ändern, aber die skizzierte Entwicklung dieses Forschungsbereichs zeigt doch gerade, daß die Forschung sich in der Tat von molekularen Einheiten weg zu molaren Einheiten hin bewegt hat! So kann zwar die Überwindung des Molekularismus in der Einheiten-Frage im einen oder anderen Bereich der Psychologie etwas länger gedauert haben, aber auch der hier thematisierte Forschungsbereich der Verarbeitung sprachlichen Materials zeigt, daß sie schlußendlich innerhalb einer empirischen Forschungstradition geleistet worden ist. Über den ‚richtigen' Zeitpunkt zu rechten, wäre nichts als beckmesserisch.

Ich denke allerdings, daß man es sich mit einer solchen Argumentation zu leicht machen würde. Denn zum einen ist zu bedenken, daß die implizite oder explizite These von der prinzipiellen Gelöstheit des Einheiten-Problems (und vor allem der Komplexitätsfrage dieses Problems) auch zu *den* Zeiten historisch behauptet und vertreten worden ist, in denen aus jetziger Sicht gegenstandsreduktionistische, molekulare Einheiten erforscht worden sind. Man sollte als Wissenschaftler, wenn man zu wissenschaftstheoretisch und wissenschaftshistorisch selbstkritischer Reflexion bereit ist, darin zumindest das historische Faktum sehen, daß das Komplexitätsproblem der Einheiten-Frage in der Psychologie für eine gar nicht so kurze Zeit als gelöst gegolten hat, während es dies ersichtlich keineswegs war. Und wer bzw. welches Argument gibt dann heute die Sicherheit, daß die erneut wiederholte, aufrechterhaltene Einschätzung, das Problem sei nun längst gelöst, jetzt berechtigter ist? Erst inhaltlich explizite und begründete Bewertungsdimensionen könnten mehr Vertrauen in solche formale Argumente bewirken (vgl. jedoch dazu u. II.6.).

Es kommt zweitens hinzu, daß ich persönlich z.B. auch hinsichtlich der propositionstheoretischen Modellierung von Textverarbeitung keineswegs der Meinung bin, daß damit das Komplexitätsproblem in bezug auf sprachliches Material zureichend gelöst ist. Die propositionstheoretische Modellierung beansprucht für sich einen sehr hohen Präzisions- und Intersubjektivitätscharakter z.B. bei der Beschreibung oder besser Rekonstruktion der ‚Textbasis'. Dies wird aber, zumindest auf der Ebene der Mikropropositionen, durch eine m.E. sehr problematische, mangelnde Ökonomie des Verfahrens erkauft (vgl. Groeben 1982, 53f.): Die Auflistung von Propositionen mit entsprechenden Ebenenkategorisierungen z.B. erfordert z.T. ein Vielfaches an Seiten wie der ursprüngliche Text (vgl. z.B. die explizierten Textbasen bei Kintsch 1974; 1977; Meyer 1975). Es ist wissenschaftstheoretisch allgemein akzeptiert, daß Theorien nicht, quasi wie in einem Spiegel, eine Reduplikation von Wirklichkeit leisten sollen, sondern durch Generalisierung etc. eine integrierende Vereinfachung, die es erlaubt, verschiedene konkrete Manifestationen bestimmter Fälle unter vereinheitlichende Gesetzmäßigkeiten zu subsumieren. Diese Vereinheitlichungs- und Integrationsdynamik setzt sinnvollerweise bereits auf der Beschreibungsebene an; in der Regel sind Beschreibungssysteme dadurch charakterisiert, daß sie entweder relevante, paradigmatische Fälle auswählen (Vereinfachung durch Selektion) oder aber verschiedene konkrete Manifestationsmöglichkeiten unter einer Kategorie zusammenfassen (Vereinheitlichung durch Abstraktion/Integration). Ein Beschreibungssystem, das den thematischen Ausschnitt der Realität praktisch im Erhebungsverfahren noch aufbläht, kann m.E. nicht mit zureichender Begründung als ‚molar' angesehen werden, sondern enthält eine implizite ‚Molekularisierungs'-Dynamik. Außerdem ist selbst diejenige Zielidee, um deretwillen der Preis der mangelnden Ökonomie vom propositionstheoretischen Modell eingegangen wird, nämlich die Intersubjektivität (und davon abhängig die Präzision), keineswegs so unproblematisch, wie dies auf den ersten Blick erscheint (vgl. Ballstaedt et al. 1980, 25f.; Groeben 1982, 54ff.); Ballstaedt et al. weisen auf verschiedene Probleme für die Intersubjektivität beim konkreten Rekonstruieren einer Textbasis hin:

„Wann können verschiedene Worte als lexikalische Varianten desselben Konzepts angesehen werden? Sind in unserem Text die Worte ‚Mensch' und ‚Person' Synonyme, oder sollen sie verschiedene Konzepte in der Tiefenstruktur vertreten? Dies kann nur durch Berücksichtigen des semantischen Kontextes entschieden werden, in denen sie jeweils auftreten. Das bedeutet aber, daß der Konstrukteur der Textbasis eigene Verarbeitungsprozesse zu Rate ziehen muß" (1980, 25). „Bei der *Hierarchisierung* längerer Texte treten *weitere Probleme* auf. So kommt in unseren Texten mehrfach der Fall vor, daß in einer Proposition zwei Argumente wiederholt werden. Wo soll man diese Proposition anhängen? ... Bezüglich der Hierarchisierung stellt sich wie im Verfahren von Kintsch auch bei Meyer das Problem, die richtige *Hierarchiespitze* ... zu bestimmen. Da hier keine genauen Regeln angegeben werden, muß dies weitgehend intuitiv erfolgen" (Ballstaedt et al. 1980, 29).
Ein weiteres, hypothetisches Beispiel sei angefügt. Wenn ich auf dem Hintergrund der hier vorgetragenen Kritik an anderer Stelle dieses Buches schreiben sollte: „Das propositionstheoretische Rekonstruktionsmodell ist bekanntlich ein höchst ökonomisches Beschreibungssystem", so würde dies der eine oder andere Leser eventuell als Ironie empfinden; ist nun als Textbasis im propositionstheoretischen Beschreibungsmodell innerhalb der entsprechenden Proposition ‚ökonomisch' oder ‚unökonomisch' zu notieren? Hier sind eventuell nicht nur intuitive Verstehensprozesse des Forschers gefragt, sondern es ist gegebenenfalls sogar der Rückgriff auf das Verstehen des jeweiligen Rezipienten

bzw. von bestimmten Rezipientengruppen notwendig (vgl. Groeben 1984; Groeben & Scheele 1984; Groeben et al. 1985). All dies aber wird von den Propositionstheoretikern – zumindest bisher – weder als Problem diskutiert noch akzeptiert.

Es gibt also durchaus Argumente dafür, daß auch beim gegenwärtigen Theorienstand im Bereich der Verarbeitung sprachlichen Materials das Komplexitätsproblem noch keineswegs zureichend gelöst ist. Auf dem Hintergrund der angeführten Kritik könnte man viel eher zu folgender Einschätzung kommen: Die aus der Elementenpsychologie stammende molekularistische Tendenz bei der Einheiten-Definition der Psychologie hat sich (hier verdeutlicht für den Bereich ‚Verarbeitung sprachlichen Materials') historisch auch noch weit über die ‚molaren' Einheiten der Gestaltpsychologie hinaus bis in die kontemporäre Forschungsentwicklung der Psychologie hinein erhalten, z.T. sogar durchgesetzt. Dabei wurde diese Molekularisierungstendenz vor allem gespeist aus einem Objektivitätsstreben, mit dem sie von Beginn (s.o. I.1.) bis auf den heutigen Tag stark verschmolzen ist, das aber seinerseits nicht unbedingt unproblematisch ist. Denn das Beispiel der propositionalen Textmodellierung zeigt, daß dieses Objektivitätsstreben im Bereich bedeutungshaltigen Materials und sinnorientierter Verarbeitung durch das menschliche Subjekt gar nicht so einfach zu erfüllen ist, wie das implizit unterstellt wird. Daraus ist aber die generelle Vermutung ableitbar, daß solches (quasi als unabhängige Variable fungierendes) Objektivitätsstreben gegenüber dem Gegenstandsbereich der Psychologie mit der Gefahr eines Reduktionismus verbunden sein kann. In diesem Fall würde dann die Molekularisierungstendenz einen gegenstandsinadäquaten Objektivismus mitenthalten (und umgekehrt).

I.5. Zweite Ebene der Kritik: latenter Objektivismus in der Vernachlässigung der Kommunikationsfähigkeit des Erkenntnis-‚Objekts'

Genau dieses Problem eines gegenstandsinadäquaten und potentiell reduzierenden Objektivismus thematisiert nun die Kritik auf der zweiten (und damit wichtigeren) Ebene. Das skizzierte Beispiel macht nämlich deutlich, um es zunächst eher bildhaft auszudrücken, daß sich quasi der Gegenstand gegen die Forschungsintentionen und Einheiten-Definitionen der Wissenschaftler ‚durchgesetzt' hat. Die Forschungsprogramme sowohl der Gedächtnispsychologie als auch der (behavioristischen) Psycholinguistik und Lerntheorie waren im- oder explizit durch die thematisierte Molekularisierungsdynamik einschließlich des Strebens nach dem möglichst störungsfreien ‚idealen' Gesetzesfall gekennzeichnet. Der Gegenstand der menschlichen Informationsverarbeitung hat im Laufe der Entwicklung der Forschungsprogramme die Wissenschaftler praktisch gezwungen, die zunächst eher als ‚Störungen' des ‚Idealfalls' angesetzten Aspekte der Bedeutung der sprachlichen Items und deren sinnorientierter Verarbeitung zu berücksichtigen, zu untersuchen und theoretisch zu modellieren, bis sich am Schluß diese ursprünglich als ‚Störfaktoren' eliminierten Aspekte als die für den Gegenstand ‚menschliche Informationsverarbeitung' zentrale Dimension herausgestellt haben.

Auch hier könnte man wieder einwenden: Gesetzt den Fall, es sei berechtigt, in solch metaphorischer Weise von einer ‚Durchsetzung' des Gegenstandes gegenüber den ‚Theorien' oder den ‚Forscherintentionen' zu sprechen — so zeigt doch aber die skizzierte Entwicklung des Forschungsprogramms selbst, daß eine experimentelle, hart empirisch arbeitende Psychologie den Gegenstand ihrer Theorien durchaus erreicht, ihn auf wie indirekte Weise auch immer abzubilden in der Lage ist, ihm, um es genauso bildhaft zu sagen, eine Chance gibt, sich durchzusetzen. Nichts anderes ist nach klassischem (analytischem) Wissenschaftstheorie-Verständnis ja auch die Funktion von Theorien, nämlich Prognosen und Erklärungen über Phänomene, Ereignisse, Zustände etc. des Gegenstandsbereichs abzugeben, diese zu überprüfen und gegebenenfalls bei Falsifikation zu modifizieren. Gerade die These, daß sich der Gegenstand gegen die Theorien habe ‚durchsetzen' müssen, kann man als ein Siegeszeichen eben dieser Form wissenschaftlichen Arbeitens ansehen; das empirisch experimentelle Arbeiten hat sich als flexibel erwiesen, es hat vielleicht mit zu einfachen, zu wenig komplexen, wenn es denn sein soll zu ‚molekularen' Einheiten begonnen, aber es hat sich gewandelt in Richtung auf die (wieder zugegebenerweise) ergiebigeren ‚molaren' Einheiten und deren Erforschung, deren Erklärung, deren theoretische Modellierung. Dies ist exakt die Art von Rationalität, die eine empirisch-experimentelle Psychologie für sich beansprucht, sie hat sie nachweislich erfüllt, was will man mehr?

Auch hier, denke ich, ist es ganz so einfach nicht. Sicher, der Gegenstand hat sich ‚durchgesetzt'. Aber mit welchem Forschungsaufwand, in welcher Zeit? Ich will hier nicht noch einmal darauf rekurrieren, daß während dieser Zeit wissenschaftstheoretisch-methodologisch zugleich immer die These vertreten wurde, es bestehe gar kein Grund, solche ‚Durchsetzungs'-Notwendigkeiten anzunehmen. Ich möchte vielmehr betonen, daß dieser Weg ein sehr langer und eventuell sehr unökonomischer war. Wieviele Untersuchungen sind (nicht nur, aber auch) durchgeführt, publiziert und tradiert worden, deren Ergebnisse sich wegen einer nicht-adäquaten Einheitenwahl auf dem Hintergrund der ‚Durchsetzung' des Gegenstandes gegen die Forschungsintention und Methodikstruktur schlußendlich höchstens als Sonderfälle, als bestenfalls marginal, wenn nicht vernachlässigbar erwiesen haben? Und wäre diese Forschungsenergie, wenn man sich früher und bereitwilliger der Problematisierung des Einheiten-Problems in der Psychologie zugänglich gezeigt hätte, nicht u.U. sehr viel ökonomischer, sehr viel erfolgreicher, sehr viel ergiebiger nutzbar gewesen? Man sollte daher aus der Möglichkeit eines solchen Versäumnisses und einer solchen Verschwendung von Forschungsenergie zumindest die Konsequenz ziehen, sich jetzt dem Einheiten-Problem und vor allem der Komplexitätsfrage bereitwilliger zu stellen und sie nicht abzuwehren, sondern sie als grundlegendes Problem zuzulassen, ja aktiv in den Aufmerksamkeitsmittelpunkt zu rücken. Denn die Einheiten-Frage ist – auch auf dieser zweiten Ebene – für den thematisierten Gegenstandsbereich der Verarbeitung von sprachlichem Material keineswegs eine rhetorische. Ich habe zwar das Bild gebraucht, daß sich der Gegenstand quasi gegen die Beschränkung der Forschungs- und Methodikstruktur durchgesetzt habe, dabei bleibt aber durchaus genau wie bei dem auf der ersten Ebene angesprochenen (propositionstheoretischen) Beschreibungsmodell offen, inwieweit der Gegenstand vom derzeitigen Theorienstand her relativ unreduziert abgebildet wird oder nicht. Es ist durchaus denkbar, daß mitgeschleppte und immer noch virulente molekularistische Tendenzen implizit Gegenstandsannahmen enthalten, die dem thematischen Gegenstandsbereich gegenüber unangemessen sind und dennoch durch die Forschungsstruktur mitrealisiert werden. Solange man nicht eine solche Mitrealisierung problematischer, in den Forschungsmethoden implizit enthaltener Gegenstandsannahmen (soweit wie dies möglich erscheint) ausschließen kann, gibt es m.E. keine zureichend begründete Einschätzung dafür, inwieweit ein den Gegenstand nicht mehr reduzierender – als Mindestforderung: nicht mehr in der Komplexitätsdimension reduzierender – Forschungsstand erreicht ist.

Und gerade an dieser Stelle zeigt diejenige Teildisziplin der Psychologie, die für die Explikation solcher in psychologischen Forschungsmethoden mitenthaltenen Gegenstandsannahmen zuständig wäre, ein äußerst drastisches Leistungsdefizit. Es handelt sich um die Methodenlehre, die sich selbst weitgehend auf die Adaptation bzw. Entwicklung von Auswertungsverfahren reduziert hat, ohne die dabei theoretisch-inhaltlich interessierenden Perspektiven der Relation von Methodik und theoretischen Annahmen bisher auch nur als sinnvolle Aufgabe akzeptiert zu haben. Eine systematische Analyse von eventuell mitrealisierten Gegenstandsannahmen in Abhängigkeit von den in der Forschung eingesetzten Beobachtungsverfahren, Meßmodellen, Versuchsplänen und Auswertungsansätzen ist in der psychologischen Methodenlehre bisher nicht nur praktisch unbekannt, sondern sogar als notwendige Aufgabenstellung dieser Disziplin nicht anerkannt (vgl. z.B. auch die Kritik von Herzog 1984 und besonders Gigerenzer 1981, auf die ich ausführlicher im Exkurs Eins eingehen werde); entsprechende Explikationen kommen so fast immer nur zufällig durch den Kontrast zu neuen Meßfragestellungen zustande.

Beispiel: Ein paradigmatisches Beispiel stellt die Überwindung der klassischen Testtheorie anhand des Reliabilitäts-Validitäts-Dilemmas dar (vgl. etwa Stanley 1971). Dieses Dilemma wurde unabweisbar, als man in der praxisorientierten angewandten (vor allem klinischen) Psychologie den Erfolg von therapeutischen Interventionen und damit Veränderungen in bestimmten Verhaltens- bzw. Erlebensweisen etc. messen wollte. Die klassische Testtheorie (vgl. etwa Wottawa 1980) unterstellt bekanntlich z.B. für das Konzept der Retest-Reliabilität die Konstanz der zu messenden Merkmale und führt überdies die Reliabilität als notwendige Voraussetzung für die Validität ein (mathematisch manifestiert dadurch, daß der Validitätskoeffizient nie größer werden kann als der Reliabilitätskoeffizient). Für das Ziel einer Veränderungsmessung ist dies eine offensichtlich unsinnige Voraussetzung: denn wenn in der Tat Veränderungen nicht nur angezielt, sondern sogar erfolgt sind, würde die (Retest-)Reliabilität eines Tests valide Messungen gerade unmöglich machen, die Validität des Tests seine Nicht-Reliabilität implizieren. Erst anhand dieses Testproblems ist deutlich geworden, daß die klassische Testtheorie mit ihrer Vorordnung von Reliabilität vor Validität bei einem ubiquitären Geltungsanspruch praktisch die Gegenstandsannahme impliziert, daß der Mensch kein lernendes System ist. Schlimmer noch, sie impliziert – wenn sie ohne Problembewußtsein ubiquitär angewandt wird –, daß der Mensch kein lernendes System sein kann, weil die Realisierung der ‚rein‘ mathematischen Voraussetzungen der klassischen Testtheorie jegliche Veränderung des menschlichen Subjekts (und sei sie noch so systematisch) als Nichtreliabilität des Tests desavouiert und eliminiert (vgl. Zielke 1982).

Die Situation ist also komplizierter, als die oben vorgegebene Antwort glauben machen möchte, daß die ‚Durchsetzung‘ des Gegenstandes gegen die Methodikstruktur der Theorien und Forschung einen Rationalitätsindikator für die experimentell-empirische Psychologie darstellt. Es ist vielmehr so, daß die Frage, ob die ‚Durchsetzung‘ nun bis zu einer zwar nicht vollständigen (das wird sicher nie möglich sein), aber doch möglichst weitgehend unreduzierten ‚Abbildung‘ (des psychologischen Gegenstandes) geführt hat, schlichtweg unentscheidbar sein dürfte; und zwar auch deshalb, weil die Psychologie bisher kaum Problembewußtsein und Analysen für die in Methoden, Versuchsplänen, Auswertungsmodellen etc. implizierten und bei der entsprechenden Forschung mitrealisierten Gegenstandsannahmen entwickelt hat. Um diesen Mangel zu überwinden, muß der Rückgang auf die grundlegende Frage nach der Einheiten-Definition in der Psychologie und nach der unreduzierten Komplexität dieser Einheiten, eine konstruktive Antwort anzielen, das bedeutet: wenigstens ungefähr die Richtung angeben, in der eine – zumindest von der Komplexitätsdimension her – unreduzierte Gegenstandsauffassung qua Einheiten-Definition zu suchen wäre.

Anhand des hier besprochenen Beispiels der Verarbeitung sprachlichen Materials läßt sich aus der Entwicklung dieses Forschungsbereichs auch durchaus ein Anhaltspunkt für eine solche konstruktive Richtung gewinnen. Als zentrales Bewegungsmoment für die Überwindung der sinnfreien oder sinnarmen Spracheinheiten in Richtung auf komplexere Einheiten wurden oben die Ergebnisse der postexperimentellen Interviews zum Paar-Assoziations-Lernen rekonstruiert. Das macht deutlich, wie die sprachlichen, z.T. introspektionistischen, nicht experimentell kontrollierten Äußerungen von Versuchspersonen (als Erkenntnis-‚Objekten‘) einen Fortschritt in Richtung auf eine gegenstandsangemessenere Einheitenkomplexität ermöglicht haben, die von der empirisch-experimentellen Forschungsstruktur her überhaupt nicht vorgesehen war. Dem unvoreingenommenen Beobachter muß an dieser Stelle m.E. zumindestens eine weitere *Frage* unabweisbar werden: nämlich die Frage danach, warum im Gegenstandsbereich der Psychologie trotz der Sprach- und Kommunikationsfähigkeit des Erkenntnis-‚Objekts‘ so relativ weitgehend – z.T. systematisch – von dieser Fähigkeit abgesehen wird. Im Kontext des Einheiten-Komplexitäts-Problems läßt sich also die dualistische Kritik daran, daß die Forschungsstruktur der Psychologie parallel zu den Naturwissenschaften konzipiert und konstituiert wird, auf dieses Absehen von der Sprach- und Kommunikationsfähigkeit des Erkenntnis-‚Gegenstandes' fokussieren; denn in den Naturwissenschaften verfügt der Gegenstand (bzw. das Erkenntnis-Objekt) in der Tat über solche Fähigkeiten (in der Regel) nicht, in den Geistes- oder Kulturwissenschaften aber sehr wohl. Wenn also der herausgearbeitete Molekularismus bei der Einheiten-Definition in der Psychologie in diesem Sinn mit einem historisch bedingten, naturwissenschaftsorientierten Objektivismus einhergeht, was schon von der Gestalttheorie behauptet wurde (s.o. I.1) und am hier besprochenen Beispiel auch für Forschungsentwicklungen nach dem Zweiten Weltkrieg wahrscheinlich gemacht werden konnte, so enthält das die These, daß sich dieser Objektivismus in der Psychologie vor allem in der Vermeidung oder zumindest Mindergewichtung der Kommunikation mit dem Erkenntnis-Objekt manifestiert.

Koch hat (1981) in der für ihn typischen drastischen Art diesen Objektivismus (der naturwissenschaftlichen Auffassung von Psychologie) als ‚ameaningful thinking' („the prefix has the same force as the *a* in words like *amoral*"; 1981, 259) bezeichnet. *Ameaningful thinking* fällt für ihn in den Bereich einer ‚kognitiven Pathologie' als deren Metatheorie er die ‚Epistemo-Pathologie' („epistemopathologistics"; o.c., 258) eingeführt hat.
Er hat im Rahmen dieser Epistemo-Pathologie mehrere Merkmale bzw. Regeln des *amaningful thinking* aufgestellt, von denen vor allem folgende den hier behaupteten Zusammenhang von Molekularismus und Objektivismus verdeutlichen können:
— „Facilitation of progress by making a set of arbitrary and strong symplifying assumptions (e.g., imaginary ‚boundary conditions', counterfactual assumptions re mathematical properties of the data), proposing an ‚as if' model observing that set of restrictions, and then gratefully falling prey to total amnesia for those restrictions." (o.c., 258)
— „Tendency to select — usually on extraneous bases like amenability to ‚control' or to contemplated modes of mathematical treatment — a ‚simple case' and then to assume that it will be merely a matter of time and energy until the ‚complex case' can be handled by application of easy composition rules." (l.c.)
— „If one cannot achieve stable findings when the dependant varibale is of ‚subjective' cast, then eliminate such data and concentrate on behavior! Indeed, why presume that mental events or processes exist? Why study the *subject* at all; why not study something else?" (o.c., 266)

Konstruktiv ergibt sich daraus die Möglichkeit, als erfolgversprechende Richtung für die Gegenstandsangemessenheit der Einheiten-Definition in der Psychologie zu postulieren: daß der Psychologe bei der Einheiten-Festlegung im Forschungsprozeß nicht einsame und unkommunikative Entscheidungen trifft, sondern das Erkenntnis-‚Objekt' kommunikativ mit einbezieht und ihm hier eine durchaus mitkonstituierende Rolle zugesteht. Damit ist eine konstruktive regulative Zielidee für die Lösung der Komplexitätsfrage des Einheiten-Problems angegeben, die zwar noch sehr generell ist, aber als inhaltliche Qualifikation eines entsprechenden Problembewußtseins zunächst einmal ausreicht (konkretere Ausdifferenzierungen folgen unten in Kap. 1. u. 2.).

I.6. Dritte Ebene der Kritik: die auf den Kopf gestellte Problemlösestruktur als Indikator für das Verfehlen einer adäquaten Methodik-Gegenstands-Interaktion

Die Kritikaspekte der beiden bisher besprochenen Ebenen entsprechen den Perspektiven, die schon die historisch-paradigmatische Diskussion der Gestalttheorie thematisiert hat (s.o. I.1. u. 2.), und sind dementsprechend allgemein-methodologisch und wissenschaftstheoretisch relevant; sie haben aber gerade deswegen auch den Nachteil, mit übergeordneten wissenschaftstheoretischen Positionen und Argumenten zusammenzuhängen. Es wird daher trotz allem, je nach wissenschaftstheoretischer Grundausrichtung im Spannungsfeld zwischen Monismus und Dualismus (bzw. zwischen natur- und geistes- oder sozialwissenschaftlicher Konzeption von Psychologie), vermutlich unterschiedliche Bewertungen dieser Punkte geben. Auf der dritten und letzten, wichtigsten Ebene möchte ich im Gegensatz dazu ein Argument anführen, das nicht auf generelle metatheoretische Perspektiven oder Zielideen Bezug nimmt, sondern auf die eigene objektwissenschaftliche Disziplin: die Psychologie – und das deswegen nach meiner Einschätzung (noch) zwingender ist.

Das Argument geht von der einfachen Tatsache aus, daß die Forschungsentwicklung in dem oben besprochenen Beispiel (Verarbeitung sprachlichen Materials) ganz eindeutig von elementaren molekularen zu komplexeren („zusammengesetzten') Einheiten fortgeschritten ist; diese Entwicklung in groben Zügen nachzuzeichnen, war auch der Hauptgrund dafür, das entsprechende Forschungsprogramm und seine Veränderung nicht nur zu benennen, sondern für symptomatische Schritte des Einheitenwechsels überdies das eine oder andere Beispiel anzuführen. Diese Tatsache des Beginns mit molekularen Einheiten und des Übergehens zu komplexeren Einheiten im Laufe der ‚Reifung' der Forschungstradition dürfte für den angeführten Beispielbereich unzweifelhaft sein (und ist m.E. auch in vielen anderen Forschungsprogrammen der Psychologie des 20. Jahrhunderts zu beobachten). Die Komplexität von Sachverhalten spielt nun aber auch in objektwissenschaftlichen Theorien der Psychologie, vor allem in kognitionspsychologischen Theorien des Problemlösens, eine wichtige Rolle (vgl. Dörner 1974; 1976; 1982). Wenn man wissenschaftliches Forschen als eine Variante von Problemlösen ansieht – und es spricht nichts dagegen, dies zu tun (vgl. so unterschiedliche Metatheoretiker wie Holzkamp 1964; 1968 und Herrmann 1976; 1979b) –, dann läßt sich unter dem Aspekt der Selbstanwendung (vgl. Groeben 1979a und unten II.) danach fragen, ob das wissenschaftliche Problemlösen den Ergebnissen der Problemlösepsychologie unter der Perspektve der optimalen Komplexitätskonstituierung entspricht oder nicht.

Zwischenbemerkung: Es ist an der Zeit, den bisher nur implizit eingeführten Begriff der Komplexität unter Rückgriff auf die Problemlöseforschung explizit zu definieren. Nach Dörner (1976, 80) hängt die Komplexität eines Sachverhalts von der „Anzahl von Komponenten und Vielfalt der Verknüpfungen zwischen den Komponenten" ab. Ein terminologisches Problem kommt dabei dadurch zustande, daß Dörner als eine Möglichkeit komplexitäts*reduzierender* Maßnahmen die sog. Komplexbildung anführt, die er als „die Zusammenfassung einzelner Komponenten zu einem Block (oder einer Ganzheit), die von da an als (unzerlegte) Einheit betrachtet wird", versteht (l.c.). Das Problem besteht darin, daß es bei dieser Nomenklatur vor der Komplexbildung komplexe Einheiten im Sinne von nicht-einfachen, komplizierten Einheiten gibt, und nach der Komplexbildung, die als *Komplexitätsreduzierung* eingeführt wird, ebenfalls wieder komplexe Einheiten, die jedoch zugleich als kompakter und daher einfacher gesehen werden: „Die Zusammenfassung von Sternen zu Sternenbildern, von Tönen zu einer Melodie sind Beispiele für solche Übergänge zu Komplexen." (Dörner, l.c.)

Dies kann m.E. nur zu terminologischen Mißverständnissen führen. Deshalb will ich in Vereindeutigung (und Komplexbildung) dieses Sachverhaltes unter komplexen Einheiten solche verstehen, die eine Mehrzahl von Komponenten mit einer Vielfalt von Verknüpfungen so aufweisen, daß sie zu einem Block bzw. einer Ganzheit in dem Sinn zusammengefaßt sind, daß sie als nicht weiter zu reduzierende bzw. reduzierbare Einheiten verwendet werden. Der Gegenpol besteht dann, wie bereits oben in der historischen Rekonstruktion begrifflich eingeführt und verwendet, aus molekularen Einheiten, die durch eine möglichst geringe Anzahl von Komponenten charakterisiert sind und in Abhängigkeit davon auch durch weniger Verknüpfungen; im Extremfall kann es sich um den Grenzwert *einer* Komponente handeln, die auf jeden Fall durch die Zerlegbarkeit der Einheiten (als Gegenpol zur Unzerlegbarkeit der komplexen Einheiten) erreichbar ist. Die molekularen Einheiten sind hinsichtlich der geringen Anzahl von Komponenten sicherlich einfach (einfacher als komplexe Einheiten), hinsichtlich der Integration der Verknüpfungen zu einem einheitlichen Ganzen jedoch u.U. komplizierter, weil eben nicht in einer Blockbildung zusammengefaßt. Da komplexe Einheiten unter dem Aspekt der Verknüpfungsintegration oder -zusammenfassung als einfacher gelten können im Vergleich zu molekularen, zugleich die molekularen aber intuitiv hinsichtlich der Komponentenanzahl als einfacher imponieren, werde ich bemüht sein, den Einfachheitsbegriff hier im folgenden zu vermeiden, weil er in diesem Zusammenhang nur Verwirrung stiftet. Ich setze also als zwei Pole im Sinn von Prototypen (Cantor 1981; Cantor & Mischel 1979; Rosch 1975; 1978; vgl. auch die fuzzy set-Theorie des Definierens: Kaufmann 1975) an: molekulare, elementare, weil zerlegbare bzw. eventuell zerlegte (und zugleich potentiell komplizierte) Einheiten versus komplexe, molare, unzerlegte (nicht zu reduzierende) Einheiten.

Die Rolle der Komplexität für den Problemlösungsprozeß wird von Dörner über den Auflösungsgrad bei der Betrachtung von Sachverhalten modelliert. Ein geringer Auflösungsgrad impliziert eine hochgradige Komplexbildung, d.h. eine Zusammenfassung von Komponenten zu extrem integrativen, nicht zu reduzierenden Einheiten, ein hoher Auflösungsgrad liegt bei geringer Komplexbildung, d.h. also bei eher molekularen, elementaren Einheiten vor (Dörner 1976, 18f.).

Dörner selbst gibt als Beispiel für einen geringen Auflösungsgrad an, daß man ein Auto als „Materieklumpen mit bestimmter Höhen-, Breiten- und Tiefenausdehnung und einer bestimmten Farbe, aber ohne Binnenstruktur betrachten" kann; ein höherer Auflösungsgrad läge dann vor, wenn man z.B. den Motor als aus bestimmten Einzelteilen zusammengesetzt betrachtet, d.h. also auch diese Einzelteile in der gegebenenfalls relativ komplizierten Relation zueinander analysiert (l.c.).

Hinsichtlich der Wahl des richtigen Auflösungsgrads für den Problemlöseprozeß läßt sich nun sowohl von der Alltagserfahrung als auch von der Problemlöse-

Theorie her eine ganz eindeutige Maxime angeben: man sollte ihn zunächst möglichst niedrig halten und ihn erst beim Mißerfolg des Problemlöseversuchs steigern (Dörner 1976, 19). D.h. man beginnt ökonomischerweise bei relativ komplexen Einheiten, und erst, wenn diese Betrachtungs- und Analyseebene nicht zu einer erfolgreichen Problemlösung führt, wechselt man auf weniger komplexe, molekulare Einheiten. Interessanterweise enthält das gestalttheoretische Programm diese Anforderungen — zumindest implizit — auch bereits für wissenschaftliches Arbeiten, und zwar in der Maxime, „bei der Analyse eines Phänomens ‚von oben nach unten' zu gehen" (Kebeck & Sader 1984, 200; vgl. auch Wertheimer 1971, 172). Dies ist nun aber gerade nicht die Vorgehensweise, die die skizzierte Forschungsprogrammentwicklung in der Psychologie aufweist; das oben angeführte Beispiel zeigt vielmehr eindeutig ein Ausgehen von einem relativ hohen Auflösungsgrad, der erst durch das ‚sich-Durchsetzen' des Gegenstandes abgesenkt wurde, so daß umfassendere, komplexere Einheiten in den Mittelpunkt rückten. Damit erweist sich der wissenschaftliche Problemlöseprozeß in seiner diachronischen Entwicklung als das Gegenteil einer sinnvollen Problemlösestruktur. Dieses auf-den-Kopf-Stellen sinnvoller Problemlösesequenzierungen in der wissenschaftlichen Forschungsprogrammentwicklung der Psychologie ist m.E. ein sehr starker Indikator dafür, daß erstens das Komplexitätsproblem der Einheitenfestlegung auch in der heutigen Psychologie noch nicht zureichend, d.h. gegenstandsadäquat gelöst ist bzw. wird und daß zweitens diese Ungelöstheit mit einer immer noch implizit wirksamen molekularistischen, objektivistischen Dynamik innerhalb der Forschungsstruktur der Psychologie zusammenhängt.

Entsprechend den eingangs dieses Kapitels angesprochenen generellen wissenschaftstheoretischen Zielideen der Methodik-Gegenstands-Interdependenz folgt daraus (zusammenfassend): Es gibt gute Argumente für die Annahme, daß auch im derzeitigen Entwicklungsstand der psychologischen Forschung und Theorienbildung bei der Einheitenfestlegung eine implizite Methodik-Determination, vor allem hinsichtlich der Komplexitätsdimension, virulent ist. Das bedeutet aber, daß auch heute noch die (regulative) Zielidee einer angemessenen Gegenstands-Methodik-Interaktion mit großer Wahrscheinlichkeit nicht zureichend erfüllt wird. Daher ist es berechtigt, ja sogar notwendig, trotz des wissenschaftshistorischen Topos, daß das Einheiten-Problem in der Psychologie grundsätzlich gelöst sei, dieses Problem dennoch von Grund auf noch einmal aufzurollen, und zwar vor allem unter der Komplexitätsperspektive. Für ein solches Neuaufrollen hat die bisherige Analyse (zumindest) zwei Zielideen für die Richtung der Lösungssuche ergeben:

1. In Realisation des Prinzips der Selbstanwendung sollte die Forschungsstruktur entsprechend den Theoriemodellen der Psychologie des Problemlösens als sinnvolle Problemlösesequenz konzipiert werden, d.h. als ausgehend von komplexeren Einheiten, von denen nur bei Mißerfolgen auf weniger komplexe, molekulare überzugehen ist; was im wissenschaftlichen

(Forschungs-)Problemlöseprozeß als Mißerfolg anzusehen ist und wie ein Übergang von komplexeren Einheiten auf weniger komplexe, die nicht (vollständig) aufeinander reduzierbar sind, zu denken ist, wird Gegenstand der genaueren wissenschaftstheoretischen Analyse sein (vgl. u. Kap. 3.-5.).
2. Für die Realisation solcher Komplexität sollte unter dem Aspekt der Gegenstandsangemessenheit als zentrales Differenzierungsmerkmal im Vergleich zu Gegenständen anderer (z.B. naturwissenschaftlicher) Disziplinen berücksichtigt werden, daß das ‚Objekt' der Psychologie selbst sprach-, reflexions- und kommunikationsfähig ist; das bedeutet, daß — wenn irgend möglich — dieser Sprach-, Reflexions- und Kommunikationsfähigkeit bei der Einheiten-Definition eine konstitutive Rolle eingeräumt werden sollte.

Diese Explikation ermöglicht es, (einige) potentielle Mißverständnisse auszuschließen, die durch das gewählte Beispiel (der kognitiven Verarbeitung sprachlichen Materials) und den historischen Kontext (der Gestalttheorie) möglich sind. Zunächst einmal ist festzuhalten, daß mit dem Einheiten-Problem nicht etwa nur die Frage einer adäquaten Untersuchungsebene angesprochen ist. Sicher hat die Komplexitätsfrage auch Relevanz für Strategien, mit deren Hilfe man gegenstandsangemessene Untersuchungsebenen festzulegen versuchen kann, wie z.B. ‚Abstandsvariation und Perspektivenwechsel' (Kebeck & Sader 1984, 201). Aber damit ist das Problem der ‚Wahl von Analyseebenen und Beschreibungseinheiten' (o.c., 236) keineswegs erschöpft; denn dieses Problem impliziert (zumindest) noch die beiden Aspekte, daß ‚man nicht an beliebigen Stellen und beliebiger Größe Segmentierungen vornehmen darf' (o.c., 207) und ob die entsprechenden Festlegungen allein vom Forscher oder unter Einbeziehung des Erkenntnis-‚Objekts' vorgenommen werden (vgl. o. und Kebeck & Sader 1984, 437f.).

Was die Nicht-Beliebigkeit der Segmentierung angeht, bietet die Gestalttheorie bereits das zentrale Kriterium; denn Gestalten sind nicht nur unmittelbar wahrgenommene (‚directly given': Lowry 1971, 212) komplexe Einheiten, die aus der „sachlichen Beschaffenheit des Gegebenen" (1. Satz der Gestalttheorie des Zusammenhangs nach Metzger 1963, 105) resultieren, sondern das ‚Zueinander' der Komponenten ist überdies dadurch gekennzeichnet, daß es eine *sinnvolle* Einheit bildet:

„Satz 2: Für die Bildung von Einheiten ist maßgebend das gegenseitige Verhältnis, das inhaltliche Zueinander des Gegebenen; sie kann von der Betrachtung der Beschaffenheit jedes einzelnen Elements für sich her nie verstanden werden. Natürlicherweise erscheint zusammengeschlossen, *was seiner Natur nach zusammengehört,* insofern ist die natürliche Gruppierung, Gliederung und Grenzbildung, in der klaren und lebendigen Bedeutung des Wortes, *sinnvoll.*" (Metzger 1963, 106)

Das ist der zentrale Aspekt bei der postulierten Unreduzierbarkeit bzw. Unzerlegbarkeit der komplex(er)en Einheit: die *Bedeutung* (bzw. der Sinn). Es ist sicher nicht abstreitbar, daß man (z.T.) größere (auch gestalthafte) Einheiten auf ihre einzelnen (Ausgangs-)Komponenten zurückführen (reduzieren) kann; aber es liegt bei den hier gemeinten (höherkomplexen) Einheiten keine vollständige Reduzierbarkeit in dem Sinn vor, daß die Bedeutung der komplex(er)en Einheiten bewahrt werden könnte. Die Bedeutung, die mit einer solchen Einheit verbunden ist bzw. durch sie oder in ihr konstituiert wird, ist also das entscheidende Merkmal für die Einheitenfestlegung. Unter diesem Aspekt wird auch in einem ersten Zugriff deutlich, inwiefern es sinnvoll und berechtigt ist, bei molekularen Einheiten von einem Reduktionimus zu sprechen (wie oben in 0.1.-I.2. geschehen): dann nämlich, wenn durch einen – gewohnheitsmäßigen – Molekularismus bei der Einheitenwahl unbegründet und unnötig Bedeutungen verfehlt werden, die – eventuell – für den Gegenstand ‚Mensch' konstitutiv sind (s. dazu II.).

Diese Perspektive verdeutlicht überdies, wieso die semantische Elaboration in dem skizzierten Forschungsprogramm zur Verarbeitung von sprachlichem Material oben als Beispiel für die Komplexitätssteigerung von Einheiten angeführt werden konnte. Es handelt sich um sinnstiftende Operationen, die gegebenenfalls komplexe Einheiten konstituieren, welche nicht mehr vollständig (d.h. ohne Verlust des Sinnaspekts) auf die Ausgangselemente zurückführbar sind. Das enthält in einem ersten groben Umriß auch das, was hier ganz generell unter ‚*Bedeutung*' verstanden werden soll: nämlich das *Resultat sinnstiftender Operationen, die entsprechend dem Prinzip der Sinnkonstanz* (sensu Hörmann 1976) *beschrieben werden können:*

Sinnkonstanz ihrerseits ist der ‚zielgerichtete Sog' einer ‚Erwartung der Sinnvollheit', der als ‚ausgezeichneter Zustand' (o.c., 187 u. 193) Motor z.B. auch des Sprachverstehens ist: „Der akzeptable Zustand ist gefunden, wenn die gehörte Äußerung so auf eine Welt bezogen werden kann, daß sie in ihr sinnvoll ist. Unsere subjektive Ansicht von der Welt (und nicht eine linguistische Kompetenz!) entscheidet also über die Akzeptabilität!" (o.c., 209)

Damit schließt sich zugleich der Kreis zu der angeführten Forderung nach Einbeziehung des Erkenntnis-‚Objekts' bei der Einheitenfestlegung. Denn diese sinnstiftenden Operationen werden, auch im Bereich des skizzierten Beispiels (der Verarbeitung von sprachlichem Material), nicht nur vom Forscher, sondern – mit mindestens genauso großem Gewicht – von den Versuchspersonen als Elemente der Klasse ‚Erkenntnis-Objekt' durchgeführt. Wenn also die Frage der adäquaten Einheitenfestlegung weitgehend mit dem Problem der Bedeutung dieser Einheiten deckungsgleich ist, dann ist sie unvermeidbar auch mit der Rolle verbunden, die das Erkenntnis-‚Objekt' für die Einheiten-Definition spielen darf und soll.

Die Aspekte der ‚Bedeutung' als konstitutives (Ziel-)Kriterium für die Festlegung komplexer Einheiten in der Psychologie und die Funktion des Erkenntnis-‚Objekts' für diese Festlegung werden daher in den folgenden Kapiteln immer wieder, mittelbar und unmittelbar, im Zentrum der weiteren Analyse stehen. Dabei will ich jetzt schon darauf hinweisen, daß das gewählte Beispiel der Verarbeitung sprachlichen Materials nur eine heuristische Funktion für das Umreissen der Problemperspektive erfüllen sollte und konnte; es ist also nicht nur denkbar, sondern sogar wahrscheinlich, daß die in diesem Beispiel thematischen Komplexitätsunterschiede nur einen kleinen Ausschnitt aus der gesamten (Komplexitäts-)Varianz verdeutlichen und insgesamt Einheiten-Kategorien mit sehr viel größeren und grundsätzlicheren (nicht aufeinander reduzierbaren) Unterschieden der Bedeutungshaltigkeit herauszuarbeiten sein werden (vgl. Kap. 2.).

Diese Festlegungen machen es nun allerdings nötig, das fundierende Problem, was als Gegenstand der Psychologie anzusehen sei, genauer zu diskutieren; denn nur auf der Grundlage einer solchen, zumindest vorläufigen Gegenstandsexplikation ist die Zielidee einer gegenstandsangemessenen Einheitenfestlegung argumentativ diskutierbar und verfolgbar. Bevor also die postulierten Lösungsrichtungen für das Komplexitätsproblem bei der Einheitenfestlegung ausgearbeitet werden, ist daher zumindest in groben, generellen Zügen eine Diskussion und Beantwortung der Gegenstandsfrage notwendig.

II. Das Gegenstandsproblem: ‚Handlung' und das Menschenbild des reflexions-, kommunikations- und handlungsfähigen Subjekts als Rahmen für eine adäquate Gegenstands-Methodik-Interaktion

II.1. ‚Gegenstandsvorverständnis', die gegenstandskonstituierende Funktion von Menschenbildern und das wissenschaftliche ‚Gegenstandsverständnis'

Die Gegenstandsfrage als Prämisse für die Lösung des Einheiten-Problems zu diskutieren, ist eine Manifestation des Versuchs, dualistische Argumentationen als Ausgangsperspektive zu wählen, indem der Gegenstandspol gegen die bisher in der Psychologie herrschende Übermertigkeit der Methodik-Instanz gestärkt wird. Die eingangs (s. Kap. 0.) skizzierten Aspekte der Monismus-Dualismus-Debatte werden im folgenden also in der Dimension der Gegenstandskonstituierung näher analysiert und differenzierter begründet; im Mittelpunkt soll dabei die Begründung der These stehen, daß unter der Gegenstandsperspektive die Berücksichtigung des Handelns (als Gegenpol zum Verhalten) sinnvoll und gerechtfertigt ist.

Diese Diskussion mag nach den Argumenten des ersten Kapitels — hoffentlich — plausibel und sinnvoll erscheinen, sie ist aber auf dem Hintergrund üblicher wissenschaftstheoretischer Konzeptualisierungen in der Psychologie gar nicht so unproblematisch (s.o. 0.2.). Denn nach diesen ist es so, daß die Methode (bzw. die Methoden) den Gegenstand — wissenschaftlich — konstituiert (konstituieren), indem sie an der (Alltags-)Realität bestimmte Merkmalsräume abhebt (bzw. abheben: vgl. Groeben & Westmeyer 1975, 25). Das ist präzise und in sich schlüssig formuliert, erfüllt aber beileibe nicht die Zielidee einer Methodik-Gegenstands-Interdependenz, obwohl die genannten Autoren rein verbal auch vorgeben, dieser Zielidee anzuhängen. Diese Zielvorstellung wird durch das — relativ weit verbreitete und akzeptierte — Konzept der methodikbedingten Gegenstandskonstituierung schon deshalb verfehlt, weil in diesem Konzept implizit terminologische Bedeutungspostulate enthalten sind, die einen Abbau der Übermertigkeit der Methodik-Instanz dezidiert verhindern. Denn wenn man ‚Gegenstand' durch die Merkmalsräume, die mittels wissenschaftlicher Methoden an der Realität abgehoben werden, definiert, kann man — konsequenterweise — über den Gegenstand (der Psychologie) gar nichts Sinnvolles aussagen, bevor man nicht die (vorhandenen!) Methoden der Psychologie eingesetzt hat. Und genau dies ist auch das zentrale Argument, mit dem z.B. Vertreter des Kritischen Rationalismus immer gegen das Konzept des Gegenstandsvorverständnisses (von Habermas) zu Felde gezogen sind: Es sei völlig sinnlos, ein sog. Gegenstandsvorverständnis, eventuell noch gar als Bewertungsfolie für die Angemessenheit von wissenschaftlichen Methoden, anzusetzen, weil der Gegenstand ja erst mit Hilfe dieser Methoden konstituiert wird, und vor bzw. unabhängig von dieser Konstituierung keinesfalls mit vergleichbarer oder gar größerer Präzision und Sicherheit Aussagen über diesen Gegenstand möglich sind. Was dabei zumeist – auch den Vertretern dieses Arguments? – verborgen bleibt, ist, daß diese Konsequenz lediglich analytisch aus der terminologischen Festsetzung in bezug auf die Begriffe ‚Gegenstand' und ‚Methodik' folgt, d.h. also letztlich nur eine Wiederholung der (impliziten) Begriffspostulate darstellt.

Nun gibt es aber keinen rationalen Zwang, sich bestimmten Begriffseinführungen zu beugen, wenn brauchbare Alternativmöglichkeiten vorliegen, für deren Sinnhaftigkeit gute Gründe angeführt werden können. Das bedeutet, daß zunächst einmal – will man die Gegenstandsfrage an dieser Stelle und als Bewertungsfolie für die Adäquanz von Methoden und von Lösungsmöglichkeiten des Einheiten-Problems diskutieren – zumindest in groben Umrissen Bedeutungsexplikationen einzuführen sind, die der Zielidee der Gegenstands-Methodik-Interdependenz nicht widersprechen. Unter dieser Perspektive will ich daher im folgenden unter ‚Realität' jene Wirklichkeit verstehen, die außerhalb und unabhängig von der menschlichen Erkenntnistätigkeit als existierend anzusetzen ist. ‚Gegenstand' bezeichnet dann die dem menschlichen Reflektieren (in welcher Intensität, Extensität, Systematik etc. auch immer) gegebene Realität. Wissenschaftliche ‚Methoden', unter denen ich zunächst einmal grob systematische Verfahren zur Erkenntnisgewinnung (in der Wissenschaft) verstehen will, haben dann die Funktion, an diesem Gegenstand (der Psychologie) bestimmte Merkmale abzuheben; dadurch wird der Gegenstand wissenschaftlich-methodisch konstituiert (‚konstituierter Gegenstand').

Die Unterschiede zu dem eingangs zitierten üblichen Sprachspiel der Wissenschaftstheorie sehen zunächst einmal nicht übermäßig groß aus, erweisen sich bei näherem Hinsehen jedoch als durchaus gravierend. Als erstes ist das Bedeutungspostulat für ‚Realität' unvereinbar mit erkenntnistheoretischen Positionen des Subjektiven Idealismus (und dessen radikalen Nachfolgern). Dies ist inhaltlich kein Nachteil, weil empirische Wissenschaften – und zwar sowohl Natur- als auch Sozial- bzw. Kulturwissenschaften – sowieso eine nicht-idealistische erkenntnistheoretische Grundposition implizieren. Ob man diese als eine ‚realistische' (z.B. die eines ‚kritischen Realismus'; vgl. Bischof 1966; Groeben & Westmeyer 1975) bezeichnen will oder nicht, ist m.E. nicht so wichtig, auf jeden Fall ist die Zulassung von Beobachtungsdaten bzw. die Zuschreibung einer wie auch immer gearteten Erkenntnisfunktion für methodisch gewonnene ‚Daten' (und an der soll, wenn auch mit Modifikationen, durchaus festgehalten werden) etwas, das als kleinster gemeinsamer Nenner eine nicht-idealistische erkenntnistheoretische Grundposition impliziert. In dieser Frage dürfte es auch von Marxisten über Kritische Rationalisten bis hin zu Analytischen Philosophen keinen prinzipiellen Dissens geben. Problematischer ist diese Feststellung schon unter formaler Perspektive: die Wissenschaftstheorie ist nämlich bisher in der Regel bemüht gewesen, ihre metatheoretischen Rekonstruktionen möglichst nicht vollständig erkenntnistheoretisch festzulegen und auszuarbeiten (das gilt natürlich nicht für die marxistische Position; auch vertritt Popper z.B. einen kritischen Realismus, aber in seinen wissenschaftstheoretischen Arbeiten nur implizit und ohne differenzierte Ausarbeitung). Der Vorteil liegt auf der Hand; man vermeidet auf diese Art und Weise, bestimmte erkenntnistheoretische Positionen als ‚ideologische Metabasis' (wie es vor allem der Kritische Rationalismus an der (neo-)marxistischen Sozialwissenschaft kritisiert hat, s.o. 0.2.) einzuführen: ein Argument, dem man unter dem Aspekt möglichst undogmatischen Argumentierens Sympathie entgegenbringen kann. Zugleich ist aber das Stellen der Gegenstandsfrage (womit ja auch eine Antwort angezielt ist) ohne bestimmte Minimalfestlegungen erkenntnistheoretischer Art sowieso nicht möglich. Daher sollte sich m.E. die Wissenschaftstheorie aus einer zu großen Furcht vor erkenntnistheoretischen Festlegungen freimachen; ich selbst werde in den folgenden Argumentationen jedenfalls versuchen, mich durch diese Furcht beim Explizieren z.B. der anthropologischen Grundlagen der Psychologie so wenig wie möglich einengen zu lassen. Sicherlich wird man durch implizit mitbehauptete erkenntnistheoretische Festlegungen (philosophisch) angreifbarer; doch dafür hält ja der Kritische Rationalismus durchaus den sinnvollen Trost bereit, daß es besser ist, angreifbar zu sein als zu immunisieren. Ich denke daher, daß metatheoretische Reflexionen und Rekonstruktionen der jeweiligen Einzel- bzw. Objektwissenschaft (hier der Psychologie) am meisten nützen, wenn sie einerseits erkenntnistheoretisch nicht unbedingt völlig fokussiert auf eine sehr enge Position festgelegt sind, andererseits aber auch nicht versuchen, mit möglichst allen erkenntnistheoretischen Positionen kompatibel zu sein. Diejenigen erkenntnistheoretischen Implikationen, die über die oben genannte nicht-idealistische Position hinausgehen, werden im folgenden bei der Diskussion der von mir postulierten anthropologischen Grundlagen der Psychologie mit deutlich werden.

Noch wichtiger aber sind die Konsequenzen, die aus der terminologischen Fassung des Begriffs ‚Gegenstand' folgen: das oben vorgeschlagene Bedeutungspostulat unterstellt, daß dem Menschen auch durch Reflexionsprozesse, die nicht unbedingt wissenschaftlich-methodisch sein müssen, ein Verständnis des Gegenstands der Psychologie, d.h. ein Verständnis von sich selbst, zugänglich ist. Darin manifestiert sich, daß der Wissenschaftler, zumindest in den Sozialwissenschaften, eigentlich nie bei der Stunde Null oder mit einer tabula rasa anfängt. Wissenschaftliches Fragen ist immer, wie Holzkamp es formuliert hat (1964; 1968), ein ‚Fragen über das Alltagswissen hinaus' und das heißt ein Fragen, das auf die eine oder andere Art und Weise vom Alltagswissen ausgeht. Die vorgeschlagene begriffliche Fassung des Terminus ‚Gegenstand' ermöglicht es dann durchaus, sinnvoll von einem sog. Gegenstandsvorverständnis zu sprechen; ‚Gegenstandsvorverständnis' bezeichnet in der Psychologie also das Menschenbild, wie es dem menschlichen (Selbst-)Reflektieren generell, d.h. unabhängig von wissenschaftlich-systematischen Erkenntnisweisen bzw. über sie hinaus, gegeben ist, während das durch wissenschaftliche Erkenntnismethoden konstituierte Menschenbild als (psychologisches) ‚Gegenstandsverständnis' benannt werden kann. Damit ist ein Ansatzpunkt dafür gegeben, daß dem Gegenstand von diesem Vorverständnis aus bestimmte Merkmale als mehr oder minder zentral zugeschrieben werden können (vgl. inhaltlich weiter unten) und die von den wissenschaftlichen Methoden am Gegenstand abgehobenen Merkmale mit den vom Vorverständnis als konstitutiv angesetzten verglichen werden können. Das unterstellt, wie oben in I.5. schon postuliert, daß wissenschaftliche Methoden nicht ‚rein formale' Zugangsweisen darstellen, sondern auch ‚inhaltliche' Annahmen hinsichtlich bestimmter Menschenbilder bzw. Subjektmodelle enthalten. Genau diese Voraussetzung hat neuerdings Herzog (1984) im einzelnen herausgearbeitet und begründet. Nach seiner Analyse sind psychologischen Methoden wie Theorien vorgeordnete ‚anthropologische' Kernannahmen inhärent, die sich als je spezifisches ‚Menschenmodell' zusammenfassen lassen (o.c., 81 u. 85ff.).

Beim Modell-Begriff lehnt er sich an die allgemeine Modell-Theorie von Stachowiak (1973) an und versteht mit ihm unter Modellen ‚Hilfsmittel, um Vorstellungen zu bilden, mit denen die Welt erkannt werden kann' (Herzog 1984, 85). Dabei lassen sich mehrere Funktionen solcher Modelle elaborieren: die repräsentierende, selegierende, heuristische, illustrierende (veranschaulichende) und konstituierende Funktion (o.c., 85ff.). Modelle können auf eine dieser Funktionen konzentriert sein oder auch mehrere gleichzeitig erfüllen. In unserem Zusammenhang und auch in Herzogs Argumentation ist die zentrale Funktion die gegenstandskonstituierende (o.c., 90ff.).

Die gegenstandskonstituierende Funktion von (Menschen-)Modellen bedeutet, daß mit ihnen nicht einfach ‚Realität' quasi passiv abgebildet wird, sondern daß der wissenschaftliche ‚Gegenstand' konstruktiv geschaffen wird. Herzog begründet diese konstituierende Funktion als für die Psychologie unvermeidbar von den grundlegenden erkenntnistheoretischen Merkmalen ihres Gegenstandes aus (in denen man leicht die ganz am Anfang unserer Argumentation (s.o. 0.1.) angeführte dualistische Charakterisierung des Menschen als ‚nicht-nur-Natur' wiedererkennen kann):

„Der psychologische Gegenstand ist *bekannt*, aber noch nicht *erkannt* und muß deshalb per metaphorischer Modelle erst konstituiert werden. (o.c., 90) ...
Das bedeutet, daß der Gegenstand der Psychologie nicht ‚gefunden' oder ‚entdeckt' werden kann, daß er vielmehr *geschaffen* werden muß. (o.c., 91) ...
Die Modelle der Psychologie sind metaphorische Modelle. Sie *schaffen* psychische Wirklichkeit, weil sie von andernorts importiert werden und dazu dienen, den Menschen so zu verstehen, als sei er gemäß dieser importierten Idee konstituiert. Psychologische Modelle haben im wesentlichen *Als-ob*-Charakter. (o.c., 92) ...
Wenn wir im folgenden von Modellen sprechen, so sind metaphorische Modelle gemeint, deren zentrale Funktion die Konstituierung des psychologischen Gegenstandes ist." (o.c., 93)

Auf dem Hintergrund dieser Explikation wird dann auch der rationale Kern der dualistischen Rede von der gegenstandsreduzierenden Methodik-Determination der naturwissenschaftlichen Psychologie-Konzeption klar(er). Monistische Einheitskonzeptionen von Wissenschaft gehen ja — ganz explizit — davon aus, daß die Wissenschaftlichkeit einer Disziplin durch die (rein formale) Einheitlichkeit der Erkenntnismethoden gesichert wird. Sie übersehen dabei, daß diese Methoden durchaus auch (inhaltlich) Modell-Implikationen enthalten, die gegenüber einem nicht-methodikdeterminierten Gegenstandsvorverständnis als reduktionistisch *erscheinen können* — und in der Psychologie mehrheitlich als reduktionistisch *zu bewerten sind*! Das dualistische Argument hat also im Prinzip zwei Teile:

Zunächst einmal die These, daß „psychologische Methoden immer noch als Invarianten des Forschungsprozesses verstanden" werden (Kebeck & Sader 1984, 194; vgl. auch Herzog 1984, 2ff. u. 287ff.; Aschenbach 1984). Eine ausführliche Belegung dieser These ist hier nicht nötig, weil sie, wie gesagt, mit dem Argumentationsansatz der monistischen Position selbst übereinstimmt.

Der zweite Teil ist problematischer (und wird sicher auf absehbare Zeit auch ein nicht überwindbarer Streitpunkt in der Psychologie bleiben): nämlich daß die in den naturwissenschaftlichen Methoden inhärenten, mittransportierten Menschenbildannahmen gegenüber einem zureichenden, umfassenden Gegenstandsvorverständnis vom Menschen zu kurz greifen. Die Richtung des Arguments dürfte aus dem bisherigen Analysegang generell schon deutlich geworden sein; um sie noch einmal inhaltlich zu veranschaulichen, läßt sich wieder ein ironisches Zitat von Koch (1973, 201) anführen:

„Sollten unwiderlegliche Argumente zu dem Schluß führen, daß der Mensch ein Kakerlak, eine Ratte oder ein Hund ist, so ist *das* von Bedeutung. Es wäre auch von Bedeutung, wenn wir letzte Gewißheit darüber erlangen könnten, daß der Mensch eine Telefonzentrale ist, ein Servomechanismus oder ein binärer Digitalrechner, eine auf Erfolg gerichtete Kraft, der Bindestrich im Reiz-Reaktionsprozeß, ein Reizverstärker, ein Nahrungs-, Sex- oder Libido-Energie-Umwandler, ein Rollenspieler mit besonderen Funktionen, ein Statussucher, ein ‚Ego-Kitzler' oder ein gefühlsmäßiger (bzw. tatsächlicher) Masturbierer auf Gegenseitigkeit oder ein hohler Kokon, der Ekstase durch Abbau seiner Schranken sucht, in Gemeinschaft mit anderen Kokons, die ebenso Ekstase suchen."

Auch die Mehrzahl der Global-Modelle, die Herzog (1984) herausgearbeitet hat, werden von ihm als reduktionistisch kritisiert (z.B. das Maschinen-, das Organismus-Modell etc.).

Ich will an dieser Stelle keine differenzierte Verteidigung der Reduktionismus-Kritik versuchen; dieser Versuch ist häufig gemacht worden (vgl. auch z.B. Groeben & Scheele 1977), ein entsprechender Konsens zwischen Vertretern einer naturwissenschaftlichen Psychologie-Konzeption und ihren Gegnern ist dennoch nicht in Sicht. Eine solche Verteidigung ist im hier thematischen Zusammenhang allerdings m.E. auch nicht (unbedingt) nötig; ich möchte die erarbeitete Rekonstruktion der dualistischen Position, vor allem des Konzepts ‚Gegenstandsvorverständnis', vielmehr für eine konstruktive Argumentationsrichtung nutzen: nämlich die Umrisse eines umfassenden (‚unreduzierten') Gegenstandsvorverständnisses vom Menschen entwickeln, so daß dieses Vorverständnis als Ausgangspunkt dienen kann, um im Vergleich mit dem methodisch konstituierten Gegenstandsverständnis Aspekte zu identifizieren, an denen sich die psychologische Methodik und Methodologie ändern müßte, um eine nicht-dichotomistische Wissenschaftskonzeption und innerhalb dieser eine möglichst weitgehende, interdependente Übereinstimmung von Gegenstandsvorverständnis und (wissenschaftlichem) Gegenstandsverständnis zu erreichen.

II.2. Die Ausgangsthese: Trennung von Sinnkonstituierung und Geltungsprüfung als historisches Artefakt

Wenn man die anthropologischen Kernannahmen eines nicht-reduktionistischen Gegenstandsvorverständnisses herausarbeiten will, bietet sich als Heuristik an, die fundierende historische These von der monistisch geprägten Methodik-Determination mit Bezug auf die Gegenstandsperspektive in der Psychologie näher zu analysieren und zu explizieren (ich lehne mich dabei an den Argumentationsgang von Groeben 1981a an).
Der Ausgangspunkt der Methodik-Determination ist, so lautet die These oben (0.1.), das historische Phänomen, daß die Einzelwissenschaft Psychologie nach dem Vorbild der Naturwissenschaft konzipiert und konstituiert wurde (vgl. auch Cassirer 1961, 95f.). Es ist an dieser Stelle nicht primär wichtig, warum dies so geschehen ist (Stichworte: Siegeszug der Naturwissenschaften, Kopplung von Zukunftszuversicht mit Wissenschaftsgläubigkeit etc.), sondern was an dem Vorbild der Naturwissenschaften unter anthropologischer Perspektive faszinierend und konstitutiv war; und dies war (und ist es z.T. noch), wie vor allem die ideologiekritischen Analysen des Kritischen Rationalismus gezeigt haben, eine Form von ‚Entmythologisierung' des gesamten Weltbildes. Mythologische Weltbilder, die also von der Naturwissenschaft überwunden wurden, sind vor allem dadurch charakterisiert, daß sie die Realität (auch die außermenschliche) nach dem Bild des Menschen interpretieren: anthropomorph, soziomorph und technomorph (Topitsch 1969).

‚Technomorph' (als Unterkategorie des Anthropomorphen) ist dabei nicht im Sinne (moderner) Technologie zu verstehen, sondern meint die (hellenische) Modellvorstellung der „künstlerisch-handwerklichen Tätigkeit" (o.c., 27); d.h. Dinge und Prozesse der materialen Außenwelt werden analog zum menschlichen Handlungsprozeß erklärt: durch Annahme eines personalen Akteurs und Rückgriff auf dessen ‚Absicht' (im Extremfall z.B. der Blitz, der vom zornigen Zeus geschleudert wird).

Funktion und Erfolg der Naturwissenschaften in der Neuzeit bestand zu einem großen Teil eben in der Auflösung bzw. Ausschließung solcher anthropomorphen (auch technomorphen) Weltsichten (vgl. auch Zilsel 1976). Diese erwiesen sich unter dem methodisch-systematischen Zugriff und Erklärungsbemühen der empirischen Naturwissenschaften (vor allem der Physik) als falsch bzw. nicht brauchbar (vgl. Diemer 1968, 199ff.). Eine distanzierte Beobachtung der Dinge von außen, zugleich die experimentelle Überprüfung von empirischen Abhängigkeiten führten zu ganz anderen und eben erfolgreicheren Erklärungsmodellen. Daraus resultiert, daß der Erkenntnisfortschritt der Einzel-/Objektwissen-

schaften unlösbar verbunden schien mit einer Eliminierung anthropomorpher Erklärungsansätze und das heißt mit einer zu maximierenden, im Optimalfall ausschließlichen ‚Sicht von außen'. *Dadurch etablierte sich im Bewußtsein (nicht nur) der Wissenschaftler ein Gegensatz von Sinnhaftigkeit und Realgeltung, von Sinnkonstituierung und Geltungsprüfung.*
Wenngleich auch vieles dafür spricht, daß dieser Gegensatz nur ein scheinbarer ist (vgl. u.), so hat er doch die Entwicklung der Psychologie als Einzelwissenschaft in ihrem ersten Jahrhundert stark geprägt, und zwar sowohl auf der Seite der naturwissenschaftlichen Konzeption von Psychologie als auch auf der einer nicht-naturwissenschaftlichen Psychologie. Für die naturwissenschaftliche Psychologie ist dies unmittelbar verständlich, für die sog. verstehende Psychologie (vgl. Spranger, z.T. auch schon Wundts ‚Völkerpsychologie': s.o. 0.1.) wird das erst auf den zweiten Blick deutlich: wenn man nämlich feststellt, daß mit dieser Konzeption von Psychologie in der Tat nur nach dem zu verstehenden Sinn gefragt wird, nicht nach der Realgeltung des Verstandenen im Sinne von empirisch gültigen Abhängigkeiten. Man stellte auf beiden Seiten — wie eingangs (0.1., 0.3.) bereits durch historische Belege verdeutlicht — *entweder* die Frage nach dem *Sinn oder* nach der *Realgeltung*; die Antworten implizierten eine inhaltlich unterschiedliche Entscheidung, die Voraussetzung der gegenseitigen Ausschließlichkeit dieser Fragen war eine gemeinsame. Gerade diese Dichotomie der Frage von Realgeltung und Sinnkonstituierung, die eine spezifische Manifestation der (explizierten) generellen Monismus-Dualismus-*Dichotomie* darstellt, ist als eine historische Zufälligkeit, als ein historisches Artefakt zu bewerten, das auf dem Hintergrund der Entmythologisierungserfolge der Naturwissenschaften zu verstehen (und zu erklären) ist.

Das entspricht z.B. auch der historischen Rekonstruktion von seiten Graumanns (1979), der das Neben- und Gegeneinander des ‚Verhaltens'- und ‚Handlungs'-Konzepts (als Manifestation der Monismus-Dualismus-Dichotomie innerhalb des Bereichs der Sozialwissenschaften) ebenfalls als historisch zufällig ansieht: „Dieses Nebeneinander, das innerhalb wie zwischen Psychologie und Soziologie bis heute anzutreffen ist, und das vor allem, was das Verhältnis der beiden Nachbardisziplinen betrifft, oft genug antagonistisch wirkte, ist nun alles andere als naheliegend oder gar notwendig." (o.c., 18) Graumann setzt als historischen Ausgangspunkt die ‚Koinzidenz' im Jahre 1913 an, in dem Watson sein ‚behavioristisches Manifest' publizierte und Max Weber zum ersten Mal das Konzept des Handelns als Grundbegriff einer verstehenden Soziologie entwickelte. Daß diese ‚Dichotomisierung' (so auch Graumann, o.c., 20) sich dann fast über das ganze 20. Jahrhundert hinweg im Bereich der Sozialwissenschaften fast unverrückbar durchgehalten hat, läßt sich m.E. vor allem mit den genannten Entmythologisierungserfolgen der Naturwissenschaften erklären.

Mit dem behavioristischen Programm ist nun auch gleich jene Richtung genannt, die in der Psychologie als Manifestation des Monismus die dominierende Wissenschaftskonzeption des 20. Jahrhunderts darstellt; ihre Dominanz ist sicherlich zu einem nicht geringen Teil darauf zurückzuführen, daß sich das behavioristische Programm mit der empiristischen Tradition im Bereich der Wissenschaftstheorie verbunden (bzw. verbündet) hat (vgl. auch Bruder 1982; Koch 1981, 261, ausführlich Sanders 1978), die ihrerseits (in der westlichen Welt) im Bereich der metatheoretischen Schulen die bestimmende Richtung (gewesen) ist (vom Wiener Neopositivismus über den Logischen Empirismus, Kritischen Rationalismus bis hin zur Analytischen Philosophie). Die behavioristische Konzeption von Psychologie hat schon früh das wissenschaftstheoretische Kriterium der Beobachtbarkeit als unerläßliche Voraussetzung für die Geltungsprüfung theoretischer Sätze aufgenommen und in ihrer methodologischen wie auch Gegenstandskonzeption verankert: als wissenschaftliches Konzept ist nur zuzulassen, was auf Beobachtbares zurückzuführen ist – sei es direkt (im klassischen ontologischen Behaviorismus) oder vermittelt über hypothetische Konstrukte als partiell bedingte Definitionen (im methodologischen Behaviorismus, der seit den vierziger Jahren dominierenden Spielform). Inhaltlich, d.h. auf das Gegenstands(vor)verständnis bezogen, bedeutet dies eine Konzentration auf ‚von außen' beobachtbares menschliches Verhalten (behavior).

Unter ‚Verhalten' werden dabei vor allem (beobachtbare) Reaktionen von Organismen auf Reize verstanden. Verhaltenswissenschaft beschreibt, erklärt und prognostiziert dementsprechend Verhaltensweisen als „bedingte Auftrittswahrscheinlichkeiten von Reaktionen" (Westmeyer 1973, 81). Im Verhaltensbegriff und den mit ihm verbundenen anthropologischen Kernannahmen (s.u.) wird die empiristische Ausrichtung auf die Geltungsprüfung von Theorien gegenstandsmanifest.

Allerdings gibt es immer wieder von nicht-behavioristischer Seite aus kritische Argumente dafür, daß diese ausschließliche Akzentuierung der Geltungsprüfung zugleich zu Beschränkungen der Erklärungskraft der Verhaltenstheorien geführt hat und führt: so z.B., daß im Verlauf der Entwicklung der jeweiligen Forschungsprogramme (von Watson über Hull bis Skinner) immer wieder Anomalien aufgetreten sind, die die Einbeziehung von internalen mentalen Prozessen als unabhängige Variablen notwendig machten (s.o. I.3. und u. II.4.; vgl. u.a. auch Koch 1964; 1971; 1973; Treiber & Groeben 1976; Groeben & Scheele 1977). Auch erscheint das durch diese Konzeption zu sichernde Wissen z.T. als so desintegriert, parzelliert und molekular, daß seine Brauchbarkeit für die menschliche Alltagspraxis erheblich eingeschränkt ist (vgl. z.B. Holzkamp 1972).

Die Kontraposition der methodik-determinierten Realgeltungs-Perspektive zur Sinnorientierung innerhalb der naturwissenschaftlich-behavioristischen Psychologie (-Konzeption) hat – wiederum sehr drastisch – Koch in seiner Epistemo-Pathologie folgenderweise zusammengefaßt (1981, 258):

- „10. Tendency to accept any ‚finding' conformable to some treasured methodology in preference to ‚traditional' wisdom *or* individual experience, no matter how pellucidly and frequently confirmed the nonscientistic knowledge may be."
- „11. Epistemopathy No. 10, at a certain critical-mass value, results in the *total abrogation* of the criterion that knowledge should *make sense* and in an ultimate distrust of one's own experience. If a finding does make sense, one distrusts *it*."

Dies ist sicher eine recht extreme Kritik der Konsequenzen, die das behavioristische Programm für die Gegenstandskonstituierung der Psychologie haben kann; eine Kritik, der heute nicht nur Behavioristen, sondern auch viele Forscher, die sich nicht so nennen, kaum zuzustimmen bereit sind. Es wird sehr viel häufiger darauf hingewiesen, daß in den Verhaltens-Begriff auch die von kognitivistischer Seite thematisierten Prozesse mit einbezogen werden (können). Es ist von ‚kognitiver Verhaltenstheorie/-therapie' (vgl. Mischel 1974; Thoresen & Mahoney 1974; Liebhart 1978; Jaeggi 1979; Meichenbaum 1979) und ‚subjektivem Behaviorismus' (letzteres seit Miller et al. 1960) die Rede. Nicht nur die Tatsache, daß der Begriff ‚subjektiver Behaviorismus' eigentlich eine contradictio in adjecto darstellt (Graumann 1979, 29), weist darauf hin, daß damit eine Begriffsüberziehung vorliegt, die – wie sonst auch hier – ein untaugliches Mittel zur Aufrechterhaltung von (behavioristischen) ubiquitären Geltungsansprüchen darstellt.

Scheele hat (1981) am Beispiel des Forschungsprogramms ‚Selbstkontrolle' im einzelnen herausgearbeitet, wie solche ‚Umarmungsstrategien' nur dazu führen, daß behavioristische Theoriemodelle an theoretischer Präzision und Erklärungskraft verlieren, ohne die konkurrierenden Theorienansätze (z.B. kognitiv-konstruktivistischer Art) überflüssig zu machen oder auch nur annähernd unreduziert mit abdecken zu können.

Eine nähere Analyse der – weitgehend kontroversen – Bewertung der Leistungsfähigkeit der heutigen verhaltenstheoretischen Psychologie-Konzeption ist an dieser Stelle allerdings nicht nötig (s. dazu noch unten II.4.), denn die skizzierte historische Genese der Gegenläufigkeit von Sinnkonstituierung und Realgeltung bzw. Geltungsprüfung enthält ja die These, daß diese Gegenläufigkeit unnötig ist. Damit ist auch die Vermutung verbunden, daß (etwaige) gegenstandsreduzierende Mängel der auf das ‚Verhalten' konzentrierten Psychologie-Konzeption eine artifizielle Konsequenz der ‚Sicht von außen' sind. Daher kann man sich fragen (und es ist natürlich auch immer wieder gefragt worden, s.u.), ob Konzepte, die im Bereich der Naturwissenschaften erfolgreich waren, dies auch unbedingt im Bereich des Menschlichen als Gegenstand sein müssen:

„Doch warum sollte das anthropomorphe Interpretationsmodell ‚Handeln' im menschlichen Handlungsbereich selbst unfruchtbar sein? Hier kann es ja nicht etwas nicht Vorhandenes (etwa einen Akteur) fingieren und unterstellen; hier handelt es sich ja nicht um eine fiktive Analogie ... Die These von der Unangemessenheit und Unmöglichkeit des Handlungsmodells im Bereich humanen Verhaltens kann also wissenschaftstheoretisch nicht mehr gestützt werden" (Lenk 1978, 315f.).

Damit aber kommt die ‚Sicht von innen' wieder ins Blickfeld und d.h. die Möglichkeit, den artifiziellen, (nur) historischen Gegensatz von Sinnkonstituierung und Geltungsprüfung aufzulösen; und zwar indem auch nach der ‚Sicht von innen', nach dem Sinn des Verhaltens gefragt wird, wodurch das Handeln als (wichtiger) Gegenstand postuliert ist.

Um Mißverständnissen vorzubeugen, will ich hier gleich betonen, daß mit dieser Konsequenz nicht unterstellt ist, es könnte gegenüber menschlichem Tun überhaupt keine ‚Anthropomorphisierung' geben, als ob immer und überall das ‚Handlungs'-Konzept das einzig angemessene sei. Es geht hier nicht darum, empirische Hypothesen mit ubiquitärem Geltungsanspruch für die Psychologie aufzustellen; es ist durchaus möglich und auch zu erwarten, daß eine Fülle von Prozessen im Gegenstandsbereich der Psychologie im konkreten (Erklärungs-) Fall nicht unter das Konzept der ‚Handlung' zu subsumieren ist. Gegenüber Reflexen z. B. wäre das Handlungs-Konzept daher durchaus als (unbrauchbare) ‚Anthropomorphisierung' zu kritisieren. Hier geht es eher um das Problem, daß das Konzept des Handelns nicht *vor* aller Theorienbildung und damit empirischen Forschung wegen der Überwertigkeit der Zielidee ‚Geltungsprüfung' als unwissenschaftlich ausgeschlossen wird. Auf dem Hintergrund der historischen Rekonstruktion bedeutet das die These, daß die naturwissenschaftliche ‚Entmythologisierungsdynamik' mit der Elimination des Handlungs-Konzepts im Bereich der Psychologie über das Ziel hinausgeschossen ist und deshalb diese Elimination in der Ebene des Gegenstands(vor)verständnisses zurückgenommen werden muß. Daraus folgt, daß das Interpretationsmodell ‚Handeln' für den psychologischen Gegenstandsbereich *als Möglichkeit* (wieder) einzuführen ist. Aus den verschiedensten (noch zu explizierenden: s.u. II.4.) Gründen ist m.E. diese Möglichkeit allerdings als wichtigere im Vergleich zum Verhaltens-Konzept anzusehen; im hier skizzierten historischen Zusammenhang läßt sich dafür als Grund anführen, daß die bisherige Entwicklung der Psychologie, wie mehrfach thematisiert, übermäßig durch die Verhaltens-Konzeption dominiert worden ist und daher eine (zureichende) Einbeziehung des Handlungs-Konzept ansteht (zur Struktur dieser Einbeziehung und Verbindung mit dem Verhaltens-Konzept vgl. im einzelnen unten Kap. 2.-5.).
Eine vergleichbare heuristische Funktion hat auch die Identifizierung des Sinnaspekts mit der ‚Sicht von innen' (sowie des Aspekts der Geltungsprüfung mit der ‚Sicht von außen'). Es sind dies Identifizierungen, die sich in der Geschichte der Psychologie historisch so ergeben haben; ich übernehme sie aus heuristischen Gründen zunächst, nicht um damit eine cartesianische Trennung von ‚res cogitans' und ‚res extensa' zu zementieren, sondern um diese schlußendlich in der Integration von Hermeneutik und Empirismus (mit) zu überwinden (vgl. dazu Kap. IV./6.).

Eine solche Auflösung des (in der Psychologie) nur historisch akzidentell zustandegekommenen Gegensatzes von Sinnkonstituierung und Geltungsprüfung muß nach dem bisher Gesagten zwei in der rekonstruierten historischen Analyse festgestellte Irrtümer vermeiden: zum einen den Irrtum, daß Erkenntnisfortschritt immer mit einer Eliminierung anthropomorpher Interpretationsmuster verbunden sei, zum andern den Irrtum, daß Sinnaspekte nur verstanden werden können und sich jeglicher Geltungsprüfung entziehen. Zentrale Aufgabe dieses Kapitels zum Gegenstandsproblem in der Psychologie ist es, zunächst einmal auf relativ hoher Abstraktionsebene festzustellen, ob und gegebenenfalls wie mit dem Handlungs-Begriff ein Konzept gegeben ist, das diese historisch bedingten Irrtümer zu überwinden erlaubt und zu einem auch vom Gegenstandsvorverständnis her unverkürzten Menschenbild als anthropologischer Grundvoraussetzung für eine gegenstandsadäquate Methodik führt.

II.3. Von der analytischen Handlungstheorie zum handlungstheoretischen Menschenbild in der Psychologie: das reflexions-, rationalitäts- und handlungsfähige Subjekt

Zur Explikation des ‚Handlungs'-Konzepts und des damit verbundenen (Vor-) Verständnisses vom psychologischen Gegenstand ‚Mensch' kann man auf eine umfangreiche Diskussion im Bereich der Analytischen Philosophie zurückgreifen, was wissenschaftstheoretisch interessierte Objektwissenschaftler in der Regel zunächst einmal erstaunt; denn im Streit um ‚positivistische' Tendenzen der analytischen Richtung wird von ihnen häufig übersehen, daß die Analytische Philosophie keineswegs nur aus Analytischer Wissenschaftstheorie und angrenzenden Arbeiten besteht.

Im Gegensatz zu diesem in den Einzelwissenschaften verbreiteten ‚Image' kann man auf höchster Abstraktionsebene zwei große Fragerichtungen der Analytischen Philosophie unterscheiden: einmal die Philosophie einer idealen Sprache, unter die die klassischen wissenschaftstheoretischen Analysen vom Neopositivismus über den Logischen Empirismus bis zur heutigen Analytischen Wissenschaftstheorie fallen; und zum zweiten die Philosophie der normalen (Alltags-) Sprache (der ‚ordinary language'). In der Philosophie der Alltagssprache wiederum ist die Sprechakttheorie (Austin; Searle) am bekanntesten geworden, weil sie nicht nur philosophisch, im engeren Sinne sprachphilosophisch, sondern auch objektwissenschaftlich im Bereich der Linguistik und Psycholinguistik außerordentlich wirksam geworden ist.

So ist z.B. durch die Sprechakttheorie in der Disziplin der Linguistik eine starke fachinterne Entwicklung, nämlich in Richtung auf eine Syntaktik- und Semantiktheorien überschreitende Pragmalinguistik, ausgelöst und unterstützt worden.

Mindestens genauso bedeutsam wie die Sprechakttheorie ist aber für die Analytische Philosophie, die nicht von der Konstruktion und Analyse idealer Sprache(n) ausgeht, die Analyse des Begriffs und des Konzepts ‚Handlung' geworden: die analytische Handlungstheorie. Sowohl die Sprechakt- wie auch die Handlungstheorie stellen daher – u.a. auch gerade unter der Komplexitätsperspektive – quasi ein internes Gegengewicht innerhalb der Analytischen Philosophie gegen die normative Rigorosität der auf ‚ideale Sprache' ausgerichteten Analytischen Wissenschaftstheorie dar. Die möglichst effektive Nutzung wissenschaftstheoretischer und philosophischer Arbeiten (vgl. o. 0.2.) wird daher im folgenden auch darin bestehen, diesen Bereich der Analytischen Philosophie, soweit er konstruktiv zielführend brauchbar ist, heranzuziehen; dabei soll dieses Heranziehen ebenfalls selektiv auf das objektwissenschaftliche Problem ausgerichtet sein. Ich werde daher auch in bezug auf die (analytische) Handlungsphilosophie keinen systematischen oder gar vollständigen Überblick versuchen, weil einige ihrer Problemstellungen und Lösungsentwürfe (zumindest) für die hier thematische Problemsicht unbrauchbar sind bzw. eine Sackgasse darstellen.

Das gilt nach meiner Einschätzung z.B. für das Konzept der ‚Basishandlung'.

Dieses Konzept wurde von Danto (vgl. z.B. 1977, 89ff.) eingeführt und bezeichnet Handlungen, die „nicht durch das Vollziehen einer weiteren Handlung verursacht" werden, die also nicht als Wirkung einer sie verursachenden Handlung anzusehen sind, sondern höchstens selbst als Ursache anderer Handlungen fungieren können (vgl. Danto 1977, 93f.). Dies impliziert die These, „nach der Basis-Handlungen notwendig einfache Handlungen sind — ein Paradigmafall ist das Bewegen eines Körperteils —" (vgl. Martin 1977, 111).

Ich sehe das Konzept der Basishandlung als eine elementaristische Sackgasse der analytischen Handlungstheorie an, weil damit ersichtlich versucht wird, durch Reduktion auf den einfachen Fall ein möglichst unkomplexes, unkompliziertes Paradigma für den Handlungs-Begriff zu finden, an dem alle mit dem Handlungs-Konzept verbundenen Probleme ‚optimal' einfach zu lösen sind. Abgesehen davon, daß m.E. die Diskussion des Konzepts der Basishandlung gezeigt hat, daß dies auch generell ein Irrtum war, ist es auf jeden Fall für die Lösung von *Komplexitäts*problemen, die unter Rückgriff auf das Handlungs-Konzept möglich erscheinen, unbrauchbar. Es werden also im Laufe der hier verfolgten Problemstellung z.B. Arbeiten zur Analyse von Basishandlungen nicht näher diskutiert werden.

Eine weitere Selektivität liegt sicherlich darin, daß — soweit die Handlungsperspektive thematisch wird — vor allem auf Arbeiten der analytischen Handlungstheorie und weniger auf marxistische Analysen zum Handlungs- oder Tätigkeits-Konzept zurückgegriffen werden soll. Das liegt daran, daß nach meiner Einschätzung für die mit der Komplexitätsfrage und dem Einheiten-Problem der Psychologie zusammenhängenden Aspekte die analytische Handlungstheorie differenziertere und z.T. auch präzisere Analysen bieten kann. Diese relative Differenziertheit und Präzision der Problemanalysen innerhalb der analytischen Handlungstheorie ist auch der Grund dafür, warum überhaupt das handlungstheoretische Sprachspiel im folgenden eine so relativ gewichtige Rolle spielt. Es geht nicht — zumindest nicht primär — darum, inhaltlich eine ‚handlungstheoretische Wende' in der Psychologie zu propagieren, die z.B. die ‚kognitive Wende' ablösen könnte oder sollte bzw. zu einer weiteren Wende in Richtung auf das Emotionale führen könnte (vgl. Dörner 1984, 10), sondern es sollen Gegenstands- und Methodikfragen diskutiert werden, für die das handlungstheoretische Sprachspiel zum jetzigen Zeitpunkt sowohl hinsichtlich der anthropologischen (Gegenstands-)Voraussetzungen als auch der (methodischen) Komplexitätsfrage die ergiebigsten Strukturierungs- und Lösungsaspekte beinhaltet. Das, was mit der grundsätzlichen Problematisierung der Einheiten-Frage in der Psychologie und dem damit zusammenhängenden, angezielten Menschenbild gemeint ist, ist inhaltlich im Prinzip nicht unbedingt an das handlungstheoretische Sprachspiel gebunden, zugleich aber derzeit am besten in diesem Sprachspiel zu verdeutlichen.

Die Konzepte des Verhaltens und Handelns sind in unserem Zusammenhang also als Manifestation unterschiedlicher, zu einem großen Teil antagonistisch aufeinander bezogener Menschenbilder thematisch.

Das mit dem Verhaltens-Konzept verbundene Menschenbild läßt sich – gedrängt zusammenfassend – als sog. ‚behaviorales Subjektmodell' explizieren. Der Mensch wird angesetzt als ein Subjekt, das unter der Kontrolle von Umwelt (-Reizen) steht (vgl. Skinner 1953; 1973). Diese Kontrolle funktioniert (wie beim tierischen Organismus, daher die Zulässigkeit von Ratten, Tauben etc. als Versuchs‚personen') automatisch, wodurch dem menschlichen Subjekt – zumindest implizit, zumeist aber auch explizit – Autonomie, Reflexivität und kognitive Konstruktivität abgesprochen wird (vgl. Westmeyer 1973; Mischel 1981, 268ff.). Diese Fähigkeiten bleiben dem behavioristischen Experimentator vorbehalten, auf den selbst daher das behaviorale Menschenbild nicht anzuwenden ist (vgl. Groeben & Scheele 1977, 14f.; Groeben 1979a).

Dabei ist es nicht entscheidend, ob der Behaviorist *behauptet,* daß sein Handeln als Forscher dem behavioralen Subjektmodell entspreche, sondern daß er sein Forschungs*handeln* mit dem verhaltenstheoretischen Theoriemodell *nicht erklären kann*! Herzog (1985, 621f.) weist z.B. darauf hin, daß Skinner sein Forschen als *Verhalten* wie jedes andere, d.h. als Verhalten unter Umweltkontrolle, angesehen hat (z.B. Skinner 1972): „Als psychologischer Forscher, der vor allem mit Ratten und anderen Tieren arbeitet, ist es die Kontrolle dieser Versuchstiere, die sein Verhalten formt. Zustimmend erzählt er den Witz von der Ratte, die glaubt, sie hätte den Experimentator konditioniert, weil er ihr bei jedem Hebeldruck ein Futterkorn zuwirft" schreibt Herzog (1985, 622) und zitiert Skinner: „The subjects we study reinforce us much more effectively than we reinforce them. I have been telling you simply how I have been conditioned to behave." (1972, 122) Das ist nun aber deutlich ersichtlich Unsinn: denn das hieße, daß die Ratten Ferster & Skinner zu den hochkomplexen Kombinationen von Verstärkungsplänen konditioniert hätten, die diese 1957 publiziert haben; es ist sicher sehr viel wahrscheinlicher und realistischer, daß Ferster & Skinner die Kombination der Verstärkungspläne kognitiv-planend entwickelt und nicht durch Versuch und Irrtum unter Kontrolle der Ratten-Reaktionen gefunden haben – abgesehen von den erstaunlichen kognitiven Leistungen ihrer Versuchstiere dürften sie im letzteren Fall auch noch heute mit der Aufstellung der Versuchspläne Nr. 100 folgende beschäftigt sein.
Auch die autobiographische Feststellung von Skinner, die Herzog (l.c.) zitiert, daß er gelernt habe, seine Fehler zu akzeptieren „by referring them to a personal history which was not of my making and could not be changed" (Skinner 1983, 30), zeigt, daß es sich hier nur um eine Behauptung handelt, nicht aber um eine korrekte verhaltenstheoretische Erklärung. Der Terminus ‚Fehler' hat nur Sinn, wenn er etwas unabhängig oder gerade gegen die Kontingenz der Reaktionsweisen *Intendiertes* bedeutet! Der Behaviorist ist daher, auch wenn er das Gegenteil behauptet, nicht in der Lage, sein Forschen mit der eigenen Theorie zu erklären (zu den Konsequenzen s.u. II.4.).

Die Merkmale des behavioralen Subjektmodells werden durch die paradigmatischen Forschungsstrukturen (Versuchsanordnungen und Methoden der ‚disziplinären Matrix': vgl. Kuhn 1967; Herrmann 1974; 1976) unhintergehbar und unüberspringbar mitrealisiert, und zwar in dem Sinn, wie es entsprechend dem non-statement view von Theorien oben als Form der Problemdefinition und vorgeordneten Modellimplikation expliziert worden ist. Wie schon angedeutet, sind dies Konsequenzen der ‚Sicht von außen' im Bereich des Gegenstandsverständnisses, die innerhalb des behavioristischen Ansatzes in zwei Varianten existieren (vgl. auch Friedrich 1979, 126ff.). Der klassische Behaviorismus hat ein black-box-Modell für die internalen Prozesse postuliert, d.h. dasjenige, was zwischen Reiz und Reaktion im menschlichen Subjekt abläuft, wird nicht als Gegenstand einer Wissenschaft vom Verhalten zugelassen; diese ‚radikalere' Position wird zwar heute kaum mehr vertreten, doch hat das nicht zu einer substantiellen Veränderung des Menschenbildes geführt, das Verhalten als zentrale Gegenstandskategorie postuliert. Denn der (heutige) methodologische Behaviorismus läßt zwar hypothetische Konstrukte über internale Prozesse zu, versteht jedoch die Bewußtseinsprozesse lediglich als Epiphänomene von Verhalten (vgl. Schäfer & Schaller 1976), d.h. Bewußtsein ist bestenfalls eine zusätzliche abhängige Variable, die bei der Veränderung von Verhalten auch noch auftritt, nicht aber eine entscheidende unabhängige Variable, von der die zu erklärenden Verhaltensweisen (oder Handlungen) abhängen.

Diese kurze Skizze soll an dieser Stelle genügen, weil das behaviorale Subjektmodell hier primär als heuristischer Hintergrund relevant ist, von dem sich das Menschenbild, das hinter dem Konzept der Handlung steht, in vielen Aspekten geradezu konträr abhebt: die dabei akzentuierte ‚Sicht von innen' (vgl. oben) bezieht den Sinn mit ein, „den eine Handlung für den Handelnden hat" (Brezinka 1971, 36) und damit die zielgerichtete Intention bzw. Absicht, die für die jeweilige Handlung konstitutiv ist. Diese Sinnperspektive modelliert daher notwendigerweise das menschliche Subjekt als „zukunftsbezogenes Wesen, das sich ... Ziele setzt und Hypothesen ... über seine Umwelt aufstellt" (Werbik 1978, 11). Handeln als zielgerichtetes Verhalten impliziert immer Wissen beim Handelnden, und das Menschenbild, das sich im Handlungs-Begriff manifestiert, enthält so auf jeden Fall als Kernannahme die Reflexivität und kognitive Konstruktivität des menschlichen Subjekts. Diesen Teil des Gegenstandsvorverständnisses, d.h. den kognitiven Sinnaspekt, der im Handlungs-Konzept mitgedacht ist, kann man als ‚epistemologisches Subjektmodell' explizieren (vgl. Groeben & Scheele 1977). Danach wird das menschliche Subjekt gerade nicht – wie im Behaviorismus – als in zentralen Kernannahmen unterschiedlich zum Selbstbild des Wissenschaftlers angesetzt, sondern als strukturparallel zu diesem (vgl. ‚man the scientist': Kelly 1955); d.h. es wird als ein reflexives Individuum postuliert, das Hypothesen bzw. Erklärungen generiert, überprüft und (beispielsweise) zur Handlungssteuerung anwendet. Diese Merkmale der kognitiven Reflexivität, Konstruktivität und Autonomie des menschlichen Subjekts sind durch zumindest angestrebte Rationalität gekennzeichnet (d.h., daß man das Wissen des Handelnden gegebenenfalls analog zu wissenschaftlichen Theorien als sog. ‚Subjektive Theorien' auffassen und rekonstruieren kann; vgl. Groeben & Scheele 1977; 1982).

Über diesen akzentuierend kognitiven Aspekt hinaus aber impliziert das Handlungs-Konzept noch eine weitere Perspektive, die sich auf die Voraussetzungen des mehr konkreten, manifesten Verhaltens bezieht: nämlich die grundsätzliche Handlungs-*Fähigkeit* des menschlichen Subjekts. Darunter ist prinzipiell zu verstehen, daß sich die Intentionen/Absichten des handelnden Individuums einschließlich seiner Wünsche und dem der Handlungsplanung zugrundeliegenden

Kognitionen (gegebenenfalls ‚Subjektiven Theorien') im Optimalfall auch in konkretes Verhalten umsetzen, d.h. sich im konkreten Handeln realisieren. Dahinter steht die (idealtypische) Vorstellung einer integrierten Persönlichkeit: denn es bedarf einer zureichenden Integration von Emotions-, Kognitions- und Verhaltensebene, damit dieses sich-Umsetzen von Intentionen etc. in konkrete Verhaltensweisen qua Handlungen möglich wird. Die (Optimal-)Vorstellung der integrierten Persönlichkeit ist vor allem ex negativo deutlich zu machen, z.B. mit Problemen aus dem Bereich der Klinischen Psychologie, wo häufig eben gerade diese Integration der Emotions-, Kognitions- und Verhaltensebene gestört ist.

So sind z.B. zwanghafte oder phobische Verhaltensweisen u.a. dadurch gekennzeichnet, daß kognitiv durchaus eine ‚bessere Einsicht' besteht, die sich aber nicht auf Verhaltensebene umsetzen läßt, so daß keine integrierte Handlungs-Fähigkeit vorliegt. Vergleichbares gilt für emotionale Streßzustände, in denen quasi automatisch auf weniger differenzierte, eventuell auch nicht-adäquate, auf jeden Fall nicht-gewollte Verhaltensweisen zurückgegriffen wird.

Gerade an diesen Defizienzformen menschlicher Handlungs-Fähigkeit wird aber deutlich, daß sie (die Handlungs-Fähigkeit) als ein wichtiges, grundsätzliches Merkmal im Menschenbild des Gegenstandsvorverständnisses, wie es hier angezielt ist, anzusehen ist (vgl. auch Kämmerer 1983, 65ff.); sicherlich nicht als eines, das für jede Situation oder jedes Individuum allezeit gegeben ist, das aber doch als idealtypisches, grundsätzliches Merkmal zu postulieren ist. Darin liegt zweifellos auch eine präskriptive Dimension, d.h. ein Element einer Zielvorstellung, auf dessen Legitimation ich weiter unten (II.4.) eingehen werde. Zunächst einmal ist festzuhalten, daß das hinter dem Handlungs-Begriff stehende, durch das Handlungs-Konzept gemeinte Menschenbild das eines (potentiell) reflexiv-rationalen, handlungs*fähigen* Subjekts ist — wobei in dieser zusammenfassenden Benennung die bisher explizierten Kernannahmen des Gegenstandsvorverständnisses auch im folgenden immer mitgemeint sein sollen.

Damit ist in groben Zügen das Gegenstandsvorverständnis umrissen, auf dessen Grundlage im weiteren das Einheiten-Problem mit besonderem Bezug zur Komplexitätsfrage als paradigmatischem Fall einer gegenstandsadäquaten Methodik diskutiert, analysiert und gelöst werden soll. Nun ist das Gegenstandsvorverständnis sicherlich etwas, für oder gegen das man sich *entscheiden* muß, für das es keine zwingenden, rationalen Beweise gibt. Abgesehen davon, daß die neuere wissenschaftstheoretische Analyse bei den meisten metatheoretischen Zielideen sowieso dazu geführt hat, von der Möglichkeit zwingender Beweise Abstand zu nehmen, läßt sich aber dennoch durchaus für die Brauchbarkeit und Legitimität eines solchen Gegenstandsvorverständnisses argumentieren. Es handelt sich daher zwar um eine Entscheidung für oder gegen ein bestimmtes Gegenstandsvorverständnis, die Entscheidung muß aber nicht unbegründet sein und sollte es auch nicht (so daß das Gegenstandsvorverständnis nicht als dezisionistisch zu kritisieren ist). Ich möchte im folgenden Rechtfertigungen auf vier Ebenen anführen, die z.T. im bisherigen Argumentationsgang schon angeklungen sind, aber jetzt etwas differenzierter ausgeführt werden sollen, um eine möglichst große Überzeugungskraft für das handlungstheoretische Gegenstandsvorverständnis der Psychologie zu entwickeln. Dabei sind die Argumentationsebenen nach ansteigender Wichtigkeit geordnet.

II.4. Rechtfertigung des handlungstheoretischen Gegenstandsvorverständnisses (auf vier Ebenen)

1. Das erste Argument, das sich für das Subjektmodell des reflexions- und handlungsfähigen Menschen als Gegenstandsvorverständnis in Konkurrenz zum mit dem Verhaltensbegriff verbundenen Subjektmodell anführen läßt, ergibt sich aus der Tatsache, daß man damit mehr an das Alltagsverständnis menschlicher Subjekte von sich selbst, soweit es sich in normaler Alltagssprache (ordinary language) manifestiert, anschließt; das bedeutet u.a. auch, daß dadurch deutlicher, nachvollziehbarer und kohärenter der eingangs explizierten These entsprochen wird, daß wissenschaftliches Forschen immer ein Fragen über Alltagswissen hinaus, aber eben auch vom Alltagswissen ausgehend, darstellt. Nach meiner Einschätzung gibt es für die Relation von Alltagswissen und wissenschaftlichem Forschen zwei Extrempole, die beide (gerade zur Überwindung der Monismus-Dualismus-Dichotomie) zu vermeiden sind: der eine ist das Aufgehen des wissenschaftlichen ‚Hinausfragens' im Alltagswissen, das jegliche wissenschaftliche Rationalität unberechtigterweise auf Alltagsrationalität reduzieren würde (vgl. z.B. die Kritik der Aktionsforschung unten in E.3.3.); der andere Pol ist das völlige Abgeschnittensein wissenschaftlichen Fragens vom Alltagsverständnis, wodurch unberechtigterweise auf die im Alltagswissen und in Alltagssprache angesammelten Reflexionserkenntnisse des nicht wissenschaftlich-systematisch vorgehenden Subjekts verzichtet wird. Die ausschließliche Akzentuierung der Konstruktion von ‚idealer Sprache' steht sicherlich latent in der Gefahr, diesem zweiten Extrem zu erliegen. Natürlich gibt es in der Alltagssprache Erkenntnisfehler wie Realitätsverdopplung, Ontologisierung etc., die überzeugend von der Analytischen Philosophie (z.B. Ryle – 1969 – in seinem ‚Der Begriff des Geistes') expliziert worden sind. Daraus aber die Konsequenz zu ziehen, jegliche Alltagsreflexion und die in ‚nicht-idealer Sprache' (Alltagssprache) potentiell enthaltene anthropologische Erkenntnis zu negieren und eine Wissenschaftssprache als ‚ideale' Sprache durch programmatische Elimination von alltagssprachlich zentralen anthropologischen Merkmalen (Intentionalität, Bedeutung, Sinn etc.) zu konstituieren, heißt eben, das Kind mit dem Bade auszuschütten (s.o. die Entanthropologisierung auch des anthropologischen Gegenstandsbereichs).
Insofern liegt in größerer Alltagssprachen-Nähe des Handlungs-Konzepts die produktive Möglichkeit, das Anknüpfen an Alltagswissen und zugleich das über-es-Hinausfragen optimal zu integrieren. Das erfordert natürlich, daß der Handlungs-Begriff nicht nur alltagssprachlich vage, unpräzise etc. benutzt wird,

sondern daß er möglichst explizit, präzise und brauchbar als Begriff einer epi-sprachlichen Wissenschaftsterminologie eingeführt und expliziert wird; dies wird weiter unten zu leisten sein (vgl. II.5.).

2. Eine zweite Begründungsebene betrifft die Anomalien, die das (behavioristische) Forschungsprogramm in bezug auf die zentralen Merkmale der Umweltkontrolliertheit und Reaktivität des menschlichen Subjekts aufweist (vgl. oben I.3. und vor allem Groeben & Scheele 1977; Scheele 1981).

Hier liegt natürlich der Einwand nahe, daß diese Anomalien durchaus auf der Grundlage einer Forschung, die mit dem Verhaltens-Begriff operiert, aufgewiesen und (wie schon das Eingangsbeispiel der sprachlichen Informationsverarbeitung zeigt) konstruktiv überwunden worden sei; daß also von seiten eines ursprünglich auf den Verhaltens-Begriff konzentrierten (methodologischen) Behaviorismus sowohl begriffliche Ausweitungen als auch Erweiterungen der Gegenstandskonzeption vollzogen worden seien (vgl. o. II.2.). Ein Wechsel des Sprachspiels und des programmatischen Gegenstandsvorverständnisses in Richtung auf eine handlungstheoretische Konzeption von Psychologie erscheint also als gar nicht notwendig.

Wie schon einmal kurz skizziert ist dieser in der gegenwärtigen Psychologie sehr weit verbreiteten Position m.E. nicht zuzustimmen; und zwar vor allem deshalb nicht, weil die Assimilation kognitions- bzw. intentionstheoretischer Konzepte durch eine verhaltenstheoretische Konzeption von Psychologie sowohl deren Präzision und Überprüfbarkeit entscheidend schwächt als auch in der Aufrechterhaltung des verhaltenstheoretischen Ausgangspunktes und dessen ubiquitären Geltungsanspruchs die Entwicklung und Ausarbeitung einer auf Reflexions-, Rationalitäts- und Handlungs-Fähigkeit ausgerichteten Gegenstandskonzeption be- und z.T. verhindert (das gilt auch für die adäquate Bearbeitung des Leib-Seele-Problems, die ich aber erst im Exkurs Vier behandeln werde). Daß die Assimilation kognitionstheoretischer Ansätze durch die verhaltenstheoretische Konzeption der Psychologie zu einer Verletzung theoriesprachlicher Präzisions- und Explizitheitsanforderungen führt, hat sich schon relativ frühzeitig in der metaphorisierenden Verwendung verhaltenstheoretischer Begriffe (wie Reiz, Verstärker, Kontingenz, Kontrolle etc.) im Bereich der Sprachpsychologie gezeigt (vgl. als erstes die kritische Rezension von Skinners ‚Verbal Behavior' (1957) durch Chomsky (1959); siehe auch Hörmann 1967; Groeben 1984).

Dies gilt aber auch für Gegenstandsbereiche, in denen nicht primär sprachliche Äußerungen im Mittelpunkt stehen, wie z.B. die Selbstkontrolle, für die eine metaphorisierende Verwendung verhaltenstheoretischer Begriffe in Assimilation von Konzepten wie ‚Absicht, Entschluß, Verzicht, Handlungsplanung, Bewertung' etc. ausführlich von Scheele (1981) nachgewiesen worden ist. Das bedeutet, daß hier der Wechsel in ein handlungstheoretisches Sprachspiel entgegen dem Selbstbild verhaltenstheoretischer Psychologen zu einer erheblichen Verbesserung in der Erfüllung von Präzisions- und Explizitheitsanforderungen und damit auch Überprüfungsmöglichkeiten psychologischer Theorien führt. Vergleichbares gilt für das Verhältnis von verhaltenstheoretischen vs. handlungstheoretischen Erklärungskonzepten: die verhaltenstheoretische Umarmungsstrategie der ‚immer schon einbezogenen' alternativen Erklärungsansätze führt auf der einen Seite zu interner Erklärungsinkohärenz innerhalb der einen ubiquitären Geltungsanspruch vertretenden verhaltenstheoretischen Psychologie-Konzeption, aber andererseits auch zu einer nur reduzierten, nicht vollständigen Realisierung der zentralen Gegenstandskernannahmen der handlungstheoretischen Konzeption. Dies ist ebenfalls eingehend und an konkreten Beispielen aus dem Bereich der Selbstkontroll-Forschung von Scheele (1981) herausgearbeitet worden.

Beispiel: So zeigt sich etwa, daß bei der verhaltenstheoretischen Einbeziehung des eigentlich verhaltenstheoretisch konträren Problems der ‚Selbstkontrolle' im Bereich der sog. Selbstverstärkung die verhaltenstheoretische Assimilation zu einer völlig gegenstandsinadäquaten und -inkohärenten Ziel-Mittel-Vertauschung führt. Das Aufrechterhalten des verhaltenstheoretischen Sprachspiels und seiner Erklärungskonzepte bewirkt, daß bei Selbstverstärkung die Verstärkung als das Ziel fungiert und das verstärkungsauslösende (selbstkontrollierende) Verhalten (z.B. ‚weniger rauchen' etc.) als das Mittel, um die Verstärkung (von sich selbst) zu erlangen. Dies ist aber völlig inkohärent zu einer sinnvollen (intentionalen, handlungsplanerischen) Konzeption von Selbstkontrolle; denn in ihr ist das (oberste) Handlungsziel notwendigerweise die Steigerung der Kontrolle über das eigene Verhalten (eben z.B. nur so viel zu rauchen, wie man will), und die Selbstverstärkung ist höchstens als Mittel für diesen zentralen Zweck zu konzipieren. Dementsprechend wird in einer kognitiv-intentionalen Rekonstruktion von Selbstkontrolle der Selbstverstärkung auch nur eine zusätzliche, motivationsunterstützende Funktion zugeschrieben, die dann eintritt und einzusetzen ist, wenn die direkte motivationale Wirkung der Selbstbewertung auf dem Hintergrund von Selbstkontrollfortschritten, d.h. der sukzessiv stärkeren Erreichung des ‚eigentlichen' Zielverhaltens, nicht ausreichen sollte (vgl. Scheele 1981, 232f.).

Auf generellem Abstraktionsniveau lassen sich daher die Umarmungs- und Assimilationsstrategien der verhaltenstheoretischen Psychologie-Konzeption mit der Weigerung, kognitiv-handlungstheoretische Sprach- und Erklärungsalternativen als echte Theorienkonkurrenz anzuerkennen, als immunisierende Abwehr kritisieren. Man sollte daher m.E. auf dem Hintergrund der mehrfach angesprochenen Theorienentwicklung der Psychologie auch die Konsequenz ziehen und — zumindest für bestimmte Gegenstandsteilbereiche und -probleme — in handlungstheoretische Sprach- und Erklärungsansätze überwechseln. Nur so wird vom Gegenstandsvorverständnis des reflexiven, handlungsfähigen Menschen aus eine zureichend präzise Wissenschaftssprache und eine die angezielten Gegenstandsmerkmale nicht reduzierende Theorienentwicklung möglich sein.

3. ' Die Argumente der ersten beiden Ebenen sind vor allem Zweckmäßigkeitserwägungen gewesen, wie man auf dem Hintergrund der Deskription des derzeitigen Standes der Psychologie die Ziele psychologischer Theorienbildung (Erklärung, Prognose, Anwendung etc.) am besten erreichen kann. Die dritte und vierte Ebene akzentuieren nun direkter die präskriptive Perspektive, indem z.B. auf der dritten Ebene die Moralität des Wissenschaftlers im Mittelpunkt steht.

Den Ausgangspunkt stellt dabei die interne Widersprüchlichkeit des behavioralen Subjektmodells dar (vgl. oben II.3. und Groeben & Scheele 1977, 15): nämlich daß auf der Seite des Erkenntnis-Subjekts Merkmale einer aktiven Realitätskonstruktion und Kontrolle über die Umwelt angesetzt werden, auf der Seite des Erkenntnis-Objekts jedoch die entgegengesetzten Charakteristika (Reaktivität und Kontrolle durch die Umwelt). Die interne Widersprüchlichkeit dieses Subjektmodells manifestiert sich vor allem unter dem Selbstanwendungs-Argument (tu quoque-Argument), weil die Menschenbildannahmen der Reizkontrolliertheit und Reaktivität das Erkennen des (behavioristischen) Forschers selbst nicht erklären können (s.o.). Im Gegensatz dazu sind die Menschenbildannahmen des reflexiven, potentiell rationalen und handlungsfähigen menschlichen Subjekts auch bei (Selbst-)Anwendung auf den Forscher nicht widersprüchlich. Allerdings enthält dieses ‚W(Widersprüchlichkeits)-Argument' keinen logischen Zwang, das verhaltenstheoretische Menschenbild aufzugeben (vgl. Herrmann 1979a).

Man kann diesen Widerspruch nämlich auch logisch auflösen, indem man Ebenen der Modell- (in diesem Fall Menschenbild-)Konstruktion unterscheidet. D.h. der Forscher modelliert sich selbst z.B. als ‚Modellkonstrukteur' und konzipiert innerhalb dieser Konstruktion ein Modell des Erkenntnis-Objekts, das seinerseits nicht die Qualität des Modell-Konstrukteurs enthält. Das Erkenntnis-Subjekt konzipiert sich selbst damit in einem Metamodell, das zum Objektmodell (für das Erkenntnis-Objekt) in keiner Modellrelation steht. Damit liegt eine semantisch mehrstufige Konzeption vor, die widerspruchsfrei ist, auch wenn der Forschende das Erkenntnis-Objekt so konstituiert, daß „der Sachverhalt der aktiven Realitätskonstruktion nicht thematisiert, sondern kalkuliert ‚vernachlässigt' ist" (Herrmann 1979a, 265). Man kann auf diese Weise also für die Lösung bestimmter Probleme davon ‚absehen', „daß Menschen auch aktiv-realisierende (usf.) Erkenntnissubjekte sind" (o.c., 266).

Ich will hier nicht weiter darauf eingehen, daß in dem ‚Absehen' von der aktiv-realisierenden Erkenntnisfähigkeit für bestimmte Probleme auf jeden Fall eine Einschränkung des ubiquitären Geltungsanspruchs verhaltenstheoretischer Menschenbildannahmen steckt — für Positionen mit universellem Geltungsanspruch greift also das Widersprüchlichkeits-Argument durchaus, denn ein Vermeiden von Selbstanwendung ist wegen des universellen Geltungsanspruchs nicht möglich (und das gilt z.B. für die behavioristische Psychologie; vgl. genauer Groeben 1979a). Gibt man den Ubiquitätsanspruch auf, so ist die von Herrmann skizzierte Auflösung der Widersprüchlichkeit durch Vermeiden der Selbstanwendungsnotwendigkeit logisch durchaus möglich. Wichtiger ist m.E. allerdings die Frage: *Sollte* man diese logische Möglichkeit auch nutzen? Hinweise zur Beantwortung dieser Frage sind schon in den Formulierungen von Herrmann selbst enthalten: „Kalkulierte Vernachlässigung" und „Absehen" von den selbstanwendbaren Menschenbildannahmen unterstellen m.E. indirekt, daß in der Psychologie der ‚normale' Fall in der Entwicklung selbst-anwendbarer Subjektmodelle besteht. ‚Normal' kann dabei nicht Normalität im statistischen Sinn bedeuten — wie schon aus der jahrzehntelangen Herrschaft der verhaltenstheoretischen Psychologie-Konzeption hervorgeht —, sondern setzt eine Idealnorm voraus. Diese Idealnorm selbst ist schließlich eine moralische (vgl. ausführlich Groeben 1981b); sie (und damit auch die Norm der Selbstanwendung) ist zu begründen durch das moralische Grundprinzip der Verallgemeinerung (vgl. Singer 1975), das als präzisierende Explikation der goldenen (Alltags-)Regel aufgefaßt werden kann: ‚Was Du nicht willst, das man Dir tu‘, das füg auch keinem andern zu‘. Mit Hilfe dieser Explikation ergeben sich folgende moralische Begründungsaspekte für die Selbstanwendungs-Forderung im Bereich psychologischer Erkenntnis (vgl. Groeben 1981, 121):

Das moralische Prinzip der Verallgemeinerung bezieht sich auf alle Individuen von relevanter Ähnlichkeit, d.h. die Suspendierung von Selbstanwendung muß explizit gerechtfertigt werden unter Rückgriff auf relevante Unterschiede; bei der Anwendung des Verallgemeinerungsprinzips ist von der eigenen Person auszugehen, d.h. bei der Frage der psychologischen Erkenntnis von der Person des Erkenntnis-Subjekts. Die Merkmale, die sich das Erkenntnis-Subjekt im Selbstbild zuschreibt, sollten also so weit wie möglich — gerechterweise — auch dem Erkenntnis-Objekt zugeschrieben werden; die Verallgemeinerung bezieht sich dabei konstitutiv auf den Ausschluß negativer (unerwünschter) Aspekte, im Fall der psychologischen Erkenntnissituation also auf (objektiv) negative Handlungen, Eigenschaftsannahmen etc. Hinter dem letzten Begründungsaspekt steht das ‚Prinzip der Folgen‘ (Singer 1975, 88), aus dem als wichtigste (moralische) Konsequenz die Forderung resultiert, unnötiges Leiden zu vermeiden.

Gerade dies aber ist eine Forderung, die relativ gewichtig gegen die verhaltenstheoretische Gegenstandskonzeption in der Psychologie spricht (zumindest dort, wo diese Konzeption nicht unbedingt notwendig ist); denn die Modellattribute der Reizkontrolliertheit, Reaktivität, Umweltabhängigkeit etc. stehen immer latent in der Gefahr der technologischen Pervertierbarkeit bei der Anwendung dieser Theorien in der Praxis.

Es sei hier nur auf die Anwendung z.B. des (klassischen und operanten) Konditionierens in der ‚Therapie‘ (z.B. Homosexueller) verwiesen, in der die Grenzen zur auch aus dem Konditionierungsmodell abgeleiteten ‚Gehirnwäsche‘ manchmal unauflösbar zu verschwimmen scheinen (vgl. weitere Beispiele in Groeben 1981). Da moralische Argumente nie nur an den Intellekt appellieren (können), ist es unter der (oben explizierten) Zielidee der Emotions-Kognitions-Integration aber auf jeden Fall auch sinnvoll (und eventuell sogar wirksamer als die wissenschaftliche Analyse von potentiell Leiden generierenden Anwendungsbeispielen), sich die über den Weg des Künstlerischen emotional-kognitiv integrierte, klassische Kritik des behavioristischen Menschenbildes anzusehen: nämlich den Film ‚Clockwork Orange‘ (Uhrwerk Orange) von Stanley Kubrick (1964).

Aus diesen moralischen Aspekten (des Grundprinzips der Verallgemeinerung) folgt, daß im Bereich der Psychologie primär Objektmodelle zu generieren sind, die eine Anwendung auf das Erkenntnis-Subjekt selbst ohne (pragmatische) Widersprüche erlauben. Die Suspendierung der Selbstanwendung ist danach nur zeitweilig zulässig und nur mit dem Ziel, die Voraussetzungen für die Explikation und Anwendung selbstbezüglicher Subjektmodelle im ‚Gegenstandsbereich' wiederherzustellen; d.h. sie ist unter Bezug auf relevante Subjektunterschiede und/oder die Unvermeidbarkeit von Leiden explizit zu rechtfertigen (vgl. ausführlicher Groeben 1981b, 123ff.). Das schließt verhaltenstheoretische Konzeptionen in der Psychologie nicht aus, stellt sie aber ganz eindeutig an die zweite Stelle hinter in der Selbstanwendung nicht widersprüchliche Menschenbildannahmen, d.h. fordert als generelle regulative Zielidee, daß die verhaltenstheoretische Psychologie-Konzeption erst dann — und mit expliziter Rechtfertigung — einzusetzen, auszuarbeiten und anzuwenden ist, wenn die handlungstheoretische Konzeption (als eine Variante selbstbezüglicher Menschenbild-Modellierung) nicht erfolgreich ist (ich nehme diesen Gedankengang unten in 2.3. wieder auf).

4. Damit ist die letzte Ebene der rechtfertigenden Argumentation für das Subjektmodell des reflexions-, rationalitäts- und handlungsfähigen Menschen erreicht. Dieses Menschenbild stellt zweifellos auch für sich selbst einen Wert dar — und ist in diesem objektwissenschaftlichen Sinne auch durchaus präskriptiv gemeint.

Das widerspricht natürlich dem Werturteilsfreiheits-Postulat, wie es in der Nachfolge von Max Weber vor allem die Kritischen Rationalisten nachdrücklich postuliert und propagiert haben (vgl. Albert 1968). Auch dieses Postulat halte ich für historisch überholt; ich will darauf hier nicht im einzelnen eingehen, das ist an anderer Stelle geschehen (vgl. Groeben & Scheele 1977, 122ff.; Groeben 1979b u. Exkurs Sechs). Die Argumentation geht im Grundansatz davon aus, daß auch objekttheoretische Wertungen in der Wissenschaft unvermeidbar sind; die Ebenen der methodologischen Wertungen oder der Selektion von Forschungsfragen sind eben nicht vollständig gegen Wertungen innerhalb der objekttheoretischen Einzeldisziplin abzuschotten — die unhintergehbare Mitrealisierung bestimmter Gegenstandscharakteristika durch bestimmte Methodikstrukturen (wie oben mehrfach thematisiert) sind ein Beispiel dafür. Das gilt auch für viele kryptonormative Begriffe (vgl. Brandtstädter & Montada 1977) in den Objektwissenschaften (in der Psychologie z.B. von Intelligenz über Kreativität bis zu Aggressivität), so daß man in Verfolgung einer anderen kritisch-rationalistischen Maxime, nämlich daß Explizites immer rationaler zu kritisieren ist als Implizites, sich von der falschen und gefährlichen Norm der Werturteilsfreiheit der Wissenschaften freimachen sollte, d.h. besser die in Objektwissenschaften enthaltenen Wertungen explizieren und möglichst kritisch diskutieren sollte.

Dies ist auch durchaus möglich durch die Rekonstruktion von deskriptiv-präskriptiv-gemischten Satzsystemen z.B. in der Form der Ziel-Mittel-Analyse (vgl. König 1975; Groeben 1986; s. im einzelnen unten Exkurs Sechs). Für das Gegenstandsvorverständnis bedeutet das, daß die damit angezielten Objektmodell-Merkmale auch einen positiven präskriptiven Gehalt haben und haben sollen; und zwar im wissenssoziologischen (nicht alltagssprachlichen) Sinn einer utopischen Funktion. D.h. sie stellen Merkmale dar, die von der Empirie her nicht immer gegeben sein müssen (vgl. o. II.2.), die aber als positive Entwicklungsmöglichkeit des Menschen anzusehen sind und von daher auch inhaltlich eine Zielidee psychologischer Forschung darstellen (können; vgl. zur Explikation von Modellen optimaler Entwicklung etwa Brandtstädter 1977). Dies steht ebenfalls im Gegensatz zur verhaltenstheoretischen Psychologie-Konzeption, weil die in ihr postulierten bzw. unterstellten Subjektmerkmale auf jeden Fall keine dezidiert positiven Entwicklungsmöglichkeiten des Menschen, z.T. eher negative Möglichkeiten manifestieren. Das bietet zwar den Vorteil einer relativen Erweiterung des Gegenstandsbereichs auf alle Organismen (wie er in der postulierten Geltungsbreite für Ratten, Tauben, Menschen etc. zum Ausdruck kommt), wird aber mit dem Nachteil bezahlt, daß die Forschung in bezug auf menschliche Subjekte im Prinzip von einem organismisch reduzierten, eher negativen und damit destruktiv wirkenden Subjektmodell ausgeht.

Damit mag zusammenhängen, daß die psychologische Forschung bisher in der Regel negative Gegenstände sehr viel differenzierter und ausführlicher erforscht hat als ‚positive': das gilt z.B. für Emotionen (Ärger, Angst etc. im Vergleich zu Freude, Glück), Motivationen (Aggressionen, Macht vs. Hilfeleistung, Einflußmotiv; vgl. z.B. Heckhausen 1980), Beurteilungsfehler vs. Beurteilungsrationalität usw.

Sicherlich ist die Aufkärung des Menschen über seine (psychischen) ‚Fehler' eine wichtige Funktion der wissenschaftlichen Psychologie, aber die dezidierte Wertungsabstinenz, um nicht zu sagen Wertungsfurcht, der bisherigen ‚Schulpsychologie', insbesondere der verhaltenstheoretischen Psychologie-Konzeption, hat doch weitgehend dazu geführt, daß diese ‚Aufklärung' (im relativ eingeschränkten Sinn von Desillusionierung) die primäre Funktion geworden ist. Dem setzt das Gegenstandsvorverständnis vom reflexions-, rationalitäts- und handlungsfähigen Menschen auch eine konstruktive, utopische Funktion als (zumindest gleichgewichtig) entgegen: nämlich die wissenschaftliche Psychologie in Forschung und Anwendung nicht nur darauf auszurichten, wie begrenzt der Mensch – derzeit – ist, sondern wie und wodurch er diese Grenzen (in Richtung auf eine umfassende ‚Humanität', nicht ‚Organismität') überwinden oder zumindest hinausschieben kann. Das bedeutet, daß in diesem Gegenstandsvorverständnis dezidiert auch Merkmale realisiert werden sollen, in denen sich der Wissenschaftler und der ‚Alltagsmensch' unter dem Aspekt eines idealen Selbstbildes treffen und verbinden können. Nicht zufällig steht ein solches motivational appellierendes, präskriptives Argument an letzter und wichtigster Stelle in dem Versuch der Rechtfertigung des handlungstheoretischen Gegenstandsvorverständnisses; denn man kann, wie schon eingangs konzediert, niemanden argumentativ dazu zwingen, sich für oder gegen ein solches Vorverständnis zu entscheiden. Ich hoffe aber, daß die angeführten Rechtfertigungsargumentationen auch dezidiert verhaltenstheoretisch eingestellte Forscher zumindest soweit beeindrucken können, daß sie bereit sind, sich anzuschauen, was auf dem Hintergrund dieses Gegenstandsvorverständnisses aus der Analyse des Einheiten-Problems und seiner Komplexitätsfrage für die Forschungs- und

Methodikstruktur der Psychologie resultiert. Die Perspektive der Wertungen, Moralität und vor allem Utopie innerhalb einer sozialwissenschaftlichen Psychologie auf der Grundlage eines handlungstheoretischen *Gegenstandsverständnisses* werde ich am Schluß der Gesamtanalyse (in Exkurs Sechs) wieder aufnehmen.

II.5. ‚Handlung' und ‚Handlungskomplexität': erste Begriffsexplikation

Dazu ist es (wie schon erwähnt) notwendig, den Begriff der Handlung in einem Explikations- und Präzisionsgrad einzuführen, der in etwa dem seit Jahrzehnten eingeführten Verhaltensbegriff vergleichbar ist.

‚Handeln' war oben schon als eine spezifische Unterkategorie von Verhalten angesetzt worden, nämlich als zielgerichtetes, planvolles Verhalten. Die bisherige Diskussion um den Handlungs-Begriff hat natürlich eine Fülle von möglichen definierenden Merkmalen für das, was unter ‚Handlung' oder ‚Handeln' verstanden werden soll, erbracht; die für die Psychologie relevanten und brauchbaren Explikationen akzeptieren relativ übereinstimmend — wenn auch in unterschiedlichem Differenziertheitsgrad — die zentralen Merkmale, die Handeln als ein *unter Aspekten* wie *Intentionalität, Willkürlichkeit, Planung, Sinnhaftigkeit, Ziel-, Normen-(etc.)Orientiertheit interpretativ beschriebenes Verhalten* qualifizieren.

Einige Beispiele:
— Handlungen: „als von der Person *wählbare, willkürliche* und als Mittel für ein Ziel interpretierbare Verhaltensweisen" (Werbik 1978, 8)
— „Wir verstehen darunter ein Verhalten, das (wenigstens z.T.) bewußt, auf ein Ziel ausgerichtet, geplant und beabsichtigt (intendiert, gewollt) verläuft." (Cranach et al. 1980, 24)
— „... intentional action as a basic unit of analysis that includes being future-oriented, a free choice of means, potential consciousness of goals and means, and responsibility." (Eckensberger & Meacham 1984a, 163)
— „Handeln kann aufgefaßt werden als situations-, kontext- und institutionsabhängiges, regelbezogenes norm-, wert- oder zielorientiertes, systemhaft eingebettetes, wenigstens partiell ablaufkontrolliertes oder teilbewußtes motiviertes Verhalten eines personalen oder kollektiven Akteurs, das diesem als von ihm durchgeführt zugeschrieben wird." (‚Handlung als Interpretationskonstrukt': Lenk 1978, 345)

Diese Definitionsbeispiele machen verständlich, warum in der Diskussion um das Handlungs-Konzept vor allem das Merkmal der Intentionalität im Vordergrund bzw. Mittelpunkt gestanden hat; in diesem Aspekt (der Absichtlichkeit) manifestieren sich nämlich zum größten Teil die anderen im Handlungs-Begriff mitgemeinten Merkmale bzw. sie werden durch das Charakteristikum der Intentionalität unterstellt oder sind Voraussetzungen respektive Wirkungen dieses Aspekts. So unterstellt die Intentionalität des Handelns, daß es sich um ein zielgerichtetes Verhalten handeln muß; dies wiederum setzt voraus, daß die Handlung als Mittel zur Erreichung des Zieles eingesetzt und d.h. (zumindest teilweise) willkürlich gewählt wird. Mit der (grundsätzlich, d.h. potentiell) bewußten Entscheidung für oder gegen bestimmte Handlungsmöglichkeiten als Mittel zur Erreichung eines gewollten Zieles sind (ebenfalls als prinzipielle Möglichkeit) die von Lenk angesprochenen Situations-, Institutions-, Regel-, Normen- (etc.)Bezüge impliziert; ein solches kontextvernetztes, willkürliches, zwischen mehreren Mitteln auswählendes Entscheiden vor der Ausführung der entsprechenden Verhaltensweise, wird üblicher- (und sinnvoller)weise ‚Planung‘ genannt. Als Konsequenz der vorausgesetzten Planungs- und Entscheidungsfähigkeit ist dann dem Handelnden Verantwortlichkeit (für seine Handlungen) zuzuschreiben. Diese Aspekte sind mitzudenken, wenn man als zentrales Charakteristikum des Handelnden die ‚Intention‘ definiert, wie es z.B. Brennenstuhl (1975, 215f.) tut:

„Unter ‚Intention‘ verstehe ich eine Absicht, etwas zu tun oder zu unterlassen. ... Bei der Absicht, etwas zu tun oder zu unterlassen, hat der Agent ein Ziel vor Augen, das durch das Tun bzw. durch die Unterlassung verwirklicht werden soll, das sogenannte ‚Objekt der Intention‘".

Handlungen manifestieren sich also durchaus (über das ‚Tun oder Unterlassen‘) auch als Verhalten, aber es handelt sich um Verhaltensweisen, die als intentionale beschrieben werden (können); mit dieser Beschreibung wird zugleich eine (durch die oben angeführten Aspekte gekennzeichnete) Interpretation (der Verhaltensweisen) vorgenommen. Das ist der Grund, weswegen Lenk von ‚Handlung als Interpretationskonstrukt‘ spricht, und zugleich einer der Ansatzpunkte für die konstitutive Funktion des Verstehens im Bereich handlungstheoretischer Modelle (vgl. unten, vor allem Kap. 2. u. 5.).

Die interpretative Dimension des Handlungs-Begriffs ist außerdem die Voraussetzung dafür, daß das Konzept der Handlung selbst durch Komplexbildung gekennzeichnet ist; d.h. daß die mit dem Begriff der ‚Handlung‘ gemeinten Einheiten von der Komplexität her nicht von vornherein festgelegt sind. Diese Komplexbildung im Bereich des Handlungs-Konzepts selbst ist z.B. von Rehbein (1977) als Ausgangspunkt seiner Analyse (‚komplexer Handlungen‘) gewählt worden.

Er unterscheidet sechs Stadien des Handlungsprozesses (bei komplexen Handlungen): Orientierung/Situationseinschätzung, Motivation, Zielsetzung, Plan, Ausführung und Resultat, die ihrerseits von objektiven Kategorien des Handlungsrahmens (Handlungsfeld, Interaktionsraum, Kontrollfeld, Bedürfnisse) sowie subjektiven Kategorien (mentale Dimension: Wissen, Wahrnehmung, Bewertung, Glauben, Fähigkeit, Motivation) beeinflußt werden (vgl. Abb. 2).

In der Einschätzung der Situation manifestieren sich vor allem Bewertungen des Handlungskontextes (der Situation); das Stadium der Motivation faßt den Rückbezug auf Bedürfnisse, Werte, Einstellungen etc. zusammen, die Zielsetzung ist die (mehr oder minder bewußte) Entscheidung für das konkrete individuelle Anstreben eines bestimmten Sachverhalts als Ergebnis der damit intendierten spezifischen Handlung — mit der Zielsetzung geht nach Rehbein das, was er die Vorgeschichte der Handlung nennt, zuende. Innerhalb des Sta-

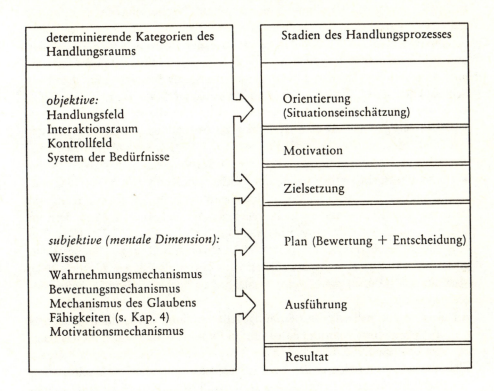

Abb. 2: Kategorien des Handlungsraums und Stadien des Handlungsprozesses (bei komplexen Handlungen nach Rehbein 1977, 16)

diums der Planung (einer Handlung) lassen sich noch einmal Subaspekte unterscheiden, wie Fokus der Planung als Orientierungsrichtung auf mentale oder auf objektive Dimensionen des Handlungsraumes (oder auf beide), das Handlungsschema, das als zumindest partiell bewußte Repräsentation der Grobstruktur der möglichen Handlung einschließlich alternativer Handlungs-(Entscheidungs-) Bäume aufgefaßt wird, und der komplette Handlungsplan, unter dem die interne Vororganisation der konkreten Handlungsausführung zu verstehen ist. In der folgenden Ausführungsphase selbst wird der Handlungsplan dann zur Kontrollinstanz, von der aus die (eventuell eben komplexe) Abfolge einzelner Verhaltensweisen gesteuert wird. Das Eintreten (oder bei Fehlhandlungen eben das Nicht-Eintreten) des in der Zielsetzung festgelegten Handlungsergebnisses als Resultat der Handlungsausführung schließt die eigentliche ‚Geschichte' der Handlung ab.

Harras führt eine Gegenüberstellung von Handlungsbestimmungen an (1983, 73f.) aus der hervorgeht, daß diese Bestimmungen (Austin, Rescher, Wunderlich, Rehbein) „im Grunde alle miteinander verträglich sind" (Harras 1983,

72); es reicht daher an dieser Stelle der Bezug auf Rehbeins Stadieneinteilung, weil dieser vor allem ‚komplexe Handlungen' analysiert.

In der Trennung von Handlungs‚geschichte' und ‚Nachgeschichte' manifestiert sich die Unterscheidung zwischen Handlungs-Ergebnis und Handlungs-Folge, die im Hauptteil noch unter der Perspektive der Relation von Beschreibung und Erklärung relevant werden wird (s.u. Kap. 3.). Das unmittelbare Produkt oder Ergebnis der Handlung wird üblicherweise als Resultat und damit als Schlußpunkt der (Geschichte der) Handlung angesetzt (vgl. Harras 1983, 23f.); davon zu unterscheiden sind die Handlungs-Folgen, die sich in Form empirischer Abhängigkeiten aus dem Resultat ergeben (und der ‚Nachgeschichte' der Handlung zuzurechnen sind; vgl. Rehbein 1977, 181f.). Sowohl die Regelbezogenheit und Normorientierung (vgl. die Definition von Lenk) als auch der Komplexitätsaspekt werden dabei von Rehbein im Konzept des Handlungsmusters berücksichtigt; denn die durch eine Handlung beabsichtigte und realisierte Sachverhaltsänderung läuft nicht in beliebiger Art und Weise ab, „sondern im Rahmen gesellschaftlich ausgearbeiteter *Muster*" (Rehbein 1977, 183). Ein Muster kann dabei durchaus aus einer Vielzahl von Ausführungsakten bestehen, es ist das, was in dem Komplex solcher Akte jeweils realisiert wird (o.c., 244); ‚Handlungen' können damit vom Ansatz her als hochkomplexe Einheiten angesehen werden.

An dieser Stelle will ich die (vorläufige) Bestimmung des Handlungs-Begriffs zunächst abbrechen; denn die aufgeführten Explikationen reichen für das Fazit aus, daß das Handlungs-Konzept in der Tat die beiden oben herausgearbeiteten Zielsetzungen zu erfüllen in der Lage ist: es kann zum einen als Manifestation des (Menschen-)Bilds vom reflexions-, rationalitäts- und handlungs*fähigen* Subjekt angesehen werden. Zum anderen ist es als Konzept brauchbar, das (vor allem über die interpretative Dimension der Handlungs-Beschreibung) als Realisation komplexer Einheiten (einschließlich einer Komplexitätsvariabilität bei der Einheitenfestlegung) zu akzeptieren ist — und damit molekulare Einheiten zu vermeiden bzw. molare Einheiten unterschiedlich(st)en Umfangs zu konstituieren gestattet.

II.6. Vom Gegenstandsvorverständnis zurück zur Methodik-Dimension: Emergenzproblem und Erkenntnisziel-Festlegung

Das Handlungs-Konzept hat sich durch die bisherige Analyse sowohl vom Gegenstandsvorverständnis her als auch unter der Komplexitätsperspektive als Gegenpol zum Verhaltens-Begriff (in der Psychologie) begründen lassen.

In diesem Spannungsfeld von Handeln vs. Verhalten ist — wie implizit in der Rekonstruktion oben enthalten — für den Verhaltensbegriff die Konzentration auf den Aspekt der Bewegung konstitutiv (vgl. Malcolm 1977, 340f.; Fodor 1977, 420f.), die für menschliche und tierische Organismen als vergleichbar (mechanisch) angesetzt werden kann (Hamlyn 1977, 99). In der philosophischen Diskussion wird zwar z.T. ‚Verhalten' auch anders benutzt, z.B. im menschlichen Bereich als äquivalent zu ‚Handlung' (Malcolm 1977, 340), die in der Psychologie relevante behavioristische Variante bezieht sich aber wegen des Postulats der (möglichst direkten) Beobachtbarkeit im Begriff der ‚Reaktion' vor allem auf den Bewegungsaspekt.

Wenn man die im Handlungs-Konzept realisierte Perspektive des Gegenstandsvorverständnisses, d.h. des Bildes vom reflexions- und handlungsfähigen Menschen, wieder auf die methodische Ebene des Einheiten-Problems zurückwendet, so drückt sich das Gegeneinander von ‚Verhalten' und ‚Handeln' (als Manifestation der Monismus-Dualismus-Dichotomie) vor allem in zwei Aspekten aus: dem Emergenzproblem und der Frage nach der sinnvollen (gegenstandsangemessenen) Erkenntnisziel-Festlegung.

Geht man von ‚Handeln' versus ‚Verhalten' als Einheiten im Sinn von Grundbausteinen der Psychologie aus, dann mündet die Monismus-Dualismus-Kontroverse unvermeidbar in der Frage, ob für die (polaren) Einheiten Rückführbarkeit aufeinander angesetzt werden kann oder ob die Handlungs-Einheiten strukturell neue, qualitativ andersartige, d.h. emergente Merkmale im Vergleich zum ‚Verhalten' besitzen (vgl. Herzog 1984, 102 u. 167). Die These der Emergenz für bestimmte Gegenstandseinheiten schließt also deren Reduktion auf andere Einheiten-Kategorien aus (vgl. Ashmore et al. 1962, 391ff.). Für eine Rückführung von verschiedenen Einheiten bzw. Einheiten-Ebenen einer Wissenschaft aufeinander wären im Optimalfall Koordinationsregeln (Zurückführung von Begriffen aufeinander) und Kompositionsregeln (Zurückführung von Sätzen aufeinander) notwendig, die eine vollständige Rückführung von Einheiten höherer (komplexerer) Ebene auf solche niederer (molekularerer) Ebene ermöglichen (vgl. Esser et al. 1977, I, 203ff.).

Die dualistische These ist hier natürlich, daß es im Bereich der Wissenschaften, die nicht (nur) Natur zum Gegenstand haben, unreduzierbare, komplexe Einheiten gibt, die emergent sind und denen gegenüber daher keine Einheitswissenschaft, kein Methodenmonismus aufrechterhalten werden kann. Die monistische Position hält dem entgegen, daß es eine Frage des Wissenschaftsfortschritts ist, scheinbare Emergenz aufzulösen: da der Mensch immer *auch* Teil der Natur ist, sei die Aufrechterhaltung einer analytisch-nomologischen (naturwissenschaftlichen) Methodik unabdingbar und auch sinnvoll (s.o. 0.1.). Nach monistischer Ansicht ist zuzugestehen, daß bisher nicht alle Emergenzen in der Psychologie aufgelöst werden konnten, aber wissenschaftstheoretisch regulative Zielideen sind sowieso Zielvorstellungen, welche die konkrete Einzelwissenschaft in der Regel nur annäherungsweise erfüllt; daher besteht auch kein Zwang, eine solche Zielidee aufzugeben.

In der Tat ist m.E. auch hinsichtlich der Monismus- vs. Dualismus-Position auf der Einheiten-Ebene (und d.h. in bezug auf das Emergenzproblem) ähnlich wie bei der Selbstanwendungsproblematik von Menschenmodellen (s.o. II.4.) eher zu fragen, ob man die Auflösung von Emergenz anstreben *sollte*, d.h. ob es sinnvoll ist, die monistische Zielidee der Emergenzauflösung aufrechtzuerhalten, oder ob es Argumente dafür gibt, daß eine solche Auflösung auf dem Hintergrund des Gegenstandsvorverständnisses kaum sinnvoll und daher unbrauchbar ist.

Wegen der Entgegensetzung von verhaltens- und handlungstheoretischer Psychologie-Konzeption handelt es sich hier primär um die Rückführung des Handlungs-Konzepts auf das Verhaltens-Konzept. Die darin enthaltene Problematik wird ansatzweise deutlich, wenn man sich anschaut, was Cranach et al. (1980, 106) auf dem Hintergrund des Handlungs-Konzepts als Anforderung für die ‚Natürlichkeit' der zu untersuchenden Einheiten explizieren:

1. Die Handelnden sollten möglichst echte und eigene Ziele verfolgen und die Handlungen in dem Ausmaß als beabsichtigt und autonom gestaltet erleben können, wie es auch im Alltag der Fall ist;
2. auch die Planung und Ausführung der Handlungen sollte möglichst so frei wie im Alltag ablaufen;
3. es sollte beim Handelnden keine Angst vor oder Verfremdung der Situation durch die Beobachtung und/oder Bewertung von seiten des Forschers vorliegen;
4. es sollten Handlungen mit alltäglicher Bedeutung im normalen kulturellen Kontext vorliegen, d.h. solche Handlungen, für die die Möglichkeit naiver Interpretationen besteht.

Damit sind (noch einmal) als zentrale Aspekte für die Komplexitätsfestlegung von Handlungen die Möglichkeit frei-steigender (d.h. nicht direkt durch Umwelteinflüsse determinierter) Intentionalität und die Interpretation des (eigenen) Verhaltens im Rahmen sozialer Regel- und Bedeutungskontexte angesprochen. Unter diesen Aspekten erscheint es in der Tat uneinsichtig, wie man entsprechende Handlungs-Einheiten monistisch (vollständig) auf Verhalten zurückführen können soll, weil die Beschreibung als Verhalten die Intentionalitäts-Interpretativität der Handlungs-Beschreibung unvermeidbar *eliminiert* (aber das wird natürlich durch eine genauere Analyse im Hauptteil zu diskutieren und zu begründen sein; s.u. Kap. 2.ff.).

Mit der Frage nach dem Sollen ist als vorgeordnete Ebene das Erkenntnisziel angesprochen, das einer Ausrichtung auf das Handlungs-Konzept inhärent ist. Es manifestiert sich z.B. indirekt auch in der Basisstruktur, die Cranach et al. (1980, 102) für die Erforschung von ‚Handlung' postulieren (vgl. Abb. 3).

Die in der klassischen verhaltenstheoretischen Konzeption der Psychologie zentralen Beobachtungsdaten nehmen hier nur noch ein Drittel der gesamten, zu integrierenden Datenmenge ein. Das zeigt die Schwierigkeiten an, die das monistisch-naturwissenschaftliche Konzept der Einheitswissenschaft in der Psychologie mit einer handlungstheoretischen Gegenstands- und Wissenschaftskonzeption hat und haben muß. Denn das Postulat der Einheitswissenschaft basiert u.a. auf dem Konzept der Einheitssprache, das ursprünglich (vgl. die neopositivistische Konzeption von Carnap; s.u. Kap. 1.) sogar ein aufeinander aufbauendes Vokabular der verschiedenen Einzeldisziplinen untereinander als Zielidee konzipiert; gerade auch auf der Grundlage dieser Rückführbarkeit der verschiedenen Sprachebenen aufeinander wird dann die Geltung der analytisch-nomologischen Methodik in allen Einzeldisziplinen postuliert (und handlungstheore-

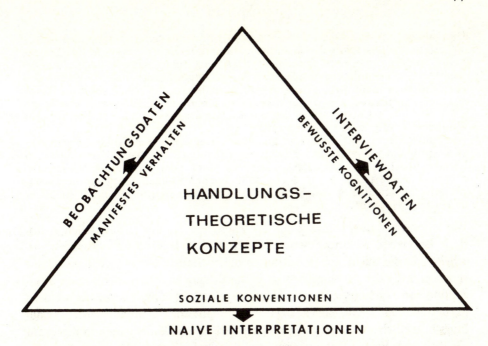

Abb. 3: Datenstruktur bei handlungstheoretischen Konzepten (nach Cranach et al. 1980, 102)

tisch-interpretative Beschreibung ausgeschlossen). Die dualistische Position beharrt, wie erwähnt, im Gegensatz dazu darauf, daß der Gegenstand derjenigen Wissenschaften, die sich auf Soziales bzw. Kulturelles beziehen, nicht (nur) unbelebt und/oder unabhängig vom Erkenntnis-Subjekt ist, sondern zu einem großen Teil eben erst vom Menschen geschaffen bzw. zumindest verändert und beeinflußt ist.

Daraus folgt für den Dualisten zweierlei: Zum einen ist Erkenntnis in Bereichen, in denen der Mensch der Gegenstand ist, immer (auch) Selbsterkenntnis (vgl. Habermas 1968); zum anderen macht der ‚Gegenstand' in diesen Bereichen eben Sinn für das Erkenntnis-Subjekt. Diese Sinnhaftigkeit des Erkenntnisgegenstandes wird, wie oben abgeleitet, im Handlungs-Konzept aufgenommen und realisiert; sie manifestiert sich in der angeführten Datenstruktur in den übrigen zwei Dritteln, nämlich den Interviewdaten und den naiven Interpretationen. Das bedeutet — zumindest aus dualistischer Sicht —, daß für solche Gegenstandsbereiche ganz andere Ziele und andere Methoden als in den Naturwissenschaften notwendig sind; und zwar vor allem das Ziel, die Gegenstandseinheiten als Sinn-Einheiten zu konstituieren und auf sie bezogen als Methode nicht die erklärende Rückführung auf Ursachen anzustreben, sondern das Erfassen von Intentionalität im Verstehen! (Die genauere Explikation der Begriffe ‚Verstehen', ‚Ursachen', ‚Erklärung' etc. erfolgt im Laufe des Analyse-Hauptteils: Kap. 1.-4.).

Hier mündet der Argumentationsgang wieder in die Erklären-Verstehen-Kontroverse (als Manifestation der Monismus-Dualismus-Dichotomie) ein; im Verstehen als zentraler methodologischer Zielidee konstituiert sich erst der für den genannten Gegenstandsbereich adäquate Aspekt der Selbsterkenntnis, die den Gegenstand eben nicht ‚von außen' erkennt, sondern in der Analyse der Situation aus der Perspektive des Handelnden ‚von innen' erschließt (vgl. Esser et al. 1977, II, 80ff.). Entsprechend der oben rekonstruierten Dichotomisierung von Sinnkonstituierung und Geltungsprüfung ist damit (in der dualistischen Position) zugleich die Ablehnung der analytisch-nomologischen Erklärungsperspektive verbunden; in einer der modernen Varianten nicht-naturwissenschaftlich hermeneutischer Wissenschaftskonzeption (dem symbolischen Interaktionismus) manifestiert sich das in der ausschließlichen Konzentration auf den interpretativen Nachvollzug von Symbolen, Absichten, Deutungen etc. (vgl. Esser et al. 1977, II, 100ff.).

Wie schon im Zusammenhang mit der These von der nur akzidentellen, historisch bedingten Dichotomisierung dieser beiden Traditionen entwickelt, erscheint mir die dualistische Position an dieser Stelle nicht zwingend; es sei nur (noch einmal) darauf hingewiesen, daß auch eine handlungstheoretische Konzeption von Psychologie den Verhaltensaspekt nicht völlig ausschließt, sondern in bestimmten Teilbereichen sogar die (empirische) Unbrauchbarkeit handlungstheoretischer Modellierungen akzeptiert und außerdem auch in bezug auf (Selbst- und Fremd-)Interpretationen Regelhaftigkeiten, Typisierungen etc. „sowohl denkbar wie faktisch beobachtbar und empirisch verbreitet" sind (vgl. Esser et al. 1977, II, 103). Dies sind alles Aspekte, die eine analytisch-nomologische, d.h. auf Erklärung ausgerichtete Analyse m.E. nicht aus-, sondern einschließen. (Aber auch diese Einschätzung wird im Hauptteil in differenzierter Form zu analysieren und zu begründen sein, siehe unten vor allem Kap. 3. u. 4.).

Ich will die damit angezielte nicht-dichotomistische Argumentationsrichtung noch einmal zusammenfassend auf der Ebene der anthropologischen Voraussetzungen und der Erkenntnisziel-Festlegung umreißen. Vom Gegenstandsvorverständnis her basierte diese (potentielle) Überwindung der Monismus-Dualismus-Dichotomie darauf, daß der Mensch durchaus als Teil der Natur anzusehen ist, zugleich aber auch zentral als ein Individuum (eben nicht nur Organismus), das sinnschaffend tätig ist. Die handlungstheoretische Gegenstandsauffassung in der Psychologie negiert die – ebenfalls – vorhandene organismische Dimension des Menschlichen keineswegs.
Schon vom Alltagsvorverständnis her gibt es ja zumindest drei Erfahrungstatsachen, von denen aus die Organismusdimension des Menschen keineswegs zu leugnen ist. Das ist zum einen der Extremfall, daß der Mensch unter bestimmten Bedingungen wie z.B. Folter, Schmerz, Gehirnwäsche etc. durchaus auf die organismische Dimension reduziert werden kann, d.h. auch in zentralen Dimensionen seiner Selbstinterpretation, seines Selbstkonzepts, Glaubens etc. gebrochen werden kann (vgl. Keller 1981). Weniger dramatisch, aber häufiger und theoretisch durchaus vergleichbar aussagekräftig ist, daß sich (s.o. die Beispiele aus der klinischen Praxis) die Intentionalität von Handelnden keineswegs immer automatisch in Realität umsetzen muß; es gibt Fehlleistungen oder nicht-

intendierte Nebenfolgen, die die Wirksamkeit der Intention innerhalb der Handlungsumwelt extrem beschränken, ja sogar aufheben können. Sich hier nur auf das deskriptive Verstehen von Intentionalitäten zu beschränken, hieße nichts anderes, als dem unsinnigen behavioristischen Automatismus der Reizkontrolliertheit den komplementären, genauso unsinnigen Intentionalitäts-Automatismus entgegenzusetzen. Die dritte Erfahrung, die schon vom Alltagswissen her stark gegen eine Beschränkung auf die Intentionalitäts- und Verstehensperspektive spricht, ist das Phänomen der Selbsttäuschung; der Mensch ist – leider – in der Lage, auch falsche Sinnwelten zu schaffen, sich u.a. – aber auch vor allem – über sich selbst zu täuschen.

Deshalb ist es schon vom Gegenstandsvorverständnis her durchaus notwendig, auf irgendeine Art und Weise eine kontrollierende Geltungsprüfung für die Sinnkonstituierung, d.h. die Erhebung der vom Menschen in der Welt produzierten Sinnaspekte, vorzusehen. Dieser Aspekt der Geltungsprüfung dürfte intuitiv am ehesten durch den (monistischen) Rückgriff auf Erklärung mit Hilfe von Beobachtungsdaten möglich sein. Andererseits geht das in diesem Kapitel skizzierte und argumentativ begründete Gegenstandsvorverständnis auch davon aus, daß das spezifisch Menschliche sicher nicht in der Organismusdimension, sondern (mehr) in der Sinnfähigkeit des Menschen liegt; daraus folgt, daß die Innensicht eines verstehenden Beschreibens, einer verstehenden Einheitenfestlegung (z.B. innerhalb des handlungstheoretischen Sprachspiels und Psychologie-Konzepts) das Primäre sein sollte. In diesem ‚Ja, aber‘, diesem spannungsreichen Sowohl-als-auch in bezug auf Sinnfähigkeit und Organismushaftigkeit des Menschen manifestiert sich m.E. sehr anschaulich die Stellung der Psychologie im Kanon der wissenschaftlichen Einzeldisziplinen: nämlich als Objektwissenschaft zwischen den Natur- und Kultur- bzw. Geisteswissenschaften, eventuell sogar als Verbindungsglied zwischen ihnen (vgl. dazu unten III./6.).

Dieses – eher intuitive – anthropologische Verständnis des Menschen wird auch durch die Entwicklung der philosophischen Anthropologie gestützt, in der sich im 20. Jahrhundert verschiedene Varianten etabliert haben (vgl. Lenk 1983, 157), wie etwa die Anthropologie ‚von der geistigen Sphäre aus‘, ‚von der Naturverfassung des Menschen her‘, ‚von der phänomenalen Befindlichkeit aus‘ und ‚vom Sozialen her‘, die (ebenfalls) der Integration harren. So postuliert Lenk (l.c.):

„Die Konzeption der philosophischen Anthropologie hat den Menschen eben als *Natur*wesen ebenso zu fassen wie als *Sozial*wesen, als *Kultur*wesen ebenso wie als *Individual-*, *Personal-* und *Geistes*wesen. Entgegen den bisherigen Auffassungen ... muß wohl betont werden, daß der Mensch alle diese Aspekte zugleich umgreift, daß also eine anthropologietypenübergreifende Art konzipiert werden muß. Die erwähnten Typen dürfen nicht disjunkte Alternativen bleiben, sondern müssen sich in einem Gesamtkonzept verbinden."

Auf diesem Integrationsweg den einen oder anderen Schritt – auch bezüglich der methodologischen Forschungsstruktur der Psychologie – voranzukommen, ist das Hauptziel dieser Arbeit. Die bisher erarbeiteten Prämissen des Gegenstandsvorverständnisses und des Einheiten-Problems unter Komplexitätsperspektive lassen dabei im Spannungsfeld der Monismus-Dualismus-Dichotomie eine komplementäre Lösungsstrategie als erfolgreich erwarten: nämlich die dualistische Perspektive in der Dimension des verstehenden Beschreibens zu realisieren und die monistische in der Dimension des beobachtenden Erklärens; das zentrale Problem wird dann darin bestehen, von den erarbeiteten Prämissen aus eine Synthese dieser beiden Lösungsperspektiven in einem integrativen Gesamtmodell zu erreichen.

II.7. Entzerren der Verstehen-Erklären-Dichotomie und Plan der Analyse

Ein erstes, eher formales Ergebnis des Ausgehens vom Einheiten- und Gegenstandsproblem ist, daß Verstehen und Erklären nicht, wie bisher in der Monismus-Dualismus-Debatte praktisch durchwegs geschehen, direkt gegeneinander gestellt werden sollten; denn dann werden die beiden orthogonal zueinander stehenden Dimensionen Beobachten — Erklären und Beschreiben — Verstehen, in denen sich die Monismus-Dualismus-*Dichotomie* manifestiert, mit größter Wahrscheinlichkeit nur (ein weiteres Mal) verfestigt. Will man die Dichotomie überwinden, wird es vor allem darum gehen, die Relation der Konzepte untereinander unabhängig von verfestigten Dimensionierungen bzw. zumindest über sie hinausgreifend zu untersuchen und konstruktiv zu explizieren. Und genau dies wird die Argumentation des Hauptteils — für die Psychologie — zu leisten versuchen: eine möglichst differenzierte, vollständige Analyse der Relation aller vier Begriffe untereinander, wobei die Gegenüberstellung von Verstehen und Erklären bis zum Schluß aufgespart wird, um darin das möglichst unverkürzte Fazit in Form einer integrativen Modellkonstruktion zu ziehen — eine Modellkonstruktion, die versucht, sowohl für das Problem der Einheitenfestlegung als auch der Methodik-Zielbestimmung die rationalen (Teil-)Positionen der Monismus-Dualismus-Kontroverse herauszukristallisieren und kohärent zusammenzuführen. Als zielführender Bewertungshintergrund gelten dabei die in den beiden ersten Kapiteln herausgearbeiteten Prämissen:

Die Psychologie kann als Musterbeispiel einer Objektwissenschaft zwischen Monismus und Dualismus, zwischen Verstehen und Erklären gelten, weil ihr ‚Gegenstand' sowohl der Natur- wie Kultur- bzw. Geistessphäre zugehört. Die historische Entwicklung (qua Selbstbefreiung) der Psychologie zur Einzelwissenschaft lief allerdings so ab, daß sie sich nach dem Vorbild der Naturwissenschaften und d.h. primär von einem entsprechenden Methodenkanon aus zu konstituieren versuchte. Das hat dazu geführt, daß in den bisher hundert Jahren ihrer Geschichte die monistisch-naturwissenschaftliche Psychologie-Konzeption dominierte, zugleich aber eine (mit Dilthey beginnende) Dauerkrise hinsichtlich der Gegenstandsangemessenheit dieser Konzeption eintrat. Als Zentrum der (unabgeschlossenen) Debatte läßt sich daher die adäquate Relation, das Zusammenpassen von Gegenstand und Methodik in der Psychologie bestimmen; monistische und dualistische Position stehen sich dabei dichotomisierend gegenüber, weil die dualistische Argumentation zu ausschließlich die Gegenstandsperspektive akzentuiert, die monistische dagegen die Methodenperspektive.

Die Überwindung dieser Monismus-Dualismus- (bzw. Erklären-Verstehen-)Dichotomie und damit die Entwicklung einer post-dichotomistischen, integrativen Wissenschaftskonzeption muß daher von der Zielidee der (adäquaten) Gegenstands-Methodik-*Interaktion* ausgehen. Dieses Konzept ist allerdings sinnvoll nur explizierbar, wenn eine zumindest vorläufige Gegenstandssicht auch unabhängig von der wissenschaftlichen Methodik erreicht werden kann; als solche ist das ‚Gegenstandsvorverständnis' der Alltagsreflexion und -sprache anzusetzen. Hier ist nun eindeutig davon auszugehen, daß die Erkenntnis des Menschen durch den Menschen (wie das für die Sozial- bzw. Kulturwissenschaften grundsätzlich gilt) immer (auch) Selbsterkenntnis darstellt, also die Erkenntnistätigkeit selbst (ebenfalls) erklären (können) muß; daher ist unter moralischer Selbstanwendungsperspektive das Menschenbild eines reflexions-, rationalitäts- und handlungs*fähigen* Subjekts zu entwickeln. Dieses Menschenbild muß die Handlung als zentrale Gegenstandseinheit in den Mittelpunkt stellen; dabei ist unter ‚Handeln' ein als intentional, willkürlich, geplant, sinnhaft etc. interpretiertes Verhalten zu verstehen. So eingeführte Handlungen stellen als Ausgangseinheiten psychologischer Forschung gegenüber dem behavioristischen Verhaltens-Konzept nicht nur komplexere Einheiten dar, sondern sind wegen der Bedeutungs- bzw. Sinndimension auch nicht auf Verhaltens-Einheiten rückführbar. Mit dieser (postulierten) Emergenzrelation zwischen Handlungs- und Verhaltens-Konzept konzentriert sich die dualistische Argumentationsdynamik nicht zuletzt in der Frage der adäquaten Einheiten psychologischer Theorienbildung. Darin ist die These enthalten, daß das Einheiten-Problem (das in der Wissenschaftstheorie im Vergleich zum monistischen Postulat der Einheitswissenschaft fast überhaupt nicht diskutiert wird) im Gegensatz zur landläufigen Einschätzung nicht als seit der Gestaltpsychologie gelöst gelten kann. Historische Beispiele bieten vielmehr Anhaltspunkte dafür, daß die Ausgangseinheiten der (auf das Verhaltens-Konzept konzentrierten) behavioristisch-naturwissenschaftlichen Psychologie-Konzeption durch latenten Elementarismus, Molekularismus und Objektivismus gekennzeichnet sind. Die darin zum Ausdruck kommende (monistische) Methodik-Determination führt aber vor allem auch zu einem Ansteigen von geringer zu höher komplexen Einheiten im Lauf der Entwicklung von Forschungsprogrammen, was der Selbstanwendung psychologischer Objekttheorien widerspricht, da z.B. die Theorie des Problemlösens gerade das Gegenteil als sinnvoll elaboriert: nämlich das Ausgehen von einem niedrigen Auflösungsgrad (hochkomplexe Einheiten), der nur bei Mißerfolg (in Richtung auf niedriger komplexe, elementarere Einheiten) erhöht wird. Als solche hochkomplexen Einheiten, von denen die psychologische Forschung als Problemlöseprozeß mit adäquater Komplexitätssequenzstruktur ausgehen könnte, sind entsprechend den Explikationen zum Gegenstandsvorverständnis ‚Handlungen' denkbar. Mit ihnen scheinen die zwei wichtigsten Zielvorstellungen realisierbar, die zur Überwindung von Elementarismus und Objektivismus (oben) erarbeitet wurden: nämlich daß sich die (unreduzierbare) Komplexität als Bedeutung konstituiert und daß diese Bedeutung (sowie damit die Einheitenfestlegung) in Kommunikation mit dem Erkenntnis-Objekt beschrieben wird. Dabei schließen ‚Handlungen' als Ausgangseinheiten der Forschung entsprechend dem Modell des Problemlöseprozesses keineswegs (etwa bei Mißerfolg) den Übergang zu anderen, weniger komplexen (z.B. Verhaltens-) Einheiten aus. Es wird zu prüfen sein, ob von diesen mit dem Handlungs-Begriff verbundenen Prämissen aus eine Überwindung des nur historisch akzidentellen (erkenntnistheoretisch unnötigen) Gegensatzes von Sinnkonstituierung und Geltungsprüfung und damit eine post-dichotomistische, integrative Wissenschaftskonzeption (der Psychologie) zu erreichen ist.

Aus dieser Zielsetzung und den erarbeiteten Prämissen ergibt sich der in Abbildung 4 enthaltene Arbeitsplan für den Hauptteil der beabsichtigten Analyse.

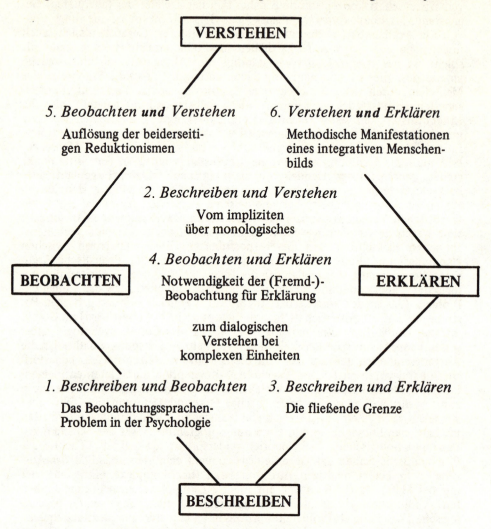

Abb. 4: Konzept-Relationen zwischen Beschreiben, Beobachten, Erklären, Verstehen und Plan der Analyse

Im Hauptteil (B.) wird die Argumentation also zunächst von dem grundlegenden Aspekt der Beschreibung ausgehen und die Relation zwischen ihr und den Konzepten ‚Beobachten‘, ‚Verstehen‘ und ‚Erklären‘ analysieren.

— Dabei soll das Kap. 1. (Beschreiben und Beobachten) vor allem die Liberalisierungen im Bereich des Beobachtungssprachen-Problems nachzeichnen, durch die der Freiraum geschaffen wird, bei einem sprach- und kommunikationsfähigen ‚Gegenstand‘ (wie ihn die Psychologie aufweist) auf die spontan-natürliche Sprache des Erkenntnis-Objekts zurückzugreifen.

— Auf dieser Grundlage expliziert Kap. 2. (Beschreiben und Verstehen) die zentrale dualistische Argumentation, nämlich die Begründung des Verstehens als Erkenntnismethode zur Beschreibung von Einheiten mit nicht-universellen, aber kommunizierbaren Bedeutungsteilmengen (wie sie z.B. in ‚Handlungen' vorliegen); als (idealtypische) Zielidee erweist sich dabei die Konzeption einer dialogischen Hermeneutik. Auf diesem Hintergrund werden Einheiten mit universalisierbaren Bedeutungsdimensionen als ‚Tun' und solche mit universellen Bedeutungsaspekten als ‚Verhalten' expliziert, für die monologisches bzw. nur in Beobachtung impliziertes Verstehen als Beschreibungsmethoden anzusetzen sind.

— Kap. 3. (Beschreiben und Erklären) geht vom klassischen (monistischen) Subsumtionsmodell der Erklärung aus und verdeutlicht, daß es bei Einbeziehung hochkomplexer Einheiten (über Verhalten hinaus) fließende Übergänge zwischen Beschreiben und Erklären geben kann; damit ist zum einen eine Relativierung monistischer Grundpositionen verbunden, zum anderen aber auch die Grundlage dafür geschaffen, das Konzept der ‚Handlung' ebenfalls unter das kausalistische Modell der Erklärung einordnen zu können.

— Diese Einbeziehung von ‚Handeln' in das Subsumtionsmodell des Erklärens leistet Kap. 4 (Beobachten und Erklären); das ist zwar mit einer Liberalisierung des Erklärungs-Konzepts verbunden, stellt aber im Aufrechterhalten des Beobachtungskriteriums zur Erklärung des Handelns (von außen) zugleich auch das Zentrum der monistischen Argumentation dar.

Aufgrund der Ergebnisse dieser Analyse wird im Teil C. (Konklusionen, Kap. III./5. und IV./6.) versucht, die angezielte nicht-dichotomistische Integration der rationalen, begründeten Argumentationen monistischer und dualistischer Provenienz als Synthese von Empirismus und Hermeneutik, von Erklären und Verstehen zu leisten.

— In Kap. 5. (Beobachten *und* Verstehen) werden die beiderseitigen Reduktionismen aufgelöst, indem aufgrund der Zielidee der ‚Ursachen, die auch Gründe sind' ein Zwei-Phasen-Modell der Forschungsstruktur entwickelt wird, das in integrativer Verschränkung kommunikative (dialog-hermeneutische) und explanative (beobachtungsorientierte) Validierung enthält; die Idealität dieses Modells wird durch die Explikation von drei Defizitär-Varianten verdeutlicht (die auch reine ‚Tuns'- und ‚Verhaltens'-Einheiten zu berücksichtigen gestatten).

— Kap. 6. (Verstehen *und* Erklären) soll die Leistungsfähigkeit des Synthese-Modells in den relevanten Dimensionen der bisherigen dichotomisierten Diskussion herausarbeiten: im methodologischen Bereich (Verstehen als Erkenntnismethode ohne Ausschluß der Kausal-Erklärung), hinsichtlich der Menschenbildannahmen von Erkenntnis-‚Objekt' *und* -‚Subjekt', in bezug auf die Stellung der Psychologie (als Verbindungsglied) zwischen Natur- und Geisteswissenschaften etc. — und soll dadurch noch einmal abschließend sowohl eine Rechtfertigung als auch eine Motivierung für post-dichotomistische Forschungsentwürfe versuchen.

TEIL B: ARGUMENTATIONEN

1. Beschreiben und Beobachten: das Beobachtungssprachen-Problem in der Psychologie

Eine der historisch frühesten und zugleich bekanntesten Manifestationen der Monismus-Position in der Wissenschaftstheorie (dieses Jahrhunderts) ist das bereits erwähnte Konzept der Einheitswissenschaft von Carnap (s.o. II.6). Dabei spielt die Rückführbarkeit verschiedener (Disziplin-)Sprachen auf eine fundierende Wissenschaftssprache eine (mit-)entscheidende Rolle; das bei Carnap zentrale Postulat lautet, daß in einer ausgereiften, umfassenden Wissenschaft das Begriffsinventar aller übrigen Einzeldisziplinen auf das der Physik rückführbar sei (bzw. sein sollte).

Interessanterweise expliziert Carnap seinen Physikalismus durchaus auch bereits für den Gegenstand ‚Handlung' (vgl. Sanders 1978, 121ff.): „Es hängt nur von der physikalischen Beschaffenheit einer Handlung, etwa einer Armbewegung, ab, ob ich sie intuitiv als verstehbar, im besonderen Fall etwa als Herbeiwinken, auffasse oder nicht. Daher ist auch in diesem Fall die Physikalisierung möglich: die Klasse der Armbewegungen, denen die Protokollbestimmung ‚Herbeiwinken' entspricht, kann festgestellt und durch physikalische Begriffe beschrieben werden" (Carnap 1932/33, 126). Dabei setzt er überdies selbst diese physikalistische Auffassung von Handlung zur verhaltenstheoretischen Psychologie-Konzeption in Beziehung: „Die hier vertretene Auffassung stimmt mit der Richtung der Psychologie, die als ‚Behaviorismus' oder ‚Verhaltenspsychologie' bezeichnet wird, in den Hauptzügen überein. ..." (o.c., 124)

Hinter dieser These steht das empiristische Abgrenzungs- oder Sinnkriterium, das auf die Auszeichnung von Beobachtungssätzen als den für die empirische Erkenntnis zentralen, konstitutiven bzw. fundierenden Aussagen abzielt (siehe genauer unten). Damit ist das Konzept der Beobachtung thematisch, das (in modifizierter Art und Weise) auch heute noch für die empiristische Monismus-Position eine der ausschlaggebenden Rollen spielt. Da wissenschaftliche Erkenntnis immer nur als sprachlich repräsentierte kommunizierbar, kritisierbar und überprüfbar ist (‚Kommunikationsobligat': Leinfellner 1967, 14ff.), mußte konsequenterweise das Problem der ‚Beobachtungssprache' zu einem der Kristallisationspunkte für die empirisch-analytische Theorie der Wissenschaften werden. Dies manifestiert sich unter anderem darin, daß das Konzept der Beobachtungssprache auch gerade innerhalb der analytisch-szientistischen Wissenschaftsposition immer wieder diskutiert, modifiziert und weiterentwickelt worden ist.

Um den Ort der Psychologie im Spannungsfeld zwischen Monismus und Dualismus zu bestimmen, bietet also gerade das Beobachtungssprachen-Problem einen guten Einstiegspunkt: nicht nur, weil es ein zentrales empiristisches Metatheorie-Konzept thematisiert, sondern auch, da es dies nach empirisch-analytischer Explikation selbst auf der grundlegenden (Ausgangs-)Ebene der Beschreibung tut. Hierbei hat die Diskussion der Psychologie in der Dimension ‚Beschreibung und Beobachtung' entsprechend den entwickelten Prämissen vor allem zu klären, ob die klassischen wissenschaftstheoretischen Explikationen zum Beobachtungssprachen-Problem auf die Psychologie so übertragen werden können, daß die beobachtungssprachlich repräsentierten Einheiten den oben explizierten Zielideen unter Komplexitäts- und Menschenbildaspekten genügen. Dazu werde ich im folgenden zunächst einen kurzen Überblick über die Entwicklung der generellen wissenschaftstheoretischen Diskussion in Bezug auf das Konzept der Beobachtungssprache geben und anschließend darstellen, welche Übertragungen dieser generellen Aspekte für den Bereich der Psychologie in der Regel angesetzt werden. Die Bewertung, ob diese Übertragungen ein für die Psychologie zureichendes Problemlösepotential darstellen oder nicht, soll dann konstruktiv in die Beantwortung der Frage nach den Merkmalen gegenstandsadäquater komplexer Einheiten in der Psychologie unter der Perspektive von ‚Beschreiben und Beobachten' münden.

1.1. Wissenschaftstheoretisches Ausgangskonzept: das Zwei-Sprachen-Modell und seine Liberalisierung

Das empiristische Sinnkriterium wurde vom (Wiener) Neopositivismus unter anderem aufgestellt, um rein spekulative Glaubenssätze aus dem System der Wissenschaft ausschließen zu können. Es besteht – formal – in der Forderung, daß nur solche Sätze einer jeweiligen empirischen Einzeldisziplin zuzulassen sind, die direkt (bzw. später indirekt: z.B. mit Hilfe sog. Reduktionssätze; vgl. Carnap 1936) auf eine methodisch gesicherte Erfahrungsbasis zurückzuführen sind.

Die historisch früheste Variante der Explikation dieser Erfahrungsbasis ist die der Protokollsätze (Carnap, Neurath, Schlick); damit sind Aussagen über unmittelbar (subjektiv) Gegebenes gemeint (vgl. Kamitz 1973, 129f.). Das Konzept ist relativ bald wieder aufgegeben worden und auch heute nicht mehr relevant. Der mit diesem Konzept verbundene Rückgang auf subjektive Wahrnehmungsgegebenheiten konnte einen solipsistischen Introspektionismus nicht ausschliessen; außerdem war durch die Verabsolutierung des Aspekts der Protokollsätze das Streben der Wissenschaften nach allgemeinen, generellen theoretischen Erklärungen bzw. Gesetzmäßigkeiten nicht zu rekonstruieren (vgl. Kraft 1950; Kamitz 1973). Daher ist das zentrale Modell, auf dessen Hintergrund in der Regel bis heute die Diskussion um das empiristische Sinnkriterium verläuft, das sog. Zwei-Sprachen-Modell von Carnap, das als eine erste und fundamentale Liberalisierung eben gerade jene theoretischen Allaussagen einbezieht und rekonstruiert.

Zwar ist das Zwei-Sprachen-Modell von Carnap nicht das einzige, das von neopositivistischer Seite (bzw. im Rahmen des logischen Empirismus) entwickelt worden ist; auch Campbell und vor allem Ramsey haben einschlägige Varianten erarbeitet. Ich werde mich aber hier auf das Carnapsche Modell (und dessen Liberalisierungen) konzentrieren, weil es dasjenige ist, auf das sich im Bereich der Psychologie – vor allem über die Verbindung von logischem Empirismus und Behaviorismus (s.o. 0.3.) – die Rezeption konzentriert hat. Das entspricht der anfangs begründeten Funktionsbestimmung der Wissenschaftstheorie für die Objektdisziplin Psychologie (s.o. 0.2.), nach der der Versuch eines systematischen Überblicks nicht im Mittelpunkt stehen kann; (unter diesem – hier dezidiert ausgeschlossenen – Bewertungskriterium wird der Wissenschaftstheoretiker in der folgenden Darstellung eine Menge von Verkürzungen und in der Verkürzung auch partiell schief erscheinenden Zusammenziehungen entdecken und kritisieren können). Worum es mir geht, ist vielmehr eine Rekonstruktion der (im- und expliziten) Assimilation von wissenschaftstheoretischen Entwicklungen (des Beobachtungssprachen-Problems) in der Psychologie. Unter dieser Perspektive der Assimilationsgeschichte werde ich daher auch Entwicklungsstränge, die der (reine) Wissenschaftstheoretiker deutlich trennen würde, zusammenbringen, weil sie sich m.E. im (Selbst-)Verständnis der Psychologie historisch so zusammengeschlossen haben: z.B. den Operationalismus (nach Bridgman) mit dem Zwei-Sprachen-Modell (nach Carnap), das Konzept der ‚Basissätze' sensu Popper mit dem Beobachtungssprachen-Problem (des logischen Empirismus) etc.; der Sinn dieser Zusammenziehung ist, in einem komprimierten Überblick (vier) Liberalisierungsschritte der Beobachtungssprachen-Konzeption herauszuarbeiten, die in der Objektwissenschaft Psychologie den Freiraum für die Einbeziehung der Sprachfähigkeit des Erkenntnis-Objekts eröffnet.

Nach dem Modell von Carnap (z.B. 1956) gibt es (zumindest) zwei zentrale Sprachebenen: die der Beobachtungs- und der Theoriesprache. Die Begriffe der Theoriesprache (L_T) sind als theoretische Konstruktionen (= Konstrukte) anzusetzen, die sich nicht unmittelbar auf Beobachtbares beziehen, sondern nur mittelbar, indem sie über (Beobachtungs-)Begriffe der Beobachtungssprache (L_B) definiert werden. Letztere stellt ein intersubjektiv verständliches Sprechen dar mit undefinierten, nichtlogischen Grundbegriffen, die sich auf direkt Beobachtbares beziehen.

Soweit dieses direkt Beobachtbare in den Verhaltenswissenschaften (wie in der Physik) vor allem aus den (überprüfenden) Handlungen des Wissenschaftlers besteht, wird im Bereich der Beobachtungssprache vor allem der Aspekt der Operationalisierung (theoretischer Begriffe) relevant (Bridgman 1927; vgl. genauer unten).

Carnap führt dann noch explizit zusätzlich zu diesen beiden Sprachebenen die Ebene Z ein; dabei handelt es sich um die Zuordnungsregeln zwischen den Begriffen der Ebene L_T und L_B. Das sind praktisch die Definitionen von theoretischen Konstrukten durch die zugeordneten Beobachtungsbegriffe. Das Ausschlaggebende beim Zwei-Sprachen-Modell ist die (sich in der Explikation dieser Z-Ebene manifestierende) Definitions- und damit Fundierungsrichtung: die theoretischen Begriffe werden durch die Beobachtungsbegriffe interpretiert und definiert; zugleich werden sie dadurch in bezug auf die im empiristischen Sinnkriterium angezielte Erfahrungsbasis begründet. Wie fast durchgehend in der neopositivistisch-analytischen Wissenschaftstheorie ist die Explikation der zentralen Zielkriterien im Laufe der Ausarbeitung und differenzierteren Explikation etc. dieser Kriterien durch eine zunehmende Liberalisierung der Rekonstruktionsentwürfe gekennzeichnet; dies gilt auch und gerade für die Explikation des empiristischen Sinnkriteriums in Form der Beobachtungssprachen-

Konzeption. Dabei verläuft die Liberalisierung vor allem in der Dimension dieser Fundierungsrichtung zwischen theoretischen und Beobachtungs-Begriffen; ich will hier nicht alle möglichen historischen Modifikationen dieser Explikation darstellen, sondern mich auf die relevanten systematischen Veränderungen in dieser wichtigsten Dimension, nämlich der Interpretationsrelation zwischen Theoriesprachen- und Beobachtungssprachen-Ebene, beschränken.

Eine erste wichtige systematische Liberalisierung liegt m.E. mit dem Konzept der Basissätze bei Popper (1934) vor. Zwar wird an der Definitionsrichtung noch grundsätzlich festgehalten, aber zugleich wird die im ursprünglichen Zwei-Sprachen-Modell unterstellte fixe Grenze zwischen Theorie- und Beobachtungssprachlichkeit zumindest zum Teil aufgelöst. Und zwar in dem Sinn, daß Popper ganz explizit und programmatisch davon ausgeht, daß es keine Sätze ohne eine gewisse Theoriehaltigkeit der Begriffe gibt. Seine ganz einfachen Beispiele beziehen sich meistens auf ‚Beobachtungssätze' wie ‚Auf dem Tisch steht ein Glas Wasser' oder ‚Auf der Straße geht eine Frau vorbei', für die er – ganz im Sinne der neueren Psychologie zur Informationsverarbeitung (vgl. Eingangsbeispiel in Kap. I.) – kognitive Inferenzprozesse reklamiert. Das heißt, daß in der Kategorisierung eines Gegenstandes als ‚Tisch', eines sich bewegenden Organismus als ‚menschlich' und ‚weiblich' bereits grundlegende Abstraktions- und damit Generalisierungsleistungen vorliegen, die es unmöglich machen, quasi eine ‚direkte' (naive) ‚Übersetzung' von Gegebenheiten der externen, zu beobachtenden Welt (Gegenstände, Ereignisse, Zustände) in Sprache zu behaupten. Auch beobachtungssprachlich formulierte ‚Basissätze' sind daher nach Popper nicht durch völlige Theoriefreiheit gekennzeichnet; es gibt (quasi parallel zu der Entwicklung des Konzepts der ‚Sinnfreiheit' bei sprachlichem Material in der Psychologie des verbalen Lernens) eher ein Kontinuum von Theoriehaltigkeit, das nie bis zu dem Pol der völligen Theoriefreiheit in sog. Beobachtungsbegriffen reicht.

Die kognitiven Kategorisierungs- und Inferenzleistungen bei der Wahrnehmung und Verarbeitung von Informationen sind, wie angedeutet, von der Kognitionspsychologie sehr viel schlagender und differenzierter empirisch belegt worden, als dies die einfachen Beispiele aus der Alltagserfahrung (von Popper) vermögen. Um den großen Erstreckungszeitraum dieser Belege zu signalisieren, möchte ich als erstes Beispiel eine Untersuchung von Carmichael et al. (1932) zum Einfluß von Sprache auf Wahrnehmung und (Gedächtnis-)Verarbeitung anführen:

Carmichael et al. haben ihren Versuchspersonen (Vpn) leicht ambigue Figuren dargeboten (vgl. z.B. in der folgenden Abbildung 5 die in der Mitte stehende Figur); dabei wurde der einen Hälfte der Vpn als Benennung der Figur ‚Brille', der anderen Hälfte ‚Hantel' vorgegeben. Die Vpn hatten dann die Aufgabe, die insgesamt 12 Figuren möglichst korrekt (zeichnend) zu reproduzieren; die durchschnittlichen Ergebnisse zeigt für eine Figur Abbildung 5.

Aus der gestalttheoretischen Richtung läßt sich hier ein Beispiel zur Bewegungswahrnehmung (‚phänomenale Kausalität') anführen: in der Untersuchung von Heider & Simmel (1944) wurden den Vpn in einem Film Bewegungen geometrischer Figuren (großes Dreieck, kleines Dreieck, Kreisscheibe) gezeigt; dabei bewegten sich z.B. die Dreiecke in unmittelbarem Abstand voneinander in die gleiche Richtung. Die Beobachter gaben dies etwa durch die Verba-

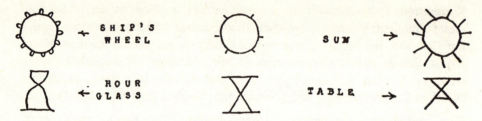

Abb. 5: Dargebotene und reproduzierte Figuren nach Carmichael et al. (1932, 80)

lisierung ‚Das große Dreieck jagt das kleine' wieder; dabei wird das ‚Jagen' unmittelbar ‚beobachtet' (vgl. auch Bosshardt 1984, 174).

Diese und eine Unzahl weiterer Ergebnisse, die in die gleiche Richtung weisen, haben dazu geführt, daß heute Wahrnehmung ‚tatsächlich als konstruktiver Prozeß' (Neisser 1979, 26) angesehen wird: Dabei werden kognitive Schemata als zentral angesetzt, die in einem Wahrnehmungszyklus zunächst die Erkundung des Wahrnehmenden leiten, durch die die Objekte (qua Informationen) ausgewählt werden (und die dann wieder Rückwirkungen auf die Schemata ausüben; vgl. Abbildung 6 nach Neisser):

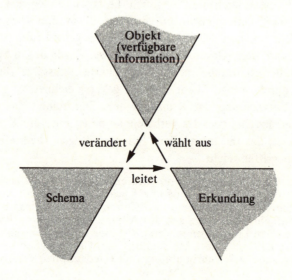

Abb. 6: Wahrnehmungszyklus nach Neisser (1979, 27)

Das Konstrukt des Schemas (o.c., 50f.) bzw. der Kognitiven Landkarte (o.c., 91f.) repräsentiert dann durchaus das, was bei der Beobachtung des Wissenschaftlers (von Popper und anderen Wissenschaftstheoretikern) als Theoretizität (der Basissätze) angesetzt wird.

Die Unterscheidung von mehr oder minder theoriehaltigen Sätzen reicht (nach Popper) allerdings aus, um unter Rückgriff auf Beobachtbares einen Konsens der Wissenschaftler in einer konkreten Einzeldisziplin darüber zu ermöglichen, für welche Sätze kein weiterer Rückgang auf zugrundeliegende, sicherere Begriffe notwendig ist; das bedeutet, daß die sog. Basissätze als zumindest partiell theoriehaltig angesehen werden müssen und daher konsensuale Festsetzungen der Wissenschaftler darstellen. Popper benutzt hier gern das Beispiel von der Festsetzung im juristischen Bereich (Richterspruch etc.). Basissätze werden also in Übereinkunft der beteiligten Wissenschaftler festgesetzt; das ist der konventionalistische Aspekt in der Erkenntnistheorie von Popper, dessentwegen er von rigorosen (Neo-)Positivisten häufig angegriffen worden ist. Dies ist allerdings hier unter der Perspektive des Beobachtungssprachen-Problems von geringerer Bedeutung; gleiches gilt für die Einbettung bzw. Auflösung dieses ‚Basissatz'-Konventionalismus in der übergeordneten Zielidee der ‚Kritik' (als Lösung z.B. des sog. Begründungs-Trilemmas: Albert 1968; s. zur Einordnung der Konsensus-Idee und des Konventionalismus unten 1.3. ‚Wahrheitstheorien').

Festzuhalten bleibt, daß Popper zwar von einer Theoriehaltigkeit auch der beobachtungssprachlichen Sätze ausgeht und daraus die Konsequenz zieht, daß Basissätze nicht von der Realität ‚erzwungen' werden, sondern (qua konventioneller Übereinkunft) von dem Wissenschaftlerforum festgesetzt werden; daß er zugleich aber an der Definitions- bzw. Interpretationsrichtung festhält: die theoretischen Allaussagen werden durch diese festgesetzten Beobachtungssätze interpretiert und fundiert; in diesem Sinn behalten die Basissätze ihre Basisfunktion, d.h. repräsentieren die potentiellen Falsifikatoren für die (allgemeinen) Sätze auf theoriesprachlicher Ebene, stellen also quasi die – wenn auch nur durch Übereinkunft festgelegte – ‚Verbindung' zur Realität dar, an der die theoretischen Allaussagen scheitern können. Damit ist das Konzept der Basissätze in die bei Popper zentrale Zielidee des Falsifikationsprinzips eingebettet. Diese falsifikationstheoretische Variante des Zwei-Sprachen-Modells bzw. der Beobachtungssprachen-Konzeption (qua Basissätze) hat lange Zeit – implizit oder explizit – die Wissenschaftsauffassung auch der Psychologie, zumindest der kontinentalen verhaltenstheoretischen Psychologie, bestimmt; dabei ist es unerheblich, ob die Einzelwissenschaftler hinsichtlich des Festsetzungsaspekts der beobachtungssprachlichen Sätze ein Problembewußtsein hatten oder nicht. Zumindest schien es so, als ließe sich die Struktur ihres Forschens in diesem Modell zureichend und adäquat rekonstruieren.

Die bisher genannten Explikationen des Beobachtungssprachen-Konzepts beruhten auf einer Analyse von Wissenschaftsstrukturen quasi unter Querschnittsperspektive, also im Optimalfall auf dem Vergleich verschiedener, gleichzeitig behaupteter, miteinander konkurrierender Theorien. Der nächste qualitative Sprung der Liberalisierung hängt mit einem Wechsel der Perspektive von synchronischer zu diachronischer Analyse zusammen; der zunächst vor allem von der Wissenschaftshistorie angestrengte Vergleich von aufeinander folgenden Theorien und damit die Analyse des Theorienwandels oder Theorienfortschritts hat zu überraschenden, z.T. auch radikal unterschiedlichen Rekonstruktionsergebnissen geführt – dies gilt auch und gerade für das Konzept der Beobachtungssprache. Die diachronische Analyse des Theorienwandels zeigt nämlich, daß in den beobachtungssprachlich festgehaltenen ‚Erfahrungs‚daten' nicht nur generelle Inferenzprozesse, wie sie Popper behauptet hat, enthalten sind, sondern daß diese Beobachtungen auch inhaltlich theoretische Annahmen im Sinne von Weltbildhypothesen enthalten. Damit ist der Wechsel von einer Theorie zu einer konkurrierenden anderen dann so vollständig, radikal und abrupt, wie das bei sog. Kippbildern der Gestaltpsychologie als ‚gestalt switch' bekannt ist. Das bedeutet, daß jede Theorie ihre eigene Erfahrung von Welt (bzw. den durch sie thematisierten einzelwissenschaftlichen Gegenständen) impliziert (Hanson 1961; Kuhn 1967; Feyerabend 1970b).

Beispiele: Diese These ist eines der Ergebnisse der wissenschaftshistorischen Analysen, die im Rahmen des Revolutionsmodells der Wissenschaftsentwicklung vorgelegt wurden (vgl. vor allem Kuhn 1967, davor bereits Hanson 1961; ausführlicher unten Exkurs Fünf). Als erster hat Hanson (1961) versucht, einen solchen (revolutionären) Theoriewechsel für die Naturwissenschaften nachzuweisen – und zwar entgegen dem Selbstverständnis dieser Wissenschaften, das bis dahin Wissenschaftsfortschritt vor allem als eine lineare Weiterentwicklung aufgrund eines immer vollständigeren, kumulativen ‚Fakten'-Sammelns ansah. Er verglich z.B. die Erfahrung innerhalb des geozentrischen mit der des heliozentrischen Weltbilds: Die ‚Theoriegeladenheit' der Beobachtung (o.c., 19) besteht darin, daß ihr Wissen nicht der Beobachtung quasi als ‚Beigabe' zugesetzt ist, sondern im Sehen/Beobachten selbst liegt. Der Geozentriker sieht die Sonne über dem Horizont aufgehen und am Ende des Tages hinter dem Horizont untergehen; der Heliozentriker sieht „the horizon dipping, or turning away, from our fixed local star" (o.c., 23). Schon in der völlig unterschiedlichen Beobachtung manifestieren sich die beiden alternativen Theorien; deswegen kann die Erfahrung nicht als quasi neutrales Verbindungsstück zwischen alternativen Theorien fungieren – vielmehr impliziert ein Theoriewechsel eben auch einen radikalen Erfahrungswandel.
Nach der Einordnung des Uranus als Planet (1781) z.B. „gab es in der Welt der professionellen Astronomen einige Sterne weniger und einen Planeten mehr" (Kuhn 1967, 157). Der Wechsel von einer Theorie zu einer alternativen, konkurrierenden impliziert also auch einen radikal-abrupten Wechsel des gesamten Erfahrungsfeldes (veranschaulicht im Bild des ‚gestalt switch'). Dieses Phänomen wird natürlich für eine gegenwärtige Theorienlandschaft nie vollständig bewußt, weil die darin enthaltenen Weltbildhypothesen gerade als das Selbstverständliche, nicht zu Hinterfragende erscheinen und daher ausgeblendet werden. Das ist der Grund, warum erst der wissenschaftshistorische Vergleich mit vergangenen Beobachtungsmöglichkeiten bzw. beobachtungssprachlich repräsentierten Erfahrungen die radikale Theorieabhängigkeit der Beobachtungssprache vollständig verdeutlicht.
Im Bereich der Psychologie ist unter dieser Perspektive ein anschauliches Beispiel von Feyerabend (1970a) im Vergleich zu der „beobachtungssprachlichen Beschreibung" des 15./16. Jahrhunderts angeführt worden: Das, was wir heute als Phänomene einer endogenen Psychose (Ich-Spaltung, Stimmen-Hören etc.) beschreiben, wurde auf dem Hintergrund der damaligen Weltbildhypothesen als Besessenheit vom Teufel nicht nur beschrieben, sondern erfahren. Die Menschen damals sahen Teufelsgestalten, erfuhren einen Verlust der Persönlichkeit oder eine Persönlichkeitsspaltung, hörten Stimmen (von Teufeln) etc. Diese Phänomene werden auch heute noch berichtet, allerdings in einem Vokabular, das eine Subsumierung unter die Klasse ‚Endogene Geisteskrankheit' nicht ausschließt. „Die einzige Möglichkeit, sie im Rahmen des im 15. und 16. Jahrhunderts gebräuchlichen Begriffssystems angemessen oder doch so angemessen wie möglich zu *beschreiben,* bestand in der *Verwendung* eines dämonischen Voka-

bulars und damit in der *Setzung* teuflischer Einflüsse" (Feyerabend 1970a, 322).

1.2. Von der Theoriehaltigkeit der Beobachtungssprache bis zu empirischen Basissätzen (ohne Beobachtungssprache)

Damit ist die Definitions- und Interpretationsrichtung zwischen Theorie- und Beobachtungssprache radikal geändert, nämlich auf den Kopf gestellt; nicht die Theorie wird mit Hilfe der Beobachtungsterme interpretiert, sondern die Beobachtungssätze werden mit Hilfe von Theorien interpretiert. Soweit die These von der Theorieabhängigkeit oder -durchtränktheit der Beobachtungssprache diesen radikalen Wechsel der Definitions- und Interpretationsrichtung zwischen den beiden Sprachebenen beinhaltet, ergeben sich auch radikale Konsequenzen für die Relation von Theorien untereinander und die Rolle der Beobachtungssprache dabei.

Zunächst einmal wird die Feststellung, daß es keine feste oder auch nur präzise Grenze zwischen Theorie- und Beobachtungssprache gibt, noch unabweisbarer als bei der durch Popper vorgenommenen Liberalisierung. Weitaus durchgreifender aber ist die Konsequenz der Unvergleichbarkeit (Inkommensurabilität) von Theorien. Der radikale Bedeutungswechsel („radical meaning variance') der in verschiedenen Theorien benutzten Begriffe (einschließlich der Beobachtungsbegriffe) impliziert, daß alternative Theorien prinzipiell keine Aussagen, auch keine Basisaussagen, gemeinsam haben und also nicht nur inhaltlich unvereinbar gegensätzlich, sondern auch logisch-theoretisch unvergleichbar sind (Kuhn 1967; Feyerabend 1970b). Daraus aber resultiert letztlich, daß keine Sinninvarianz postuliert werden kann, auch nicht für die beobachtungssprachlich repräsentierten Begriffe bzw. Aussagen. Das aber hieße, daß schon auf der Ebene von konkurrierenden alternativen Theorien *innerhalb* einer Einzeldisziplin jegliches Reduktionismuspostulat aufgegeben werden müßte und damit Vorstellungen eines einheitswissenschaftlichen Monismus unsinnig und unzulässig wären – denn jedes monistische Reduktionismuspostulat muß die Sinninvarianz, zumindest der beobachtungssprachlichen Begriffe, voraussetzen (s.o. und Esser et al. 1977, I, 247). Unter dieser Voraussetzung könnte man mit der Konsequenz schließen, daß die wissenschaftstheoretischen Implikationen der wissenschaftshistorischen Analysen bereits auf der Ebene der Beobachtungssprachen-Konzeption die Monismusansprüche der empiristisch-analytischen Position ad absurdum geführt haben; man wäre also in der Lage, beruhigt zur Ausarbeitung nicht-monistischer (dualistischer) Wissenschaftskonzeptionen für die Psychologie überzugehen.

Ganz so einfach ist die Lage jedoch natürlich nicht. Denn es gibt gute Argumente dafür, daß eine so starke, umfassende These der Theorieabhängigkeit von Beobachtungssprache kaum als in sich kohärent bzw. sinnvoll aufrechtzuerhalten ist. Vor allem der radikale Subjektivismus (bzw. Solipsismus), der letztlich aus der Inkommensurabilitäts-These von Theorien resultiert, macht die innere Konsistenz dieser These problematisch (vgl. vor allem Scheffler 1967; Kordig 1972):

- Bei durchgängiger Bedeutungsdiskrepanz (der Begriffe) ist es im Prinzip sinnlos, von zwei Theorien als konkurrierenden oder alternativen zu sprechen (Kordig 1972, 52ff.), da sie ja gerade keine außerlogischen Ausdrücke und damit auch keine Referenz auf einen irgendwie vergleichbaren Gegenstandsbereich gemeinsam haben (Giedymin 1970, 45).
- Das Konzept des radikalen Bedeutungsunterschieds macht es unplausibel, wie überhaupt Kommunikation zwischen Anhängern verschiedener Theorien stattfinden soll; entsprechend ist auch nicht einzusehen, wie man eine neue Theorie überhaupt ‚erlernen' könnte (Kordig 1972, 58f.; besonders der letzte Kritikpunkt dürfte allerdings überzogen sein, denn der Mensch ist generell in der Lage, ‚neue' Bedeutungen zu erlernen, z.B. Fremdsprachen etc. — warum sollte der Wissenschaftler nicht fähig sein, neue theoretische Bedeutungsräume zu erlernen? Als rationaler Kern der Kritik ist allerdings zu akzeptieren, daß bei Voraussetzung von radikalen Bedeutungsunterschieden Anhänger verschiedener Theorien keine (rationale) Entscheidung zwischen den Theorien herbeizuführen in der Lage sind).
- Die Argumentation der Selbstanwendung führt auch zu Schwierigkeiten: entweder ist die Inkommensurabilitäts-These ebenso theorieabhängig-subjektiv wie alle objektwissenschaftlichen Theorien, dann ist sie in ihrem Geltungsanspruch notwendigerweise auf das (hier: wissenschaftshistorische) Paradigma von Kuhn und anderen beschränkt; oder man gibt das radikale Postulat der Bedeutungsverschiedenheiten für *wissenschaftstheoretische* Begriffe auf, dann hat man den völlig widersinnigen Effekt, daß gerade auf der Metaebene der Wissenschaftstheorie, in der es überhaupt keine beobachtungssprachlichen Begriffe gibt, Sinninvarianz und Reduktionsmöglichkeiten gegeben sein sollen, während sie auf der Ebene der Objekttheorien als unmöglich behauptet werden (vgl. Kordig 1972, 78ff.).

Das hat dazu geführt, daß wissenschaftstheoretische Re-Konstruktionen versucht worden sind, die das Phänomen der Theoretizität auf der Ebene der Beobachtungssprache akzeptieren und trotzdem das Aufgeben der Sinninvarianz vermeiden. Dies geschieht durch den Rückgriff auf die Unterscheidung von Intension und Extension von Begriffen (als die heute terminologisch etablierteste Manifestation der Unterscheidung von Sinn und Bedeutung nach Frege): Die Intension ist rein sprachimmanent zu bestimmen als die Menge der Attribute, die Objekte besitzen müssen, z.B. der unterschiedliche Sinn der Begriffe ‚Morgenstern' und ‚Abendstern'; die Extension betrifft den (sprachtranszendenten) Bezug eines Begriffs (die Referenz), d.h. bezeichnet die Objekte, die in Realität damit gemeint sind, also unter den thematischen Begriff fallen: z.B. das *eine* Objekt ‚Venus' für die beiden Begriffe ‚Morgenstern' und ‚Abendstern'. Auf dem Hintergrund dieser Unterscheidung zwischen meaning-Semantik (die Intension betreffend) und reference-Semantik (die Extension betreffend) läßt sich die Theorieabhängigkeit der Beobachtungssprache akzeptieren, ohne die Sinninvarianz aufzuheben. Theorieabhängigkeit wird als Absorption beobachtungssprachlicher Sätze in verschiedenen theoretischen Bezugssystemen auf die intensionale Ebene beschränkt; für die referentielle (extensionale) Ebene wird von einer Konstanz der Interpretation ausgegangen (vgl. Scheffler 1967). Konkurrierende Theorien teilen dann die (extensionale) Bedeutung zumindest einiger ihrer Begriffe, die intensional durchaus different sein können

(Kordig 1972, 89). Es kommt demnach darauf an, Beobachtungssätze so ‚theorieneutral' zu formulieren, daß sie als (gemeinsames) Verbindungsglied zwischen konkurrierenden Theorien fungieren können.

Beispiel: In bezug auf das Beispiel des Sonnenaufgangs im geo- bzw. heliozentrischen Weltbild findet Kordig (1972, 93) die entsprechende theorieneutrale Beschreibung bei Hanson selbst: „our sense observation shows only that in the morning the distance between horizon and sun is increasing, ..."
Das bedeutet nicht, daß damit dem Phänomen der Theorie‚getränktheit' oder -‚abhängigkeit' der Beobachtungssprache widersprochen wird; es wird lediglich versucht, daraus keine Folgerungen zu ziehen, die in sich widersprüchlich sind oder aber ‚Rationalitätslücken' (Stegmüller 1973) in der Rekonstruktion des wissenschaftlichen Vorgehens entstehen lassen. Die Zielidee der ‚Theorieneutralität' ist daher (wie die meisten anderen metatheoretischen Zielexplikationen auch) nur als eine lediglich approximierende zu verstehen; d.h. es geht darum, die ‚Theoriehaltigkeit' der Beobachtungssätze soweit zu minimieren, daß in bestimmten (Beobachtungs-)Situationen auch bei Anhängern verschiedener Theorien eine (auf die vergleichbaren Sinnesreizungen zurückführbare) Intersubjektivität erreichbar wird (s.u.).

Selbstverständlich lassen sich auch gegen diesen Rekonstruktionsvorschlag Gegenargumente vorbringen, die aber hier nicht weiter von Interesse sind; denn in unserem Kontext ist ausschlaggebend, daß durch den Rückgriff auf das Phänomen der Theoriegetränktheit oder -abhängigkeit der Beobachtungssprache nicht zwingend oder unabweisbar die monistische Position aufgegeben werden muß. Festzuhalten ist aber, daß das Konzept der Beobachtungssprache aufgrund dieser wissenschaftshistorischen Argumente — auch und gerade von der analytischen Wissenschaftstheorie — erneut liberalisiert werden mußte; das geschah durch den „historisch-pragmatisch relativierten Begriff des vorgängig verfügbaren Vokabulars" (Stegmüller 1973, 29). Damit werden Einflußfaktoren wie die „in der Vergangenheit erworbenen linguistischen und fachwissenschaftlichen Fähigkeiten der beobachtenden Personen" einbezogen, das schließt z.B. auch die Fähigkeit zum Gebrauch von Beobachtungsinstrumenten etc. ein. Damit ist eine „pragmatisch-historisch relativierte Teilsprache der Wissenschaftssprache, deren deskriptive Zeichen vorgängig verfügbare Terme" sind (Stegmüller 1973, 30) konzipiert, deren Grenze zur Theoriesprache je nach Personen, Zeitpunkt und Theorie flexibel ist. Diese Teilsprache bzw. Sprachebene nennt Hempel (1971) empiristische Grundsprache.
In dem Konzept der ‚empiristischen Grundsprache' lassen sich m.E. prinzipiell auch die beiden wichtigsten Dimensionsexplikationen vereinen, die den derzeit letzten Liberalisierungsschritt des Beobachtungssprachen-Problems in der analytischen Wissenschaftstheorie darstellen. Nach Sneed (z.B. 1971; 1976) entstehen die Probleme mit dem Beobachtungssprachen-Konzept vor allem dadurch, daß bisher zwei Dimensionen miteinander vermischt worden sind, und zwar die (erkenntnistheoretische) Dimension ‚beobachtbar vs. nicht-beobachtbar' und die (semantische) Dimension ‚theoretisch vs. nicht-theoretisch'. Für die letztere Dimension hat Sneed das Konzept der ‚T-Theoretizität' entwickelt, d.h. daß Begriffe (Terme) in jeweils bestimmten Theorien theoretisch gebraucht werden, und zwar in dem spezifischen Sinn gebraucht werden, der sich

z.B. in der Verwendung dieser Begriffe innerhalb der Gesetze der jeweiligen Theorie manifestiert. Damit ist außerdem verbunden, daß eine Messung des (t-theoretischen) Begriffs innerhalb einer Anwendung der jeweiligen Theorie nicht möglich ist, ohne dabei die Wahrheit der Theorie vorauszusetzen (Friedrich 1979, 147ff.; vgl. dazu unten das Problem der Konstrukt*validität*: 1.5.).

Beispiel: So bedeutet z.B. der Begriff ‚Sättigung' innerhalb der Theorie der Farbwahrnehmung „den Grad der Fülle, mit dem ein ‚Farbton' bei einem Farbeindruck vorhanden ist" (Kanizsa 1972, 237), in sprachpsychologischen Theorien aber die auf einförmige Wiederholungen zurückgehende Bedeutungsentleerung von sprachlichen Items und in der behavioristischen Lerntheorie den Effekt der Triebreduktion nach Nahrungsdeprivation durch Nahrungsaufnahme. Diese verschiedenen Sättigungs-Begriffe sind also in der angegebenen, je (theorie-)spezifischen Bedeutung theoretische Begriffe, während die jeweils anderen Begriffsbedeutungen gegebenenfalls durchaus als ‚Beobachtungsbegriffe' gelten können: In der (behavioristischen) Lerntheorie ist ‚Sättigung qua Triebreduktion nach Nahrungsdeprivation' also ein theoretischer Begriff (dessen Messung die Geltung der Lerntheorie impliziert), während die ‚Sättigung von Farben' (etwa bei der Beschreibung von unterschiedlichen Reizen in einer Versuchsanordnung zum Diskriminationslernen) als ‚vorgängig verfügbarer' Beobachtungsbegriff benutzt wird; entsprechendes läßt sich für die übrigen Begriffsverwendungen in den genannten Theorien explizieren. Diese Beispiele verdeutlichen damit auch indirekt eine Konsequenz, die man eigentlich explizit ziehen müßte, die aber zumeist (aus Ökonomiegründen) nicht ausdrücklich mit angegeben wird:

„Wenn man immer genau sein wollte, müßte nun auch stets der Begriff des Beobachtungsbegriffs auf bestimmte Theorien relativiert werden: Ein Begriff B, der in der Theorie T vorkommt, ist hinsichtlich T ein Beobachtungsbegriff nur dann, wenn er in allen typischen Anwendungen von T valide gemessen werden kann, ohne die Wahrheit von T vorauszusetzen." (Friedrich 1979, 148)

Wie man unmittelbar erkennt gilt letzteres für die Messung der Sättigung eines Farbtons innerhalb der Lerntheorie, der Sättigung durch Nahrungsaufnahme innerhalb einer Theorie der Farbwahrnehmung etc.

In der Dimension ‚beobachtbar vs. nicht-beobachtbar' ist vor allem von Quine das Konzept der „Beobachtungssätze, wenn auch ohne Beobachtungssprache" expliziert worden (vgl. Stegmüller 1979b, 262). Dabei steht die ‚kausale Nähe' zu den Sinnesrezeptionen im Vordergrund, d.h. daß für Beobachtungssätze außer den Sinnesreizungen nur Informationen angesetzt werden, die zum Verständnis des Satzes notwendig sind, woraus auch das Merkmal der Intersubjektivität dieser Sätze für Sprecher der gleichen Sprache resultiert. Stegmüller hat diese Konzeption bzw. Rekonstruktion in folgender Weise zusammengefaßt:

Ein Beobachtungssatz ist dadurch charakterisiert, „daß alle Urteile über ihn außer von den bestehenden Sinnesreizungen nur von derjenigen gespeicherten Information abhängen, die zu seinem Verständnis erforderlich ist" und „daß alle Sprecher einer Sprache über ihn in derselben Weise urteilen, sofern sie denselben begleitenden Reizungen ausgesetzt sind." (o.c., 263)

Veranschaulichendes Beispiel: Einen intuitiven Eindruck von der Theorieabhängigkeit von Beobachtungen (und deren Beschreibungen) einerseits sowie der (auf die Sinnesreize zurückführbaren) Intersubjektivität andererseits vermittelt bereits die Analyse von Alltagsbeobachtungen, wie sie Newtson und Mitarbeiter durchgeführt haben. Sie zeigten Vpn Filme mit Handlungsabfolgen, die von den Beobachtern in Sequenzen einzelner Handlungen zerlegt werden sollten (über Angabe der End- bzw. Anfangspunkte – sog. breakpoints – der einzelnen

Handlungen sowie deren Beschreibung; vgl. Newtson 1973; 1976; Feger & Graumann 1983, 112f.). Ein solcher Film zeigte z.B. inhaltlich, wie ein Student ein Molekül-Modell aus Kugeln und Stäben zusammensetzte; dabei arbeitete der Student einmal 5 Minuten hintereinander, bis er das Modell zusammengesetzt hatte, ein anderes Mal zeigte er nach 2 Minuten ein überraschendes Verhalten, indem er sich einen Schuh und Socken auszog etc., und danach genauso wie vorher weiterarbeitete. Man kann davon ausgehen, daß die Vpn-Gruppe, die das unerwartete Verhalten beobachtete, in eine intensivere Aufmerksamkeits- und Erwartungshaltung versetzt wurde (was einer Theorieabhängigkeit der Beobachtungsfokussierung beim wissenschaftlichen Beobachter vergleichbar sein dürfte). Das Ergebnis war, daß diese Vpn die zweite Hälfte des Modell-Zusammenbaus in differenzierteren Handlungs-Einheiten beschrieben als diejenigen, die diesen Zusammenbau ohne das überraschende Verhalten in der Mitte gesehen hatten (Newtson 1973). Dabei ergaben sich zugleich insgesamt hohe Intersubjektivitäts- und Reliabilitätsscores für die Einteilung in Handlungssequenzen durch die Beobachter (Newtson 1976, 224ff.).
Eine präzisierende Explikation und Systematisierung solcher alltäglicher Beobachtungsprozesse kann dann als Realisation des Konzepts der ‚Beobachtungssätze ohne Beobachtungssprache' angesehen werden.

Damit ist die Liberalisierung des Beobachtungssprachen-Konzepts an einen vorläufigen Endpunkt gelangt. Die Explikation der T-Theoretizität von Begriffen und der Beobachtungssätze ohne Beobachtungssprache impliziert in unserem Zusammenhang zwei Konsequenzen: zum einen sind damit Monismus-Postulate nicht eo ipso aufgegeben oder ad absurdum geführt, zum anderen aber bestehen auch weitgehende Freiräume dafür, was in einer konkreten Einzelwissenschaft als gegenstandsadäquate Beobachtungssätze (ohne festgelegte Beobachtungssprache) anzusehen ist oder nicht. Die historisch-pragmatische Relativierung im Konzept des vorgängig verfügbaren Vokabulars eröffnet der Übertragung dieser generellen wissenschaftstheoretischen Analyseaspekte auf die einzelnen Objektwissenschaften größere Rekonstruktionsfreiräume, als dies in der Regel von den Einzelwissenschaftlern selbst angenommen wird. Es ist also im folgenden nach den üblichen – und eben auch den unüblichen, eventuell noch möglichen – Übertragungen bzw. Anwendungen dieser generellen wissenschaftstheoretischen Konzeptionen im Bereich der Einzelwissenschaft Psychologie zu fragen.

1.3. Zwischenbemerkung zu: Wahrheitsbegriff und Wahrheitskriterien

Bevor ich eine solche anwendende (selegierende) Übertragung versuche, möchte ich aber noch kurz das hinter dem Zwei-Sprachen-Modell stehende Problem thematisieren; das ist die generelle Zielidee der Wahrheit wissenschaftlicher Aussagen, die zu erreichen bzw. (mit) zu sichern die Hauptfunktion jeder Konzeption von Beobachtungs- bzw. Basissprache darstellt.

Der Terminus ‚Wahrheit wissenschaftlicher Aussagen' macht dabei schon deutlich, daß es sich um die Wahrheit sprachlicher Gebilde (in Satzform) handelt, nicht um etwas, was man ‚Existenzwahrheit' nennen kann (vgl. Kamlah 1960, 41), die etwa in alltagssprachlichen Ausdrücken wie ‚wahre Freiheit', ‚wahrer

Freund' etc. angesprochen ist (und besser durch ‚echt', ‚eigentlich' oder dergleichen ersetzt werden sollte). Auch bei den ‚sprachlichen Gebilden in Satzform' sind aber wiederum nicht alle denkbaren Satzkategorien gemeint: z.B. nicht Frage- und Befehlssätze, keine Sätze in fiktionalen Äußerungszusammenhängen (Romane etc.) und generell keine präskriptiven Sätze. Die philosophische Analyse der ‚Satzwahrheit' konzentriert sich auf die Wahrheit deskriptiver Satzsysteme (vgl. White 1970, 31ff.).

Bei dem so eingegrenzten Konzept der Satzwahrheit sind zunächst zwei grundlegende Kategorien zu unterscheiden: die logische, (im weiteren Sinne) analytische Wahrheit und die faktische oder synthetische (empirische) Wahrheit. Analytische Wahrheit ist gegeben, wenn die Bedingungen für die Wahrheit eines Satzes vor jeder Erfahrung (a priori) liegen, d.h. wenn der Satz mit Notwendigkeit allein durch die in ihm ausgedrückten Bedeutungen und die ihn konstituierende Logik wahr ist; das gilt im weiteren Sinn z.B. für Definitionen etc., die den Kriterien der Eliminierbarkeit und Nicht-Kreativität genügen müssen (vgl. genauer unten 1.5.) sowie im engeren Sinne für logische Schlüsse und deren Ableitungsrichtigkeit, Widerspruchsfreiheit etc. (vgl. Leinfellner 1967, 144ff.). Sätze, über deren Richtigkeit erst nach der Erfahrung (a posteriori) entschieden werden kann, fallen unter den Problembereich der faktischen oder empirischen (synthetischen) Wahrheit.

Um diese letztere, die empirische Wahrheit geht es zentral bei dem, was mit dem Zwei-Sprachen-Modell (gleich welcher Provenienz und Liberalisierungsvariante) angezielt ist: die empirische Wahrheit deskriptiver Sätze (von Existenz- bis All-, von Beobachtungs- bis Theoriesätzen). Die dargestellten Rekonstruktionsschwierigkeiten des Zwei-Sprachen-Modells treten dabei in mindestens vergleichbarem Ausmaß auch auf der höheren (abstrakteren) und zugleich grundlegenderen Ebene des Wahrheitskonzepts bzw. der Wahrheitskriterien auf und haben zu einer relativ permanenten Diskussion geführt (vgl. zu den Grundzügen dieser Diskussion im 20. Jahrhundert z.B. als Überblickswerke Hamlyn 1970; White 1970; als Sammelband Skirbekk 1977a; komprimierte (Kapitel-)Zusammenfassungen etwa bei Kamlah & Lorenzen 1967, 117ff.; Groeben & Westmeyer 1975, 134ff.).

Um die wichtigsten Aspekte dieser Diskussion zu skizzieren, sind zunächst einige klassische Begriffsfestlegungen nötig: Wahrheit wird nicht direkt Sätzen (engl. sentences), sondern Aussagen (engl. statements) zugeschrieben, wobei Sätze in verschiedener (sprachlicher) Form und Aussagen aus verschiedener (Aussage-)Perspektive verbalisiert werden können.
Beispiele von unterschiedlicher sprachlicher Form für das gleiche Gemeinte: ‚Im Jahre 1986 feiert die Universität Heidelberg das 600-jährige Jubiläum ihrer Gründung' bzw. ‚1986 wird in Heidelberg von der Universität das 600-Jahr-Jubiläum gefeiert'. Aus der Perspektive eines Heidelbergers kann die Aussage z.B. lauten: ‚1986 feiern wir das 600jährige Jubiläum der Universitätsgründung'; oder innerhalb einer Rede im Jahr 1986: ‚In diesem Jahr ...'.
Das in allen diesen Sätzen/Aussagen übereinstimmend Gemeinte (das 600-Jahr-Jubiläum der Universität Heidelberg im Jahr 1986) ist der (ausgesagte) Sachverhalt (engl. proposition); unter Bezug auf die (gemeinten) Sachverhalte nun wird den Aussagen Wahrheit zu- oder abgesprochen. Wahre Aussagen werden durch Tatsachen (facts) oder ‚wirkliche, existierende Sachverhalte' abgedeckt, falsche Aussagen nicht. ‚Tatsachen' und ‚wirklicher Sachverhalt' sind definitorisch

äquivalent und bezeichnen sprachunabhängige Abstrakta (um mit ausgesagten Sachverhalten verglichen werden zu können; vgl. Kamlah & Lorenzen 1967, 135ff.).

Auf dem Hintergrund dieser Begriffsfestlegungen ist als erste grundlegende Unterscheidung zwischen Wahrheitsdefinition und Wahrheitskriterien zu trennen (vgl. Ayer 1956, 33f.). Die Wahrheitsdefinition legt fest, was mit dem Wahrheits*begriff* gemeint sein soll; die Frage der Wahrheitskriterien thematisiert das Problem, anhand welcher Kriterien (s.u.) die Wahrheits*zuschreibung* für Aussagen(-Systeme) vorgenommen wird bzw. werden soll. Wie eng oder weit der Zusammenhang zwischen Wahrheitsdefinition und -kriterien anzusetzen ist, stellt dabei ein Dauerproblem der philosophischen Diskussion dar (vgl. Skirbekk 1977b, 11f.).

Beim Wahrheitsbegriff geht man im Alltagsgebrauch von einer Vorstellung der Übereinstimmung (Korrespondenz) zwischen Aussagen und Tatsachen aus (vgl. auch die Begriffserläuterungen zu ‚Aussagen' und ‚Tatsachen' oben; s. Kamlah 1960, 46). Dies entspricht der klassischen Wahrheitsauffassung (Aristoteles, Scholastik) von der „adaequatio rei et intellectus" (Übereinstimmung von Realität und Denken). Diese Wahrheitsvorstellung hat Tarski (vgl. 1972) im sog. semantischen Wahrheitsbegriff präzisiert. Er geht dabei von Antinomien wie der des lügenden Kreters aus; sie läßt sich verallgemeinert in folgendem Satz komprimieren: ‚Das, was ich jetzt sage, ist falsch.' Ein solcher ‚kontradiktorischer und zugleich beweisbarer Satz' (Stegmüller 1968, 24) ist wahr genau dann, wenn er falsch ist (und umgekehrt). Die Auflösung der Antinomie ist (mit Tarski) dadurch möglich, daß man zwischen verschiedenen Sprachebenen oder -stufen trennt: die Objektsprache ist jene Ebene, in der man Aussagen über reale Sachverhalte macht, während Aussagen über objektsprachliche Gebilde (also z.B. Aussagen über Aussagen) die Ebene der Metasprache darstellen. Die genannte Antinomie verschwindet nun, wenn man Prädikate wie ‚wahr', ‚falsch', ‚allgemeingültig' etc. nur in der jeweiligen Metasprache zuläßt. Das heißt: Der Satz ‚1986 wird das 600-Jahr-Jubiläum der Gründung der Universität Heidelberg gefeiert' ist genau dann wahr, wenn (in der Tat) 1986 das 600-Jahr-Jubiläum der Gründung der Universität Heidelberg gefeiert wird; oder verallgemeinert: ‚p' ist wahr genau dann, wenn p — wobei ‚p' „der Name der Aussage (in Metasprache) ist und p die Aussage selbst (in Objektsprache)" (Skirbekk 1977b, 18). Diese Explikation gilt als exakte Definition von Wahrheit zwar nur für formalisierte (Fach-)Sprachen, die in den Sozialwissenschaften (z.B. der Psychologie) überwiegend nicht gegeben sind; sie kann aber auch hier grundsätzlich als (Definitions-)Schema (Ayer 1977, 277) dafür akzeptiert werden, daß (und wie) sich die unmittelbare Verständlichkeit des Wahrheitsbegriffs (im Sinne der klassischen Korrespondenzvorstellung) als sinnvoll und ausreichend erweist (Kamlah 1960, 51).

Diese Explikation des Wahrheitsbegriffs ist allerdings zugleich die Grundlage für die sog. Redundanztheorie (z.B. Ramsey 1977), die postuliert, das Prädikat ‚wahr' sei überflüssig und daher eliminierbar (weil es sich nur um eine linguistische Komplizierung handele: White 1970, 91ff.). Die These ist, daß den Satz ‚p' als wahr zu behaupten äquivalent damit ist, den Satz selbst zu behaupten (p = ‚p' ist wahr). Gegen die Redundanztheorie hat aber schon Tarski eingewandt, daß eine Ersetzung der Wahrheitsprädikation durch den behaupteten Satz nicht in allen Fällen durchführbar ist: sowohl bei nicht vorliegenden Sätzen (‚Der letzte Satz, den Plato geschrieben hat') als auch bei Klassen von Sätzen (‚Alle Folgen wahrer Sätze') ist die Eliminierung des Wahrheitsprädikats nicht möglich (vgl. Ayer 1977, 278ff.; s. auch Groeben & Westmeyer 1975, 139). Daher wird die Redundanztheorie auch — m. E. zu Recht — überwiegend abgelehnt und stattdessen an der (metasprachlichen) Prädikation von ‚wahr' festgehalten.

Anhand welcher Kriterien nun über die Wahrheit oder Falschheit von Aussagen zu entscheiden ist, das ist die Frage der Wahrheitskriterien, auf die sich im engeren Sinn die *Wahrheitstheorien* beziehen; als die wichtigsten dieser Theorien sind zu nennen: die Korrespondenz-, Kohärenz-, Pragmatik-, Konsensus- und Evidenztheorie. Dabei konzentriert man sich auf die Entscheidbarkeit hinsichtlich der Basissätze bzw. Basisaussagen (vgl. Weingartner 1971, 154ff.), die wegen ihrer Fundierungsfunktion für allgemeine, theoretische Sätze (s.o.) über Wahrheit/Falschheit wissenschaftlicher Aussagensysteme generell (mit-)entscheiden.

Der Wahrheitsbegriff geht von der Übereinstimmung zwischen Aussagen und Tatsachen aus; parallel dazu beginnt auch die Diskussion der Wahrheitskriterien (üblicherweise) bei der *Korrespondenztheorie*. Nach ihr ist (s.o.) die Aussage mit einem entsprechenden Sachverhalt der ‚äußeren', realen Welt zu vergleichen (White 1970, 109). Dieses Ziel ist der Grund dafür, warum man auf ‚Beobachtungs-' bzw. Basissätze zurückgeht, die möglichst weitgehend (oder direkt) sinnliche Erfahrung repräsentieren (s.o.); das kann aber nicht darüber hinwegtäuschen, daß ein Vergleich zwischen Aussagen und ‚äußerer Realität' selbst nicht möglich ist, sondern nur einer zwischen Aussagen und der durch die Erfahrung gegebenen Wirklichkeit (also ein Vergleich ‚innerhalb der Erfahrung': Werkmeister 1968, 136f.). Die Erfahrung jedoch ist eben durchaus theoriegetränkt (s.o.), so daß letztlich die Übereinstimmung von jenen kognitiven Prozessen (mit-)abhängt, über die mit Hilfe des Korrespondenzkriteriums entschieden werden soll — ein untolerabler circulus vitiosus (Werkmeister 1968, 139). Genauso ‚geschlossen' bleibt der Kreis, wenn man bedenkt, daß der Vergleich zwischen Aussagen und (erfahrener) Realität nur mit Hilfe dazwischengeschalteter symbolischer Prozesse möglich ist (White 1970, 103ff.); das führt zu der Konsequenz, daß im Prinzip nur Sätze mit Sätzen (bzw. Aussagen mit Aussagen) verglichen werden können (Hamlyn 1970, 122ff.). Dann kommt es aber nur auf die Relation zwischen der thematischen Aussage und einem Aussagensystem an, das die bisher anerkannte Erfahrung repräsentiert.

Auf diese Weise löst sich das Korrespondenzkriterium unversehens in das Kohärenzkriterium auf: denn genau dies ist die These der *Kohärenztheorie*, daß der Grad der Wahrheit sich nach der Übereinstimmung mit den (bisher) als wahr anerkannten Aussagen(-Systemen) bestimmt (Hamlyn 1970, 124). Problematisch dabei ist die Explikation des Kohärenzkriteriums, die letztlich (qua deduktive Abgeleitetheit, Konsistenz, Kompatibilität etc.) immer auf die Prüfung der Widerspruchsfreiheit (des Aussagensystems) hinausläuft. Dies ist eine notwendige, aber nicht hinreichende Bedingung für faktische Wahrheit; Kohärenz erweist sich so als zu schwaches Kriterium für empirische Wahrheit. Das wird auch nicht überspringbar dadurch, daß man gleichzeitig auf die Übereinkunft (Konvention) bzw. den Konsens (s. dazu genauer unten) zwischen den Wissenschaftlern rekurriert; denn auch eine solche Übereinkunft kann einen bloßen Konventionalismus nur vermeiden, wenn der Konsens nicht beliebig ist, sondern sich auf aussagentranszendente Sachverhalte (Tatsachen) bezieht. Das Kohärenzkriterium setzt also (paradoxerweise), wenn es als Wahrheitskriterium brauchbar sein soll, das Korrespondenzkriterium voraus.

Das gilt im übrigen auch für den Aspekt der Übereinkunft selbst, wie Ayer schlagend in einer Kritik an Carnap (und dessen Kohärenz-Verteidigung) verdeutlicht hat: man könnte die Anforderung, daß über die Wahrheit von in sich kohärenten, aber inkompatiblen Aussagensystemen durch die Akzeption der Wissenschaftlergemeinde entschieden wird, dadurch zu erfüllen versuchen, daß man einfach in das System die Aussage aufnimmt, es sei allgemein akzeptiert. Dann zeigt sich, daß natürlich nur die *tatsächliche* Akzeption gemeint sein kann, womit wiederum das Korrespondenzkriterium vorausgesetzt ist (Ayer 1977, 292).

All diese vitiösen Zirkularitäten innerhalb und zwischen Korrespondenz- und Kohärenzkriterium vermeidet die *Pragmatik-Theorie*. Nach ihr (vgl. vor allem James, Peirce, Dewey) sind Aussagen (bzw. die diese repräsentierenden ‚beliefs') dann wahr, wenn sie nützlich sind, wenn ihre Wirkungen für die Menschen gut sind (vgl. James 1977; Skirbekk 1977b, 14f.), wenn man mit den darin enthaltenen Handlungsplänen Erfolg hat (vgl. Werkmeister 1968, 142f.; White 1970, 123: ein ‚belief' ist wahr, „if it works": Blanshard). Abgesehen von der (bisher ungelösten) Schwierigkeit, wie z.B. kognitive Annahmen, Aussagen etc. stringent mit Handlungsplänen zu verbinden sind (Werkmeister 1968, 144ff.), bleibt das Problem, wie man den Erfolg von Handlungsplänen etc. feststellen soll: entsprechend dem Pragmatik-Kriterium doch ganz eindeutig wieder durch die Wirkungen dieser Pläne bzw. Handlungen, deren Erfolg wieder durch ihre Wirkungen und so fort (vgl. schon Russell 1946; Werkmeister 1968, 145f.). Man vermeidet mit der Pragmatik-Theorie also zwar (vitiöse) Zirkularität, handelt sich dafür aber einen Regreß (ad infinitum) ein.

Nach diesen Schwierigkeiten mit den klassischen Wahrheitstheorien sind in letzter Zeit (vor allem in Deutschland) Anstrengungen zur Ausarbeitung der *Konsensus-Theorie* gemacht worden (vgl. Skirbekk 1977b, 27ff.). Diese Position stellt die Intersubjektivität der Überprüfung von Aussagen heraus und rekurriert dabei auf den kompetenten Sprecher; kompetent ist im Bereich der Wissenschaft nach Kamlah & Lorenzen (1977, 485f.) z.B. ein Sprecher, der nicht nur sprach-, sondern auch sachkundig, gutwillig und vernünftig ist. Vernünftigkeit manifestiert sich dabei in Aufgeschlossenheit gegenüber Gesprächspartner(n) und Gegenstand, außerdem darin, daß das Argumentieren nicht durch bloße Emotionen, Traditionen oder Gewohnheiten bestimmt wird (l.c.). Unter diesen Voraussetzungen erweist sich die Wahrheit einer Aussage in der Übereinstimmung der (vernünftigen etc.) Gesprächspartner (der ‚Homologie') über sie. Für den Erlanger Konstruktivismus (mit den Hauptvertretern Kamlah und Lorenzen) gilt diese optimale (vernünftige usf.) Argumentationssituation, zumindest im Bereich der modernen Wissenschaften, als konstruktiv begründ- und herstellbar; die neueren Vertreter der Frankfurter Schule versuchen vergleichbare Merkmale einer ‚idealen Sprechsituation' als notwendige Bedingungen jeder (sinnvollen) Argumentation und Argumentationsbereitschaft zu explizieren (in den beiden Untervarianten der Transzendentalpragmatik bei Apel und der Universalpragmatik bei Habermas; s. dazu genauer u. 2.6.). Das Problem liegt hier in der Idealität der geforderten Diskursstruktur, die im Prinzip die Elimination aller Fehlerquellen impliziert. Wie aber kann man wissen, was ‚alle Fehlerquellen' sind, wie soll es möglich sein, sie alle gleichzeitig zu eliminieren etc.? (Skirbekk 1977b, 28); grundsätzlich gefragt: Wie will man begründen, daß der Rückgriff auf den Konsens nicht ein dogmatischer Abbruch des Entscheidungs- bzw. Begründungsprozesses ist?

All diese Probleme mit den Wahrheitskriterien machen es verständlich, wenn mancher Wissenschaftstheoretiker auf die *Evidenztheorie* zurückgreifen möchte, wie sie bereits Husserl in seiner phänomenologischen Konzeption von Wahrheit vertreten hat.

Danach ergibt sich ,,die Wahrheit (in bezug auf Gegenstände wie auf Begriffe) ... durch eine Erfüllung, wobei das Gegebene als Gemeintes und das Gegebene qua Selbstgegebenheit zusammenfallen. Die Wahrheit ist also eine Identität, und diese Identität ergibt sich mit Evidenz." (Skirbekk 1977b, 24)

Eine solche Konzeption vermeidet zwar die oben skizzierten Schwierigkeiten der anderen Theorien, allerdings durch einen gordischen Knotenschlag in Form einer petitio principii: es wird auf eine kritische Begründung (der Wahrheitskonzeption) verzichtet, indem einfach die ‚geschichtslose Evidenz einer sich selbst gewissen Subjektivität' (vgl. Tugendhat 1977) unterstellt wird (Skirbekk 1977b, 26). Dies kann, gerade auch bei Ausschließung der ‚Existenzwahrheit' (s.o.), nicht als zureichende Wahrheits‚theorie' akzeptiert werden (vgl. zur Kritik im einzelnen u. 2.1.).

Wie ist nun die Brauchbarkeit und Tragweite dieser Explikationsversuche aus der Sicht und für die Tätigkeit des Objektwissenschaftlers zu beurteilen? Eine erste, aus der Sicht des ‚praktizierenden' (d.h. forschenden) Einzelwissenschaftlers unverständliche Beschränkung besteht darin, daß die Kriterien durchwegs als einzeln-absolute diskutiert werden; dies ist eine Begrenzung, die schließlich auch den bloß metatheoretisch rekonstruierend tätigen Wissenschaftstheoretikern aufgefallen ist. So unterscheidet z.B. Rescher zwischen garantierenden (guaranteeing) und berechtigenden (authorizing) Kriterien; ein garantierendes Kriterium wäre in der Lage, vollkommen über das Merkmal der Wahrheit zu entscheiden, ein berechtigendes Kriterium stellt ,,bestenfalls eine *rationale Begründung* für das Zusprechen eines Merkmals dar" (Rescher 1977, 340). Inhaltlich beschränkt er das garantierende Kriterium der Korrespondenz auf den

Aspekt der Wahrheitsdefinition, während er das berechtigende Kriterium der Kohärenz als zentral für die Überprüfung wissenschaftlicher Aussagen(-Systeme), d.h. für die Wahrheitszuschreibung, rekonstruiert (o.c., 341ff.); das scheint mir zwar inhaltlich (noch) zu eng zu sein, aber die Kriterienunterscheidung ist m.E. zur Rekonstruktion dessen, was in den Objektwissenschaften tatsächlich in der Forschung geschieht, höchst geeignet.

Noch radikaler in der Konsequenzenziehung war der Kritische Rationalismus (Popper und Nachfolger); er gibt die Forderung nach Letztbegründung wissenschaftlicher Aussagen schlicht auf, weil sie nur in das ‚Münchhausen-Trilemma' führe (Albert 1968, 185ff.): nämlich zu einem infiniten Regreß, circulus vitiosus oder dogmatischen Abbruch des Begründungsverfahrens (vgl. als Beispiele die Diskussion der Kriterien oben). Stattdessen wird das Prinzip der permanenten Kritik prüf*barer*, d.h. falsifizierbarer Theorien (Falsifikationsprinzip eines ‚Konsequenten Fallibilismus') eingeführt; die Geltung von ‚Basissätzen' wird durch Übereinkunft entschieden (s.o. 1.1.), die damit mögliche Eliminierung von Irrtümern erlaubt eine Annäherung an die Wahrheit (Wahrheitsnähe, ‚verisimilitude': Popper 1962, 292). Wenn diese Konzeption aber nicht zu einem reinen Konventionalismus führen soll, muß die Entscheidung über die Wahrheit der Basissätze ‚irgendwie' in Richtung auf eine Korrespondenzdimension praktisch zureichend gelöst sein (Skirbekk 1977b, 18). Das bedeutet: Wenn man die Voraussetzungen für die *Möglichkeit* der Falsifikation wissenschaftlicher Theorien (Basissätze, Vermeidung von Leerformeln etc.) schafft, dann ist die Entscheidung über die Wahrheit bzw. Falschheit dieser (Basis-)Sätze primär ein praktisches Problem.

Dies ist genau die Lösung, die Ayer (1977) vorschlägt; als zentrale, das ‚Greifen' des Korrespondenzkriteriums ermöglichende Voraussetzung expliziert er die Generierung von Basisaussagen qua möglichst direkt überprüfbaren Aussagen:

„Eine Aussage *a* ist in bezug auf eine bestimmte Sprache S dann direkt überprüfbar, wenn sich in S keine Aussage machen läßt, die direkter überprüfbar ist als *a*." (Ayer 1977, 284)

Auf dieser Grundlage ist es dann nicht zutreffend, daß wir „in einem Kreis von Aussagen gefangen sind. Wir durchbrechen den Zirkel, indem wir unsere Sinne gebrauchen, indem wir tatsächlich die Beobachtungen machen, aufgrund derer wir die eine Aussage akzeptieren und die andere zurückweisen. ... Das ist ein praktisches Problem, und in der Praxis wird es häufig ohne große Schwierigkeiten gelöst." (o.c., 298)

Damit ist eine Position erreicht, wie sie im- oder explizit auch vom praktischen Forschungshandeln bzw. der Allgemeinen Methodologie in der Psychologie vertreten wird. Wie die Lösung dieses praktischen Problems auf der Konzeptebene der Wahrheitskriterien zu denken ist, läßt sich in groben Umrissen entwickeln, wenn man von der Explikation der Intersubjektivität in der Allgemeinen Methodologie ausgeht (vgl. Bortz 1984, 134ff.): In der Methodenlehre wird die Intersubjektivität als (praktisch erreichbare) Approximation von Objektivität angesetzt. Auf der Ebene der Wahrheitskriterien läßt sich das folgenderweise rekonstruieren: Mit Beobachtungs- oder Basissätzen (ohne fixe Beobachtungssprache, aber mit möglichst weitgehendem Bezug auf sinnliche Erfahrung) wird die Voraussetzung für die approximative Erfüllung des Korrespondenzkriteriums (als garantierendem Kriterium) geschaffen. Die Approximation selbst wird durch die Realisierung von berechtigenden Kriterien geleistet; hier ist an erster Stelle das Konsensus-Kriterium (in der Variante des Erlanger Konstruktivismus: Intersubjektivität, s.o.) relevant, als stützend werden gegebenenfalls Aspekte der Kohärenz und der pragmatischen Nützlichkeit herangezogen (vgl. auch Herrmann 1976, 100ff.). Diese grundsätzliche Lösungsstruktur (auf der Ebene der Wahrheitskriterien) wird im folgenden für alle (Basis-)Aussagen unterstellt, über die ein intersubjektiver Konsens anhand externer Beobachtbarkeit möglich ist.

Bei Aussagen allerdings, die sich nicht (nur) auf extern Beobachtbares, also z.B. auf internale Gegebenheiten (wie Schmerzen, Emotionen, Intentionen etc.) beziehen, greift diese Lösung des praktischen Problems der Wahrheitszuschreibung nicht (mehr) (vgl. Kamlah & Lorenzen 1977, 493). In einem solchen Fall hängt die Wahrheitsbeurteilung der Aussagen von der Wahrhaftigkeit des Sprechers ab; diese ist nur mehr (ausschließlich) über Konsens, und zwar über die Variante des dialog-konsenstheoretischen Wahrheitskriteriums (der Frankfurter Schule, s.u. 2.6.) approximierbar. Die Sinnhaftigkeit bzw. sogar Notwendigkeit solcher Aussagen über internale Ereignisse (als ‚Basisaussagen' in der Psychologie) wird unten bei der Anwendung des Beobachtungssprachen-Konzepts (auf die Psychologie: 1.6.) behandelt. Somit ergibt sich als Konsequenz aus der Diskussion von Wahrheitsbegriff und Wahrheitskriterium folgender Rahmen für die Anwendung des Zwei-Sprachen-Modells und der damit verbundenen Probleme in der Psychologie: Für Definitionen bzw. definitorische Explikationen ist vom Konzept der logischen (analytischen) Wahrheit auszugehen (s. im einzelnen unten 1.4./1.5.); bei Basisaussagen, die sich zentral auf von extern Beobachtbares beziehen, ist der (semantische) Begriff der empirischen Wahrheit und die Approximation des Korrespondenzkriteriums durch die berechtigenden Kriterien von Konsens, Kohärenz und Pragmatik anzusetzen (s. u. 1.5./1.6.); für Basissätze, die zentral auf internale Gegebenheiten referieren (s.u. 1.6./1.7.) erweist sich das dialog-konsenstheoretische Wahrheitskriterium als ausschlaggebend, das (in einer spezifischen Art und Weise) eher die hermeneutische Tradition der Psychologie aufnimmt und konstruktiv präzisierend rekonstruiert (s.u. Kap. 2.).

1.4. Anwendung für die Psychologie: intensionale und extensionale (operationale) Analyse/Definition

Die üblichen Übertragungen und Anwendungen der dargestellten wissenschaftstheoretischen Rekonstruktionen auf die Psychologie sind in Verbindung mit den allgemeinen (aus der Logik stammenden) Regeln zum Definieren wissenschaftlicher Begriffe vorzunehmen. Entsprechend dem Kommunikationsobligat (s.o.) muß Wissenschaft zur Vermeidung der Mehrdeutigkeit und Vagheit alltagssprachlicher Begriffe eine möglichst präzise Bedeutungsfestlegung durch Definition anstreben. Für dieses Ziel (korrekter Definition) sind vor allem zwei Kriterien herausgearbeitet worden (vgl. Essler 1970, 62ff.): das der Eliminierbarkeit und der Nicht-Kreativität. ‚Eliminierbarkeit' bedeutet, daß bei Ersetzung des zu definierenden Begriffes (Definiendum) durch den definierenden (Definiens) die Sätze keinen anderen Gehalt bekommen dürfen; ‚Nicht-Kreativität' heißt im wesentlichen, daß auch bei der Kombination von Definitionen keine ‚kreativen' Sätze, d.h. neue empirisch-synthetische Behauptungen, auftreten dürfen (vgl. Beispiele u. in 1.5.).

Aus dem Kriterium der Eliminierbarkeit folgt, daß zwischen Definiendum und Definiens eine tautologische Relation besteht; das ist aber nicht zu verwechseln mit Zirkelhaftigkeit. Zirkelhaftigkeit liegt vor, wenn das Definiendum im Definiens (wieder) vorkommt; dies tritt meistens nicht direkt auf, aber z.B. nach Ersetzung eines weiteren zentralen Begriffs im Definiens. Daraus resultieren dann zirkuläre Sätze, die sowohl theoretisch als auch empirisch unergiebig bzw. sinnlos und daher zu vermeiden sind. Obwohl die Anforderung, Zirkularität zu vermeiden, allgemein anerkannt ist, wird ihr dennoch in den Einzelwissenschaften erstaunlich häufig nicht entsprochen; das gilt auch für die Psychologie.

Beispiel: Ein klassisches Beispiel für eine zirkuläre Definition ist die Begriffseinführung von ‚Verstärkung' und ‚Verstärker' in der Verhaltenstheorie von Skinner; hier wird unter Verstärkung in der Regel verstanden: ‚Wenn auf ein operant ein Verstärker folgt, dann erhöht sich die Auftretenswahrscheinlichkeit.' Die Zirkularität liegt in der gleichzeitig explizierten Definition von ‚Verstärker': ‚Wenn sich die Auftretenswahrscheinlichkeit eines operants erhöht, liegt ein Verstärker vor'. Die Ersetzung des Begriffs ‚Verstärker' in der Definition von ‚Verstärkung' durch die Definition von ‚Verstärker' ergibt die zirkuläre Leerformel ‚Wenn sich die Auftretenswahrscheinlichkeit eines operants erhöht, dann erhöht sich die Auftretenswahrscheinlichkeit eines operants.' (vgl. zur Historie, Analyse und Auflösung dieser Zirkularität Westmeyer 1973).

In der tautologischen Relation zwischen Definiendum und Definiens manifestiert sich die Tatsache, daß es sich bei Definitionen um analytische (im weiteren Sinne logische) Wahrheit handelt (s.o.). Daraus resultiert die besonders von Methodologen immer wieder betonte Konsequenz, daß Definitionen Festsetzungen sind, d.h. nicht durch Rückgriff auf irgendwelche empirische Daten sozusagen ‚erzwungen' werden können. Diese auf der logischen Ebene gegebene willkürliche Festsetzbarkeit wird aber häufig argumentationstheoretisch überinterpretiert: nämlich als völlige Freiheit des Wissenschaftlers beim Definieren, als völlige Beliebigkeit von Definitionen. Dies ist jedoch beileibe nicht so; zwar können Definitionen wegen ihrer Analytizität nicht empirisch wahr oder falsch sein, aber sie sind sehr wohl mehr oder weniger *brauchbar*. Dementsprechend gibt es durchaus Argumente für oder gegen die Brauchbarkeit bestimmter Definitionsvorschläge. Als generelles Kriterium dient dabei der Rückgriff auf ‚vernünftige Rede'. Entsprechend der Unterscheidung von meaning- und reference-Semantik (s.o.: Intension und Extension) sollte eine definitorische Explikation in der Regel mit der intensionalen Analyse beginnen. Für diese lassen sich zumindest zwei Manifestationen des Rückgriffs auf vernünftige Rede in der Psychologie ansetzen:

— Die erste ist die Explikation der in der alltagssprachlichen Verwendung enthaltenen Intuition anhand von Beispielen, sog. exempla crucis. Dahinter steht die Zielvorstellung, daß sich Definitionen bzw. präzisierende Explikationen alltagssprachlicher Begriffe möglichst nicht unnötig weit von der sinnvollen, eingeführten Sprachverwendung der Umgangssprache entfernen sollten.

Beispiel: Gerade diese Beurteilungsdimension spricht, wie im vorigen Kapitel wissenschaftshistorisch begründet, in der Konkurrenz von verhaltens- vs. handlungstheoretischen Begriffsexplikationen häufig für die handlungstheoretische Version (zumindest im Bereich der Psychologie). Ein klassisches Beispiel dafür stellt der Begriff der ‚Aggression' dar. Nach verhaltenstheoretischer Auffassung handelt es sich dabei um (Objekte oder Personen) schädigendes Verhalten. Es lassen sich aber exempla crucis angeben, anhand derer ein Gegensatz dieser Definition zur allgemeinen, intuitiven Einschätzung auftritt. Man nehme z.B. einen modernen bildenden Künstler, der in Form eines happenings mit blutgefüllten Beuteln auf eine riesengroße, weiße Leinwand wirft, wo sie aufplatzen und am Schluß ein (durch den Zufall mitbedingtes) ‚Blutbild' ergeben; wenn einige von den Zuschauern trotz anderslautender Instruktion des Künstlers während des Produktionsprozesses zu nah an die Leinwand herantreten, so bekommen sie unter Umständen Blutspritzer auf ihre Kleidung ab. Damit liegt, von außen betrachtet, ein schädigendes Verhalten des Künstlers (und d.h. nach verhaltenstheoretischer Definition eine Aggression) vor, dennoch widerstrebt es aller vernünftigen Intuition, das Handeln des Künstlers als aggressiv zu klassifizieren. Anders wäre das, wenn ein Politiker oder eine politisch engagierte Person absichtlich einen mit Blut gefüllten Beutel z.B. auf einen anderen Politiker (oder eine Militärperson etc.) wirft, um auf diese Weise ein ‚Blutattentat' durchzuführen. Das Ergebnis der ‚Schädigung' mag das gleiche wie im ersten Beispiel sein (nämlich Blutspritzer auf der Kleidung einer Person), aber hier erscheint die Klassifikation als ‚Aggression' intuitiv berechtigt. Sie erscheint intuitiv auch dann noch notwendig, wenn der Werfer durch mangelnde Koordination seiner Bewegungen das intendierte Ziel nicht trifft und auf diese Art und Weise keine objektiv feststellbare Schädigung der entsprechenden Person eintritt (sondern eventuell nur eine Art ‚Blutbild' auf einer weißen Wand); dieser Fall wäre von der verhaltenstheoretischen Definition her jedoch gegen alle intuitive Sprachverwendung als ‚keine Aggression' einzuordnen. Aus solchen und ähnlichen Beispielen ziehen immer mehr Psychologen die Konsequenz, daß es einer die Intention bzw. Absicht miteinbeziehenden (also handlungstheoretischen) Definition von Aggression bedarf (vgl. Werbik 1971; 1975). Denn solche exempla crucis erfüllen genau die von Werbik & Mun-

zert aufgestellte Forderung zur Einführung einer auf Intentionalität zurückgreifenden Begriffsexplikation:
„Können wir Beispiele dafür finden, daß physikalisch gleich beschriebenes Verhalten einmal als Aggression, das andere Mal nicht als Aggression aufzufassen ist, also je nach Kontext Verschiedenes bedeutet, so sind wir berechtigt, das Prädikat ‚aggressiv' im Zusammenhang mit dem subjektiven Sinn einer Handlung zu verleihen." Und daraus folgt für die — operationale — Begriffsdefinition: „Die Bezeichnung einer Verhaltensweise als ‚aggressiv' setzt immer eine Interpretationsleistung des Beobachters voraus, die sich auf den subjektiven Sinn dieser Verhaltensweise bezieht." (Werbik & Munzert 1978, 200)

Die Entscheidung über die Akzeption oder Ablehnung solcher aufgrund von paradigmatischen Beispielen gewonnenen Definitionen hängt natürlich von der Zustimmung des wissenschaftlichen Forums ab, das aber eben durchaus nicht ohne Not von der in der Umgangssprache manifesten Intuition abweichen sollte.

— Der zweite Ansatzpunkt ist das, was Holzkamp (1964) Phänomenanalyse genannt hat: der Rekurs auf die unvoreingenommene, nur auf das Phänomen ausgerichtete, deskriptive Beschreibung von Erlebnissen, Tatsachen, Gegenständen. Es ist dies ein der phänomenologischen Methode verpflichteter Rückgang auf das ‚unmittelbar Vorfindliche'. In dieser Auffassung bzw. Funktionszuweisung wird die Phänomenologie nicht als wissenschaftliche Methode im Sinne der Wahrheitsprüfung oder Heuristik verstanden, sondern als ein Verfahren, um „der wissenschaftlichen Kommunikation zur Klarheit darüber zu verhelfen, wovon die Rede sein soll" (o.c., 47). Als Antwort ist dann nur sinnvoll, daß man das Beschriebene auch so kennt oder wie man es anders kennt.

Ein klassisches Beispiel für solche — phänomenanalytisch zu nennenden — intensionalen Analysen stellt die Unterscheidung von Angst und Furcht dar: Angst als nicht gegenstandsgerichtet, während Furcht sich auf konkrete Objekte, Ereignisse etc. bezieht (vgl. Lersch 1962, 244f. und 316f.) — eine Unterscheidung, die in der Emotionspsychologie wenn auch nicht restlos anerkannt, so doch ohne Unterbrechung tradiert worden ist.

Beide Aspekte des Rückgangs auf die intuitive Sprachverwendung verschärfen natürlich die Frage, warum in der Psychologie bisher nur die Intuition des Erkenntnis-Subjekts zählt, obwohl auch das Erkenntnis-Objekt einer entsprechenden Sprachverwendung mächtig ist (doch dazu unten bei der Behandlung der Kommunikationsfähigkeit des Erkenntnis-Objekts mehr).

Für die extensionale Analyse ist, wie schon angedeutet, in der Psychologie das Konzept der operationalen Definition zentral geworden; operational ist die Definition (in der Psychologie) deswegen zu nennen, weil das Erkenntnis-Subjekt (der Forscher) eine Testbedingung setzt und ein Testergebnis erhebt. Auch hier ist zunächst die logische Struktur zu explizieren, von der die wichtigsten formalen Lösungsaspekte in der Dimension ‚Beschreibung und Beobachtung' abhängen (bzw. sich aufklären lassen). Ausgangspunkt der logischen Rekonstruktion ist die Auffassung der theoretischen Konstrukte als sog. Dispositionsprädikate (im Sinne von Carnap 1936/37; vgl. hierzu und im weiteren Essler 1970, 128ff.); ein Dispositionsprädikat ist dadurch gekennzeichnet, daß es eben die relevante Testbedingung und das für die vorliegende Disposition postulierte Testergebnis festlegt.

Beispiel: Für das Konstrukt der Intelligenz läßt sich nach Essler (1970, 128) z.B. folgendes formales Schema angeben: „Für alle Personen x gilt: x ist intelligent genau dann, wenn gilt, daß, wann immer man x der Testbedingung Tb unterwirft, x dann das Resultat Rs erbringt."

Das Problem bei einer solchen Fassung der operationalen Definition liegt darin, daß man nach den Regeln der zweiwertigen Logik (Wahrheitswerttabellen: vgl. Opp 1970, 163ff.; Tugendhat & Wolf 1983, 110ff.) auch einer Person, die niemals der Testbedingung Tb unterworfen worden ist, Intelligenz zuschreiben muß. Überdies erhält man, wenn man auch ‚unintelligent' nach dem gleichen Schema definiert, in diesem Fall auch noch die Zuschreibung von ‚unintelligent'. Um solche Widersprüche und Paradoxien zu vermeiden, muß man zum einen einführen, daß die Person x zu einem bestimmten Zeitpunkt t auch tatsächlich getestet wird, und zum anderen die Bestimmung hinzunehmen, daß die Person x, wenn sie der Testbedingung TB unterworfen wird, und wenn sie nicht intelligent ist, das Resultat Rs nicht erbringt. Beide Explikationen zusammengenommen ergeben dann das, was Carnap als bilateralen Reduktionssatz (mit zwei Wenn-Komponenten) rekonstruiert hat:

Beispiel: Für das Beispiel der Intelligenz lautet er: „Wenn eine Person x zu einem Zeitpunkt t der Testbedingung Tb unterworfen wird, dann ist x intelligent genau dann, wenn x zur Zeit t das Resultat Rs erbringt" (Essler 1970, 129).

Da in der Regel das mit dem theoretischen Konstrukt ‚Intelligenz' Gemeinte nicht durch einen einzigen (Intelligenz-)Test erschöpft wird, sind operationale Definitionen als bedingte, *partielle* Definitionen anzusehen: d.h. der theoretische Begriff wird nicht vollständig durch die Operationalisierung abgedeckt, es liegt ein Bedeutungsüberschuß vor (Reichenbach; englisch ‚surplus meaning'). Dies entspricht in etwa dem, was in mehr intuitiver Form von allgemein-methodologischer Perspektive aus durch Mac Corquodale & Meehl (1948) in der Psychologie mit der Unterscheidung von hypothetischen Konstrukten und intervenierenden Variablen thematisiert worden ist: hypothetische Konstrukte sind durch einen solchen (intensionalen) Bedeutungsüberschuß gegenüber den (extensionalen) Operationalisierungen gekennzeichnet, intervenierende Variablen weisen diesen Bedeutungsüberschuß nicht auf. Anschaulicher wird dies m.E. durch die Begriffsunterscheidung von Schneewind (1969) in offene versus geschlossene Konstrukte gefaßt; bei offenen (hypothetischen) Konstrukten deckt die Operationalisierung nicht alle theoretisch (intensional) angesetzten Merkmale ab, bei geschlossenen Konstrukten ist wie bei intervenierenden Variablen von einer vollständigen Operationalisierung auszugehen. Daraus resultiert u.a., daß die sog. Schließung von Konstrukten, d.h. also die möglichst vollständige Auflösung von Bedeutungsüberschüssen durch operationale Abdeckung, nicht so unproblematisch ist, wie dies häufig in der Methodenlehre unterstellt wird.

Zunächst einmal ist auf dem Hintergrund der skizzierten Rekonstruktionen völlig klar, daß eine solche Schließung von Konstrukten keineswegs kurzschlüssig durch völlige Elimination der intensionalen Analyse stattfinden darf. Dies ist allerdings leider eine immer noch existierende verkürzte Auffassung von Operationalismus, die sich in dem Schlagwort manifestiert: ‚Intelligenz ist, was der Intelligenztest mißt.' Durch ein solches Verständnis von operationaler Definition wird der Operationalismus als Anti-Theoretizismus mißverstanden und mißbraucht. Denn es bleibt bei solchen ‚operationalen Definitionen' völlig unklar, ob z.B. verschiedene Intelligenztests als (theoretisch) vergleichbar angesetzt werden können bzw. in welcher Relation sie zueinander stehen. Dies wird zureichend erst durch eine vorgeordnete intensionale Analyse greifbar, eine Einsicht, die heute auch in wissenschaftstheoretisch reflektierten Werken zur Allgemeinen Methodenlehre vertreten wird (vgl. z.B. Bortz 1984, 38ff.).

1.5. Bedeutungsüberschuß hochkomplexer Konstrukte, operationale Schließung und Konstruktvalidierung

Es ist also auch und gerade bei operationalen Definitionen an der Vorordnung der intensionalen Analyse vor der extensionalen festzuhalten; denn erst die intensionale Explikation der für den Begriff als zentral angesetzten Merkmale ermöglicht eine theoriegeleitete Forschung und erlaubt in spezifischem Bezug auf die extensionale Analyse eine Abschätzung, inwieweit durch die Operationalisierung diese Merkmale abgedeckt sind, ob also eine Schließung des Konstrukts gelungen ist. Dabei ist durchaus davon auszugehen, daß ein extrem großer Bedeutungsüberschuß nicht sinnvoll sein kann; so hat sich z.B. die Operationalisierung des Konstrukts Angst nur durch Meßdaten des psychogalvanischen Hautreflexes in theoriegeleiteter Forschung zumeist in Relation zu dem theoretisch angesetzten Bedeutungsinhalt (der Intension) als unzureichend erwiesen (schon wegen der qualitativen Unspezifität der damit allein meßbaren Erregungsintensität; vgl. Ulich 1982, 81ff.). Man sollte also den Grad der Partialität des (operationalen) Indikators in bezug auf das hypothetisch-theoretische Konstrukt nicht zu groß werden lassen. Aber auch der entgegengesetzte Pol, die völlige Schließung von Konstrukten, kann nach den bisher dargestellten Rekonstruktionen nicht als das Optimum angesehen werden, obwohl dies in der Methodologie oft als optimale Forschungsentwicklung angesetzt wird; dahinter steht, wie Bunge (1963) es formuliert hat, der ‚myth of simplicity'. Denn eine völlige Erschöpfung der theoretischen Konstruktmerkmale durch operationale Indikatoren führt notwendigerweise zu möglichst einfachen, niedrig-komplexen Konstruktexplikationen (vgl. Groeben 1981b). Solche extensionalen nicht-offenen Konstrukte sind aber dann praktisch kaum mehr veränderbar, da ja bereits alle intensionalen Merkmale extensional abgedeckt sind und intensionale sowie extensionale Analyse restlos ineinander aufgehen; damit wird die Flexibilität in der Theorien- bzw. Forschungsentwicklung jedoch eher behindert als gefördert (vgl. Groeben & Westmeyer 1975, 49f.). Das gilt im übrigen auch für den theoretischen Entwurf potentiell realitätsverändernder Konstrukte, z.B. Dispositionen, die positive Entwicklungsmöglichkeiten des Menschen thematisieren oder postulieren. Dafür ist eine ‚Offenheit' der Konstrukte (ein surplus meaning) gegenüber den derzeit vorhandenen Wirklichkeiten (und damit Validitäten) unabdingbare Voraussetzung. Unter dieser Perspektive der Einbeziehung von potentiell utopischen anthropologischen Menschenbildmerkmalen wird die extensionale Offenheit von Konstrukten geradezu zu einem Anzeichen für die Tiefe und Reife einer psychologischen Theorie (im Sinne der ‚mature science' nach Bunge).

Beispiel: Als ein Beispiel für die Binnenstruktur solcher relativ hochkomplexen und auf positive Entwicklungsmöglichkeiten des Menschen ausgerichteten bzw. sie konzipierenden Konstrukte habe ich (in Groeben 1981b) eine Regel bzw. ein Prinzip zur Formulierung ‚utopischer' Konstrukte aufgestellt (sog. ‚Utopieprinzip'); dabei wird unter ‚Utopie' nicht wie in der Alltagssprache die Irrealität oder das Unrealistische einer Ideee verstanden, sondern im wissenssoziologischen Sinn die Negation einer realen (gegebenen) suboptimalen Welt und die Konstruktion einer möglichen besseren Welt (vgl. Neusüss 1972, 14ff.). Nach dieser Regel sind hochkomplexe, utopische Konstrukte zu konzipieren, ,,indem man (zumindest) von zwei psychologischen Merkmalen ausgeht, die in der vorliegenden historisch-räumlich eingrenzbaren Situation gegenläufig sind (empirisch gesicherter negativer Zusammenhang), und diese in dem Konstrukt als polar zusammengehörig postuliert (Überführung in einen positiven Zusammenhang)" (Groeben 1981b, 110).
Als paradigmatisches Beispiel für diese Struktur läßt sich das Kreativitäts-Konstrukt anführen, z.B. die unter dem Aspekt der Kreativität als Persönlichkeitsmerkmal von Barron (1967; 1968; 1969) empirisch nachgewiesene polare Integration der Psychopathologie- und Ich-Stärke-Werte von Schriftstellern. Er stellte (u.a. in Überprüfung der Neurosethese der Kreativität) fest, daß Schriftsteller in der Tat hinsichtlich der Psychopathologie-Maße (des MMPI) in den oberen 15% der Population liegen, von da gesehen also im Vergleich zur Normalpopulation mit überdurchschnittlich starken Ängsten belastet sind; gleichzeitig aber erzielten sie überdies einen sehr hohen Wert auf der Ich-Stärke-Skala des MMPI. Ein solcher positiver Zusammenhang ist genau das Gegenteil der (in den historisch-räumlich vergleichbaren Untersuchungen an Stichproben) aus der Normalpopulation ermittelten negativen Korrelation zwischen diesen Untertestklassen (Korrelationskoeffizienten zwischen $-.5$ und $-.6$). In dieser polaren Integration liegt eine gegenseitige Korrektur der Merkmale, die es erlaubt, das komplexe, polar integrierte Konstrukt als positive Entwicklungsmöglichkeit des Menschen zu bewerten: die Angstdimensionen können das Umkippen der Ich-Stärke in den negativen Bereich von bloßer Durchsetzungsfähigkeit und Sozialdarwinismus verhindern, zugleich ermöglicht die Ich-Stärke die positive Funktion der Angstdimensionen als Sensibilität, als Empathie gegenüber bedrohlichen Aspekten der Umwelt, ohne daß dadurch jedoch eine Destabilisierung der Person eintritt (vgl. genauer Groeben 1981b, 112ff.).

Natürlich gibt es noch eine Fülle weiterer (Struktur-)Möglichkeiten hochkomplexer Konstrukte; es ist aber nicht nötig, diese hier zu analysieren oder zu entwickeln, weil das skizzierte paradigmatische Beispiel der potentiellen utopischen Konstrukte zur Verdeutlichung ausreichen sollte. Ausschlaggebend ist in unserem Zusammenhang, daß die Forderung nach komplexen Einheiten in der Psychologie natürlich auch die Forderung nach komplexen Konstrukten mitenthält (deskriptive Konstrukte im Sinne von Herrmann 1969) und daß diese Forderung nicht in Konflikt mit den Ergebnissen der wissenschaftstheoretischen und allgemein-methodologischen Rekonstruktion steht, eher im Gegenteil wichtige Aspekte der neueren metatheoretischen Diskussion aufnimmt und realisiert.

Aus der Ablehnung von Konstrukten, die extrem partiell sind, also z.B. nur einen Indikator für eine große Menge intensionaler Merkmale ansetzen, und der Forderung von Konstrukten, die nicht völlig geschlossen, aber zugleich relativ komplex sind, resultiert als Konsequenz, daß solche deskriptiven Konstrukte durch mehrere Operationalisierungen (Indikatoren) abzudecken sind, d.h. daß eine mittlere Schließung von Konstrukten durch mehrfach bedingte Definitionen sinnvoll und nötig ist. Damit wird ein Problem relevant, das zunächst einmal auf dem Hintergrund der für Definitionen rekonstruierten Kriterien fast als unsinnig erscheint: das Problem der Konstruktvalidität. Denn wegen der tautologischen Beziehung zwischen Definiens und Definiendum ist ja oben expliziert worden, daß Definitionen gesetzt werden und d.h. nicht empirisch falsch oder wahr sein können. Konstrukt*validität* aber ist die Frage nach der empirischen Adäquanz; der Terminus ‚Konstruktvalidität' impliziert also die empirische Adäquanz (einer Operationalisierung, eines Indikators, eines Meßinstruments etc.) in bezug auf einen Begriff – also eine operationalisierte Begriffs*definition*. Wie das? Der scheinbare Widerspruch löst sich auf, wenn man auf die Kriterien von Definitionen zurückgeht, vor allem auf das Kriterium der Nicht-Kreativität (s.o. und Essler 1970, 73ff.). Denn genau diese Verletzung des Kriteriums der Nicht-Kreativität ist die Gefahr bei mehrfach bedingten Definitionen, also bei Definitionen, für die mehrere sog. Manifestationsgesetze (Savigny 1970, 77ff.) vorliegen; wenn mehrere Manifestationsgesetze (oder bilaterale Reduktionssätze) gleichzeitig expliziert bzw. eingeführt werden, führt das zu der Möglichkeit, ‚kreative', d.h. empirisch-synthetische Sätze bzw. Gesetzmäßigkeiten abzuleiten.

Beispiel: Gesetzt den Fall, man führt als Indikator für Kreativität ‚(soziale) Unangepaßtheit' ein (was aufgrund bestimmter theoretischer Explikationen der Kreativitätsforschung nicht unplausibel ist; vgl. Ulmann 1968); zugleich sei als Indikator für Kreativität angesetzt, daß es sich um ‚emotional konstruktiv-stabile Personen' handele (vgl. das oben angeführte Beispiel aus der Kreativitätsforschung von Barron). Daraus läßt sich ableiten: ‚Unangepaßte (Kreative) sind emotional konstruktiv-stabil' – eine Behauptung, die man (mit gutem Grund) nicht mehr als analytische Wahrheit zu akzeptieren bereit ist (bzw. sein sollte).

Will man das Kriterium der Nicht-Kreativität von Definitionen aufrechterhalten, so müßte man bei jeder bedingten Definition die Negation der (möglichen) anderen (Test-)Bedingungen hinzufügen; dies ist unter dem Aspekt der (zumindest mittleren) Schließung von Konstrukten aber völlig unsinnig. Es bleibt als sinnvolle Konsequenz nur übrig: mehrfach bedingte Definitionen als empirische Gesetzmäßigkeiten zu formulieren (worauf bereits der Ausdruck ‚Manifestationsgesetze' hindeutet). Dann ist der Zusammenhang zwischen den Indikatoren (z.B. korrelationsmäßig) zu berechnen, wie dies bei der Kriteriumsvalidität üblich ist; im Prinzip läßt sich daher die Konstruktvalidität auch von der empirischen Struktur her auf die Kriteriumsvalidität zurückführen (vgl. Westmeyer 1972). Bei mehrfach bedingten Definitionen, und d.h. der (zumindest partiellen) Schließung von theoretischen Konstrukten durch mehrere Operationalisierungen/Indikatoren, wird die definitorische Adäquatheit also zu einer empirischen Frage und damit strukturgleich zur Hypothesentestung. Zwischen Hypothesentestung und Konstruktvalidierung bleibt nur mehr ein pragmatischer Unterschied: nämlich der, daß bei der Hypothesentestung die Ergebnisse der empirischen Untersuchung (als potentiellem Falsifikator) interpretativ auf die zu prüfende Theorie zurückgewendet werden, während bei der Konstruktvalidierung die Ergebnisse (u.U. sogar die gleichen!) in bezug auf das Erhebungsinstrument bzw. die hinter der Operationalisierung/Indikatorisierung stehende sog. Beobachtungstheorie interpretiert werden.

In dem (allgemein-methodologischen) Konzept der ‚Beobachtungstheorie' manifestieren sich die generellen wissenschaftstheoretischen Analyseergebnisse, daß auch für die fundierende, auf Beobachtung ausgerichtete Sprachebene Theoriehaltigkeit anzusetzen ist und gleichwohl an der (zumindest extensionalen) Fundierungsrelation festgehalten wird. Zugleich ist damit impliziert, daß auch potentielle Falsifikatoren (d.h. empirische Untersuchungen) Theorien nicht mehr oder weniger direkt mit der ‚Realität' vergleichen, sondern daß immer nur das Zueinander von Theorien auf dem Hintergrund empirischer ‚Basissätze' überprüft wird (vgl. Lakatos 1968; 1970; s. auch das nächste Beispiel unten). Auf dem Hintergrund der Strukturgleichheit von Hypothesentestung und Konstruktvalidierung ist dann nur noch die Frage offen, auf welche Instanz — zu prüfende Erklärungstheorie oder Beobachtungstheorie — die Ergebnisse einer jeweiligen Untersuchung bezogen werden sollen. Denn es ist bei der Interpretation eine Instanz immer quasi konstant zu halten, um die andere gegebenenfalls (bei Falsifikation) zu modifizieren oder als durch die Ergebnisse bewährt einzuschätzen — beide Instanzen variabel zu halten, ist logisch und psychologisch nicht möglich (vgl. schon Popper 1934). Von der generellen wissenschaftstheoretischen Perspektive aus ist die Antwort auf diese Frage relativ einfach, wenn auch vergleichsweise puristisch, zu beantworten: Als die ‚gültigere', vorauszusetzende Theorie sollte immer die bewährtere eingeführt werden, so daß die Ergebnisse einer jeweiligen Untersuchung auf die bisher weniger geprüfte bzw. diejenige, die solche Prüfungen weniger erfolgreich bestanden hat, zurückzuwenden sind. In der Regel sollte dabei die Beobachtungstheorie die bewährtere Theorie darstellen, um auf diese Art und Weise potentielle Falsifikatoren so sicher wie irgend möglich zum Hypothesentesten verwenden zu können; wie üblich greift die wissenschaftstheoretische Konstruktion hier meistens auf klassisch-naturwissenschaftliche Beispiele zurück, z.B. darauf, daß bei der Prüfung von Theorien der Astronomie, etwa über das Auftreten von Planeten oder entfernten Galaxien, als Beobachtungstheorie die Optik etc. (z.B. über den Einsatz von Fernrohren) benutzt wird, die im Vergleich zur zu prüfenden Theorie eindeutig als die bewährtere gelten kann. Wie nicht selten bei höchst plausiblen und einfachen wissenschaftstheoretischen Lösungen hält sich aber das Vorgehen der konkreten Einzelwissenschaft(en) nicht so ganz an diese klare Struktur. In der Psychologie ist eine solche Regel weder in der Methodologie der Konstruktvalidierung (explizit) verankert, noch aus der impliziten Struktur vorliegender Untersuchungen herauszulesen; vielmehr gibt es m.E. eine Fülle von Untersuchungen, die z.T. sogar entgegengesetzt verfahren.

Beispiele: Es handelt sich etwa um Untersuchungen, bei denen die eingesetzte Beobachtungstheorie (des Erhebungs- bzw. Meßinstruments) ganz eindeutig weniger bewährt, z.T. sogar als Erklärungstheorie durch die Forschungsentwicklung überholt und abgelehnt ist; das gilt z.B. für die klassische Konditionierung als Beobachtungstheorie beim Erforschen semantischer Generalisation (Razran 1949), für das informationstheoretische Markoff-Modell der subjektiven Information als Maßzahl für die Verständlichkeit von Texten (vgl. Groeben 1982, 57ff.), für projektive Testverfahren (wie z.B. den Rorschach-Test) bei der Untersuchung von Assoziationsstrukturen in der Kreativitätsforschung (vgl. Groeben 1972, 74ff.).

Eine weitergehende Analyse des Problems der Konstruktvalidierung ist an dieser Stelle m.E. nicht nötig. In Verbindung mit den oben explizierten allgemeinen wissenschaftstheoretischen Perspektiven, vor allem der historisch-räumlich pragmatischen Relativierung der (empirischen) Grundsprache, läßt sich aus den vorgelegten Rekonstruktionsaspekten für die Konstruktvalidierung auf jeden Fall die Konsequenz ableiten, daß es auch und gerade in der Psychologie keine festgelegte Beobachtungssprache gibt, genauso wenig wie bestimmte, (historisch) besonders gut bewährte Theorieteilmengen als besonders geeignete oder heranzuziehende Beobachtungstheorien ausgezeichnet werden können. Vielmehr besteht in der Tat ein relativer Freiraum für die ‚scientific community' zur Festlegung der sprachlichen und instrumentellen Repräsentation deskriptiver Konstrukte; das ermöglicht auch, bei dieser Festlegung Aspekte der Gegenstandsadäquatheit und damit des Gegenstandsvorverständnisses stärker (als bisher) zu berücksichtigen.

Damit ist ein erstes (Zwischen-)Fazit möglich: Die wissenschaftstheoretische Diskussion zeigt, daß von einer irgendwie fixen Grenze zwischen den Ebenen der Theorie- und Beobachtungssprache nicht die Rede sein kann. Im Gegenteil ist zumindest von einer Theoriehaltigkeit (wenn nicht partiell sogar von einer Theorieabhängigkeit) der Beobachtungssprache(n) auszugehen; dies bedeutet nicht notwendigerweise, daß monistische Reduktionspostulate als unsinnig aufzugeben sind, aber es erfordert weitergehende Rekonstruktionskonzepte, um die Möglichkeit solcher Postulate aufrechtzuerhalten. Dazu zählt vor allem die Unterscheidung von intensionalem und extensionalem (Definitions-)Aspekt, wonach eine Theorieabhängigkeit (von ‚Beobachtungsbegriffen') als intensionale Absorption bei gleichzeitiger referentiell-extensionaler Konstanz modelliert wird. Aus der Anwendung solcher allgemeinen wissenschaftstheoretischen Analysen resultiert für die Psychologie u.a., daß bei theoriegeleiteter Forschung im Bereich des Definierens/Explizierens von Begriffen im Regelfall von der intensionalen Analyse auszugehen ist. Für einschlägige Brauchbarkeitsbewertungen solcher intensionaler Analyse ist der Rückgriff auf Alltagsintuition z.B. über paradigmatische Beispiele oder auch über phänomenanalytische

Bemühungen möglich und angebracht; darin liegt auf der Ebene der Begriffsbildung eine Legitimation dafür, daß im vorherigen Kapitel (II.) auf handlungstheoretische Konzepte und Menschenbildannahmen zurückgegriffen wurde. Unter der Komplexitätsperspektive folgt aus dieser Priorität der intensionalen Analyse u.a., daß mit der Operationalisierung (die den referentiell-extensionalen, konstanten Bezug der Begriffe herstellt bzw. herstellen soll) nicht die vollständige Schließung von Konstrukten anzustreben ist, sondern daß im Gegenteil auch und gerade höher komplexe, ein surplus meaning aufweisende Konstrukte anzusetzen sind, die allein eine zureichende Voraussetzung für Theorienkonkurrenz und Theorienentwicklung bzw. -wandel darstellen (s. Beispiele oben). Die historisch-räumlich pragmatische Relativierung dessen, was in einer konkreten Einzeldisziplin als beobachtungsbezogene Sprachrepräsentation anzusetzen ist, eröffnet der Einbeziehung von inhaltlichen Gegenstandsvorstellungen und damit dem Gegenstandsvorverständnis erhebliche Freiräume: denn die nach der allgemeinen wissenschaftstheoretischen Analyse in einer Sprachgemeinschaft (z.B. der jeweiligen Einzeldisziplin) als zum Verständnis von Sätzen notwendigen Informationen (s.o. das Quine'sche Konzept der ‚Beobachtungssätze ohne Beobachtungssprache') können sehr wohl gerade auch solche allgemein geteilten inhaltlichen Implikationen enthalten. Da damit das traditionelle Konzept der relativ fix abgegrenzten, zeitlich-räumlich nichtrelativen Beobachtungssprache weitgehend aufgegeben ist, werde ich im folgenden für die Sprachebene, auf der solche ‚referentiell konstanten', ‚Beobachtungssätze ohne Beobachtungssprache' formuliert werden (bzw. werden können), wegen der aufrechterhaltenen Fundierungsfunktion (vgl. ‚Basissätze') den Terminus ‚(empirische) Basissprache' verwenden.

1.6. Basissprache, Referenz auf internale Ereignisse und die Sprachkompetenz des (psychologischen) Erkenntnis-Objekts

Die Liberalisierung von dem relativ fixen Konzept der Beobachtungssprache zu dem relativ flexiblen Konzept der Basissprache schließt zwar, wie dargelegt, monistische Reduktionismus-Konzeptionen nicht aus, man wird aber m.E. dennoch akzeptieren müssen, daß diese Liberalisierung — wenigstens auf der hier thematischen Ebene der Beschreibung qua Explikation deskriptiver Konstrukte — die Behauptbarkeit und Begründbarkeit solcher Konzeptionen erheblich erschwert. Allerdings hat die bisherige Diskussion von den im Prolog entwickelten Prämissen eigentlich nur die Komplexitätsperspektive einbezogen; schon unter diesem eher formalen Aspekt hat sich die Konsequenz ergeben, auf jeden Fall — auch, wenn nicht sogar bevorzugt — relativ komplexe Konstrukte mit Bedeutungsüberschuß zuzulassen. Was die eher inhaltlichen Implikationen der historisch-räumlich flexiblen (empirischen) ‚Basissprache' in der Psychologie angeht, so ist hier der Bezug zu der inhaltlichen Prämisse des Gegenstandsvorverständnisses heranzuziehen; und dies ist unter dem Aspekt der Beobachtungs- oder Basissprache auf jeden Fall das in dieser Dimension als zentrales Differenzierungsmerkmal zwischen psychologischen und nicht-psychologischen (‚naturwissenschaftlichen') Erkenntnis-Objekten angesetzte Charakteristikum der Sprach- und Kommunikationsfähigkeit des Menschen.

Soweit mir bekannt, ist diese doch eigentlich sehr auffällige Unterschiedlichkeit zwischen den ‚Gegenständen' naturwissenschaftlicher versus nicht-naturwissenschaftlicher Einzeldisziplinen von monistischer Seite nie einer eingehenden wissenschaftstheoretischen Analyse unterzogen worden, obwohl es eigentlich unmittelbar akzeptiert werden müßte, daß die Sprach- und Kommunikationsfähigkeit des Menschen im Gegensatz zu Gegenständen ohne diese Fähigkeit (zumindest für die Psychologie) in bezug auf die Lösung des Basissprachen-Problems höchst relevant sein müßte bzw. auf jeden Fall nicht vernachlässigt werden dürfte. Es ist m.E. daher legitim, aufgrund der bisher skizzierten allgemeinen wissenschaftstheoretischen Konstruktionen und ihren sinnvollen Anwendungen in der Psychologie die Entscheidung über den Standort der Psychologie im Spannungsfeld zwischen monistischer und dualistischer Wissenschaftsauffassung für den Aspekt der Beschreibung/Beobachtung von den Ergebnissen einer solchen Analyse abhängig zu machen: nämlich ob die Sprach- und Kommunikationsfähigkeit des Erkenntnis-Objekts für die Konzipierung der (empirischen) Basissprache des Erkenntnis-Subjekts Konsequenzen hat. Dafür werde ich auch im folgenden eine eingehende, ausdifferenzierte wissenschaftstheoretische Analyse des Problems nicht vorlegen (können), möchte aber doch einige historische und systematische Argumente anführen, die im Zusammenhang mit den bisher explizierten, eher formalen Analyseperspektiven eine erste, vorläufige Standortfestlegung für das Basissprachen-Problem (in der Psychologie) ermöglichen.

Die historisch-systematische Rekonstruktion dessen, wie die Psychologie bisher mit dem Problem des ‚sprechenden Erkenntnis-Objekts' umgegangen ist, setzt am einfachsten an dem einen (historischen) Extrempol an, dem logischen oder ontologischen Behaviorismus. Für diese radikale Variante des Behaviorismus und seine Beschränkung der Beobachtung auf wirklich ‚reine Verhaltensdaten' war die Lösung dieses Problems ganz eindeutig: auch sprachliche Äußerungen der Versuchsperson (Vp) konnten nur als Verhaltensdaten akzeptiert werden, d.h. also im Hinblick darauf, daß es Lautäußerungen mit bestimmten physikalischen Eigenschaften sind, nicht aber, daß diese Lautäußerungen auch eine semantische Bezeichnungsfunktion besitzen. Sprache des Erkenntnis-Objekts (qua Versuchsperson) als Sprache mit Bezeichnungsfunktion wurde schlicht nicht zugelassen. Diese Position ist zwar in sich kohärent und sehr konsequent, zugleich aber natürlich auch extrem ‚gegenstands'-reduzierend, weswegen sie heute ernsthaft nicht mehr vertreten wird. Der methodologische Behaviorismus, der den kontemporären verhaltenstheoretischen Konzeptionen der Psychologie (seit Ende der 20er Jahre dieses Jahrhunderts) zugrundeliegt, hat das gleiche Problem liberaler, dafür allerdings auch z.T. inkohärenter ‚gelöst'. Die Sprache des Erkenntnis-Objekts wird sehr wohl auch in bezug auf die Bezeichnungsfunktion zugelassen, ja zu einem großen Teil sogar konstitutiv bei der Erforschung des psychologischen ‚Gegenstandes' eingesetzt. Man denke nur an die z.T. sogar exzessive Verwendung von Fragebögen nicht nur, aber auch in differential-, sozial-, pädagogisch- etc. psychologischen Untersuchungen. Das generelle Prinzip dabei ist allerdings – entsprechend den Menschenbildannahmen der verhaltenstheoretischen Wissenschaftskonzeption in der Psychologie – das Erkenntnis-Objekt nicht als einen aktiv und autonom sprachproduzierenden ‚Gegenstand' anzuerkennen und zu erforschen; vielmehr gibt der Wissenschaftler (qua Erkenntnis-Subjekt) die Sprachitems vor, die nach seiner Auffassung als Basissprache und damit als Operationalisierungen der von ihm angestrebten deskriptiven Konstrukte zulässig sind bzw. sein sollen. Auf dieses Prinzip der Vorgabe einer zulässigen Basissprache lassen sich die einschlägigen methodologischen und methodischen Bemühungen der Fragebogen- und Testkonstruktionen zurückführen. Eine solche Form der halbherzigen und auch von der Konzeption der verhaltenstheoretischen Psychologie aus nicht kohärent durchgearbeiteten Zulassung und Einbeziehung von Sprache beim Erkenntnis-Objekt führt zu gegenstandsreduzierenden Widersprüchlichkeiten. Von diesen seien zur Verdeutlichung hier wenigstens drei beispielhaft angeführt:

— Die zentrale konzeptuelle Inkohärenz liegt darin, daß von verhaltenstheoretischer Sicht aus zwar theoretisch die Bezeichnungs- und Bedeutungsfunktion von Sprache zumindest nicht als zentral angesetzt und erforscht wird, z.T. sogar tendenziell geleugnet wird (so hat z.B. Skinner – 1957 – versucht, seine Theorie des Sprachverhaltens (‚Verbal Behavior') völlig ohne den Begriff der ‚Bedeutung' auszuarbeiten); zugleich aber wird in der Praxis der Anwendung der Verhaltenstheorie, z.B. in der Verhaltenstherapie, dasjenige, was theoretisch-programmatisch intensiv abgelehnt wird (nämlich die Bezeichnungsfunktion von Sprache), in einem für nicht-verhaltenstheoretische Psychologen geradezu unverständlich naiven Ausmaß als gegeben unterstellt.

  Beispiel: Wenn z.B. in der Verhaltenstherapie nach individuellen Verstärkergesetzen und -historien gesucht wird, geschieht dies – schon aus praktischen Erwägungen – ja nicht durch Beobachtung des Alltagsverhaltens des Klienten, eventuell gar noch durch eine Längsschnittbeobachtung zur Erhebung der Historie der Verstärkergenese, sondern es geschieht durch schlichte Befragung des Klienten. Und dessen Auskünfte werden in der Regel ohne systematische Überprüfungsprozeduren als realitätsadäquat, als valide akzeptiert und in der weiteren Therapie als gültig unterstellt. Wenn man bedenkt, daß nach verhaltenstheoretischen und -therapeutischen Positionen von der Gültigkeit dieser Verstärkerbestimmungen der gesamte Erfolg einer Therapie abhängt und diese Richtung sich im Vergleich zu anderen Therapierichtungen selbst einen ungleich höheren wissenschaftlichen Objektivitäts- und Überprüfungsanspruch zuschreibt, zeigt dieses Verfahren ein Ausmaß an konzeptueller Inkonsequenz und Inkohärenz, das eben nur als Folge einer völligen Verdrängung der Bezeichnungsfunktion von Sprache aus dem theoretischen Analysekontext zu begreifen ist.[3]

— Daß das Prinzip der Vorgabe von Basissprache durch das Erkenntnis-Subjekt für das Erkenntnis-Objekt mit der Gefahr der Gegenstandsreduzierung verbunden ist, zeigt sich dann im folgenden durch die methodologische Forschung der verhaltenstheoretischen Konzeption zu diesem Prinzip selbst. Denn die Vorgabe der Basissprache erfordert es, zu überprüfen, ob und inwieweit sich die Erkenntnis-Objekte (Vpn) an die Vorgaben halten und die damit angestrebte Intersubjektivität erreicht wird. Dies hat z.B. die psychologische Fragebogenforschung zu leisten versucht, indem sie erforscht hat, ob die Vpn die vorgegebenen Sprachitems in der Tat intersubjektiv verstehen und verwenden. Dabei hat sich immer wieder gezeigt, daß gerade dieses Ziel, das durch die Vorgabe der wissenschaftlichen Basissprache gesichert werden sollte, nicht erfüllt wird: Versuchspersonen benutzen auch vorgegebene Sprachitems entsprechend ihrer personalen und situationalen Sprachsituation und -genese inter- und intraindividuell unterschiedlich (vgl. Keil & Sader 1967, 31ff.; Tränkle 1983; Beck 1984).

Beispiele: Beck (1984, 87ff.) gibt einen Überblick zu ‚inter- sowie intrapersonellen Differenzen in der Anwendung von Beobachtungsbegriffen'. Für interindividuelle Differenzen führt er folgendes anschauliche Beispiel an: „Zwei Beobachter, die auf die gleichen Merkmale achten und von diesen auch gleiche Intensitäts-/Häufigkeitswahrnehmungen haben, können die Angaben eines bestimmten Skalenwertes davon abhängig machen, ob ‚wichtige' Merkmale eine bestimmte Ausprägung aufweisen. Der eine mag beispielsweise für die Vergabe der Bezeichnung ‚(extrem) unfreundlich' voraussetzen, daß vor allem eine erhöhte Sprechlautstärke vorliegt, während der andere diesem Umstand weniger Gewicht beimißt, es aber bei der Vergabe dieses Skalenwertes als wesentlich erachtet, daß bestimmte mimische Merkmale (z.B. Stirnrunzeln) in einem gewissen Ausmaß gezeigt werden." (o.c., 87f.) Ein Überblick über vorhandene methodenkritische Untersuchungen zu diesem Problemkreis legen nach Beck (o.c., 88) „die Vermutung nahe, daß das Auftreten einer exakten Übereinstimmung zwischen zwei Personen eher unwahrscheinlich ist." Aber auch *intra*individuell gibt es genügend Evidenzen für eine Instabilität der Wort-Bedeutungs-Relation (o.c., 91), für die Beck drei ‚Arten von Veränderungsursachen' anführt: „(a) Situative Einflüsse ..., (b) die Auswirkung der Beschäftigung mit den Beobachtungsinhalten, insbesondere der Identifizierung mit den Problemen der zu beobachtenden Personen ... und (c) Einflüsse, die langfristig den Sprachgebrauch von Personen modifizieren ..." (l.c.)

— Die implizit gegenstandsreduzierende Dynamik des Prinzips der (Basis-)-Sprachvorgabe wird überdies auch darin deutlich, daß das verhaltenstheoretische Forschungsprogramm hier wie an anderen Stellen (vgl. o. I.3.: die Funktion der post-experimentellen Interviews und das awareness-Problem; s. auch Groeben & Scheele 1977 u. unten E.4.2.) solche Ergebnisse primär dazu nutzt, diejenigen Versuchspersonen, die sich der Vorgabe durch das Erkenntnis-Subjekt entziehen, als ‚inadäquat' auszuschließen. Das ist auch sehr plausibel, weil eine andere Verarbeitung dieser Ergebnisse notwendigerweise zu für den verhaltenstheoretischen Ansatz grundlegend destruierenden Folgen führen müßte: nämlich dazu, die aktive Sprachproduktion im Sinne der frei steigenden, d.h. nicht (direkt oder indirekt) auf Umweltdetermination zurückführbaren Intentionalität (vgl. o. II.4.) zuzulassen und die Forschungsstruktur darauf einzustellen. Dies jedoch wird wegen der (in I.6. beschriebenen) Methodik-Determination der verhaltenstheoretischen (naturwissenschaftlichen) Wissenschaftskonzeption dezidiert vermieden — und zwar auch dort, wo es von den thematischen Gegenstandsaspekten her gänzlich unbegründet und unbegründbar ist, nämlich bei den sprachlichen Items, die sich auf sog. internale Phänomene des (reflektierenden) Subjekts qua Erkenntnis-‚Objekts' beziehen.

Damit ist der dritte paradigmatische Beispielfall angesprochen, an dem sich sowohl die konzeptuelle Inkohärenz als auch die Gegenstandsreduzierung der verhaltenstheoretischen Vorgabe von Basissprache zeigt. Es handelt sich um die Unmöglichkeit, die Beschreibung *internaler Ereignisse* durch externale Indikatoren (physiologischer oder Verhaltens-Art) zu validieren. Die im verhaltenstheoretischen Forschungsprogramm üblicherweise unterstellten und versuchten Validierungsmöglichkeiten sind von Scheele (1981, 66ff.) expliziert, kritisiert und als in sich widersprüchlich bzw. unmöglich nachgewiesen worden. Es handelt sich um folgende drei Ansätze:

— — Als erste Möglichkeit wird häufig versucht, einen ‚natürlichen' (relativ unsystematischen) Selbstbericht über internale Ereignisse durch einen systematischeren, auf dieselben Ereignisse bezogenen Selbstbericht zu validieren. Dabei wird unterstellt, daß der systematischere Selbstbericht prinzipiell auch der validere ist. In bezug auf die Gütekriterien von Objektivität und Reliabilität ist für einen systematischeren Selbstbericht eine Überlegenheit zu akzeptieren; da diese Kriterien aber (höchstens) notwendige und nicht hinreichende Bedingungen für Validität sind, kann von einer größeren Validität nicht systematisch die Rede sein. Das bedeutet, daß eine positive Zuschreibung von Gültigkeit mit Hilfe der Systematisierung des Selbstberichts nicht möglich ist; vielmehr impliziert ein solcher Vergleich von Selbstberichten, daß die Validität des Selbstberichts — hier des systematischeren — vorausgesetzt wird, ohne daß dies jedoch positiv gesichert werden kann. Verbleibt man also innerhalb der Internalitätsperspektive, so ist ein Validitätsnachweis nicht zu erbringen, sondern es wird wegen des bevorzugten Zugangs des Berichtenden notwendigerweise die Validität seines Berichts bereits impliziert.

— — Die zweite, in der verhaltenstheoretischen Forschungskonzeption übliche ‚Validierungs'-Möglichkeit ist, Selbstberichte über internale Ereignisse mit Fremdbeobachtung von auf diese Ereignisse bezogenem offenen Verhalten des Individuums zu vergleichen: z.B. Selbstberichte von Lehrern über ihre positiven und negativen ‚self-statements' mit dem von externen Beobachtern festgehaltenen Unterrichtsverhalten. Dabei wird aber notwendigerweise ein valider Zusammenhang zwischen dem internalen Ereignis und dem direkt beobachtbaren Verhalten vorausgesetzt — eine Voraussetzung, die nicht von ‚außen' nachweisbar ist, sondern nur auf die Auskunft des Selbstbeobachters über die Relation von internalem Ereignis und external beobachtbarer Verhaltensweise zurückgreifen kann — womit die Validität des Selbstberichts ebenfalls an zentraler Stelle wieder vorausgesetzt ist.

– – Vergleichbar ist die Situation, wenn zwischen dem Selbstbericht über internale Ereignisse und einem fremdbeobachteten (indirekten) Verhalten verglichen wird (z.B. physiologische Korrelate als ‚indirektes' Verhalten). Auch hier wird eine valide Bezeichnungsfunktion des Selbstberichts in bezug auf die physiologischen Korrelate oder Konsequenzen der internalen Ereignisse notwendigerweise bereits vorausgesetzt (vgl. Scheele 1981, 67).

Damit scheint die Konsequenz unvermeidlich, „daß eine positive Zuschreibung von Gültigkeit für die Selbst-Beobachtung internaler Ereignisse nicht gelingen kann: sie scheitert an der Internalitätsdimension, die nur dem Selbstbeobachtenden direkt zugänglich ist, so daß die externe, die ‚objektive' Beobachtung immer von seiner Vermittlung abhängig bleiben muß." (Scheele 1981, 68) Soweit es sich bei den komplexen Einheiten/Konstrukten der Psychologie um Handlungen handelt, liegt aber gerade dieser Fall des Bezugs auf internale Ereignisse bzw. Gegebenheiten vor: und zwar in den für das Handlungskonzept zentralen Merkmalen der Absicht/Intention und der kognitiven Überzeugungen (Annahmen über Ziel-Mittel-Relationen, Planung etc.; s.o. II.5.). Gerade die Sprachfähigkeit des Erkenntnis-Objekts unter Bezug dieser Sprache auf internale Aspekte (d.h. solche, die nicht von außen beobachtbar bzw. eindeutig überprüfbar sind), stellen dementsprechend auch durchwegs die Ausgangspunkte der dualistischen Argumentation zur (interpretativen) Beschreibung von Handlungen dar; so formuliert z.B. Mischel (1981, 29):

„Was für den Menschen als Menschen spezifisch ist, das ist seine entwickelte Fähigkeit, Sprache zu verwenden. Diese Fähigkeit ermöglicht es dem Menschen, intentional (d.h. aus einem Grund) zu handeln. Denn obwohl ein Mensch etwas absichtlich tun kann, ohne jemals seine Gründe dafür zu formulieren, würden wir die Menschen nicht als intentional Handelnde beschreiben, wenn sie niemals sagen könnten, was sie tun und warum sie es tun."

Darin ist das prinzipielle Problem impliziert, daß eine interpretative Beschreibung durch den Bezug auf von außen beobachtbare, ‚nicht-intentionale Daten unterbestimmt' bleibt (Hookway 1982, 27ff.) – u.a. deswegen schließt die monistisch-naturwissenschaftliche Position in der Psychologie das handlungstheoretische Sprachspiel zumeist explizit (oder zumindest implizit, d.h. de facto) aus. Denn was mit dieser ‚Unterbestimmtheit' gemeint ist, drückt Aschenbach metaphorisch-anschaulich so aus:

„Das nun, was Menschen – bildlich gesprochen – an Sinngehalten ‚in ihren Köpfen haben', läßt sich aber nicht auf rein beobachtungssprachliche bzw. in der Sprache der Physik formulierte Aussagen reduzieren. ... Entgegen szientistischer Reduktionsversuche können Sinngehalte nicht aus dem von außen beobachtbaren bzw. wahrnehmbaren Verhalten deduziert werden." (1984, 247)

Gerade um die *Einbeziehung solcher Sinngehalte in die fundierende* (empirische) *Basissprache* geht es folglich, wenn man menschliches Verhalten als ‚Handeln' beschreiben (und erklären) will. Wie die Argumentation von Mischel verdeutlicht, sind dabei die Berücksichtigung der menschlichen Sprachfähigkeit (auch beim Erkenntnis-‚Objekt') und das handlungstheoretische Sprachspiel zwei sich bedingende Methodikaspekte ein und derselben Inhaltsperspektive: des Gegenstands(vor)verständnisses vom sprach-, reflexions- und handlungsfähigen Subjekt.

Für den Fall von Handlungen als komplexen Ausgangseinheiten (deskriptiven Konstrukten) in der Psychologie sind also die beiden gängigen Lösungsstrategien des Basissprachen-Problems in der verhaltenstheoretischen Wissenschaftskonzeption als nicht-adäquat abzulehnen; sowohl die Vorgabe einer wissenschaftlichen Basissprache durch das Erkenntnis-Subjekt als auch der Vergleich von spontanen, natürlichen Selbstberichten (über internale Ereignisse) mit basissprachlich repräsentierten Beobachtungen des Erkenntnis-Subjekts sind keine Vorgehensweisen, die für komplexe Handlungs-Einheiten mit dem Merkmal der frei steigenden Intentionalität als adäquat oder befriedigend angesehen werden können.

Die in dieser Konsequenzziehung enthaltene Trennung von ‚frei steigender Intentionalität' und ‚spontan natürlichem Selbstbericht' kann (noch einmal) verdeutlichen, was mit den beiden Begriffen gemeint ist: unter frei steigender Intentionalität wurde oben (II.3.ff.) jene Handlungs-Absicht(lichkeit) verstanden, die nicht (direkt) durch Umweltbedingungen ausgelöst wird, sondern aus der kognitiv-konstruktiven Verarbeitung von Umweltreizen in Interaktion mit den Bedürfnissen, Motiven etc. des (handelnden) Subjekts entsteht (vgl. auch Gergen 1982, 59). Als paradigmatisches Beispiel dafür kann ‚intrinsisch' motiviertes Handeln angesehen werden (vgl. Deci 1975), als dessen typischer Vertreter u.a. die Forschungstätigkeit des Wissenschaftlers gilt (vgl. Koch 1956). Die methodologische Relevanz dieser Spezifizierung wird vor allem durch den Gegenpol (der nicht frei-steigenden Intentionalität) in Verbindung mit der Perspektive der psychologischen Forschungsmethodik deutlich: Wenn der Versuchsleiter (Vl) der Versuchsperson z.B. in einem Experiment eine bestimmte Instruktion gibt und die Vp diese Instruktion im Rahmen der konventionell festgelegten Vl-Vp-Relation befolgt, dann handelt es sich eher um nicht-spontan bzw. nicht-frei-steigende Intentionalität (zu den Konsequenzen für die Forschungsmethodologie vgl. Exkurs Drei). Unabhängig davon kann die Vp natürlich die Intention ihres Handelns (welche auch immer es sei) spontan (und frei) verbalisieren. Diese Möglichkeit wird allerdings bei ‚experimentell induzierter' Handlungsabsicht (wie es der Methodiker auszudrücken pflegt) in der Regel nicht realisiert; hier wird meistens das Vorliegen der entsprechenden Intentionalität entweder gar nicht überprüft (vgl. auch dazu Exkurs Drei) oder wenn, dann durch die oben explizierte Sprachvorgabe von seiten des Erkenntnis-Subjekts (z.B. durch Fragebogen mit multiple choice-Items etc.).

Damit wird allerdings *eine* Verbindung von Intentionalität und spontan-natürlichem Selbstbericht (in Alltagssprache) deutlich: Will man ‚frei steigende', natürliche Intentionalität des Handelns erforschen, so ist kaum eine Abbildung in vorgegebenen (Sprach-)Schablonen, -Kategorien oder dergleichen möglich; in diesem Sinn ist die Erforschung von (natürlichen) menschlichen Handlungen auch unvermeidbar mit dem Rückgriff auf die Alltagssprache (des Erkenntnis-‚Objekts') verbunden. An dieser Stelle schließt sich nun der Argumentationszyklus; denn der Rückbezug auf spontan-natürliche Alltagssprache wäre unmöglich (oder in sich widersprüchlich), wenn nicht ein handlungstheoretisches Menschenbild der entsprechenden psychologischen Theorienbildung zugrundeläge – und zwar deswegen, weil die Alltagssprache ganz eindeutig ein Sprachspiel darstellt, in dem das (Selbst-)Bild des (absichtlich) handelnden Menschen realisiert wird. In unserer Rekonstruktionsperspektive sollen aber die alltagssprachlichen Sätze nun (zumindest partiell) die Funktion einer (möglichst theorieneutralen) Basissprache erfüllen; das ist widerspruchsfrei nur in einem Ansatz möglich, der das handlungstheoretische Sprachspiel (bzw. ein vergleichbares, mit diesem zu vereinbarendes) auch für die Ebene der Theoriesprache und damit Theorienbildung akzeptiert und postuliert – was durch die hier vorgelegte Argumentation erfüllt wird. Das setzt allerdings voraus, daß entsprechende Intentionalitäts-Verbalisierungen, obwohl sie sich nicht direkt oder erschöpfend auf Beobachtbares beziehen, in einer Art und Weise gelernt werden können, die die Anforderungen einer (historisch-pragmatisch relativierten) Intersubjektivität erfüllen; denn diese Intersubjektivität muß gegeben sein, um entsprechende Selbstbericht-Verbalisierungen als (zumindest Teil der) Basissätze ohne (fixe) Beobachtungssprache akzeptieren zu können. Daß diese Voraussetzung der Lernbarkeit einer intersubjektiven ‚Handlungssprache' berechtigterweise angesetzt werden darf, wird von dualistischer Seite offensiv vertreten (vgl. z.B. Hookway 1982, 53ff.; Aschenbach 1984, 420ff.) und dürfte m.E. auch von Monisten kaum bestritten werden, wenn sie bedenken, welche Schwierigkeiten sie bei der Elimination handlungstheoretischen Vokabulars im Rahmen der Elaboration einer verhaltenstheoretischen Psychologie-Konzeption gehabt haben und immer noch haben – eines Vokabulars, das ersichtlich auch ihnen selbst intersubjektiv ‚ansozialisiert' worden ist (vgl. die immer wieder vorkommenden Sprach-‚Entgleisungen' der Verhaltenstheoretiker, s. Beispiele oben in II.4. und besonders bei Scheele 1981; ich will daher diese Voraussetzung der Erlernbarkeit von Sprachitems mit Bezug auf internale Phänomene hier nicht ausführlicher analysieren).

Die Lösungsrichtung, die bei dieser Problemlage der Validierung von Handlungs-Konstrukten noch übrigbleibt, ist von Scheele (1981, 68ff.) beschrieben worden als: approximative Eliminierung von Verzerrungsfehlern. D.h. es kommt darauf an, die (potentielle) Validität des Selbstberichts (auch und gerade über internale Ereignisse) zu optimieren, indem man den (Selbst-)Beobachtenden in die Lage versetzt, möglichst viele der denkbaren und psychologisch wahrscheinlichen Verzerrungsfehler möglichst sicher zu vermeiden. Die Frage ist, wie man dies – auch und gerade unter der Zielsetzung, frei steigende Intentionalität und damit spontane, natürliche Selbstbericht-Verbalisierung nicht auszuschließen, sondern weitgehend zu ermöglichen – erreichen kann.

I.7. Die resultierende Zielidee: statt Sprachvorgabe Überführung spontan-natürlicher Sprache des Erkenntnis-Objekts in wissenschaftliche Basissprache durch systematische Verstehens-Methodik

Eine Lösungsmöglichkeit für die Einbeziehung der Sprachfähigkeit des Erkenntnis-Objekts, die auf der Basis der handlungstheoretischen Explikation bzw. Definition von psychologischen Konstrukten (wie z.B. dem der Aggression) entwickelt worden ist, macht Anleihen bei der philosophischen Richtung des sog. Erlanger Konstruktivismus; es handelt sich um das Modell der Sprachnormierung von Werbik (vgl. z.B. 1971), das auf der Grundlage eines intentionsbezogenen, handlungstheoretischen Aggressionsbegriffs den Bezug auf internale Phänomene wie Absichten etc. programmatisch mitumfaßt und durch eine Sprachnormierung die möglichst intersubjektive Verwendung einer vom

Erkenntnis-Subjekt (Wissenschaftler/Forscher) akzeptierbaren Basissprache zu sichern versucht. Werbik gibt Versuchspartnern z.B. folgende Sprachnormierungen vor (1971, 246):

„Kategorie von Handlungen	Aussage von P1
destruktiv intendierte (implizit oder explizit)	‚Ich erwarte, daß infolge meiner Handlung der Tod von P2 eintritt' und ‚ich handle'
teilweise destruktiv intendierte: (implizit oder explizit)	‚Ich erwarte, daß infolge meiner Handlung eine teilweise Zerstörung von P2 eintritt' und ‚ich handle'
negativ intendierte: (implizit oder explizit)	‚Ich erwarte, daß die Folge meiner Handlung für P2 unangenehm ist' und ‚ich handle'
angreifend intendierte:	‚Ich erwarte, daß infolge meiner Handlung ein Zustand X hergestellt wird' und ‚der Zustand X ist eine notwendige Bedingung dafür, daß infolge einer bestimmten anderen Handlung die Zerstörung von P2 eintritt' und ‚ich handle'
vorbereitend negativ intendierte: (implizit oder explizit)	‚Ich erwarte, daß infolge meiner Handlung ein Zustand X hergestellt wird' und ‚der Zustand X ist eine notwendige Bedingung dafür, daß die Folge einer bestimmten anderen Handlung für P2 unangenehm ist' und ‚ich handle' "

(Zur konkreten, nicht unkomplizierten Durchführung einer solchen Sprachnormierung im empirischen Versuch einschließlich der Sicherung notwendiger Voraussetzungen in der Interaktion von Vl und Vp vergleiche: Werbik 1976; Werbik & Schwarz 1974.)

Diese ‚konstruktivistische' Lösung des Basissprachen-Problems bei Handlungen als deskriptiven Konstrukten der Psychologie wird zwar dem Bezug auf internale Phänomene gerecht, verstößt dabei allerdings gegen die Zielidee, die spontan-natürliche Sprachverwendung des Erkenntnis-Objekts einzubeziehen. Im Prinzip wird durch die Sprachnormierung die verhaltenstheoretische Lösungsstrategie der (Basis-)Sprachvorgabe noch extremer verfolgt, weil das Erkenntnis-Objekt vollständig auf die Vorgabe des Forschers verpflichtet wird, indem ein vom Erkenntnis-Subjekt in Gang gesetztes und gesteuertes Lernen stattfindet. Das ist zwar sicher, wenn man schon eine Vorgabestrategie verfolgt, die sinnvollere, exaktere und zugleich explizitere Vorgehensweise; es haftet ihr aber genauso wie der verhaltenstheoretischen Konzeption — z.T. sogar in stärkerem Ausmaß — der Mangel an, daß das Erkenntnis-Objekt auf diese Art und Weise (zumindest tendenziell) vom Erkenntnis-Subjekt überwältigt bzw. angepaßt wird. Auf jeden Fall bedeutet diese Sprachnormierung eine Anpassung des Erkenntnis-Objekts in einem Ausmaß, wie es durch die generellen wissenschaftstheoretischen Konstruktionen des Basissprachen-Problems nicht als unvermeidbar erscheint und wie es von den Zielideen des Gegenstandsvorverständnisses (besonders der frei steigenden Intentionalität, der spontan-natürlichen Sprachverwendung als Manifestation des sprach- und kommunikationsfähigen Subjekts) aus nicht anzustreben ist.

Diese kritische Einschätzung wird mittlerweile auch von den Erlangern selbst mit vergleichbarer Begründung vorgebracht, so z.B. von Aschenbach:
„Daraus, daß wir hinsichtlich des lebensweltlichen ‚Gegenstandes' psychologischer Wissensbildung vollständige Versprachlichungen nach Maßgabe des Naturwissenschaftsideals nicht erreichen können, ergibt sich, daß wir in der Psychologie auch nicht zu vollständig situationsunabhängigen fachterminologischen Normierungen hinsichtlich lebensweltlichen Handelns und Orientierens kommen können, wollen wir lebensweltliche Relevanz nicht von vorneherein beschneiden." (1984, 262) und:
„Denn mit dem — abgesehen von Handhabbarkeitskriterien — unhinterfragten Normieren läuft man zum einen Gefahr, daß — zumindest teilweise — lebensweltliches Handeln der Dialogpartner nicht mehr darstellbar ist, daß mithin eine Relevanzproblematik auftritt. Zum anderen sind lebensweltliche Sprachgebräuche historisch gewordene, in der Regel sinnvolle Unterscheidungen. Mit einer Normierung ‚von oben herab' aber läuft man Gefahr, den Sinn dieser Unterscheidungen zu verschütten und damit auch den Sinn von geäußerten Reden zu verkürzen." (1984, 410)
Nicht zuletzt hat Werbik selbst ebenfalls von dem Vorschlag der ‚Sprachnormierung' Abstand genommen, „da ein solches Verfahren dem Interesse des Versuchspartners, Gestaltungsfreiheit für seine sprachlichen Äußerungen zu erhalten, nicht Rechnung trägt und daher zu ‚Reaktanz' führen kann ..." (1981, 298).

Wenn man die herausgearbeiteten Zielideen des Gegenstandsvorverständnisses stärker festhalten, bewahren und verwirklichen will, ist es möglich, die wissenschaftstheoretischen Explikationen in eine andere Richtung hin zu nutzen; das bezieht sich vor allem auf die Explikation, daß Beobachtungssätze ohne (fixe) Beobachtungssprache (also sprachliche Repräsentationen, die als Basissprache für den wissenschaftssprachlich zu repräsentierenden Erkenntnisprozeß akzeptierbar sind) auf die gemeinsam geteilten, intersubjektiven Sprachkompetenzen einer jeweiligen Sprachgemeinschaft zurückgreifen (können). Auf dieser Grundlage ist es m.E. als generelles Lösungsschema möglich, zunächst einmal der spontan-natürlichen Sprachverwendung des Erkenntnis-‚Objekts' einen (im Vergleich zum bisherigen) größeren Realisierungsspielraum einzuräumen und dann eine Überführung dieser spontan-natürlichen Sprachitems in die ‚Basissprache' der (wissenschaftlichen) Psychologie zu leisten. Eine solche Überführung von spontan-natürlichen Sprachäußerungen des Erkenntnis-Objekts in die einzelwissenschaftlich akzeptierte Basissprache ist allerdings nicht ohne Verstehensprozesse beim Erkenntnis-Subjekt zu denken. Dabei sind diese Verstehensprozesse nicht nur auf den Umfang zu beschränken, in dem Sprachverstehen als nichtwissenschaftliche Kompetenz in der Alltagskommunikation vorkommt; diese Form des alltäglichen Sprachverstehens ist schon bei der verhaltenstheoretischen Lösungsstrategie der Vorgabe von Basissprache als Kompetenz des Erkenntnis-Objekts unterstellt, eingeführt und in der Realisierung dieser Strategie empirisch relevant. Wenn man aber unter der Perspektive eines handlungstheoretischen Menschenbilds und einer adäquaten Komplexitätsstruktur bei der Einheiten-Frage auch hier die ‚Lösungs'struktur vom Kopf auf die Füße stellt und von der Alltagskompetenz des Erkenntnis-Objekts bei der Sprachverwendung ausgeht sowie die Überführung in die wissenschaftliche Basissprache als zweiten und damit akzentuierend den Wissenschaftler verpflichtenden Schritt einführt, dann wird das in dieser Überführung thematische Verstehen beim Erkenntnis-Subjekt zu einem Teilprozeß der wissenschaftlichen Erkenntnisgewinnung (und zwar – zumindest – auf der Beschreibungsebene). Damit ist Verstehen nicht (nur) als Alltagskompetenz relevant, sondern als wissenschaftliche Methodik. Für diese verstehende Überführung der spontannatürlichen Sprachverwendung des Erkenntnis-Objekts in die im Rahmen der Psychologie wissenschaftlich zu akzeptierende Basissprache sind grundsätzlich wieder zwei Möglichkeiten denkbar:

— Die erste Möglichkeit geht davon aus, daß spontan-natürliche Sprachverwendungen des Erkenntnis-Objekts erhoben werden und deren Überführung in die wissenschaftliche Basissprache der Psychologie vom Erkenntnis-Subjekt (aufgefaßt als Subjektklasse) allein vorgenommen wird; dies ist z.B. möglich durch contentanalytische Kategorisierungen etc. (zur Methodik s.u. ausführlicher: 2.2.). Insoweit hier durch Methoden wie die Inhaltsanalyse ein Konsens zwischen einzelnen Erkenntnis-Subjekten (Forschern) geschaffen wird und keine weitere Kommunikation mit den Erkenntnis-Objekten erfolgt, die Verstehensleistung also als Intersubjektivität in der Klasse des wissenschaftlichen Erkenntnis-Subjekts verbleibt, spreche ich (in Anlehnung an Sommer 1982) von ‚monologischer Hermeneutik'.

— Die allgemeinen wissenschaftstheoretischen Explikationen erzwingen es aber nicht, eine derart auf die Intersubjektivität der Forscher beschränkte Basissprachen-Lösung (und damit monologische Hermeneutik) anzusetzen. Der Rückgriff auf die allen Mitgliedern einer Sprachgemeinschaft gegebenen linguistischen Informationen und Kompetenzen legt vielmehr nahe, daß diese Überführung der spontan-natürlichen Sprachverwendung des Erkenntis-Objekts in die wissenschaftliche Basissprache sehr viel eher in Kommunikation von Erkenntnis-Subjekt und Erkenntnis-Objekt geschehen kann und sollte: als Elaboration des beiden gemeinsamen, von beiden geteilten Bereichs linguistischer Kompetenz, von der aus der Rückgriff auf gleiche Wahrnehmungen (allerdings entsprechend dem Gegenstandsvorverständnis auch: Wahrnehmungen internaler Gegebenheiten) zu gleichen Beobachtungssätzen führen. Insofern als hier ein über dialogische Kommunikation zustandegekommener Konsens zwischen Erkenntnis-Objekt und Erkenntnis-Subjekt vorliegt, spreche ich von ‚dialogischer Hermeneutik'. Diese zweite grundsätzliche Möglichkeit einer Einigung zwischen Erkenntnis-Objekt und Erkenntnis-Subjekt über die als Basissprache für psychologische Beobachtungssätze anzusetzenden Sprachrepräsentationen entspricht sehr viel mehr den in den beiden Eingangskapiteln entwickelten Prämissen einer möglichst gleichgewichtigen Methodik-Gegenstands-Interaktion.

Unabhängig davon, welche der beiden Verstehensmöglichkeiten — monologische oder dialogische Hermeneutik — in welchen Fällen einzusetzen ist (vgl. dazu das nächste Kap. 2.), ist damit eine erste Entscheidung im Spannungsfeld zwischen Monismus und Dualismus gefallen; zumindest für den hier thematischen Bereich der Beschreibung auf der Basissprachen-Ebene, auf der Beobachtungssätze zur Erfassung komplexer Einheiten wie Handlungs-Konstrukte generiert werden, ist eine (akzentuierend) dualistische Problemrekonstruktion und Lösungsstrategie legitim und angebracht.

Sie besteht darin, daß für das sprach- und kommunikationsfähige menschliche Subjekt als Erkenntnis-Objekt der Psychologie, sofern als Gegenstandsbereich innerhalb von Handlungs-Konstrukten — auch und gerade — spontan-natürliche Sprachverwendung thematisch ist, das Basissprachen-Problem zu lösen ist, indem von dem durch die Kompetenz des Erkenntnis-Objekts vorliegenden Sprachmaterial auszugehen ist, das im folgenden in die innerhalb des jeweiligen Wissenschafts-(Theorien-)Systems brauchbare Basissprache überführt wird. Die Idealvorstellung ist dabei, daß die durch diese Basissprache angezielte Intersubjektivität eine von Erkenntnis-Subjekt und Erkenntnis-Objekt geteilte Intersubjektivität ist; das bedeutet, daß die Überführung von alltagskommunikativer Umgangssprache in wissenschaftlich-episprachliche Basissprache einen Einigungsprozeß, einen Dialog-Konsens zwischen Forscher und Erforschtem, erfordert.

Dieser Lösungsansatz versöhnt bzw. verbindet m.E. die Zielvorgaben des Bilds vom handlungs*fähigen* menschlichen Subjekt (d.h. des Gegenstandsvorverständnisses) mit den — liberalisierten — Anforderungen der (wissenschaftlich-empirischen) Basissprache. Der Zielvorgabe des Gegenstandsvorverständnisses wird dadurch entsprochen, daß durch das Ausgehen von der spontan-natürlichen Sprache des Erkenntnis-Objekts dessen (natürliche) lebensweltliche Realität (und Realitätssicht) als Gegenstand der Psychologie konstituiert wird; und genau dies, nämlich die lebensweltliche Realität des reflexions-, kommunikations- und handlungsfähigen menschlichen Subjekts als Gegenstand der Psychologie konstitutiv zu berücksichtigen, ist eine Forderung, die von nahezu allen Kritikern einer (nur) naturwissenschaftlichen Psychologie-Konzeption erhoben wird (vgl. z.B. Bosshardt 1984, 169ff.; Kebeck & Sader 1984, 238f.; Herzog 1985, 618ff.). In den Worten von Aschenbach (1984, 96):

„Folgt man diesem Verständnis, beginnt ersichtlich der Aufbau wissenschaftlicher Bemühungen mit der Explikation lebensweltlicher Erfahrungen in einer schon lebensweltlich hinreichend verständlichen Sprache." (vgl. in dieser Richtung auch schon Cassirer 1953, 260ff.)

Daß, warum und in welcher Art diese Sprache eine (im weiteren Sinn) handlungstheoretische ist, die vor allem auch den Bezug auf (internale) Phänomene wie Absichten, Pläne etc. umfaßt, ist oben eingehend expliziert worden. Das Entscheidende in diesem Zusammenhang ist, daß mit dem (zweiten) Schritt der Überführung solcher alltagssprachlich intentionalen Beschreibungen (von Handlungen) in die wissenschaftlich akzeptierbare Basissprache auch den (liberalisierten) Anforderungen der ‚Beobachtungssätze ohne (fixe) Beobachtungssprache' Genüge getan wird. Denn es wird durch die skizzierte Lösungsstruktur nicht einfach die Alltagssprache des Erkenntnis-Objekts als ‚Basissprache' postuliert; das wäre keine zureichende Realisierung der T-Theoretizität (auch nicht im Rahmen eines sozialwissenschaftlichen Psychologie-Verständnisses). Denn mit T-Theoretizität wird natürlich auch Extensionalität bzw. Referenzialität festgelegt, die enger sein muß als das, worauf mit relativ unpräzisen, nicht konstant gebrauchten Alltagsausdrücken referiert wird. Darin liegt (mit) ein Grund dafür, warum irgendein Überführungsvorgang notwendig ist, in dem diejenigen Sprachteilmengen — wie erwähnt: möglichst konsensual — ausgezeichnet werden, die als episprachlich (vgl. Leinfellner 1967, 24ff.) explizit die Ebene der ‚(empirischen) Basissprache' einer (auch handlungstheoretischen) Psychologie darstellen (können). Es ist also keineswegs Sinn der vorgestellten Argumentation zu behaupten, daß aus der Theorieneutralität der Basissprache der Rückgang auf Alltagssprache in der Psychologie folgen solle oder könne. Sondern anders herum: Der Rückgriff auf die Alltagssprache des Erkenntnis-Objekts folgt aus der Sprachfähigkeit des psychologischen ‚Gegenstandes', die innerhalb des skizzierten Gegenstandsvorverständnisses als anthropologisch spezifisches, konstitutives Merkmal verstanden wird. Ich habe in der Argumentation dieses Kapitels primär versucht, verständlich zu machen, daß dieser Rückgriff durch die Re-Konstruktionen der Wissenschaftstheorie zum Beobachtungssprachen-Problem nicht ausgeschlossen wird: dann nämlich nicht, wenn man die genannte Überführung in wissenschaftliche Basissprache hinzufügt. Das für die Überwindung der Monismus-Dualismus-Dichotomie wichtigste Argument ist dabei, daß diese Überführung keineswegs die Ausschaltung oder Elimination einer Intentionalitäts-Verbalisierung impliziert, sondern daß grundsätzlich auch Manifestationen des handlungstheoretischen Sprachspiels — obwohl sie sich (u.a.) auf internal subjektive Phänomene etc. beziehen — als Teilmengen der psychologischen Basissprache akzeptierbar, ja anzustreben sind. In diesem Sinn hoffe ich, daß der skizzierte Lösungsansatz in der Tat — jetzt zunächst einmal auf der Ebene von ‚Beschreibung und Beobachtung' — eine Optimierung zweier (bisher) gegenläufiger Zielvorstellungen darstellt: nämlich einmal der Idee, über die Einbeziehung der Alltagssprache die Sprachfähigkeit des Erkenntnis-Objekts zu berücksichtigen, und zum anderen, durch den Überführungsschritt die Notwendigkeit einer (gegenüber Alltagssprache) expliziteren, präziseren etc. Wissenschaftssprache beim Erkenntnis-Subjekt zu akzeptieren. Eine Optimierung liegt m.E. insofern vor, als keiner der beiden Pole verabsolutiert wird und dadurch wirklich eine Interaktion von Gegenstands- und Methodik-Perspektive zustandekommt. Dieses Verständnis von Optimierung impliziert zugleich — was hier zur Vermeidung von Mißverständnissen noch einmal betont werden soll —, daß die Zulassung von handlungstheoretischen Sprachspielteilmengen in der psychologischen Basissprache ihrerseits keineswegs eine Elimination oder Vernachlässigung von Sätzen zur Folge hat oder haben soll, die sich auf extern (bzw. direkt) Beobachtbares beziehen. Ich werde diese Teile der psychologischen Basissprache im folgenden Kapitel nur deshalb nicht eingehender thematisieren, weil sie als vergleichsweise unproblematisch gelten können, zumindest im Vergleich zu intentionalen Aussagen, die sich auch auf (internale) Phänomene wie Absichten, Pläne etc. beziehen. Für solche relativ weitgehend (oder direkt) auf extern Beobachtbares zurückgreifenden Basissätze wurde die generelle Lösungsstruktur der Wahrheitszuschreibung ja bereits (oben in 1.3.) umrissen; im Vergleich dazu bedürfen Basissätze, die sich (primär) auf subjektiv-internale Gegebenheiten beziehen, einer deutlich eingehenderen Analyse. Um die Machbarkeit und Brauchbarkeit des skizzierten Lösungsansatzes zu begründen, ist daher im folgenden vor allem die Frage der Überführung solcher Teile der spontan-natürlichen Sprachproduktion des Erkenntnis-Objekts in die wissenschaftliche Basissprache zu behandeln, was vor allem eine differenzierte Explikation und Anwendung des dialog-konsenstheoretischen Wahrheitskriteriums erfordern wird. Damit rückt die Methode des Verstehens in den Analysemittelpunkt, und zwar als eine Teilmenge im wissenschaftlichen Erkenntnisprozeß, nicht nur als ein Heuristik-Verfahren; die Begründung und Diskussion des Verstehens als *Erkenntnismethode* ist folglich Aufgabe des nächsten Kapitels (B.2.).

Exkurs Eins: Dreigliedriges Meßkonzept und die Möglichkeiten des reflexiven Subjekts, über sich selbst Auskunft zu geben

E.1.1. Das dreigliedrige Meßkonzept als Konsequenz der (semantischen) Modellbildungs-Kompetenz des psychologischen Erkenntnis-‚Objekts'

Die Reflexionsfähigkeit und Sprachkompetenz des menschlichen Subjekts hat auf der Grundlage der dargestellten wissenschaftstheoretischen Explikation des Basissprachen-Problems durchaus auch methodologische Konsequenzen für das Umgehen mit diesem Erkenntnis-‚Objekt' in der psychologischen Forschung. Es handelt sich allerdings um Konsequenzen, die in einer bisher weitgehend monistisch(-naturwissenschaftlich) dominierten Methodenlehre kaum systematisch gezogen und ausgearbeitet worden sind. Eine Ausnahme stellt der Entwurf von Gigerenzer (1981) zur „Messung und Modellbildung in der Psychologie" dar, in dem die oben explizierten Aspekte des Gegenstands(vor)verständnisses und des Basissprachen-Problems auf methodologischer Ebene abgebildet und expliziert werden; das führt zu einer grundlegend veränderten Konzeption der Struktur psychologischer Messung. Gigerenzer geht davon aus, daß ‚Realität' (schon gar psychische Realität) nicht direkt erkannt werden kann, sondern mit Hilfe von Modellen konstituiert wird (o.c., 16ff.; vgl. oben II.1.). Dabei unterscheidet er mit Stachowiak (1973) – zumindest – drei Stufen von Modellbildung:

— Automatisch ablaufende Strukturierungen (Modellierungen) der Umwelt durch Wahrnehmung (vgl. Phi-Phänomen, Gestaltgesetze, Reafferenzprinzip etc.) werden als „innere Modellbildung" bzw. „semantische Modelle der ersten Stufe" bezeichnet.
— Wenn solche inneren Modellbildungen in Kommunikation mitgeteilt werden, dann handelt es sich um „äußere Modellbildung", als die z.B. „umgangssprachliche Beschreibungen des Wahrgenommenen" angesetzt werden können; solche „äußeren Modellbildungen" werden als Modelle über semantische Modelle der ersten Stufe „semantische Modelle der zweiten Stufe" genannt (o.c., 17).
— Wenn nun kommunikative (modellierende) Abbildungen solcher Modelle der zweiten Stufe, z.B. durch wissenschaftliche Hypothesen, Theorien etc., vorliegen, dann handelt es sich um „semantische Modelle der dritten Stufe" (o.c., 18).

Ein grundlegender Unterschied zwischen Modellen der ersten Stufe auf der einen Seite und Modellen der zweiten (und jeder weitergehenden) Stufe auf der anderen Seite ist darin zu sehen, daß nur Modelle der ersten Stufe vom Modellbenutzer nicht aktiv gewählt werden können im Gegensatz zu allen anderen höherstufigen Modellen (o.c., 20). Daraus leitet Gigerenzer die Forderung ab, daß der Modellbenutzer bei den aktiv wählbaren Modellen diejenigen auswählt, die dem intendierten Gegenstandsbereich angemessen sind. Dies gilt auch und gerade für den wissenschaftlichen Modellbenutzer, der Modellbildung mit numerischen Systemen betreibt, d.h. Messungen vollzieht (o.c., 20). Denn auch in dem numerischen System der psychologischen Meßinstrumente wird Modellbildung betrieben, und wenn diese Modellbildung nicht mit der dem Gegenstandsbereich adäquaten Modellbildung übereinstimmt, kommt es zu einem Divergenz-Artefakt (vgl. zur Veranschaulichung Abbildung 7):

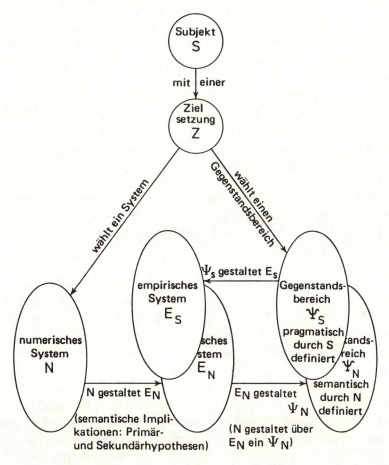

Abb. 7: Divergenz-Artefakt zwischen Meß- und Gegenstandsmodell (nach Gigerenzer 1981, 103)

Das heißt: „Messen ist nur dann möglich, wenn die Gesetzmäßigkeiten, welche die spezifische Struktur eines numerischen Systems beschreiben, als empirische Gesetzmäßigkeiten auch in dem durch E modellierten Gegenstandsbereich gelten." (o.c., 32)

Die methodologisch unmittelbar relevante Konsequenz besteht in der Unterscheidung eines zweigliedrigen versus dreigliedrigen Meßkonzepts – und in der

Kritik des zweigliedrigen Konzepts für den Gegenstandsbereich der Psychologie (vgl. zur Ableitung dieser Kritik im einzelnen Gigerenzer 1981, 36ff.). Ein zweigliedriges Meßkonzept setzt als Grundeinheit die Instanzen ‚Objekt x Merkmal' an, ein dreigliedriges Konzept geht von der triadischen Grundeinheit ‚Individuum x Objekt x Merkmal' aus (o.c., 63). Der konstituierte Gegenstand, den Gigerenzer ‚empirisches System' nennt, entsteht, *„indem das forschende Subjekt das untersuchte Individuum mit bestimmten Bedeutungsträgern und Bedeutungskomponenten konfrontiert und I auf diese reagiert"* (o.c., 66) – wobei als ‚Bedeutungsträger' empirische Objekte und als ‚Bedeutungskomponenten' Merkmale dieser Objekte (z.B. Relationen zwischen ihnen etc.) angesetzt werden (o.c., 39f.; Beispiele s.u.). Das Entscheidende dabei ist nun, ob das untersuchte Individuum als eigene Instanz im Meßansatz realisiert oder ausgeschlossen wird. Der klassische, reizzentrierte Ansatz, der unter dem Schlagwort ‚die Versuchsperson als Meßinstrument' die systematische Variation in den Reaktionen der Individuen auf die Unterschiede der Reize in einem bestimmten Merkmal zurückführt (o.c., 88), eliminiert damit praktisch das Individuum aus dem Meßansatz (o.c., 92); da der subjektzentrierte Ansatz (bei dem die systematische Variation in den Reaktionen der Individuen auf die individuellen Unterschiede zwischen den Subjekten zurückgeführt wird: o.c., 88) nur als „bloße Umkehrung des reizzentrierten Ansatzes definiert" ist, „fällt er ebenfalls unter das zweigliedrige Paradigma" (o.c., 93). Dieses aber ist für Gegenstände, die selbst zur Modellbildung fähig sind – vor allem zur Bildung von (äußeren) semantischen Modellen (zweiter Stufe) – inadäquat. Der zweigliedrige Meßansatz stammt aus der „Physik und anderen Wissenschaften, die semantische Modelle der nullten Stufe zu ihrem Gegenstand haben" – und ist dort auch adäquat, denn: *„Deren Gegenstände betreiben keine Modellbildung"* (o.c., 71). Für die Psychologie aber, deren ‚Gegenstände' die Fähigkeit zur Modellbildung besitzen, sind nur dreigliedrige Meßansätze sinnvoll und adäquat (bzw. modelltheoretisch haltbar: o.c., 105ff.); lediglich für bestimmte Teilbereiche wie z.B. die Psychophysik sind reizzentrierte Zielsetzungen („wegen der relativ hohen interindividuellen Konstanz der sensorischen Wahrnehmung") und damit zweigliedrige Meßkonzepte zulässig (o.c., 92).

Die wichtigste praktisch-methodische Konsequenz bezieht sich auf die Abgrenzung von möglichen Bedeutungsträgern und Bedeutungskomponenten; zwar kann man ein dreigliedriges Meßkonzept (unter Einbeziehung der semantischen Modelle des Individuums als Erkenntnis-‚Objekt') auch durch die Vorgabe von Bedeutungsträgern und Bedeutungskomponenten realisieren, aber die optimale Berücksichtigung der modellbildenden Kompetenz des Individuums besteht natürlich darin, daß das Erkenntnis-‚Objekt' (Versuchsperson oder Individuum) die Bedeutungsträger und die Bedeutungskomponenten selbst abgrenzt und damit konstituiert. Die Optimalversion einer dreigliedrigen, individuenzentrierten Messung, die personale (d.h. vom Individuum qua Erkenntnis-Objekt abgegrenzte) Bedeutungsträger und -komponenten untersucht, stellt eine Realisierung der oben entwickelten metatheoretischen Zielidee der Überführung von natürlicher Sprache und spontaner Reflexion des Erkenntnis-Objekts in wissenschaftliche Basissprache auf methodisch-methodologischer Ebene dar (vgl. parallel Gigerenzer 1981, 69ff.). Wenn das eingangs umrissene Menschenbild (des reflexions-, sprach- und kommunikationsfähigen Subjekts) als Gegenstandsvorverständnis, wie es auch beim dreigliedrigen Meßansatz nach Gigerenzer unterstellt wird, sinnvoll und brauchbar ist, dann läßt sich mit diesem Meßansatz auch die Hoffnung verbinden, daß solche dreigliedrigen Meß- (oder allgemeiner Erhebungs-)Modelle den psychologischen Gegenstand besser abbilden und erklären können, weil sie nicht gezwungen sind, die modellbildenden Aktivitäten des Erkenntnis-‚Objekts' praktisch als Fehlervarianz zu behandeln. Inwieweit diese Hoffnung berechtigt ist bzw. bei welchen Gegenstandsteilbereichen, Problemstellungen etc. sie zutrifft, ist jedoch zureichend erst zu beurteilen, wenn eine nicht-naturwissenschaftliche Konzeption von Psychologie einschließlich dreigliedriger Meßansätze voll entwickelt (und durchgeführt) sein wird.

Erste Hinweise lassen sich allerdings heute schon einem Vergleich von zweigliedrigen und dreigliedrigen Meßkonzepten entnehmen. Einen solchen Vergleich haben Groeben et al. (1985) bei der Erforschung des Einflusses von Persönlichkeitsmerkmalen auf die Produktion von Ironie unternommen; dabei wurde das Konstrukt der Ich-Beteiligung (sowie -Distanz) sowohl mit Hilfe eines zweigliedrigen als auch eines dreigliedrigen Meßansatzes erhoben; die Hypothese war dabei, daß nur in Situationen mit einer überdurchschnittlichen Ich-Beteiligung ironische Sprechakte produziert werden. Der zweigliedrige Meßansatz bestand aus einem normalen Fragebogen, in dem folgende Items in Abhängigkeit von bestimmten Situationsbeschreibungen als zutreffend oder nicht zutreffend (auf einer sechsstufigen Skala) anzukreuzen waren (o.c., 125f.):

Ich-Beteiligung + :
.. bin ich ganz engagiert
.. kann ich mich richtig in Rage reden
.. merke ich, daß mir das Thema nahegeht

Ich-Beteiligung − :
.. sage ich mir häufig, meine Energien verschwende ich nicht mit Gedanken an so etwas
.. langweile ich mich leicht
.. könnte ich einschlafen

Ich-Distanz + :
.. bewahre ich einen kühlen Kopf
.. argumentiere ich eher mit dem Kopf als mit dem Bauch
.. prüfe ich Gegenargumente sehr genau

Ich-Distanz − :
.. passiert es mir manchmal, daß ich mich hinterher über meine unüberlegten Reaktionen ärgere
.. bin ich unkritischer als sonst
.. verhalte ich mich ziemlich unkontrolliert

Als dreigliedriges Meßkonzept wurde der Repertory-Grid-Test (nach Kelly) verwendet, den auch Gigerenzer als Beispiel für eine aktive Konstitution der Bedeutungskomponenten durch die Versuchsperson anführt (1981, 76f.). Der Test funktioniert grundsätzlich (vgl. Bannister & Fransella 1981, 58ff.) in der

Art, daß man den Versuchspartnern Rollenbezeichnungen (wie z.B. ‚Lehrer', ‚Eltern', ‚Bekannte' etc.) vorgibt und sie bittet, sich konkrete Personen vorzustellen, die für sie als typische Vertreter dieser Rollen gelten können. Diejenigen Eigenschaften, in bezug auf die sich (nach Einschätzung des Versuchspartners) je zwei Personen ähnlich sind sowie sich von einer dritten unterscheiden, werden als ‚persönliche Konstrukte' (entsprechend der Theorie von Kelly 1955) angesehen. Im Hinblick auf die Terminologie von Gigerenzer stellen die vorgegebenen ‚Rollen' die Bedeutungsträger (Objekte) dar, während die von dem Versuchspartner selbst abgegrenzten persönlichen Konstrukte (Eigenschaftsdimensionen etc.) die Bedeutungskomponenten sind. Die dreigliedrige Messung von Ich-Beteiligung bzw. Ich-Distanz ging auf diesem Hintergrund folgenderweise vonstatten (vgl. Groeben et al. 1985, 79ff., 150):

- Den Versuchspartnern wurden drei Gruppen von Elementen vorgegeben
  a) 11 Rollentitel (‚mein Vater', ‚ein Freund', ‚ich selbst' etc.) des Role-Construct-Repertory-Grid-Tests (RCRT);
  b) zwei Beschreibungen einer hoch-Ich-beteiligten und einer hoch-Ich-distanzierten Person;
  c) sieben Elemente, die das ‚Selbst in verschiedenen Inhaltsbereichen' abbilden sollten.
- Für die mit Hilfe dieser Elemente von den Versuchspartnern selbst abgegrenzten Konstrukte wurden die Distanzen zwischen den Element-Paaren berechnet und faktorisiert. Die Enge der Beziehung zweier Elemente wurde als Distanz im Faktorraum ausgedrückt.
- Ich-Beteiligung und Ich-Distanz entsprachen der Distanz zwischen dem Selbst-Element (aus dem RCRT) und der personifizierten Ich-Beteiligung bzw. Ich-Distanz. Dazu wurden die unter a) und b) genannten Elemente gemeinsam faktorisiert.
- Schätzungen der bereichsspezifischen Ich-Beteiligung und Ich-Distanz ergaben sich daraus, daß die Elementengruppen a), b) und c) gemeinsam faktorisiert und dann die Distanzen des Ich-Beteiligungs- bzw. Ich-Distanz-Elements zu den sieben Elementen ermittelt wurden, die das Selbst in dem jeweiligen Inhaltsbereich verkörperten.

Die auf diese Weise dreigliedrig gemessene Ich-Beteiligung war deutlich erklärungskräftiger als die zweigliedrige Konstrukt-Operationalisierung; jenes Regressionsmodell, das die hier aussagekräftigsten Persönlichkeitsmerkmale zusammenfaßt, erzielte mit der zweigliedrig gemessenen Ich-Beteiligung eine Varianzaufklärung von 10,5%, während die dreigliedrig gemessene Ich-Beteiligung die Varianzaufklärung auf 21,5% erhöhte (Groeben et al. 1985, 153). Da das Gewicht der übrigen drei Variablen (Konsistenzbedürfnis, Wertungsautonomie, Stringenz von Implizitätsdecodierung) praktisch gleich blieb, ist diese Erhöhung der Varianzaufklärung allein auf den Unterschied zwischen zwei- und dreigliedrigem Meßansatz (bei der einen Variable der Ich-Beteiligung) zurückzuführen. Damit wird den metatheoretischen und methodologischen Gründen, aus denen ein dreigliedriger Meßansatz zu verfolgen ist, auch ein empirisches Argument dafür hinzugefügt, daß man im Gegenstandsbereich der Psychologie soweit wie möglich von der Modellierungs-Kompetenz des Erkenntnis-‚Objekts' ausgehen sollte – und das heißt von dessen Fähigkeit, *semantische* Modelle (in spontan-natürlicher Alltagssprache) mit der individuell-aktiven Abgrenzung von Bedeutungsträgern und Bedeutungskomponenten zu generieren.

E.1.2. Die Fähigkeit zur Selbstauskunft: artifizielle Grenzen und konstruktive Möglichkeiten

Das Ausgehen von der natürlichen Reflexion des psychologischen Erkenntnis-Objekts und seiner sprachlichen Manifestation setzt die Fähigkeit des reflexiven Subjekts voraus, über sich selbst Auskunft geben zu können; für diesen konstitutiven Aspekt des eingangs umrissenen Gegenstands(vor)verständnisses (d.h. des Bildes vom reflexions-, sprach- und kommunikationsfähigen menschlichen Subjekt) liegen die (oben in Kap. I und II) angeführten wissenschaftstheoretischen, methodologischen und indirekt-empirischen Argumente vor. Entsprechend diesem Menschenbild bezieht sich die Fähigkeit zur Selbstauskunft nicht nur auf die Auskunft über eigene Verhaltensweisen, emotionale Zustände und Persönlichkeitszüge (und dergleichen), sondern auch auf mentale Prozesse sowie motivationale Zustände und deren mental-prozeßhafte Genese, Verarbeitung und Manifestation (z.B. in Form von Intentionen). Allerdings widerspricht diese Voraussetzung (der Fähigkeit zur Selbstauskunft des reflexiven Subjekts in bezug auf mentale Prozesse) unvermeidbar sehr stark dem behavioristischen Menschenbild einer dezidiert monistisch-naturwissenschaftlichen Konzeption von Psychologie. Es liegt daher nahe, daß gerade diese postulierte Fähigkeit der Selbstauskunft von behavioristischer Seite aus bezweifelt wird – und daß versucht wird, solche Zweifel auch in einem direkten empirischen Zugriff als berechtigt nachzuweisen.

Genau diesen Versuch haben Nisbett & Wilson (1977) in ihrem dementsprechend stark beachteten Aufsatz „Telling more than we can know: Verbal reports on mental processes" unternommen. Ihre These ist, daß (auch) die menschlichen Versuchspersonen keinen Zugang zu komplexen mentalen Prozessen höherer Ordnung haben (o.c., 232) und verbale Selbstauskünfte deshalb als Quelle für einen solchen Zugang innerhalb der Wissenschaft unbrauchbar sind. Nach einem Literaturüberblick zu Arbeiten und eigenen Experimenten, die nach ihrer Meinung für die Problemstellung aussagekräftig sind, kommen sie zu dem Schluß, daß sich dieser mangelnde Zugang zu kognitiven Prozessen in drei Aspekten manifestiert:

— Die Versuchspersonen haben kein Bewußtsein („awareness') der Existenz von Reizen, die ihr Verhalten ausschlaggebend beeinflußt haben (o.c., 231).
— Sie können keine korrekte Auskunft über ihr tatsächlich vorliegendes Verhalten geben (l.c.).
— Sie können die (kausale) Verbindung von Stimulus und Response nicht korrekt benennen (l.c.).

Statt dessen greifen die Versuchspersonen zum Teil auf ‚a priori', implizite Verursachungstheorien zurück, mit denen sie versuchen, ihr Verhalten zu erklären (o.c., 248ff.); diese (subjektiven) Theorien sind deshalb ‚a priori' zu nennen, weil sie nicht (quasi induktiv) aus den mentalen Prozessen des jewei-

ligen Versuchs abgeleitet sind, sondern unabhängig von der Untersuchung und zeitlich vor dieser existieren (z.B. durch kulturelles Hintergrundwissen, im alltäglichen Sprachgebrauch enthaltene Präsuppositionen etc.; vgl. l.c.).
Von den Untersuchungen, die Nisbett & Wilson zum direkten Nachweis der Unfähigkeit zur Selbstauskunft über mentale Prozesse durchgeführt haben, seien zumindest drei als Beispiele kurz benannt.

- Ein Experiment beschäftigte sich mit falschen Auskünften über Reize, die Assoziationsverhalten beeinflussen. Dabei wurden den Versuchspersonen in einem ersten Durchgang Paar-Assoziationen (der Art ‚ocean—moon‘) zum Lernen vorgelegt, beim zweiten Durchgang hatten sie einen Assoziationstest durchzuführen, wo auf bestimmte Reizworte (z.B. ‚Waschmittel‘) zu assoziieren war. Die Versuchspersonen wurden außerdem befragt, welche Faktoren ihre Antworten in dieser Assoziations-Aufgabe beeinflußt hätten. Es stellte sich heraus, daß die Paar-Assoziations-Aufgabe durchaus dort, wo in ihr ‚Hinweisreize‘ (cuing) für die Assoziations-Aufgabe enthalten waren, diese signifikant beeinflußte (z.B. die Häufigkeit der ‚Ziel-Antwort‘ von 10 auf 20% erhöhte). Gleichzeitig gaben die Versuchspersonen als relevante Ursachen jedoch ganz andere Faktoren an: z.B. bei der Assoziation ‚Tide‘ als Waschmittel (die durch das Wortpaar ‚ocean—moon‘ erleichtert wurde) Faktoren wie ‚Tide ist das bekannteste Waschmittel‘, ‚meine Mutter benutzt Tide‘ etc. (vgl. Nisbett & Wilson 1977, 243; Wilson & Nisbett 1978, 119ff.).
- Ein zweites Experiment beschäftigte sich mit falschen Auskünften hinsichtlich des Positionseffekts von Objekten bei einer Wahl-Aufgabe. Es wurden z.B. vier Paar Nylonstrümpfe von völlig gleicher Qualität angeboten, und die Versuchspersonen sollten dasjenige Paar heraussuchen, das die beste Qualität hatte. Sie konnten die Paare (von links nach rechts) prüfen, und es zeigte sich ein Positionseffekt derart, daß das letzte rechts außen liegende Paar statistisch signifikant häufiger gewählt wurde als die übrigen. Zugleich wurde die Position von den Versuchspersonen bei der Selbstauskunft über die Ursachen ihrer Wahl praktisch nie angeführt (Nisbett & Wilson 1977, 243; Wilson & Nisbett 1978, 123f.).
- Ein weiteres Experiment schließlich thematisierte die Abhängigkeit, die bei Persönlichkeitsbeurteilungen zwischen der generellen Voreinstellung zur beurteilten Person und der Einschätzung physischer (Attraktivitäts-)Merkmale besteht. Es wurde den Versuchspersonen ein Interview vorgespielt, in dem ein Schauspieler als Lehrer Interviewfragen in unterschiedlicher Weise beantwortete: einmal in einer angenehmen, warmen, begeisterten Art, zum anderen in autokratischer, intoleranter, Mißtrauen erweckender Form. Im folgenden war von den Versuchspersonen die physische Erscheinung, die Art und der Akzent des Lehrers zu beurteilen; es zeigte sich, daß diejenigen Versuchspersonen, die die ‚warme Version‘ des Interviews gesehen hatten, den Lehrer sehr viel positiver beurteilten als diejenigen, die die ‚kalte Version‘ gesehen hatten. Zugleich negierten die Versuchspersonen aber in einer postexperimentellen Befragung sehr vehement, daß ihre generelle Sympathie oder Antipathie gegenüber dem Lehrer irgendeinen Einfluß auf das Rating der physischen Merkmale gehabt habe (Nisbett & Wilson 1977, 244f.).

Gegen diese Thesen von Nisbett & Wilson sowie die Anlage und Interpretation ihrer Untersuchungen ist in der Folgezeit eine Fülle von Argumenten vorgebracht worden, deren wichtigste ich im folgenden von der metatheoretischen Ebene ausgehend über die methodologisch-methodische bis zu empirischen Aspekten anführen will:

— Zunächst einmal weisen Smith & Miller (1978, 356) darauf hin, daß die Thesen von Nisbett & Wilson in der vorliegenden Form gegen Falsifikation immunisiert und schon deswegen so nicht akzeptierbar sind. Wenn inkorrekte Selbstauskünfte gegeben werden, so gilt das für Nisbett & Wilson als Beweis ihrer These; wenn korrekte Selbstauskünfte gegeben werden, dann spricht das in ihrer Interpretation für den Einsatz nur zufällig richtiger ‚a priori-Theorien‘ bei den Versuchspersonen und gilt daher ebenfalls als Bestätigung der These. Das macht deutlich, daß die Thesen in dieser Version schon aus wissenschaftstheoretischen Gründen nicht haltbar sind (vgl. auch Rich 1978, 21).
— In ähnliche Richtung zielt die Kritik von Ericsson & Simon (1980, 245), daß Nisbett & Wilson ihre Schlußfolgerungen aus den Untersuchungen (zumindest in der Zusammenfassung) mit den Quantifikatoren ‚häufig‘, ‚manchmal‘ etc. versehen. Abgesehen davon, daß auch dies eine ad-hoc-Immunisierung darstellt, kann man die Kritik noch in der Richtung verschärfen, daß auf der Grundlage so interpretierter Untersuchungen die apodiktisch-generelle Form der Thesen von Nisbett & Wilson hinsichtlich der Unfähigkeit des menschlichen Subjekts zu adäquater Selbstauskunft auf jeden Fall nicht gerechtfertigt ist.
— Einen weiteren Aspekt auf dieser wissenschaftstheoretischen Ebene benennt Cotton (1980), der darauf hinweist, daß in den Untersuchungen von Nisbett & Wilson zunächst einmal lediglich eine Diskrepanz von verbalen Daten und Verhaltensdaten auftritt, und Nisbett & Wilson diese Diskrepanz so interpretieren, daß sie ihre (durch die Verhaltensdaten gestützte) Theorie oder Prognose dazu benutzen, die Korrektheit der verbalen Daten zu beurteilen; es bedürfte aber weiterer Argumente (wenn nicht sogar empirischer Forschung), um die entgegengesetzte Interpretationsrichtung auszuschließen, bei der man (eventuell mit gleichem Recht) die Korrektheit der Theorie anhand der Selbstauskünfte der Versuchspersonen kritisieren könnte.
— Auch auf methodologischer Ebene (Anlage und Interpretation der Untersuchungen) sind vergleichbar grundlegende Kritiken vorzubringen. So weisen Smith & Miller (1978, 356) darauf hin, daß Nisbett & Wilson in ihren Untersuchungen sinnlose, weil unmöglich zu erfüllende Ansprüche an die Korrektheit der Selbstauskunft anlegen. Die Versuchspersonen müssen nämlich in einer Vielzahl der Untersuchungen etwas bemerken, was relativ systematisch und gezielt von den Versuchsleitern durch das experimentelle Design vor ihnen versteckt worden ist: In der Untersuchung zum Positionseffekt bei der Auswahl von (gleichwertigen) Strümpfen ist es z.B. die gleiche Qualität der Strümpfe, die durch die entgegengesetzte Instruktion ganz bewußt vor den Versuchspersonen geheimgehalten wird; bringt man durch Täuschung innerhalb des Versuchsaufbaus die Versuchspersonen dazu, sich hinsichtlich der vorliegenden Realität eine Sinnperspektive zurechtzulegen, die so nicht existiert, ist es nicht verwunderlich, daß sie auf ‚a pri-

ori-Theorien' zurückgreifen. Noch unmöglicher aber ist das Kriterium für die Korrektheit der Selbstauskunft bei Untersuchungen wie dem des Assoziationsexperiments: hier kommen die Effekte unterschiedlicher Situationen ja überhaupt nur im Vergleich von verschiedenen Versuchsgruppen (Experimental- vs. Kontrollgruppe) zustande, d.h. die Hinweisreize aus der Phase des Paar-Assoziations-Lernens für die Phase des Assoziationsexperiments bestehen nur für die Experimental-, nicht für die Kontrollgruppe. Das bedeutet, daß das einzelne Individuum überhaupt keine unterschiedlichen Situationen erlebt hat, auf die es ‚korrekt' bei der Erklärung des eigenen Verhaltens zurückgreifen könnte. Alle Designs, die die Wirksamkeit unterschiedlicher Faktoren über verschiedene Versuchspersonengruppen prüfen (‚between-subjects-designs'), sind daher von vornherein als völlig ungeeignet anzusehen, die Fähigkeit des menschlichen Subjekts zur Selbstauskunft zu überprüfen (so auch Ericsson & Simon 1980, 246; Kraut & Lewis 1982, 449).

— Selbst wenn man jedoch die absichtliche Irreführung der Versuchspersonen in dem Wahl-Experiment (z.B. mit den Strümpfen) als nicht so relevant ansehen würde, kommt hinzu, daß Nisbett & Wilson einen rein versuchstechnisch reduzierten Kausalitäts-Begriff ansetzen. Denn der ‚Positionseffekt' ist auf der Ebene ‚mentaler Prozesse' überhaupt nicht als die eigentliche, sinnvolle Ursache zu betrachten, sondern höchstens als Indikator dafür. Als Ursache ist vielmehr anzusehen, daß die Versuchspersonen die Strümpfe von links nach rechts prüfen und als intuitive Definition für ‚beste Qualität' unterstellen, daß das jeweils geprüfte Exemplar nicht schlechter sein darf als das (oder die) vorher geprüfte(n). Dann aber ist es unvermeidlich, daß das zuletzt geprüfte (was in dem vorliegenden Versuchsaufbau mit dem am weitesten rechts außen liegenden identisch war) als dasjenige von bester Qualität identifiziert wird (Smith & Miller 1978, 357).

— In diesem Zusammenhang ist auch der Hinweis von Adair & Spinner (1981, 240) anzuführen, daß kausale Verbindungen sowieso nicht unmittelbar der Selbstbeobachtung offenstehen, weil es sich um Inferenzen handelt. Dementsprechend mögen zwar die von Nisbett & Wilson angesetzten ‚a priori-Theorien' des reflexiven Subjekts in bezug auf die Realitätserfahrung der jeweiligen Untersuchung ‚a priori' sein — entsprechend der bisher angeführten Kritik allerdings vor allem durch die irreführende oder verschleiernde Versuchsanlage bzw. unrealistische Kriteriensetzung für die Korrektheit der Selbstauskunft. Das bedeutet jedoch nicht, daß diese Subjektiven Theorien nicht durchaus aufgrund der bisherigen Erfahrung der Subjekte (lediglich außerhalb der hic et nunc thematischen Versuchssituation) entstanden sind (vgl. Kraut & Lewis 1982, 459).

— Die Unsinnigkeit der Kriterienexplikation für die Korrektheit der Selbstauskunft auf methodologischer Ebene setzt sich auf methodischer Ebene fort, indem (z.T.) unsinnige, d.h. der Fragestellung unangemessene Auswertungsprozeduren angewendet werden. So berechnen z.B. Nisbett &

Bellows (1977) in der Studie zur Beeinflussung von Ratings physischer Merkmale (s.o.) die Korrelation zwischen dem Rating der Versuchspersonen und ihren Angaben, ob eine generelle Sympathie oder Antipathie dieses Rating beeinflußt habe, auf Gruppenniveau. Das aber entspricht in keiner Weise der Fragestellung, die ja thematisiert, ob jedes einzelne Subjekt adäquat darüber Auskunft geben kann, inwiefern sein eigenes Rating durch seine Sympathie oder Antipathie beeinflußt worden ist. Es könnte (wie Smith & Miller 1978, 358 als Beispiel anführen) der Fall eintreten, daß die Hälfte der Versuchspersonen korrekt berichten, daß der positive Gesamteindruck des Lehrers ihr Rating positiv beeinflußt hat, die andere Hälfte korrekt berichtet, daß der negative Gesamteindruck ihr Rating negativ beeinflußt hat, und bei dem Vorgehen zur Korrelationsberechnung von Nisbett & Bellows auf Gruppenebene ergäbe dies insgesamt eine Null-Korrelation. Es ist daher auch nicht verwunderlich, daß eine entsprechende Reanalyse der Daten (von Nisbett & Bellows) mit einer der Fragestellung entsprechenden Korrelationsberechnung durch Smith & Miller die ursprünglichen Ergebnisse in ‚dramatischer Weise‘ umdreht (Smith & Miller 1978, 358f.): von 32 Korrelationen werden 28 positiv, wobei 17 signifikant sind.

— Von diesen Ergebnissen und den oben angeführten Argumenten ausgehend lassen sich die von Nisbett & Wilson berichteten Experimente und deren Ergebnisse theoretisch kohärent durchaus in Einklang bringen mit einer postulierten Fähigkeit zur adäquaten Selbstauskunft über mentale Prozesse, und zwar indem man auf die Aufforderungscharakter der jeweiligen Versuchsanordnungen (‚demand characteristics‘) zurückgreift (vgl. dazu im einzelnen Adair & Spinner 1981, 33ff.).

— Eine theoretische Rekonstruktion der potentiellen mentalen Prozesse während einer empirischen Untersuchung macht außerdem deutlich, daß es bestimmte notwendige Voraussetzungen dafür gibt, daß eine Selbstauskunft des reflexiven Subjekts überhaupt möglich ist. Dazu gehört vor allem, daß entsprechende Informationen ins Kurzzeitgedächtnis gelangen und auch innerhalb der Spanne des Kurzzeitgedächtnisses abgefragt werden; danach ist ein Rückgriff auf Informationen aus dem Langzeitgedächtnis (und damit eine Verbindung mit generellen Subjektiven Theorien der Versuchsperson) sowieso unvermeidlich (vgl. im einzelnen Ericsson & Simon 1980). Das impliziert z.B. auch, daß Versuchsanordnungen zur Überprüfung der Selbstauskunft-Fähigkeit nicht Aufgaben der Art enthalten dürfen, die für sich bereits alle psychische Konzentration und Energie des Untersuchungsteilnehmers absorbieren (White 1980, 109).

— In Konsequenz dieser Argumente und theoretischen Rekonstruktionen stimmen die meisten Kritiker von Nisbett & Wilson darin überein, daß es sicherlich Situationen oder Bereiche geben kann, in denen Selbstauskunft nicht oder nur eingeschränkt möglich ist; dazu gehören z.B. automatisierte oder routinisierte Handlungen, bei denen die mentalen Prozesse so unwillkürlich ablaufen, daß sie im Normalfall der bewußten Selbstbeobachtung des reflexiven Subjekts entzogen sind (vgl. Smith & Miller 1978, 361). Das bedeutet aber keinesfalls, daß es nicht auch andere Bereiche bzw. Situationen geben kann, für die weder solche Automatisierungen noch die Auslastung des Kurzzeitgedächtnisses durch die Untersuchungsaufgabe selbst gelten. Das heißt: Es ist durchaus rational, von der Existenz von Bereichen und Situationen auszugehen, in denen sich die Fähigkeit zur Selbstauskunft des reflexiven Subjekts hinsichtlich seiner mentalen Prozesse manifestieren kann (vgl. auch Adair & Spinner 1981, 241; Ericsson & Simon 1980, 235; Rich 1978).

— Die konstruktive Frage ist dann, unter welchen Bedingungen die Möglichkeit zur Selbstauskunft des reflexiven Subjekts gegeben ist bzw. optimiert werden kann — also nicht die Frage, ob der Mensch zu dieser Selbstauskunft fähig ist, sondern wann, unter welchen Bedingungen sich diese grundsätzliche, potentielle Fähigkeit realisieren kann (Smith & Miller 1978, 361f.; Wilson et al. 1981, 55; Rich 1978, 36). Als solche Bedingungen sind z.B. all diejenigen Forderungen anzusetzen, die in den Untersuchungen von Nisbett & Wilson mehr oder minder mutwillig bzw. artifiziell nicht erfüllt wurden und die Möglichkeiten der Selbstauskunft des Individuums beschränkt bzw. eliminiert haben: z.B. daß die Bedeutung der Experimentalsituation für Versuchsleiter und Versuchsperson übereinstimmen sollte, daß die Versuchsperson als einzelnes Individuum über die relevanten Situationsunterschiede Informationen besitzen sollte (und nicht nur Situationsunterschiede auf der Ebene von Versuchspersonen-Gruppen eingeführt werden) etc. (vgl. White 1980, 109f.).

Welches Fazit ist nun aus dieser Kontroverse zur Frage, ob der Mensch zur Selbstauskunft hinsichtlich komplexer mentaler Prozesse und Zustände fähig ist oder nicht, zu ziehen?

Zunächst einmal dürfte aus den angeführten metatheoretischen und methodologischen Kritikpunkten deutlich geworden sein, daß die These von der prinzipellen Unfähigkeit zur Selbstauskunft überzogen und unberechtigt ist. Sie ist in der Form, wie sie Nisbett & Wilson postulieren, nicht nur immunisierend formuliert, sondern auch methodologisch unzureichend und unzulässig ‚belegt‘, so daß die empirischen Evidenzen *für* diese These zu einem nicht unbeträchtlichen Teil als methodische Artefakte (unzulässiger Versuchsanordnungen, Operationalisierungen und Auswertungsverfahren) dekuvriert werden können. Daraus folgt nicht, daß es nicht Bereiche und Situationen geben kann, in denen in der Tat eine brauchbare Selbstauskunft des reflexiven Subjekts hinsichtlich seiner mentalen Prozesse und Zustände nicht möglich ist; aber es ist durchaus sinnvoll, von der grundsätzlichen Möglichkeit dieser Selbstauskunft auszugehen und für die Forschung im Rahmen einer sozialwissenschaftlich-handlungstheoretischen Psychologie-Konzeption nach der Breite und Qualität dieser Fähigkeit zu fragen.

Allerdings sollte man dabei nicht wie Nisbett & Wilson Selbstauskunft und kausale Erklärung konfundieren bzw. identifizieren; denn Nisbett & Wilson messen die Fähigkeit zur Selbstauskunft implizit grundsätzlich daran, ob das Individuum Antezedensbedingungen seines Verhaltens bzw. Handelns nennt, die mit den aus der externen Beobachtung abgeleiteten (kausalen) Ursachen identisch sind. Dies aber sind vom Ansatz her zunächst einmal zwei durchaus zu unterscheidende Perspektiven: Es ist ja durchaus denkbar, daß bestimmte mentale Prozesse und Zustände ablaufen, über die das reflexive Subjekt adäquat Auskunft gibt und die gleichwohl nicht als Ursachen des Handelns akzeptierbar sind. Die Frage nach der Selbstauskunft des reflexiven Subjekts ist im ersten Schritt eine Frage danach, ob der Mensch über mentale Prozesse und Zustände adäquat Auskunft geben kann; ob mit dieser Auskunft die kausal-effektiven Ursachen des Handelns benannt sind, ist eine zweite, von der ersten zu unterscheidende Fragestellung. Als Fazit aus der skizzierten Kontroverse gilt es auch, den Unterschied dieser beiden Frageperspektiven festzuhalten und nicht zu verwischen (wobei zunächst die erste Fragestellung zu behandeln ist (vgl. u. Kap. 2.), die zweite wird in Kap. 4. und 5. wieder aufgenommen).

Die konstruktive Konsequenz aus der Kontroverse zur Fähigkeit der Selbstauskunft ist dann in der Tat, wie schon Smith & Miller (1978) postuliert haben, die Frage nach den (optimalen) Bedingungen für einen adäquaten Selbstreport des reflexiven Individuums über seine mentalen Prozesse und Zustände. Und dies ist eine Konsequenz, die zum einen wieder zurückführt auf die metatheoretische Zielidee, in der Psychologie von der spontan-natürlichen Reflexion und Sprache des Erkenntnis-Objekts auszugehen; zum anderen ist die Frage nach den optimalen Bedingungen der Selbstauskunft auf die Dauer sicher nur zu beantworten unter Rückgriff auf hermeneutische Rekonstruktionen und Elaborationen eines optimalen Kommunikations- und Verständigungsprozesses (hier zwischen Forscher als Erkenntnis-Subjekt und Erforschtem als Erkenntnis-Objekt; vgl. als empirisches Gegenbeispiel zu den reduktionistischen Experimenten von Nisbett & Wilson z.B. die Untersuchung von Kaiser & Werbik 1977). Dieser mögliche Beitrag der (Dialog-)Hermeneutik soll im nächsten Kapitel aufgearbeitet werden.

2. Beschreiben und Verstehen: vom impliziten über monologisches zum dialogischen Verstehen bei komplexen Einheiten

2.1. Die klassische analytische Verstehenskritik

An der Zulassung des Verstehens als wissenschaftliche Erkenntnismethode scheiden sich — unter anderem, aber auch vor allem — die Monismus- und die Dualismus-Position. Da die Analyse des Basissprachen-Problems, zumindest für den Bereich der Beschreibung, eine dualistische Lösungsperspektive nahegelegt hat, soll hier zunächst die klassische monistische (d.h. analytische) Kritik des Verstehens skizziert werden, von der aus dann legitimierbare Möglichkeiten, aber auch Grenzen der dualistischen Lösungsperspektive in der und für die Psychologie herauszuarbeiten sind.

Mit Göttner (1973, 62ff.) lassen sich vier Varianten des Verstehens-Konzepts unterscheiden: Verstehen als ‚Einfühlung' (Dilthey); als hermeneutische ‚Übertragung' (Gadamer); transzendental-hermeneutisches Verstehen (Apel) und explanatorisches Verstehen (Habermas). Unter der oben herausgearbeiteten Trennung in monologisches versus dialogisches Verstehen sind die ersten drei Varianten akzentuierend dem monologischen Verstehen zuzuordnen, die vierte Variante ist diejenige, die ich als zentrale Rekonstruktion einer dialogischen Hermeneutik ansetze.

Die klassische analytische Kritik bezieht sich primär auf die Kategorie der monologischen Hermeneutik, und zwar vor allem eben auf die (in Frage gestellte) *Erkenntnisfunktion* des Verstehens. Eine Ausdifferenzierung der verschiedenen Varianten monologischer Hermeneutik ist zur Skizzierung dieser Kritik als Ausgangspunkt an dieser Stelle weder sinnvoll noch notwendig. Von hermeneutischer Seite wird das sicherlich als zu geringer Auflösungsgrad der Analyse empfunden, vor allem weil dahinter eine reduktionistische Identifizierung *des* Verstehens mit der ‚Einfühlung' vermutet wird (vgl. Riedel 1978, 105):

„Wie die von Dilthey skizzierte Lösung der Aufgabe lehrt, setzt die Methode des ‚Verstehens' keineswegs jene mystische Einfühlungs- oder Identifikationshypothese voraus, die ihre positivistischen Kritiker unterstellen."

Die hier vorgenommene Zusammenfassung der genannten Verstehensvarianten unter der methodologisch bestimmten Kategorie des monologischen Verstehens impliziert aber dezidiert nicht die Reduktion auf den Einfühlungsaspekt, denn die heutige *analytische* Verstehenskritik setzt m.E. einen Verstehens-Begriff an, der Aspekte aller drei Varianten umfaßt und integriert. (Monologisches) Verstehen ist dementsprechend anzusetzen als eine Art Eindenken in (kognitive, emotionale, handlungsmäßige, lebenspraktische etc.) Bezugshorizonte, die für ein bestimmtes, konkret-manifestes Zeichenaggregat als notwendig vorausgesetzt werden müssen, um die Teile dieses Aggregats in einer stimmigen, in sich kohärenten Bedeutung (bzw. einem kohärenten Sinn) zu integrieren. ‚Zeichen' können dabei alle bedeutungshaltigen Objekte, Ereignisse etc. sein, die es im (Gegenstands-)Bereich des sinnschaffenden Menschen geben kann: von Ausdrucksgesten über Sprechhandlungen, Verkehrsschilder, Kunstwerke bis hin zu literarischen, wissenschaftlichen etc. Texten. Als Paradigma der hermeneutischen Wissenschaften gilt dabei (schon historisch von der Theologie aus) die ‚Objektivation' von Sprache in (manifesten, überlieferten) Texten. Im Bereich der Psychologie können aber selbstverständlich auch Handlungen und Verhaltensweisen, von Ausdrucks- bis Sprechhandlungen, als solche Zeichenaggregate akzeptiert und analysiert werden.

Die Integration der einzelnen Aggregatteile in einen kohärenten Gesamtsinn wird dabei von der klassischen hermeneutischen Position in Form von kybernetischen Regelkreis-Rückkopplungsschleifen modelliert: das heißt, daß von den einzelnen Teilaspekten ausgehend versucht wird, einen Gesamtsinn zu entwerfen, unter dessen Gesamtperspektive wiederum erst die Einzelteile den ihnen adäquaten Sinn erhalten, und zwar eben in einem mehrfachen, aufeinander bezogenen Auf- und Absteigen von Teilen zum Ganzen und vom Ganzen zu den Teilen; es ist dies der sog. ‚hermeneutische Zirkel', der allerdings – wie die Benennung mit dem kybernetischen Terminus der Rückkopplungsschleife signalisiert – keine vitiöse Zirkularität enthält, sondern vielmehr einen pragmatischen Kreisprozeß darstellt. Dies ist auch die Position der Hermeneutik selbst, so daß hinsichtlich der Einschätzung der ‚Zirkularität' des Verstehens heute zwischen der Monismus- und Dualismus-Position kein prinzipieller Dissens besteht:

„Der hermeneutische Zirkel – daß ein Einzelnes nur unter der quasi-systematischen Voraussetzung des Ganzen (einer ‚Theorie' im angegebenen Sinne des Wortes) verstanden, ein Verständnis des Ganzen aber erst durch das Verstehen des Einzelnen gewonnen werden kann – ist jedoch nur scheinbar ein ‚Zirkel'. Er kennzeichnet vielmehr die methodische Eigenart der Interpretation, Besonderheiten ihrer Sachverhalte nur so zur Sprache bringen zu können, daß sie ein mögliches Allgemeines ‚vorhernimmt' oder *präsumiert.*" (Riedel 1978, 36)

Die Klassifikation dieser Verstehensprozesse als monologische Hermeneutik bezieht sich darauf, daß ein Konsens über die anzusetzenden Sinnhorizonte zwischen den *Erkenntnis-Subjekten* (Wissenschaftlern, Forschern) unterstellt und angezielt ist, da in der Regel der Autor der thematischen Zeichenaggregate als Person entweder nicht verfügbar ist (vgl. z.B. die Texte der Theologie, die meisten Texte der Literaturwissenschaft etc.) oder aber in die wissenschaftliche Kommunikation nicht einbezogen wird (vgl. die sog. verstehende Psychologie: Dilthey, Spranger etc.). Die hermeneutische Seite spricht auch in diesem Fall zumeist von einem ‚Dialog', z.B. dem ‚Dialog mit dem Text' – was aber m.E. eine extrem metaphorische Begriffsverwendung ist, weil eben nur Personen wirklich kommunikativ reagieren können; deswegen soll hier und im folgenden an dem nicht-metaphorischen Gebrauch von ‚Dialog' im Sinn einer Kommunikation zwischen Personen festgehalten werden.

Dies ist ein Punkt, bei dem Hermeneutiker nach meiner Erfahrung sehr vehement und unbeeinflußbar an dem metaphorischen Begriffsgebrauch festhalten (vgl. z.B. Bredella 1980, 67ff.; Iser 1972; 1976; Strelka 1978). Wie die Literaturverweise zeigen, wird dieses Problem (des ‚Dialogs mit dem Text') vor allem im Zusammenhang literaturtheoretischer Analysen relevant und ist in diesem Rahmen auch ausführlich von mir behandelt worden (Groeben 1977/1980). Da für den Psychologen die nicht-metaphorische Verwendung des Konzepts ‚Dialog' in den (vor allem sozialpsychologischen) Objekttheorien seiner Wissenschaft fest verankert ist, ist es m.E. an dieser Stelle nicht nötig, ins Einzelne gehende Begründungen vorzulegen; es ist mir aber wichtig, festzuhalten, daß sie vorgelegt werden könnten.

Die analytische Kritik an diesem (monologischen) Verstehen setzt vor allem an dem Kriterium an, mit dessen Hilfe sich die Erkenntnis-Subjekte über die Angemessenheit des Verstehens konsensual verständigen. Dies ist das Kriterium der Evidenz (oder Plausibilität), das nach empiristischer Einschätzung allerdings höchstens die Nachvollziehbarkeit (des Verstandenen), *nicht* jedoch die *Nachprüfbarkeit* ermöglicht bzw. garantiert. Als Indikator dafür wird von analytischer Seite u.a. angeführt, daß Verstehen immer erst nachträglich (‚post festum': Bredella 1980, 23) einsetzt; der paradigmatische Fall, an dem diese Beschränkung deutlich hervortritt, ist für den empiristischen Wissenschaftstheoretiker jener der ungewissen Prognose, den z.B. Zilsel an einem auch psychologisch relevanten Beispiel veranschaulicht hat:

Es handelt sich um den Fall einer im Krieg belagerten Stadt, für den „nach der ‚Methode' des Verstehens völlig gegenteilige psychologische Reaktionen plausibel" gemacht werden können, wenn „man die Schlußhandlung noch nicht kennt" (Göttner 1973, 69): Man kann ohne Schwierigkeiten „verständlich" machen, daß die Bevölkerung der belagerten Stadt nach einer gewissen Zeit unter dem Druck der Entbehrungen (Hunger, Durst etc.) aufgibt und die Stadt so dem Feind in die Hände fällt. Aber auch die gegenteilige Prognose, daß der Widerstand durch verzweifelten Trotz immer erbitterter wird und der Feind schließlich unverrichteter Dinge abziehen muß, ist „nicht weniger plausibel und verstehend nachvollziehbar" (o.c., 70).

Vergleichbares gilt auch für die Plausibilität bzw. Evidenz von Erklärungsmöglichkeiten für ein bestimmtes von extern beobachtbares Verhalten, wie dies Abel in seinem klassischen Aufsatz zum ‚Verstehen' (1949) zu verdeutlichen versucht hat.

Es geht darum, daß ich z.B. im April während eines plötzlichen Kälteeinbruchs beobachte, wie mein Nachbar aus seinem Haus kommt, draußen Holz hackt, dieses ins Haus trägt und im Kamin anzündet, wonach er sich wieder an seinen Schreibtisch setzt. Man kann dieses Verhalten bzw. Handeln etwa verstehen als ausgelöst durch die niedrige (Außen- und in Folge davon Körper-)-Temperatur; der Nachbar schafft sich eine angenehme Zimmertemperatur, indem er das Holz hackt und im Kamin verbrennt. Dieses ‚erklärende Verstehen' weist durchaus Plausibilität oder Evidenz auf, wenn man von den vorliegenden Informationen und deren Verknüpfung ausgeht. Ob aber die unterstellten Bedingungen (z.B. daß der Nachbar wegen des plötzlichen Kälteeinbruchs friert) in der Tat vorliegen, ist durch das Verstehen allein nicht zu klären. Es könnte sein, daß er überhaupt nicht friert, sondern Gäste erwartet, denen er mit seinem (funktionierenden) Kamin imponieren will. Auch dieses Verständnis seines Handelns wäre ohne Problem plausibel, evident und nachvollziehbar.

Die analytische Verstehenskritik zieht aus dieser Beschränktheit des Evidenz-Kriteriums auf die Nachvollziehbarkeit die eindeutige Konsequenz: Die Methode des Verstehens ist bestenfalls als Heuristik akzeptierbar, d.h. also als ein Verfahren im Bereich des Entstehungs- bzw. Genesezusammenhangs von wissenschaftlicher Erkenntnis, nicht aber als Verfahren mit Geltungs- bzw. Prüfansprüchen, sie hat also nichts mit dem Begründungszusammenhang von Theorien zu tun. Diese Funktion der Heuristik wird z.T. durchaus auch von hermeneutischer Seite angesetzt. So unterscheidet z.B. Patzig (1973, 401) drei ‚Hauptgruppen' von Verstehens-Konzepten: Zusammenhangsverstehen, Ausdrucksverstehen und einfühlendes Verstehen (o.c., 402). Sowohl für das Einfühlen, aber auch für das Zusammenhangsverstehen konzediert er eine Begrenztheit auf die Heuristikfunktion:

„Abel weist mit Recht darauf hin, daß der wissenschaftliche Wert des Verstehens lediglich in seiner heuristischen Funktion zur Einführung von *Hypothesen* über Verhaltenszusammenhänge bestehen kann." (o.c., 403)

Diese Beschränkung des Verstehens auf den Heuristikaspekt kann erkenntnistheoretisch nur dann zurückgewiesen werden, wenn die Evidenz nicht Merkmal des Erkenntnis-*Subjekts*, sondern des Erkenntnis-*Objekts* wäre. Und gerade das ist es, was der Klassiker der hermeneutischen Methodologie, Betti (1967), in der kontrastiven Beschreibung von Naturphänomenen im Gegensatz zu Sinnphänomenen behauptet (o.c., 53):

„Das Naturphänomen ist nur eine existierende und nicht reduzierbare Gegebenheit, die an sich keine Evidenz aufweist, d.h. nicht vertraut ist, weil sie sich auf keine innere Erfahrung des Subjekts beziehen kann."

Genauso sieht es Patzig (1973), wenn er für das Ausdrucksverstehen nicht nur eine heuristische, sondern eine darüber hinausgehende *Erkenntnis*funktion postuliert. In etwas modernerer Terminologie (als Betti) vertritt auch Bredella diese Position, indem er für das (Ausdrucks-)Verstehen z.B. von Gesten auf einer unmittelbaren Erfahr- und damit Erkennbarkeit beharrt, denn:

„Die Geste stellt eine Einheit von Außen und Innen dar." (1980, 47)

Diese ‚Einheit von Außen und Innen', durch die der Gegenstand des Verstehens selbst evident (und das heißt auch selbst-evident) wird, ist es, was der Hermeneutiker notwendigerweise unterstellen muß, wenn er für das (monologische) Verstehen eine Erkenntnisfunktion beansprucht. Dieser Versuch, die hermeneutische Evidenz (als Wahrheitskriterium) dem Erkenntnis-*Objekt* zuzuschreiben, impliziert für den Empiristen allerdings eine Art ontologisierende (Sinn-)Projektion. Nur auf dem Hintergrund einer solchen Projektion erscheint der intersubjektive Konsens (der Erkenntnis-Subjekte) dann — verständlicherweise — als Realisierung einer Nachprüfung, nicht mehr allein einer Nachvollziehbarkeit (vgl. Betti 1967, 174). Dabei wird von hermeneutischer Seite durchaus zugestanden, ja explizit propagiert, daß diese ‚Nachprüfung' von anderer Art ist als die in den Naturwissenschaften angewandte: und zwar bezieht sich das vor allem auf die Abgrenzung zum Erklären, das von der klassischen dualistischen Position in direkten Gegensatz zum Verstehen gebracht wird (vgl. o. Kap. II.). Es manifestiert sich hierin (noch einmal) die ausschließliche Konzentration der dualistischen Position auf die Sinnfrage; von Betti (o.c., 219) wird diese Ausschließlichkeit so ausgedrückt:

„Das zu verstehende Objekt kann weder unter einen abstrakten Begriff subsumiert, noch aus einer fremden Ursache abgeleitet werden: Die Reduktion auf ein Anderssein ist keineswegs geeignet, die Erkenntnis dieses Objekts zu vertiefen oder zu fördern."

Dagegen führt die empiristisch-analytische Position ins Feld, daß die Sinngebung eine Aktivität des Erkenntnis-Subjekts ist, die nicht in den Gegenstand hineinprojiziert werden darf, und daß zum anderen die Sinnfrage – einmal unterstellt, daß sie für bestimmte Einzelwissenschaften adäquat sei – auf jeden Fall die „Reduktion auf ein Anderssein" (d.h. das Erklären als Suche nach „fremden Ursachen") nicht ausschließen kann noch darf. Vielmehr ist eben gerade diese Perspektive des Erklärens als die zentrale, übergeordnete und umfassende für alle Einzelwissenschaften anzusetzen (worin sich wieder die monistische Position manifestiert).

Diese kurze Skizze der klassischen analytischen Verstehenskritik zeigt (noch einmal) die quasi automatisch einsetzende Dichotomisierung von Verstehen und Erklären; sie zeigt aber m.E. auch, daß die Dichotomisierung und damit die Gegenüberstellung auf *einer* Ebene zumindest partiell kurzschlüssig ist. Für die hier beabsichtigte differenzierte Analyse greifen diese Dichotomisierungen und d.h. bestimmte Aspekte der analytischen Verstehenskritik nicht. Entsprechend der im vorigen Kapitel (1.) entwickelten Rekonstruktion des Basissprachen-Problems geht es an dieser Stelle der Argumentation nicht um den Wert oder die Funktion des Verstehens im Hinblick auf Erklärungsansprüche, sondern dezidiert um seine Funktion im Bereich der Beschreibung. Und im Bereich der Beschreibung kann man, wie dargestellt, vor allem in bezug auf Handlungen als komplexe Ausgangseinheiten, sehr wohl vermuten oder sogar postulieren, daß der Gegenstand selbst ‚Sinn macht'. Damit ist allerdings zweierlei nicht impliziert: Zum ersten heißt das nicht, daß die Frage nach einem verstehenden Beschreiben von (komplexeren) Sinneinheiten als Gegenständen der Psychologie automatisch die Frage nach dem Erklären (als „Reduktion auf ein Anderssein") ausschließt; darüber soll hier noch gar nichts ausgesagt sein, das wird Aufgabe der späteren Analyse sein (Kap. 4. und 5.). Zum zweiten heißt das nicht, daß die ‚Evidenz' in den ‚Gegenstand' hineinverlegt werden soll, daß also quasi das ‚Wahrheitskriterium' als in dem Gegenstand liegend behauptet werden soll. Vielmehr ist festzuhalten, daß die Analyse des Basissprachen-Problems mit der Einbeziehung des ‚Verstehens' als Teilmenge des wissenschaftlichen Beschreibungsprozesses (oben Kap. 1.) ganz eindeutig die Zielidee einer dialogischen Hermeneutik erarbeitet hat; insoweit sich die klassische (analytische) Verstehenskritik auf Varianten eines Konzepts der monologischen Hermeneutik fokussiert und praktisch ausschließlich bezieht, müssen ihre Argumente für die dialogische Variante nicht unbedingt greifen, nicht unbedingt übertragbar sein. Die Argumente der analytischen Verstehenskritik in bezug auf die Erklärungsperspektive sind hier also (noch) nicht zu berücksichtigen, weil diese Perspektive nicht thematisch ist; die Argumente zur Beschreibungsperspektive dagegen sind zu berücksichtigen, allerdings unter Einbeziehung der Tatsache, daß nicht das kritisierte monologische Verstehen, sondern eine dialogische Hermeneutik die eigentliche Zielidee darstellt. Da sich die klassische Verstehenskritik wegen der Dichotomisierung von Verstehen und Erklären vor allem auf die Kritik des Verstehens unter Erklärungsperspektive konzentriert hat, kann man sagen, daß der größte Teil dieser Kritik für das an dieser Stelle thematische Problem des ‚verstehenden Beschreibens' nicht relevant wird.

Es geht also im folgenden primär darum, auf dem Hintergrund der bisher herausgearbeiteten konzeptuellen Explikationen und Unterscheidungen diejenigen Verstehensprozesse und -verfahrensweisen zu analysieren, die in der Psychologie in Abhängigkeit von den mehr oder minder komplexen Beschreibungs-Einheiten möglich und adäquat sind. Dazu unterscheide ich zunächst einmal drei paradigmatische Fallkategorien von Verstehensprozessen (und diesbezüglichen Verfahrensweisen), die ich entsprechend der bisherigen modalen Häufigkeit in der Psychologie darstelle, d.h. beginnend mit dem Fall der häufigsten, niedrigkomplexen Einheit und endend mit dem Fall der höchstkomplexen Einheit (und den darauf bezogenen Verstehensaspekten). Dies geschieht aus Gründen der Systematik der Darstellung und ist kein Abrücken von der in Kap. I. explizierten sinnvollen Sequenzstruktur unter Komplexitätsperspektive, wie sie für die konkrete, pragmatische Forschungsabfolge gelten soll. Vielmehr wird dieses Sequenzproblem als die zentrale konstruktive Perspektive einer gegenstands- und komplexitätsadäquaten Verstehensfrage anschließend auf der Grundlage der systematischen Fallunterscheidungen diskutiert werden. Als die drei paradigmatischen Fallkategorien setze ich an: implizites, unsystematisches (Alltags-)Verstehen (fundiert und fundierend enthalten in Beobachtung); explizites, systematisches monologisches Verstehen; explizites, systematisches dialogisches Verstehen.

2.2. Drei paradigmatische Klassen von Bedeutungsdimensionen und Verstehensprozessen bei psychologischen Beschreibungs-Einheiten

Der erste paradigmatische Fall ist derjenige, der dem spontan-naiv forschenden Wissenschaftler am wenigsten unter der Überschrift ‚Verstehensprozesse' plausibel erscheinen mag; zugleich hat aber die Diskussion des Beobachtungs- bzw. Basissprachen-Problems bereits auf diesen Fall vorbereitet. Es geht nämlich darum, daß auch solche Einheiten, die in der Psychologie in der Regel (und zu Recht) durch nichts weiter als (systematische oder unsystematische) Beobachtung festgestellt werden, ebenfalls etwas ‚bedeuten' und damit Verstehensprozesse implizieren. Es handelt sich bei diesen Verstehensprozessen um solche Kategorisierungs-, Inferenz- etc. Prozesse, wie sie schon von Popper für die Theoriehaltigkeit von Basissätzen (vgl. o. Kap. 1.) postuliert wurden. Die in solchen Kategorisierungsprozessen vorgenommene Bedeutungsfestlegung bleibt im praktischen Forschungsvollzug deswegen zumeist unterhalb der Bewußtheitsgrenze, weil sie automatisch vor sich geht unter Rückgriff auf die (z.T. auch von Popper erwähnten) alltäglichen Verstehensprozesse als kognitive Verarbeitungsmuster; und vor allem: weil diese alltäglichen Verstehensprozesse und damit Bedeutungsfestlegungen universell sind, d.h. von Erkenntnis-Subjekt und Erkenntnis-Objekt (Versuchsleiter und Versuchsperson) geteilt werden.

Die Tatsache, daß schon die alltägliche Wahrnehmung implizit Verstehens- und Interpretationsprozesse enthält, ist mittlerweile auch empirisch so gut und durchgängig bestätigt, daß sie heute als Allgemeingut in der Psychologie gelten kann (vgl. Neisser 1974; 1979). Das impliziert auch die (relative) Universalität der damit vorgenommenen Bedeutungsfestlegung, für die das oben angeführte Wahrnehmungsexperiment von Heider & Simmel (1944), in dem ein Film mit Bewegungen von geometrischen Figuren (großes Dreieck, kleines Dreieck, Kreis) gezeigt wurde, als Veranschaulichung dienen kann. Die darin beschriebene ‚phänomenale Kausalität' (des das kleine ‚jagenden' großen Dreiecks) impliziert auch Bedeutungsfestlegungen des Ausdruckserlebens wie ‚Mächtigkeit' des großen Dreiecks. Die implizierten Bedeutungsfestlegungen und Verstehensprozesse werden in diesem Beispiel so anschaulich deutlich, weil es sich gerade nicht um einen alltäglich erfahrenen Gegenstand handelt. Im Prinzip enthalten aber alle Beobachtungen, auch und gerade Verhaltensbeobachtungen, vergleichbare Kategorisierungen und damit Bedeutungsfestlegungen. Jedes auf Verhaltensbeobachtung ausgerichtete System konstituiert Einheiten unter Rückgriff auf die im alltäglichen Wahrnehmen, Interagieren, Kommunizieren etc. universell geteilten Bedeutungsdimensionen; das wird unmittelbar deutlich z.B. in den Benennungen der Kategorien von Beobachtungssystemen wie dem von Bales (1972; vgl. Abbildung 8), das als eines der frühesten und bekanntesten Beispiele für Beobachtungssysteme gelten kann.

Daraus läßt sich folgern: In dem Moment, wo es sich um *universelle* (von allen Beteiligten, Erkenntnis-Subjekt wie Erkenntnis-Objekt, geteilte) Bedeutungen handelt, bleibt das Problem der Bedeutungsfestlegung in der Regel unbemerkt; es kann und darf auch unbemerkt bleiben, weil es nicht durch spezifische, auf die Bedeutungsfestlegung ausgerichtete Verfahrensaspekte methodisch gesichert werden muß. Es reichen vielmehr die in der Beobachtung implizit vorhandenen unsystematischen (Alltags-)Verstehensprozesse zur Intersubjektivität der Bedeutungsfestlegung aus. Nach dem im Kap. II. zur Unterscheidung von ‚Verhalten' und ‚Handlung' Gesagten ist klar, daß dieser Fall vor allem bei der Verhaltensbeobachtung vorliegen dürfte. Das, worauf man sich mit dem Verhaltens-Begriff bezieht, ist natürlich nicht ‚rein' Beobachtbares (wie auch durch die Diskussion des Beobachtungssprachen-Problems deutlich geworden ist), sondern sind Einheiten mit universellen Bedeutungsaspekten, bei denen die Bedeutungsfestlegung durch implizite, allgemein geteilte Alltags-Verstehenspro-

1. **Zeigt Solidarität**
   verhilft anderen zu höherem Status, gewährt Hilfe und Ermunterung

2. **Trägt zur Spannungsmilderung bei**
   scherzt, lacht, zeigt Befriedigung

3. **Zeigt Übereinstimmung**
   akzeptiert, versteht, arbeitet zusammen, fügt sich ein

4. **Macht Vorschläge**
   gibt Anregungen, ohne Autonomie anderer anzutasten

5. **Gibt Meinungen kund**
   bewertet, analysiert, bringt Gefühle und Wünsche zum Ausdruck

6. **Vermittelt Orientierung**
   Information, Wiederholung, Bestärkung

7. **Verlangt nach Orientierung**
   Information, Wiederholung, Bestärkung

8. **Fragt nach Meinungen**
   Bewertungen, Analysen, Ausdruck von Gefühlen

9. **Sucht Anregungen**
   Vorschläge, Möglichkeiten des Vorgehens

10. **Stimmt nicht überein**
    zeigt passive Zurückweisung, Formalismus, verweigert Hilfe

11. **Zeigt Spannung**
    verlangt nach Hilfe, geht aus dem Feld

12. **Opponiert**
    sucht andere in ihrem Status herabzuziehen, setzt sich durch und verteidigt vor allem sich selbst

Abb. 8: Die Bales-Kategorien als Beispiel impliziter Bedeutungsfestlegung durch Beobachtung bei universellen Bedeutungsdimensionen der Beschreibungs-Einheiten (nach Bales 1972)

zesse erfolgt. Einheiten mit solchen universellen Bedeutungen sind vor allem niedrigkomplexe Einheiten; je höher der Komplexitätsgrad der Ausgangseinheiten wird, desto unsicherer wird die Festlegung, ob in der Tat universelle Bedeutungen vorliegen (können), für die ein implizites Alltagsverstehen als Intersubjektivität (zwischen Erkenntnis-Subjekt und Erkenntnis-Objekt) ausreicht.
Für den Fall, daß solches Alltagsverstehen nicht zur Intersubjektivitätssicherung ausreicht, müssen dann folgerichtig die Verstehensprozesse systematisch explizit gemacht werden, um auf diese Art und Weise zu einer angemessenen Bedeutungsfestlegung zu gelangen. Das ist es, was im Bereich der Beschreibung das monologische Verstehen als ein (intersubjektiver) Konsens zwischen den Erkenntnis-Subjekten zu leisten versucht. Als paradigmatisches Beispiel für diese Kategorie von höher komplexen Einheiten wird im Bereich der Sozialwissenschaften z.B. menschliche Textproduktion angesehen, d.h. das Generieren von sprachlichen (Bedeutungs-)Einheiten, die zugleich einen größeren Umfang und eine (semantische) Binnenkohärenz aufweisen (vgl. die Textdefinition in Kap. I.). Das klassische Verfahren einer auf diese Einheit(en) ausgerichteten Explizierung und Systematisierung der Verstehensprozesse im Sinne einer monologischen Hermeneutik ist die Inhaltanalyse. Durch sie wird festgelegt, was

in einem kommunikationsorientierten Text unter bestimmten theoretischen Frageperspektiven als ‚Bedeutung' manifest wird bzw. ist. Dem Modell der expliziten, systematischen monologischen Hermeneutik entspricht die Methode der Inhaltsanalyse deshalb relativ vollkommen, weil durch den bei ihr zentralen Prozeß der Kategorienbildung und Einkategorisierung von Texteinheiten eben jener systematische Konsens zwischen den Erkenntnis-Subjekten hergestellt wird, der nach der oben eingeführten Explikation für monologisches Verstehen konstitutiv ist (in der inhaltsanalytischen Methodik manifestiert durch Übereinstimmungskoeffizienten der Kodierer). Dabei wird die Komplexbildung z.T. explizit durch die Zusammenfassung bzw. Subsumierung einzelner Textteile zu bzw. unter die explizierten (Bedeutungs-)Kategorien realisiert. Dadurch wird deutlich, daß es sich bei den hier thematischen Einheiten nicht um immer wieder vorkommende, ‚natürliche' Einheiten mit universeller Bedeutung handelt wie im vorhergehenden Fall; gleichwohl sind die Bedeutungen – soweit es sich um kommunikationsorientierte und nicht literarische Texte handelt (vgl. Groeben 1980, 86ff.) – durchaus als so eindeutig und situationsübergreifend intendiert sowie realisiert, daß sie *universalisierbar* sind. Systematische, monologische Hermeneutik ist also angebracht bei Einheiten mit universalisierbaren Bedeutungen, bei denen begründet angenommen werden kann, daß über den Konsens der Erkenntnis-Subjekte die vom Erkenntnis-Objekt intendierte Bedeutung repräsentiert bzw. konstituiert werden kann. Dies hat dann den pragmatischen Vorteil, daß auch Zeichenaggregate von nicht verfügbaren Autoren untersucht werden können bzw. bei verfügbaren Autoren die Arbeitsbelastung der intersubjektiven Bedeutungsfestlegung dem Erkenntnis-Subjekt und nicht dem Erkenntnis-Objekt aufgebürdet werden muß (Abbildung 9 bietet zur Veranschaulichung einen komprimierten Überblick über die Prozeßstruktur der Inhaltsanalyse als Verfahren einer monologischen Hermeneutik):

Das folgende Schema gibt auf der linken Seite eine (verkürzte) Abfolge der Prozeßstruktur der Contentanalyse (nach Wersig 1968) wieder, auf der rechten Seite sind (so weit nötig) Beispiele für die einzelnen methodischen Operationen angegeben.

1. Theoretische Vorarbeit

a. Erarbeitung von Hypothesen   z.B. Die derzeit herrschende S-F-Literatur zeigt ein vorurteilsbehaftetes Frauenbild

b. Definition der Variablen   z.B. Definition ‚vorurteilsbehaftet': implizite ideologische Persönlichkeitstheorie über die Frau

2. Operationalisierung

a. Operationalisierung der Variablen   z.B. die heute zur Frauenbeschreibung verwendeten Eigenschaften und deren (vermuteter) Zusammenhang

b. Festlegung der Kategorien   z.B. Aussehen
Intelligenz
berufliche Stellung
gesellschaftliche Stellung

c.	Operationalisierung der Kategorien	z.B. derzeitiges Schönheitsideal/verändertes Schönheitsideal Aussehen: attraktiv/nicht attraktiv/häßlich Intelligenz: über-/durchschnittlich/unter-
d.	Anpassung der Kategorien an die gegebene empirische Situation	z.B. Intelligenz über Beruf definieren; ‚Beruf' also weglassen, (‚Häufigkeit von Frauengestalten' aufnehmen) (männliche Partner: ja – nein)

3. Vorbereitung der Datenerhebung

a. Definition der inhaltsanalytischen Einheiten — z.B. eine Seite; ein Abschnitt; eine Geschichte; ein Heft; ein Heftzyklus

b. Erarbeitung eines Auswertungsbogens

c. Erarbeitung von Auswertungsanweisungen

4. Sampling

a. Auswahl der zu untersuchenden Medien — z.B. Bücher/Hefte oder Fernsehfilme (Time Tunnel; Enterprise etc.)

b. Auswahl des zu untersuchenden Zeitintervalls — ‚derzeit': z.B. 1965-1985

c. Auswahl der zu untersuchenden konkreten Kommunikation — ‚herrschend': z.B. quantitativ: Heftreihen Perry Rhodan; Terra(-/Nova/Astra); Atlan etc.

5. Vortest

6. Datenerhebung

7. Auswertung der erhobenen Daten

a. Frequenzanalyse — z.B. absolute Häufigkeit v. Frauengestalten; relative Häufigkeit v. Frauengestalten; relative Häufigkeit v. ‚Intelligenz'; relative Häufigkeit v. ‚Attraktivität'

b. Kontingenzanalyse — z.B. intell. & attrakt. intell. & häßlich
ohne Partner 15%   100%
mit Partner   85%   0%

c. Valenzanalyse etc.

8. Interpretation der erhobenen Daten

9. Auswertung der gesamten Untersuchung

Abb. 9: Inhaltsanalyse als paradigmatische Struktur einer systematischen, monologischen Hermeneutik (nach Groeben 1980, 83f.)

In dem Moment, wo die Bedeutung der thematischen Einheiten nicht mehr so situationsübergreifend intendiert und konstituiert ist, daß sie (praktisch über den Konsens von Rezipienten) universalisierbar ist, wird die dialogische Hermeneutik notwendig. Wie in den vorhergehenden Kapiteln mehrfach thematisiert, ist als paradigmatischer Fall der einer solchen dialogischen Hermeneutik zugrundeliegenden Gegenstandseinheit die ‚Handlung' anzusehen. Entsprechend den vorgenommenen Explikationen ist die (intentionale) Bedeutung hier so situations-, personen- etc. bezogen, daß man nicht davon ausgehen kann, eine intersubjektive Bedeutungsfestlegung sei vollständig ‚von außen', d.h. vom Rezipienten oder Beobachter aus, möglich. Vielmehr ist hier der Rückgriff auf die sinngebende Instanz, nämlich den Akteur, sinnvoll und notwendig; d.h. es handelt sich bei Handlungen um Einheiten mit im Einzelfall, d.h. dem konkreten Situations-, Person- etc. Bezug, nicht-universeller bzw. nicht von außen universalisierbarer Bedeutung. Gleichwohl ist die Bedeutung *kommunizierbar* und durch eine solche Kommunikation zwischen Erkenntnis-Subjekt und Erkenntnis-Objekt *intersubjektivierbar*. Auf die Struktur und Verfahrensweisen zur Realisierung solcher dialogischen Intersubjektivität wird später im Laufe des Kapitels noch differenzierter einzugehen sein (vgl. auch Exkurs Zwei). Diese dialogische Konzeption von Intersubjektivität als Übereinstimmung nicht nur zwischen den Erkenntnis-Subjekten, sondern auch zwischen Erkenntnis-Subjekt und Erkenntnis-Objekt entspricht am vollständigsten der Ideal- bzw. Zielvorstellung, die sich als Fazit der Analyse des Basissprachen-Problems im letzten Kapitel ergeben hat: nämlich von der aktiven Sprachproduktion des Menschen (als Gegenstand der Psychologie) auszugehen und diese natürliche (Alltags-)Sprache durch kommunikative Intersubjektivierung in die wissenschaftliche Basissprach-Ebene zu überführen. Daß die dabei angesetzten Bedeutungsaspekte der Einheit ‚Handlung' qua Intentionen etc. so situations-, ziel- und personenspezifisch sind, daß sie nicht als universelle oder ‚von außen' universalisierbare Bedeutungsdimensionen verstehbar, sondern primär durch Rekurs auf die individuelle Bedeutungssetzung des Handelnden kommunizierbar sind, entspricht dem mit dem Handlungs-Begriff verbundenen Bild vom autonomen, sprach-, reflexions- und rationalitätsfähigen Menschen.

Die explizierten drei paradigmatischen Klassen von Beschreibungs-Einheiten sind also – auf höchstem Abstraktionsniveau – konzipiert als Manifestationen sowohl von Gegenstands- als auch Methodikaspekten. Die unterschiedenen Kategorien von (universellen, universalisierbaren, kommunizierbaren) Bedeutungsdimensionen repräsentieren den Gegenstandspol, die zugeordneten Zugangsweisen des (impliziten, monologischen, dialogischen) Verstehens den Methodikpol; entsprechend der Thematik dieses Kapitels geht die Konzipierung der Einheiten primär von dem Methodikpol aus, möglichst jedoch ohne dabei die Gegenstandsimplikationen zu vernachlässigen. Unter dieser Voraussetzung hängt die Brauchbarkeit der vorgenommenen Kategoriendifferenzierung vor allem auch davon ab, ob es auch auf diesem hohen Abstraktionsniveau berechtigt und notwendig ist, hinsichtlich der Verstehensproblematik mindestens drei methodische Zugangsweisen zu unterscheiden. Dies ist ein Problem, das wegen der bisherigen Vernachlässigung der Verstehensperspektive der Psychologie keinesfalls zureichend analysiert ist. Immerhin unterscheidet auch Aschenbach (1984, 79) bei seiner Analyse von Verstehen und Erklären in der Psychologie als grundlegende methodische Zugangsweisen: „Beobachtung, Fremddeutung und Dialog". Die Deckungsgleichheit mit der hier vorgenommenen Unterscheidung von implizitem, monologischem und dialogischem Verstehen ist unmittelbar deutlich. Weitere Argumente dafür, daß auch unter Befolgung des Sparsamkeitsprinzips mindestens diese drei Bedeutungs- und Verstehenskategorien zu unterscheiden sind, werden in den folgenden konkreteren Analysen erarbeitet werden.

2.3. Der Übergang von bedeutungshaltigeren zu weniger bedeutungshaltigen Einheiten: Rechtfertigungsnotwendigkeit und -möglichkeiten

Auf der bisher gewählten höchsten Abstraktionsebene aber ist zuvor noch zu thematisieren, daß die bisherige Darstellung der drei paradigmatischen Klassen von (psychologischen) Beschreibungs-Einheiten zwar die Komplexitätsunterschiede dieser Einheiten abbildet, jedoch nicht in der unter dem Aspekt der optimalen Komplexitätssequenz sinnvollen Reihenfolge (s.o. I.6.). Zumindest partiell manifestiert sich auch darin wieder die auf den Kopf gestellte Problemlösestruktur der psychologischen Forschung; denn eindeutig am häufigsten werden bisher Einheiten mit universeller Bedeutung unterstellt, konstituiert und untersucht, sehr viel weniger schon Einheiten mit universalisierbarer Bedeutung. So betonen z.B. Lisch & Kriz (1978, 29ff.), daß Fragestellungen und Forschungsansätzen, die ein solches (monologisch-hermeneutisches) Instrumentarium wie die Inhaltsanalyse erfordern, in einer auf Kommunikationsprozesse ausgerichteten empirischen Sozialforschung sehr viel größere Bedeutung als bisher zukommen sollte. Daß dies bislang zu wenig der Fall ist, dürfte nach dem bereits Rekonstruierten vor allem auch daran liegen, daß Einheiten mit universalisierbaren Bedeutungen eben bereits solche sind, die relativ autonom-spontan vom Erkenntnis-Objekt generiert werden (können) und damit für eine naturwissenschaftlich-monistische Forschungskonzeption mit der Zentralidee experimenteller Geltungsprüfung Schwierigkeiten bereiten (vgl. dazu genauer unten Exkurs Drei). Aus dem gleichen Grund sind natürlich Einheiten mit nur kommunizierbarer Bedeutung (gleich individuellem Situations-, Personbezug etc.) – im Vergleich zu Einheiten mit universalisierbaren Bedeutungen – noch einmal sehr viel weniger erforscht. Daran wird (noch einmal) deutlich, daß psychologische Forschung *bisher* auf jeden Fall *nicht* bei den hochkomplexen, spontan-autonom generierten Einheiten mit (lediglich) kommunizierbarer Bedeutung beginnt – und dementsprechend auch nicht nur bei Mißerfolg einer so begonnenen Forschungsanstrengung auf die von der Komplexität her darunter liegenden Einheiten übergeht (vgl. das in Kap. I. thematisierte ‚traditionelle' atomistische Denken). Genau dies ist aber das

Sequenzproblem, das sich sowohl aus der Prämisse der optimalen Komplexitätsreihenfolge als auch der des Gegenstands(vor)verständnisses (des reflexions-, rationalitäts- und handlungsfähigen Menschen) ergibt.

Nach den eingangs ausführlich begründeten Prämissen müßte die Psychologie, auch und gerade wegen der Kommunikationsfähigkeit ihres Erkenntnis-Objekts, von hochkomplexen (Handlungs-)Einheiten mit kommunizierbarer Bedeutung und d.h. von einer dialogischen Hermeneutik ausgehen (und erst im Mißerfolgsfall auf darunter liegende Einheiten mit monologischer Hermeneutik oder nur impliziten Verstehensprozessen übergehen); denn nur auf diese Weise ist das Gegenstandsvorverständnis eines potentiell rationalen, autonomen, handelnden Subjekts in eine adäquate Methodik- und Forschungsstruktur übersetzbar. Auf dem Hintergrund dieser ‚Übersetzung' wird dann deutlich, was in bezug auf die Einheiten-Kategorien unter der Verstehensperspektive das zentrale methodologische Problem ist: nämlich die fehlenden oder falschen Übergänge zwischen diesen Kategorien. Denn stellt man die Komplexitätsstruktur vom Kopf auf die Füße, so fügt man ja bei der höher komplexen Kategorie im Vergleich zur niedriger komplexen nicht einfach etwas ‚hinzu' — wofür man kaum eine ausführlichere Rechtfertigung verlangen würde. Es ist vielmehr so, daß man beim Einsetzen auf niedriger Komplexitätsebene im Vergleich zur höher komplexen sozusagen etwas ‚wegnimmt', wofür man in bezug auf das (ideale) Gegenstands-(vor)verständnis sehr wohl eine Legitimation verlangen kann und sollte. Daraus resultieren im Prinzip zwei wichtige methodologische Rechtfertigungsfälle; einmal ist ein monologisches Verstehen als Unterschreiten einer dialogischen Hermeneutik zu rechtfertigen, zum anderen ein nur in Beobachtung impliziertes Verstehen als Unterschreiten monologischer Hermeneutik.

In der heutigen Forschungslandschaft der Psychologie dürfte der zweite Rechtfertigungsfall das größere *quantitative* Gewicht haben; allerdings impliziert auch er bereits ein erhebliches Reformpotential im Vergleich zu modalen experimentellen Untersuchungsstrukturen. Das liegt daran, daß es von der durchschnittlichen experimentellen Versuchsstruktur bis zum Fall des monologischen Verstehens doch ein relativ weiter Weg ist mit einigen Zwischenschritten, die nicht nur das Merkmal der Bedeutung bzw. Bedeutungsfestlegung der Einheiten tangieren. Das klassische experimentelle Vorgehen besteht darin, daß in der Regel unabhängige Variablen (UVn) variiert und sowohl deren Veränderung als auch die Veränderung auf seiten der abhängigen Variablen (AVn) beobachtet werden; dabei wird implizit vom Fall der universellen Bedeutung ausgegangen, die sich in dem naiven Verstehen, das in der Beobachtung impliziert ist, niederschlägt.

Ist man sich dieser Universalität der Bedeutungsdimension nicht völlig sicher, so kann man als Überprüfung zu erheben versuchen, wie die Versuchspersonen die vom Versuchsleiter variierte Umwelt erleben, kognitiv verarbeiten etc. (sog. treatment check); es entsteht dann allerdings das Problem (wie schon im Eingangsbeispiel des Kap. I. skizziert), was man mit Versuchspersonen macht,

die eine andere als die vom Versuchsleiter als universell unterstellte Bedeutung realisieren. Bei Aufrechterhaltung des experimentellen Ansatzes bleibt nichts anderes übrig, als diese Versuchspersonen wegen der Nicht-Realisation der unabhängigen Variablen aus dem Versuch auszuschließen (wie es etwa bei den ursprünglichen Experimenten des ‚verbal conditioning‘ mit denjenigen Versuchspersonen geschah, die in der postexperimentellen Befragung ‚awareness‘ zeigten; s. Greenspoon 1955; Krasner 1958; vgl. auch − kritisch − Holzkamp 1972a; Groeben & Scheele 1977, 16ff.; s.u. ausführlich: 4.2.). Unter der Zielidee des autonomen, kognitiv-konstruktiven menschlichen Subjekts ist diese Strategie der Ausschließung abweichender Bedeutungskonstitutionen jedoch nicht sinnvoll, sondern eher kontraindiziert. Dieser Zielidee würde schon näherkommen, wenn man die Bedeutungserhebung bei den Versuchspersonen dazu nutzen würde, in Abhängigkeit von den Ergebnissen solch einer Erhebung Versuchspersonen bestimmten Kategorien von Bedeutungskonstitutionen zuzuordnen und diese Kategorien gegebenenfalls als Realisationen einer UV-Variation anzusetzen. Damit aber ist der Übergang vom experimentellen zum quasi-experimentellen Ansatz vollzogen, da hier nur mehr die ‚natürliche Variation‘ (Holzkamp 1964) ausgenutzt wird, die keine künstliche Manipulation der unabhängigen Variablen darstellt (vgl. im einzelnen Exkurs Drei). In solchen quasi-experimentellen Versuchsanordnungen können natürlich die ‚Variablen‘ dann entsprechend komplexer sein, weswegen diese Anordnungen bisher auch häufig in der anwendungsorientierten (z.B. pädagogisch-psychologischen) Forschung konzipiert und eingesetzt werden (vgl. Campbell & Stanley 1963; dt. Schwarz 1970). Die Erhebung der Bedeutungskonstituierung − beziehe sie sich nun auf Umweltreize, internale Ereignisse, Kommunikationsprozesse oder was auch immer − bildet die kognitiv-konstruktive Aktivität und (relative) Autonomie des menschlichen Subjekts grundsätzlich ab; die Bedeutungserhebung selbst allerdings kann dann wiederum in unterschiedlichem Ausmaß dem Erkenntnis-Objekt Freiheitsräume zugestehen. Die klassische Variante ist auch hier die Vorgabe von Bedeutungsmöglichkeiten, z.B. durch Rating- oder andere Urteilsverfahren; eine mehr auf die kognitive Aktivität und Reflexivität des menschlichen Subjekts eingestellte Möglichkeit wäre die freie Sprachproduktion des Erkenntnis-Objekts zur Abbildung dessen, was es an (rezeptiver oder kommunikativer) Bedeutung konstituiert. In diesem Fall ist dann (zumindest) eine monologische Hermeneutik, z.B. in der oben skizzierten Anwendung des Instruments der Inhaltsanalyse, erforderlich.
Damit ist deutlich, daß die Rechtfertigung des Unterschreitens von monologischer Hermeneutik zumindest zwei Begründungsaspekte thematisieren muß. Zum einen muß wahrscheinlich gemacht werden, daß die Bedeutung der erhobenen bzw. zu erhebenden Einheiten universell sind und daher durch (alltägliche) implizite Verstehensprozesse innerhalb der Beobachtung von seiten des Erkenntnis-Subjekts mit dem gleichen Resultat abgebildet werden wie durch die Bedeutungserhebung beim Erkenntnis-Objekt; zum zweiten muß gerechtfertigt werden, daß (ebenfalls wieder ohne Veränderung des resultieren-

den Ergebnisses) dem Erkenntnis-Objekt bei einem ‚treatment check' eine Sprachvorgabe (z.B. durch Rating-Systeme etc.) im Kontrast zu freier Verbalisierung gegeben werden darf, bzw. sogar, daß der Rückgriff auf natürliche Variation und die Manipulation der unabhängigen Variable(n) in bezug auf die vom Erkenntnis-Objekt konstituierte Bedeutung zu vergleichbaren Ergebnissen führt. Ganz im Gegensatz zur klassischen (monistischen) Experimentalmethodologie kommt die Analyse der Bedeutungsfestlegung von psychologischen Untersuchungseinheiten unter der Perspektive der Gegenstandsangemessenheit also zu der Forderung, daß die Unterstellung universeller, in Beobachtung manifester Bedeutungsdimensionen sowie die Sprachvorgabe bei der möglichen Bedeutungserhebung auf seiten des Erkenntnis-Objekts wie auch vor allem die künstliche Manipulation von Variablen spezifisch zu rechtfertigen sind.

Sicherlich gibt es einige Gebiete der Psychologie, wie z.B. die Wahrnehmungspsychologie (aber vermutlich auch nicht ganz), die Gedächtnispsychologie (mit Sicherheit nicht ganz, s. das ausführlich skizzierte Beispiel im Kap. I.) etc., in denen man nicht nur gemäß dem Gegenstandsvorverständnis, sondern auch nach den bisher vorliegenden empirischen Untersuchungen davon ausgehen darf, daß bei für diese Gegenstandsteilbereiche konstitutiven Einheiten die Beobachtung innerhalb eines experimentellen Ansatzes, die Bedeutungserhebung mittels Sprachvorgabe innerhalb eines quasi-experimentellen Ansatzes und die Bedeutungserhebung aufgrund von freier Sprachproduktion mit anschließender monologischer Verstehens-Intersubjektivierung zu vergleichbaren Ergebnissen führen – und also unter dem Ökonomieprinzip das Unterschreiten der monologischen Verstehensmethodik in Richtung von nur impliziter, innerhalb der Beobachtung ablaufenden Bedeutungsfestlegung legitim oder sogar geboten ist. Weil die bisherige Psychologie (und vor allem die Methodologie der Psychologie) solche Rechtfertigungsfragen aber wegen der Vernachlässigung des Problems der Gegenstandsadäquanz nicht gestellt hat, bleibt unklar (wie schon im Beispiel des Eingangskapitels herausgearbeitet), für welche Teilbereiche der Psychologie, für welche Einheitentypen oder -inhalte etc. in der Tat von einer solchen Äquivalenz von Beobachtung und (monologisch) verstehenskontrollierter Bedeutungsfestlegung ausgegangen werden kann. Im Prinzip können hier nur empirische Untersuchungen auf dem Hintergrund eines entsprechenden Problembewußtseins und der Bereitschaft, solche Legitimationsfragen als wichtige Probleme der Psychologie anzuerkennen, weiterhelfen. Eine solche Taxonomie von Domänen-Programmen (Herrmann 1976) unter dieser Perspektive wäre m.E. eine lohnende Aufgabe für eine (wirklich) auf den Gegenstand der Psychologie ausgerichtete und sich einstellende Methodenlehre.

So sehr dieser (zweite) Rechtfertigungsfall in der gegenwärtigen Forschungssituation auch *quantitativ* gewichtig sein mag, das *konzeptuell* größere Gewicht kommt sicher dem ersten Legitimationsproblem, nämlich der Unterschreitung einer dialogischen Hermeneutik durch monologische Verstehensmethodik, zu. Denn dieser (erste) Rechtfertigungsfall thematisiert mehr den (idealen) Einsatzpunkt psychologischer Forschung, der sowohl unter der Zielidee einer adäquaten Komplexitätssequenz als auch eines angemessenen Gegenstandsbezugs (soweit möglich) der eigentliche Ausgangspunkt der Forschungsbemühungen sein sollte. Diese Problemanalyse müßte sich also als sehr viel aussagekräftiger für die konstruktive Perspektive erweisen, d.h. für die Funktion, die hier dem (dialogischen) Verstehen im Bereich hochkomplexer Ausgangseinheiten der Psychologie zugeschrieben werden soll. Die grundsätzliche Struktur dieses Rechtfertigungsproblems ergibt sich aus der Relation der oben unterschiedenen Bedeutungsimplikationen. Die Ersetzung eines dialogischen Verstehens (zwischen Erkenntnis-Subjekt und Erkenntnis-Objekt) durch ein monologisches (allein zwischen Erkenntnis-Subjekten) ist zum einen unter Ökonomiegesichtspunkten legitimierbar; zum anderen ist es auch dann gerechtfertigt bzw. sogar notwendig, wenn universalisierbare Bedeutungen bzw. Bedeutungsteilmengen vorliegen, die zugleich nicht kommunizierbar sind. Dies ist etwa der Fall, wenn Handlungen außer einer dem Handelnden bewußten intentionalen Bedeutung noch weitere (intentionale oder nicht-intentionale) Bedeutungsdimensionen besitzen, die dem Handelnden selbst nicht zugänglich sind, die er selbst nicht ‚versteht‘, zumindest nicht als Aspekte seines eigenen Handelns versteht und daher auch nicht als solche kommunikativ (mit)feststellen kann. Es handelt sich also um Bedeutungsteilmengen, die in dem einen oder anderen Sinn als nicht-bewußt und damit als latent — auch und gerade im Sinn des unter der Bewußtseinsschwelle für den Handelnden liegend — anzusetzen sind. Intersubjektive Verstehensprozesse (im Konsens von Forschern qua Erkenntnis-Subjekten), die sich auf solche latenten, dem bewußt Handelnden nicht oder nicht vollständig zugänglichen Bedeutungs- oder Sinnstrukturen beziehen, will ich, weil das Konzept solcher (nicht-bewußten) ‚Latenz‘ tiefenpsychologischer Provenienz entstammt, im folgenden ‚monologische Tiefen-Hermeneutik‘ nennen.

Psychoanalytiker mögen an dieser Stelle u.U. gegen eine derartige (implizite) Klassifizierung der Psychoanalyse als ‚monologisch-hermeneutisch‘ protestieren; und zwar mit dem Hinweis, daß die psychoanalytische Wahrheit gerade vom Einverständnis des Analysanden abhängt und damit ‚dialogisch‘ ist. Dazu ist zu sagen, daß die dialogische Rekonstruktion der psychoanalytischen Methodik (durch die Frankfurter Schule) in der Tat auch das Paradigma der Dialog-Hermeneutik abgibt (s.u. Kap. 2.7.); das ändert aber nichts daran, daß die Psychoanalyse ebenfalls den Ursprung der monologisch-tiefenhermeneutischen Methodik darstellt.

In der vorliegenden Methoden- und Theorienlandschaft ist eine solche monologische Tiefenhermeneutik zumeist mit einem ideologiekritischen Anspruch verbunden (vgl. unten das Beispiel der sog. ‚objektiven Hermeneutik‘ nach Oevermann). Die damit vorliegende Binnenstrukturierung des monologischen Verstehens hat sich schon bei der Explikation der Inhaltsanalyse als dafür paradigmatischem Methodenansatz angedeutet, nämlich in der Unterscheidung von manifesten vs. latenten Bedeutungsdimensionen, auf die sich das jeweilige inhaltsanalytische System beziehen kann. Diese Binnenstruktur läßt sich jetzt vom Verhältnis zu den beiden übrigen Verstehens-Kategorien her präzisieren und rekonstruieren: In Relation zum nur impliziten, in der Beobachtung enthaltenen (Alltags-)Verstehen handelt es sich bei der expliziten, systematischen monologischen Hermeneutik um ein Verstehen relativ direkt manifester Bedeutungsteilmengen bzw. -dimensionen. In Relation zum dialogischen Verstehen ist eine systematische monologische Hermeneutik nur als eine auf latente Bedeutungs- oder Sinnstrukturen ausgerichtete ‚Tiefen-Hermeneutik' zu legitimieren. Wenn man es wieder im handlungstheoretischen Sprachspiel ausdrücken will, so kann man (mit Cranach et al. 1980, 82) zwei Ebenen von Handlungssteuerung unterscheiden: einmal die (bewußte) kognitive Steuerung und zum anderen die ‚unterbewußte' Steuerung.

Es ist zunächst an dieser Stelle nicht primär relevant, ob man ein solches ‚Handeln' mit ‚unterbewußter' Steuerung dann nicht besser anders benennen sollte (vgl. dazu u. Kap. 2.5.).

Deutlich wird durch diese Unterscheidung auf jeden Fall, daß sich ein dialogisches Verstehen als Forschungsmethode (d.h. außerhalb therapeutischer Kontexte) immer nur auf die Ebene der (bewußt) steuernden Kognitionen, Volitionen etc. beziehen kann. Das Rechtfertigungsproblem für eine tiefenhermeneutische Methodik besteht darin, wahrscheinlich zu machen, daß in bestimmten Fällen, Situationen etc. außer der Ebene der bewußt-steuernden Kognitionen noch relevante, zur adäquaten Beschreibung der thematischen (z.B. Handlungs-)Einheit(en) nicht-bewußte Steuerungsphänomene vorliegen. Auch dies kann, wie schon beim vorher behandelten Rechtfertigungsproblem, natürlich nicht generell und grundsätzlich geschehen, sondern bedarf der argumentativen Begründung im Einzelfall einschließlich empirisch-methodologischer Analysen (s. dazu genauer u. Kap. 3. bis 5.).
Gerade das aber wird von manchen Vertretern einer dualistischen Wissenschaftsauffassung nicht akzeptiert bzw. anders unterstellt. Von ihnen wird zwar das Verstehen als Methode zur beschreibenden Erhebung der (Ausgangs-)Einheiten der Sozialwissenschaften propagiert, aber zugleich auf die Methode der monologischen (Tiefen-)Hermeneutik beschränkt; damit ist dann auch die absolute Konzentration auf die (ideologiekritische) Elaboration der latenten Sinn-/Bedeutungsstrukturen (einschließlich der Elimination oder zumindest Mindergewichtung von Erklärungsperspektiven) verbunden. Diese ausschließlich auf monologische Hermeneutik konzentrierte Variante der Einbeziehung von Verstehen als Methode (bei der Beschreibung von Gegenstandseinheiten der Sozialwissenschaften) ist allerdings nach den bisher erarbeiteten Prämissen als eine (gegenstands-)reduktionistische Form der Etablierung des Verstehens qua Erkenntnismethode (wohlgemerkt: im Bereich der Beschreibung) anzusehen. Der gegenstandsverfehlende Reduktionismus besteht dabei vor allem darin, daß hier der Fall der auch oder primär relevanten nicht-bewußten Steuerung von Handlungen nicht als eine im Einzelfall nachzuweisende Abweichung vom primär bewußt gesteuerten Handeln aufgefaßt wird, sondern als der einzig interessierende, immer und praktisch ausschließlich zu unterstellende Standard-

fall, aus dem heraus generell und grundsätzlich die Legitimation für monologische Tiefen-Hermeneutik als einziger Manifestation einer Verstehens-Methodik abzuleiten ist. Die positive Zielidee einer dialogischen Hermeneutik soll daher im folgenden von beiden Seiten aus erarbeitet werden: zunächst durch die Kritik der (ausschließlichen) monologischen Tiefen-Hermeneutik, in der die These des gegenstandsverfehlenden Reduktionismus näher begründet werden soll; anschließend daran werde ich versuchen, konstruktiv die Idee des Dialog-Konsens als Wahrheitskriterium einer dialogischen Hermeneutik zu explizieren und mit Beispielen einer auf dieses Wahrheitskriterium ausgerichteten dialogischen Verstehens-Methodik zu verdeutlichen.

Dabei ist zur Vermeidung von Mißverständnissen festzuhalten, daß diese Analyse des Verhältnisses von monologischer und dialogischer Hermeneutik in erster Linie ein Struktur-, nicht ein Prozeßmodell anzielt. Wenn in diesem Zusammenhang der ‚Übergang' von der einen auf die andere Verstehens-Methode (und entsprechend von einer Einheiten-Kategorie auf eine andere) behandelt wird, ist damit ein struktureller Übergang, nicht ein konkreter prozessualer Forschungsablauf gemeint; die prozessuale Realisierung eines solchen strukturellen Übergangs ist z.B. durchaus mit Rückkoppelungsschleifen denkbar (auf die aber erst später, nach Ausarbeitung und Begründung des Strukturmodells, eingegangen werden kann: vgl. Kap. III./5.). Außerdem ist von vornherein zuzugestehen, daß eine derartige strukturelle Analyse eine gewisse Idealisierung qua Konzentration auf möglichst ‚reine' Fälle enthält; es mag komplizierte(re) Zwischenformen von Beschreibungs-Einheiten der Psychologie geben, für die auch Kombinationen von verschiedenen Verstehens-Zugangsweisen denkbar sind. Aber deren Thematisierung würde vor der Ausarbeitung des intendierten Strukturmodells m.E. eher verwirrend als verdeutlichend wirken.

2.4. *Kritik der (ubiquitären) Tiefen-Hermeneutik*

Die nach meiner Einschätzung bekannteste und am weitesten ausgearbeitete Variante einer monologischen Tiefen-Hermeneutik ist die sog. ‚objektive' Hermeneutik nach Oevermann et al. (1979; vgl. auch den Übersichtsartikel von Schneider 1985). Daß dieses Konzept der ‚objektiven' Hermeneutik dem entspricht, was ich oben als monologische Tiefen-Hermeneutik eingeführt habe, wird deutlich dadurch, daß Oevermann et al. selbst von der „Realität latenter Sinnstrukturen eines Textes" sprechen, „die unabhängig von ihrer jeweiligen psychischen Repräsentanz auf seiten der Textproduzenten und Textrezipienten rekonstruierbar sind" (1979, 367). Um die Monologizität und den daraus resultierenden (potentiellen) Reduktionismus dieser Tiefen-Hermeneutik nachzuweisen, ist es notwendig, auf das Beispiel einer „Rekonstruktion des latenten Sinns einer Interaktionssequenz", wie es Oevermann et al. selbst geben (o.c., 354f.), konkreter einzugehen.

Oevermann et al. führen als Beispiel u.a. folgende Szene an:

„47 K[6] 7: danke ebenfalls, 'n guten Appetit
            (affektiert, nachahmend)
48 M 16: mehm

49	V	10:	Mampf, mampf
50	K1	8:	Guten Appetit, Frau Schütze (affektiert)
51	B2	7:	Guten Appetit, Paul (Tonfall nachahmend)
52	K1	9:	Danke ebenfalls, danke gleichfalls (affektiert)
53	V	11:	oder M 16: pschscht!
54	B1	6:	hahaha, mhm, die schmecken ja gut
55	M	17:	Komm, eß, bitte
56	K1	10:	Danke ebengleichfalls (affektiert)
57	M	18:	habe den ganzen Tag schon Appetit drauf gehabt
58	B1	7:	Bitte?
59	M	19:	ich hab' den ganzen Tag schon Appetit drauf gehabt (lachend)
60	B2	8:	lacht
61	V	12:	na, die kann se ganz gut
62	B1	8:	nea, die sind, schmecken wirklich sehr gut
62a	V	12a:	ja, ja, gleichzeitig mit 62 B1 8
62	B1	8:	Mir geht's manchmal so, da hat man Zeiten, da hat man so'n richtigen Japs da drauf, nich
63	M	20:	ja, ja
64	V	13:	Also, wenn du so weiter machst, du, da können wir se bald verkaufen
65	B2	9:	hm
66	M	21:	(lacht)
67	B1	9:	(lacht)
68	M	22:	(lachend) naja, gleich hier // So gut sind sie auch wieder nich
69	K1	11:	Ja, sind die selbstgemacht?
70	M	23:	Natürlich
71	V	14:	(räuspert sich)
72	B1	10:	Spezialität
73	K1	12:	selbstgemachte

Zum Kontext der Szene: Zur exemplarischen Interpretation ziehen wir hier die kommunikativen Akte 54 bis 69 einschließlich heran. Es handelt sich um einen Ausschnitt von ca. 20 Sekunden aus der Mitte der fünften und letzten Beobachtungssitzung im Elternhaus. Die Mutter hat ein Abendessen vorbereitet, an dem, entgegen der allgemeinen Regel, dieses Mal auch die Beobachter teilnehmen, weil es sich gewissermaßen um ein Abschiedsessen handelt. Die Differenz zwischen Familie und Beobachter wird aber nach wie vor dahingehend aufrechterhalten, daß die Beobachter wie üblich am Couchtisch vor dem Sofa sitzenbleiben, während die Familie in der Eßecke des Wohnzimmers am Tisch sitzt. — Der fünfeinhalbjährige Sohn und die vierjährige Tochter sitzen am Tisch, der einjährige Sohn ist schon zu Bett."

Die tiefenhermeneutische Interpretation dieser Interaktionssequenz durch Oevermann et al. sieht, auf die zentralen Sinnstrukturen hin zusammengefaßt, folgenderweise aus (vgl. o.c., 358ff.): Die Äußerung 61 V 12 wird als eine Disqualifikation der Mutter interpretiert, im Sinne von: „Na ja, diese Hamburger kann sie ganz gut zubereiten, aber alles andere müßten Sie mal sehen, das ist vielleicht ein Mist" (o.c., 358). Es werden damit die Fähigkeiten der Mutter als Hausfrau herabgesetzt, wobei der Vater zugleich weiß, daß diese Hausfrauenrolle für die Mutter sehr wichtig ist. Das Disqualifikatorische der Äußerung kommt besonders dadurch zum Ausdruck, daß der Vater die Äußerung, die an der Oberfläche vorgibt, ein Kompliment zu sein, nicht an die Mutter richtet, sondern zum Beobachter über die Mutter spricht (vgl. Personalpronomen der dritten Person: „se"), also die Mutter zum Objekt degradiert: „Mit dieser Form der Äußerung verläßt er die Ebene der Partnerbeziehung, die hier implizit thematisch ist. Die Disqualifikation ist also vor allem eine Diskonfirmation der Ehepartnerbeziehung." (o.c., 359) Dabei wird explizit konzediert, daß der Vater diese disqualifikatorische Bedeutung und Wirkung seiner Äußerung nicht subjektiv intendiert; er beabsichtigt sehr wohl, ein Kompliment zu machen, produziert aber dennoch eben jene Disqualifikation als objektive Bedeutung: „Von der objektiven Bedeutung her hat sich ihm in seiner Äußerung die Intention gewissermaßen im ‚Munde herumgedreht', ohne daß er das klar bemerkt hat." (o.c., 360) Die Reaktionen der Mutter auf dieses verunglückte Kompliment haben dennoch dem Vater eventuell intuitiv gezeigt, daß mit seiner positiven Aussage irgend etwas nicht stimmt. Subjektiv versucht er dann in der Äußerung 64 V 13 das Kompliment in anderer, intensiverer Form noch einmal zu wiederholen, verstärkt aber von der objektiven Bedeutung her wieder lediglich die Disqualifikation. Denn was er damit de facto sagt, ist in etwa: „Wenn Du weiterhin so gute Mahlzeiten zubereitest, lassen sie sich sogar verkaufen" (o.c., 362). Der disqualifikatorische Charakter dieser Äußerung erschließt sich auf dem Hintergrund der konfliktären Familiensituation. Es ist nämlich so, daß der Vater als Angestellter seines Vaters in einem Kiosk arbeitet, wodurch er die Vorteile des normalen Angestelltendaseins (feste Arbeitszeit, weniger Verantwortung als ein Selbständiger) nicht genießt und zugleich auch die Vorteile des Selbständigen (finanziell und von der Selbstbestimmung her) nicht realisieren kann. Diese ungute Verquickung von Berufssphäre und Verwandtschaftsbeziehung führt für die Ehe und Familie zu einem vitiösen Dauerkonflikt. Der Vater ist, gemessen an den Hoffnungen der Mutter, zu wenig im Familienleben engagiert, verweist bei entsprechenden Vorwürfen aber auf die Arbeitsintensität, wie sie ein Selbständiger hat. Zugleich ermöglicht sein (de jure) Angestelltenstatus jedoch der Mutter nicht, ihn — wie das bei Selbständigen normalerweise üblich ist — durch Mitarbeit zu entlasten; denn die Familie des Vaters steht ihr mit Skepsis und Unwillen gegenüber. Eine entsprechende Kritik an der Verwandtschaft ihres Ehemannes führt auch zu keiner Lösung, weil dieser sich dann verpflichtet fühlt, loyal zu seinen Eltern zu halten, was von der Ehefrau wiederum als eine Mindergewichtung der Ehe- und Familienbeziehung empfunden werden muß. Dieser circulus vitiosus manifestiert sich in einem permanenten Kampf der Eheleute um die Bedeutung und das Gewicht von Familie vs. Beruf. Auf diesem Hintergrund erweisen sich die Komplimente des Vaters in dieser Situation als die Manifestation einer Beziehungsfalle; denn die Mutter hat versucht, durch Anstrengungen in der Hausfrauenrolle die familiäre Privatsphäre gegenüber den Beobachtern positiv zu füllen und abzugrenzen. Der Vater aber zerstört diese Abgrenzung durch das Ausbrechen aus der Interaktionsbeziehung mit ihr (dem Reden zu den Beobachtern) und inhaltlich zugleich mit der ‚Drohung', daß, je besser sie in der Hausfrauenrolle ist, desto leichter das Ergebnis kommerzialisierbar ist, d.h.: „desto eher und massiver kommt die andere, kommerzielle Sphäre wieder ins Spiel. Konsequent verlängert bedeutet dieses ‚Kompliment': Du kannst machen, was Du willst, eine bedeutsame Gattenbeziehung zwischen uns existiert nicht." (o.c., 364) Das kommt einer Aufforderung an die Mutter gleich, die Beziehung (soweit sie denn noch in ihrem Verständnis besteht) praktisch zu verlassen. Und die Mutter zieht — nach der Tiefen-Interpretation von Oevermann et al. — auch die entsprechende Konsequenz in der Äußerung 68 M 22: In dieser Äußerung reagiert sie sowohl auf die Oberflächen- als auch auf die Tiefenbedeutung, indem sie einerseits vorschlägt, gleich hier mit dem Verkauf ihrer Leistung zu beginnen, zum anderen aber auch mit der konventionellen Abwehr eines großen Lobes durch ‚understatement' reagiert („So gut, wie Du es hinstellst, sind die Hamburger nun auch wieder nicht"; o.c., 366). „Die Antwort der Mutter wird damit zur nachträglichen Bestätigung der Interpretation der Komplimente des Vaters als intendierten Lobes und objektiver Disqualifikation zugleich" (l.c.). Auch hier ist damit nicht impliziert, daß die Mutter diese objektive Bedeutung ihrer Äußerung intendiert oder auch nur bewußt verfügbar hat.

Ich habe dieses Beispiel nicht deswegen so relativ ausführlich skizziert, weil ich inhaltlich von der Inadäquanz der Interpretation überzeugt wäre, den Vater ‚verteidigen' möchte oder dergleichen (obwohl man dies sicher mit guten Argumenten auch tun könnte). Vielmehr möchte ich an diesem Beispiel die grundsätzliche Problematik verdeutlichen, wenn man das Verstehen prinzipiell auf solche monologische Tiefen-Hermeneutik beschränkt und diese damit zur immer und überall adäquaten bzw. primären Umgangsweise mit (kommunikativen) Sinneinheiten erklärt. Diese grundsätzliche Problematik des Ausgehens von der monologischen Tiefen-Hermeneutik als zentralem Regelfall des sozialwissenschaftlichen Verstehens wird überdies durch die Explikationen von Oevermann et al. selbst sehr deutlich. Sie gehen, wie schon eingangs angedeutet, davon aus, daß die „Realität der objektiven Bedeutung oder der latenten Sinnstrukturen von Texten" für die sozialwissenschaftliche Analyse ein Primat besitzt (o.c., 368f.); wobei sie der sozialwissenschaftlichen Analyse neben der Soziologie auch Disziplinen wie die Sozialpsychologie, Psychoanalyse und Geschichtswissenschaft zurechnen (o.c., 377) und den Begriff des ‚Textes' möglichst weit fassen als „Klasse von in welchem Medium auch immer protokollierten Handlungen" (o.c., 369). Bei den latenten Sinnstrukturen handelt es sich nach Auffassung von Oevermann et al. dezidiert nicht um Konstitutionsleistungen des Subjekts, sondern um die von den Intentionen des Handelnden (Sprechers etc.) unabhängige „eigengesetzliche, mit eigenen Verfahren zu rekonstruierende soziale Realität" (o.c., 379).

„Die Differenz zwischen der Ebene der objektiven latenten Sinnstruktur und der Ebene der subjektiv-intentionalen Repräsentanz ist für die objektive Hermeneutik entscheidend." (Oevermann et al. 1983, 96) Oder in der Formulierung von Schneider (1985, 72): „Das zweifellos wichtigste Theorem der objektiven Hermeneutik, welches für sie einen konstitutiven Stellenwert hat, besteht in der Aussage, *daß die Bedeutung von Handlungen und die von den Subjekten auf der Bewußtseinsebene realisierten Bedeutungen fremder wie eigener Handlungen zwei verschiedene Sachverhalte darstellen, deren Unterscheidung grundlegend für jede wissenschaftliche Untersuchung menschlichen Handelns ist.*"

Die Relation zwischen den subjektiv intendierten Sinnstrukturen des Handelnden und den latenten, objektiven Sinn- oder Bedeutungsstrukturen wird dabei ganz eindeutig in Richtung auf die Überordnung (Primarität, Zentralität oder wie immer man es ausdrücken möchte) des Aspekts der objektiven Bedeutungsstruktur hin konzipiert.

„Aus diesem Grunde halten wir es von vornherein für verfehlt, die Bedeutungen eines Textes durch Schlüsse über die Intention des Produzenten oder das Verständnis konkreter Rezipienten erschließen zu wollen und – wie in den Sozialwissenschaften allgemein üblich – Aussagen über die innerpsychische Realität von Handlungssubjekten, über deren Motive, Erwartungen und Wertorientierungen also, ohne eine gründliche und gut abgesicherte hermeneutische Rekonstruktion der objektiven Bedeutungsstruktur ihrer Interaktionstexte gewinnen zu wollen." (Oevermann et al. 1979, 379)

Dabei wird durchaus unterstellt, daß das Auseinanderfallen von subjektiver Intention und objektiver Motivation (Bedeutung) nicht den Idealfall von Kommunikation und Handlung darstellt, sondern eher den Fall einer restringierten, verzerrten, pathologischen Interaktionsstruktur; Oevermann et al. führen dafür Beispiele pathogener Sozialisation an, die sich z.B. auf der Ebene der Lebensgeschichte als ‚Neurosen und Psychosen, auf der Ebene der Gesellschaftsgeschichte als Ideologien, Dogmen, Mythen" etc. manifestieren (o.c., 384f.). Unter dem Aspekt des (sozialwissenschaftlichen) Gegenstandsverständnisses ist nun aber ausschlaggebend, daß die objektive Hermeneutik dieses Auseinanderfallen von subjektiv-intendierter und objektiv-latenter Sinnstruktur als den regulären Ausgangspunkt für ihre Analysen mit der Methode des monologischen Tiefen-Verstehens ansetzt. Sie tut das explizit auch im Hinblick auf die anthropologischen Gegenstandsannahmen, indem sie die „Differenz von latenter Sinnstruktur und subjektiv-intentionaler Repräsentanz" als den „empirischen Normalfall" kennzeichnet (o.c., 384; vgl. auch Oevermann et al. 1983, 100; Leithäuser & Volmerg 1979, 108ff.). Es ist also davon auszugehen, „daß die objektive Hermeneutik eine für pathologische und normale Interaktionsformen grundsätzlich *gleiche* Denkstruktur unterstellt" (Oevermann et al. 1979, 371). Mit dieser Unterstellung einer gleichen Text*struktur* ist in der Tat auch inhaltlich, vor allem unter Rückgriff auf die Psychoanalyse, ein negatives oder zumindest pessimistisches Menschenbild verbunden. Die so postulierte Text*struktur* unterstellt zunächst einmal nur „die systematische Trennbarkeit von objektiven Motivierungen und subjektiv als Intentionen repräsentierten Motiven." (o.c., 397); Oevermann et al. legen sich aber auf der Grundlage dieser zunächst formalen Unterscheidung auch inhaltlich fest: „Aus der Psychoanalyse wissen wir zur Genüge, daß beides nur in ganz seltenen Fällen, wenn überhaupt jemals deckungsgleich ist." (l.c.) Für die ‚objektive Hermeneutik' als Variante einer monologischen Tiefen-Hermeneutik stellen also die pathologische Interaktion und das Subjektmodell des pathologischen Menschen den empirischen Normalfall dar, auf den die Konzeption einer Verstehens-Methodik in den Sozialwissenschaften auszurichten ist.

In den Worten von Oevermann et al. (1983, 97): „Die Konstruktionen der objektiven Hermeneutik implizieren einen Bedeutungsbegriff, der ... nicht auf einen vorgängigen Begriff der Intentionalität subjektivistisch zurückgeführt wird." (vgl. auch Leithäuser & Volmerg 1979, 164ff.)

Dies widerspricht nun ganz eindeutig dem oben (in Kapitel II.) explizierten Gegenstands(vor)verständnis vom reflexions-, rationalitäts- und handlungsfähigen Menschen — wobei dieses Menschenbild des handlungsfähigen Subjekts, um es noch einmal zu betonen, ein Auseinanderfallen von subjektiver und objektiver Bedeutungsdimension des Handelnden nicht ausschließt; es postuliert lediglich, daß man dies nicht als den (auch normativen) Normalfall ansetzen sollte, von dem die methodologische Struktur der Sozialwissenschaft auszugehen hat und auf den sie auszurichten sei. In bezug auf das hier thematische Problem der Übergänge zwischen verschiedenen Komplexitätsebenen der Ausgangseinheiten und damit zwischen den beiden Varianten der Verstehens-Methodik, der dialogischen und der monologischen, formuliert heißt das nicht, das Menschenbild des reflexions-, rationalitäts- und handlungsfähigen Subjekts schließe die Möglichkeit, Brauchbarkeit und gegebenenfalls auch Notwendigkeit monologischer (Tiefen)Hermeneutik aus. Es postuliert lediglich, daß diese (Verstehens-)Methodik nicht als primäre, reguläre oder gar ausschließliche für den sozialwissenschaftlichen Gegenstand ‚Mensch' anzusetzen ist. Gerade das aber tut, wie oben nachgewiesen, die objektive Hermeneutik als eine Variante der dualistischen Wissenschaftsauffassung. Worauf es mir hier ankam, war nachzuweisen, daß mit diesem Anspruch der objektiven (Tiefen-)Hermeneutik, nämlich daß sie ubiquitär und ausschließlich anzuwenden sei, notwendigerweise ein zumindest pessimistisch zu nennendes Menschenbild verbunden ist; und daß dieses Menschenbild wiederum als Legitimation für die Ubiquitäts- und Ausschließlichkeitsansprüche dieser Methodik-Konzeption fungiert. Darin manifestiert sich die kulturpessimistische Dynamik, die häufig mit einer ideologiekritischen wissenssoziologischen Perspektive verbunden ist; auf dem Hintergrund des eingangs explizierten Gegenstands(vor)verständnisses erscheint ein solches pessimistisches Menschenbild aber lediglich als die komplementäre Variante einer als fix unterstellten Subjekt-Objekt-Überordnung, wie sie die verhaltenstheoretische Wissenschaftskonzeption impliziert (vgl. o. Kap. I.). Während die verhaltenstheoretische Konzeption den Menschen von der Methodik-Struktur weitgehend auf A-Reflexivität bzw. eingeschränkte Reflexivität festlegt, wird er von der monologischen Tiefen-Hermeneutik tendenziell und strukturell fixiert auf das Konstrukt des falschen, im Sinne des ideologisch verzerrten, Bewußtseins. Aus beiden Festlegungsvarianten resultiert m.E. eine prinzipiell vergleichbare Konsequenz: nämlich die Konzentration und Beschränkung auf eine Form von Außensicht. Unterschiedlich ist lediglich der Gegenstand, der von der jeweiligen Außensicht her analysiert bzw. interpretiert wird; während die behavioristische Wissenschaftskonzeption sich auf die Außensicht des Verhaltens konzentriert, stellt die monologische Tiefen-Hermeneutik den Aspekt der latenten objektiven Bedeutungsdimension an die erste, konstitutive Stelle.

In bezug auf die subjektiven Intentionen und Sinnhorizonte, die der Handelnde selbst mit seinem Handeln verbindet, ist aber auch diese Akzentuierung der latenten (im Sinne von dem Handelnden ‚verborgenen') Sinnaspekte die Manifestation einer Außensicht; das kommt zum Ausdruck darin, daß sich eben die Wissenschaftler (monologisch) untereinander über die ‚eigentlichen' Bedeutungen des Handelns (auch des kommunikativen Handelns) einigen, ohne auf die subjektiven Bedeutungskonstitutionen und deren Erhebung beim Handelnden selbst zurückzugreifen. Dementsprechend gelten Stimmigkeit der Textteile (Konsistenz) und Konsens der Interpreten auch für die ‚objektive Hermeneutik' als zentrale Wahrheitskriterien (vgl. Oevermann et al. 1979, 376 u. 399). Dabei wird der Konsens der Interpreten untereinander, wie bei monologischer Hermeneutik üblich, als gegenseitige Kontrolle konzipiert und verstanden (l.c.); insofern gelten für die objektive Hermeneutik die oben für monologisches Verstehen generell explizierten Kritikpunkte. Zusätzlich sollte die Analyse der ‚objektiven Hermeneutik' als Variante des monologischen Tiefen-Verstehens aber auch deutlich machen, daß unter der Voraussetzung von Ubiquitäts- bzw. Ausschließlichkeitspostulaten für diese Methodik mit dem Konsistenz- und (monologischen) Konsenskriterium eine zumindest partiell gegenstandsverfehlende Trias verbunden ist: nämlich ein hinsichtlich der Möglichkeit von Selbsterkenntnis extrem pessimistisches Menschenbild, darauf aufbauend die (auf latente Bedeutungsstrukturen ausgerichtete) ideologiekritische Außensicht, die von der intentionalen Innensicht des Handelnden dezidert absieht und damit eine strukturell fixierte Überordnung des Erkenntnis-Subjekts über das Erkenntnis-Objekt konstituiert. Ich persönlich kann in einer solchen Variante dualistischer Wissenschaftskonzeption keinen großen Unterschied zur objektivistischen Dynamik der sog. naturwissenschaftlichen, monistischen Wissenschaftskonzeption entdecken; auch durch die ideologiekritische Außensicht der monologischen Verstehens-Methodik wird der Mensch als ‚Gegenstand' der Sozialwissenschaften in einem zu extremen, weil unnötigen Maße zum Objekt ohne Selbsterkenntnismöglichkeiten degradiert.

Das ist die Gefahr, die der Psychoanalyse bei rigide-ubiquitärer Anwendung inhärent ist und auch für die Tiefen-Hermeneutik gilt: nämlich daß sie dem Menschen im Prinzip eine adäquate Selbsterkenntnis abspricht und ihm sozusagen ‚über seinen Kopf hinweg ein ‚besseres' Selbstverständnis verordnet' (Aschenbach 1984, 387).

Wenn die naturwissenschaftlich-monistische Wissenschaftskonzeption der Psychologie als gegenüber dem psychologischen Gegenstand inadäquat und partiell ‚gegenstands'verachtend kritisiert wird, so gilt das m.E. für die (ubiquitär angewandte) monologisch-tiefenhermeneutische Variante einer dualistischen Wissenschaftskonzeption – wenn auch mit anderen Begründungen, doch im gleichen Ausmaß – ebenso.

2.5. ‚Tun' als Restkategorie zwischen ‚Handeln' und ‚Verhalten'

Damit sind die Voraussetzungen – auch auf Gegenstandsebene – geklärt, unter denen eine inhaltliche Benennung der Einheiten mit universalisierbaren Bedeutungsdimensionen, auf die sich das monologische Verstehen bezieht, möglich ist. Entsprechend der psychoanalytischen Provenienz der monologischen Tiefen-Hermeneutik sollen dabei psychoanalytisch relevante Phänomene als Ausgangspunkt dienen. Das Auseinanderfallen von subjektiver Intention und objektiver Motivation gilt in unterschiedlichen Intensitätsgraden, aber grundsätzlich vergleichbar für sowohl Fehlleistungen (wie Versprechen, Vergreifen etc.) als auch für z.B. neurotisches Verhalten. Beide sind nach psychoanalytischem Ansatz dadurch charakterisiert, daß sich die Intentionen des ‚Handelnden' nicht im offenen Verhalten durchsetzen – zumindest nicht vollständig –, sondern andere Verhaltensweisen bzw. Sinndimensionen beobachtbar sind, als sie vom Akteur selbst als intendierte beschrieben werden (bzw. würden).

Zur Veranschaulichung für Fehlleistungen sei kurz ein (z.T. erfundenes) Beispiel von Brenner (1967, 154f.) angeführt:
„Ein Industrieanwalt prahlte mit den vertraulichen Mitteilungen, die ihm seine Klienten machten, und wollte sagen, sie kämen mit ‚ihren schwierigsten Problemen' zu ihm. Stattdessen sagte er jedoch tatsächlich, ‚mit ihren schmierigsten Problemen'. Durch das Versprechen enthüllte er dem Zuhörer, was er gerade verbergen wollte, nämlich, daß seine Klienten ihn oft wegen recht zweifelhafter Geschäfte konsultierten, bei denen ihm selbst nicht wohl war."
Als Beispiel für neurotisches Verhalten führt Harris (1984, 199) in eben diesem Zusammenhang von (intentionaler) Willkürlichkeit vs. (wie zu benennender?) Unwillkürlichkeit mit entsprechendem Kommentar an:
„A young woman has watched an alcoholic father drink himself to death, swearing throughout her adolescence that she would never drink. A year and a half after his death she enters therapy because she is drinking heavily. Specifically, she says that if she feels too happy, memories or images of him appear and she drinks. The project of her therapy is to unravel the mixture of guilt and self-destructiveness, intention, and prohibition that underlie and motivate these actions. It is almost a truism of clinical work that many people enter therapy because they find themselves doing and repeating patterns that at one level they do not wish to do."

Auf dem Hintergrund solcher Beispiele bzw. Beschreibungen fragt es sich zunächst einmal, ob man nicht einfach konstatieren sollte, daß eine intentionale Beschreibung entsprechend den mit dem Handlungs-Konzept explizierten Bestimmungen (s.o. Kap. II.) für Fehlleistungen, neurotisches Verhalten etc. nicht möglich ist und man also Gegenstandseinheiten der Psychologie, die unter Rückgriff auf monologische Verstehens-Methodik beschrieben werden, ebenfalls als ‚Verhalten' klassifizieren sollte. Diese Konsequenz wird durchaus auch durch den psychoanalytischen Ansatz selbst z.T. genährt, und zwar insofern als Freud gerade für solche unwillkürlich wirkenden Determinanten mechanistische bzw. organismische Konstrukte eingeführt hat. Dies gilt besonders nachdrücklich bei der für neurotische Phänomene konstitutiven Verdrängung:

„Während die Abwehr in Reaktion auf irgendeine Gefahr oder einen Konflikt von der Person vorgenommen wird — wenn auch nicht bewußt —, so ist die Verdrängung das Werk eines quasi-biologischen Mechanismus." (Mischel 1981, 192; vgl. auch Laplanche & Pontalis 1982, I, 24ff.; II, 582ff.)

Zugleich beharrt die Psychoanalye aber, wie oben bei der Explikation des tiefen-hermeneutischen Ansatzes immer wieder deutlich geworden ist, darauf, daß auch solche unwillkürlich bewirkten Phänomene (wie neurotische Symptome etc.) einen Sinn haben (Mischel 1981, 195):

„Die Spannung im Denken Freuds zeigt sich, wenn er in einem Atemzug über ‚Kräfte' und ‚zielstrebige Tendenzen' spricht."

Auf dem Hintergrund dieser Ambivalenz erscheint es sinnvoller, die ‚objektive Motivation' solcher Phänomene als universalisierbare Bedeutungsdimension der entsprechenden psychologischen Gegenstandseinheiten anzuerkennen und so eine Überziehung des Verhaltens-Begriffs zu vermeiden. Teilmengen eines mechanistisch-organismischen Sprachspiels der Psychoanalyse sind dann als unnötige und dem eigentlichen Ansatz widersprechende Überbleibsel des unglücklichen Naturwissenschaftsanspruchs von Freud zu kritisieren und zu eliminieren. Das ist auch durchaus die Position der neueren, wissenschaftstheoretisch reflektierten Ausarbeitung des psychoanalytischen Sprachspiels (vgl. vor allem Mischel 1981; Schafer 1982):

„Es ist eine sonderbare Art der Isolierung oder Spaltung, seinen Analysanden als einen lebendigen Menschen zu betrachten, der eine mechanistisch-organismische Psychopathologie in sich trägt. Notwendig ist diese Spaltung nur, solange wir uns nach dem metapsychologischen Modell der Seele richten. Um sich zu innerer Folgerichtigkeit hin zu entwickeln, bedarf die Theorie vom psychoanalytischen Prozeß einer von Grund auf nicht-mechanistischen, nicht-organismischen Sprache." (Schafer 1982, 50)

Als ein solches, den Sinn- bzw. Bedeutungsdimensionen der (psychoanalytisch) zu verstehenden (Gegenstands-)Einheiten gerecht werdendes Sprachspiel fordert und elaboriert Schafer eine konsequente Handlungssprache (auf deren Regeln im einzelnen hier nicht einzugehen ist; vgl. zusammenfassend Schafer 1982, 277ff.). Das bedeutet, daß man auch die mittels (monologischer) Tiefen-Hermeneutik beschriebenen Phänomene des Psychischen der Einheit ‚Handlung' zuschlägt, und zwar obwohl damit auch unwillkürliche, nicht-willentliche, nicht subjektiv bewußte bzw. bewußt intendierte Prozesse (mit-)gemeint sind. Es ist dann eine relativ weite Fassung des Handlungs-Begriffs nötig, wie sie in der Tat z.B. von Mischel (1981), Schafer (1982), Harris (1984) vertreten wird:

„Unter Handeln verstehe ich nicht allein willentliches physisches Tun. Nach meinem Verständnis ist Handeln menschliches Verhalten, das eine Richtung hat; gemeint ist sinnvolle menschliche Tätigkeit." (Schafer 1982, 70)
„The prospect of intentional voluntary control over action and outcome can be enriched with some conception of unconscious but meaningful action." (Harris 1984, 198)

Die Problematik bei diesem weiten Handlungs-Begriff geht — wie das Zitat von Harris schon andeutet — vom Konzept der Intentionalität aus. Die ideale (präskriptive Aspekte enthaltende) Fassung des Handlungs-Begriffs (vgl. II.5.) basiert auf einer Konzeption von subjektiv bewußter und gewollter Intentionalität. Die Beschreibung einer Tätigkeit als intentional (und damit als Handlung) unterstellt, so wurde oben eingeführt, daß sie frei und relativ bewußt als Mittel zur Erreichung eines Zwecks gewählt wird, daß sie als beabsichtigte, gewollte verläuft und der Handelnde daher für sie verantwortlich gemacht werden kann (vgl. auch u. Exkurs Vier). Die Vorstellung einer (subjektiv) nicht-gewollten Intention, einer nicht-absichtlichen Absichtlichkeit ist daher auf dem Hintergrund des eingeführten Handlungs-Begriffs eigentlich ein Widerspruch in sich (contradictio in adjecto). Genau solche Widersprüchlichkeit aber resultiert unvermeidlich, wenn man auch für Phänomene, die durch ein Auseinanderfallen von subjektiver Intention und objektiver Motivation charakterisiert sind, den Handlungs-Begriff einführt; und zwar bezieht sich diese theoretisch inkohärente Ausweitung des ursprünglichen Intentionalitäts-Konzepts sowohl auf den Aspekt der Bewußtheit als auch auf den der (subjektiven) Willentlichkeit der Absicht (beim Handelnden):

„Die Intention stellt für die Handlungssprache kein Problem dar, wenn sie bewußtes Formulieren von Entschlüssen, Handlungsgründen oder Handlungszielen meint. In diesen Fällen ist klar, daß nicht von Antriebskräften, sondern von sinnvollen Handlungen die Rede ist." (Schafer 1982, 140)

Dieser Konzeption von Intention widerspricht das psychoanalytische Modell jedoch zentral, wenn man für die nicht-bewußten Sinndimensionen ebenfalls — im Rahmen eines Handlungsmodells — Intentionalität postuliert:

„It is also crucial to assert that these complex intentions, whether motives, beliefs, or expectancies, exist both in awareness and out of awareness. The implication of considering clinical theory and psychoanalysis is that unconscious experience or partially conscious experience gives rise to intentions which can remain undeveloped, denied, distorted, and dissociated but manifest in behavior." (Harris 1984, 201)

Das impliziert dann auch das Phänomen, daß der Agierende selbst allerdings diese (nicht-bewußten) ‚Intentionen' bewußt ablehnt, sie als nicht-gewollte bezeichnet und die Verantwortung dafür verweigert (wie dies für psychoanalytisch rekonstruierte Sinndimensionen von Fehlleistungen bis zu neurotischen Symptomen — zunächst einmal — gilt). Das heißt, wenn man diese Phänomene als ‚Handlungen' bezeichnet, dann handelt es sich um ‚verleugnete Handlungen' (Schafer 1982, 60ff.):

„Die Erkenntnis verleugneten Handelns, obgleich ursprünglich in andere Begriffe gefaßt, ist ein zentraler Bestandteil, wenn nicht der Mittelpunkt der psychoanalytischen Wissenschaft von der menschlichen Existenz." (Schafer 1982, 60)

Im Begriff des ‚verleugneten Handelns' kommt die theoretische Widersprüchlichkeit anschaulich zum Ausdruck; denn ‚Handeln' ist oben (wie von der analytischen Handlungstheorie her üblich) als eine Beschreibung eingeführt worden, die gerade planvolle Absichtlichkeit, bewußte und gewollte Verantlichkeit etc. unterstellt. Geht man von diesem ‚Handlungs'-Konzept aus, dann ist auch ‚verleugnetes Handeln' eine contradictio in adjecto. Wie kann man nun eine solche Konzeption ohne interne Widersprüchlichkeit explizieren und rechtfertigen? Man muß einen anderen (weiteren) Intentionalitäts-Begriff unterstellen; das genau ist es, was alle Handlungstheoretiker der Psychoanalyse implizit oder explizit tun (und tun müssen). Am explizitesten zieht (nach meinem Wissen) Schafer diese Konsequenz (1982, 141):

„Es mag genügen, wenn wir sagen, daß die Intentionalität, philosophisch verstanden, den Satz einschließt, daß jeder psychische Akt auf einen Gegenstand hinziele, womit gemeint ist, daß ein psychischer Akt notwendig auf etwas anderes als sich selbst gerichtet sein müsse und somit einen spezifischen ‚intentionalen' Gegenstand (nicht: ein Ding) erfordere, um zu sein, was er ist."

Dies ist der weite, umfassende Intentionalitäts-Begriff der deutschen phänomenologisch-psychologischen Philosophie des 19. Jahrhunderts (Brentano), der die ‚Gerichtetheit' aller psychischen Phänomene in den Mittelpunkt stellt (die z.B. auch für jede Wahrnehmung etc. gilt; vgl. zur Explikation dieses weiteren Intentionalitäts-Begriffs im Gegensatz zum engeren der Handlungstheorie im einzelnen unten Exkurs 3.2.). Setzt man einen solchen weiten Intentionalitäts-

Begriff voraus, ist ohne definitorische Widersprüchlichkeiten behauptbar, „that action is both in and out of awareness" (des Handelnden: Harris 1984, 202). Und auch die ‚objektive Motivation' ist als Sinn-Dimension von ‚Handlung' rekonstruierbar, d.h. man kann „im Prinzip mit Recht behaupten, daß der Neurotiker z.B. absichtlich isoliert, selbst wenn ihm nicht bewußt ist, daß er etwas dergleichen tut." (Mischel 1981, 207) „Sein Mangel an Bewußtsein ist motiviert." (o.c., 202) Von hier aus kann man dann sogar für die Motivation, die der Analysierte (d.h. monologisch-tiefenhermeneutisch ‚Verstandene') bei ‚verleugnetem Handeln' abstreitet, Verantwortlichkeit zuschreiben und verlangen: „Bei einem Sich-Versprechen also tut der Sprecher zwei Dinge auf einmal. Ein zweiseitiges Handeln, und beide Seiten muß er verantworten." (Schafer 1982, 61)

Es ist also durchaus möglich, auch das Auseinanderfallen von subjektiver Intention und objektiver Motivation unter das Handlungs-Konzept zu subsumieren, ohne daß es zu vitiösen Widersprüchlichkeiten bei der Definition kommen muß (was allerdings eine weite Fassung nicht nur des Handlungs-, sondern vor allem auch des Intentionalitäts-Begriffs impliziert, die z.B. schon nicht mehr mit dem Begriff übereinstimmt, der in der Ausgangsformulierung des ‚Auseinanderfallens von subjektiver Intention und objektiver Motivation' enthalten ist). Die Frage ist nur: Sollte man so vorgehen, ist eine solche (weite) Fassung des Handlungs-Begriffs für die Psychologie sinnvoll? Meine Antwort ist: Nein. Die Gründe für dieses ‚Nein' sind zahlreich und z.T. in der bisherigen Erörterung auch schon implizit genannt. Ich führe die m.E. wichtigsten noch einmal kurz explizit an: Es handelt sich um eine unnötige Überziehung des Handlungs- und vor allem des zugrundeliegenden Intentionalitäts-Begriffs, die deutlich unterscheidbare Aspekte des (psychologischen) Gegenstandes eher verwischt als verdeutlicht. Vor allem impliziert ein solcher überzogener Handlungs-Begriff eine unnötige Abweichung sowohl von eingeführten Konzepten der bisherigen Wissenschaftssprache (insbesondere der analytischen Handlungstheorie) als auch der sinnvollen Alltagssprache und -kommunikation. Denn sowohl die analytische Handlungstheorie wie das in Alltagssprache manifeste Selbstverständnis des Handelnden gehen von einer Intention aus, die eine weitgehend bewußte und vor allem gewollte Absichtlichkeit unterstellt. Im Zusammenhang mit dieser Vorstellung ist das wichtigste Argument, daß ein Auflösen dieses Intentions-Konzepts die darin manifest werdende Zieldimension des Gegenstands(vor)verständnisses aufgeben würde: ‚Handeln' war als Fähigkeit, als Potentialität eines autonomen, reflexions-, rationalitäts- etc. -fähigen Subjekts eingeführt worden, die eine positive (Entwicklungs-)Möglichkeit des Menschen darstellt. In dieser Wertungsdimension gibt es einen ganz deutlichen Unterschied zwischen dem bewußt-intentionalen Handeln und einer durchaus auch sinnhaften Tätigkeit, die aber durch das Auseinanderfallen von subjektiver Intention und objektiver Motivation gekennzeichnet ist; dieser letzte Fall ist beileibe nicht im gleichen Ausmaß als Ziel menschlicher Aktivität anzusetzen, sondern höchstens als Durchgangsstadium zum eigentlichen Ziel des autonomen, bewußten und voll verantwortlichen Handelns — und sollte daher auch begrifflich von diesem Ziel der ‚Handlungs'-Fähigkeit abgehoben werden.

Das bedeutet, daß ein Begriff zwischen ‚Verhalten' und ‚Handeln' gefunden werden sollte, der das Gemeinte möglichst adäquat zu benennen erlaubt. Entsprechend den oben (Kap. 1.) explizierten Maximen zur Begriffsgenerierung sollte man sich dabei soweit wie möglich auf sinnvolle alltagssprachliche Kommunikation zurückbeziehen; es ist also nach einem Begriff zu suchen, der — möglichst auch schon in der Alltagssprache — den zentralen Fall abbildet, daß eine Tätigkeit des Menschen vorliegt, deren (objektiven) Sinn er selbst nicht (vollständig) einsieht bzw. im Tätigkeitsvollzug nicht völlig bewußt hat. Und diesen Begriff gibt es in der Alltagssprache in der Tat: ‚Denn sie wissen nicht, was sie *tun*'. ‚Tun' impliziert schon alltagskommunikativ gerade nicht, daß dem Akteur der Sinn des Tuns vollständig bewußt sein muß; auch der Fall des ‚ungewollten Sinns' wird abgebildet: Man hat etwas *‚getan,* was man gar nicht gewollt hat'. *‚Eigentlich* gar nicht gewollt hat' würde man in Alltagskommunikation wohl sagen, wodurch auch ein eigentümlicher Schwebezustand hinsichtlich der Verantwortlichkeit (für das Tun) zum Ausdruck kommt, der sich m.E. für das Auseinanderfallen von subjektiver Intention und objektiver Motivation auch wissenschaftlich als konstitutiv rekonstruieren ließe. Ich schlage daher vor, für Beschreibungs-Einheiten der Psychologie mit durch monologische (z.B. auch Tiefen-)Hermeneutik universalisierbaren Bedeutungsdimensionen, unter die auch und gerade Aktivitäten des Menschen mit einem Auseinanderfallen von Intention und Motivation einzuordnen sind, den Terminus ‚Tun' vorzusehen. In diesem Begriff manifestiert sich im Unterschied zum Verhaltens-Konzept, daß die Bedeutungs- oder Sinndimensionen nicht unmittelbar und universell innerhalb von alltäglicher Wahrnehmung bzw. Beobachtung erfahrbar sind, sondern eines systematischen Verstehenszugangs bedürfen; in Abgrenzung zum Begriff des Handelns wird nicht postuliert, daß es sich bei den Bedeutungsdimensionen um subjektiv-individuell bewußte (vollständig ‚gewollte') Intentionen handelt, die primär über einen Dialog mit dem Handelnden, d.h. kommunikativ, intersubjektivierbar wären.

Diese Begriffsexplikation von ‚Tun' impliziert im übrigen auch, daß jene Phänomene, die in der Soziologie unter das Konstrukt ‚Handeln' subsumiert werden, von der Psychologie aus eher ‚Tun' genannt werden sollten. Das gilt auch für den Begriff des ‚Sozialen Handelns' bei Weber (z.B. 1921/1984), der auf den ersten Blick dem oben eingeführten Handlungs-Konzept zu entsprechen scheint (und daher zur Verdeutlichung des Unterschieds zwischen soziologischem und psychologischem Handlungs-Begriff besonders geeignet ist). ‚Soziales Handeln' wird von Weber eingeführt als ein Handeln, „welches seinem ... gemeinten Sinn nach auf das Verhalten anderer bezogen wird ..." (o.c., 19); der Rückgriff auf den „subjektiv *gemeinten* Sinn" (l.c.) scheint völlig der subjektiv (bewußten) Intentionalität im oben explizierten Handlungs-Konzept zu entsprechen. Bei näherem Hinsehen erweist sich aber dieser ‚subjektiv gemeinte

Sinn' bei Weber als ein *soziologisches* Konstrukt, das unter Rückgriff auf den ‚Idealtypus' des zweckrationalen Handelns das ‚subjektive Meinen' als eine objektive Möglichkeit versteht, die gerade nicht mit der subjektiv bewußten Intention identisch ist (Weber 1921/1984, 26; Käsler 1979, 152ff.; vgl. dazu im einzelnen unten Zwischenbemerkung 6.4.).

„Idealtypisch sind aber die konstruktiven Begriffe der Soziologie nicht nur äußerlich, sondern auch innerlich. Das *reale* Handeln verläuft in der großen Masse aller Fälle in dumpfer Halbbewußtheit oder Unbewußtheit seines ‚gemeinten Sinns'. Der Handelnde ‚fühlt' ihn mehr unbestimmt, als daß er ihn wüßte oder ‚sich klarmachte', handelt in der Mehrzahl der Fälle triebhaft oder gewohnheitsmäßig." (Weber 1921/1984, 40)

Diese Explikation von Handeln und ‚subjektiv gemeintem Sinn' mag in der Soziologie sinnvoll und berechtigt sein (darüber ist hier nicht zu entscheiden); für die Psychologie muß sie von der Zielidee des reflexions-, rationalitäts- und handlungsfähigen Subjekts aus (wiederum) als in sich theoretisch inkonsistent erscheinen. Für solche Fälle sinnhafter, aber gewohnheitsmäßiger Aktivität („in dumpfer Halbbewußtheit") sollte m.E. (in der Psychologie) daher ebenfalls eher der Terminus ‚Tun' verwendet werden.

Der Fall solchen ‚sozialen Tuns' macht deutlich, daß innerhalb des Begriffs ‚Tun' mehrere Varianten unterscheidbar sind; denn bei der eben diskutierten Art ‚sozialen Tuns' liegt u.U. kein Auseinanderfallen von subjektiver Intention und objektiver Motivation vor, sondern lediglich das Phänomen, daß der (objektive) Sinn des Tuns dem Akteur nicht vollständig bewußt ist bzw. wird (also keine qualitative Diskrepanz, nur eine quantitative Nicht-Deckungsgleichheit). Bei eingehenderer Analyse ließen sich u.U. noch weitere Varianten dessen explizieren, was mit dem Konzept ‚Tun' benannt werden sollte; doch ist das hier nicht die primäre Aufgabe. Es reicht, festzuhalten, daß die Einheiten-Kategorie ‚Tun' im Zusammenhang der drei herausgearbeiteten paradigmatischen Klassen von Beschreibungs-Einheiten praktisch die ‚Restkategorie' zwischen ‚Verhalten' und ‚Handeln' darstellt. Die beiden letzteren Kategorien sind als Endpole des Kontinuums (von Bedeutungshaltigkeit qua ‚subjektiver' Intentionalität) relativ klar abgegrenzt und auf auch präskriptiv eindeutige Fälle konzentriert; die mit ‚Tun' zu bezeichnende Phänomenkategorie ist im Vergleich dazu weitaus vielschichtiger und weniger klar fokussiert. Doch das ist im hier thematischen Zusammenhang unproblematisch, in dem es primär darum geht, ob und wie eine Abgrenzung zwischen ‚Tun' und ‚Handeln' möglich ist. Und diese Abgrenzung ist m.E. oben zureichend expliziert und als sinnvoll sowie brauchbar begründet worden. Die zentrale Funktion der Abgrenzung selbst wiederum ist darin zu sehen, daß mit ihr die *Ziel*idee des Handelns als komplexer Gegenstandseinheit mit individuell-subjektiver, aber kommunizierbarer (intentionaler) Bedeutung, bei der die psychologische Forschung unter der Perspektive einer sinnvollen Komplexitätssequenz einsetzen sollte, noch deutlicher wird. Von der Voraussetzung des explizierten Gegenstandsverständnisses aus hat der Psychologe m.E. die Verpflichtung, an einem Handlungs-

Begriff festzuhalten, der eine subjektive (bewußte) Intentionalität (als – auch präskriptiven – Idealfall) impliziert, und Phänomene, die diese Intentionalität unterschreiten, als ‚Tun' oder ‚Verhalten' zu benennen.

2.6. Die Erhebung des individuellen Motiv- und Überzeugungssystems als Beschreibung der subjektiven Intentionalität

Diese Konsequenz enthält auch folgerichtig die konstruktive Lösungsperspektive für das Übergangsproblem zwischen dialogischer und monologischer Hermeneutik. Will man an der Reflexions- und Handlungsfähigkeit und damit der potentiellen Rationalität des menschlichen Subjekts als Gegenstands(vor)-verständnis festhalten, so muß man die Möglichkeit des *Nicht*-Auseinanderfallens von subjektiver Intention und objektiver Motivation (von Handlungen) zumindest grundsätzlich auch forschungssystematisch zulassen, d.h. man darf sie nicht vom methodischen Ansatz her von vornherein und für alle Fälle ausschließen (wie es eine ubiquitäre Tiefen-Hermeneutik tut). Dies ist nur möglich, wenn man die subjektive Intentionalität bei der Einheitenfestlegung und -beschreibung ebenfalls berücksichtigt, indem man sie methodisch-inhaltlich abbildet; das wiederum ist allein mit Hilfe einer dialogischen Hermeneutik-Methodik realisierbar.

Um Mißverständnissen vorzubeugen, sei noch einmal wiederholt: Das Zusammenfallen von subjektiver Intentionalität und objektiver Motivation gilt auf dem Hintergrund des Gegenstandsverständnisses vom reflexions-, rationalitäts- und handlungsfähigen Subjekt als der optimale, der Idealfall. Das impliziert nicht, daß ein Auseinanderfallen der beiden Sinnstrukturen ausgeschlossen wird, ja nicht einmal, daß dieses Auseinanderfallen der empirisch seltenere Fall sein muß. Es impliziert lediglich, dies aber ganz dezidiert, daß man bei der Methodik-Konzeption vom dialogischen Verstehen ausgehen sollte und nur, wenn dies notwendig ist, auf den Fall des monologischen Verstehens übergehen sollte; und diese Notwendigkeit ist entsprechend den angeführten Begründungen (auch denen für die monologische Hermeneutik) erst durch ein solches Auseinanderfallen von subjektiver Intentionalität und objektiver Motivation gegeben. Im Gegensatz zum ubiquitären Methodenanspruch der ‚objektiven' Hermeneutik ist bei einer gegenstandsadäquaten sozialwissenschaftlichen Lösung des Basissprachen- und Beschreibungs-Problems also für komplexe Handlungs-Einheiten von einem dialogischen Verstehen auszugehen; ein Übergang zum monologischen Verstehenszugang ist im Einzelfall zu rechtfertigen, und zwar durch Nachweis des Auseinanderfallens von subjektiver Intentionalität und objektiver Motivation. Problem und Struktur dieses Nachweises werden die Kapitel 3. bis 5. behandeln; in diesem Kapitel sind nun als nächstes die inhaltlichen Perspektiven und die methodologische Grundstruktur einer dialogischen Hermeneutik (qua verstehendem Beschreiben) positiv zu explizieren.

Die für das dialogische Verstehen thematische Innensicht ist, wie bei der Einführung des Handlungsbegriffs in Kap. II. expliziert, konstitutiv mit der intentionalen Beschreibung von Handlungen verbunden. Die für diese Innensicht wiederum – auch und gerade unter dem Aspekt der Komplexität von Handlungen – relevanten Aspekte gehen sowohl aus dem Stadienmodell von Rehbein

(1977; vgl. oben Kapitel II.6.) als auch aus dem praktischen Syllogismus hervor, wie ihn v. Wright (1974, 93) als die für Handlungen adäquate Schlußform expliziert hat:

„(PS) A beabsichtigt, p herbeizuführen.
A glaubt, daß er p nur dann herbeiführen kann, wenn er a tut.
Folglich macht sich A daran, a zu tun."

Es ist hier nicht relevant, ob die Schlußform des praktischen Syllogismus bei Handlungen das übliche nomologische Erklärungsschema ersetzt oder nicht; das wird in den nächsten beiden Kapiteln zu prüfen sein. Worauf es an dieser Stelle ankommt, sind die mit der intentionalen Beschreibung einer Handlung notwendig verbundenen Aspekte. Zum einen ist das die auf ein bestimmtes Handlungsergebnis (p) ausgerichtete Intention; bei komplexeren Handlungen und differenzierteren Innensicht-Elaborationen basiert dieser Aspekt des ‚Beabsichtigens' auf zugrundeliegenden Motiven bzw. Motivationen, die der Handelnde im Optimalfall auch adäquat realisieren kann. Zum zweiten wird mit dem ‚Glauben' des Handelnden eine Überzeugungs- oder Wissensdimension thematisiert, die sich auf die Mittel-Ziel-Relation zwischen einer bestimmten Handlung (a) und dem Handlungsergebnis (p) bezieht. Die Innensicht umfaßt also – zumindest bei komplexeren Handlungen – als mit der intentionalen Beschreibung konstitutiv verbunden sowohl den Aspekt des subjektiven Motivations- als auch den des Wissens- bzw. Überzeugungssystems (des Handelnden). Auf das verstehende Beschreiben dieser beiden mit Handlungen verbundenen internalen ‚Systeme' wird sich daher die Methode der dialogischen Hermeneutik primär zu konzentrieren haben (vgl. dazu unten die Beispiele zur kommunikativen Validierung im Exkurs Zwei).

Dabei ist allerdings immer zu bedenken, daß diese intentionale Innensicht-Beschreibung auch – wie es im Schema des praktischen Syllogismus ebenfalls zum Ausdruck kommt – konstitutiv auf ein von außen beobachtbares Handlungsergebnis und die dazu führenden Verhaltensteilmengen ausgerichtet ist. An diesem in der analytischen Handlungstheorie extensional genannten Bezug auf bestimmte (beobachtbare) Bewegungen (bzw. bei Unterlassungs-Handlungen auf Nicht-Bewegungen) und deren Ergebnis hat sich eine ausgedehnte Diskussion zum Status von Handlungsbeschreibungen entzündet, insbesondere hinsichtlich der Unterscheidung verschieden beschriebener Handlungen und damit in bezug auf den ontologischen Status dieser Unterscheidungen. Es ist sinnvoll, hier einige Aspekte dieser Diskussion zu skizzieren, um damit den erkenntnistheoretisch-methodologischen Standort des Handlungs-Konstrukts und seiner dialog-hermeneutischen Erhebung zu verdeutlichen. Die unmittelbare, der Alltagsreflexion am nächsten stehende Auffassung ist sicherlich die, daß mit unterschiedlichen (intentionalen) Beschreibungen auch auf unterschiedliche Handlungen verwiesen wird. Dieser Auffassung, die implizit auch meinen bisherigen Ausführungen zum Handlungs-Konzept und der Handlungs-Beschreibung auf Basissprachen-Ebene der psychologischen Wissenschaft zu unterliegen scheint, hat vor allem Davidson widersprochen, u.a. mit dem bekannten Beispiel des Lichtanschaltens, das zugleich eine Warnung für einen Landstreicher ist:

„Ich drücke den Schalter, schalte das Licht ein und erleuchte den Raum. Ohne es zu wissen, warne ich auch einen Landstreicher und zeige ihm, daß ich zu Hause bin. Ich tue dabei nicht vier Dinge, sondern nur eins, von dem vier Beschreibungen gegeben wurden" (Davidson 1975, 311).

Gegen Davidson hat vor allem Goldman (1977) die These, daß mit verschiedenen Beschreibungen auch auf verschiedene Handlungen referiert wird, zu verteidigen versucht. Er geht dabei davon aus, daß beim Bezug unterschiedlicher Beschreibungen auf die gleiche Handlung zwischen diesen Beschreibungen eine ‚Ist-Gleich-Relation' vorliegen müßte; nun läßt sich aber zeigen, daß in vielen Fällen die Relation zwischen den unterschiedlichen Beschreibungen eine ‚Dadurch-Daß-Relation' ist (im obigen Beispiel mache ich z.B. dadurch, daß ich den Schalter drücke, das Licht an). Daraus folgt nach Goldman, daß *nicht* auf etwas Identisches Bezug genommen wird. Er expliziert daher eine Beschreibungstheorie, die zwischen Akttypen (‚generischen' Handlungen) und Aktvorkommnissen (‚individuellen' Handlungen) unterscheidet. Dabei tritt das Problem auf, daß vor allem bei komplexen Handlungen eventuell die Akttypen wiederum eine Exemplifizierung oder ‚individuelle' Handlung eines übergeordneten Akttyps sein könnten, was die Referenzentscheidung dann vergleichsweise willkürlich macht. Aus diesen (und anderen) Gründen neigen heute viele Handlungstheoretiker der sprachanalytisch eleganteren Lösung von Davidson zu. Dieser geht von einer Unterschiedlichkeit intentionaler Interpretationen und zugleich einer möglichen Identität des extensionalen Bezugs aus. Im oben bereits angeführten Beispiel kann die intentionale Beschreibung der Handlung also entweder die Absichtlichkeit des Schalterdrückens oder die des Lichtanmachens thematisieren, der extensionale Bezug ist der gleiche. Mit den Worten von Davidson (1977a, 287) ausgedrückt:

„Wenn wir, wie ich behaupte, sagen können, daß jemand als Handelnder das tut, was immer er relativ zu einer Beschreibung absichtlich tut, dann ist der Begriff des Handelns seinerseits rein *extensional*, obwohl das Kriterium für Handeln im semantischen Sinne *intensional* ist."

Auf diesem Hintergrund gilt heute in der analytischen Handlungstheorie die Konsequenz als allgemein akzeptierter Konsens, „daß intentionale Sätze *intensionale* (nicht-extensionale) Sätze sind" (Bieri 1981c, 141). Diese Folgerung steht auf den ersten Blick im Widerspruch zu der Ausgangsperspektive des vorliegenden Kapitels; denn dieses befaßt sich mit der basissprachlichen Beschreibung von (komplexen) Gegenstandseinheiten der Psychologie — und das ist entsprechend den Ergebnissen des Kap. 1. auch gerade im Sinn der extensionalen basissprachlichen Beschreibung zu verstehen. Die Innensichtperspektive der Intentionalität (einschließlich Motivation und Überzeugungen) einzubeziehen, ist dezidiert für die extensionale Beschreibung von Handlungs-Einheiten gefordert worden. Im Gegensatz dazu geht die neuere philosophische Semantik gerade für solche epistemischen Sätze (oder ‚propositionalen Einstellungen' nach

Quine 1956/1966) davon aus, daß es sich um nicht-extensionale Sätze bzw. Kontexte handelt (intensionale Semantik; vgl. Kutschera 1976; Link 1976). Die nähere Analyse (und Auflösung) dieses (scheinbaren) Widerspruchs ist in der Lage, den Status und Bezug der Handlungs-Beschreibung in der Psychologie (vor allem auch im Hinblick auf individuelle Motiv- und Überzeugungssysteme des Handelnden) präziser zu verdeutlichen.

In der intensionalen Semantik werden Sätze (oder Satz- bzw. Sprachsysteme) ‚intensional‘ genannt, „wenn die freie Substituierbarkeit extensionsgleicher Ausdrücke nicht uneingeschränkt gültig ist." (Link 1976, 13) Die beiden wichtigsten Fälle sind die modalen und die epistemischen Kontexte. Die modalen Kontexte, die für uns nicht weiter relevant sind, werden von Prädikaten wie ‚möglich‘, ‚notwendig‘ etc. gebildet. Quines Ausgangsbeispiel ist hier der Satz ‚Es ist notwendig, daß 9 größer als 7 ist.‘ Wenn ich ‚9‘ durch den extensionsgleichen Ausdruck ‚Anzahl der Planeten (unseres Sonnensystems)‘ ersetze, wird der Satz falsch. Unmittelbar relevant ist aber der epistemische Kontext, der durch die ‚propositionalen Einstellungen‘ wie ‚wissen‘, ‚glauben‘ etc. gebildet wird. Wenn z.B. der Präsident eines bekannten Wohltätigkeitsverbandes auch der Boß einer Rauschgifthändlerbande ist, dann kann Hans glauben, daß der Präsident des Wohltätigkeitsverbandes ein Ehrenmann ist, ohne daß dieser Satz auch für den ‚Boß der Rauschgifthändlerbande‘ gilt (Beispiel von Link o.c., 15). Die gleiche referentielle Undurchsichtigkeit oder Opakheit gilt (wie Link gezeigt hat) auch für intentionale bzw. motivationale Ausdrücke: So will Ödipus zwar Jokaste heiraten, das heißt aber nicht, daß er auch seine Mutter heiraten will (o.c., 17).

Das Problem ist nun, ob auf dem Hintergrund dieser referentiellen Opakheit die Rede von der extensionalen Beschreibung des Motivations- und (epistemischen) Überzeugungssystems eines Handelnden sinnlos wird bzw. in welchen Hinsichten sie als sinnvoll konzeptualisiert werden kann.

Zunächst einmal fällt bei den Explikationen der ordinary language school auf, daß die Unterscheidung Intensionalität vs. Extensionalität praktisch durchwegs zusammenfällt mit dem Bezug auf Internales vs. Externales.

Aus handlungs*psychologischer* Sicht ist diese Identifizierung eine Folge des Kampfs gegen die Dominanz einer ‚rein extensionalen‘ Verhaltens-Beschreibung in der Psychologie, durch die auch Vertreter einer Einbeziehung intentionaler Aspekte der Tendenz unterliegen, extensionale Beschreibung mit Beschreibung von external beobachtbaren Verhaltensdimensionen zu identifizieren. Das kommt etwa in der Analyse des Verhältnisses von ‚kognitiver Psychologie und Erklärungsstruktur‘ bei Mischel (1981, 293) folgenderweise zum Ausdruck: „Taylors Argumente sind eng mit der Unterscheidung zwischen intentionaler und extensionaler Verhaltensbeschreibung verwandt, die wir oben erörtert haben. Seinen drei Kriterien zur Unterscheidung zwischen eigentlich zielstrebigem Verhalten und einem Verhalten, das nur zielstrebig erscheint, genügt eine Verhaltensbeschreibung in intentionalen Ausdrücken. Hier kann keine Beschreibung genügen, die in ‚rein behavioristischen‘ (d.h. extensionalen Ausdrücken) geliefert wird."

Schaut man sich im Vergleich dazu die bei der Adaptation des Handlungs-Konstrukts in der Psychologie postulierte Datenstruktur (von Cranach et al. 1980; vgl. o. Kap. II.) an, so wird deutlich, daß hier sowohl auf Internales wie auf Externales bezogene ‚Daten‘ als konstitutiv angesetzt werden; dementsprechend wurde auch die Einigung auf eine bestimmte Basissprache zwischen Erkenntnis-

Subjekt und Erkenntnis-Objekt als nicht nur auf Externales, sondern eben auch auf Internales bezogen postuliert. Eine wissenschaftlich-basissprachliche Repräsentation des intentionalen Gehalts einer Handlungs-Beschreibung umfaßt danach sowohl internale wie externale Aspekte. Der internale Aspekt wird durch die Absichtlichkeit sowie das Motivations- und Überzeugungssystem repräsentiert, der externale Bezug durch die in der intentionalen Beschreibung konstitutiv implizierte Referenz auf das Handlungs-Ergebnis. Daraus folgt, daß für die wissenschaftssprachliche Strukturierung (zumindest einer sozialwissenschaftlichen Psychologie) ‚intensional‘ nicht deckungsgleich ist mit ‚internal‘, genauso wie ‚extensional‘ nicht identisch ist mit ‚external‘. Vielmehr umfaßt der extensionale Basissprachen-Bereich sowohl Internales als auch Externales.

Es stellt sich dann natürlich folgerichtig die Frage, was man für den Bereich der Wissenschaftssprache als intensionalen Semantik-Bereich ansetzen soll; doch dies konnte im vorigen Kapitel – zumindest implizit – durchaus in sich konsistent und ohne Widerspruch zu den bisherigen Ausführungen entwickelt werden. Der intensionale Bedeutungsbereich deckt die theoretische Einbettung der jeweiligen Handlungs-Konstrukte in bestimmte, gegebenenfalls verschiedene Theorien (bei Handlungs-Konstrukten natürlich vor allem verschiedene Handlungstheorien) ab. Daß es solche inhaltlich unterschiedlichen Handlungstheorien bislang noch nicht in zureichend ausdifferenzierter Form gibt, kann und darf nicht über die grundsätzliche Möglichkeit, ja Notwendigkeit solcher wissenschaftlichen Theorienkonkurrenz hinwegtäuschen. Und genau diese Absorption durch potentiell verschiedene theoretische Kontexte ist für die intensionale Sprachdimension der Wissenschaftssprache oben expliziert worden.

Bezogen auf den konkreten Fall der (intentionalen) Handlungs-Beschreibung als Beschreibung der Motive und Überzeugungen, die der Handelnde selbst mit seinem Handeln verbindet, folgt aus diesen grundsätzlichen Unterscheidungen, daß man z.B. bei den epistemischen Prädikaten zwischen dem, wovon der Handelnde überzeugt ist, und der Tatsache des Überzeugtseins selbst trennen muß. Die referentielle Opakheit kommt ja durch (potentielle) Substituierungen im Bereich dessen, *wovon* der Handelnde überzeugt ist, zustande; aber diese Substituierungen bzw. extensionalen Validitäten des Überzeugungs-*Inhalts* des Handelnden sind bei der Beschreibung eines Tuns als intentionalem und damit als Handlung zunächst nicht thematisch (darauf wird sich die Analyse unten in Kapitel 4. und 5. konzentrieren). Hier geht es zuerst einmal nur um die Beschreibung des Überzeugtseins des Handelnden, d.h. der Überzeugungs-*tatsache*. Das, was in der Philosophie seit Quine über propositionale Einstellungen (und parallel intentionale Ausdrücke) herausgearbeitet worden ist, macht gerade deutlich, daß man nicht alles wissen muß, was (z.B. über ‚Extensionsgleichheit‘) logische Folge der eigenen Überzeugungen ist; daß es möglich ist, Überzeugungen über Sachverhalte zu haben, die nicht existieren bzw. (bei Zusammenhangsannahmen) falsch sind (s.u. 5.2./5.3.). Diese Möglichkeiten erfordern es geradezu, zu erheben, ob der Handelnde bestimmte Überzeugungen hat – oder nicht, obwohl sie u.U. bei vollständigem (‚extensionalem‘) Wissen des Handelnden impliziert wären, das er aber eben nicht besitzt (und nicht besitzen muß). Die Frage bei der (intentionalen) *Beschreibung* von Handlungs-Einheiten in der Psychologie ist also primär, welche Überzeugungen (und Intentionen/Motivationen) der Handelnde mit seinem Tun verbindet, nicht ob diese Überzeugungen richtig sind oder was bei richtiger (vollständiger) Realitätsabbildung noch aus ihnen folgen würde. Diese Frage (die zentral das Problem der Handlungs-*Beschreibung* ausmacht) wird durch Kommunikation mit dem Erkenntnis-Objekt und das heißt dialogisches Verstehen beantwortet, wobei die so vorgenommene Abbildung der ‚internalen' Phänomene des Handelnden durchaus als ‚extensionale' Beschreibung der psychologischen Gegenstandseinheiten anzusetzen ist. Zugleich ist diese Art der ‚Extensionalität' natürlich nicht identisch mit der üblichen Beschreibung von Gegenstandseinheiten mit universellen Bedeutungsdimensionen (‚Verhaltens-Einheiten'). Allerdings ist auch in dieser Problemdimension eine (restkategoriale) Zwischenstellung für die Einheit ‚Tun' zu konzedieren; wenn die Selbstsicht des Erkenntnis-Objekts hinsichtlich der eigenen Motive als realitätsinadäquat zu kritisieren ist, kann das zum einen zu einer (einschränkenden) Re- als Neu-Deskription seiner Handlung führen, gegebenenfalls aber auch zu einem Übergehen auf die Einheit des ‚Tuns' und dessen (‚motivationaler', aber nicht im engeren Sinne intentionaler) Beschreibung (s. im einzelnen unten 5.4./5.5.). ‚Handeln' und ‚Verhalten' stellen also auch in bezug auf die Relation von Intentionalität, Intensionalität und Extensionalität die beiden Extrempole dar, von denen aus diese Problemdimension am eindeutigsten zu strukturieren ist. Die Unterschiede lassen sich — die bisherige Diskussion zusammenfassend — auf zwei Kernaspekte hin konzentrieren:

— Zum einen sind die Beschreibungen von Handlungsintentionen, -motivationen und zugrundeliegenden Überzeugungen, zumal wenn und dadurch daß sie von den natürlichen Selbstauskünften des Handelnden ausgehen, bereits interpretativ (vgl. nächstes Teilkapitel: ‚Handlung als Interpretationskonstrukt'); d.h., bei Begriffen, die Gegenstandseinheiten der Psychologie als ‚Handlungen' beschreiben, handelt es sich zu einem großen Teil bereits um ‚theoretische Begriffe' (zumindest um Begriffe mit einer gewissen ‚Theoretizität'; vgl. genauer unten Kapitel 3.). Daraus folgt, daß Theorien, die in der explizierten Weise auf Handlungs-Beschreibungen basieren, z.T. metatheoretischen Charakter aufweisen (vgl. Groeben & Scheele 1977, 65ff.; s. im einzelnen u. Kap. III./5.).
— Entsprechend den Ergebnissen von Kap. 1. wird bei der dialog-konsensualen Beschreibung von Handlungen die natürliche Sprachproduktion des Erkenntnis-Objekts in eine als wissenschaftliche Basissprache akzeptierbare Sprachform überführt; dies geschieht durch eine möglichst weitgehende Elimination von Verzerrungsfehlern (auf seiten des Erkenntnis-Objekts; s.u. ‚Dialog-Konsens als Wahrheitskriterium'). Eine solche ‚Überführung' muß nach der eben erarbeiteten Problemanalyse auch die möglichst optimale Präzisierung der Überzeugungs*inhalte* des Handelnden

enthalten, so daß diese Inhalte hinsichtlich ihrer Realitätsadäquanz (und damit Erklärungskraft: vgl. Kap. 4. und 5.) überprüft werden können. Dieser Aspekt der präzisierenden Rekonstruktion bei der Beschreibung von Handlungs-Einheiten ist (zusammen mit dem ‚Theoretizitäts'-Status der Beschreibungs-Begriffe) der Grund dafür, daß die Beispiele für solche Dialog-Konsens-Erhebung (von Motivations- und Überzeugungssystemen des Handelnden) im folgenden überwiegend aus dem Forschungsprogramm ‚Subjektive Theorien' entnommen sind, das diese rekonstruktive Präzisierungsfunktion besonders deutlich verwirklicht, weil es Kognitionen des Erkenntnis-Objekts (Subjektive Theorien) in Parallelität zu Kognitionen des Erkenntnis-Subjekts (wissenschaftliche oder ‚objektive' Theorien) modelliert (vgl. Groeben & Scheele 1977; Dann et al. 1982; Groeben et al. 1987).

2.7. Handlung als ‚Interpretationskonstrukt' und der Dialog-Konsens als Wahrheitskriterium

Das Postulat, daß für eine handlungstheoretische Konzeption von Psychologie bei der Beschreibung von Handlungen als Ausgangseinheiten auch der Bezug auf internale Ereignisse dem extensionalen Sprachbereich (der Basissprache) zuzuordnen ist, impliziert überdies — als letzte, wichtige Konsequenz — daß der intentionalen Beschreibung aus der Sicht des Handelnden selbst ein größeres Gewicht zukommt als der aus der Sicht des Beobachters. Dies war mit der Einbeziehung der ‚Innensicht' im Vergleich zur ‚Außensicht' bisher auch immer mitgemeint (auch im Vergleich zur verstehenden Außensicht, wie sie z.B. die monologische Tiefen-Hermeneutik repräsentiert). Die Frage nach dem größeren Gewicht der Beschreibungsperspektive des Handelnden selbst ist identisch mit dem (von der analytischen Handlungstheorie intensiv diskutierten) Problem der potentiell sich widersprechenden Handlungsbeschreibungen. Denn durch die Festlegung (z.B. von Davidson), daß eine Handlung gegeben ist, wenn das Tun eines Akteurs in *irgendeinem* Bezug als intentional beschrieben werden kann, ist ja im Prinzip jede mögliche Handlungsbeschreibung sowohl aus der Sicht des Handelnden selbst als auch aus der eines Beobachters als potentiell brauchbar zugelassen. Wenn nun verschiedene Beschreibungen ein und desselben Tuns existieren, zeigt sich, daß es keine ‚Normalbeschreibung' für eine Handlung gibt (Harras 1983, 25ff.). Gleichzeitig ist es überdies intuitiv nicht einleuchtend, von einer Handlung zu sprechen, wenn der Handelnde selbst (immer vorausgesetzt: bei gutem Willen, wahrhaftiger Auskunftsbereitschaft etc.) nicht bejahen würde, daß er gehandelt hat. Außerdem gibt es einen weiteren zentralen Unterschied zwischen der (interpretativen) Beschreibung des Handelnden selbst und der eines Beobachters: der Beobachter kann, wie es auch v. Wright für den praktischen Syllogismus expliziert, seine Interpretation immer erst nach Vollzug der Handlung vornehmen (‚ex post actu': 1974, 110); der Handelnde dagegen kann (im Optimalfall der handlungsleitenden Intention) seine Wünsche, Motive, Absichten etc. bereits vor dem (eigenen) Handeln angeben.

„Der Verweis auf zukünftiges Handeln ist wichtig, denn er bedeutet, daß ein Akteur, wenn er sagt, was er glaubt oder will, weniger eine Vermutung äußert als eine Garantie abgibt." (Pettit 1982, 74)

Schütz bildet diese prinzipielle Perspektivendifferenz in der Unterscheidung von Sinndeutung (durch den Beobachter) und Sinnsetzung (durch den Handelnden) ab:

„Der Entwurf des Sinnsetzenden ist, vom Deutenden her gesehen, den Sinnsetzungsakten vorangegangen, er *wurde* durch sie erfüllt oder nicht erfüllt, aber er *erfüllt* sie nicht. Der Deutende wendet sich von den gesetzten Zeichen modo plusquamperfecti auf den ihnen vorangegangenen Entwurf des Sinnsetzenden zurück." (Schütz 1960/74, 178)

Daraus resultiert, daß man die Beschreibungsperspektive des Akteurs als primären, auszuzeichnenden Ansatzpunkt für die Beschreibung einer Handlung, vor allem auch für die Festsetzung der Komplexionsstufe von Handlungen (die in der Handlungs-Beschreibung ja mitenthalten ist) ansetzen sollte. Das bedeutet, daß die Perspektive des Handelnden selbst das primäre, zunächst einmal ausschlaggebende Gewicht bei der Handlungs-Beschreibung erhält. Dieses Postulat ist nichts anderes als die konsequente Manifestation der verschiedenen, bisher aus dem Gegenstands(vor)verständnis des reflexions-, rationalitäts- und handlungsfähigen Subjekts abgeleiteten Bestimmungen, die oben eingeführt wurden als: die Möglichkeit, daß subjektive Intentionalität und objektive Motivation nicht auseinanderfallen; das ist zugleich die Möglichkeit eines rationalen (realitätsadäquaten) Selbstverständnisses des Handelnden; die Intentionalität des Handelns als eine nicht universelle, aber kommunizierbare Bedeutung; der Rückbezug auf Internales als basissprachliche Repräsentation eines die Innensicht konstitutiv einführenden (Handlungs-)Konstrukts.

In diesem zunächst primären Gewicht der Akteur-Beschreibungsperspektive manifestiert sich überdies auch die in Kap. I. als erste Prämisse erarbeitete problemlösungsadäquate Komplexitätssequenz der Forschung: nämlich von den komplexeren (hier Handlungs-)Einheiten auszugehen und nur im Mißerfolgsfall auf geringer komplexe Einheiten (und die entsprechenden Erhebungsmethoden des monologischen Verstehens bzw. der — ausschließlichen — Beobachtung) überzugehen (vgl. im einzelnen Kapitel III./5.).

Dieser Lösungsperspektive am nächsten bzw. am besten verträglich ist die Auffassung von Handlung als „Interpretationskonstrukt" (Lenk 1978, 279ff.). Die bei der Beschreibung von Handlungen und besonders bei der Identitätsfrage so schwierigen ontologischen Probleme treten bei dieser Auffassung gar nicht mehr auf, denn Handlungen werden hier nicht als „Ereignisse" verstanden, sondern als „gedeutete Ereignisse" — das sind „gar keine Ereignisse, sondern eben Interpretationskonstrukte, die mit (meist) beobachtbaren Ereignissen (etwa Bewegungen) verbunden werden (können — oft ‚müssen')." (o.c., 293) Damit läßt sich die Frage der Identität zweier Handlungen ohne Schwierigkeiten unter Rekurs auf die Identität der Beschreibungen entscheiden, ohne daß die von Davidson gesehenen Probleme auftreten. Nur auf den ersten Blick problematisch erscheint dabei das Gewicht der Perspektive des Handelnden selbst; Lenk betont nachdrücklich, daß auch der Handelnde seine Handlungen selbst deutet, d.h. grundsätzlich in einer zum Beobachter vergleichbaren Situation ist (o.c., 297f.). Daraus scheint zunächst eine Gleichgewichtung von Beschreibungsperspektiven des Handelnden und des Beobachters zu resultieren. Schlußendlich aber setzt auch Lenk eine Höhergewichtung der Beschreibungsperspektive des Handelnden an und begründet sie folgenderweise: „Nur die Interpretationen der Handelnden selbst sind unmittelbar sozial wirksam, handlungsprägend, ‚operativ'" (o.c., 344). In diesem Konzept der – idealiter vorliegenden – operativen Wirksamkeit der intentionalen Beschreibung des Handelnden selbst (einschließlich seines Rückgriffs auf die mit der Intention verbundenen Motivations- und Überzeugungssysteme) sind all jene Begründungen zusammengefaßt, die oben für das primäre Gewicht der Interpretationsperspektive des Handelnden selbst angeführt wurden. Insofern die internalen Aspekte des Motivations- und Überzeugungssystems des Handelnden den Komplexitäts- und Strukturiertheitsgrad von sog. Subjektiven Theorien erreichen (vgl. u. Exkurs Zwei), führt die Konstituierung von Handlungen (qua Interpretationskonstrukt) als Ausgangseinheit psychologischer Forschung sogar zu einer metatheoretischen Forschungsperspektive. Wenn man in diesem Sinne von Handlungen als Interpretationskonstrukten und der operativen Funktion der Interpretationen des Handelnden selbst Handlungen als Ausgangseinheiten psychologischer Forschung ansetzen will, geht es beim verstehenden Beschreiben solcher Ausgangseinheiten ersichtlich darum, daß sich Erkenntnis-Subjekt und Erkenntnis-Objekt auf die interpretative Beschreibung einigen, für die der Handelnde selbst eine operative Wirksamkeit bejaht bzw. akzeptiert. Das bedeutet, daß die Zustimmung des Erkenntnis-Objekts zu der vorgenommenen verstehenden Beschreibung das ausschlaggebende Kriterium ist; dies ist im Prinzip genau die Struktur, die eine dialogische Hermeneutik mit dem dialog-konsenstheoretischen Wahrheitskriterium zu realisieren versucht.

Das dialog-konsenstheoretische Wahrheitskriterium wurde von der Frankfurter Schule (Apel, Habermas, Lorenzer) entwickelt, und zwar in Rekonstruktion des methodologischen Vorgehens der Psychoanalyse; dabei handelt es sich sicherlich auch um eine konstruktive, idealisierende Explikation des psychoanalytischen Vorgehens, was aber hier nicht weiter relevant ist. Nach dieser konstruktiven Aufarbeitung der Frankfurter Schule wird in der Psychoanalyse die Kohärenz einer Lebensgeschichte (Habermas 1968, 193) rekonstruiert, indem der Analytiker durch Interpretation (von Träumen, Assoziationen, Fehlleistungen etc.) potentielle Rekonstruktionen ‚verlorengegangener' Lebensgeschichte beisteuert, an die sich der Patient bei Adäquatheit der Rekonstruktion erinnern kann (o.c., 282). In diesem Vorgang liegt eine Objektivierung, insofern als „der unmittelbare kommunikative Zusammenhang des intersubjektiven Gesprächs zunächst einmal abgebrochen und der andere zum Objekt distanziert wird" (Apel 1965, 240). Das bedeutet eine Objektivierung nicht in Form einer Verdinglichung, sondern einer Versachlichung, wie sie jedes reflexive Subjekt beim Bemühen um Selbsterkenntnis, d.h. wenn es sich selbst zum Erkenntnis-Objekt macht, vornehmen muß (vgl. Herzog 1985, 629). Zugleich ist dadurch eine Form von Subjekt-Objekt-Trennung institutionalisiert, die allerdings durch die dialog-kommunikative (Wahrheits-)Überprüfung der entwickelten Rekonstruktion aufgehoben wird. Es ist klar, daß dieses dialogische Wahrheitskriterium nur für die verstehende *Deskription* von Handlungen gültig sein kann, d.h. also auf die Überprüfung deskriptiver Konstrukte (vgl. o. Kap. II. und Herrmann 1969) beschränkt ist; dies aber ist exakt die Funktion, in der es hier bei der Konstituierung von Handlungen als hochkomplexen Ausgangseinheiten psychologischer Forschung eingesetzt werden soll. Es handelt sich bei dieser verstehenden Beschreibung der Handlungs-Einheiten mit Hilfe der dialogischen Hermeneutik also um die Überprüfung der Rekonstruktions-Adäquanz der wissenschaftssprachlich repräsentierten deskriptiven Konstrukte – und über diese Rekonstruktions-Adäquanz wird durch Zustimmung des Erkenntnis-‚Objekts' entschieden. Das setzt natürlich voraus, daß die Auskünfte des Erkenntnis-Objekts im Dialog wahr sind bzw. wahr sein können; Habermas hat versucht, die Bedingungen der Möglichkeit solcher Wahrheit herauszuarbeiten (vgl. Habermas 1968; 1973; Esser et al. 1977, II, 205ff.). Er geht davon aus, daß Wahrheit dann vorliegt, wenn das auskunftgebende Erkenntnis-Objekt ‚vernünftig' und ‚wahrhaftig' ist. Vernünftigkeit und Wahrhaftigkeit erweisen sich an der Richtigkeit von Handlungen, die wiederum festgestellt wird durch Konsens zwischen Handelndem und (beobachtendem) Beurteiler. Damit liegt, von Habermas durchaus bemerkt und expliziert, ein Zirkel (bzw. ein Regreß ad infinitum) vor; die Wahrheit soll sich im Konsens konstituieren, dessen Angemessenheit wiederum im Konsens überprüft wird. Das notwendige Durchbrechen dieses Zirkels versucht Habermas durch die Einführung des präskriptiven Konzepts der „idealen Sprechsituation des Diskurses"; unter idealer Sprechsituation wird eine Situation ohne Systemzwänge etc. verstanden, wodurch die (gesellschafts-)systembedingte, systematische Verzerrung der Kommunikation soweit wie möglich aufgehoben oder ausgeschlossen wird bzw. werden soll.

„Ideal nenne ich eine Sprechsituation, in der Kommunikationen nicht nur nicht durch äußere kontingente Einwirkungen, sondern auch nicht durch Zwänge behindert werden, die sich aus der Struktur der Kommunikation selbst ergeben." (Habermas 1973, 255)

Als pragmatische Aspekte dieser idealen Sprechsituation sind die Regeln zum Gelingen einer argumentativ-persuasiven Kommunikation elaborierbar (vgl. Kopperschmidt 1973, 87ff.; Groeben & Scheele 1977, 178), z.B.:

– Die Diskursteilnehmer müssen nicht nur subjektiv willens, sondern auch faktisch in der Lage sein, miteinander als gleichberechtigte Kommunikationspartner zu interagieren;
– die Partner müssen ernsthaft an einer argumentativ erzielten Verständigung (Diskurs) interessiert sein;

- sie müssen die Verpflichtung eingehen, die Entscheidung des Gegenüber in jedem Fall zu respektieren und nicht durch persuasionsfremde Mittel zu beeinflussen;
- sie müssen bereit und fähig sein, sich mit den vom Gegenüber vorgebrachten Argumenten auseinanderzusetzen und sich gegebenenfalls durch sie überzeugen zu lassen;
- sie müssen sich verpflichten, gemäß ihrer Überzeugung (und Einigung) zu handeln.

Dieses Konzept der idealen Sprechsituation ist (nach Habermas) zugegebenerweise ein kontrafaktisches (1981, 71); es ist also eine regulative Zielidee, deren Realisierung in der vorhandenen Wirklichkeit nie vollständig gelingen wird und dennoch immer approximativ angestrebt werden muß (Apel 1973, II, 188ff.; Skirbekk 1982, 57f.).

„Die ideale Sprechsituation ist weder ein empirisches Phänomen noch bloßes Konstrukt, sondern eine in Diskursen unvermeidliche reziprok vorgenommene Unterstellung. Diese Unterstellung kann, sie muß nicht kontrafaktisch sein; aber auch wenn sie kontrafaktisch gemacht wird, ist sie eine im Kommunikationsvorgang operativ wirksame Funktion. Ich spreche deshalb lieber von einer Antizipation, von einem Vorgriff auf die ideale Sprechsituation." (Habermas 1973, 258)

In dem Charakteristikum der ‚regulativen Zielidee' stimmen dialog-konsenstheoretisches und empirisches Wahrheitskriterium überein (s.o. 1.3.); auch für das empirische Wahrheitskriterium gilt ja, daß die ‚objektive' Wahrheit nie vollständig feststellbar bzw. realisierbar ist (vgl. Groeben & Westmeyer 1975, 134ff.). Allerdings ist der Grund für diese Approximativität der Wahrheitskonzeptionen dann etwas unterschiedlich. Beim Dialog-Konsens als Wahrheitskriterium liegt das an einer explizit postulierten (präskriptiven) Kontrafaktizität (auch empiristische Wahrheitskonzeptionen gelten im Vergleich zu ihrer faktischen Erfüllung als relativ ideal, doch ist diese Idealität nicht dezidiert anthropologisch-soziologisch konzipiert und begründet). In diesem präskriptiven Aspekt der dialog-konsenstheoretischen Wahrheitskonzeption als Realisierung optimaler Rahmenbedingungen für den Diskurs ist eine konstruktiv-utopische Dynamik enthalten, die völlig kohärent ist mit den konstruktiv-utopischen Aspekten des eingangs explizierten Subjektmodells des reflexions-, rationalitäts- und handlungsfähigen Menschen als Gegenstands(vor)verständnis. Habermas nennt daher die ideale Sprechsituation einmal (wenn auch mit Fragezeichen) ‚eine in Zukunft zu realisierende Lebensform' (1973, 258). Diese präskriptiv-utopische Dimension des dialog-konsenstheoretischen Wahrheitskriteriums kann deswegen auch nicht durch Hinweis auf die ‚Kluft zwischen Realität und Vernunft' abgelehnt werden; denn gerade daß der bisherige ‚faktische Verlauf der Menschheitsgeschichte' (Aschenbach 1984, 88) die Verwirklichung idealer Sprechsituationen weitgehend vermissen läßt, macht deren Idee und den Versuch ihrer Realisierung (von der wissenschaftlichen Rationalität ausgehend) umso nötiger. Die Einführung der Verstehens-Methodik zur Beschreibung von Handlungen als hochkomplexen Ausgangseinheiten einer sozialwissenschaftlichen Psychologie in Form einer dialogischen Hermeneutik wird daher in Abhebung von klassischen (eher als naturwissenschaftlich zu klassifizierenden) Beobachtungsverfahren auf die Realisierung solcher optimaler Diskursbedingungen konzentriert sein müssen; für die Feststellung der Rekonstruktions-Adäquanz von interpretativen Beschreibungen mit Hilfe des Dialog-Konsenses als Wahrheitskriterium hat sich dabei in neuester Zeit der Terminus ‚kommunikative Validierung' eingebürgert (Klüver 1979; Lechler 1982; vgl. zur Methodik der kommunikativen Validierung u. Exkurs Zwei).

Ich möchte aber die Darstellung des dialog-konsenstheoretischen Wahrheitskriteriums nicht abschließen, ohne zu erwähnen, daß eine Konzentration auf die Feststellung der Rekonstruktions-Adäquanz (der Erhebung von Subjektiven Theorien etc.) nicht (vollständig) dem Selbstverständnis der Frankfurter Schule (vor allem Habermas') entspricht. Denn Habermas geht von der Angemessenheit der Konsensus-Theorie der Wahrheit für die Begründung aller Geltungsansprüche aus (1973, 220ff.). Er unterscheidet vier Klassen von Geltungsansprüchen (Verständlichkeit, Wahrheit, Richtigkeit, Wahrhaftigkeit), von denen Wahrheit (für behauptende, ‚konstative' Sprechakte) und Richtigkeit (für normative, ‚regulative' Sprechakte) im Diskurs einzulösen sind. Verständlichkeit wird als Bedingung der Kommunikation angesehen, Wahrhaftigkeit (der repräsentationalen Sprechakte) als nicht-diskursiver Geltungsanspruch, der primär in Handlungszusammenhängen einzulösen ist (s.o.). Von dieser generellen Konsenstheorie der Wahrheit weiche ich mit der hier vorgenommenen Funktionszuschreibung und -explikation des Dialog-Konsens-Kriteriums an zwei wichtigen Stellen ab. Zum einen ist für mich hinsichtlich der Wahrheit (qua *Realitäts*-Adäquanz) deskriptiver Aussagen der Konsens nicht das letzte (entscheidende) Kriterium, sondern lediglich der Indikator in Mittelfunktion, über den sich (qua Intersubjektivität) der Rückgang auf die Gewißheit möglichst weitgehend sinnlicher Beobachtung auswirkt (s.o. 1.3.). Habermas kommt dieser Perspektive durchaus nahe, wenn er berechtigterweise fordert, daß jeder wahrheitsrelevante Konsens ein ‚*begründeter Konsens*' sein muß (o.c., 239); unbefriedigend bleibt m.E. aber, daß er als solche Begründung nicht die sinnliche Gewißheit (des Korrespondenzkriteriums, s.o. 1.3.) zuläßt, sondern auf das vage Konzept der ‚rationalen Motivation' als ‚Kraft des besseren Arguments' zurückgreift (o.c., 240). Noch wichtiger aber ist, daß ich die strikte, disjunktive Trennbarkeit von Wahrheits- und Wahrhaftigkeitsperspektive, wie sie Habermas unterstellt, nicht akzeptieren kann. Nach Habermas betrifft ‚Wahrheit' den Sinn, „in dem ich eine Proposition behaupte", während Wahrhaftigkeit ausschließlich auf den Sinn bezogen ist, „in dem ich eine Intention zum Ausdruck bringe" (o.c., 236f.): „In Akten der Selbstdarstellung behaupte ich nichts über innere Episoden, ich mache überhaupt keine Aussagen, sondern ich bringe Intentionen zum Ausdruck" (o.c., 237). Diese strikte Trennbarkeit von Wahrheits- und Wahrhaftigkeitsaspekten mag für ganz einfache (repräsentationale) Sprechakte und Intentionsbenennungen möglich sein, bei komplexen Handlungs-Beschreibungen, die (wie diskutiert) die Benennung subjektiver Überzeugungs- und Motivations*systeme* implizieren, ist sie so nicht aufrechtzuhalten. Daher ist m.E. gerade das, was Habermas als Sonderfall des psychoanalytischen (therapeutischen) Diskurses ansieht, der paradigmatische Kernbereich für die Einsetzung des Dialog-Konsens-Kriteriums, nämlich daß ‚Wahrheits- und Wahrhaftigkeitsanspruch zugleich diskursiv eingelöst werden' (o.c., 259). Dieser Fall, der auch historisch den Ausgangspunkt für die Rekonstruktion des dialog-konsenstheoretischen Wahrheitskriteriums bildet (s.o.), stellt jenen Problembereich dar, der einerseits ohne das Wahrheitskriterium des Dialog-Konsenses nicht adäquat lösbar ist und auf den andererseits dieses Kriterium auch zu fokussieren ist. Genau diese Fokussierung wird mit der hier entwickelten Funktionszuschreibung für den Dialog-Konsens vorgenommen: nämlich als Konzentration auf den

Fall der Beschreibung internaler Phänomene (der subjektiven Überzeugungs- und Motivationssysteme) im Rahmen von Handlungs-Beschreibungen (als Interpretationskonstrukten) – eine internal-extensionale Beschreibung, bei der die Rekonstruktions-Adäquanz (Wahrheit) nur über die Ermöglichung und Sicherung von Wahrhaftigkeit feststellbar ist. Diese bei der Erhebung von subjektiven Überzeugungs- und Motivationssystemen unvermeidbare Verschränkung von Wahrheits- und Wahrhaftigkeitsaspekten ist – wie oben dargestellt – nur durch die ideale Sprechsituation einlösbar.

2.8. Erstes Fazit: Handeln, Tun, Verhalten als Einheiten eines verstehenden Beschreibens in der Psychologie

Damit ist eine erste Bilanz, und zwar für den Bereich der Beschreibung, möglich. Das wichtigste Ergebnis der bisherigen Analyse ist, daß für den Bereich der Beschreibung in einer sozialwissenschaftlichen Psychologie eine dualistische Konzeption gerechtfertigt erscheint, die das Verstehen als Methode im Bereich der Beschreibung einbezieht; diese Perspektive des verstehenden Beschreibens impliziert zugleich, daß der Ausschließlichkeitsanspruch der dualistischen Position nicht mit übernommen wird. Im einzelnen manifestiert sich diese nicht-dogmatische Lösungsperspektive in der Unterscheidung der explizierten drei Einheiten-Kategorien:

Aufgrund der erarbeiteten Prämissen des Menschenbilds (des reflexions-, rationalitäts-, kommunikations- und handlungsfähigen Subjekts) und der Komplexitätsstruktur von Forschung als Problemlöseprozeß sind *Handlungen* als hochkomplexe Ausgangseinheiten der Psychologie möglich und anzustreben; für die wissenschaftssprachliche Beschreibung dieser Einheiten ist das Verstehen als eine Erkenntnismethode zu akzeptieren und zu entwickeln, und zwar (idealtypisch) in Form einer dialogischen Hermeneutik. Die dialogische Hermeneutik versucht, die bei einer Handlung vom Handelnden eingebrachten Intentionen, Motivationen und (kognitiven) Überzeugungen zu rekonstruieren und die *Adäquanz dieser Rekonstruktion* unter Rückgriff auf die Zustimmung des Erkenntnis-Objekts im Dialog zu sichern (d.h. zu validieren im Sinne einer kommunikativen Validierung). Damit wird der Sprach- und Kommunikationsfähigkeit des Erkenntnis-Objekts in der Psychologie Rechnung getragen, indem die spontan-natürliche Sprachlichkeit und Sprachproduktion des ‚Gegenstandes' zugelassen, aufgenommen und in die Basissprache (als fundierende Sprachebene der Wissenschaftssprache) überführt wird; im optimalen Fall der dialogischen Hermeneutik geschieht dies durch Einigung zwischen Erkenntnis-Subjekt und -Objekt auf die Schnittmenge, die für das Erkenntnis-Subjekt als wissenschaftliche Basissprache und für das Erkenntnis-Objekt als Repräsentation seiner spontan-natürlichen Alltagssprache akzeptierbar ist. Dieser optimale, idealtypische Fall impliziert, daß der extensionale Semantikbereich der Basissprache auch den Bezug auf Internales, wie eben Intentionen, Motive, Überzeugungen etc., mit umfaßt; der intensionale Semantikbereich der Basissprache ist dann (wie durch die analytische Philosophie der idealen – wissenschaftlichen – Sprache expliziert) durch die Absorption in verschiedene theoretische Handlungs-Modelle charakterisiert. Diese Einbeziehung von Internalem in den extensionalen Bezug einer handlungstheoretischen Basissprache ist nur gerechtfertigt, wenn den intentionalen Beschreibungen des Handelnden ein besonderes, primäres Gewicht zukommt; dies ist dadurch gegeben, daß allein den intentionalen Beschreibungen qua Selbstinterpretationen des Handelnden eine operative Wirksamkeit zukommen kann. Das unterstellt nicht, daß diese interpretativen Beschreibungen des Handelnden selbst in jedem Fall operative Wirksamkeit besitzen, sondern nur, daß den interpretativen Beschreibungen eines externen Beobachters nie eine solche Wirksamkeit zukommen kann. Die operative Wirksamkeit der internalen Aspekte von Intentionalität, Motivation und Überzeugung beim Handelnden liegt dann vor, wenn die Rationalität im Sinne des Zusammenfallens von subjektiver Intentionalität und objektiver Motivation nicht nur potentiell, sondern realisiert ist. Dies ist in der Tat die Idealvorstellung des explizierten handlungstheoretischen Menschenbildes, auf die dementsprechend die methodologische Grundstruktur mit dem Konzept der dialogischen Hermeneutik konzeptuell auszurichten ist. Die darin liegende Präskriptivität, d.h. wertende Ausgerichtetheit auf positive, im konstruktiven Sinne utopische Entwicklungsmöglichkeiten des Menschen, bildet sich denn auch in dem der dialogischen Hermeneutik zugrundeliegenden Wahrheitskriterium ab – indem es nämlich nicht-zirkulär nur explizierbar ist durch die Einführung kontrafaktischer (utopischer) Bedingungen der Möglichkeit, als die vor allem die ideale Sprechsituation eines möglichst gleichberechtigten, argumentativen Diskurses expliziert wurde. Methoden der kommunikativen Validierung müssen daher versuchen, solche Rahmenbedingungen approximativ idealer Sprechsituationen konstitutiv zu etablieren (s.u. Exkurs Zwei).

Die Nicht-Ausschließlichkeit dieses verstehensorientierten (dualistischen) Lösungsansatzes manifestiert sich auf der Beschreibungsebene (zur Erklärungsebene vgl. Kap. 3. bis 6.) darin, daß keineswegs für alle möglichen oder denkbaren Ausgangseinheiten psychologischer Forschung der optimale Fall der Identität von subjektiver Intentionalität und objektiver Motivation behauptet wird. Vielmehr wird die Möglichkeit des Auseinanderfallens dieser Aspekte einbezogen und mitberücksichtigt, für die dann auch eine Unterschreitung der dialogischen Hermeneutik bei der Beschreibung von deskriptiven Konstrukten als Ausgangseinheiten der Psychologie zuzulassen und vorzusehen ist. Die monologische (Tiefen-)Hermeneutik ist diejenige Verstehensmethode, die bei einem solchen Auseinanderfallen von Intention und Motivation angemessen ist, weil sie auf ‚latente‘, hinter der bewußt-intentionalen Bedeutung des Tuns liegende Sinndimensionen ausgerichtet ist. Die Bezeichnung ‚monologisch‘ für diese Verstehens-Methodik leitet sich aus der übergeordneten Zielperspektive der Kommunikation zwischen Erkenntnis-Objekt und -Subjekt her. Gemessen an diesem Oberziel ist die Tiefen-Hermeneutik als ‚monologisch‘ klassifizierbar, obwohl sie ebenfalls einen Konsens impliziert; denn dieser Konsens erfolgt lediglich zwischen den Forschern (als Erkenntnis-Subjekten), zwischen Erkenntnis-Subjekt und -Objekt findet beim monologischen Verstehen keine Kommunikation im Sinne des Dialog-Konsens statt. Das ist auch legitim, weil beim Auseinanderfallen von (subjektiver) Intention und (objektiver) Motivation die kommunikative Erhebung der Intention (des Erkenntnis-Objekts) eben keine zureichende Beschreibung der thematischen Gegenstandseinheit(en) ergeben kann, da diese Bedeutungs- bzw. Sinndimensionen enthalten, die über das subjektiv-individuell-bewußt Intendierte hinausgehen. Solche Bedeutungsdimensionen sind daher am Erkenntnis-Objekt vorbei durch systematisches (monologisches) Verstehen von seiten des Erkenntnis-Subjekts universalisierbar. Von der Zielidee des Gegenstands(vor)verständnisses aus (dem möglichst autonomen, reflexions-, rationalitäts- etc. fähigen Menschen) ergibt sich dann allerdings das Problem, daß Einheiten mit (auf diese Weise) universalisierbaren Bedeutungsdimensionen mit einem anderen Terminus als ‚Handlung' benannt werden sollten. Dazu bietet sich der Begriff des *Tuns* an, weil schon alltagssprachlich bei ‚Tun' davon ausgegangen wird, daß es (zu mehr oder minder großen Teilen) außerhalb des bewußten und gewollten Intendierens des Tuenden liegen kann (man ‚weiß nicht, was man tut' und ‚hat das eigentlich nicht gewollt'). Komplementär wird durch das systematische, monologische (Tiefen-) Verstehen rekonstruierend beschrieben, was der Akteur „wirklich" tut bzw. getan hat (Schafer 1982, 146). Allerdings macht der Begriff des ‚Tuns' für diese mittlere Einheiten-Kategorie (in der Psychologie) deutlich, daß es sich um eine relativ breite Kategorie handelt, in der weitere Möglichkeiten universalisierbarer Bedeutungsdimensionen und damit monologischer Verstehensansätze mit zum Teil fließenden Übergängen zur dritten (niedrig-komplexen) Kategorie des Verhaltens enthalten sind. Als eine dieser Möglichkeiten ist schon jetzt etwa das ‚soziale Tun' rekonstruierbar, bei dem nicht unbedingt ein Auseinanderfallen von (subjektiver) Intention und (objektiver) Motivation vorliegen muß, sondern eventuell nur der (‚objektive', d.h. sozial konventionalisierte) Sinn des Tuns dem Akteur nicht vollständig bewußt ist. Noch näher an universellen Bedeutungsdimensionen, die im ‚Verhaltens'-Konzept impliziert sind, liegt die Möglichkeit, daß die subjektiv-individuell (vom Akteur) gemeinten Sinndimensionen des Tuns so allgemein verständlich sind, daß ein monologisches Verstehen als eine auf den direkt manifesten Bedeutungsgehalt ausgerichtete Hermeneutik ausreicht. Das ist es, was z.B. eine auf die manifeste Bedeutungsdimension ausgerichtete Inhaltsanalyse leistet, wodurch zugleich eine Komplexion einzelner Bedeutungsaspekte zu größeren Gesamtkomplexen stattfinden kann, die das mittlere Komplexitätsniveau der Einheiten-Kategorie ‚Tun' erreicht. Allerdings impliziert dieser Fall der Kategorie ‚Tun' keineswegs mehr ein Auseinanderfallen von (subjektiver) Intention und (objektiver) Motivation. Darin manifestiert sich die Tatsache, daß die Gegenstandseinheit ‚Tun' derzeit die Restkategorie zwischen den beiden relativ deutlich umschriebenen Polen von ‚Handeln' und ‚Verhalten' darstellt.

Die Kategorie ‚*Verhalten*' bildet in der hier vorgelegten Explikation auf praktisch allen Dimensionen jenen diametralen Gegenpol zum Handlungs-Konzept. Im Gegensatz zum ‚Handeln' unterstellt ‚Verhalten' keine (bewußte oder unbewußte) Intentionalität, die Bedeutungsaspekte sind universelle, die dementsprechend durch nicht-systematische, implizite Verstehensteilmengen abgebildet werden, wie sie in systematischen Beobachtungsverfahren — vergleichbar zu alltäglichen Wahrnehmungs- und Erfahrungsprozessen generell — enthalten sind. Dieser Rückgang auf universelle Bedeutungsaspekte impliziert auch, daß die ‚Verhalten' zu nennenden Gegenstandseinheiten die niedrigste Komplexitätsebene ausmachen, weil nur solche vergleichsweise molekularen Einheiten die Universalität der auch in ihnen unvermeidbaren Bedeutungsdimensionen garantieren; damit ist auch die leichte Objektivierbarkeit der ‚Verhaltens'-Einheiten gegeben, die seit jeher in der Psychologie methodologisch als ihr Vorteil gilt und — wie dargelegt — unter Vernachlässigung der (negativen) Gegenstandsimplikationen zur weitgehenden Konzentration der psychologischen Forschung (des 20. Jahrhunderts) auf diese Einheiten geführt hat (weswegen eine weitere Darstellung dieser Einheiten-Kategorie nicht nötig erscheint).

Die wichtigste Qualifikation der so konzipierten Kategorien von Gegenstandseinheiten in der Psychologie ist nach meiner Einschätzung, daß sie in integrierter Form gleichermaßen durch Gegenstands- wie Methodikmerkmale definiert werden. ‚Handeln' bezeichnet, um es noch einmal auf diesem höchsten Abstraktionsniveau der Gegenstands- *und* Methodikmerkmale zusammenzufassen, hochkomplexe Ausgangseinheiten, die durch die operative Wirksamkeit der subjektiven Intentionalität und dementsprechend subjektiv-individuelle Bedeutungsdimensionen gekennzeichnet sind, wobei letztere durch Verstehensschritte der dialogischen Hermeneutik erfaßt werden. Beim ‚Tun' handelt es sich um Ausgangseinheiten mittlerer Komplexität mit durch systematische, monologische Verstehensmethodik universalisierbaren Bedeutungsdimensionen, die z.B. auch und gerade ein Auseinanderfallen von subjektiver Intentionalität und objektiver Motivation implizieren (können). ‚Verhalten' dagegen stellt in diesem Kontext die Einheiten-Kategorie auf niedrigster Komplexitätsstufe dar, deren universelle Bedeutungsdimensionen sich nicht auf (bewußte oder nichtbewußte) Intentionalität beziehen und deswegen durch implizite, innerhalb von systematischer Beobachtung ablaufende Verstehensprozesse abgedeckt werden können. Mit den in dieser Weise interpretierten Gegenstands- und Methodikmerkmalen der explizierten Einheiten-Kategorien wird die eingangs postulierte metatheoretische Prämisse der adäquaten Gegenstands-Methodik-Interaktion erfüllt; in diesem Interaktionspostulat liegt auch die methodologische Rechtfertigung dafür, die Einheiten-Kategorien nicht nur von der Verstehens-Methodik her, sondern auch entsprechend auf der Ebene der Gegenstandsannahmen deutlich voneinander zu trennen. Das hat zu zwei Abgrenzungen geführt, die in der bisherigen Diskussion so nicht üblich sind, aber m.E. der Explizitheit und Differenziertheit psychologischen Theoretisierens nur zuträglich sein können. Das eine ist die Konsequenz, das Konzept des ‚Handelns' nur für solche Phänomene vorzubehalten, bei denen ein Zusammenfallen von (bewußter) subjektiver Intentionalität und objektiver Motivation (berechtigterweise) anzunehmen ist, während Einheiten ohne die operative Wirksamkeit subjektiven Intendierens ‚Tun' (oder sogar ‚Verhalten') zu nennen sind. Das entspricht auf weiten Strecken nicht der üblichen Grenzziehung, die häufig auch bei Beschreibungs-Einheiten von ‚Handeln' ausgeht, wenn dem Akteur von außen (qua Fremdbeschreibung) ‚objektive' Motivationen zugeschrieben werden (vgl. o. 2.5. u. Harras 1983, 38; Schafer 1982, 282ff.). Ich halte das aber für eine Überziehung des Handlungs-Begriffs, die u.a. darauf zurückzuführen ist, daß derzeit die handlungstheoretische Perspektive modern ist und dadurch (dem Verhaltens-Konzept vergleichbar) in der Gefahr steht, zu ubiquitär eingesetzt zu werden. Gerade der Psychologe sollte m.E. an der präzisen (Ideal-)Vorstellung festhalten, daß ‚Handeln' ein bewußt intentionales Agieren mit operativer Wirksamkeit der subjektiven Intentionalität bezeichnet (wofür dann die explizierte Herausgehobenheit der Selbstinterpretation des Handelnden gilt; vgl. auch Herzog 1984, 315). Komplementär zu dieser deutlichen Eingrenzung des Handlungs-Konzepts ist dann auch die Konzentration des Verhaltens-Begriffs auf eher unwillkürliche, umweltkontrollierte Reaktionen (ohne Intentionalität) vorgenommen worden. Dies weicht von dem modalen Begriffgebrauch in weiten Teilen der neueren (auch und vor allem behavioristischen) Psychologie ab, in der ausgehend von beobachtbaren Bewegungsabläufen praktisch alles als ‚Verhalten' klassifiziert wird bis hin zu solchen Ausweitungen wie ‚covert behavior' oder ‚intentionales Verhalten' (für nicht-beobachtbare internale Prozesse); damit wird aber m.E. ebenfalls eine Begriffsüberziehung vorgenommen, die aus dem Versuch, den Ubiquitätsanspruch behavioristischer Theorie(n) aufrecht zu erhalten, resultiert und letztlich nur theoretische Inkohärenzen der (behavioristischen) Erklärungsmodelle zur Folge hat (vgl. Groeben & Scheele 1977; ausführlich Scheele 1981). Eine deutliche polare Entgegensetzung der Einheitenexplikation von ‚Handeln' und ‚Verhalten' ist daher nach meiner Einschätzung eine wichtige Basis für die theoretische Kohärenz und Erklärungskraft der davon ausgehenden theoretischen Modellierungen.

Die postulierte Gegenstands-Methodik-Interaktion wird durch die vorgelegte Explikation der drei Einheiten-Kategorien dann auch insofern realisiert, als die deutliche Abgrenzung zwischen den Kategorien nicht nur auf der Ebene des Gegenstandsbezugs, sondern genauso klar auf der der Verstehens-Methodik erfolgt. Zentral ist hier sicherlich, daß bei der Einbeziehung der hermeneutischen Methodik mit dem Dialog-Konsens als übergeordneter Zielidee vom ‚sozialen Charakter des Verstehens' (Bredella 1980, 69f.) ausgegangen wird, der auch und gerade für internale Phänomene (bzw. das Sprechen über sie) gilt, da diese Phänomene sowohl aus der Kommunikation mit anderen entstehen als auch primär durch solche Kommunikation als wissenschaftliche Gegenstände einholbar sind (vgl. auch Schütz 1960/74, 148ff.). Gerade weil der Dialog-Konsens als Wahrheitskriterium einschließlich dem Konzept der idealen Sprechsituation hier dezidiert auf die Rekonstruktions-Adäquanz intentionaler Handlungs-Beschreibungen konzentriert wird, ist eine präzise Abgrenzung der dialogischen Hermeneutik von der monologischen und den nur impliziten (in Beobachtung mit-realisierten) Verstehensprozessen möglich. Diese deutliche Grenzziehung zwischen den verschiedenen Verstehens-Konzepten manifestiert sich auch in der Unterscheidung der drei Arten von Bedeutungsdimensionen (individuell-kommunizierbare, universalisierbare, universelle), wobei diese Ebene der Bedeutungsteilmengen das Verbindungsstück von Gegenstands- und Methodikaspekten darstellt.

Dabei ergibt sich das Problem, daß der Bedeutungs-Begriff seinerseits bisher nur vorläufig (s.o. I.6.) eingeführt wurde, und bei verschiedenen Autoren z.B. hinsichtlich des Subjektbezugs unterschiedlich verwendet wird. Die Ausgangsexplikation der ‚Handlungs'-Einheit von mir selbst unterstellt etwa, daß ‚Bedeutung' der subjektiv gemeinte und realisierte Sinn eines ‚Handelns' sei (was folglich den Terminus ‚Sinn' eher dem Intersubjektivitätspol zuordnet). Weber dagegen versteht unter ‚Sinn' die subjektiv gemeinte Intentionalität (die er gleichwohl dann soziologisch ‚objektivierend' re-interpretiert, s.o. 2.7.). Ich habe bisher keine dezidierte Stellungnahme für oder gegen eine bestimmte Explikationsmöglichkeit bezogen und will es auch an dieser Stelle nicht tun, weil die Konzeption einer sozialwissenschaftlich-handlungstheoretischen Psychologie dafür m.E. noch nicht genügend ausgearbeitet ist. Hier und jetzt ist nur ein relativ offener Begriffsumriß für ‚Sinn' bzw. ‚Bedeutung' angebbar: Ich beziehe mich mit diesen Begriffen darauf, daß die beschriebenen Einheiten (der Psychologie) nicht (vollständig) ‚Realitätsabbildungen' sind, sondern selbst mehr oder minder Zeichencharakter haben. ‚Bedeutung' (und ‚Sinn') wurde daher bisher und wird auch weiterhin verstanden als ‚Semiotizität' (entsprechend der Allgemeinen Zeichentheorie sensu Peirce, Bense, Walther; vgl. Walther 1974). Dabei erstreckt sich diese Semiotizität von relativ geringen bis zu sehr hohen Ausmaßen (o.c., 62ff.). Geringe Semiotizität liegt z.B. vor, wenn eine je konkret beobachtbare (Ausgangs-)Einheit für eine größere (z.B. Verhaltens-)Kategorie steht (die also durch Semiotizität schaffende Abstraktions-, Inferenz- etc. Prozesse konstituiert wird; vgl. o. 2.2. das Beispiel der systematischen Beobachtungs-Kategorien); relativ große Semiotizität ist bei den (hochkomplexen) Handlungs-Einheiten gegeben, bei denen z.B. die beobachtbaren Bewegungen Zeichen für potentiell sehr umfangreiche Intentions- und Überzeugungssysteme sind.

Eine eingehendere Ausarbeitung eines solchen semiotik-theoretischen Bedeutungs-Begriffs ist an dieser Stelle nicht geboten. Es sollte lediglich verdeutlicht werden, daß ich beim gegenwärtigen Entwicklungsstand einer nicht-naturwissenschaftlichen Psychologie-Konzeption einen relativ weiten Bedeutungs-Begriff im Sinne von Semiotizität mit Unbestimmtheit hinsichtlich der Relation zur Subjektivität bzw. Objektivität (qua Intersubjektivität) ansetze. Allerdings ist auch diese vorläufige weite Begriffsstipulation m.E. keineswegs nichtssagend. So folgt aus ihr z.B., daß etwas, was nach klassischen Methodologienormen in der Psychologie äußerst problematisch ist, reinterpretiert und umbewertet werden muß: nämlich die Tatsache, daß eine von Alltagssprache ausgehende basissprachliche Beschreibung von Phänomenen u. U. „eher über (verbreitete) Sprechgewohnheiten als über beobachtbare Sachverhalte" informiert (Beck 1984, 196). Das Konzept der (hoch-)komplexen Gegenstandseinheiten mit ihrer Semiotizität macht deutlich, daß in einer sozialwissenschaftlich-handlungstheoretischen Psychologie dagegen die Zielidee zu verfolgen ist, eine verstehende Beschreibung zu realisieren, die Informationen über (verbreitete) Sprechgewohnheiten *und* über beobachtbare Sachverhalte integriert (vgl. 2.7. ‚Handlung als Interpretationskonstrukt'). Die methodologische Ausarbeitung dieser Zielidee unter der Bedeutungs-Perspektive der Gegenstandseinheiten allerdings ist der zukünftigen Entwicklung einer handlungstheoretischen Psychologie zu überantworten.

Diese Zwischenbilanzierung nennt die herausgearbeiteten Einheiten-Kategorien bereits in der adäquaten Reihenfolge; denn sowohl die Prämisse der sinnvollen Komplexitätssequenz als auch die des handlungstheoretischen Subjektmodells führen zu der Forderung, daß Übergänge zwischen den drei Bedeutungs- und damit Beschreibungsebenen nicht als aufsteigend von der Beobachtung über das monologische zum dialogischen Verstehen zu konzipieren sind, sondern als absteigend vom dialogischen zum monologischen Verstehen (oder gar der Beobachtung) bzw. vom monologischen Verstehen zur Beobachtung. Darin manifestiert sich das metatheoretische, methodologische Postulat, daß bei einem optimalen sozialwissenschaftlich-psychologischen Forschungsprozeß von Handlungs-Einheiten auszugehen ist, die dialog-hermeneutisch zu beschreiben sind, und erst bei Nicht-Gegebensein der für diesen Fall konstitutiven Bedingungen ein Übergang zu monologischem Verstehen sinnvoll und zulässig ist. Dieser Übergang ist also für Einheiten, die potentiell als komplexe Handlungs-Einheiten auffaßbar sind, im Einzelfall zu rechtfertigen (was die Überprüfung von subjektiver Intentionalität und objektiver Motivation impliziert, s. dazu ausführlicher Kap. 4. u. 5.). Für den Übergang von systematischem Verstehen (gleich ob dialogischem oder monologischem) auf (nur) implizites ist ebenfalls zu rechtfertigen, inwiefern hier Einheiten der geringsten Komplexionsstufe, nämlich solche mit universellen Bedeutungen, vorliegen. Es ist durchaus zu akzeptieren, daß es Teilbereiche der Psychologie gibt, in denen die Bedeutungen der Ausgangseinheiten so universell sind, daß sie in einem auf rein externe Beobachtung konzentrierten Beschreibungsprozeß automatisch mit-verstanden werden. Allerdings sollte auch hier eine Rechtfertigungsverpflichtung vom sozialwissenschaftlichen Psychologen eingegangen werden, zu begründen, inwiefern und warum die in bestimmten Untersuchungen vorliegenden Variablen dieser Kategorie von Ausgangseinheiten zuzurechnen sind. Insgesamt manifestieren die Kategorien der Beobachtung und des monologischen Verstehens eine Außensicht-Perspektive im Vergleich zur Innensicht-Perspektive des dialogischen Verstehens; nach den herausgearbeiteten Anforderungen ist die Notwendigkeit einer solchen Außensicht-Perspektive bei Einheiten, die im

Prinzip auch als hochkomplexe Handlungs-Einheiten mit individueller Bedeutungsdimension konzipiert werden könnten, grundsätzlich möglichst umfassend und im Einzelfall zu rechtfertigen.

Damit läßt sich abschließend die Nicht-Ausschließlichkeit des dualistischen (verstehensorientierten) Lösungsansatzes im Bereich der Beschreibung (noch einmal) auf höchstem Abstraktionsniveau in zwei Aspekten verdeutlichen. Zum einen wird nicht ausgeschlossen, daß es berechtigt sein kann, in bestimmten Teilbereichen und Fragestellungen der Psychologie von Einheiten mittleren oder niederen Komplexitätsgrades auszugehen, für die monologisches oder nur in Beobachtung impliziertes Verstehen ausreichen; der dabei zu rechtfertigende Übergang von einer Einheiten-Kategorie auf die nächst niedrigere impliziert die Nicht-Reduzierbarkeit der Einheiten aufeinander, was eine klassische These der dualistischen Position darstellt (s.o. II.6. die Emergenz-These). Dieser strukturelle Aspekt der Emergenz zwischen den Gegenstandseinheiten (vor allem zwischen Handlungs- und Verhaltens-Einheiten) ist bei der Diskussion des Handlungsbegriffs und der darauf ausgerichteten dialog-hermeneutischen Methodik mehrfach begründet worden. Zugleich wird aber nicht behauptet, daß eine sozialwissenschaftliche Psychologie die Emergenz zwischen den verschiedenen Sprachspielen (also besonders dem handlungs- und verhaltenstheoretischen) so aufzufassen hat, daß man sich ein für alle Mal für das eine oder andere entscheiden muß; vielmehr ist, obwohl es nicht möglich ist, die verschiedenen Einheiten-(Komplexitäts-)Ebenen aufeinander zurückzuführen und auf diese Art und Weise sozusagen zum gleichen Zeitpunkt beide Sprachspiele einzusetzen, ein Nacheinander (der Sprachspiele) nicht nur denkbar, sondern auch sinnvoll und angebracht. Der Übergang von einer Ebene des (verstehenden) Beschreibens zur anderen sollte lediglich entsprechend den eingangs begründeten Prämissen immer von der komplexeren zur weniger komplexen Ebene vor sich gehen und möglichst explizit gerechtfertigt werden. Die forschungsstrukturellen Realisierungsmöglichkeiten solcher Rechtfertigungen werden unter Rückgriff — vor allem auch auf die Erklärungsperspektive — in den folgenden Kapiteln behandelt werden.

Exkurs Zwei: Zur Methodik der kommunikativen Validierung – Zielvorstellungen und erste Verfahrensvorschläge

E.2.1. Kommunikative Validierung: Das Beispiel der Heidelberger Struktur-Lege-Technik (SLT)

Ein ganz dezidiert und programmatisch auf die Realisierung des dialog-konsenstheoretischen Wahrheitskriteriums ausgerichtetes Verfahren ist die sog. Heidelberger Struktur-Lege-Technik (SLT: vgl. Scheele & Groeben 1979/1984). Es ist dies ein Verfahren, das explizit für die Erhebung von Subjektiven Theorien mittlerer Reichweite konzipiert ist, also für den Fall, in dem das subjektive Motivations- und Überzeugungssystem eines Handelnden vergleichsweise hohe Grade von Komplexität erreicht einschließlich so hoher Grade von potentieller Explizitheit bzw. Explizierbarkeit, daß die strukturierten, vernetzten Aspekte des individuellen Kognitionssystems in Strukturparallelität zu sog. objektiven, wissenschaftlichen Theorien rekonstruiert werden können. Diese Merkmalspostulate basieren (u. a.) auf dem schon oben (vgl. Kap. II.) angeführten Menschenbild von Kelly (1955), das von einer grundsätzlichen Parallelität von Alltagspsychologe und Wissenschaftler ausgeht, die beide Theorien generieren, prüfen und anwenden. Dabei ist allerdings nicht postuliert, daß die Subjektiven Theorien immer vergleichbar explizit, bewußt, stringent und überprüft sein müssen wie die wissenschaftlich ‚objektiven'; im Gegenteil, wegen der weniger vollständig expliziten, stringenten Struktur werden die Theorien des Alltagspsychologen eben ‚Subjektive' genannt. Diese Merkmalsbestimmungen von Subjektiven Theorien sind in dem folgenden Bedeutungspostulat zusammengefaßt:

„Unter ‚Subjektiver' Theorie ist zu verstehen: ein Aggregat (aktualisier*barer*) Kognitionen der Selbst- und Weltsicht mit zumindest impliziter Argumentationsstruktur, die eine (zumindest partielle) Explikation bzw. Rekonstruktion dieses Aggregats in Parallelität zur Struktur wissenschaftlicher Theorien erlaubt." (Groeben & Scheele 1982, 16)

Daß Subjektive Theorien nicht vollständig bewußt und explizit verbalisierbar gegeben sein müssen und daher im Erhebungsprozeß durch die Kommunikation mit dem Erkenntnis-Subjekt expliziert, strukturiert etc., insgesamt eben rekonstruiert werden, ist eine Voraussetzung, die unter klassisch-methodologischen Kriterien als vitiös erscheint (vgl. Wilson & Nisbett 1978: „Telling more than we can know"; s.o. E.1.2.), entspricht aber durchaus den implizierten Perspektiven des Gegenstands(vor)verständnisses der positiven Entwicklungsmöglichkeiten des Menschen und läßt sich auf diesem Hintergrund auch stringent rechtfertigen (vgl. ausführlicher Scheele & Groeben 1984, 6ff.). Um das genannte Rekonstruktionsziel zu erreichen, werden im Verfahren der SLT die Erhebung der Inhalte von der Rekonstruktion der Struktur (der Subjektiven Theorien) getrennt. Zur Erhebung der Inhalte wird ein halbstandardisiertes

Interview vorgeschlagen, das drei verschiedene Frageebenen enthält: hypothesenungerichtete Fragen (A), hypothesen-gerichtete Fragen (B) und sog. Störfragen (C, die mit alternativen Interpretationen, Erklärungen etc. konfrontieren). Dabei wird der Interviewpartner ausdrücklich darüber informiert, daß der Forscher mit Hilfe dieses Interviews keine Diagnostik im Sinne der Bewertung des Erkenntnis-Objekts treiben, sondern die Grundlage für eine adäquate Abbildung der (subjektiv-theoretischen) Kognitionen beim Interviewten legen will; dazu gehört auch, mit Hilfe der sog. Störfragen die subjektiv-theoretischen Thesen möglichst ‚harten‘, kognitive Konflikte implizierenden Explikationsüberprüfungen zu unterziehen. Das halbstandardisierte Interview versucht also, eine möglichst optimale Kombination von sog. ‚harter‘ und ‚weicher‘ Interviewmethodik zu sein.

Einen Eindruck davon mag der Beginn eines Interviews über Ironie aus Groeben & Scheele 1984 (90f.) geben:

    1.   *Definition von Ironie*
A 1.1.   Können Sie auf Anhieb sagen, was Sie unter Ironie verstehen?
    1.2.   Was Ironie im Unterschied zu Witz, Sarkasmus, Zynismus ist?
    1.3.   Fällt Ihnen vielleicht ein Beispiel einer ironischen Äußerung (von sich selbst oder anderen) ein, an dem Sie mir Ihre Auffassung von Ironie verdeutlichen könnten/an dem wir Ihre Auffassung von Ironie entwickeln könnten?

wenn ja:
    1.4.1. Was ist daran ironisch? Was ist der Unterschied zu einem Witz, zu Sarkasmus etc.?

bei nein (und ergänzend zu einem evtl. gegebenen Beispiel):
    1.4.2. Ich darf Ihnen dann vielleicht (noch) einmal 3 (2) Beispiele von Äußerungen [ironisch, ironesk, sarkastisch] vorlegen:

           Halten Sie eine oder mehrere dieser Äußerungen für ironisch? Wenn ja, warum?

    1.4.3. Warum sehen Sie das/die Beispiel/e xy nicht als ironisch an? Was ist der Unterschied zu dem/n ironischem/n Beispiel/en?
    1.5.   Können Sie vielleicht jetzt schon sagen, was das Zentrale, Ausschlaggebende (Merkmal) bei Ironie ist?
B 1.6.   In Kreuzworträtseln wird meistens als Definition für Ironie ‚versteckter Spott‘ angegeben; würden Sie dem zustimmen?

bei ja:
    1.7.1. Inwiefern ist der Spott bei der Ironie ‚versteckt‘? Können Sie das an dem/n eben besprochenen Ironie-Beispiel/en verdeutlichen?

bei nein:
C 1.7.2. Aber bei dem Beispiel oben ist doch der Spott insofern versteckt, als er nicht direkt ausgesagt wird? ...

Das Kernstück der SLT aber ist das Struktur-Lege-Spiel, das mit Hilfe von Struktur-Lege-Regeln die zentralen, im Interview erhobenen Konzepte abzubilden versucht. Diese Struktur-Lege-Regeln enthalten die von der Struktur objektiver Theorien her wichtigsten formalen Relationsmöglichkeiten sowohl auf Definitions- als auch auf Erklärungsebene. Diese Relationsmöglichkeiten werden in einem Struktur-Lege-Leitfaden erläutert. Als Beispiel seien die ersten 6 der Definitions- und die ersten 3 (von 16) Erklärungs-Relationen angeführt (vgl. Abb. 10):

B. 1. Beziehung zwischen Begriffen im Bereich der definitorischen Festlegung, was das Konzept bedeuten soll: kurze schmale Kärtchen.

1.1.
$$=$$

Steht für: definitorisch identisch mit „..........". Einzusetzen vor allem, wenn ein z.B. Fachbegriff in unmittelbar verständlicher Sprache/Wortwahl verdeutlicht wird.

1.2.
$$/\quad\backslash$$

Steht für: Unterkategorien zu einem Begriff, der in Bezug auf diese Kategorien Oberbegriff ist.

1.3. Nebeneinander-Stellen von Begriffen/Konzepten (-Kärtchen).
Steht für: Und-Verbindungen.

1.4. Untereinander-Stellen von Begriffen/Konzepten (-Kärtchen).
Steht für: Oder-Verbindung; zwei Möglichkeiten:
a) ‚oder' im Sinne von ‚oder auch';
b) ‚oder' im Sinne von ‚entweder oder'.

1.5.
$$\underline{\text{Manif.}}$$

Steht für: Manifestation(en) für den jeweiligen Begriff/das Konzept; dabei handelt es sich vor allem um Objekte, Ereignisse, Phänomene etc., die als Beispiele für das jeweilige Konzept in der Realität angesehen werden können.

1.6.
$$\underline{\text{Ind.}}$$

Steht für: Indikator für die mit einem jeweiligen Begriff/Konzept gemeinten Objekte, Ereignisse, Phänomene etc.; signalisiert (z.B. wie ein Symptom die Krankheit) das vorliegende gemeinte Objekt, ohne dieses selbst zu sein.

...

B. 2. Beziehungen zwischen Begriffen/Konzepten im Bereich der Erklärungsstruktur, d.h. Beziehungen, die empirisch feststellbare Abhängigkeiten abbilden: lange schmale Kärtchen.
(Anstelle der quadratischen roten Kärtchen stehen in den folgenden Erläuterungen, als Platzhalter, die Buchstaben A, B, C. ...)

2.1.
$$A \xrightarrow{+} B$$

Steht für: A bewirkt B bzw. B hängt von A ab, und die Richtung ist positiv (gleichsinnig; d.h. je größer A, desto größer B und umgekehrt). ‚Bewirken' bedeutet nicht nur, daß A zeitlich B vorausgeht, sondern auch, daß es B verursacht.

2.2.
$$A \xrightarrow{-} B$$

Steht für: A bewirkt B bzw. B hängt von A ab, und die Richtung ist negativ (gegenläufig).

2.3.

$$A \xleftarrow{+} B$$

Steht für: Gegenseitige Abhängigkeit von A und B, und die Richtung ist positiv (gleichsinnig); das heißt, es handelt sich um den einfachsten Fall einer sich aufschaukelnden Spirale.

...

Abb. 10: Beispiele für Definitions- und Erklärungs-Relationskärtchen aus der SLT (nach Scheele & Groeben 1984, 23ff.)

Dieser Struktur-Lege-Leitfaden wird am Schluß des Interviews an den Interviewpartner ausgegeben mit der Bitte, ihn durchzuarbeiten, um in der folgenden Struktur-Lege-Sitzung auch selbst eine Struktur legen zu können. Zwischen den beiden Sitzungen (Interview und Struktur-Lege-Spiel) extrahiert der Versuchsleiter zusammenfassend die wichtigsten Konzepte und schreibt sie entsprechend den SLT-Regeln auf grüne (für die Definitionsstruktur) bzw. rote Karten (für die Erklärungsstruktur; in der folgenden Abb. 11 sind grüne Karten durch eckige Kästchen dargestellt, rote durch abgerundete Kästchen); diese Konzeptkarten werden am Anfang der Struktur-Lege-Sitzung als erstes vom Interviewpartner beurteilt und als korrekte Extraktion aus dem Interview akzeptiert bzw. ergänzt oder reduziert. Dann legt der Interviewpartner auf der Grundlage der SLT-Regeln eine Theoriestruktur, die mit dem Rekonstruktionsvorschlag des Versuchsleiters verglichen wird (den der Versuchsleiter zwischen den Sitzungen hergestellt und z.B. auf Polaroidfoto dokumentiert hat). Dieser Vergleich läuft so ab, daß Unterschiede in den Struktur-Lege-Versionen vom Erkenntnis-Objekt und Erkenntnis-Subjekt diskutiert und begründet werden, wobei schlußendlich der Proband entscheidet, an welchen Stellen er eher der Rekonstruktion des Versuchsleiters zustimmen will oder aber der eigenen den Vorzug gibt — bzw. eventuell neue, beide Versuche integrierende Versionen zu entwickeln sind. In dieser Zustimmung des Interviewpartners (qua Erkenntnis-Objekt) als ausschlaggebendem Kriterium dafür, welche Rekonstruktions-Struktur schließlich als Abbildung der Subjektiven Theorie des Erkenntnis-Objekts festgelegt wird, manifestiert sich das dialog-konsenstheoretische Wahrheitskriterium. Als Ergebnis dieses Konsenses resultiert dann das komprimierte Bild einer Subjektiven Theorie-Struktur (wie in Abbildung 11).

Die Realisierung der Zielidee der idealen Sprechsituation wird bei diesem Verfahren primär dadurch versucht, daß das Erkenntnis-Objekt (der Interviewpartner) durch die Kenntnis und möglichst weitgehende Beherrschung der SLT-Regeln vor allem in seiner Argumentationsfähigkeit gestärkt wird. Dies gilt vor allem auch für die Vorgehensweise, daß der Interviewpartner zunächst seine eigene Rekonstruktionsvariante legt, bevor er mit dem Rekonstruktionsvorschlag des Wissenschaftlers bekannt gemacht wird. Dadurch soll es — zumindest approximativ — zu einer größeren Symmetrie (Gleichberechtigung) zwischen Erkenntnis-Subjekt und Erkenntnis-Objekt bei der Ausarbeitung der Subjekti-

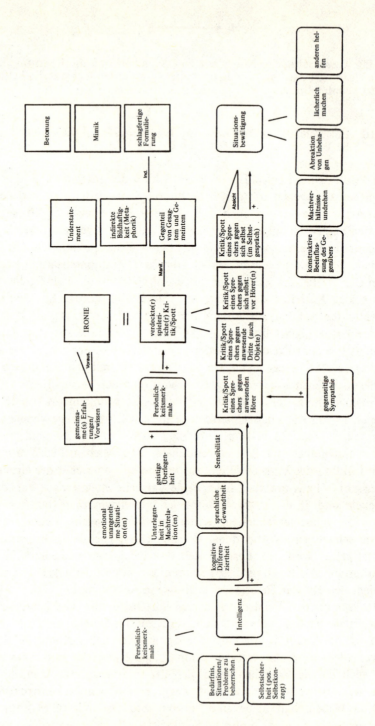

Abb. 11: Beispiel einer mit Hilfe der SLT rekonstruierten Subjektiven Theorie über Ironie (nach Groeben & Scheele 1984, 110)

ven Theorien-Struktur kommen. Soweit die bisherigen Erfahrungen mit der SLT dies zu beurteilen gestatten, gelingt die intendierte Approximation von Symmetrie als Realisation der Rahmenbedingungen idealer Sprechsituation relativ gut; dafür sprechen nicht nur die Einschätzungen von Versuchsteilnehmern, die nach Abschluß einer solchen Struktur-Lege-Sequenz im Hinblick auf die Kommunikationssituation befragt wurden und mehrheitlich angaben, sich überwiegend gleichberechtigt behandelt gefühlt zu haben (vgl. Heider & Waschkowski 1982, 26ff.); vor allem spricht dafür auch die Tatsache, daß bei allen uns bekannten bisherigen Struktur-Rekonstruktionen kein einziges Mal der Rekonstruktionsvorschlag des Versuchsleiters unverändert als Konsens-Variante der Rekonstruktion übernommen wurde. Sicherlich lassen sich auch bei dem hier vorgeschlagenen Setting Suggestionsdynamiken nie ganz ausschließen; doch die Tatsache, daß die Interviewpartner praktisch durchwegs den Rekonstruktionsvorschlag des Versuchsleiters innerhalb des Konsens-Prozesses noch verändern, spricht zumindest dafür, daß mit der entwickelten Vorgehensweise ein gewisses Gegengewicht gegen die Übermächtigkeit des Erkenntnis-Subjekts geschaffen werden konnte. Nach unseren Erfahrungen sind sich im übrigen die Interviewpartner an den Stellen, wo sie auf ihrer eigenen Rekonstruktionsvariante beharren, subjektiv auch sehr sicher, was ebenfalls für die Approximation der argumentativen Symmetrie spricht.

Um Mißverständnissen vorzubeugen, ist dennoch hier ganz ausdrücklich zu betonen, daß mit diesem Verfahren der SLT lediglich *ein* Beispiel einer dialoghermeneutischen Erhebungsmethode vorgelegt ist; eine voll entwickelte handlungstheoretische Psychologie wird schlußendlich eine Vielzahl von dialog-hermeneutischen Verfahrensweisen entwickeln (müssen), wie es in der verhaltenstheoretischen Psychologie-Konzeption eine Vielzahl von Beobachtungs-Verfahren bereits gibt. Dabei werden in Zukunft sicher vor allem auch Methoden zu erarbeiten sein, die an die Verbalisierungsfähigkeit und die Kenntnis von Wissenschaftsstrukturen (beim Erkenntnis-Objekt) weniger Anforderungen stellt, als es die hier skizzierte SLT tut; sie dürfte denn auch auf lange Sicht vor allem für die Erhebung sog. Subjektiver ‚Berufstheorien' wie z.B. den Subjektiven Theorien von Lehrern geeignet sein, die sowieso aus einer Mischung von wissenschaftlichen und alltagspsychologischen Kognitionen bestehen.

Damit ist auch eine Lösungsperspektive für das Problem angedeutet, das auf dem Hintergrund der oben (Kap. 1.) explizierten Basissprachen-Konzeption beim Verfahren der SLT als das gravierendste zu konzedieren ist. Man könnte nämlich auf den ersten Blick einwenden, daß mit dem Regelwerk der SLT eine vergleichbare Sprachnormierung vom Erkenntnis-Subjekt aus eingeführt wird, wie sie bei der Konzeption von Werbik (in Nachfolge des Erlanger Konstruktivismus) kritisiert und abgelehnt wurde (vgl. o. 1.7.); und daß durch eine solche Normierung die ideale Sprechsituation eingeschränkt oder sogar verhindert wird. Dem ist entgegenzuhalten, daß die Überführung der Alltagssprache in eine (wie auch immer geartete) wissenschaftliche Basissprache einerseits notwendigerweise eine Präzisierungskomponente enthalten muß, die eine gewisse Vorgabe von seiten des Erkenntnis-Subjekts unvermeidbar macht; diese Vorgabe aber bezieht sich bei der SLT keineswegs direkt auf das Sprachsystem, sondern vielmehr auf die Regeln zur Rekonstruktion der (subjektiven) Theorie-Struktur, mit deren Hilfe eine Einigung (Dialog-Konsens) über Sprachsystem und Theorie-Struktur (des Erkenntnis-Objekts) zwischen Erkenntnis-Subjekt und Erkenntnis-Objekt erzielt werden soll. Und auf diese Weise wird zum anderen keineswegs unvermeidbar die ideale Sprechsituation zerstört, weil ja durch die explizite und transparente Vorgabe der (zu erlernenden) Struktur-Regeln eine möglichst vergleichbare Kompetenz von Erkenntnis-Subjekt und Erkenntnis-Objekt angezielt ist und (approximativ) erreicht wird – allerdings eine Qualifikation in einer vom Erkenntnis-Subjekt vorgegebenen Kompetenz. Das ist aber grundsätzlich unvermeidlich, wenn man daran festhalten will, daß wissenschaftliche Rationalität nicht auf Alltagsrationalität reduziert werden darf; zugleich ist jedoch zuzugestehen, daß es unterschiedliche Intensitätsgrade einer solchen Strukturierungsvorgabe gibt, die auch zu mehr oder minder großen Belastungen für die ideale Sprechsituation führen können. Die oben angedeutete Lösungsperspektive besteht darin, hier ein Kontinuum von Intensitätsgraden der Strukturierungsvorgabe (und davon abhängig der Erschwerung für die Realisierung der idealen Sprechsituation) anzunehmen, ein Kontinuum, das auf die Dauer durch weitere, zu entwickelnde Verfahren einer dialogischen Hermeneutik auszufüllen sein wird.

E.2.2. Kommunikative, nicht kumulative Validierung: gegen eine Vermischung von monologischer und dialogischer Hermeneutik

Nachdem mit der SLT ein positives Beispiel für das dialog-konsenstheoretische Wahrheitskonzept und die Methode der kommunikativen Validierung vorgestellt ist, möchte ich zur Verdeutlichung auch noch eine (partiell) negative Instanz anführen, bei der die Zielidee des Dialog-Konsenses durch (partielle) Unterschreitung der zentralen, konstitutiven Merkmale deutlich wird. Es handelt sich um den Ansatz der „mehrperspektivischen Triangulation" von Köckeis-Stangl (1980). Köckeis-Stangl expliziert diesen Ansatz für die empirische Sozialisationsforschung und geht dabei von durchaus parallelen Prämissen aus, wie es die eingangs explizierten Voraussetzungen des Einheiten-Problems und Gegenstands(vor)verständnisses (vgl. o. Kap. I. u. II.) darstellen:

— Als Ausgangsproblem für die Sozialisationsforschung formuliert sie, daß nur hochkomplexe Einheiten sinnvoll sind, die als Beobachtungsdaten mit hohem Inferenzgrad zu konstituieren sind:

„Da molekulare Verhaltenseinheiten lediglich für strikt behavioristische Untersuchungen von Interesse sein können und es kaum denkbar ist, daß etwa Angaben über die Häufigkeit physischer Berührungen ohne Berücksichtigung der damit verbunden gewesenen Intentionen (z.B. ob Aggression oder Liebkosung) für eine Handlungstheorie relevant sein könnten ..., ist es evident, daß *für die Sozialisationsforschung fast ausnahmslos nur Beobachtungsdaten mit beträchtlich hohem Inferenzgrad brauchbar sein können.*" (o.c., 328)

— Als weitere, methodenkritische Prämisse wird angesetzt, daß Experimente für eine handlungstheoretisch konzipierte Sozialisationsforschung weniger geeignet sind, weil sie den Handlungsspielraum der ‚Erkenntnis-Objekte' einschränken, während man ihn vom Theoretischen her ausweiten sollte (vgl. dazu eingehender unten Exkurs Drei).

— Schließlich und endlich ist es so, daß auch bei ‚objektiven' (bzw. ‚objektivistischen') Methoden implizite Inferenzvorgänge – allerdings auf seiten des Forschers – zahlreich und unvermeidbar sind:

„Je mehr sich ... der Forscher ... auf distanzierte Informationsgewinnung verläßt, desto eher muß er so tun, als ob er schon im voraus die Befragten hinreichend gut kenne, da er ja bereits bei der Formulierung seiner Items vorwegnehmen muß, daß und wie diese verstanden werden. Trotz eventueller Pretests muß gerade der nach objektiven Daten Strebende an diesem Punkt auf sein generelles (sub)kulturelles *Verständnis* zurückgreifen. Je weniger der Wissenschaftler über solches Verstehen verfügt und je weniger er dieses explizite mobilisieren kann, desto wahrscheinlicher ist es, daß *seine Bedeutungszuschreibungen auf impliziter Introspektion beruhen, auf unkontrollierter, unreflektierter persönlicher Erfahrung.*" (o.c., 346)

Daraus zieht Köckeis-Stangl die (kritische) Konsequenz, daß sehr viel mehr und sehr viel expliziter interpretative Methoden kontrollierten Fremdverstehens einzusetzen sind (o.c., 347ff.), die letztendlich auf eine kommunikative Interaktion mit dem (zu erforschenden) Handelnden als Zielidee hinauslaufen (o.c., 348). Bis hierhin scheint die Argumentation relativ eindeutig auf das Konzept der kommunikativen Validierung und damit die Etablierung des Dialog-Konsenses als (kontrafaktischem) Wahrheitskriterium hinauszulaufen. Im folgenden aber führt Köckeis-Stangl als positives Beispiel für solche interpretativen Methoden gerade auch die ‚objektive Hermeneutik' (nach Oevermann et al. 1979) zur Analyse von familialen Interaktionsstrukturen an. Das zeigt, daß der von ihr verfolgte Ansatz nicht konsequent dialog-kommunikativ durchstrukturiert ist, sondern eher einer Verwischung der Grenzen zwischen monologischer und dialogischer Hermeneutik Vorschub leistet. Diese Vermutung bestätigt sich, wenn man die von ihr vorgeschlagene formale Prozeßstruktur der mehrperspektivischen Triangulation betrachtet; sie unterscheidet drei zentrale Schritte:

a) Informations- und Materialgewinnung; dieser Schritt sollte unter folgenden drei Zielkriterien strukturiert werden:

   – Der Forscher sollte die Situationen, aus denen er die Informationen über das Erkenntnis-Objekt gewinnt, möglichst wenig selbst strukturieren und kontrollieren;
   – das ist möglich, indem der Forscher an der Lebensrealität des ‚Forschungsgegenstandes' möglichst weitgehend teilnimmt, ihn miterlebt und daran mitwirkt (vgl. genauer u. Exkurs Drei, Aktionsforschung);
   – um über das reine Miterleben hinauszukommen, sollte der Forscher „andererseits *Material zusammentragen, an dem eine nachträgliche und gründliche reflexive Interpretation ansetzen kann.*" (Köckeis-Stangl 1980, 355)

b) Die damit angesprochenen *Interpretationsverfahren* (o.c., 358ff.) sollten allerdings komplementär nicht zu sehr abstrahieren, so daß z.B. nicht der lebensweltliche Kontext verlorengeht; das ist für Köckeis-Stangl ein Argument gegen die durch sehr große Generalität und Abstraktivität gekennzeichnete Inhaltsanalyse (als klassischem Verfahren der monologischen Hermeneutik). Daraus folgt, daß für diesen Schritt der Interpretation primär die Perspektive des Handelnden selbst relevant sein soll, die sich eben am besten im kommunikativen Dialog mit ihm (als ‚Erkenntnis-Objekt') eruieren läßt; allerdings sollte die Interpretation dabei auch „latente Sinnstrukturen" einbeziehen (o.c., 359) — auf die jedoch, wie oben ausführlich dargestellt, vor allem Verfahren der monologischen Hermeneutik ausgerichtet sind.

c) Entsprechend dieser internen Spannung zwischen monologischer und dialogischer Hermeneutik enthält auch die *Kontrolle* als dritter Schritt bei Köckeis-Stangl beide Aspekte. Zum einen hebt sie die Möglichkeiten „kommunikativer Validierung" qua Konsens zwischen Erkenntnis-Subjekt und Erkenntnis-Objekt positiv hervor, zum anderen aber sieht sie auch durchaus den Konsens nur zwischen Erkenntnis-Subjekten (monologischer Hermeneutik) als konstitutiv an. Es liegt damit eine Struktur „kumulativer Validierung" (o.c., 363) vor, die sie besser als „mehrperspektivische Triangulation" zu benennen vorschlägt.

> „Anstelle von Validierungen zu sprechen, *wäre es vielleicht adäquater, unsere Prüfprozesse als mehrperspektivische Triangulation anzusehen* ... und im voraus schon darauf gefaßt zu sein, *als Ergebnis kein einheitliches, sondern eher ein kaleidoskopartiges Bild zu erhalten.*" (l.c.)

Die Rede vom „kaleidoskopartigen Bild" markiert den Ansatzpunkt, von dem aus dieses Konzept der „mehrperspektivischen Triangulation" auf dem Hintergrund der hier explizierten Zielidee der kommunikativen Validierung zu kritisieren ist. Das Kaleidoskop besteht auf jeden Fall auch darin, daß ein Schwanken zwischen monologischer und dialogischer Hermeneutik vorliegt und damit die Grenzen zwischen diesen beiden Verstehensarten, vor allem auch die methodischen Unterschiede, verwischt werden. Eine solche Verwischung aber kann m.E. keine konstruktiven Konsequenzen für die Elaboration kommunikativer Validierungsverfahren haben. Denn es wird damit auch verwischt, daß sich diese beiden methodisch unterschiedlichen Kategorien hermeneutischer Verfahren auf verschiedene Einheiten-Ebenen beziehen, die nicht nur von der Komplexität, sondern auch von der Gegenstandskonstituierung her eindeutig unterscheidbar sind. Denn die dialogische Hermeneutik unterstellt (wie oben herausgearbeitet) mit dem Konsens des Erkenntnis-Objekts als ausschlaggebendem Wahrheitskriterium ganz eindeutig bzw. zielt an, daß dem nicht nur reflexiven, sondern auch potentiell rationalen Erkenntnis-Objekt die realitätsadäquate Benennung seiner Intentionen, Wünsche, Motive etc. gegeben oder zumindest erreich*bar* ist; die monologische Hermeneutik dagegen unterstellt (über die Einheiten mit universalisierbaren Bedeutungen), daß diese realitätsadäquate Verbalisierbarkeit der eigenen Intentionen etc. zu einem großen Teil dem Erkenntnis-Objekt nicht gegeben ist, so daß hier der Konsens der Erkenntnis-Subjekte qua interpretativ konstruierende Beschreibung ersetzend eingreifen muß.

Wie die Unterscheidung der verschiedenen Einheiten-Ebenen (hier vor allem von ‚Handeln' vs. ‚Tun', s.o. 2.5. bis 2.7.) verdeutlicht, streite ich keineswegs ab, daß es diese verschiedenen Verfahrenskategorien hermeneutischer

Methodik (dialogischer vs. monologischer Hermeneutik) gibt und geben muß; es geht m.E. nur darum, auch die unterschiedlichen gegenstandskonstituierenden Dimensionen zu sehen, die in ihnen enthalten sind. Und wegen dieser unterschiedlichen gegenstandskonstitutiven Implikationen kann eine Verwischung der Grenzen und Unterschiede zwischen beiden, wie sie durch eine einfache „Kumulation" unvermeidbar ist, nicht zu einer konstruktiven Entwicklung des Konzepts der kommunikativen Validierung und damit der Realisation des Dialog-Konsenses als Wahrheitskriterium führen. In einer kumulativ verstandenen „mehrperspektivischen Triangulation" bleibt die kommunikative Validierung notwendigerweise zum größten Teil einfach aufgesetzt, weil sie nicht mit der (kontrafaktischen) Realisierung einer möglichst idealen Sprech- und Kommunikationssituation verbunden wird. Zur konstruktiven Entwicklung solcher Verfahren der kommunikativen Validierung kommt es also daher m.E. darauf an, nicht vorschnell die (vorhandenen) hermeneutischen Ansätze zu kumulieren, sondern im Gegenteil zu überprüfen, welche der vorhandenen monolog-hermeneutischen Verfahren einer kommunikativen Validierung offenstehen und welche nicht. Eine konstruktive Heuristik zur Entwicklung kommunikativer Validierungsansätze kann dann darin bestehen, bekannte monolog-hermeneutische Verfahren zu ‚dialogisieren', d.h. so zu verändern, daß eine möglichst ideale Sprechsituation realisiert wird, um damit den Dialog-Konsens von seiten des Erkenntnis-Objekts als ausschlaggebendes Wahrheitskriterium zu etablieren. Kandidaten für eine solche ‚Dialogisierung' von bisher (zumindest für die hier ausschlaggebende Auswertungsphase) monolog-hermeneutischen Verfahren wären etwa die oben (vgl. Exkurs Eins) erwähnte Repertory-Grid-Methode und auch die schon mehrfach angesprochene klassische (monolog-)hermeneutische Methodik der Sozialwissenschaften, die Inhaltsanalyse.

E.2.3. ‚Dialogisierung' von Interpretationsverfahren: das Beispiel eines sprachfreien Konsenses

Abschließend möchte ich als Beispiel einer solchen ‚Dialogisierung' eine Verfahrensvariante darstellen, die zugleich einem der häufigsten Einwände gegen das Konzept der dialogischen Hermeneutik begegnet, nämlich dem Vorwurf, daß mit dem Ansatz der kommunikativen Validierung notwendigerweise ein zu starkes Gewicht auf die Verbalisierungskompetenz der Versuchspartner gelegt wird. Zum einen ist sicherlich zuzugestehen, daß die Verbalisierungs- und Kommunikationsfähigkeit des Erkenntnis-Objekts hier eine große Rolle spielt – und dies entspricht ja auch den Ausgangsbestimmungen des Gegenstands-(vor)verständnisses. Allerdings bedeutet dieses Gegenstandsverständnis m.E. nicht, daß praktisch nur mehr Erkenntnis-Objekte mit einer sehr großen, überdurchschnittlichen Verbalisierungskompetenz erforschbar sind. Auch hier wird es darum gehen, weitere, alternative Methoden der dialogischen Hermeneutik zu entwickeln – eben auch solche, die eventuell einen Dialog-Konsens ermöglichen, ohne ein so starkes Gewicht auf die Verbalisierungsfähigkeit des Versuchspartners zu legen.

Als ein Beispiel für solche Entwicklungsmöglichkeiten möchte ich daher eine Vorgehensweise anführen, die zwar von den Autoren selbst nicht explizit als Manifestation eines Dialog-Konsens-Verfahrens eingeführt worden ist, die sich aber m.E. durchaus als eine Möglichkeit ‚sprachfreier' Konsensherstellung rekonstruieren läßt. Es handelt sich um den Konsens zwischen Erkenntnis-Subjekt und Erkenntnis-Objekt(en) im Kindesalter durch gemeinsames Spielen. Das Verfahren ist von Charlton & Neumann (1982) entwickelt worden zur Erhebung der kognitiv-emotionalen Verarbeitung von Fernsehfilmen bei Kindern unterhalb von 6 Jahren. Die Autoren gehen so vor, daß sie nach der Rezeption des jeweiligen Fernsehfilms den Kindern Vorschläge zum ‚Nachspielen' von Szenen, Konstellationen oder mit dem Film zusammenhängenden Szenarios machen; diese Spielimpulse können in der bisher erarbeiteten Nomenklatur einer dialogischen Hermeneutik als Rekonstruktionsvorschläge des Erkenntnis-Subjekts gelten. Das Eingehen der Kinder auf bestimmte Spielimpulse, das sich durchaus sehr deutlich vom Nicht-Eingehen auf die Mehrheit dieser Impulse absetzt, kann als Zustimmung des Kindes zu dem hinter diesem Impuls stehenden Rekonstruktionsvorschlag gewertet werden: „Die geglückte Einigung (... Beobachter/Kind) entscheidet über die Angemessenheit des Angebotes." (o.c., 13) Auf dem Hintergrund dieses Einigungsvorgangs versuchen die Autoren dann unter Heranziehung von (tiefenpsychologischen) Sceno-Test-Ergebnissen die Rezeption des Fernsehfilms durch das Kind verstehend zu erschließen. Hier kommt natürlich notwendigerweise ein Aspekt der monologischen Hermeneutik hinein, der allerdings wegen der eingeschränkten Reflexions- und Kommunikationsfähigkeit des Erkenntnis-Objekts unvermeidbar ist und durch den übergeordneten dialog-konsenstheoretischen Ansatz kontrolliert wird. Ein konkretes Beispiel dieses Vorgehens zeigt der Fall „Malte" (vgl. o.c., 95ff.).

Malte ist bei Beginn der Untersuchung 5;1 Jahre alt. Als Personen im Sceno-Test wählt er eine Frau und zwei Männer (bzw. Jungen) aus. Neben Malte und dem männlichen Versuchsleiter spielt jeweils eine Frau (die weibliche Versuchsleiterin bzw. Maltes Mutter) mit. Im ersten Sceno-Test spielt Malte selbst den Großvater, der männliche Versuchsleiter einen Mann im Hausanzug und die Versuchsleiterin die Frau im Hauskleid. Malte beschützt die Frau vor dem Krokodil, das im Wald lauert. Im dritten Sceno-Test entwickelt sich eine Spielstruktur, die sich für die folgenden Sceno-Sitzungen durchhält: die beiden Männer treten in eine Bande von Straßenjungen ein, die die Kauffrau attackieren; diese wird von der weiblichen Versuchsleiterin gespielt. Dabei sorgt Malte nicht mehr für den Schutz der Frau, sondern überläßt das Polizisten und Ehemännern, die zumeist auch von der Versuchsleiterin selbst gespielt werden müssen.

Der teilweise nachgespielte Fernsehfilm „Jahreszeiten" enthält eine Szene zwischen Spencer und Droppy, in der Droppy immer kleiner und schwächer wird, während Spencer größer und bedrängender wird. Dabei erzählt Malte eine Geschichte (aus der Muppets-Show) von einem Mann, der so stark ist, daß er Bäume ausreißen kann. Der Film aktiviert daher ersichtlich bei Malte ein Thema, das für ihn zur Zeit der Untersuchung sehr bedeutsam ist: das Thema von Grösse und Potenz. Beim Spielen zeigt sich, daß Malte den Film nicht so nachspielen möchte, wie er gezeigt worden ist; vielmehr beharrt er auf seinen Phantasien zu „Größe und Potenz", die sich schlußendlich an der Erinnerung festmachen, wie er im Sommer mit einem Gartenschlauch die Leute naßgespritzt hat (vgl. o.c., 99-102). Diese Einigung auf das Naßspritz-Spiel wird von den Autoren folgenderweise interpretiert:

„Das Spiel wird dominiert durch ein Thema, das dem *sozial-emotionalen Entwicklungsstand* von Malte entspricht: Malte will ausprobieren, wie stark und kompetent er ist. Offensichtlich war für ihn besonders wichtig, daß es einen weiblichen und einen männlichen Versuchsleiter gab. Er hat sich mit dem männlichen Versuchsleiter identifiziert und den weiblichen Versuchsleiter auf eine sehr aggressive Weise umworben. Das Spritzen auf die weibliche Versuchsleiterin muß für ihn sehr lustvoll gewesen sein. Er will gar nicht mehr damit aufhören. Es ist in allen nachfolgenden Sitzungen kaum möglich, mit ihm etwas anderes zu spielen. Die Beziehung zur weiblichen Versuchsleiterin ist ambivalent. Erst hilft er ihr gegen das Krokodil, er will ihr als mächtiger Beschützer imponieren. Auch die Spritzattacken sollen eher ihre Aufmerksamkeit erregen, als sie verletzten. Er will ihr zeigen, wie stark er ist." (o.c., 103)

In diese Interpretation fließen, wie oben schon erwähnt, wegen der beschränkten Kommunikationsfähigkeit des kindlichen Versuchspartners unvermeidbar auch Aspekte einer monologischen Hermeneutik (und zwar ebenfalls psychoanalytischer Provenienz) ein; das gewählte Beispiel macht aber m.E. gerade im Vergleich zur dargestellten Interpretionspraxis der ausschließlich monologischen (Tiefen-)Hermeneutik (von Oevermann et al. und Nachfolgern: s.o. 2.4.) positiv deutlich, wie sehr viel weniger weitreichend und d.h. vorsichtiger, gebremster der monologische Interpretationsanteil innerhalb eines dialogischen Grundansatzes aussehen kann, so daß nicht strukturell und unvermeidbar von einem Auseinanderklaffen der subjektiven Intentionalität und objektiven Motivation die Rede sein muß. Im Hinblick auf die Gegenstandskonstituierung wird dadurch auch deutlich, daß man schon relativ frühzeitig von Handlungen als Beschreibungs-Einheiten ausgehen kann, d.h. auch bei eingeschränkter bzw. (noch) nicht voll entwickelter Verbalisierungsfähigkeit (der Erkenntnis-Objekte) keineswegs immer ‚Tun' oder ‚Verhalten' als Gegenstandseinheiten anzusetzen braucht.

3. Beschreiben und Erklären: die fließende Grenze

Die bisherige Analyse hat sich zwischen den Polen von Beobachtung und Verstehen, jedoch immer auf der Ebene der Beschreibung bewegt. Da, zumindest für empirisch-analytische Wissenschaftskonzeptionen, eines der Hauptziele wissenschaftlichen Theoretisierens die Erklärung (von Ereignissen bzw. Gesetzmäßigkeiten) ist, muß die Analyse des Einheiten-Problems im nächsten Schritt auf eben diese Ebene der Erklärung ausgeweitet werden. Dabei wird im jetzt folgenden Kapitel in bezug auf die Bewertungsprämissen zunächst das Komplexitätsproblem im Vordergrund stehen, während das nächste Kapitel (4.) dann auf dem Hintergrund des Gegenstands(vor)verständnisses vor allem die Frage der Realitäts-Adäquanz der Erklärung thematisieren wird. Im vorliegenden Kapitel werde ich ausgehend von der Komplexitätsperspektive als erstes den Fall von mittelkomplexen Einheiten mit universalisierbaren Bedeutungen (Ebene des ‚Tuns‘) behandeln und dann den Fall der hochkomplexen (‚Handlungs‘-)Einheiten analysieren. Die Klasse der Beschreibungs-Einheiten mit universellen Bedeutungsdimensionen wird vor allem als Hintergrund relevant sein, von dem sich die Beispiele höher-komplexer Einheiten in bezug auf die Beschreiben-Erklären-Relation abheben lassen. Den Anfang soll jedoch eine kurze Skizze des derzeitigen Diskussionsstands zum Konzept der ‚Erklärung‘ innerhalb der analytisch-szientistischen Wissenschaftstheorie machen.

3.1. Das (empiristische) covering-law-Modell der Erklärung

Die Unterscheidung zwischen Beschreibung und Erklärung ist eine der wichtigsten und unumstrittensten innerhalb der analytischen Wissenschaftstheorie (und monistischen Wissenschaftskonzeption generell). Dabei wird die Beschreibung als in Relation zur Erklärung vorgeordnet angesetzt; d.h. es können nur Sachverhalte erklärt werden, die zuvor (wissenschaftlich) beschrieben worden sind. „Wissenschaftliche Erklärung eines Sachverhalts ist immer Erklärung unter einer bestimmten Beschreibung." (Groeben & Westmeyer 1975, 78) Generell wird als Bedeutungspostulat für das Konzept der ‚Erklärung‘ angesetzt, daß sie auf die Warum-Frage nach den Ursachen von Sachverhalten antwortet. Für dieses Konzept der Kausal-Erklärung ist die klassische Explikation, auf der alle weiteren Diskussionen der szientistisch-analytischen Richtung aufbauen, das Hempel-Oppenheim-Schema der deduktiv-nomologischen Erklärung (vgl. Hempel & Oppenheim 1948; Hempel 1962; 1968). Dieses H-O-Schema einschließlich der von Hempel und Oppenheim explizierten Adäquatheitsbedingungen der (deduktiv-nomologischen) Erklärung sei als Ausgangspunkt kurz skizziert (entsprechend Groeben & Westmeyer 1975, 80f.):

$$\frac{G_1, G_2, \ldots \quad \text{Explanans}}{A_1, A_2, \ldots}$$
$$E \qquad \text{Explanandum}$$

Das Schema besteht aus folgenden Elementen:
$G_1, G_2, \ldots$ sind allgemeine *Gesetze, Hypothesen* oder *theoretische Annahmen* deterministischer Art.
$A_1, A_2, \ldots$ sind Sätze, die die *Antezedensbedingungen* beschreiben.
E ist die *Beschreibung* des zu erklärenden Ereignisses.
Der Strich zwischen Explanans und Explanandum symbolisiert, daß E logisch aus $G_1, G_2, \ldots$ und $A_1, A_2 \ldots$ folgt. $G_1, G_2, \ldots$ und $A_1, A_2, \ldots$ bilden zusammen dasjenige, was erklärt: das Explanans.

Die Adäquatheitsbedingungen für solche deduktiv-nomologischen Erklärungen sind nach Hempel & Oppenheim (1948; in der Explikation von Stegmüller 1969, 86f.):

B_1. Das Argument, das vom Explanans zum Explanandum führt, muß logisch korrekt sein.

B_2. Das Explanans muß mindestens ein allgemeines Gesetz enthalten (oder einen Satz, aus dem ein allgemeines Gesetz ableitbar ist).

B_3. Das Explanans muß empirischen Gehalt besitzen.

B_4. Die Sätze, aus denen das Explanans besteht, müssen wahr sein. Oder in abgeschwächter Form: Die Sätze, aus denen das Explanans besteht, müssen bewährt sein.

Dieses klassische Schema der deduktiv-nomologischen Erklärung stellt eine sog. empirische Erklärung, d.h. die Erklärung eines Sachverhalts, dar; wenn es sich beim Explanandum (E) statt eines Sachverhalts um ein Gesetz handelt, spricht man von einer theoretischen Erklärung. Die Struktur ändert sich dann nur insofern, als unter der Adäquatheitsbedingung B_2 keine Antezedensbedingungen mehr gefordert, sondern lediglich allgemeine nomologische Gesetze genannt werden.

Die deduktiv-nomologische Erklärung (gleich, ob in der Variante der empirischen oder theoretischen Erklärung) setzt sog. deterministische Gesetze voraus, d.h. Allaussagen, die ohne Ausnahme für alle möglichen Fälle Geltung beanspruchen. Da diese Anforderung nicht nur in den Sozialwissenschaften recht selten erfüllt wird, mußte sich die (empiristische) analytische Wissenschaftstheorie dem Anspruch stellen, auch für probabilistische Gesetzmäßigkeiten, d.h. Wahrscheinlichkeitsaussagen als Allsätze, ein Konzept der Erklärung rekonstruierend zu explizieren und zu präzisieren. Damit begann das, was auch für andere metatheoretische Konzepte eingangs bereits festgestellt wurde (vgl. Kap. I. u. II.), nämlich eine permanente Liberalisierung der Explikationen, die umso mehr nötig wurde, je stärker sich die metatheoretische Kriterienexplikation auf die Strukturen und Möglichkeiten konkreter objektwissenschaftlicher

Forschung einließ. Als erster Schritt ist hier die Ausarbeitung der induktiv-statistischen Systematisierung von Hempel (1962; 1965) zu nennen; Hempel hat damit versucht, die Ungereimtheiten des Modells des statistischen (hypothetischen, nicht kategorialen) Syllogismus zu überwinden. Statistische Syllogismen führen nämlich unter Umständen, wenn z.B. Personen verschiedenen statistischen Hypothesen subsumierbar sind, zu widersprüchlichen Wahrscheinlichkeitszuschreibungen in bezug auf das Explanandum (vgl. Groeben & Westmeyer 1975, 84f.):

„G_1 : Die Wahrscheinlichkeit dafür, daß eine Person verheiratet ist, unter der Bedingung, daß diese Person Studierender an einer wirtschaftswissenschaftlichen Fakultät ist, ist 0.10.
A_1 : Person a ist Studierender an einer wirtschaftswissenschaftlichen Fakultät.
E_1 : Die Wahrscheinlichkeit dafür, daß Person a verheiratet ist, ist 0.10.

G_2 : Die Wahrscheinlichkeit dafür, daß eine Person verheiratet ist, unter der Bedingung, daß diese Person Studierender an einer wirtschaftswissenschaftlichen Fakultät ist und 23 Jahre alt ist, ist 0.018.
A_2 : Person a ist Studierender an einer wirtschaftswissenschaftlichen Fakultät und 23 Jahre alt.
E_2 : Die Wahrscheinlichkeit dafür, daß Person a verheiratet ist, ist 0.018.

Wenn G_1 und G_2 zu den bewährten statistischen Hypothesen der Sozialwissenschaften gerechnet werden können und A_1 und A_2 für die Person a zutreffen, so erhält man, legt man das Modell des statistischen Syllogismus zugrunde, die beiden Explananda E_1 und E_2, in denen derselben Aussage (Person a ist verheiratet) unterschiedliche Wahrscheinlichkeitswerte zugewiesen werden. E_1 und E_2 stehen also miteinander in Widerspruch."

Das bedeutet: Wenn verschiedene, für ein konkretes Explanandum relevante probabilistische Gesetzmäßigkeiten gleichzeitig gültig sind, so können widersprüchliche Konklusionen resultieren, die den statistischen Syllogismus als Rekonstruktion des Erklärungskonzepts für probabilistische Gesetzmäßigkeiten desavouieren. Hempel hat versucht, diese Widersprüche zu eliminieren, indem er den Übergang von Gesetzmäßigkeit(en) zum Explanandum nicht als einen deduktiven Schluß auffaßte, sondern als eine „induktive Relation, die einem Explanandum eine induktive Wahrscheinlichkeit relativ zu einem Explanans zuordnet" (Groeben & Westmeyer 1975, 85; Stegmüller 1969, 654). Das löst in der Tat die genannten Widersprüchlichkeiten des statistischen Syllogismus auf, führt aber in das Problem der induktiven Logik. Für dieses Problem hat Stegmüller die Diskussion des Logischen Empirismus und der Analytischen Wissenschaftstheorie in 11 Paradoxien und Dilemmata zusammengefaßt, die sich bei der Explikation einer induktiv-statistischen Erklärung ergeben (1973, II, 279ff.); es ist an dieser Stelle nicht nötig, auf die damit herausgearbeiteten Schwierigkeiten näher einzugehen, es reicht die Feststellung, daß das Modell der induktiv-statistischen Systematisierung auch innerhalb der Analytischen Wissenschaftstheorie nicht mehr als brauchbare Explikation des Erklärungskonzepts für Wahrscheinlichkeits-Gesetzmäßigkeiten angesehen wird.

Statt dessen wurde das Modell der statistischen Analyse bzw. statistischen Begründung entwickelt (Salmon 1965; 1971; Stegmüller 1973). Dabei beziehen sich statistische Analysen nach Stegmüller auf bekannte Tatsachen, während statistische Begründungen noch nicht gewußte Sachverhalte thematisieren, d.h. Prognosen und Retrognosen von singulären Ereignissen (unter Rückgriff eben auf Wahrscheinlichkeitsaussagen) darstellen. Die entscheidende Liberalisierung liegt darin, daß der Anspruch auf eine Erklärung im klassischen Sinn aufgegeben wird und nur mehr ein ‚statistisches Verständnis' der vorliegenden (bzw. behaupteten) Tatsachen angestrebt wird. Das heißt, es handelt sich um Argumente dafür, was auf der Grundlage der vorhandenen (bewährten) probabilistischen Gesetzmäßigkeiten vernünftigerweise zu erwarten ist; Stegmüller spricht deshalb auch von ‚statistischen Begründungen rationaler Erwartungen'. Eine statistische Begründung besteht dann aus einer Wahrscheinlichkeitshypothese und einem singulären Satz, die ebenfalls entsprechende Bedingungen erfüllen müssen (vgl. zusammenfassend Groeben & Westmeyer 1975, 88f.). An dieser Stelle ist nicht die technische Explikation des Konzepts der statistischen Begründung (über solche Adäquatheitsbedingungen) relevant, sondern mehr das Prinzip dieser Begründung und dessen Unterschied zum ursprünglichen Konzept der deduktiven-nomologischen Erklärung mit Hilfe von strikten deterministischen Gesetzen; diesen Unterschied im Leistungs- bzw. Frageprinzip und die sich darin manifestierende Liberalisierung hat Essler (1979) an einem fiktiven Beispiel anschaulich verdeutlicht:

„‚Warum ist Hans gestorben?'
‚Er ist an Pocken erkrankt, ohne zuvor dagegen geimpft worden zu sein, und 95% der Europäer mit vergleichbarer gesundheitlicher Konstitution sterben in solchen Fällen.'
‚Dann hätte er also eine Chance gehabt, durchzukommen?'
‚Durchaus, eine Chance von 5%!'
‚Warum ist er also gestorben?'
Dieser konstruierte Dialog zeigt an, daß der Fragende und der Beantwortende aneinander vorbeireden: Der Fragende will mit seiner Warum-Frage die *Ursachen* des Todes von Hans wissen, der Antwortende hingegen gibt an, warum man *damit hat rechnen müssen* (warum es *zu erwarten war*), daß er sterben wird. Der Antwortende kann deshalb zu Recht ein *statistisches* Gesetz für seine empirische Begründung benützen, während der Fragende erst dann zufrieden gestellt wird, wenn auf ein *striktes* Gesetz Bezug genommen wird." (o.c., 95).

Wenn man will, kann man die bisherige Diskussion innerhalb der analytisch-wissenschaftstheoretischen Richtung also zusammenfassen in der These, daß es (zumindest für Wahrscheinlichkeitsaussagen als Gesetzmäßigkeiten) noch gar keine in sich kohärente Explikation des Erklärungs-Konzepts gibt (vgl. Essler 1979, 10ff.). Doch die damit herausgehobenen Explikationsunterschiede zwischen Erklärung, Begründung, Analyse, Systematisierung etc. sind unter der hier thematischen Perspektive von (vor allem) verhaltens- vs. handlungstheoretischer Wissenschaftskonzeption der Psychologie im Spannungsfeld der Monismus-Dualismus-Kontroverse eher als Überdifferenzierung anzusehen (und durch eine Art pragmatische Wende in der Analytischen Wissenschaftstheorie auch mittlerweile zum größten Teil überholt; vgl. dazu unten Kap. 4.6.: Zwischenbemerkung zu Kausalität, Erklärung, Bestätigung). Worauf es in unserem Zusammenhang ankommt, ist vielmehr das diesen empiristischen Rekonstruktionsversuchen Gemeinsame, die gemeinsame Struktur – und die wird m.E. (in Nachfolge von Dray; vgl. Stegmüller 1969, 85; s. v. Wright, 1974, 23ff.) treffend durch die Charakterisierung als ‚covering-law-Modell' der Erklärung benannt. Denn ob nun unter Rückgriff auf deterministisch-nomologische Gesetze oder probabilistisch-statistische Gesetzmäßigkeiten, immer versucht die Erklärung (Begründung etc.) naturwissenschaftlicher Provenienz ein Explanandum unter eine (relevante) Gesetzmäßigkeit zu subsumieren. Dies gilt ebenso für statistische Begründungen, wie unterschiedlich im einzelnen auch die konkrete Struktur dieser Subsumtion expliziert werden mag. Dabei unterliegt die Subsumtion unter Gesetzmäßigkeiten wiederum der regulativen Zielidee, den zu erklärenden Sachverhalt auf die in dem Gesetz als Antezedensbedingung genannten Ursachen zurückführen zu können (vgl. oben die „Reduktion auf ein Anderssein" nach Betti 1967); die verschiedenen Liberalisierungen des Erklärungs-Konzepts können also in diesem Sinn als mehr oder minder weit entfernte Approximationen in Richtung auf diese Zielidee der Rückführbarkeit auf eine Kausal-Ursache angesehen werden. Es soll daher an dieser Stelle genügen, die genannten Explikationen als solche Approximationen an die Zielidee der Kausal-Erklärung unter das covering-law- bzw. Subsumtions-Modell einzuordnen; spezifischere Aspekte werden im folgenden an den Stellen, wo das nötig ist, im einzelnen diskutiert.

Quasi senkrecht zu den genannten Explikationen steht die Unterscheidung von Varianten wissenschaftlicher Erklärung nach der Art der in den Gesetzmäßigkeiten vorkommenden Antezedensbedingungen. Die in unserem Zusammenhang wichtigste Explikation ist die der *dispositionellen* Erklärung mit der von ihr konzeptuell abhängenden Variante der *genetischen* Erklärung. Von einer dispositionellen Erklärung spricht man dann (vgl. Stegmüller 1969, 120ff.), wenn das Explanans Konstrukte enthält, die den Charakter von Dispositionsbegriffen haben, wie z.B. Eigenschaften, Motive, Überzeugungen, Einstellungen, Neigungen, Stimmungen, Fähigkeiten etc. (vgl. Groeben & Westmeyer 1975, 91ff.). Wenn man nun diese Dispositionen selbst als zu erklärende (Explananda) ansetzt und vor allem ihr Zustandekommen im Laufe der Entwicklung der entsprechenden menschlichen Subjekte thematisiert, dann handelt es sich um eine genetische Erklärung dieser Dispositionen (im Sinne der entwicklungsmäßigen *Genese* dieser Dispositionen, nicht etwa der genetischen Vererbung; Stegmüller 1969, 117ff.). Diesen Typ der genetischen Erklärung kann man noch ausdifferenzieren in verschiedene Untervarianten wie: systematisch-genetische, kausal-genetische, statistisch-genetische, historisch-genetische Erklärung (vgl. Groeben & Westmeyer 1975, 94ff.). Mehrere ineinandergeschachtelte Erklärungen (dispositionell-genetischer Art) werden auch eine ‚Erklärungskette' genannt (vgl. Essler 1979, 40).

In Verbindung mit dieser Ausrichtung auf bestimmte Erklärungsvarianten konkreter Objektwissenschaften steht auch die Explikation von Möglichkeiten nicht-vollkommener Erklärungen (Stegmüller 1969, 106ff.). So kann man z.B., wenn das Vorliegen der in der Gesetzesaussage implizierten Antezedensbedingung nicht zureichend gesichert ist, von potentieller Erklärung (Essler 1979, 40) oder ‚wie-es-möglich-war, daß'-Erklärung sprechen (Westmeyer 1973, 27f.). Unvollkommen ist eine Erklärung auch zu nennen, wenn z.B. in den Gesetzen quantitative Begriffe vorkommen, in den Antezedensbedingungen bzw. im Explanandum jedoch nur entsprechende qualitative Begriffe enthalten sind: dieser Fall ist als ‚ungenaue Erklärung' zu kategorisieren (vgl. Essler 1979, 41). Wenn nur ein Teil des nötigen Explanans angegeben wird, liegt eine partielle Erklärung vor (l.c.). Wie die Explikationen zeigen, sind unvollständige Erklärungen dadurch charakterisiert, daß sie bei Präzisierung oder Vervollständigung durchaus in adäquate, vollkommene Erklärungen überführt werden können.

Das (übereinstimmende) Prinzip des covering-law-Modells der Erklärung ist *auf allgemein-methodologischer Ebene* m.E. am besten von Herrmann (1969, 61ff.) abgebildet worden: nämlich in der Unterscheidung von deskriptiven und explikativen Konstrukten. Unter deskriptiven Konstrukten versteht er (wie in den vorhergehenden Kapiteln schon dargestellt) die Beschreibung von theoretischen (Begriffs-)Konstruktionen, die zugleich eine Interpretation der diesem Konstrukt zugeordneten Daten darstellt. Explikativ werden von ihm Konstrukte dann genannt, wenn sie theoretisch in einen Erklärungszusammenhang eingebettet sind, vor allem in dem Sinn, daß im Rahmen von Zusammenhangsannahmen andere Konstrukte (die sich auf Sachverhalte, Ereignisse etc. beziehen) als von ihnen abhängig angesetzt werden. Diese Abhängigkeitsannahme manifestiert sich in dem Grundsatz, daß zeitlich Früheres (Antezedentes: vgl. ‚Antezedensbedingungen') zeitlich Späteres (Konsequentes oder Sukzedentes: vgl. ‚Sukzedensbedingungen') erklärt, nicht umgekehrt (o.c., 63). Die Sicherung solcher Abhängigkeiten zwischen Konstrukten (‚A' und ‚B') – z.B. durch experimentelle oder quasi-experimentelle Untersuchungen – wird methodologisch als Approximation an die Sicherung einer Kausalbeziehung angesehen und daher ‚Erklären' genannt (o.c., 64f.). Da es sich hier also ganz eindeutig um das Subsumtions-Konzept des Erklärens handelt, halte ich den Terminus ‚*explikatives* Konstrukt' nicht für so glücklich. Denn Explikationen sind in der Terminologie der neueren Wissenschaftstheorie zumeist präzisierende Erläuterungen auf Begriffsebene (so wurde der Begriff auch in den bisherigen Kapiteln benutzt). Ich verwende daher im folgenden, um Mißverständnisse zu vermeiden, für das von Herrmann so genannte explikative Konstrukt den Terminus ‚*explanatives Konstrukt*'. Ausschlaggebend ist dabei, daß es sich bei deskriptiven und explanativen Konstrukten nicht um inhaltlich unterschiedliche Konstrukte handelt, sondern um potentiell die gleichen inhaltlichen Konstrukte, die lediglich in unterschiedlicher theoretischer Funktion eingesetzt werden. So ist z.B. das Konstrukt ‚Erziehungsstil' (Beispiel von Herrmann: o.c., 61ff.) als deskriptives Konstrukt zu explizieren, das bestimmte Daten eines Erziehungsstil-Fragebogens zusammenfaßt und interpretiert; das gleiche Konstrukt kann man im folgenden explanativ einsetzen, indem man es theoretisch (innerhalb von Abhängigkeitsannahmen) z.B. in Zusammenhang mit (aggressivem) Verhalten von Kindern setzt und diese Abhängigkeitsannahmen empirisch überprüft. Herrmann konzentriert sich bei der Explikation einer solchen explanativen Funktion vor allem auf den auch in diesem Beispiel unterstellten Fall, daß das deskriptive Konstrukt im Explanans eingesetzt wird: d.h. als Antezedensbedingung, von dem eine zu erklärende Sukzedensbedingung (Explanandum) abhängt. Aber auch die Verwendung von Konstrukten in der Sukzedensbedingung, d.h. als solche, die ihrerseits von anderen antezedenten Konstrukten abhängen, stellt eine Verwendung in explanativer Funktion dar. Ich nenne diese Verwendung in Ermangelung eines eingeführten terminus technicus vorläufig ‚passiv-explanative Funktion'; im Gegensatz dazu ist dann die Verwendung von Konstrukten im Explanans (d.h. als Antezedensbedingung von Gesetzmäßigkeiten) als ‚aktiv-explanative Funktion' zu bezeichnen. Dabei ist der Terminus ‚explanative Funktion' (ob aktiv oder passiv) natürlich nur eine verkürzte Formulierung dafür, daß die Konstrukte *in Sätzen* mit solcher Funktion *verwendet* werden.

Auf dem Hintergrund dieser metatheoretischen allgemein-methodologischen Explikationen und Rekonstruktionen zur Relation von Beschreibung und Erklärung stellt sich nun die Frage, ob sich für diese Relation spezifische Probleme bzw. Abgrenzungsfestlegungen ergeben, wenn man von mittel- oder hochkomplexen deskriptiven Konstrukten ausgeht. Mit anderen Worten: Wie stellt sich die Relation Beschreiben—Erklären beim Übergang von der deskriptiven zur explanativen Funktion psychologischer Konstrukte dar, wenn diese Konstrukte höhere Komplexitätsgrade aufweisen, als dies in der bisherigen psychologischen Forschung üblich ist – z.B. bei (hochkomplexen) handlungstheoretischen Ausgangseinheiten? Dabei sollen im folgenden sowohl Konstrukte mit universalisierbarer Bedeutungsdimension (und monolog-hermeneutischer Beschreibung) als auch mit individueller, kommunizierbarer Bedeutung (und dialog-hermeneutischer Beschreibung) diskutiert werden, und zwar sowohl hinsichtlich der aktiv- als auch der passiv-explanativen Funktion.

3.2. *Die Grenze zwischen deskriptiver und explanativer Funktion von Konstrukten bei komplexen Ausgangseinheiten: ein Beispiel*

Zur Bearbeitung dieser Fragestellung bietet sich für den Bereich der höher-komplexen Einheiten mit universalisierbaren Bedeutungsdimensionen entsprechend den im Kap. 2. diskutierten Manifestationen vor allem die Kategorie von bedeutungshaltigen Sprach-Items als deskriptiven Konstrukten an; ich werde daher im folgenden eine vorliegende empirische Untersuchungssequenz theoretisch (und anschließend empirisch) so zu rekonstruieren versuchen, daß die in diesen Experimenten thematischen und relativ oberflächlich, nicht-komplex verstandenen Sprach-Items in einer umfassenderen, tiefergehenden Bedeutungskomplexion theoretisch (re-)konstruiert werden. Anhand des Vergleichs von ursprünglicher Untersuchung und Rekonstruktion läßt sich dann das Verhältnis von Beschreiben und Erklären paradigmatisch diskutieren.

Beispiel: Die gewählte Sequenz von Untersuchungen ist die zur ‚scheinbar paradoxalen Wirkung von Bekräftigung' (vgl. z.B. Meyer & Plöger 1979; zusammenfassend Meyer 1984). Als Ausgangsphänomen und damit Explanandum fungiert in diesen Untersuchungen das Ergebnis, daß Lob erstaunlicherweise eine motivational destruierende Wirkung hat, d.h. nicht Lerneinstellungen, Erfolgszuversicht und dergleichen verstärkt, sondern eher behindert oder verringert, wie dies lerntheoretisch sonst für Bestrafung behauptet wird und zu erwarten ist; gleichzeitig führt Tadel (in den thematischen Experimenten) zu den bei Lob vermißten positiven Wirkungen in Richtung auf Erfolgszuversicht usw. Dieser ‚scheinbar paradoxale Effekt' von Lob und Tadel zeigt sich in den Untersuchungen von Meyer et al. bei folgender Grundstruktur des Experiments (vgl. Blickle & Groeben 1986, 1):

Zwei Schüler bearbeiten 10 (sehr leichte) Aufgaben und erreichen das gleiche (nicht optimale) Ergebnis, nämlich 9 richtig gelöste Aufgaben. Der Lehrer, der die Schüler seit einiger Zeit unterrichtet, lobt daraufhin den einen Schüler und tadelt den anderen für seine Leistung. Das Lob besteht in der verbalen Reaktion „Das war ganz ausgezeichnet!", der Tadel in der Äußerung „Dieser eine Fehler war doch nicht nötig." Szenarios von dieser Art wurden (z.B. Lehrer-Studenten) zur Beurteilung vorgelegt (s. Meyer & Plöger o.c., Experiment I bis III; Meyer et al. 1978; Meyer et al. 1979) bzw. in Laborexperimenten mit naiven Versuchspersonen (Schülerrolle) und Vertrauten des Versuchsleiters (Lehrerrolle; vgl. Meyer et al. 1982) simuliert. Als abhängige Variablen wurden erhoben, wie die (fiktiv) sanktionierten Personen die Begabungseinschätzung des Lehrers wahrnehmen, welche Anstrengung und Begabung sie sich selbst zuschreiben und welche Erfolgszuversicht für folgende Aufgaben sie an den Tag legen. Die resultierenden ‚scheinbar paradoxalen Wirkungen' zeigt Abb. 12 (nach Meyer 1984, 175):

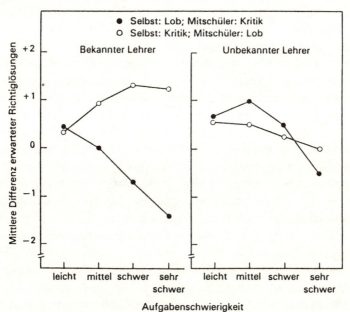

Abb. 12: ‚Scheinbar paradoxale Wirkungen' von ‚Lob'- und ‚Tadel'-Äußerungen des Lehrers auf Erfolgszuversicht des Schülers (nach Meyer 1984, 175)

Dieses Phänomen der paradoxalen Bekräftigungswirkung erklärt Meyer durch zwei attributionstheoretisch-explanative Konstrukte: das Fremdbewertungssystem und die ‚kognitive Struktur' (Meyer 1978). Gelobt wird normalerweise für Anstrengung; Anstrengung und Begabung aber stehen in einem gegenläufigen Verhältnis, nicht nur für den Lehrer, sondern auch für den Schüler, wie das Prinzip der Anstrengungskalkulation deutlich macht (für Tadel gilt das komplementäre Gegenteil). Dies ist der erste Erklärungsschritt, dessen empirischer Nachweis z.B. durch das Experiment I bei Meyer & Plöger (1979, 226ff.) erfolgt. Der zweite Schritt stellt dann die Verbindung von Lob und Begabungszuschreibung in den Mittelpunkt; Lob bei Erfolg führt zu niedriger Begabungseinschätzung, während aus fehlendem Lob (bzw. Tadel) eine höhere Begabungseinschätzung abzuleiten ist. Diese vom Schüler erschlossene Fremdbewertung des Lehrers hinsichtlich seiner Begabung wird dann von ihm, wenn das rational erscheint (z.B. weil der Lehrer ihn kennt, s.o. Abb. 12), übernommen und führt zu den angeführten Veränderungen der Erfolgszuversicht. Als Voraussetzung für das Wirksamwerden dieses ‚paradoxalen' Bekräftigungseffekts sind daher (nach Meyer 1984, 173) folgende Bedingungen anzusetzen:
– Die Schüler müssen völlig übereinstimmende Ergebnisse erzielt haben;
– die Lehrerreaktion auf die Ergebnisse muß unterschiedlich sein;
– der sanktionierenden Person muß von der sanktionierten Person „Kenntnis über die Fähigkeit des Handelnden zugeschrieben" werden (vgl. auch Meyer & Plöger 1979, Experiment III).

Mit dieser Untersuchungsreihe wird eine Erklärungsstruktur vorgelegt, in der die primäre Antezedensbedingung (Lob bzw. Tadel) relativ unkomplex beschrieben wird, nämlich praktisch ‚von außen' als ‚wörtliche Bedeutung' der Äußerungen ohne Rekurs auf die situationalen Bedingungen oder die intern ablaufenden Verstehensprozesse beim Schüler. Zugleich wird die davon abhängende ‚paradoxale' Wirkung über vergleichsweise komplizierte, dazwischengeschaltete kognitive Attributionsprozesse erklärt, die – zumindest – drei Erklärungsschritte enthalten: Inferenz der Anstrengungseinschätzung, Inferenz der Begabungseinschätzung und (zumindest partielle) Übernahme der Fremdbewertung in die eigene kognitive Struktur; die Inferenzen werden vom Schüler vorgenommen und beziehen sich auf die Einschätzung seiner Anstrengung sowie Begabung, wie sie der Lehrer mit seiner Lob- bzw. Tadel-Äußerung zu erkennen gibt, die dann ihrerseits im dritten Schritt vom Schüler in seine Selbsteinschätzung übernommen wird. Es liegt also eine Erklärungsstruktur vor, die bei minimaler Komplexität auf der Beschreibungsebene (hier des antezedenten explanativen Konstrukts) eine große Kompliziertheit auf der Erklärungsebene (hier der zusätzlich notwendigen Schritte und Konstrukte des vollständigen Explanans) enthält. Man kann sich nun fragen, ob diese Kompliziertheit des Explanans unvermeidbar ist oder ob entsprechend dem Einfachheitsprinzip (vgl. Groeben & Westmeyer 1975, 166ff.) nicht eine Vereinfachung im Sinne von weniger Erklärungskonstrukten, -schritten und damit auch Konstruktrelationen möglich ist. Eine solche Alternative haben z.B. Hofer et al. (1982) vorgelegt, indem sie postulieren, daß die Begabungsattribution nicht über die Anstrengungskalkulation erfolgt, sondern direkt aus der ‚Erwartungsenttäuschung' des Lehrers resultiert. In die gleiche Richtung weist das Ergebnis von Rustemeyer (1984), daß Schüler aus emotionalen Reaktionen von Lehrern (auf Erfolg/Mißerfolg des Schülers) direkte Informationen über die Begabungsattribution (durch den Lehrer) entnehmen: und zwar aus Zufriedenheit/Ärger des Lehrers Hinweise auf die vom Lehrer unterstellte (positive) Begabung des Schülers, aus Überraschung/Mitleid Hinweise auf vom Lehrer angenommene mangelnde Fähigkeit (des Schülers). Da Emotionen auch, z.B. durch paraverbale Signale wie Intonation etc., bei der Sprachproduktion signalisiert werden können, läßt sich theoretisch prüfen, ob man die Reduktion der Erklärungsschritte nicht noch weiter treiben kann, indem man die Information über die Begabungsattribution sozusagen direkt mit der sprachlichen Äußerung verbindet; das würde dann implizieren, daß die an der Oberfläche als ‚Lob' bzw. ‚Tadel' erscheinenden sprachlichen Äußerungen noch weitere Bedeutungsteilmengen enthalten, die eine naiv-passive ‚Abbildung' der ‚wörtlichen Bedeutung' als reduktionistisch erscheinen ließen. Genau diese Möglichkeit ist unter Rückgriff auf die Sprechakttheorie (Austin; Searle) rekonstruierbar.

Sprechakttheoretisch lassen sich an einer Sprechhandlung vier Dimensionen unterscheiden (vgl. Searle 1969): Der Äußerungsakt wird dadurch konstituiert, daß ein Sprecher bestimmte Wörter einer Sprache äußert; der propositionale Akt bezeichnet den semantischen Gehalt der Äußerung, indem ein Sprecher z.B. bestimmten Referenten bestimmte Prädikate zuspricht; der illokutive (illokutionäre) Akt ist diejenige sprachliche Handlung, die mit dem Äußern eines propositionalen Aktes in einem konkreten Interaktions-(Handlungs-)Kontext vollzogen wird. Beispiele für solche illokutive Akte sind das Leisten eines Schwurs, ein Versprechen abgeben, jemandem gratulieren oder einen Wunsch äußern. (Der semantische Inhalt des Schwurs, des Versprechens, der Gratulation oder des Wunsches ist der propositionale Akt; die Wörter, die dabei verwendet werden, stellen den Äußerungsakt dar.) Der perlokutive Akt bezieht sich auf bestimmte Wirkungen beim Adressaten, die über das reine Verstehen dessen hinausgehen, welche Proposition der Sprecher äußert und welche Illokution er damit vollzieht: z.B. jemanden aufmuntern, beruhigen oder erheitern, vorausgesetzt der Sprecher hat die Intention, seinen Kommunikationspartner aufzumuntern, zu beruhigen oder zu erheitern.

Sowohl auf der propositionalen als auch auf der illokutiven Ebene läßt sich nun ein Phänomen herausarbeiten, das in unserem Zusammenhang bedeutsam wird. Man verwendet nämlich Äußerungen im Zusammenhang bestimmter Situationen anders, als das im ‚Standardfall' der jeweiligen Äußerung üblich ist und durch sie auch signalisiert bzw. indiziert wird. In bezug auf die illokutive Ebene ist z.B. der Satz ‚Es zieht' eine Feststellung bzw. Behauptung; in bestimmten Kontexten (z.B. ein Vater äußert ihn gegenüber der minderjährigen Tochter) kann er aber als Aufforderung (‚Mach bitte die Tür zu!') verwendet werden (vgl. Maas & Wunderlich 1972, 151ff.). Dies ist der paradigmatische Fall eines *indirekten Sprechakts*, bei dem eine Dissoziation zwischen Standard- oder Basisillokution des geäußerten Satzes und der eigentlich gemeinten sowie realisierten Illokution vorliegt (vgl. Sökeland 1980, 27-45). Vergleichbares läßt sich auch für die Ebene des propositionalen Gehalts feststellen. Man stelle sich z.B. einen Studentenvertreter vor, der seinen Mitstudierenden zuruft: ‚Kommilitonen, kein Wort mehr zu Chile!' Zugleich sei folgender Kontext gegeben: Es handelt sich um einen linksgerichteten Studenten, der massiv gegen die rechtsgerichtete Diktatur in Chile eingestellt ist, dem aber nach einer kürzlich erfolgten Novellierung des Universitätsgesetzes verboten ist, zu allgemein-politischen Fragen Stellung zu nehmen. Dann ist das, was er eigentlich meint, genau das Gegenteil der Proposition, die er äußert (nämlich ‚Jetzt erst recht zu Chile sagen, was gesagt werden muß!'); die Illokution (Aufforderung) bleibt die gleiche, aber zwischen geäußerter und gemeinter Proposition besteht eine Dissoziation. Diesen Fall der Dissoziation auf propositionaler Ebene haben Groeben & Scheele (ausgehend vom Fall der Ironie: 1984, 47ff.) in Nachfolge von Berg (1978) als ‚*uneigentlichen Sprechakt*' expliziert. Das Verstehen von solchen uneigentlichen und indirekten Sprechakten wird sprechakttheoretisch unter Rückgriff auf das von Grice (1975) explizierte Kooperationsprinzip modelliert: „Mache Deinen Gesprächsbeitrag jeweils so, wie es vom akzeptierten Zweck oder der akzeptierten Richtung des Gesprächs, an dem Du teilnimmst, gerade verlangt wird." (Grice 1979, 248) Unter Rekurs auf die aus diesem Kooperationsprinzip ableitbaren Maximen sprachlicher Kommunikation nennt man dasjenige, was der Sprecher mit seiner Äußerung eigentlich intendiert, die ‚konversationelle Implikatur'. Das heißt, wenn Verletzungen des Kooperationsprinzips auftreten, versucht der Hörer diese aufzulösen, indem er die Hypothese bildet, daß der Sprecher mehr meint, als er (‚wörtlich') geäußert hat: daß er also ‚q' meint, obwohl er ‚p' geäußert hat (er hat dann konversationell implikatiert, daß ‚q').

Auf der Grundlage dieser theoretischen Explikationen läßt sich für das Beispiel der Lehreräußerungen in den Untersuchungen von Meyer et al. eine Verletzung der Maxime der Modalität vermuten; die Maxime („Sprich klar" mit der Submaxime „Vermeide Mehrdeutigkeit"; vgl. Grice 1979, 250) wird dadurch verletzt, daß der Lehrer gleiche Leistungen einmal lobt, das andere Mal tadelt, obwohl die jeweils entgegengesetzt sanktionierten Schüler beide anwesend sind (triadische Personenkonstellation gleich doppelter Sanktionskontext) und daher diese Inkohärenz mitbekommen (vgl. Blickle & Groeben 1986, 9ff.). Als konversationelle Implikatur der beiden Äußerungen sind dann propositionale Erweiterungen anzusetzen, wobei die ‚Tadel'-Äußerung eine höhere Begabungseinschätzung (des Lehrers in bezug auf die Fähigkeit des Schülers) unterstellt, die ‚Lob'-Äußerung eine geringere Begabungseinschätzung. Die entscheidende These ist nun, daß diese propositionale Erweiterung vom Schüler bei der Rezeption der Äußerung unmittelbar mitverstanden wird, daß also die Einschätzungen (der Begabung und komplementär der Anstrengung des Schülers) als Teile des unmittelbaren Sprachverstehens anzusehen sind, nicht als separate Instanzen eines nach dem Sprachverstehen ablaufenden Attributionsprozesses. Diese sprechakttheoretische Rekonstruktion bedeutet, daß die ersten beiden Schritte, die in der Erklärungsstruktur von Meyer et al. dem kausalattributiven Prozeß zugeschrieben werden, hier bereits für die (komplexere) kognitiv-konstruktive Rezeption der Äußerung qua uneigentlichen Sprechakt als in der konversationellen Implikatur enthalten angesetzt werden, wobei es diese konversationelle Implikatur adäquat zu *beschreiben* gilt. Die scheinbare Paradoxalität der Wirkung von ‚Lob'- und ‚Tadel'-Äußerungen löst sich damit in der Kontrastivität von ‚wörtlicher Bedeutung' und eigentlich gemeinter Proposition des uneigentlichen Sprechaktes auf. Diese Kontrastivität aber ist etwas, das vom kognitiv-konstruktiven menschlichen Subjekt direkt in der Rezeption und Verarbeitung sprachlicher Äußerungen erfahren und realisiert wird und das dementsprechend wissenschaftlich als Beschreibung eines deskriptiven Konstrukts abzubilden ist.

Blickle & Groeben haben (1986) diese konkurrierende sprechakttheoretisch-sprachpsychologische Theoriemodellierung in einem komplexen mehrfaktoriell-multivariaten Experiment (mit insgesamt 955 Schülern/Schülerinnen der gymnasialen Klassenstufen 11 und 12) überprüft; als Faktoren wurden variiert: Sprechaktkontext (einfache, doppelte, neutrale Sanktionskonstellation), Äußerungsbedingung (‚Lob'- oder ‚Tadel'-Äußerung), Thematisierungsbedingung (mittelbar, unmittelbar, keine), Antwortmodus (Mehrfachwahl- oder freie Antwortmöglichkeiten) und Schwierigkeitsniveau der Aufgaben (mittelschwer, sehr leicht). Die (partiell) konkurrierende Theorieperspektive gegenüber Meyer et al. manifestiert sich vor allem in zwei Hypothesendimensionen: Zum einen wurde (über Meyer et al. hinausgehend) postuliert, daß es eine Wechselwirkung zwischen Sanktionskonstellation (zwei oder drei Personen) und der Decodierung von Begabungs-/Anstrengungseinschätzungen gibt (weil von der Personen-/Sanktionskonstellation die Verletzung der Konversationsmaximen abhängt); zum anderen wurde (soweit möglich) überprüft, ob die Decodierung der Begabungseinschätzung unmittelbar im Sprachverstehen enthalten ist, indem nicht nur der Zusammenhang mit der Sanktionskonstellation, sondern auch mit entsprechenden (die Verletzung von Konversationsmaximen signalisierenden) Indikatoren für die Uneigentlichkeit der Sprechakte erhoben wurde. Die Daten weisen insgesamt darauf hin (Blickle & Groeben 1986, 26ff.), daß das sprechakttheoretisch-sprachpsychologische Beschreibungs- und Erklärungsmodell auch empirisch brauchbar ist; sowohl die postulierten Wechselwirkungen als auch der Zusammenhang mit Sprechaktindikatoren konnten (hochsignifikant) gesichert werden.

Das berechtigt zu der Konsequenz, daß die ‚Lob'- und ‚Tadel'-Äußerungen in den von Meyer et al. untersuchten Situationen (vom Hörer) nicht einfach wörtlich verstanden werden. Vielmehr läßt sich bereits das Sprachverstehen als kognitiv-konstruktiver Prozeß sichern, indem z.B. Begabungs- (und Anstrengungs-) Einschätzungen, die der Sprecher in bezug auf den Angesprochenen hat, von diesem unmittelbar mitverstanden werden. Das führt nicht zu anderen Voraussagen hinsichtlich der Erfolgszuversicht (des angesprochenen Schülers) als bei Meyer et al., ermöglicht aber eine in zweifacher Hinsicht bessere Erklärungsstruktur (wie es Abb. 13 anschaulich verdeutlicht: vgl. S. 214).

Zum einen wird die Erklärung weiter, weil auf diese Weise auch erklärt werden kann, *warum* in der Konstellation von Lehrer und zwei Schülern (mit gleicher Leistung) die unterschiedlichen Lehrer-Äußerungen zu den genannten Decodierungen von Begabungseinschätzung etc. führen: wegen der Verletzung von Kon-

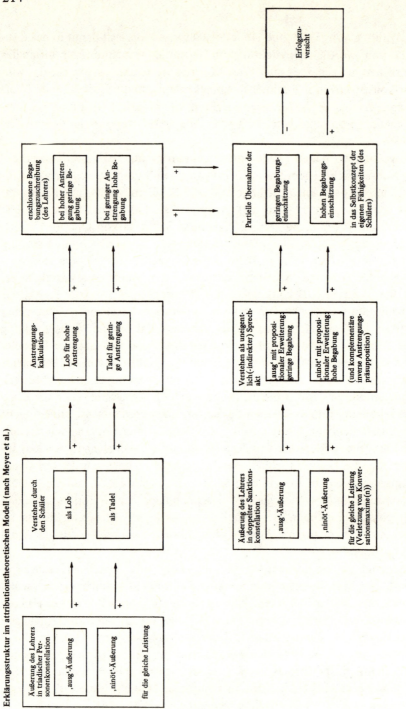

Abb. 13: Vergleich der Beschreibungs-/Erklärungsstruktur zwischen attributionstheoretischem (Meyer et al.) und sprechakttheoretisch-sprachpsychologischem Modell (Blickle & Groeben 1986, 49)

versationsmaximen. Zum zweiten wird die Erklärung einfacher, indem sie nicht mehr die komplizierten Attributionsschritte der Anstrengungskalkulation und davon abhängig der Begabungserschließung benötigt – sowie damit jegliche (auch nur scheinbare) Paradoxalität verliert. Die adäquat komplexe Beschreibung des Sprachverstehens, die nicht objektivistisch an der Oberfläche sprachlicher Äußerungen stehenbleibt, führt also zu einer deutlich einfacheren Erklärungsstruktur; damit erweist sich die komplizierte attributionstheoretische Erklärungsstruktur des Modells von Meyer et al. als Artefakt einer sprachpsychologisch ungenügend komplexen Beschreibung des Sprachverstehens und das heißt als (vermeidbare) Konsequenz eines objektivistisch halbierten Kognitivismus.

3.3. Die fließende Grenze zwischen Beschreibung und Erklärung: Absorption (aktiv-)explanativer Funktion durch komplexe Beschreibungs-Einheiten (mit universalisierbaren Bedeutungsdimensionen)

Diese sprechakttheoretische Rekonstruktion und empirische Reanalyse der Untersuchungen von Meyer et al. stellt unter der Perspektive des Gegenstandsverständnisses zunächst einmal ein konsequentes Zuendegehen des Weges von der Außensicht zur Innensicht dar (vgl. Blickle & Groeben 1986, 47f.). Denn die attributionstheoretische Untersuchungs- und Erklärungsperspektive thematisiert mit den zwischen der Lehreräußerung und der Wirkung beim Schüler angesetzten Kausalattributionen zwar die internale kognitive Verarbeitung (auf seiten des Schülers), verbleibt aber hinsichtlich der Rezeption der Sprachäußerungen durch den Schüler relativ weitgehend bei einer objektivierenden Außensicht, für die die ‚wörtliche‘ (Standard-)Bedeutung der Lehreräußerung konstitutiv ist. Metatheoretisch-methodologisch ausgedrückt werden zwar kognitive Verarbeitungsprozesse als Antezedensbedingungen im Explanans angesetzt, aber erst nachdem die erste Antezedensbedingung dieser Erklärungskette, die Lehreräußerung, in Form eines ‚Außenwelt-Reizes‘ relativ klassisch, d.h. (verhaltenstheoretisch) mehr beobachtungs- als bedeutungsorientiert, eingeführt worden ist.

Das Symptomatische ist dabei, daß diese direkt-wörtliche Bedeutungskonstitution beim Rezipienten der Äußerung (hier dem Schüler als verstehendem Subjekt) unterstellt wird, ohne daß die Berechtigung dieser Unterstellung empirisch überprüft ist. Der Forscher setzt die direkt-wörtliche Satzbedeutung der thematischen (Lehrer-)Äußerungen als unabhängige Variable an und geht (‚naiv‘) davon aus, daß diese Äußerungen so, wie er sie konstituiert sehen will, auch rezipiert werden. Das ist ein Objektivismus, wie er dem experimentalpsychologischen Vorgehen latent als Gefahr inhärent ist bzw. zumindest bisher nicht mit ausreichendem Problembewußtsein aus der experimentellen Psychologie eliminiert worden ist (vgl. u. im einzelnen Exkurs Drei). Wie in Kap. I.

verdeutlicht, stammt die Unterstellung einer solchen direkt-wörtlichen Bedeutung und damit die Vernachlässigung der kognitiv-konstruktiven Verstehenskompetenz des menschlichen Subjekts aus einer verhaltenstheoretisch (behavioristisch) reduzierten Phase des psycholinguistischen Theoretisierens — wenn es sich dabei denn überhaupt um Theoretisieren handelt. Darin liegt die Berechtigung, das rein attributionstheoretische Erklärungsmodell von Meyer et al. als einen objektivistisch-behavioristisch halbierten Kognitivismus zu kritisieren. Sicher werden mit den attributionstheoretischen Inferenzen der Anstrengungskalkulation und Begabungseinschätzung kognitiv-internale Prozesse angesetzt, aber eben erst, nachdem für den vorher ablaufenden Prozeß des Sprachverstehens eine vergleichsweise a-kognitive, passive Bedeutungskonstitution vorausgesetzt ist.

Im Gegensatz dazu setzt die sprechakttheoretische Rekonstruktion bereits bei der potentiell kognitiv-konstruktiven Rezeption der ersten ‚Außenwelt'-Bedingung an und beschreibt sie als eine vom Rezipienten situations- und kontextspezifisch mit hochkomplexer Bedeutung rezipierte Einheit. Damit wird unterstellt (vgl. Blickle & Groeben 1986, 47), daß entsprechend den Kernannahmen des kognitiven Konstruktivismus von einer ‚(universalen) Fähigkeit des verarbeitenden Subjekts zur propositionalen Rekodierung in Wechselwirkung mit anderen kognitiven Teilprozessen' etc. (Treiber & Groeben 1976, 34) auszugehen ist, d.h. in diesem Fall, daß eine Äußerung nicht nur (oberflächlich) direkt-wörtlich verstanden wird, sondern entsprechend dem Prinzip der Sinnkonstanz (Hörmann 1976, 179ff.) als eingebettet in Situationskontexte rezipiert wird (und dabei vom Verstehenden aktiv Bedeutung ‚geschaffen' wird). Die vorgelegte sprechakttheoretische Modellierung ist daher als eine (paradigmatische) theoretische Manifestation für das Menschenbild des kognitiven Konstruktivismus aufzufassen, wie es in den letzten anderthalb Jahrzehnten vor allem von der Sprachpsychologie aus entwickelt worden ist (s.o. Kap. I.3.).

Darin manifestiert sich eine sehr viel vollständigere Innensicht, als es das attributionstheoretische Erklärungsmodell hinsichtlich des Sprachverstehens impliziert; diese Innensicht-Perspektive macht zwei strukturelle Differenzen zwischen den beiden Erklärungsmodellen deutlich, einen theoretischen und einen metatheoretisch-methodologischen Unterschied:

Auf der Theorieebene (vgl. Blickle & Groeben 1986, 47f.) erweist sich der Anschein der Paradoxalität als Artefakt eines inkohärenten, nicht konsequent kognitiven Menschenbildes. Die Inkohärenz besteht darin, daß für die Verarbeitung von (selbstkonzeptbezogenen) Informationen kognitiv-konstruktive (Attributions-)Prozesse postuliert werden, nicht aber für die Rezeption der in sprachlichen Äußerungen manifest werdenden Informationen. Oder methodisch ausgedrückt: Hinsichtlich der Informationsverarbeitung thematisiert das attributionstheoretische Erklärungsmodell die Innensicht der internalen Verarbeitungsprozesse, hinsichtlich des Sprachverstehens aber verharrt es in der Außensicht einer objektivistischen Bedeutungskonstitution, anstatt auch das (Sprach-)Verstehen als aktive, konstruktive (Sprach-)Verarbeitung zu begreifen. Daraus resultiert ein in sich inkohärentes, artifiziell kompliziertes Erklärungsmodell, das nur scheinbar ein konsequentes kognitionspsychologisches Subjektmodell realisiert. Die konkurrierende sprechakttheoretische Re-Konstruktion und Re-Analyse zeigt, daß eine konsequente kognitionspsychologische Theorieelaboration nur möglich ist, wenn man objektivistische, verhaltenstheoretische (Rest-)Gewohnheiten überwindet und durchwegs die objektivistische ‚Außenperspektive' verläßt, d.h. auch gerade hinsichtlich der Verarbeitung sprachlicher Äußerungen auf die ‚Innenperspektive' wechselt.

Wichtiger aber ist im hier thematischen Zusammenhang der metatheoretisch-methodologische Unterschied, daß das attributionstheoretische Modell mehrere Erklärungsschritte (-konstrukte) bis zur resultierenden Erfolgszuversicht braucht, während bei der sprechakttheoretischen Modellierung die beiden attributionstheoretischen Erklärungskonstrukte ‚Anstrengungskalkulation' und ‚Fremdbewertungssystem' als Teil der Beschreibung des Konstrukts ‚Verstehen der Lehrer-Äußerung als uneigentlichem Sprechakt' auftauchen. Das bedeutet, daß die bei (zumindest partieller) Außensicht-Perspektive notwendig werdenden explanativen Konstrukte quasi in die komplexere Beschreibung des Konstrukts ‚vom Schüler (kognitiv-konstruktiv) rezipierte Lehrer-Äußerung' hineingezogen bzw. aufgesogen werden, was die Erklärungsstruktur deutlich einfacher macht (wie Abb. 13 anschaulich zeigt). Unter der Voraussetzung, daß die in der Abbildung zum Ausdruck kommende Einfachheitsrelation kein Zufall, sondern Manifestation eines ‚systematischen' Unterschieds ist, läßt sich die These aufstellen: Die Kompliziertheit (mancher) psychologischer Erklärung(en) ist ein Artefakt von (Rest-)Beständen objektivistischer Außensicht (vor allem bei der Beschreibung qua Operationalisierung von Konstrukten innerhalb des empirischen Prüfungsprozesses). Wenn man sich wirklich konsequent auf die Innenperspektive einläßt und z.B. die vom Subjekt (gleich Erkenntnis-Objekt) realisierte Bedeutung von Außenwelt-Reizen etc. erhebt, dann entfällt u.U. eine Vielzahl von komplizierten Erklärungskonstrukten, die nur nötig sind, um von der objektivistisch und damit inadäquat beschriebenen Weltwahrnehmung des Erkenntnis-Objekts zu den Wirkungen dieser (verarbeitenden) Wahrnehmung zu kommen. Zugleich verschiebt sich damit, wie ebenfalls aus Abbildung 13 hervorgeht, für das thematische Phänomen und die verglichenen Erklärungsmodelle die Grenze zwischen Beschreibung und Erklärung.

Als Nebenbemerkung sei an dieser Stelle darauf hingewiesen, daß mit Absicht ein Untersuchungsbeispiel gewählt wurde, bei dem sich zur Rekonstruktion die Sprechakttheorie anbietet; denn sie ist ja (s.o. II.3.) neben der Handlungstheorie der zweite wichtige Strang der auf die Analyse von Alltagssprache (ordinary language) ausgerichteten Analytischen Philosophie. Mit der Sprechakt- oder Sprech*handlungs*-Theorie liegt auch für den Bereich von alltagskommunikativen Sprachäußerungen (als komplexeren Ausgangseinheiten) eine handlungstheoretische Rekonstruktionsperspektive vor; diese setzt, wie an dem rekonstruierten Beispiel ersichtlich, die relevanten Beschreibungs-Einheiten — durch

Einbeziehung von Situations-, Normen-Kontext etc. sowie Berücksichtigung der Handlungsebene (illokutive Funktion) von sprachlichen Äußerungen — durchaus als erheblich komplexer an im Vergleich zu klassischen verhaltenstheoretischen (Bedeutungs-)Beschreibungen von Sprachäußerungen. Allerdings geht die Sprechakttheorie selbst (programmatisch) davon aus, daß diese pragmatischen Bedeutungsdimensionen universell sind und keiner dialog-hermeneutischen Absicherung bedürfen (vgl. dazu das Konzept der Gelingensbedingungen von Sprechakten, die als analytisch zu explizierende, in einem korrekten Sprachgebrauch immer schon gegebene Voraussetzungen aufgefaßt werden: z.B. Maas & Wunderlich 1972, 135ff.). Von der Position einer (empirischen) Sprachpsychologie aus ist diese Unterstellung jedoch keineswegs zulässig, weil es auch im Gebrauch von z.B. performativen Verben (und damit den vorausgesetzten Gelingensbedingungen von Sprechhandlungen) Unterschiede zwischen ‚native speakern' gibt, die es empirisch zu erforschen gilt (Beispiele bei Groeben & Scheele 1984, 25f.). Trotzdem ist in der oben berichteten Reanalyse keine dialog-hermeneutische (kommunikative) Validierung der gemeinten Bedeutungsaspekte (hier: des gemeinten propositionalen Gehalts) vorgenommen worden. Das erfordert allerdings an dieser Stelle keine grundsätzliche Diskussion darüber, ob die Bedeutungskonstitutionen von *Sprechhandlungen* (im Gegensatz zu anderen Handlungen) ohne dialog-hermeneutische Methodik beschreibbar sind. Denn die illokutive Ebene im Sinn der subjektiv-individuellen Handlungsintention bezieht sich natürlich auf den Sprecher (und den von ihm mit der Illokution gemeinten realisierten (Handlungs-)Sinn); der aber war in der angeführten Untersuchung gar nicht primär thematisch, sondern es wurde die (uneigentliche Sprechhandlungs-)Intentionalität des Sprechers vorausgesetzt und im Anschluß daran nach dem Verstehen dieser Intention beim Hörer gefragt. Das heißt, es ging um das Verstehen, nicht Produzieren bzw. Vollziehen von Sprechhandlungen; und wenn man Verstehensprozesse auch nicht als bloß passiv-rezeptive Verhaltensreaktionen (s.o.) ansehen sollte, so impliziert das doch nicht, sie gleich als Handlungen mit individueller (nur kommunizierbarer) Bedeutungskonstitution aufzufassen. Vielmehr sind solche (generellen) bedeutungskonstitutiven Verstehensprozesse in der Restkategorie zwischen Verhalten und Handeln als Einheiten mit monolog-hermeneutisch universalisierbaren Bedeutungsdimensionen einzuordnen; damit wird zugleich (noch einmal) die Breite dieser Restkategorie, die oben mit ‚Tun' benannt wurde, deutlich. Denn es handelt sich offensichtlich nicht um ein ‚Tun', das durch ein Auseinanderfallen von ‚subjektiver Intention und objektiver Motivation' gekennzeichnet ist — und zwar schon deshalb nicht, weil dieses Auseinanderfallen die Intentionalität im Sinne von (Handlungs-)Absicht voraussetzt, die für Verstehensprozesse eben so nicht postulierbar ist. Wenn man bei Verstehensprozessen von Intentionalität sprechen will, dann handelt es sich um eine generelle Gerichtetheit auf Bedeutungs- bzw. Sinndimensionen (also einen anderen, weiteren Intentionalitäts-Begriff; vgl. im einzelnen unten E.3.2.); solche generelle Sinngerichtetheit führt zu Bedeutungsdimensionen der entsprechenden (komplexen) Ausgangseinheiten (hier des Sprachverstehens), für die eine monologisch-hermeneutische Beschreibungsmethodik zulässig und ausreichend ist. Das impliziert eine Variante des ‚Tun'-Begriffs, für die eine generelle (und zugleich nicht völlig reflektierte, bewußte) Realisierung von Sinn-*Konventionen* (hier: Sprach- bzw. Sprech-Konventionen) charakteristisch ist (vgl. o. 2.5. u. zusammenfassend unten 6.3.)

Setzt man in diesem Sinn die untersuchten Prozesse des sprachlichen Sinnverstehens als Ausgangseinheit mit universalisierbaren Bedeutungsdimensionen an, so resultiert als ausschlaggebende Konsequenz dieses Rekonstruktions- und Reanalysebeispiels in der hier relevanten Relation von Beschreiben und Erklären: Wenn man höher-komplexe Beschreibungseinheiten in der Psychologie zuläßt bzw. postuliert, die auch umfangreichere Bedeutungsdimensionen mit der Notwendigkeit einer expliziten Verstehens-Methodik enthalten, dann wird die Grenze zwischen Beschreiben und Erklären fließend. Als erster paradigmatischer Fall für die Flexibilität dieser Grenze ergibt sich aufgrund des reanalysierten Untersuchungsbeispiels die Möglichkeit, daß Antezedensbedingungen bzw. explanative Konstrukte (qua Approximationen von Ursachen) einer verhaltenstheoretischen Erklärung in die komplexere handlungstheoretische Beschreibung von Konstrukten hineingezogen werden, also Erklärungsaspekte von der (komplexeren) Beschreibung absorbiert werden (s.o.). Dies ist für die monistische analytische Wissenschaftskonzeption (auch und gerade der Psychologie) eine bisher völlig undenkbare Konsequenz. Wie schon mehrfach erwähnt, ist es vor allem die dualistische Position, die mit dem (akzentuierend beschreibenden) Verstehen zumeist das Ziel des Erklärens (im Sinne des covering-law-Modells) als inadäquat zu postulieren versucht; dies erscheint den empiristisch-analytischen Vertretern überwiegend als eine Reduktion des Erklärungsanspruchs auf einen bloßen Beschreibungsanspruch und wird daher vehement abgelehnt. Die Analyse des Verhältnisses von Beschreibung und Erklärung am Anfang dieses Kapitels ging durchaus von der Berechtigung des Subsumtions-Modells der Erklärung aus (s.o. 3.1.; die gegen diese Berechtigung gerichteten Gegenargumente der dualistischen Position werden im folgenden Kapitel behandelt); sie führt trotzdem unter Berücksichtigung vor allem des Komplexitätsaspekts der Beschreibungs-Einheiten zu eben dieser fließenden Grenze zwischen Beschreiben und Erklären.

Damit ist — selbst unter Konstanthaltung des monistischen Erklärungsanspruchs — eine Liberalisierung rekonstruiert bzw. eingeführt, die zumindest ein Stück weit die Argumentationsrichtung der dualistischen Position aufnimmt und einbringt. Eine solche Liberalisierung mag für Vertreter einer monistischen Wissenschaftskonzeption in der Psychologie (noch) befremdlich erscheinen, aber es läßt sich rein formal schon jetzt auf zweierlei hinweisen: zum einen auf die Liberalisierung, die im Laufe der Rekonstruktionsbemühungen für konkrete Objektwissenschaften von der analytischen Wissenschaftstheorie selbst vorgenommen worden sind (vgl. o. 0.2.); und zum anderen darauf, daß entsprechend den eingangs diskutierten Prämissen hier eine sozialwissenschaftliche Psychologie im Mittelpunkt steht, für die eben eine Zwischenstellung zwischen natur- und geistes- oder kulturwissenschaftlichen Disziplinen zu vermuten ist (vgl. z.B. Cassirer 1961, 57ff.). Von daher wäre es m.E. auf jeden Fall unzulässig, nur aufgrund von bisher üblichen generellen wissenschaftstheoretischen Rekonstruktionsmodellen diese Konsequenz der fließenden Grenze zwischen Beschreiben und Erklären abzulehnen, ohne die Berechtigung einer solchen Liberalisierung für den konkreten Einzelfall, hier die Einzelwissenschaft Psychologie, zu überprüfen. Die bisher diskutierten Argumentationen führen m.E. ganz eindeutig zu einer solchen Konsequenz; nichtsdestotrotz ist nicht zu erwarten, daß man gerade mit dieser spezifischen Liberalisierung in den konkurrierenden wissenschaftstheoretischen Lagern (und zwar in beiden) viel spontane Zustimmung erhalten wird. Denn letztlich verschwimmt mit der Grenze zwischen Beschreiben und Erklären auch die zwischen der Monismus- und Dualismus-Position; und solche beidseitigen Identitätsdiffusionen haben sich befehdende, konkurrierende Lager normalerweise am wenigsten gern. Entsprechend der eingangs (vgl. o. 0.2.) explizierten Funktion der Wissenschaftstheorie für die Objektwissenschaft sollte dennoch der Einzelwissenschaftler mit nicht zu geringem Selbstbewußtsein eine wenn auch nicht mehr so schön eindeutige, dafür aber realitätsadäquatere wissenschaftstheoretische Rekonstruktion vorschlagen und anstreben dürfen. Die mögliche Zielidee, die mit der fließenden Grenze zwischen Beschreiben und Erklären verbunden und durch das analysierte Untersuchungsbeispiel ansatzweise umrissen ist, bezieht sich darauf, daß mit dem Ansteigen der Konstrukt-Komplexität auf Beschreibungsebene zugleich die Kompliziertheit der Erklärungsebene reduziert wird (bzw. werden kann). Wenn man die kognitiv-konstruktive Verarbeitung des reflexiven Subjekts Mensch konsequent (von dessen ‚Innensicht' aus) berücksichtigt und realisiert, dann erhöht sich zwar die Komplexität der thematisch zu postulierenden und empirisch zu erhebenden Konstrukte, zugleich aber u.U. auch die Einfachheit der mit solchen komplex(er)en Konstrukten arbeitenden Erklärungsmodelle.

3.4. Dispositionelle Motiv-Erklärung von Handlungen und der ‚Ziehharmonikaeffekt' der intentionalen Handlungs-Beschreibung

Es bleibt zu analysieren, ob die Konsequenz der fließenden Grenze zwischen Beschreibung und Erklärung auch für Beschreibungs-Einheiten mit individueller, nur kommunizierbarer Bedeutung gilt; also z.B. für Handlungs-Beschreibungen, die die Innensicht des Handelnden selbst thematisieren. Diese Frage unterstellt zunächst einmal weiterhin die Brauchbarkeit des covering-law-Modells der Erklärung auch für solche Handlungs-Einheiten.
Da bisher (vgl. o. Kap. 2.2.) bei der dialog-hermeneutischen Beschreibung der Innensicht von Handlungen der praktische Syllogismus der Ausgangspunkt war,

der als Notationsform einer sog. teleologischen Erklärung eingeführt wird, muß allerdings in einem ersten Schritt zumindest skizziert werden, wie die monistisch-analytische Position sich die Explikation einer Handlungs-Erklärung innerhalb des Subsumtions-Modells der Erklärung vorstellt. Es handelt sich dabei um die These, daß die sog. (materiale) teleologische Erklärung (vgl. Stegmüller 1969, 519) in eine dispositionelle Erklärung überführbar ist und überführt werden sollte. Für die teleologische Erklärung werden, wie es sich im praktischen Syllogismus manifestiert, die Ziele des Handelnden (und damit der Handlung) als konstitutiv angesetzt, die aber nicht als Antezedensbedingung(en) eingeführt werden können, weil sie ja erst nach bzw. durch den Abschluß der Handlung erreicht werden. Dementsprechend ist für zielgerichtetes Handeln eben nach dualistischer Auffassung (vgl. v. Wright 1974) das covering-law-Modell der Erklärung unbrauchbar und unangemessen; es sind vielmehr ganz andere Erklärungsstrukturen anzusetzen, für die der praktische Syllogismus eine (wichtige) Variante darstellt. Dem hält die monistische, analytische Position entgegen, daß selbstverständlich Ziele keine Antezedenzien von Handlungen sein können; daß sie aber von einer sinnvollen Handlungstheorie auch weder als solche behauptet werden können noch sollen. Denn was auf jeden Fall als vor der Handlung liegend anzusetzen ist, ist die entsprechende kognitive und motivationale Abbildung der Ziele bzw. die Ausgerichtetheit des Handelnden auf diese; nur auf diese *Zielsetzung(en)*, die sehr wohl als antezedente Bedingungen vor der Handlung zu akzeptieren sind und für eine sinnvolle Handlungs-Erklärung auch postuliert werden müssen (vgl. Essler 1979, 163), bezieht sich das Modell der dispositionellen Erklärung. Das bedeutet, daß „jeder Fall von echter Teleologie zugleich ein Fall von echter Kausalität' ist (Stegmüller 1969, 521). Daß es solche antezedenten Zielsetzungen oder Motive sind, mittels derer eine Handlung zu erklären ist, geht vor allem aus zwei Punkten hervor. Zum einen können die Ziele durch die Handlung ja auch verfehlt werden; die dennoch realisierte Handlung bleibt gleichwohl durch die antezedenten *Zielsetzungen* erklärbar.

Stegmüller formuliert dieses Argument im verhaltenstheoretischen Sprachspiel folgendermaßen (1969, 521): „Wie die Fälle von unterbleibender Zielverwirklichung oder Zielvereitelung deutlich machen, wäre es unsinnig, das gegenwärtige Verhalten eines Menschen durch das künftige Ziel zu erklären, das er zu realisieren versucht. Was sein Verhalten erklärt, sind gewisse diesem Verhalten *vorangehende* Überzeugungen und Wünsche." Mit Bezug auf nicht-realisierte Handlungsziele ist sicherlich der analytischen Position zuzustimmen, *„daß es nicht sinnvoll ist zu sagen, ein Geschehen, von dem man weiß, daß es stattgefunden habe, sei erklärbar durch ein anderes, das überhaupt nie stattfinden wird."* (o.c., 533)

Zum anderen können auch die Überzeugungen über Ziel-Mittel-Relationen (zwischen Handlung und intendierten Zielen) falsch (im Sinne von realitätsinadäquat) sein und sich trotzdem als zureichende Antezedenzien für die Genese von Handlungen und damit für deren Erklärung erweisen (vgl. Essler 1979, 163; Esser et al. 1977, II, 124f.). Werbik hat auf der Grundlage dieser (und ähnlicher) Argumente das folgende Schema zur Überführung der teleologischen Erklärung (bzw. des sie manifestierenden praktischen Syllogismus) in eine dispositionelle Motiv-Erklärung angegeben (in Anlehnung an Stegmüller 1969, 120; vgl. Werbik 1978, 33):

„A_1 : Die Person findet sich in der Situation S
A_2 : Die Person hat das Motiv M
G : Jede Person, die das Motiv M hat, führt in einer Situation von der Art S die Handlung H aus
E : Die Person führt die Handlung H aus."

Entsprechend dem oben angeführten zweiten Argument der ‚falschen Überzeugung' und vor allem den im Kapitel 2. herausgearbeiteten internalen Instanzen der Motive und Überzeugungen, die ja auch als im praktischen Syllogismus impliziert nachgewiesen wurden, kann und sollte man als Antezedensbedingung über die motivationale Komponente hinaus auch noch die kognitive der Überzeugung oder des Glaubens in bezug auf bestimmte Ziel-Mittel-Relationen einführen.

Stegmüller diskutiert z.B. den Fall, daß ein Student ein Repititorium besucht, *um* die Abschlußprüfung des Studiums zu bestehen. Dann ist als Ursache dieser Handlung nicht (s.o.) das zukünftige Handlungsziel akzeptierbar, „sondern der seinem Entschluß vorangehende *Wunsch*, die Prüfung zu bestehen, sowie seine *Überzeugung*, daß der fragliche Erfolg nur durch eine derartige Kursteilnahme erzielbar ist." (1969, 533)

Damit ist im Grundsätzlichen die Struktur einer Handlungs-Erklärung innerhalb des covering-law-Modells der Erklärung als dispositionelle Erklärung umrissen; in welchem Ausmaß und Sinn diese Erklärungsstruktur bei Handlungs-Einheiten als berechtigt anzusetzen ist, wird im einzelnen das nächste Kapitel klären — hier soll unter der Voraussetzung dieser Berechtigung zunächst einmal die Relation zwischen Beschreibung und Erklärung weiter analysiert werden.

Dabei ist zunächst auf den schon bei der Handlungs-Definition thematisierten Komplexitätsaspekt zurückzugreifen (vgl. Rehbein 1977). Dieser besteht vor allem darin, daß verschiedene und verschieden konkrete Handlungen (also Handlungen auf unterschiedlichen Handlungsebenen) in Form eben der Komplexbildung zu einer (übergeordneten) Handlung zusammengefaßt werden können — wobei unter einer bestimmten intentionalen Beschreibung diese komplexe Handlung dann in bezug auf die Intention des Handelnden dennoch nicht auf die konkreteren, molekularen Teilhandlungen reduziert werden kann und sollte. Solche Komplexbildung ist in unterschiedlichen Sprachspielen beschreibbar; Cranach et al. (1980, 14) thematisieren dabei vor allem die hierarchische Struktur von Zielen (Unterziele, Oberziele etc.) und verdeutlichen das an der Gesamt-Handlung ‚Frühstück zubereiten':

„... Das Eierkochen ist ein Teil des Frühstück-Bereitens, die beiden entsprechenden Ziele stehen in einem Verhältnis der Über- und Unterordnung. Innerhalb der Handlung ‚Eierkochen' kann ich wieder die Ziele des ‚Feueranzündens',

‚Wassereinfüllens' etc. unterscheiden. Untersuchen wir die Ziel-Handlung ‚Eierkochen', so ist das ‚Frühstückbereiten' ein Oberziel und das ‚Feueranzünden' ein Unterziel. Ein solcher Zusammenhang kann mehr oder weniger zwingend sein: im gegebenen Fall könnte ich ein Frühstück ohne Eier bereiten, oder auch Eier außerhalb des Frühstücks kochen. Zum Eierkochen aber gehört immer und notwendig das ‚Wasser in den Topf füllen'. Andererseits kann das ‚Frühstückbereiten' selbst wieder im Dienst höherer Ziele stehen..." (1980, 14f.)

Die intentionale Beschreibung von Handlungen aus der Sicht des Handelnden kann nun auf verschiedenen Zielebenen einsetzen und damit unterschiedliche Komplexionsebenen wählen. Diese Ebenenhierarchie wird z.B. von Rehbein anhand von Handlungsbenennungen dargestellt, und zwar am Beispiel der Gesamt-Handlung ‚den Tageslauf beginnen'; dabei unterscheidet er folgende fünf Ebenen, wobei die Zählung mit der generellsten, komplexesten Ebene beginnt:

(1) Den Tageslauf beginnen
(2) Sich ankleiden
(3) Die Schuhe anziehen
(4) Die Finger mit dem Schnürband hin- und herbewegen
(4') Das Schnürband einfädeln
(5) Sich zu den Füßen runterbeugen
(nach Rehbein 1977, 244)

Die genauere Analyse zeigt, daß die Benennungen der Ebene 4 und 5 im Prinzip weniger Ebenenunterschiede als Sequenzierungen thematisieren, d.h. sich auf konkrete Handlungsprozesse beziehen, die in der Regel „verkettet hintereinander ablaufen" (l.c.). Auf den nächsthöheren Ebenen sind die Ebenenverknüpfungen (genau wie in dem Beispiel von Cranach et al.) z.T. fakultativ; das heißt, daß man z.B. den Tagesablauf auch anders als mit sich-Ankleiden beginnen kann, daß man Schuhe anziehen auch im Rahmen eines Handlungsmusters ‚Schuhkauf' vollziehen kann etc. Die vorliegende Relation und die adäquate Benennung hängt wiederum von der Intention des Handelnden (bzw. präzise ausgedrückt: der intentionalen Beschreibung und Selbstinterpretation aus der Sicht des Handelnden) ab. Die damit postulierten Komplexionsmöglichkeiten veranschaulicht Rehbein mit folgender Abbildung (vgl. Abb. 14):

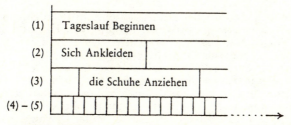

Abb. 14: Graphik ‚Handlungsebenen' nach Rehbein (1977, 245)

Das Verhältnis der jeweils unteren Ebene zur nächsthöheren bezeichnet Rehbein als Teil-Ganzes-Beziehung (o.c., 245). Daraus ergibt sich u.a., daß eine Handlung höherer Ebene zur Realisierung jeweils mehrere Akte der darunterliegenden Ebene erfaßt (l.c.), wobei diese Handlungen der unteren Ebene immer nur ausgehend von dem Muster der Gesamt-Handlung auf der darüberliegenden Ebene zu verstehen sind (o.c., 246) – darin liegt die (nichtreduzierbare) Komplexbildung.

Beide Beschreibungsweisen, die von Cranach et al. wie die von Rehbein, machen deutlich, daß man bei der intentionalen (gleich interpretativen) Beschreibung von Handlungen auf verschiedenen Komplexitätsebenen einsetzen kann; damit verschiebt sich auch der Fokus auf die für die jeweilige interpretierte Handlung als konstitutiv angesetzte Intention. Und mit der unterschiedlichen Komplexität dieser Intention verschieben sich ebenfalls – unvermeidbar – die als zentral mit der Handlung angesetzten Zielsetzungen; so ist die Zielsetzung für das ‚Wassereinfüllen' von Komplexität und Inhalt her eben nicht deckungsgleich mit der Zielsetzung für die Gesamt-Handlung ‚Frühstück zubereiten'. Soweit man Zielsetzungen im Subsumtions-Modell der Erklärung (wie oben dargestellt) als Manifestationen oder zumindest Teilaspekte von antezedenten Motivationskonstrukten ansehen kann, verschiebt sich mit der unterschiedlichen Wahl der Komplexitätsebene bei der Handlungs-Beschreibung dann auch notwendigerweise zumindest die Komplexität, meistens auch der Inhalt, der in einer dispositionellen Erklärung als für die Handlungsgenese ausschlaggebend angesetzten antezedenten Motivationen. Damit ergibt sich eine zweite paradigmatische Möglichkeit für die fließende Grenze zwischen Beschreibung und Erklärung in einer handlungstheoretischen Psychologie-Konzeption. Je nach dem Komplexitätsniveau der Handlungs-Beschreibung und damit der als konstitutiv angesetzten Intentionalität verändern sich Komplexitätsniveau und (inhaltlicher) Umfang der für die Handlungsgenese als konstitutiv unterstellten antezedenten Motivationskonstrukte; wenn man so will, wird hier u.U. ein Teil der auf niedrigerem Komplexitätsniveau in den antedezenten Motivationskonstrukten enthaltenen ‚volitiven' Dynamik (um auf einen Begriff von Wundt zurückzugreifen) beim Übergang auf höhere Komplexitätsniveaus in die komplexere Intentionalitätsbestimmung dieser Handlungs-Beschreibung hineingezogen. Es werden also Teilmengen *antezedenter* Motivationalität durch höher-komplexe intentionale *Beschreibung* absorbiert.

Zur Veranschaulichung dieser Möglichkeit ist es vielleicht nützlich, noch einmal auf das Beispiel der ‚scheinbar paradoxalen Wirkung von Lob und Tadel' zurückzugreifen, nur dieses Mal aus der Perspektive des aktiv Handelnden, des Lehrers. Dessen Motive und Handlungs-Beschreibungen lassen sich fiktiv (in einem Gedankenexperiment) z.B. folgendermaßen fassen: Der Lehrer hat, wenn er Leistungsarbeiten zurückgibt, die Zielsetzung, nicht nur quantitative Richtig/Falsch-Rückmeldungen zu geben, sondern den Schülern auch qualitativ-emotionale Bewertungen zu vermitteln. Deshalb lobt er Schüler A, von dem er denkt, daß dieser sich für die erzielte Leistung (9 von 10 Aufgaben richtig gelöst zu haben) besonders anstrengen mußte. Der Lehrer ist zwar überzeugt davon, daß Schüler A mit dieser aktuellen Leistung an der oberen Grenze seiner Leistungsfähigkeit in Mathematik liegt, aber seine Motivation ist es, die Anstrengungsbereitschaft des Schülers so zu unterstützen und zu stabilisieren, daß dieser dauerhaft jene obere Grenze seiner Leistungsfähigkeit erreicht. Als er zu Schüler B kommt, der die gleiche Leistung wie Schüler A erzielt hat, stellt sich ihm die Situation allerdings anders als beim Schüler A dar; denn er ist überzeugt davon, daß B von seiner mathematischen Begabung her noch besser sein könnte. Daher wählt er einen uneigentlichen Sprechakt (‚Dieser eine Fehler war doch nicht nötig!'), um Schüler B zu signalisieren, daß er ihn für begabter hält, als in der aktuell vorliegenden Leistung herauskommt. Seine Motivation ist hier vor allem, Schüler B ein adäquates Selbstkonzept von der eigenen Begabung zu vermitteln. Wegen der Personenkonstellation (d.h. weil Schüler A auch anwesend ist) bedeutet das zwar A gegenüber, daß dieser das Lob des Lehrers für ihn ganz eindeutig auf seine Anstrengung zurückführen kann; das bindet der Lehrer jedoch (u. U.) in seine Sprechhandlungs-Motivation ein, weil er den Schüler A bewußt nur in der einen Dimension (nämlich hinsichtlich der Anstrengungsbereitschaft) bekräftigen will. Der Lehrer kann als Rechtfertigung und damit Explizierung seiner Zielsetzung(en) etwa vorbringen, daß jede andere Bekräftigung (z. B. in der Begabungsdimension) inhuman wäre, da sich der Schüler in dieser Dimension (nach Überzeugung des Lehrers) gar nicht weiter entwickeln kann. Wenn der Lehrer daher das Gesamt der beiden (und eventuell noch weiterer) Sprechhandlungen beim Zurückgeben der Rechenarbeit in der Klasse beschreibt als ‚unterstützende Rückmeldung an die Schüler je nach deren Entwicklungsmöglichkeiten', dann sind alle explizierten (antezedenten) Motivationen in dieser Beschreibung aufgegangen (d.h. absorbiert).

Ähnlich kann man rekonstruieren, daß (Teil-)Motivationen des Wassereinfüllens, Eierkochens etc. in der Gesamt-Handlung ‚Frühstückbereiten' und deren Beschreibung absorbiert werden. Allerdings ist diese ‚Absorptions'-Richtung anscheinend nicht auf (von ‚unten nach oben' verlaufende) bottom-up-Prozesse beschränkt; es scheint so, als ob bei manchen Kontexten antezedente Motivationen aus höher-komplexen Ebenen in Form einer (von ‚oben nach unten' verlaufenden) top-down-Relation ‚absorbiert' werden. Wenn man z.B. das Frühstückbereiten als *eine* mögliche Aktvariante der Handlung ‚einem Gegenüber seine Zuneigung zeigen' auffaßt, dann ist in dieser Beschreibung eine Motivation aus dem Beziehungsbereich mit ‚absorbiert', die zum ‚Frühstückbereiten' ganz eindeutig eine höhere Ebene einnimmt. Ähnliches gilt z.B., wenn Studierende sich treffen, einen Text verfassen, abtippen und vervielfältigen: und dieses ‚Flugblatt herstellen' als eine Handlung ‚politischen Engagierens' beschreiben (würden). In diesen Fällen sieht es (intuitiv) so aus, als ob bei der höher-komplexen Beschreibung auch noch Wirkungsaspekte eine Rolle spielen. Eine präzisere Explikation dieses intuitiven Eindrucks läßt sich von diesbezüglichen Rekonstruktionen der analytischen Handlungsphilosophie erhoffen. Denn auch in ihr ist das Problem der unterschiedlichen Komplexitätsebenen von Handlungs-Beschreibungen analysiert und diskutiert worden. So spricht z.B. Forguson in Nachfolge von Austin vom ,,Einklammerungseffekt" von Intentionen; er rekurriert mit diesem Terminus darauf, daß der Rückgriff auf Intentionen zur Strukturierung von menschlichem Verhalten bei der Handlungs-Beschreibung eingesetzt wird. Von der als zentral angesetzten Intention (Absicht) hängt es ab, welche Verhaltensweisen bei der (intentionalen) Handlungs-Beschreibung zu einer einzigen, durch die Beschreibung benannten Handlung zusammengefaßt werden:

,,Wir können z.B. X, Y, Z als drei verschiedene Handlungen ansehen und mit drei verschiedenen Namen bezeichnen (er tat dies, jenes und schließlich das);

oder wir können X, Y, Z als eine einzige Handlung ansehen, die durch einen einzigen Namen bezeichnet wird, wenn wir glauben, daß eine einzige umfassende Intention vorliegt und keine besondere Veranlassung besteht, genauere Unterscheidungen zu treffen. Wir können sagen ‚Er nahm seine Pfeife, suchte einen Pfeifenreiniger aus, blies durch das Rohr usw.' oder einfach ‚Er reinigte seine Pfeife'." (Forguson 1977, 58f.)

In unserem Kontext ist dabei bedeutsam, daß auch Forguson die Relation der Einzelhandlungen zur Gesamt-Handlung als Teil-Ganzes-Beziehung rekonstruiert, und zwar durchaus im Sinn der von der Gestaltpsychologie her bekannten Teil-Ganzes-Relation: d.h. also in Form einer Komplexbildung, bei der das Ganze als „mehr als die Summe seiner Teile" aufgefaßt wird (vgl. o. Kap. I.; im einzelnen z.B. Müller 1923):

Der Handelnde „kann z.B. darauf bestehen, daß wir seine Handlung, was seine Intention betrifft, als ein (wie er meint) Ganzes beschreiben und nicht in Termini, mit denen man gewöhnlich nur (wie er meint) einen ‚Teil' der ‚ganzen' Handlung beschreibt." (Forguson 1977, 59)

Daraus folgt, daß es keine ‚Normal- oder Standardbeschreibung' einer Handlung gibt (Harras 1983, 25ff.). Wenn etwa jemand, um noch ein weiteres Beispiel anzuführen (von Wertsch & Lee 1984, 193), ‚auf ein Stück Papier mit einem Instrument einige Buchstaben schreibt', kann man diese Handlung auch beschreiben als ‚eine Unterschrift leisten' oder ‚einen Vertrag unterzeichnen'. Noch anschaulicher und zugleich weitergehend ist dieses Phänomen im Konzept des „Ziehharmonikaeffekts" (von Feinberg) rekonstruiert worden. Er versteht unter Ziehharmonikaeffekt ebenfalls, daß die Beschreibung einer Handlung „nahezu beliebig kleine oder große ‚Ketten von Ereignissen umfassen' kann" (1977, 204). Zusätzlich bezieht er beim Ziehharmonikaeffekt von Handlungs-Beschreibungen allerdings auch noch die Zuschreibung einer kausalen Verantwortung und damit die Zuschreibung eines Bewirkens von Konsequenzen mit ein (s.o. 2.4.: die ‚operative Wirksamkeit' der intentionalen Handlungs-Beschreibung aus der Innensicht des Handelnden). Damit ist die Wirkungsperspektive von Handlungen mit in den Einklammerungs- oder Ziehharmonikaeffekt der Komplexitätsebene von Handlungsbeschreibungen einbezogen:

„Anstatt zu sagen, daß Peter A (eine relativ einfache Handlung) getan und dadurch X in Y verursacht hat, können wir auch so etwas sagen wie: ‚Peter X-te Y'; anstatt ‚Peter machte die Tür auf und bewirkte dadurch, daß Paul erschrak', also einfach ‚Peter hat Paul erschreckt'." (Feinberg 1977, 205)

Das Entscheidende ist hier, daß auch die damit thematisierte Teilmenge von Wirkungen bestimmter Teilhandlungen oder Teilstücke der zu einer Handlung zusammengefaßten Ereigniskette als Teil der Handlungs-Beschreibung konzipiert, aufgefaßt und konstituiert wird; denn Handlung ist, wie erinnerlich, ja nicht etwas an sich Vorliegendes, sondern etwas interpretativ Beschriebenes, unter Rückgriff auf die Intentionalität eines Akteurs strukturiert Zusammengefaßtes und mit (intentionaler) Bedeutung Versehenes. Die Beschreibung eines Verhaltens oder Tuns als absichtlich und damit als Handlung kann also auf bestimmten Komplexitätsniveaus auch Wirkungsaspekte dieses Tuns als Teil der intentionalen Beschreibung einführen; als Beispiel dafür sei (noch einmal) ein etwas längeres Beispiel von Davidson zitiert:

„Tatsächlich können wir auf der Ziehharmonika eine ganze Menge Melodien spielen. Wir können mit ‚Die Königin bewegte ihre Hand' beginnen, dann nach rechts ziehen und hinzufügen ‚und verursachte dadurch, daß der Inhalt des Fläschchens in das Ohr des Königs floß'; und dann ein neuer Zug: ‚und verursachte dadurch, daß das Gift in den Körper des Königs eintrat'; und schließlich (falls wir genug haben – denn den Möglichkeiten einer Erweiterung ist keine klare Grenze gesetzt) ‚und verursachte dadurch den Tod des Königs'. Dieser Ausdruck kann auf verschiedene Weise verkürzt werden: auf das Mittelstück, auf die linken oder rechten Teilstücke oder auf jede beliebige andere Kombination. Hier einige Beispiele: ‚Die Königin bewegte ihre Hand und verursachte damit den Tod des Königs' (die beiden Endpunkte); oder ‚Die Königin tötete den König' (zusammenziehend auf die rechte Seite); oder ‚Die Königin goß den Inhalt des Fläschchens in das Ohr des Königs' (die Mitte). Es gibt auch noch eine andere Möglichkeit, auf dem Instrument zu spielen: Wir könnten *beginnen* mit ‚Die Königin tötete den König' und dann ‚indem sie Gift in sein Ohr schüttete' hinzufügen usw. – Hinzufügung auf der linken Seite. Viele dieser Ausdrücke sind äquivalent wie z.B.: ‚Die Königin tötete den König, indem sie Gift in sein Ohr schüttete' und ‚Die Königin schüttete Gift in das Ohr des Königs und verursachte damit seinen Tod'. Und offensichtlich sind in den längeren Ausdrücken viele von den kürzeren logisch enthalten." (Davidson 1977a, 303f.)

3.5. Absorption (passiv-)explanativer Funktion in hochkomplexen Beschreibungs-Einheiten: Handlungs-Konstrukte mit individueller, kommunizierbarer Bedeutungsdimension

Dadurch löst sich aber auch eine der wichtigen und auf den ersten Blick so überzeugenden Unterscheidungen der analytischen Handlungsphilosophie – zumindest teilweise – auf: die Unterscheidung zwischen Handlungs-Ergebnis und Handlungs-Folge. Wie bei der Einführung des Handlungs-Begriffs (vgl. o. II.5.) expliziert, wird unter Handlungs-Ergebnis das durch die Handlung selbst direkt nicht nur angestrebte, sondern auch realisierte Ziel verstanden; Handlungs-Folgen liegen dann vor, wenn von diesem Ziel abhängige (externe) Wirkungen oder Effekte thematisch sind (vgl. auch Harras 1983, 23f.).
Die übliche Verdeutlichung dieser Unterscheidung erfolgt unter Rückgriff auf Basishandlungen zumeist folgenderweise (wie z.B. bei v. Wright 1974): Das Handlungsergebnis der Handlung ‚Fenster öffnen' ist das geöffnete Fenster; die Folge des geöffneten Fensters (und damit der Basishandlung) ist, daß die Temperatur im Raum absinkt oder daß es zieht oder dergleichen mehr. Entsprechend der oben besprochenen Fassung des Ziehharmonikaeffekts ist es nun aber überhaupt kein Problem, das Temperaturabsinken im Zimmer als Ziel zu definieren und auf einer höheren Komplexitätsebene der Handlungs-Beschreibung (eventuell in Verbindung mit einer Reihe von weiteren Basishandlungen) eben dies, den Temperaturabfall im Zimmer, als Handlungs-Ergebnis einzuführen. Das ist die Konsequenz davon, daß Handlung nur als theoriehaltige, inter-

pretative Beschreibung ‚existiert' – und zwar primär als selbstinterpretative Beschreibung; auch Ergebnis und Folge sind nicht etwas, was der Handlung als solcher zu eigen ist, sondern eben abhängig von der als für eine bestimmte Handlungs-Beschreibung konstitutiv angesetzten Intentionalität und dem damit gewählten Komplexitätsniveau. Die intentional-interpretative Beschreibung kann also das, was auf niedriger-komplexen Ebenen als Handlungs-Folge und damit -Wirkung anzusetzen wäre, mit einbeziehen und Ziele höherer Ebenen konstituieren, die als Handlungs-Ergebnis dieser Ebene Ereignisse bzw. Zustände bezeichnen, die von der niedrigeren Ebene her als Handlungs-Folgen (d.h. Wirkeffekte) zu klassifizieren wären.

Ausschlaggebend für die hier thematische Relation von Beschreiben und Erklären ist dabei, daß die zwischen den Teilaspekten der komplexen Gesamt-Handlung anzusetzende ‚dadurch, daß'- bzw. ‚indem'-Relation (vgl. oben das Beispiel von Davidson; s. auch die Diskussion zwischen Goldman und Davidson: 2.6.) von der niedriger-komplexen (molekulareren) Ebene aus durchaus als eine empirische Wirkungsrelation anzusehen ist, die adäquat nur in Form eines synthetischen Satzes über Bedingungs-Ereignis-Relationen abzubilden ist. Damit ist ein letzter möglicher (paradigmatischer) Fall für die fließende Grenze zwischen Beschreibung und Erklärung rekonstruiert: Es werden (zumindest) Teile von empirischen Wirkungseffekten in die hochkomplexe Beschreibung von Handlungs-Einheiten hineingezogen. In den Termini von deskriptiven und explanativen Konstrukten ausgedrückt bedeutet das: Bei hochkomplexer intentionaler Handlungs-Beschreibung ist es möglich, daß Konstrukte, die auf niedrigkomplexer Ebene Wirkeffekte bezeichnen, d.h. also Konstrukte in passiv-explanativer Funktion darstellen, auf höher-komplexer (Beschreibungs-) Ebene als Handlungs-Ergebnisse und damit als Konstrukte in (zunächst einmal primär) deskriptiver Funktion konstituiert werden. Damit liegt praktisch der komplementäre Fall zur ersten (oben für ‚Tun'-Einheiten mit universalisierbaren Bedeutungsdimensionen besprochenen) Möglichkeit der Absorption von Erklärungsteilmengen vor (s.o. die theoretisch-empirische Reanalyse der ‚scheinbar paradoxalen Wirkung von Lob und Tadel'). Bei jener ging es darum, daß Konstrukte durch die Beschreibung absorbiert werden, die in einer mit weniger komplexen Konstrukten arbeitenden Erklärungskette aktiv-explanative Funktion in bezug auf eine am Schluß dieser Kette stehende Sukzedensbedingung haben; im jetzt rekonstruierten Fall handelt es sich um ein paralleles Aufgehen von in einer potentiellen Erklärungskette möglichen Sukzedensbedingungen, wobei jedoch primär die passiv-explanative Funktion relevant ist, d.h. diese Sukzedensbedingung(en) als (vorläufiger) Schlußpunkt einer alternativen, mit niedriger-komplexen Konstrukten arbeitenden Erklärungskette anzusehen ist (sind). Es ist natürlich klar, daß auch dieser Fall durch Hinzufügung einer weiteren Sukzedensbedingung in die Möglichkeit der Absorption von Konstrukten mit aktiv-explanativer Funktion überführt werden kann; insofern gibt es wiederum fließende Übergänge zwischen den explizierten Fällen der fließenden Grenze von Beschreibung und Erklärung. Allerdings dürfte bei Handlungs-Einheiten (mit individuellen, kommunizierbaren Bedeutungsdimensionen) der Fall der Absorption von Sukzedensbedingungen (Wirkeffekten) in der Beschreibung der typischere sein.

Denn dieser Fall ist auch im Beispiel der ‚scheinbar paradoxalen Wirkung von Lob und Tadel' rekonstruierbar, das oben zunächst unter der Perspektive der Absorption von Antezedensbedingungen (Motivationskonstrukten) expliziert worden ist. So kann man die uneigentlichen Sprechakte des Lehrers zunächst einmal (s.o.) als ‚aufrichtige Rückmeldung geben' beschreiben. Die damit beschriebenen Äußerungen ‚Das war ganz ausgezeichnet' und ‚Dieser eine Fehler war doch nicht nötig' sind dann als Handlungs-Ergebnis der intendierten Handlung ‚aufrichtige Rückmeldung geben' anzusehen. Auf der nächsten (Komplexitäts-)Ebene kann der Handelnde nun z.B. von der Überzeugung ausgehen, diese ehrliche Rückmeldung bewirke beim Schüler, daß dieser die Begabungseinschätzung des Lehrers (mit-)versteht. Von der Handlungs-Beschreibung ‚aufrichtige Rückmeldung' aus ist dieser Wirkungseffekt eine Handlungs-Folge, die aber in der Beschreibung der uneigentlichen Sprechakte als ‚implizit die eigene Begabungseinschätzung (über den Schüler) vermitteln' zum Handlungs-Ergebnis wird. Im weiteren kann der Lehrer aber auch noch (wie oben expliziert) der Überzeugung sein, daß diese Vermittlung der Begabungseinschätzung beim Schüler eine dessen Entwicklungsmöglichkeiten angemessene Motivierung zur *Folge* hat; wenn der Lehrer unter Voraussetzung dieser Wirkrelation sein (Sprech-)Handeln als ‚unterstützende Rückmeldung je nach Entwicklungsmöglichkeiten der Schüler' (s.o.) beschreibt, dann ist eben diese Motivierungswirkung als intendiertes Handlungs-Ergebnis eingeführt!

Diese Rekonstruktion macht in etwa deutlich, wie die Absorption von Wirkeffekten in höher-komplexen Handlungs-Beschreibungen auf dem Gebiet von im engeren Sinne psychologischen Phänomenen aussieht – einem Bereich, der von den Beispielen der analytischen Handlungstheorie zumeist nicht (auf jeden Fall nicht zentral) erreicht wird. Denn die analytische Handlungsphilosophie beschäftigt sich überwiegend mit solchen Komplexbildungen wie: Ich gebe einem Verkäufer einen bestimmten Geldbetrag und erwerbe dadurch eine Schallplatte, die ich nach Hause trage, aufbewahre und meinem Freund XY an dem Tag, als vor 25 Jahren dessen Mutter ihren einzigen Sohn gebar, überreiche, was ich insgesamt beschreiben kann als ‚Ich schenke ihm eine Schallplatte zum Geburtstag'. Für die psychologische Perspektive konstitutiv sind dagegen (m.E.) eigentlich erst die folgenden Komplexitätsebenen: Die Handlung ‚ein Geburtstagsgeschenk machen' kann bei meinem Freund Freude zur Folge haben, und wenn ich von dieser Wirkung überzeugt bin, kann ich meine Handlung auch als ‚eine Freude machen' beschreiben; gesetzt den Fall, daß Freuden zum positiven Lebensgefühl meines Freundes beitragen und ich eben diese Wirkung mit-intendiere, kann ich meine Handlung auf höchster Ebene auch als ‚zum Lebensglück (meines Freundes) beitragen' beschreiben. (Im übrigen wird die Absorption von antezedenten Motivationsaspekten deutlich, wenn ich unter der Voraussetzung, daß man aus Zuneigung zu anderen zu deren Lebensglück beizutragen versucht, diese Handlung zugleich als ‚meine Zuneigung zeigen' beschreibe.)

Mit diesen Beispielen ist zugleich, mindestens ansatzweise, verdeutlicht, daß die Absorption von Erklärungsteilmengen in hochkomplexen Beschreibungen gegebenenfalls sehr umfangreiche Überzeugungssysteme über unterstellte Wirkrelationen enthalten kann, die oben als ‚Subjektive Theorien' (des Handelnden und seine Handlung Beschreibenden) eingeführt worden sind. Wenn man Annahmen über solche Wirkeffekte innerhalb von Subjektiven Theorien ‚Subjektive Erklärung' nennt (vgl. Groeben et al. 1987), dann ist es möglich, daß in hochkomplexen Handlungs-Beschreibungen ganze (Subjektive) Erklärungs-*ketten* enthalten sind. Dies gilt häufig z.B. für Handlungen und Handlungs-Beschreibungen von Erziehern (Eltern, Lehrer etc.). So ist es etwa denkbar, daß sich hinter der Alltagsmaxime ‚Wer liebt, der straft' folgende (Subjektive) Erklärungskette verbirgt: Wenn gerechte Strafe, dann eine sichere (auch emotionale) Bewertungsstruktur der Welt beim Kind; wenn eine sichere Bewertungsstruktur der Welt, dann (moralisch adäquate) Bewältigungsstrategien für die Probleme der Welt; wenn adäquate Bewältigungstrategien für die Probleme dieser Welt, dann Lebensvertrauen; wenn Lebensvertrauen, dann Fähigkeit, sich anderen zu öffnen; wenn Fähigkeit sich anderen zu öffnen, dann Beziehungsfähigkeit; wenn Beziehungsfähigkeit, dann positive Persönlichkeitsentwicklung. Unterstellt ein Handelnder die Gültigkeit all dieser Wirkrelationen, dann kann er u. U. sein gerechtes Strafen (interpretativ) beschreiben als ‚zu einer positiven Persönlichkeitsentwicklung verhelfen' — und nach meiner Alltagserfahrung tun das nicht wenige Erwachsene aus dem Bereich christlich-alttestamentarischer Moralität. Daß eine solche Beschreibung natürlich bei Nicht-Geltung auch nur einer der unterstellten Erklärungsschritte in sich kollabiert, ja realistischerweise u.U. das Gegenteil als adäquate Beschreibung anzusetzen ist, wird unmittelbar anschaulich in der semantischen Kippfigur des konterkarierenden Sponti-Spruchs: ‚Sie wollen nur unser Bestes. Aber das bekommen sie nicht!'.

Nicht von ungefähr sind für die fließende Grenze zwischen Beschreibung und Erklärung bei Handlungs-Einheiten nur theoretisch-fiktive Beispiele aus dem Bereich der Psychologie genannt worden; denn eine sozialwissenschaftlich-handlungstheoretische Konzeption von Psychologie ist bislang noch nicht so weit ausgearbeitet und entwickelt, daß aus dem Bereich der bisherigen Forschung bereits zureichende oder auch nur rekonstruierbare Beispiele vorliegen. Erst im Rahmen der Ausarbeitung dieser Konzeption werden daher die hier noch offenen Fragen zu bearbeiten und gegebenenfalls zu beantworten sein: zum Beispiel, ob es noch weitere Möglichkeiten für die Absorption von Erklärungsteilmengen in der Beschreibung von hochkomplexen Einheiten gibt; inwiefern alle bisher skizzierten Fälle für Einheiten von mittlerer und maximaler Komplexität (also für ‚Tun' und ‚Handeln') angesetzt werden können; ob und in welcher Art und Weise Kombinationen dieser (und möglicher anderer) Fälle gedacht werden können etc. Es ist hier m.E. nicht nötig, diese im gegenwärtigen Entwicklungsstand einer sozialwissenschaftlich-handlungstheoretischen Psychologie-Konzeption noch schwer zu bearbeitenden Fragen weiter anzugehen, weil die explizierten paradigmatischen Möglichkeiten zum Beleg der hier zentralen These, nämlich der fließenden Grenze zwischen Beschreibung und Erklärung, ausreichen (sollten).

Diese fließende Grenze zwischen Beschreibung und Erklärung manifestiert sich — für die höchste Komplexitätsebene der Handlungs-Einheiten (aus der Innensicht des Handelnden) — auch innerhalb des Beschreibungskonzepts selbst. Unter Bezug auf die verstehend-interpretative Erhebung der Innensicht des Handelnden umfaßt der Begriff ‚Beschreibung' (vgl. oben Kap. 1. u. 2.) alles, was der Handelnde selbst mit seiner Intentionalität, seiner Handlungsabsicht verbindet: also auch die Motive und Überzeugungen, die ihn zur Entscheidung für diese Handlungsmöglichkeit und gegen andere geführt haben; das impliziert auch die Überzeugung über potentielle Wirkungen bzw. Wirkketten, die der Handelnde mit seiner Handlung anstrebt. Im Idealfall eines sehr differenziert und rational reflexiv Handelnden kann es sich dabei, wie ausgeführt, um relativ umfassende, strukturierte kognitive Systeme handeln (die als Subjektive Theorien rekonstruierbar sind). In Relation zur Erklärung sind nun entsprechend dem oben dargestellten Ansatz der Überführung von teleologischer in eine motiv-dispositionelle Erklärung grundsätzlich motivationale Antezedensbedingungen sowie vom Handlungs-Ergebnis abtrennbare Wirkeffekte (Handlungs-Folgen) nicht als im engeren Sinne (bzw. ausschließlich) beschreibend zu klassifizieren; vielmehr ist zwischen solchen antezedenten bzw. sukzedenten Konstrukten und der Handlungsintention/-ausführung eine erklärende (explanative) Funktion anzusetzen. Die verstehend-interpretative Erhebung der (gesamten) Innensicht des Handelnden soll daher als ‚Beschreibung im weiteren Sinne' bezeichnet werden, von der die ‚Beschreibung im engeren Sinne' abzuheben ist, unter der die sprachliche Abbildung der (definierenden) Handlungsintention/-ausführung in Abhebung von den in explanativer Funktion postulierten Antezedens- und Sukzedensbedingungen zu verstehen ist. Die fließende Grenze zwischen Beschreibung und Erklärung manifestiert sich nun darin, daß entsprechend fließend auch die Grenze zwischen der so explizierten Beschreibung im engeren und im weiteren Sinne ist. Dies läßt sich auch in handlungstheoretischer Terminologie ausdrücken. Wie bei der Einführung des Handlungs-Begriffs expliziert, ist die Absichtlichkeit als definitorisches Merkmal einzuführen; ein Verhalten ist dann als Handlung auffaßbar, wenn eine Beschreibung als ‚absichtlich' sinnvoll ist (Davidson 1977b, 329f.). Von dieser definitorischen Relation zwischen Absichtlichkeit und Handlung läßt sich, ganz entsprechend dem Ansatz der Überführbarkeit in eine motiv-dispositionelle Erklärung, die kontingente Relation zu den Wünschen und Überzeugungen abgrenzen, wie es z.B. Malcolm (1977) tut. Der Komplexitätsaspekt kommt auch für Malcolm in die Betrachtung hinein, und zwar durch die Unterscheidung von einfacher versus weitergehender Absicht und gleichlaufender versus vorhergebildeter Absicht (1977, 348ff.). Die Unterscheidung von einfacher versus weitergehender Absicht ist im Prinzip mit der Unterscheidung von Handlungs-Ergebnis und Handlungs-Folge identisch:

„Einmal die Absicht, X zu tun (wir wollen das *einfache Absicht* nennen), zum anderen die Absicht, etwas anderes Y beim oder durch das Tun von X zu tun (wir wollen das *weitergehende Absicht* nennen)." (o.c., 348)

‚Gleichlaufend' nennt Malcolm eine Absicht, wenn sie „nur zur Zeit der Handlung bzw. *in* der Handlung" existiert (o.c., 350), ‚vorhergebildet' dementsprechend, wenn sie vor der Handlung (und ihrer Ausführung) gegeben ist. Malcolm setzt sodann eine definitorische Relation nur für die einfache gleichlaufende Absicht an, während weitergehende Absichten und einfach vorhergebildete Absichten als potentielle Ursachen (mit kontingenter Relation) postuliert werden. Die bisherige Diskussion zeigt, daß die Unterscheidung von gleichlaufender und vorhergebildeter Absicht nicht besonders brauchbar sein dürfte. Zum einen ist damit anscheinend eine ontologische (Existenz-)Behauptung verbunden, die auf dem Hintergrund der Handlungsbestimmung als interpretative Beschreibung (bzw. Handlung als Interpretationskonstrukt) inadäquat ist; zum anderen ist diese Unterscheidung, wenn man dem Handelnden zugesteht, die Komplexitätsebene bei der interpretativen Festlegung der Handlungs-Einheit zu wählen, nicht aufrecht zu erhalten – denn dann kommen u.U. so große Einheiten zustande, daß die Trennung in gleichlaufend versus vorhergebildet eine Überdifferenzierung darstellt. Es bleibt also das, was als einfache versus weitergehende Absicht zu unterscheiden ist; und hier gilt auf dem Hintergrund der Komplexitätsfrage das, was für die fließende Grenze zwischen Beschreibung und Erklärung expliziert worden ist. Man kann die einfache Absicht als die auf das jeweilige Handlungs-Ergebnis gerichtete Intention ansehen, die weitergehende Absicht als Wunsch oder Motiv, die auf vom Handlungs-Ergebnis abhängige Sequenzen ausgerichtet sind, wobei diese Folgen oder Wirkungen als Ziele angestrebt werden. Die Variabilität der Komplexitätsebenen, auf der Handlungen beschrieben werden (können), manifestiert sich dann darin, daß bei höher-komplexer Einheiten-Ebene Absichten als (in der Terminologie von Malcolm) einfache angesetzt werden, die auf weniger komplexer Ebene als weitergehende zu klassifizieren sind.

v. Wright formuliert das in der Terminologie von Handlungs-Ergebnis versus -Folge, von der die Argumentation oben ausgegangen ist, folgendermaßen: „Dieselbe Zustandsveränderung kann somit zugleich Ergebnis und Folge einer Handlung sein. Ob sie ein Ergebnis oder eine Folge dieser Handlung ist, hängt von der *Intention* des Handelnden ... ab ..." (1979, 52)

Das bedeutet grundsätzlich, daß sowohl potentielle Antezedensbedingungen (bedingende Motivations- und Überzeugungskonstrukte) wie auch Sukzedensbedingungen (Wirkungen, Folgen) durch das definitorische Merkmal der Intention bzw. Absichtlichkeit absorbiert werden können; die oben herausgearbeiteten paradigmatischen Fälle der fließenden Grenze zwischen Beschreibung und Erklärung stellen Konkretisationen dieser prinzipiellen Absorptionsdynamik dar. Damit ist für eine sozialwissenschaftlich-handlungstheoretische Konzeption von Psychologie die Möglichkeit zugelassen, ja eingeführt, etwas, was bei weniger komplexer Beschreibung als (antezedentes) Motiv etc. bzw. (sukzedente) Wirkung anzusetzen ist, bei komplexerer Beschreibung als Absicht und damit als definitorisches Merkmal einzuführen. Das impliziert letztlich, daß die ‚Theoriehaltigkeit' von Handlungs-Beschreibung zugleich auch (zumindest potentiell) eine ‚Erklärungshaltigkeit' ist. Dieses Phänomen, nämlich daß die Theoriehaltigkeit von intentionalen Handlungs-Beschreibungen in Relation zu den darunter liegenden Komplexitätsebenen immer auch (potentiell) eine Erklärungshaltigkeit darstellt, hat nur ‚nach oben' hin eine prinzipielle Grenze, wie auch Harras (1983, 31f.) in Kritik an Feinbergs Explikation des Ziehharmonikaeffekts feststellt. Denn Feinberg läßt bei seiner Darstellung des Ziehharmonikaeffekts Konsequenzen als Handlungs-*Ergebnis* einer hochkomplexen interpretativen Handlungs-Beschreibung zu, die „vom Handelnden nicht absichtlich herbeigeführt worden sind." (Harras, l.c.) Entsprechend dem bisher angesetzten Handlungs-Begriff, und hier vor allem der gerade aus der analytischen Handlungstheorie kommenden Bestimmung, daß eine Handlungs-Beschreibung die Beschreibung eines Tuns *als intentionales* ist, ist eine Konstituierung von nicht-intendierten Zustandsveränderungen als Handlungs-Ergebnis (im Rahmen hochkomplexer Handlungs-Beschreibungen) nicht zulässig. Eine so weitgehende Komplexbildung ist mit dem explizierten Handlungs-Begriff nicht mehr vereinbar. Allerdings dürfte die Gefahr einer solchen Überziehung der Handlungs-Beschreibung für das oben (s. 2.5.; 2.8.) explizierte konsequente Handlungs-Konzept praktisch irrelevant sein, weil dieses ja konstitutiv von der subjektiv-intentionalen Innensicht des Handelnden ausgeht, während das Konstatieren von nicht-intendierten Konsequenzen als Handlungs-Ergebnis nur bei einer Handlungs-Beschreibung ‚von außen' vorkommen kann (und nach den oben vorgelegten Abgrenzungen das damit Beschriebene folgerichtig unter die Einheiten-Kategorie ‚Tun' fallen würde).

3.6. ‚Theoriehaltigkeit' der (verstehenden) Beschreibung als ‚Erklärungshaltigkeit' — Mittelstellung zwischen monistischer und dualistischer Position

Die analysierten Beispiele umreißen in einer ersten Annäherung das Phänomen, daß in theoriehaltiger Beschreibung Erklärungsaspekte impliziert sind (bzw. sein können). Dabei ist zunächst einmal der Einfachheitsaspekt von Erklärung zu nennen, wie er schon im Eingangskapitel (I.) thematisiert wurde. Die größere Komplexität der Beschreibungs-Einheiten führt u.U. (vgl. vor allem die Reanalyse der Untersuchungen von Meyer et al.) zu einer erheblichen Vereinfachung auf der Erklärungsebene; in der genannten reanalysierten Untersuchung konnte nach einer konsequenten Innensicht-Beschreibung der rezipierten Bedeutungen der Lehreräußerungen als Erklärungsstruktur an dem einfachen lerntheoretischen Erklärungsprinzip festgehalten werden, daß ‚positive Reize' (hier z.B. die in der uneigentlichen ‚Tadel'-Äußerung vermittelte Begabungseinschätzung) positive Wirkungen wie Steigerung der Leistungszuversicht etc. haben (und umgekehrt). Das bedeutet, daß eine verstehend-interpretative Innensicht-Beschreibung die Kompliziertheit von Erklärungen in der Psychologie reduzieren kann. Die Beschreibung der Umweltreize aus einer relativen Außensicht heraus (als die die Oberflächenbedeutung der sprachlichen Lehreräußerung oben eingestuft wurde) führt zu einer vergleichsweise komplizierten Erklärungsstruktur, die verstehend-interpretative Beschreibung aus der Innensicht-Perspektive (als die die sprechakttheoretisch rekonstruierte Bedeutung der Lehreräußerung angesetzt wurde) vereinfacht diese Erklärungsstruktur erheblich.

Daraus lassen sich mit einem entsprechenden Optimismus — ganz im Sinne des in Kap. I. explizierten Komplexitätsproblems — weitreichende Vermutungen hinsichtlich der Einfachheitsstruktur einer sozialwissenschaftlichen Psychologie ableiten. Wenn die verstehend-interpretative Komplexität der Beschreibungs-Einheiten und damit die Realsierung einer Innensicht-Perspektive in der Psychologie dem Einfachheitsprinzip (vor allem der wissenschaftlichen Erklärung) zugute kommt, dann kann die häufig beklagte Kompliziertheit der Psychologie, z.T. eventuell auch ihre theoretische Parzelliertheit (s.o. I.4.; vor allem Holzkamp 1972), zurückgeführt werden auf eine objektivistische Außensicht-Perspektive; die Kompliziertheit wäre damit als ein Artefakt des quasi-naturwissenschaftlichen Angehens des psychologischen Gegenstandes zu dekuvrieren (s.o. 3.3.: ‚objektivistisch halbierter Kognitivismus'). Wenn man die kognitiv-konstruktive Reflexions- und Rationalitätsfähigkeit des handelnden menschlichen Subjekts als Erkenntnis-Objekt der Psychologie dagegen einbezieht und konstitutiv berücksichtigt (z.B. durch die erarbeitete interpretativ-verstehende Beschreibung komplexer Bedeutungseinheiten), dann löst sich diese artifizielle Kompliziertheit auf, und das heißt die Psychologie läßt sich (eventuell) in einen adäquateren Zustand komplexerer, dadurch aber zugleich weniger komplizierter, einfacherer und kohärenterer Theoriebildung überführen. Natürlich kann erst eine umfassendere, tiefergehende Ausarbeitung einer sozialwissenschaftlich-handlungstheoretischen Psychologie-Konzeption zeigen, ob diese Hoffnung berechtigt ist; die in diesem Kapitel angeführten Argumente und Beispiele für eine fließende Grenze zwischen Beschreibung und Erklärung unterstützen aber zumindest die Annahme, daß eine solche Hoffnung nicht sinnlos ist.

Gerade Vertreter einer naturwissenschaftlich-analytischen Wissenschaftskonzeption der Psychologie werden aber, bevor sie so weitreichenden Vermutungen oder Postulaten zustimmen, Zweifel und Gegenargumente in bezug auf das Bild von der fließenden Grenze zwischen Beschreiben und Erklären haben. Die zentrale Gegenargumentation[4] dürfte etwa folgendermaßen lauten:

Die angeführten Beispiele machen zwar deutlich, daß bei verschiedenen theoretischen Modellierungen (über den gleichen Phänomenbestand bzw. Problembereich) unterschiedliche Grenzen zwischen Beschreibung und Erklärung vorliegen können, aber was hat das mit einer ‚fließenden Grenze' zwischen beiden zu tun? Für jede einzelne theoretische Modellierung ist die Grenze zwischen Beschreibung und Erklärung ganz deutlich, ganz präzis festgelegt; es gilt auch für die angeführten Beispiele das, was bei der Einführung des covering-law-Modells der Erklärung korrekt expliziert wurde: Jede Erklärung ist eine Erklärung unter einer (bestimmten) Beschreibung (s.o. 3.1.). Die einzige Konsequenz, die man ziehen kann, ist die, daß auch für die Relation von Beschreiben und Erklären gilt: sie ist theoretisch relativ! Das ist zwar etwas, was uns vielleicht vor zwei Jahrzehnten noch nicht so klar war, aber heute ist daran bei kühler Betrachtung nichts sonderlich Revolutionäres mehr. Keinesfalls rechtfertigt die theoretische Relativität der Grenze zwischen Beschreiben und Erklären die unscharfe, konnotative Metapher der ‚fließenden Grenze'; man sollte vielmehr diese Variante der Theorierelativität akzeptieren und sich auf deren Grundlage konstruktiven Problemstellungen und -lösungen widmen: etwa ob in den Beispielen nicht Fälle von ‚Einheiten' enthalten sind, die aufeinander reduzierbar sind, wodurch sich die Vorstellung der ‚fließenden Grenze' von selbst aufheben würde. Im positiven Fall einer solchen Rekonstruktionsmöglichkeit wäre dann außerdem zu fragen, ob die ganze Unterscheidung von grundlegenden Einheiten-Kategorien nicht sowieso überflüssig bzw. unbrauchbar ist, weil das wichtigere konstruktivere Problem darin besteht, die Reduzierbarkeit dieser Kategorien aufeinander zu behandeln – wie es die analytische Tradition von Anfang an postuliert hat.

Es wäre angesichts solcher Kritik sicherlich zu einfach, wenn man sich darauf zurückziehen würde, daß hier nur ein definitorisches Problem vorliegt, so als könne man statt ‚fließender Grenze' auch einfach ‚Theorierelativität der Grenze zwischen Beschreibung und Erklärung' sagen. Es ist mit dem Bild der fließenden Grenze in der Tat schon etwas mehr gemeint. Allerdings ist zu konzedieren, daß in den oben angeführten Beispielen Vergleiche zwischen den Einheiten-Kategorien (Verhalten, Tun, Handeln) wie auch innerhalb von Einheiten-Kategorien (und zwar vor allem der Handlungs-Kategorie) enthalten sind; das führt jedoch m.E. nicht zu der Konsequenz, daß das Konzept der Einheiten-Kategorie sozusagen nur auf die Perspektive der Wahl unterschiedlicher Untersuchungsebenen reduziert wird. Um das zu begründen, will ich versuchen, noch einmal die Aspekte näher einzukreisen, die im Bild der ‚fließenden Grenze' über die (bloße) ‚Theorierelativität' hinausgehen. Diese Verdeutlichung muß notgedrungen (aber mit der bisherigen Argumentation – vgl. vor allem Kap. II. – kohärent) auf das Gegenstandsvorverständnis, in diesem Fall des einzelnen Phänomen-Tatbestandes, zurückgehen; denn das – intuitive – Gegenstands- bzw. Phänomenverständnis ist dafür verantwortlich, ob wir etwas als (zureichende) Erklärung akzeptieren bzw. vor allem wenn wir es nicht akzeptieren. So ist im Bereich der (literarischen) Leseforschung z.B. eine der bestbewährten statistischen Gesetzmäßigkeiten die, daß Angehörige der Unterschicht eine geringere Lesemotivation, -intensität etc. haben als Angehörige der Mittel-/Oberschicht (mit Ausnahme der sog. ‚Trivialliteratur', da dreht sich diese Relation um: vgl. Groeben & Vorderer 1986); trotzdem ist man in der Regel (zumindest die Mehrheit der mir bekannten Forscher auf diesem Gebiet) nicht bereit, die Tatsache der Unterschichtsangehörigkeit einer Person in Verbindung mit der genannten Gesetzmäßigkeit als zureichende Erklärung dafür zu akzeptieren, daß diese Person wenig und selten Belletristik liest. Der Erklärungsabstand (vgl. Herrmann 1969, 347ff.) zwischen der Antezedensbedingung ‚Schichtzugehörigkeit' und der Sukzedensbedingung ‚Leseintensität/-motivation' ist einfach zu groß; eine zureichende Erklärungsstruktur liegt erst vor, wenn wir von dem rein soziologisch bestimmten (Antezedens-)Konstrukt aus weitere Konstrukte zwischen diesem und der Sukzedensbedingung (Leseintensität) einführen, die den ‚Übergang' auf psychische Phänomene als Wirkeffekte plausibel machen. Erst diese dazwischen geschalteten Konstrukte (präziser natürlich: die mit ihnen arbeitenden Sätze) machen aus der rein statistischen Korrelation eine Struktur (statistische Begründung, Analyse oder dergleichen) mit Erklärungskraft. Das ist die klassische (nomothetische) Lösungsstrategie zur Überwindung eines zu großen Erklärungsabstandes; die (dazwischen geschalteten) explanativen Konstrukte (d.h. die Sätze, in denen sie enthalten sind) besitzen die notwendige Erklärungskraft, ohne die ein bloßes Zusammenbringen der ‚äußersten' Antezedens- und Sukzedensbedingung(en) nicht als zureichende Erklärung angenommen werden kann. Wenn man nun aber durch eine komplexere Beschreibung der (einen) Antezedensbedingung den gleichen Effekt erzielen kann, nämlich daß die resultierende (Satz-)Struktur intuitiv als Erklärung akzeptiert wird, muß man dann nicht dieser komplexen Beschreibung eine vergleichbare Erklärungskraft zuschreiben? Ich denke ja! Eine solche Ausfüllung des (übergroßen) Erklärungsabstandes durch eine komplexe(re) Beschreibung liegt auch in der Reanalyse und theoretischen Rekonstruktion der Untersuchung zur ‚scheinbar paradoxalen Wirkung von Lob und Tadel' (oben) vor. Dabei ist diese Reanalyse zudem deshalb noch besonders aussagekräftig, weil sie verdeutlichen kann, daß es sich bei dieser Ausfüllung nicht nur um eine quantitative Überbrückung (und damit größere Einfachheit des Erklärungsmodells) handelt, sondern daß auch ein qualitativer Aspekt mit impliziert ist; während nämlich die attributionstheoretische Erklärungskette die paradoxale Widersprüchlichkeit zwischen Lehreräußerung und Wirkung beim Schüler über mehrere Schritte hinweg als ‚scheinbar' erweist, löst die komplexere Beschreibung als Verstehen eines uneigentlichen Sprechakts diese Paradoxalität vollständig auf. Die fließende Grenze zwischen Erklärung und Beschreibung kann anhand dieser Rekonstruktion also präzisierend dahingehend bestimmt werden, daß der komplexeren Beschreibung eine Erklärungskraft qua Überbrückung übergroßer Erklärungsabstände in quantitativer wie qualitativer Hinsicht innewohnt.

Bei der Reanalyse der Untersuchungen von Meyer et al. wurde expliziert, daß diese komplexere Beschreibung den Unterschied der Einheiten-Kategorien ‚Verhalten' vs. ‚Tun' verdeutlicht; in den Untersuchungen von Meyer et al. wurden die Lehrer-Äußerungen (und das Verstehen ihrer Semantik) als Einheiten mit universellen Bedeutungen unterstellt, in der theoretischen und empirischen Reanalyse wurde von Einheiten mit auf der Grundlage von Sprachkonventionen universalisierbaren Bedeutungsdimensionen ausgegangen. Das bisher diskutierte Merkmal (der ‚fließenden Grenze'), nämlich daß die komplexere Beschreibung im explizierten Sinne Erklärungskraft ‚absorbiert', kann vermutlich als eine typische Manifestation dieser fließenden Grenze beim Wechsel von niedrig- zu mittelkomplexen Einheiten angesehen werden. Das bedeutet nicht, daß dieses Merkmal hinsichtlich der höchst-komplexen Einheiten-Kategorie, dem Handeln, nicht anzusetzen wäre; die rein theoretische Rekonstruktion von Beschreibungsmöglichkeiten für das (Sprech-)Handeln des Lehrers (aus dessen Innensicht) zeigt dieses Merkmal der ‚absorbierten Erklärungskraft' ebenfalls, wenn auch in der komprimierenden Integration von Sukzedensbedingungen (Handlungs-Folgen, die durch die höher-komplexe Beschreibung als Handlungs-Ergebnis konstituiert werden). Zugleich wird aber damit noch ein zweites Merkmal der fließenden Grenze zwischen Beschreibung und Erklärung faßbar, das über die bloße Theorierelativität der Beschreiben-Erklären-Relation hinausgeht. Es handelt sich darum, daß die Beschreibung – wegen der in ihr enthaltenen Erklärungsaspekte – revidiert werden muß, wenn die in der Beschreibung unterstellten sukzedenten Effekte empirisch nicht zu bewähren sind. In der Rekonstruktion des Lehrerhandelns war oben als höchst-komplexe Beschreibungsmöglichkeit für die sprachlichen Äußerungen des Lehrers in der vorliegenden triadischen Personenkonstellation expliziert worden: ‚unterstützende Rückmeldung je nach den Entwicklungsmöglichkeiten der Schüler'. Die in dieser Beschreibung unterstellte Wirkung der mit der Beschreibung eine Komplexitätsstufe niedriger ansetzenden Handlung ‚implizit die eigene Begabungseinschätzung (über den Schüler) vermitteln' war, daß der für seine maximale Anstrengung ‚gelobte' Schüler seine Anstrengungsbereitschaft stabilisieren und

so seine Leistungszuversicht maximieren wird, während der wegen seiner besseren Begabung ‚getadelte' Schüler wegen des bekräftigten Selbstkonzepts guter eigener Begabung eine positive Leistungszuversicht und Anstrengungsbereitschaft entwickelt; die empirischen Ergebnisse aller in diesem Zusammenhang thematischen Untersuchungen aber zeigen, daß eine solche Wirkungsunterstellung realitätsinadäquat wäre (beim ‚gelobten' Schüler sinkt die Leistungszuversicht). Daraus resultiert ganz eindeutig, daß die Beschreibung der Sprechhandlungen des Lehrers auf höchstem Komplexitätsniveau wegen der Falsifikation der enthaltenen Abhängigkeitshypothesen unbrauchbar ist. Wenn nun aber Beschreibungen wegen der Nicht-Bewährung von impliziten Erklärungsschritten unbrauchbar sind, dann ist das m.E. nur mehr als die Manifestation einer fließenden Grenze zwischen Beschreiben und Erklären zu verstehen; völlig parallele Rekonstruktionen sind natürlich auch für die übrigen Beispiele höchst-komplexer Handlungs-Beschreibungen (mit einem Geburtstagsgeschenk ‚zum Lebensglück beitragen' und durch gerechte Strafe ‚zu einer positiven Persönlichkeitsentwicklung verhelfen') möglich. In dieser Revision von Handlungs-Beschreibungen aufgrund der Falsifikation von in der Beschreibung implizierten Erklärungsaspekten ist m.E. ein zweites Merkmal der fließenden Grenze zwischen Beschreibung und Erklärung zu sehen, das über die bloße Theorierelativität der Beschreiben-Erklären-Relation hinausgeht; auf dem Hintergrund der hier vorgelegten Rekonstruktionen dürfte dieses Merkmal vorrangig für die höchst-komplexe Kategorie der explizierten Einheitentrias (nämlich Handeln) zu erwarten sein.
An dieser Stelle nun ist die Kritik wieder aufzunehmen, daß damit ‚Einheiten' innerhalb der Einheiten-Kategorie ‚Handeln' unterschieden werden, die den Einheiten-Begriff völlig verschwimmen lassen. Zunächst einmal möchte ich zugeben, daß mir selbst noch nicht vollständig klar ist, ob nicht innerhalb der Kategorie ‚Handeln' noch einmal nicht aufeinander reduzierbare Einheiten zuzulassen sind bzw. sein werden; dazu bedarf es m.E. unter der Perspektive des Emergenzproblems weitergehenderer Analysen, als sie im hier thematischen Zusammenhang nötig und sinnvoll sind. Aber selbst wenn dies so sein sollte, spricht das m.E. keineswegs gegen die Unterscheidung der drei explizierten Einheiten-Kategorien (und deren Emergenz, s. dazu im einzelnen u. Kap. 6.). Deshalb möchte ich an dieser Stelle lediglich noch ein Argument anführen, aus dem hervorgeht, daß das Problem der zu revidierenden Handlungs-Beschreibungen keineswegs eine Reduktion auf die bloße Frage der (vergleichsweise willkürlich zu wählenden) Untersuchungsebene darstellt. Die rekonstruierte Revision von Handlungs-Beschreibungen fällt grundsätzlich unter das Problem der nicht realisierten Zielerreichung, der Zielvereitelung bzw. Fehlleistung. Und gerade hier bietet die herausgearbeitete Konzeption der fließenden Grenze zwischen Beschreibung und Erklärung in Verbindung mit der explizierten Einheiten-Trias eine m.E. sehr elegante Lösungsmöglichkeit. Man nehme als Beispiel den von Davidson diskutierten Fall, daß jemand einen Torpedo auf ein Schiff abschießt, das er für die ‚Tirpitz' hält; es ist aber die ‚Bismarck' und er

versenkt daher diese (1977a, 286f.). Ist das Versenken der ‚Bismarck' nun eine (seine!) Handlung, obwohl er zwar das Versenken des vor ihm liegenden Schiffes, aber keineswegs das Versinken der ‚Bismarck' intendiert hat? Diese Frage enthält eine Fülle von Problemen (vgl. z.B. Harras 1983, 32ff.): etwa das Problem, daß man eventuell unzulässige Ontologisierungen vornimmt, wenn man zwei verschiedene Handlungen (das Versenken des Schiffes, das er für die ‚Tirpitz' hält und das Versenken der ‚Bismarck') unterscheidet; andererseits bleibt die Schwierigkeit, daß man das Versenken der ‚Bismarck' nach Davidsons eigenen Explikationen eigentlich nicht als Handlung beschreiben kann, weil gerade in bezug auf die ‚Bismarck' keine intentionale Gerichtetheit (im engeren Sinne) bestand. Die analytische Handlungstheorie beantwortet diese Fragen so, daß es in bezug auf den gleichen Phänomentatbestand mehrere Handlungs-Beschreibungen geben kann, die aber nicht „alle gleichermaßen akzeptabel sein müssen" (Harras 1983, 36; s. im einzelnen oben 2.6.). Dies läßt sich mit der hier entwickelten Einheiten-Trias m.E. konsequenter und kohärenter lösen. Wenn man ganz konsequent an der Bestimmung festhält, daß eine Handlungs-Beschreibung nur vorliegt, insofern sich etwas als intentional beschreiben läßt, dann ist nur das ‚Versenken des Schiffes' als Handlung zu beschreiben. Das Versenken der ‚Bismarck' ist nicht (vollständig) als intentional zu beschreiben und fällt daher unter die Kategorie ‚Tun'. Er hat es getan, das Versenken der Bismarck, aber er ‚wußte nicht, was er tat'; das gleiche gilt für Ödipus, der seine Mutter heiratet etc. Das verdeutlicht, daß mit der Nicht-Akzeptabilität bzw. Revision von (Handlungs-)Beschreibungen durchaus der Wechsel in eine andere (niedriger-komplexe) Einheiten-Kategorie verbunden sein kann bzw. zu verbinden ist, so daß auch dieses Revisionsproblem keineswegs mit einer Reduktion auf die bloße Wahl von Untersuchungsebenen identisch ist.

Ich hoffe, daß ich damit zumindest ein intuitives Verständnis der fließenden Grenze zwischen Beschreibung und Erklärung umreißen konnte, aus dem auch die Mittelstellung deutlich wird, die eine sozialwissenschaftlich-handlungstheoretische Wissenschaftskonzeption von Psychologie zwischen der monistischen und dualistischen Position einnimmt. Inwiefern das Konzept der Theoriehaltigkeit von Beschreibung als (zumindest partieller) Erklärungshaltigkeit der dualistischen Position entspricht, ist oben bereits herausgearbeitet worden – es handelt sich vor allem um die darin implizierte These, daß mit beschreibendem Verstehen Erklärungsleistungen erreicht werden können (vgl. auch Schafer 1982, 153: *„In dieser Sicht wird die traditionelle Unterscheidung zwischen Beschreibung und Erklärung aufgegeben."*). Aber auch die monistische Position wird abgebildet – und zwar vor allem in der Unterscheidung von Beschreiben im weiteren versus engeren Sinne. Denn dasjenige, was bei der Beschreibung im weiteren Sinne als interpretativ-verstehende Erhebung der Innensicht des Handelnden repräsentiert wird und in der Relation von Beschreibung und Erklärung nicht unter die Beschreibung im engeren Sinne, d.h. also das analytisch-definitorische Merkmal der Handlungsabsicht, zu subsumieren ist, kann für die am Schluß zu akzeptierende Erklärungsstruktur als Heuristik angesehen werden; und die heuristische Funktion von interpretativem Verstehen ist (wie zu Beginn von Kap. 2. dargestellt) die klassische Funktion, die der Hermeneutik von der monistischen Position aus zugestanden wird. Im Verlauf des Kapitels habe ich in der Argumentation überwiegend das Schwergewicht auf den dualistischen Aspekt der These von der fließenden Grenze zwischen Beschreibung und Erklärung gelegt. Es ist jedoch sehr wohl auch ein monistischer Aspekt enthalten; dieser wird am deutlichsten unter Rückgriff auf den Fall einer maximalen Innensicht-Elaboration in Form von Subjektiven Theorien: Jene (z.B. motivationalen) Antezedensbedingungen und Sukzedensbedingungen, die auch auf höchster Komplexitätsebene der Handlungs-Beschreibung nicht durch das definitorische Merkmal der Handlungs-Intention absorbiert werden, stellen für eine ‚objektive' (wissenschaftliche) Erklärung eine Heuristik von Abhängigkeitsbehauptungen (und damit potentiellen Gesetzeshypothesen) dar.

Die Mittelstellung dieser Konzeption manifestiert sich darin, daß sie – mit unterschiedlichen Richtungen natürlich – sowohl von seiten der monistischen als auch der dualistischen Position Kritik auf sich ziehen dürfte. So wird die dualistische Position bezweifeln, daß überhaupt noch ein (Teil-)Bereich einer covering-law-Erklärungsstruktur aufrechtzuerhalten ist (mit den verschiedenen Varianten dieser Kritik wird sich das folgende Kapitel auseinandersetzen). Von der monistischen Position her ist es schwer einsichtig, daß man sozusagen Erklärungsteilmengen in Beschreibungs-Einheiten ‚steckt' und so auf quasi-analytischem Wege für empirisch-synthetische Gesetzmäßigkeiten Geltung unterstellt. Darin dürfte die Ablehnung mit enthalten sein, daß man die Grenze zwischen Beschreibung im weiteren und im engeren Sinne nicht von vornherein festlegt, sondern erst im Laufe des Forschungsprozesses und in Abhängigkeit von der Komplexitätsebene, auf der die Handlungs-Beschreibung des Handelnden selbst einsetzt. Wie soll das funktionieren? Diese Frage läßt sich aufgrund der generellen Bewertungsprämissen und der in diesem Kapitel herausgearbeiteten Relationsstruktur von Beschreibung und Erklärung allerdings durchaus in erster Annäherung beantworten. Sowohl von der Perspektive der adäquaten Komplexitätssequenz als auch der des reflexions- und rationalitätsfähigen (handelnden) Subjekts aus ist es sinnvoll, mit der Handlungs-Beschreibung auf einer Komplexitätsebene einzusetzen, die durchaus explanative Teilmengen auf Genese- wie Wirkungsseite enthält; und zwar solange, wie diese Erklärungsteilmengen unproblematisch sind, d.h. die umfassenderen Erklärungsversuche (qua Rückführung auf weiterreichende Antezedensbedingungen bzw. Determination weiterreichender Sukzedensbedingungen) nicht einschränken, behindern oder stören. Solange sich die in einer hochkomplexen Intentionalitäts-Beschreibung enthaltenen Genese- und Wirkungsimplikationen also im größeren Erklärungskontext als nicht-destruktiv erweisen, ist es sinnvoll, von ihrer Brauchbarkeit und Gültigkeit auch hinsichtlich der explanativen Funktion auszugehen; darin manifestiert sich dann die potentielle Rationalität des reflexiven Erkenntnis-‚Objekts', die sich auch und gerade auf die Abbildung von Gesetzmäßigkeiten im menschlichen Bereich beziehen kann (und wird). Erst wenn mit solch hochkomplexen Intentionalitäts-Beschreibungen von Handlungen aus der Innensicht des Handelnden keine brauchbare, d.h. möglichst optimal gültige und einfache Erklärungsstruktur generierbar ist, ist ein Übergang auf niedriger-komplexe Einheiten-Ebenen angezeigt; dann ist dieser Übergang allerdings nicht nur zulässig, sondern auch dezidiert anzustreben, und zwar einschließlich des Wechsels auf entsprechende Erhebungsmethoden (des monologischen Verstehens oder des nur impliziten, in Beobachtung enthaltenen Verstehens). Mit dieser generellen Richtlinie wird sowohl die problemlösepsychologisch sinnvolle Komplexitätssequenz eingehalten als auch das Menschenbild des reflexions-, rationalitäts- und handlungsfähigen Subjekts realisiert, das ja — wie expliziert — keineswegs ausschließt, daß auch nicht-rationale und damit nicht realitätsadäquate (gleich nicht-erklärungskräftige) Reflexionen vorkommen, die eine (zumindest partielle) Außensicht-Perspektive auch bei der Beschreibung der Ausgangseinheiten erfordert.

Um es auf höchstem Abstraktionsniveau zu formulieren: Solange die Innensicht-Perspektive der Handlungs-Beschreibungen eine generelle, brauchbare Erklärungsstruktur ermöglicht, ist auch die (implizite) Erklärungshaltigkeit von intentionalen Beschreibungen zu akzeptieren; ist auf der Grundlage solcher hochkomplexen, dialog-hermeneutisch erhobenen Beschreibungs-Einheiten eine zureichende Erklärungsstruktur nicht möglich, wird der Übergang auf niedrigerkomplexe Varianten einer stärker außensicht-orientierten Beschreibung der (psychologischen) Ausgangseinheiten legitim und notwendig. Damit ist eine Grundstruktur angedeutet, die nicht nur eine Mittelstellung der Psychologie zwischen monistischer und dualistischer Position enthält, sondern potentiell auch eine *Mittler*stellung und damit gegebenenfalls zu einem Integrationsmodell von monistischer und dualistischer, von empiristischer und hermeneutischer Tradition ausarbeitbar ist; diese Ausarbeitung wird in den letzten beiden Kapiteln (5. u. 6.) versucht werden.

Exkurs Drei: Kritik des Experiments *und* der Aktionsforschung

Die fließende Grenze zwischen Beschreiben und Erklären ist Zeichen und Konsequenz einer Gegenstandskonstituierung der Psychologie, die auch auf (allgemein-)methodischer und methodologischer Ebene nicht folgenlos bleiben kann bzw. konnte. Insoweit diese Gegenstandskonstituierung als Berücksichtigung von Phänomenen, die eine intentionale Beschreibung sinnvoll oder sogar notwendig machen, auch durch die Ergebnisse der bisherigen Forschung nahegelegt wird, muß es daher in der vorliegenden methodisch-methodologischen Forschung und Diskussion bereits Hinweise auf solche Konsequenzen weg vom rein naturwissenschaftlichen Ansatz in der Psychologie geben; und solche Hinweise liegen in der Tat in großer Zahl vor, wenn auch die daraus ableitbaren Konsequenzen bisher m.E. nicht in zureichendem Ausmaß und notwendiger Folgerichtigkeit gezogen worden sind.

Es handelt sich dabei um die Stellung des Experiments innerhalb des Methodenkanons der Psychologie. Entsprechend der eingangs skizzierten Historie der einzelwissenschaftlichen Entwicklung der Psychologie in Nachfolge der Naturwissenschaften (vgl. o. Kap. II.2.) wird das Experiment in der psychologischen Methodenlehre sowie -ausbildung als der Königsweg zur empirischen Überprüfung von Hypothesen konzeptualisiert, expliziert und gelehrt. Das hat seinen Grund in rein methodologischen Argumenten – die allerdings nur unter Ausblendung der Gegenstandsproblematik der Psychologie gültig sind. Diese Argumente zielen vor allem darauf ab, daß die Methode des Experiments am besten dazu geeignet ist, die in der Wenn-Komponente von potentiellen Gesetzesaussagen (Hypothesen in Wenn-Dann-Form) behaupteten Antezedensbedingungen als notwendige und hinreichende Bedingungen nachweisen zu können; denn die in in der Methodik des Experiments konstitutiv vorgesehene Variation ("Manipulation') der thematischen unabhängigen Variablen (gleich operationalisierten Antezedensbedingungen der Wenn-Dann-Hypothese) unter gleichzeitiger Kontrolle der nichtthematischen Bedingungen impliziert auch im einfachsten (Ideal-)Fall die Kombination von zwei Vorgehensweisen, die (im Optimalfall der Bewährung) zu zwei Effekten führen: einmal die Einführung der (Antezedens-)Bedingung in einen sonst unveränderten Zustand, wobei das Auftreten des in der Hypothese als von der Antezedensbedingung abhängig postulierten Ereignisses (Sukzedensbedingung in der Dann-Komponente der Hypothese) die Unabhängige Variable (UV) als hinreichende Bedingung nachweist; zum zweiten die Entfernung der (Antezedens-)Bedingung, die bei Verschwinden des (abhängigen) Ereignisses die UV als notwendige Bedingung zu qualifizieren imstande ist (vgl. Herrmann 1969; Maschewsky 1977, 59ff.; v. Wright 1974). Der Nachweis einer Antezedensbedingung als notwendige und hinreichende Bedingung aber bietet die größtmögliche Sicherheit, die durch empirische Überprüfungsprozeduren erreichbar ist, dafür, daß es sich bei dieser Bedingung um eine Kausalursache handelt.

Diese Positionsbestimmung des Experiments kann sich heute auf eine spezifische Rekonstruktion des Kausal- bzw. Ursachen-Begriffs stützen, die dezidiert vom (naturwissenschaftlichen) Experiment und dem in ihm realisierten Agieren des Forschers ausgeht, um ein Verständnis des Kausalitätsprinzips zu explizieren. Es handelt sich um das ‚aktionistische', interventionistische' oder ‚experimentalistische' Konzept von Kausalität, wie es z.B. v. Wright (1974, 442ff.) vertritt; die zentrale Idee dabei ist, daß wir Kausalursachen nur nachweisen können, indem wir Realität systematisch verändern. Als zwingendste, aussagekräftigste Form solcher systematischen Veränderung und Einflußnahme kann die Struktur des Experiments gelten:
„Es ist *erwiesen*, daß es eine kausale Verknüpfung zwischen p und q gibt, wenn wir uns davon überzeugt haben, daß wir durch Manipulierung des einen Faktors erreichen können, daß der andere vorhanden bzw. nicht vorhanden ist. Gewöhnlich überzeugen wir uns davon dadurch, daß wir Experimente machen." (v. Wright 1974, 74)
In ähnlicher Weise läßt sich der Ansatz, Kausalität über sog. ‚irreale Konditionalsätze' zu explizieren, mit der Experimentstruktur verbinden. Irreale Konditionalsätze formulieren ‚tatsachenwiderstreitende Hypothesen', aus denen ‚tatsachenwiderstreitende Folgerungen' abgeleitet werden, z.B.: „Wäre die Lawine losgegangen, so wären mindestens diese sechs Bauernhäuser vollkommen zerstört gewesen." (Stegmüller 1969, 285) Die (tatsachenwiderstreitende) Folgerung stellt keine logische, sondern eine naturgesetzliche, eben kausale Relation zur (tatsachenwiderstreitenden) Hypothese, daß die Lawine losgegangen wäre, dar. In diesem Zusammenhang kann man nun das Experiment derart verstehen, daß es solche in der Realität nicht unmittelbar vorkommenden Konditionalsätze zu realisieren versucht (vgl. auch Ballweg 1981, 150ff.) – natürlich im Rahmen des moralisch Legitimierbaren, wobei jedoch durch das Beispiel gleich auch die nicht nur akzidentelle moralische Problematik des Experiments verdeutlicht wird (vgl. grundsätzlich Lenk 1985).
Unter der prinzipiellen Perspektive der Explikation des Kausalitäts- bzw. Ursachen-Begriffs sind diese beiden Rekonstruktionen (des interventionistischen Ursachen-Konzepts und der irrealen Konditionalsätze) als zu spezifisch anzusehen; das heißt, sie werden in der (bisherigen) wissenschaftsphilosophischen Diskussion relativ übereinstimmend nicht als grundlegende Explikationen des Kausalitäts-Begriffs akzeptiert, sondern gelten eher als Teilaspekte eines umfassenden Kausalitäts-Konzepts (aus dem sie dann folgen; s. zu dieser generellen Diskussion des Kausalitäts-Prinzips unten Kap. 4.6.). Gleichwohl wird durch das interventionistische Ursachen-Konzept (und die irrealen Konditionalsätze) die herausgehobene Stellung des Experiments im Hinblick auf das Ziel der Wissenschaft(en), kausale Gesetzmäßigkeiten und Erklärungen zu erreichen, zureichend begründet.

Bei Vorliegen deterministischer Gesetzmäßigkeiten kann man das Konzept der notwendigen und hinreichenden Bedingungen also als zureichende Bedeutungsexplikation des Begriffs ‚Kausalursache' ansetzen (vgl. Maschewsky 1977, 76ff.); bei nicht-deterministischen (probabilistischen) Gesetzmäßigkeiten, wie sie nach allgemeiner Übereinstimmung in der Psychologie überwiegen, stellt diese Zielidee der notwendigen und hinreichenden Bedingungen innerhalb des bedingungsanalytischen Modells zumindest die weitestmögliche Approximation an das Konzept der Ursache als Realgrund dar (vgl. Herrmann 1969; Maschewsky 1977; s. auch u. Kap. 4.7.: das Konzept der ‚schwachen Erklärung'). So ist es denn unter rein methodologischen Gesichtspunkten absolut verständlich, daß das Experiment als die stringenteste Überprüfungsmethode von (auch sozialwissenschaftlichen) Gesetzesaussagen angesehen und als der Königsweg empirischer Überprüfung im Hinblick auf die Zielvorstellung einer Kausal-Erklärung postuliert wird: verständlich, aber nicht rational. Denn rational wäre dies nur, wenn diese Beschränkung auf rein methodenimmanente Aspekte gerechtfertigt bzw. zu rechtfertigen wäre. Unter der Zielidee einer zureichenden Methoden-Gegenstands-Interaktion ist diese Beschränkung aber nicht sinnvoll legitimierbar; und die Berücksichtigung des psychologischen Gegenstands in der Methodendiskussion führt folgerichtig zu erheblichen Abstrichen bei der positiven Bewertung der Leistungsfähigkeit des Experiments innerhalb der Psychologie.

E.3.1. Beschränkungen von interner und externer Validität des Experiments für den ‚Gegenstand Mensch'

Dabei tritt das interessante Phänomen auf, daß hier keineswegs nur programmatisch argumentiert werden muß, sondern daß bereits eine Fülle von methodenkritischen (Experimental-)Ergebnissen vorliegt, die allerdings für die Forschungspraxis bislang weitgehend folgenlos geblieben sind; gemeint ist die Forschung zur Sozialpsychologie des Experiments, zu der es seit Rosenthals Studien über ‚experimenter effects' (1966) nicht nur eine Vielzahl von Experimenten und theoretischen Modellierungen, sondern auch immer wieder zusammenfassende Überblickswerke gegeben hat (vgl. z.B. Friedman 1967; Timäus 1974; Mertens 1975; Gniech 1976; Mertens & Fuchs 1978; Bungard 1980), ohne daß dies der Vormachtstellung des Experiments bisher Abbruch getan hätte; das gilt sogar für die sozialpsychologische Forschung selbst, aus der heraus diese methodenkritischen Untersuchungen entwickelt wurden.

So resümiert Bungard z.B. (1980, 15): „Die bisherige Reaktion kann deshalb wohl zusammenfassend am besten mit ‚kommentarloser Konstatierung' oder ‚kritikloser Ignorierung' gekennzeichnet werden."

Das methodische Postulat ist dabei so zu kennzeichnen, daß die Forschung zur Sozialpsychologie des Experiments nachweisen kann, daß ehemals naiv als Hypothesenbewährungen interpretierte Ergebnisse ‚Artefakte' sind bzw. sein können (Bungard 1980, 13ff.), d.h. durch die systematische Konfundierung (‚bias', vgl. Gniech 1976, 11) von nichtthematischen Bedingungen (aus dem Interaktionsbereich zwischen Versuchsleiter, Versuchssetting und Versuchsperson) mit den experimentell ‚manipulierten' Variablen (vgl. Mertens 1975, 55) zu erklären sind. Maschewsky faßt das resultierende differenzierte Modell der (sozialen) Interaktionsprozesse und ihrer kognitiven Verarbeitung bei der am Experiment teilnehmenden Versuchsperson in einem Flußdiagramm in folgender Weise zusammen (vgl. Abb. 15, S. 244).

Als wichtigste Kategorien solcher Störeinflüsse lassen sich mit Maschewsky (1977) – zumindest – drei Artefakt-Dimensionen zusammenfassen:

— demand characteristics: Damit sind die (impliziten) Aufforderungsmerkmale zu bestimmtem Verhalten bzw. Hinweise auf die dem Versuch unter-

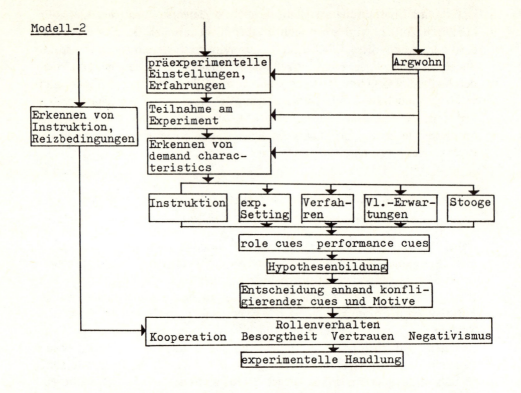

Abb. 15: Modell der Interaktionsprozesse von Vpn im Experiment entsprechend der Forschung zur Sozialpsychologie des Experiments (nach Maschewsky 1977, 167)

liegenden Erklärungshypothesen gemeint, wie sie die Vp aus dem experimentellen Setting, der Instruktion etc. entnehmen kann (vgl. Orne 1962; 1969).

— experimenter effects: Hiermit ist vor allem der Einfluß gemeint, den Hypothesen und Erwartungen von seiten des Versuchsleiters durch die soziale Interaktion mit der Vp auf deren Verhalten im Experiment ausüben (vgl. Rosenthal 1963).

Rosenthal ging dabei u.a. von dem ‚klugen Hans' (einem Pferd des Herrn von Osten) aus, für den Pfungst (1907) non-verbale Signale des Versuchsleiters als ausschlaggebende Einflüsse beim ‚Rechnen' nachgewiesen hat. Der ‚kluge Hans' konnte angeblich relativ schwierige Rechenaufgaben lösen, ohne daß er vom Besitzer in einer Dressur ankonditionierte Signale erhielt. Pfungst überprüfte diese ‚Fähigkeit' in systematischen Versuchsreihen und stellte fest, daß in der Tat keine bewußten Signale ausgetauscht wurden, daß das Pferd aber auf nicht-willentliche Ausdrucksphänomene (des Versuchsleiters) reagierte: Wenn sich der Aufgabensteller deutlich nach vorne beugte, klopfte das Pferd sehr schnell, langsamer bei einem entsprechenden Zurückbeugen und beendete das Klopfen mit dem Huf bei Entspannungssignalen wie Heben des Kopfes oder der Augenbrauen, Nasenflügelblähen etc.

Rosenthals Übertragung dieser Forschungsperspektive auf das Humanexperiment konnte in einer Fülle von Untersuchungen sichern, daß auch hier non- und para-verbale Signale eine durchaus bedeutsame Rolle spielen. Dabei lassen sich heute als die drei wichtigsten Klassen festhalten (vgl. Gniech 1976, 44): unbeabsichtigte paralinguistische Signale, unbeabsichtigte kinetische Signale und unbeabsichtigtes Verstärken ‚richtiger' Antworten. Im menschlichen Bereich spielen selbstverständlich paraverbale Aspekte der Instruktion (Intonation etc.) eine sehr viel größere Rolle bei der Beeinflussung des Vp-Verhaltens als kinetische Reize, die das Vp-Verhalten in der Testphase (z.B. im Sinn des operanten Konditionierens) beeinflussen (l.c.) – während letztere beim ‚klugen Hans' ausschlaggebend waren. Allerdings ist mit solchen ‚Konditionierungs'-Phänomenen in einem gewissen Ausmaß auch im Humanexperiment zu rechnen.

Zur Veranschaulichung der Wirksamkeit dieser ‚experimenter effects' wird häufig das Experiment von Rosenthal & Fode (1963) angeführt (vgl. Gniech 1976, 46), in dem Studenten einen Labyrinthversuch mit Ratten durchführen sollten, bei dem zufällig ausgewählte Ratten des gleichen Stammes der einen Hälfte der Versuchsleiter als besonders ‚intelligent', der anderen als ‚dumm' vorgestellt wurden. Es zeigte sich, daß die Ratten, die von den Vl für besonders ‚intelligent' gehalten wurden, in der Tat überzufällig bessere Resultate erzielten als diejenigen, von denen die Vl glaubten, daß sie aus einem ‚dummen' Stamm kamen. Als Erklärung konnte durch systematische Beobachtung die optimistischere, entspanntere, akzeptierende Behandlung der Ratten durch die Vl gesichert werden.

Die große Anzahl der entsprechenden (analogen) positiven Evidenzen, die es mittlerweile auch für das Humanexperiment gibt, ist in den oben genannten Überblickswerken zusammengefaßt.

— Die Voreinstellung der Versuchsperson (als dritte Artefakt-Dimension) ist von der methodenkritischen Forschung in (zumindest) vier Rollenkonstrukten zusammengefaßt worden (vgl. Mertens 1975, 104ff.; Gniech 1976, 73ff.):
— — die ‚gute Versuchsperson', die unter Rückgriff auf die Aufforderungsmerkmale aktiv versucht, die Untersuchungshypothese zu erraten und sich dann ihr gemäß zu verhalten, d.h. die Hypothese des Versuchsleiters zu bestätigen;
— — die ‚um ihre Bewertung besorgte Versuchsperson', die einen möglichst guten Eindruck machen will und daher z.B. für Verzerrungsfehler wie soziale Erwünschtheit etc. besonders anfällig ist;
— — die ‚ehrliche Versuchsperson', die sich auf eine genaue Befolgung der Instruktion konzentriert und weitergehende Hypothesenbildung unterläßt – dies ist quasi die ‚Ideal'-Vorstellung der Experimentalpsychologen, die aber nach den methodenkritischen Untersuchungen vergleichsweise selten erfüllt wird (vgl. Maschewsky 1977, 175);
— — die ‚negativistische Versuchsperson', die ebenfalls wie die ‚gute Vp' die Experimentalhypothese zu erraten versucht, sich dann aber dagegen verhält, d.h. die Hypothese zu widerlegen oder ihre Bewährung zu sabotieren versucht.

Die Forschung zur Sozialpsychologie des Experiments hat also nachgewiesen – und das ist für die Interaktion von Methode und Gegenstand äußerst bedeutsam —, daß die Versuchsperon als ein „aktives, denkendes, Situationen antizipierendes, definierendes und strukturierendes" Subjekt zu modellieren ist (Maschewsky 1977, 168).

Eine ausführliche Belegung dieses Fazits ist hier nicht möglich, aber m. E. auch nicht nötig. Nicht die Tatsache als solche ist umstritten, sondern nur die Richtung der daraus abzuleitenden Konsequenzen. Ich beschränke mich daher darauf, als (weiteren) Beleg nur noch ein resümierendes Zitat von Bungard anzuführen (1980, 14): „Trotz aller Schwächen weisen aber die Befunde der Artefaktforschung darauf hin, daß die analytisch-atomistisch praktizierte Methodik einschließlich des restringierten Bildes der idealen Vp durch eine Konzeptualisierung ersetzt werden muß, in der der Proband als ein Individuum betrachtet wird, das analog zu sonstigen Alltagssituationen nicht nur auf einen einzelnen Stimulus reagiert, sondern sein Verhalten auf den Gesamtkontext abstimmt. *Die ‚normale' Vp denkt eben doch!*"

Da das Experiment vom methodischen Ansatz und seiner Zielsetzung her jedoch solche kognitiven Aktivitäten der Versuchsperson, weil diese nicht ‚kontrollierbar' sind, ausschließen muß, bedeuten diese Ergebnisse zur Sozialpsychologie des Experiments im Prinzip eine schwere methodologische Erschütterung der Experimentalmethodik; denn der Wert des Experiments besteht in der (ausschließlichen) ‚Manipulation' der Unabhängigen Variablen und der (kontrollierenden) Konstanthaltung der nichtthematischen Variablen (s.o.), so daß die kognitiven Aktivitäten der Versuchsperson im Bereich von Reflektieren und Hypothesenbildung über die Versuchssituation, Aufgabenstellung etc. unvermeidbar die interne Validität des Experiments, d.h. die Kontrolliertheit und damit Gültigkeit der experimentellen Ergebnisse gefährden (vgl. Campbell & Stanley 1963; Maschewsky 1977, 155f.). Nun hat natürlich die Methodologie versucht, diese vitiösen Konsequenzen, zu denen die empirisch-methodologische Forschung selbst führt, zu berücksichtigen und soweit möglich durch eine Sophistizierung der Experimentalmethodik zu überwinden; dazu gehören Konzepte wie Täuschung (über Hypothesen oder Teilnahme am Experiment überhaupt), Doppelblindversuche, Versuchsleiter-Stichproben etc. (vgl. Maschewsky 1977, 178ff.; die moralische Problematik der Täuschungsstrategie soll an dieser Stelle nicht behandelt werden, vgl. dazu genauer unten Exkurs Sechs). Solche Strategien führen aber keineswegs aus der grundsätzlichen Problematik heraus. Denn einerseits zeigen diese ‚Verbesserungs'-Möglichkeiten nicht die erhoffte Wirkung, nämlich den ‚Störeinfluß' der kognitiv-reflexiven Aktivität der Versuchspersonen grundlegend einzuschränken; andererseits wäre selbst bei einem Erfolg dieser Strategie nicht viel gewonnen, da wegen der asymmetrisch gegenläufigen Relation von interner und externer Validität (vgl. Campbell & Stanley 1963) eine solche Erhöhung bzw. Sicherung der internen Validität nur zu einer erheblichen Einschränkung der externen Validität (als Übertragbarkeit der Experimentalergebnisse auf die nicht-experimentelle Realität) führen würde — insofern nämlich, als für die Alltagswelt weiterhin von der entsprechenden kognitiv-konstruktiven Aktivität des reflexiven Subjekts ‚Mensch' ausgegangen werden muß (bzw. kann), so daß eine Generalisierung gerade von auf diese Art und Weise intern validen Ergebnissen auf die Alltagsrealität unberechtigt würde (eine Konsequenz, die auch von unterschiedlichsten Ausgangspunkten her übereinstimmend gezogen wird: vgl. z.B. Bredenkamp & Graumann 1973; Schwemmer 1983).

Die Beschränktheit des Experimental-Ansatzes hinsichtlich der externen Validität wird überdies mindestens noch durch zwei weitere Quellen gespeist. Zum einen gibt es in den Sozialwissenschaften (anders als in den Naturwissenschaften) auch Fälle von nicht oder nur eingeschränkt variierbaren Bedingungen, die wegen ihrer Nichtvariierbarkeit eine grundsätzliche Beschränkung des experimentellen Ansatzes darstellen. Das sind einmal gesellschaftlich-historische Bedingungen, die als Rahmenbedingungen durch den experimentellen Zugang meistens einfach ausgeblendet werden, und zwar auch aus dem theoretischen Bewußtsein (vgl. Holzkamp 1972; Maschewsky 1977, 184ff.); außerdem Bedingungen, die aus moralischen Gründen nicht variierbar sind, wobei es denkbar ist, daß gerade solche Bedingungen zentrale Aspekte der alltäglichen Lebenswelt darstellen. Zum zweiten legitimiert die fixe Subjekt-Objekt-Über- bzw. Unterordnung, die im Experiment entsprechend seinem Kontrollanspruch notwendigerweise realisiert werden muß (vgl. das Konzept der Norm-Vp bei Holzkamp 1972, 39ff.), nur eine Übertragung auf Situationen mit eben solcher Über- bzw. Unterordnung in der Alltagsrealität – und diese Situationen sind nicht unbedingt der Zustand, der unter normativen Gesichtspunkten der Entwicklung bzw. Veränderung von Alltagsrealität von der Wissenschaft, auch und gerade der Psychologie, angestrebt werden (sollte).

Wie immer man es dreht und wendet, führt also die (auch empirische) Analyse der Methodik des Experiments unter Bezug auf die Gegenstandsdimension(en) der Psychologie zu dem Schluß, daß die Experimentalmethodik zumindest in solchen Gegenstands(teil)bereichen an eine strukturelle Grenze stößt, in denen die Reflexivität und das Bewußtsein des ‚Gegenstandes‘ (also des Erkenntnis-‚Objekts‘ Mensch) eine Rolle spielen. Obwohl das durchaus in der methodologisch-wissenschaftstheoretischen Diskussion schon des öfteren gesagt worden ist, muß man es – wegen der erwähnten bisherigen Folgenlosigkeit – noch einmal nachdrücklich festhalten: Die Experimentalmethodik muß von ihrem Ansatz her (der ‚Manipulation‘ und ‚Kontrolle‘ von Variablen) strukturell die individuelle, kognitiv-bewußte Verarbeitung der Experimental-Situation, Experimental-Reize etc. als Störgröße konstatieren und behandeln; für jeden, der diese kognitiv-aktive, reflexive etc. Verarbeitung von Welt als ein zentrales oder auch nur wichtiges Merkmal des ‚Gegenstandes‘ Mensch ansieht, muß daher die Experimentalmethodik frag-würdig, zumindest aber nur von eingeschränktem Wert sein. Es ist nicht einzusehen, wie eine Methodik, die das Bewußtsein des Menschen notwendigerweise zu eliminieren oder wenigstens einzuschränken versuchen muß, in einer Wissenschaft von (auch und gerade) bewußtem Handeln der Königsweg der Hypothesenprüfung sein soll (vgl. Dick 1974; Maschewsky 1977, 190ff.). Anders als im naturwissenschaftlichen Gegenstandsbereich *bedeuten* eben Umweltreize für den Menschen und damit auch für die Versuchspersonen im Experiment etwas; der personale Bedeutungsgehalt der experimentellen Situation (Mertens 1975) aber entzieht sich wegen der kognitiv-reflexiven Aktivität und Konstruktivität des menschlichen Erkenntnis-‚Objekts' zumindest zu einem relevanten Teil der (experimentellen) Kontrolle und begrenzt damit unüberspringbar die Angemessenheit des Experiments auf Gegenstandsbereiche, in denen für die Bedeutungsfestlegung eine vorgängig geteilte Einigkeit zwischen Experimentator und Versuchsperson angesetzt werden kann.

E.3.2. Experiment und Intentionalität: Präzisierung des weiten und engeren Intentionalitäts-Begriffs

Bezieht man diese Kritik des Experiments zurück auf die für eine handlungstheoretische Gegenstandskonstituierung zentrale Dimension der Intentionalität, so lassen sich im Prinzip zwei Kategorien (von Intentionalität) explizieren, die den angeführten Kritikaspekten zugrundeliegen.
Die kognitiv-konstruktive Verarbeitung der Experimentalsituation durch die Versuchsperson und der daraus resultierende Bedeutungsgehalt der experimentellen (Situations-)Bedingungen sowie (Reaktions-)Konsequenzen setzen eine generelle Gerichtetheit des Menschen auf Welt (und damit auf die Verarbeitung der Umwelt) voraus. Man kann diese generelle Gerichtetheit als Intentionalität im weiteren Sinne bezeichnen; dies ist der von der Phänomenologie her kommende Intentionalitätsbegriff, der den Bedeutungsraum aller vom Menschen verarbeiteten Reize (und nicht nur eigener und fremder Handlungen) thematisiert (vgl. Graumann & Métraux 1977).

Der weite Intentionalitäts-Begriff geht auf Brentano (1889) zurück, welcher selbst wiederum die scholastische Terminologie aufnimmt, indem er zwischen zwei Gegenstandsbereichen trennt: dem äußeren physischen Bereich und dem der psychischen Gegenstände, die nur vorgestellte sind (letzteres ist mit dem scholastischen Diktum von der ‚intentionalen Inexistenz des Gegenstandes' gemeint; vgl. Hubig 1978, 18; Pongratz 1967, 124). Diese (im weiteren Sinne) intentionale Gerichtetheit wird von Brentano als das zentrale Merkmal des Psychischen expliziert: „Kein Hören ohne Gehörtes, kein Glauben ohne Geglaubtes, kein Hoffen ohne Gehofftes, keine Freude ohne etwas, worüber man sich freut, und so im übrigen. Die Beziehung auf einen Gegenstand ist der gemeinsame Charakterzug alles Psychischen." (Brentano 1889; vgl. Pongratz 1967, 124)
Entsprechend dieser historischen Provenienz ist das Merkmal der ‚intentionalen Gerichtetheit' vor allem von der phänomenologischen Psychologie aus weiter expliziert worden. Allerdings sind solche Merkmalsexplikationen nicht quasi als Idiosynkrasie dieser speziellen Philosophie- oder Psychologierichtung zu verstehen; vielmehr ist damit wie bei Brentano die These verbunden, daß es sich um ein prinzipielles Merkmal des Psychischen handelt, das vielleicht unterschiedlich auffaßbar, nicht aber weg-explizierbar ist. Das ist, wenn ich es recht verstehe, auch der Grund dafür, daß Graumann & Métraux (1977) von einer ‚phänomenologischen Orientierung in der Psychologie' sprechen, durch die dieses grundsätzliche Merkmal ‚bewußt' wird (und nicht von einer ‚phänomenologischen Psychologie', deren Explikationen man vernachlässigen kann, wenn man ihr nicht anhängt). Im Sinn dieser Position, die ich teile, verstehe ich auch

Gurwitsch, der in seinem (Standard-)Werk ‚Das Bewußtseinsfeld' ausführt: „Das Seiende wird also als ein in seinem Sein *vermeintes* genommen; vermeint, wie es sich in einem gewissen Bewußtseinsakt gibt." (1975, 137) und „Das wahrgenommene ‚Ding' ist also nicht das Ding, wie es in Wirklichkeit ist, sondern *das Ding, wie es erscheint und wie es durch den erlebten Akt und nur durch diesen gegeben ist*" (o.c., 139). Daß damit ein sehr viel weiterer Begriff von Intentionalität angesetzt wird, als wenn man bei Handlungen von Absichtlichkeit spricht (vgl. Graumann 1984, 567), wird sowohl vom (Brentano'schen) Grundansatz her deutlich als auch dadurch, daß diese Gerichtetheit auch für über ‚Handeln' hinausgehende Funktionen wie z.B. Wahrnehmungsprozesse gilt:
„Wahrnehmung ist ein Akt, der sich wesentlich durch Intentionalität auszeichnet; sie ist ein Akt, der insofern objektivierende Funktion besitzt, als das Subjekt – indem es einen Wahrnehmungsakt erlebt – sich einem Objekt gegenüberfindet. Das Subjekt ist auf das wahrgenommene Ding gerichtet; es intendiert dieses Ding in jener besonderen und privilegierten Weise des Erfassens, welche im Falle der Wahrnehmung mit der Weise der originären Gegebenheit übereinstimmt." (Gurwitsch 1975, 144) Das bedeutet: „*Die Wahrnehmungsdinge und die reale Welt im ganzen sind Korrelate von Bewußtseinsakten und -prozessen.*" (o.c., 181)
Graumann komprimiert die angesprochenen Explikationsaspekte in dem zusammenfassenden Satz: „Intentional bezogen auf etwas, gleich ob handelnd, sprechend, wahrnehmend oder auch fühlend, heißt auf *Sinn* bezogen sein." (1984, 566)

Dieses (phänomenologische) Konzept der Intentionalität im weiteren Sinne macht den strukturellen Objektivismus der Experimentalmethodik deutlich. Denn in den bisherigen Konzeptualisierungen und Realisierungen der experimentellen Methodik wird der Versuchsperson keine konstitutive Funktion im Hinblick auf die Kategorisierung der Reize sowie der eigenen Reaktionen zugestanden (vgl. Bredenkamp & Graumann 1973, 87ff.; Graumann 1984, 568ff.); während ansonsten große Anforderungen gestellt und Anstrengungen gemacht werden, um Reliabilität und Validität psychologischer Messungen zu sichern, gilt dies für die Operationalisierung von Konstrukten (primär der Unabhängigen Variablen) im Rahmen von Experimenten kaum bzw. zumindest sehr viel weniger (vgl. Maschewsky 1977, 151ff.). So wird z.B. viel zu häufig auf die Wirksamkeit von Instruktionen innerhalb des Experiments einfach vertraut, anstatt sie mit unabhängigen Messungen (z.B. zumindest post-experimentellen Interviews) zu überprüfen.

Als Beispiel sei eine Untersuchung von Gerst (1971) angeführt, die zugleich die Schwierigkeiten verdeutlicht, sich zureichend aus einer verhaltenstheoretischen Tradition zu lösen. Es handelt sich um ein Experiment innerhalb der Theorie des Modellernens (nach Bandura), in dem die Relevanz der kognitiven Kodierung und vor allem des Kodierungsniveaus beim Beobachtungslernen nachgewiesen werden sollte (vgl. auch Irle 1975, 257f.). Als zu erlernendes Zielverhalten des Modells wurden Zeichen der Taubstummensprache eingeführt, für die beim Beobachter vier Kodierungsniveaus vorgesehen waren: 1. ‚summary labeling' (eine eigene verbale Benennung der von der Vp vermuteten Bedeutung des Zeichens); 2. ‚imaginal coding' (bildliche Vorstellung des Zeichens vor dem ‚geistigen Auge'); 3. ‚verbal description' (verbale Beschreibung der Bewegung von Fingern, Händen und Armen des Modells); 4. ‚controls' (die Kontrollgruppe wurde durch Rückwärtszählen am Kodieren gehindert). Die Kodierungsniveaus 1. bis 3. wurden durch eine entsprechende Instruktion implementiert.

Die Hypothese, daß mit steigendem Kodierungsniveau mehr gelernt wird, wurde insgesamt bestätigt. Ob aber z.B. die Vpn der ‚imaginal coding'-Gruppe kein verbales ‚labeling' vorgenommen haben (und umgekehrt), bleibt unüberprüft und unproblematisiert; es wird einfach unterstellt, daß die Vpn bei entsprechenden Instruktionsreizen auch den vom Vl intendierten UV-Kategorien zuzuordnen sind. Insofern kann man zwar dem Fazit von Irle (1975, 258) zustimmen:
„Mit diesem Ergebnis nähert sich die Theorie des Beobachtungslernens, die aus Reformulierungen und Integrationen klassisch-behavioristischer Lerntheorien besteht, den kognitivistischen Theorien", aber man muß hinzufügen: die Theorie vielleicht, keinesfalls jedoch die Methodik. In der Verwendung der Experimentalmethodik bleiben Untersuchungen dieser Art verhaltenstheoretisch-objektivistisch.
In Abgrenzung davon ist m.E. nachdrücklich dem Fazit und der Forderung von Kebeck & Sader (1984, 209) zuzustimmen: „Der Kanon der ‚klassischen' experimentalpsychologischen Methodenlehre ... sichert unter dem Stichwort ‚Kontrolle' bisher nur, daß die vom Forscher geplanten Bedingungen auch in der entsprechenden Weise realisiert werden. Dies sagt aber zunächst noch nichts darüber aus, ob die Bedingungen von den Versuchsteilnehmern auch in der intendierten Weise erlebt werden. Eine Bedingung sollte unserer Meinung nach erst dann als realisiert gelten, wenn ‚sie nachweislich auch von den Versuchsteilnehmern in der intendierten Weise erlebt wurde' (vgl. Lohaus & Kebeck 1984). Für diese Überprüfung der Repräsentation experimenteller Situationen fehlt bisher noch weitgehend das Instrumentarium."

Eine Berücksichtigung der Intentionalität im weiteren Sinne (mit den oben benannten Einzelaspekten aus der Forschung zur Sozialpsychologie des Experiments) müßte aber genau dies tun: nämlich durch explizite und unabhängige Überprüfung der Reiz- und Reaktionskategorisierung, des personalen Bedeutungsgehalts von Instruktionen und anderen experimentell ‚manipulierten' Reizen etc. die Innensicht-Perspektive der Versuchsperson in diesem Sinn erheben und aufgrund der so erhobenen Daten die Verwirklichung (oder eben auch Nicht-Verwirklichung) der UV-Variation im Experiment überprüfen. Damit wird deutlich, daß hinter der Experiment-Kritik, die aus der Forschung zur Sozialpsychologie des Experiments resultiert, im Prinzip das Charakteristikum der intentionalen Gerichtetheit psychischer Prozesse (im weiteren Sinne) steht; insofern es sich dabei um ein grundsätzliches Merkmal alles Psychischen handelt, bedeutet das unvermeidbar auch ein ganz prinzipielles Infragestellen des Experiments für den Bereich der Psychologie (eine Konsequenz, die z.B. von Aschenbach 1984 und Gergen 1982 sehr dezidiert vertreten wird). Die intentionale Gerichtetheit des Psychischen läßt die in der Methode des Experiments weitgehend unterstellte Annahme, daß ‚der Phänomentatbestand bei allen Menschen im Prinzip gleichartig strukturiert' sei, als zumindest sehr fragwürdig, wenn nicht unrealistisch erscheinen (Kebeck & Sader 1984, 209). Daraus folgt dann allerdings:

„Im Falle kulturwissenschaftlich-psychologischer Wissensbildung geht es ... um den Menschen als historisches Wesen in seinem lebensweltlichen Handeln und in seinen schon lebensweltlich — unserer Kontrolle entzogen — gebildeten Sinngehalten, also nicht um etwas, was wir im Experiment herstellen (können, wie einen physikalischen Gegenstand)." (Aschenbach 1984, 299; vgl. auch Aschenbach et al. 1985, 28f.). Oder mit den Worten von Gergen:

„Contextualist thinking is essentially antithetical to the rationale underlying experimental methodology. ... In general the contextualist would argue that in the attempt to isolate a given stimulus from the complex in which it is normally embedded, its meaning within the common cultural framework is often obscured or destroyed." (1982, 129) „Thus, to fasten upon the experiment is virtually to ensure the perpetuation of stimulus-response conceptions of human functioning." (o.c., 128)

Dementsprechend fordert die phänomenologische Orientierung in der Psychologie eine Situationsanalyse, d.h. eine Analyse der Person-Umwelt-Relationen innerhalb eines bestimmten, je situativen Kontextes (Graumann 1984, 568ff.). Ziel solcher ‚Situationsanalytik' ist es, die persönlich-individuellen Bedeutungsaspekte, Gliederungsdimensionen etc. des Erkenntnis-Objekts (vgl. Aschenbach et al. 1985, 31ff.) konstitutiv zu berücksichtigen; die zentralen Kategorien jeder Situationsanalyse sind Umwelt, Leiblichkeit, Sozialität und Historizität (Graumann & Métraux 1977, 44ff.).

„Situation ist damit Bezugssystem in einem doppelten Sinn: Sie ist das je konkrete Beziehungsganze, in dem die Person ‚situiert' ist (wahrnimmt, handelt, leidet, kommuniziert usw.), und dessen Sinn in diesen Aktivitäten verwirklicht wird. Damit wird sie aber zweitens diejenige Einheit, auf die wir uns forschend beziehen müssen, und deren Struktur herauszuarbeiten die erste Leistung einer Psychologie wird, die sich das Verstehen menschlichen Handelns zur Aufgabe setzt." (Graumann & Métraux 1977, 47)

Leitet man auf diese Art aus der phänomenologischen Orientierung in der Psychologie und d.h. der These, daß alles Psychische prinzipiell durch Intentionalität (im weiteren Sinne) gekennzeichnet ist, das konkrete Konzept der Situationsanalytik ab, so lassen sich die Grenzen, aber auch Möglichkeiten des Experiments auf dem Hintergrund dieses Intentionalitäts-Konzepts genauer eingrenzen. Denn es gibt dann durchaus die Möglichkeit, aufgrund solcher die Intentionalität im weiteren Sinne berücksichtigenden Daten Stufen (levels) der jeweiligen Unabhängigen Variablen und der ihnen zuzuordnenden Versuchspersonen zu bilden. Damit wäre die „natürliche Variation" solcher Intentionalität (im weiteren Sinne; vgl. zum Begriff der natürlichen Variation: Holzkamp 1968, 312ff.) ausgenutzt, wodurch das experimentelle Vorgehen in ein quasi-experimentelles übergeht. Insofern ist Graumann und Mitarbeitern (z.B. Bredenkamp & Graumann 1973; Graumann & Métraux 1977) zuzustimmen, wenn sie davon ausgehen, daß phänomenologische Orientierung und Experiment sich nicht völlig ausschließen: in den Fällen nämlich nicht, wo es sich um Gegenstandsteilbereiche handelt, in denen die Bedeutungsfestlegungen von Versuchsperson und Versuchsleiter identisch sind (s.o.) oder die Überprüfung des Bedeutungsgehalts bei der Versuchsperson zu einer darauf aufbauenden, die natürliche Variation berücksichtigenden, nachträglichen Bildung von UV-Stufen führt, wodurch ein quasi-experimenteller Ansatz realisiert wird. Allerdings stellt auch ein solches quasi-experimentelles Vorgehen bereits eine Liberalisierung der strikten Experimentalmethodik dar, so daß auch vom Konzept der Intentionalität im weiteren Sinne her das Experiment als Königsweg der empirischen Prüfung in der Psychologie m.E. abgelehnt werden muß.

Noch drastischer wird die Konsequenz, wenn man den Begriff der Intentionalität im engeren Sinne zugrundelegt, wie er für eine handlungstheoretische Konzeption von Psychologie anzusetzen und entsprechend in den bisherigen Kapiteln diskutiert worden ist (vgl. zur Begriffsexplikation o. Kap. II.4.ff.). Es ist dies der Intentionalitätsbegriff, wie er sowohl von der deutschen Willenspsychologie (vgl. Wundt etc.) als auch von der analytischen Handlungstheorie unterstellt wird, und zwar als spezifische (bewußte) Gerichtetheit auf ein bestimmtes Handlungsziel, als Absicht und Entscheidung, die für diesen Zweck als zielführend angesehene Handlung durchzuführen.

Als idealtypische Manifestation dieses Intentionalitäts-Begriffs (im engeren Sinne) wurde in der bisherigen Analyse vor allem das Konzept der ‚frei steigenden Intentionalität' eingeführt. Damit ist die spontane, bewußt-willkürliche Absichtlichkeit von Handlungen (und Entscheidungen für das jeweilige Handeln) gemeint, die nicht unter der (unmittelbaren) Kontrolle der Umwelt steht, sondern im Gegenteil eher als die Umwelt beeinflussend, im Optimalfall kontrollierend angesehen werden kann. In der mittlerweile explizierten wissenschaftstheoretischen Terminologie ausgedrückt: ‚frei steigende Intentionalität' soll (Handlungs-)Phänomene bezeichnen, die als bewußt-absichtlich beschreibbar sind und für die eine motiv-dispositionelle Erklärung adäquat ist, die also auf ‚internale' Motivdispositionen bzw. Aspekte des subjektiven Überzeugungssystems (‚kausal') zurückgeführt werden können. Das schließt nicht aus, daß im Rahmen von Erklärungsketten zur genetischen Erklärung dieser Motive bzw. Überzeugungen selbst auch wieder Umweltbedingungen als Antezedensbedingungen relevant werden; ein solcher Rückgriff auf Umweltbedingungen am Ende (bzw. Anfang) irgendwelcher genetischer Erklärungsketten macht es aber nicht notwendig, von der je konkreten Handlungs-Intentionalität als umweltkontrollierter zu sprechen, macht also den Begriff der ‚frei steigenden Intentionalität' nicht sinnlos (vgl. dazu im einzelnen unten E.4.2.). Desgleichen ist mit diesem Konzept nicht abgestritten, daß sich die Absichtlichkeit solcher Handlungen in Wechselwirkung mit einer je spezifischen Umwelt entwickelt und entsteht; ‚frei steigend' bedeutet hier lediglich, daß die konkrete Handlungs-Absicht (und Entscheidung) nicht ohne Rückgriff auf subjektiv-internale Motiv- und Wissenskonstrukte erklärt werden kann, die eben in der Lage sind, die Umweltdetermination zu modifizieren bzw. gar zu brechen (vgl. auch dazu die genauere Explikation unten in E.4.3.).

In bezug auf diesen engeren, handlungstheoretischen Intentionalitäts-Begriff ist nun aber das Experiment als Überprüfungsmethode eindeutig ungeeignet bzw. sogar kontraindiziert. Wenn man die frei steigende Intentionalität, das Zustandekommen selbständig-willentlicher Handlungsabsichten erforschen will, ist die systematische Kontrolle und Manipulation von Variablen, wie sie im Experiment unverzichtbar ist, ungeeignet; denn wenn der Gegenstand die autonome Spontaneität von Handlungsabsichten und ihr Zustandekommen ist, dann kann dieser Gegenstands- bzw. Problembereich nicht mit einer Methode erforscht werden, die notwendigerweise gerade solche autonome Spontaneität ausschließt. Für Fragestellungen wie die nach der frei steigenden Intentionalität des handlungsfähigen menschlichen Subjekts würde beim Festhalten an der — zunächst innerhalb der Experimentalmethodik lediglich im verfahrenstechnischen Sinn aufzufassenden — Manipulation von Variablen dieses Konzept in der Tat eine ‚Manipulation' im pejorativen wissenssoziologischen und wissenspsy-

chologischen Sinne: indem nämlich die Möglichkeit frei steigender Intentionalität durch die Überprüfungsmethode (des Experiments) hinweg-manipuliert würde.
Diese (weitgehende) gegenseitige Ausschließung von Intentionalität im engeren Sinn und Experimentalmethodik wird m.E. zum Teil auch von Kritikern des Experiments noch nicht konsequent bzw. radikal genug gesehen. So konstatieren z.B. Kebeck & Sader (1984, 238): „Besonders verheerend wirkt sich die Vorgabe von Beschreibungseinheiten aus, wenn sehr enge Beschreibungseinheiten vorgegeben werden, die Ergebnisse aber anschließend so interpretiert werden, als handle es sich um freie Willensentscheidungen der Versuchsteilnehmer." Zugleich ziehen sie daraus aber nicht die Konsequenz, daß für ‚freie Willensentscheidungen' die Methode strikten Experimentierens als ungeeignet abzulehnen ist. Der Grund liegt m.E. darin, daß der Rückgriff auf ‚freie Willensentscheidungen' zwar den Eindruck erweckt, als stehe hier der Intentionalitäts-Begriff im engeren Sinn im Mittelpunkt, daß Kebeck & Sader als Gestaltpsychologen aber letztlich doch auf die Intentionalität im weiteren Sinn zurückgehen. Ähnlich ist es zu bewerten, wenn Graumann gegen die verhaltenstheoretische Ausrichtung der Psychologie folgenderweise argumentiert: „Eine Änderung dieser herrschenden Orientierung im Sinne einer Entwicklung einer allgemeinen Handlungstheorie, scheint nur dann denkbar, wenn es gelingt, ... die unverzichtbare experimentelle Methodik so zu modifizieren, daß die Versuchsperson zum Versuchspartner wird, dessen Auffassung vom Zweck des Experiments, dessen ‚Definition der Situation' und dessen eigene Bewertung seiner ‚Resultate' mit zu den Daten gehören, die es auszuwerten und zu diskutieren gilt." (1979, 28) Auch hier bedeutet die Forderung nach ‚Definition der Situation' und ‚Bewertung der Resultate' durch den Versuchspartner m.E. akzentuierend einen Rückbezug auf den weiteren phänomenologischen Intentionalitäts-Begriff; vom Intentionalitäts-Konzept der Handlungstheorie aus ist dagegen zu fragen, wieso die experimentelle Methodik ‚unverzichtbar' sein kann und soll.
Die Beispiele sollen verdeutlichen, daß und warum es wichtig ist, zwischen den beiden explizierten Intentionalitäts-Begriffen klar zu unterscheiden. Für die hier thematische Konzeptualisierung eines sozialwissenschaftlich-handlungstheoretischen Psychologie-Entwurfs ist – wie durchgängig erwähnt – primär der engere Intentionalitäts-Begriff relevant. Von ihm aus ist nicht nur die zentrale Kritik an der Experimentalmethodik zu üben, er stand auch bisher (bei der Analyse von Beschreiben, Beobachten und Verstehen) im Vordergrund und wird das genauso unter der Perspektive der Erklärung (s. u. Kap. 4.) tun. Dies ist hinsichtlich der beiden Intentionalitäts-Konzepte die wichtigste Konsequenz, aus der überdies folgt, daß es an dieser Stelle nicht nötig ist, eine weitergehende Festlegung hinsichtlich der Relation von phänomenologischem Intentionalitäts-Begriff und den übrigen Einheiten ‚Tun' und ‚Verhalten' vorzunehmen (für die beide z.B. Graumann ebenfalls Intentionalität im weiteren Sinne reklamiert, 1984, 567; vgl. dazu u. Kap. 6.5.). In bezug auf die Methode

des Experiments lautet das Fazit, daß sie vom Gegenstandsverständnis des reflexions-, kommunikations- und handlungsfähigen Subjekts aus an (zumindest) zwei Stellen kritisch zu bewerten ist: Hinsichtlich des individuellen personalen Bedeutungsgehalts der in Experimenten thematischen Variablen (der Intentionalität im weiteren Sinne) weist die Experimentalmethodik eine tendenzielle Beschränkung in Richtung auf einen Objektivismus auf, die es durch Einbeziehung der konstitutiven Interpretationsleistungen der Versuchsperson zu überwinden gilt; dadurch rücken Erweiterungen bzw. Liberalisierungen des experimentellen Vorgehens in den Mittelpunkt (wie z.B. Quasi-Experimente), die allerdings als solche bereits das Experiment nicht mehr als den Königsweg der empirischen Überprüfung im Bereich der Psychologie erscheinen lassen. In bezug auf die autonom-spontan entstehende und realisierte Absicht zu Handlungen (Intentionalität im engeren Sinne), wie sie für die hier diskutierte handlungstheoretisch-sozialwissenschaftliche Konzeptualisierung der Psychologie zentral ist, weist das Experiment wegen seiner inhärenten, notwendigen Ansprüche an Kontrolle bzw. Manipulation von Variablen eine strukturelle Beschränkung auf, die es für Gegenstandsbereiche bzw. Problemstellungen einer ‚frei steigenden Intentionalität' unbrauchbar macht. Diese grundsätzliche Beschränktheit des Experiments müßte bei einer Ausarbeitung einer handlungstheoretischen Psychologie-Konzeption zur (weitgehenden) Überwindung der Experimentalmethodik führen.

E.3.3. Möglichkeiten und Grenzen des Aktionsforschungs-Ansatzes

Als eine der vielversprechendsten Möglichkeiten einer solchen Überwindung wurde (vor allem in den 70er Jahren) die *Aktionsforschung* angesehen, wiederentdeckt und reformuliert. Sie ist im deutschen Sprachraum vielfach auch ‚Handlungsforschung' genannt worden (vgl. Heinze et al. 1975), obwohl sie mit der Erforschung von Handlungen im bisher diskutierten Sinn (auf der Grundlage und in Nachfolge der Handlungstheorie(n)) nicht deckungsgleich ist und auch nicht verwechselt werden sollte. Der Aktionsforschungs-Ansatz stellt ein methodologisches Konzept dar, das zwar durchaus von einem Gegenstandsverständnis ausgeht, das beim Erkenntnis-Objekt Handlungsfähigkeit voraussetzt und erforschen will; zugleich wird auch die Forschung selbst als Handlung aufgefaßt und konzeptualisiert (was allerdings als Einzelmerkmal ebenfalls nicht auf den Aktionsforschungs-Ansatz beschränkt ist; vgl. Holzkamp ‚Wissenschaft als Handlung' 1968). Das ausschlaggebende Merkmal des Aktionsforschungs-Ansatzes (zumindest in der Rekonzeptualisierung der 70er Jahre) und damit auch das Unterscheidungscharakteristikum zur hier thematischen handlungstheoretischen Konzeptualisierung der Psychologie ist, daß die Aktionsforschung zwei spezifizierende Zielfestlegungen für dieses Handeln expliziert und postuliert: zum einen soll die Forschung eine gemeinsame Handlung von Erkenntnis-Subjekt und Erkenntnis-Objekt sein und zum anderen muß dieses

(Forschungs-)Handeln die Interessen des Erkenntnis-Objekts in Form einer gesellschaftlichen Veränderung zu wahren bzw. zu realisieren versucht. Während beim Programm einer handlungstheoretischen Grundlegung der Psychologie ‚Handlung' vor allem als Konzept der Gegenstandscharakterisierung thematisch ist, ist Handlung beim Aktionsforschungs-Ansatz primär im Sinne eines methodologisch-wissenssoziologischen Konzepts relevant, nämlich als (gesellschaftsverändernde) gemeinsame *Aktion* von Forscher und Erforschtem. Um Verwechslungen zu vermeiden, verwende ich daher für diese methodologische Konzeption im folgenden nur mehr den Begriff ‚Aktionsforschung'.
Die Konzeption der Aktionsforschung (‚action research') ist ursprünglich von Lewin im Rahmen seines Feldbegriffs und dessen Anwendung in der Sozialpsychologie entwickelt worden (vgl. Lewins Aufsatz ‚Tat-Forschung und Minderheitenprobleme' 1953). Dabei hat er sich vor allem gegen das ‚Ausforschen' von Versuchspersonen durch möglichst neutrale Forscher gewandt, das den Versuchsteilnehmer von der Auswertung und Anwendung der erhaltenen Daten praktisch durchwegs ausschließt. Auf der Grundlage dieser Kritik versucht die Aktionsforschung ein neues Verhältnis zwischen Erkenntnis-Subjekt und Erkenntnis-Objekt einschließlich ihrer Beziehung zu Forschungszielen, Forschungsprozeß und Erkenntnisanwendung zu entwickeln und zu verwirklichen; die zentralen (metatheoretischen) Zielsetzungen des Aktionsforschungs-Ansatzes lassen sich zusammenfassend folgenderweise charakterisieren (vgl. auch Groeben & Westmeyer 1975, 186f.):

— Die Forscher sollen für längere Zeit an einem sozialen Prozeß teilnehmen und nicht isolierte Individuen oder künstlich geschaffene Gruppierungen, sondern natürliche Gruppen in ihren gesellschaftlichen Bezüge untersuchen;
— die Erkenntnis-‚Objekte' sollen nicht nur über die Ziele von Forschungsvorhaben informiert werden, sondern über diese Ziele und die Auswertung der Forschungsergebnisse selbst mitbestimmen;
— auf diese Art und Weise sollen die theoretischen Hypothesen, Gesetzmäßigkeiten etc., die durch die Forschung bewährt werden (können), im Verlauf dieser Bewährung zugleich praktisch werden und dadurch eine optimale Theorie-Praxis-Integration verwirklichen;
— die Beteiligung der Gruppenmitglieder bei der Festlegung der Forschungsziele und der Projektauswertung machen eine Einigung (Homogenisierung) hinsichtlich der im Projekt zu verfolgenden Interessen notwendig und ermöglichen neben der Konsequenz, daß Forschung hier zugleich auch soziales, gesellschaftliches Handeln ist, eine interaktive Erkenntnisrelation.

Die damit angesprochene Zielidee der ‚Subjekt-Subjekt-Relation' (vgl. z.B. Haag 1972, 12) stellt die dynamischste Zielidee des Aktionsforschungs-Ansatzes dar, in der auf generellstem Abstraktionsniveau die abweichenden Merkmale dieses ‚methodischen Gesamtkonzepts' in Abgrenzung von dem klassischen experimentellen Vorgehen zusammenzufassen sind; d.h. die Versuchs- oder

Forschungsteilnehmer müssen auch als ‚Erkenntnis-Objekte' „Subjekte im Gesamtprozeß" bleiben oder werden, und zwar indem die Durchschaubarkeit und Beeinflußbarkeit von Umwelt erhalten bleibt oder geschaffen wird.

Diese zentrale Zielidee der ‚Subjekt-Subjekt-Relation' in einen methodischen Entwurf umzusetzen, der nicht nur auf instrumenteller Ebene Abgrenzungen zu eher ‚naturwissenschaftlichen' Überprüfungsmethoden der Psychologie (und übrigen Sozialwissenschaften) summierte, sondern auch eine methodische Systematik explizierte, war eines der metatheoretischen Hauptprobleme des Aktionsforschungs-Ansatzes; die systematischste und profundeste Elaboration in dieser Hinsicht dürfte von Moser (1975) stammen. Er faßt unter explizitem Rückgriff auf Lewin Aktionsforschung als ein „revolvierendes System" auf, das aus fortschreitenden, aufeinander bezogenen Zyklen von instrumenteller Datensammlung, interpretativen Diskursen und Handlungen im sozialen Feld besteht (vgl. Abb. 16):

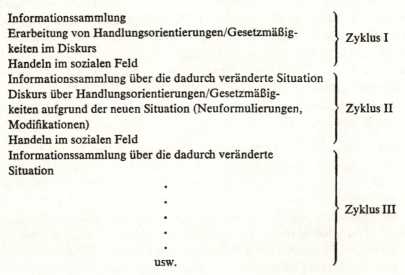

Abb. 16: Aktionsforschung als revolvierendes System (nach Moser 1975, 146)

Für die instrumentelle Datensammlung hält Moser im Prinzip alle bisher in den empirischen Sozialwissenschaften entwickelten Methoden grundsätzlich für adaptierbar, wenn sie der jeweiligen Fragestellung und den Gegenstandsmerkmalen angemessen sind (vgl. dazu Klassifikationsvorschläge bei Moser 1975, 132ff.); zusätzlich fordert er aber als aktionsforschungsspezifische Kriterien für die instrumentelle Datensammlung:

„(a) *Transparenz:* Nachvollziehbarkeit des Forschungsprozesses für alle Beteiligten durch Offenlegung von Funktionen, Zielen und Methoden der Forschungsarbeit.
(b) *Stimmigkeit:* Vereinbarkeit von Zielen und Methoden der Forschungsarbeit.

(c) *Einfluß des Forschers:* Der Forscher darf bei der Datensammlung nicht bewußt verzerrend auf den Forschungsprozeß Einfluß nehmen." (Moser (1975, 123f.)

Dadurch ergeben sich natürlich durchaus Beschränkungen für die Adaptation von klassischen Methoden der instrumentellen Datensammlung, so daß nicht jede beliebige Methodologie mit dem Aktionsforschungs-Ansatz verbindbar ist (vgl. o.c., 62). Darin manifestiert sich die Tatsache, daß die Reformulierung und Rekonzeptualisierung der Aktionsforschung in den 70er Jahren weitgehend auf Konzepten der Kritischen Theorie (vor allem der Frankfurter Schule) aufbaut, wie es sich noch eindeutiger in den für den Diskurs zwischen Erkenntnis-Subjekt und Erkenntnis-Objekt zentralen Zielideen zeigt. Neben den normalen argumentationstheoretischen Regeln für eine möglichst rationale ‚ideale Sprechsituation' (vgl. Gatzemeier 1975b; s.o. Kap. 2.7.) expliziert Moser noch folgende (aus der Kritischen Theorie und ihrer Gesellschaftstheorie abgeleiteten) Kriterien:

„— Im Diskurs darf das Interesse an einer substantiellen Demokratisierung gesellschaftlicher Verhältnisse nicht übergangen werden.
— Die in Diskurse eingehenden Aussagen müssen auf ihre paradigmatischen Gehalte hin transparent gemacht werden.
— Die in den Diskurs eingehenden Aussagen dürfen nicht positivistisch das Bestehende bloß abbilden und dadurch gegen Kritik immunisieren.
— In Diskursen dürfen gesellschaftliche Herrschaftsansprüche und Ungleichheiten nicht verschleiert bzw. legitimiert werden." (Moser 1975, 105f.).

Die damit vorgenommenen methodologischen Festlegungen hinsichtlich der Art und der Relevanz des (interpretativen) Diskurses sind es, die letztlich für eine kritische Bewertung der Möglichkeiten und Grenzen des Aktionsforschungs-Ansatzes ausschlaggebend sind.

Das Konzept der Aktionsforschung ist bisweilen deswegen kritisiert worden, weil manche Aktionsforscher z.T. so viel Gewicht auf den Aspekt der gesellschaftsverändernden Aktion gelegt haben, daß von einer Forschung, die als Ergebnis zumindest relativ generelle Gesetzmäßigkeiten hervorzubringen vermag, nicht mehr die Rede sein konnte; ich will aber hier auf solche Kritikaspekte nicht weiter eingehen, weil dies relativ eindeutig Mißdeutungen oder verfehlte Realisationen des Aktionsforschungs-Konzepts sind, die von den methodologisch durchreflektierten und -gearbeiteten Entwürfen auch selbst abgelehnt oder überwunden worden sind. So macht z.B. Moser (1975, 55f.) deutlich, daß Aktionsforschung selbstverständlich versuchen muß, Hypothesen aufzustellen und in Richtung auf Gesetzmäßigkeiten zu bewähren; wobei von Gesetzmäßigkeiten natürlich nur die Rede sein kann, insofern als zumindest gewisse Dimensionen von Verallgemeinerungsfähigkeit gegeben sind (vgl. auch Aschenbach 1984, 323), — wenn auch im Aktionsforschungs-Konzept ‚Verallgemeinerung' noch etwas anderes heißen mag als in der klassischen (eher experimentell ausgerichteten) Methodologie (vgl. dazu Heinze et al. 1975, 65ff.). Überhaupt kann man in den Dimensionen der instrumentell-empirischen Überprüfungsverfahren die Liberalisierungen, die mit dem Aktionsforschungs-Konzept verbunden sind, auf dem Hintergrund der Kritik am naturwissenschaftlich-experimentellen Vorgehen (s.o. E.3.1./2.) weitgehend als prinzipiell akzeptierbare unterstellen. Der eigentlich problematische Punkt ist in der Konzipierung und Realisierung des Subjekt-Subjekt-Verhältnisses, und zwar vor allem in der Diskursphase, zu sehen. Denn solange unter Subjekt-Subjekt-Relation lediglich eine Optimierung der sozialpsychologischen Interaktionsdimension verstanden wird, ist diese Zielidee sicherlich unproblematisch — wenn es aber eine Zielvorstellung in der Dimension der Erkenntnisrelation sein soll, wird es problematisch, weil dann, zumindest auf den ersten Blick, unklar bleibt, wer bei den erkenntnissichernden Verfahrensschritten methodisch-systematisch ‚das Sagen' haben wird. Moser bezieht zunächst auf metatheoretischer Ebene in wünschenswerter Deutlichkeit Stellung, indem er feststellt,

„daß auch im Aktionsforschungsprozeß der Wissenschaftler im Erkenntnisakt sein Gegenüber zum Objekt machen muß, wenn es überhaupt so etwas wie Erkenntnis geben soll. Denn sonst bliebe nichts anderes übrig, als eine unio mystica, ein Sich-Eins-Fühlen mit der Welt, was dann aber nicht mehr Wissenschaft wäre" (1975, 138).

Auf methodischer Ebene jedoch wird diese Feststellung m.E. nicht konsequent umgesetzt, weil für den Diskurs eine „gemeinsame Interpretation der Situation" als konstitutives Ziel angesetzt wird (l.c.). Moser betont zwar mehrfach, daß das Aktionsforschungs-Konzept kein „Harmoniemodell" unterstellt (vgl. o.c., 149, 153), zugleich geht er aber immer von der Einigung zwischen Erkenntnis-Subjekt und Erkenntnis-Objekt im interpretativen Diskurs aus. Auch das Beratungsmodell (des Erlanger Konstruktivismus), auf das er neben dem Konzept der idealen Sprechsituation (sensu Habermas) rekurriert, postuliert ja, daß die Teilnehmer in einem Diskurs argumentativ so lange in Richtung auf abstraktere Ziele, Wertungen etc. aufsteigen, bis sie sich einigen können, um dann von diesen gemeinsamen Wertungen aus zu konkreten Zielen, Handlungsnormen etc. abzusteigen (vgl. Schwemmer 1976) — und unterstellt damit grundsätzlich die Erreichbarkeit einer Einigung. Dies aber erscheint, gerade auch für den Diskurs in Aktionsforschungs-Projekten, nicht unbedingt realistisch; zumindest muß eine brauchbare Methodologie gerade auch Verfahrensnormen für den Fall problematischer Ausgänge, d.h. hier eines Dissenses zwischen Forscher und ‚Untersuchten', angeben. Und genau diese Verfahrensvorschriften werden vom Aktionsforschungs-Konzept nicht gegeben. Das spricht m.E. letztlich doch für den Versuch eines „Harmoniemodells", weil sich die Aktionsforscher hier um eine Konsequenz ihrer Eingangsprämissen herumdrücken. Nach den methodologischen Postulaten des Aktionsforschungs-Ansatzes sollen ja Aktionsforschungs-Projekte auf jeden Fall die Interessen der Untersuchten aufnehmen und realisieren; dann aber ist eben auch davon auszugehen, daß bei der Interpretation von Umwelt, eigenen Verhaltensweisen und das heißt auch Ergebnissen innerhalb der Aktionsforschungs-Phasen für die ‚interessierten' Teilnehmer der Projekte größere Verzerrungsdynamiken vorliegen als für die (eventuell) nicht so sehr (bzw. nicht ganz so persönlich) involvierten forschenden Wissenschaftler. Damit aber müßte für den Fall eines Dissenses innerhalb des interpretativen Diskurses den forschenden Wissenschaftlern auch auf methodischer Ebene ein größeres Gewicht zugemessen werden. Unabhängig davon, ob man sich dieser Konsequenz anschließt oder nicht, bleibt auf jeden Fall das Aktionsforschungs-Konzept auf methodischer Ebene unvollständig, insofern als es die Möglichkeit eines im Diskurs nicht auflösbaren Dissenses einfach nicht vorsieht und somit auch methodisch nicht modelliert.

König faßt eine ähnliche Argumentation zu folgendem Fazit zusammen: „Insofern in der Handlungsforschung der praktische Diskurs die zentrale Methode darstellt, ist Handlungsforschung keine Forschung im klassischen Sinne, sondern ist nichts anderes als die ausführliche und begründete Diskussion konkreter praktischer Entscheidungen." (König 1983, 85)

Es ist daher auf jeden Fall als Kritik am Aktionsforschungs-Konzept festzuhalten, daß die *Möglichkeiten und* (insbesondere) *Grenzen des* (interpretativen) *Diskurses und* des in ihm angestrebten *Dialog-Konsenses* methodologisch *nicht zureichend* präzise *expliziert* werden.

Was bedeutet das nun für die Bewertung von Experiment bzw. Aktionsforschung im Rahmen einer handlungstheoretisch fundierten Konzeption der Psychologie? Es dürfte deutlich geworden sein, daß die methodischen Konzepte von Experiment und Aktionsforschung zwei Extrempole der empirischen Überprüfungsmethodik in der Psychologie darstellen: das Experiment den am weitesten naturwissenschaftlich geprägten Pol, die Aktionsforschung den am weitesten sozial- bzw. gesellschaftswissenschaftlichen Pol. Beide Pole können nach den skizzierten methodenkritischen Analysen und Argumenten nicht als paradigmatisch für eine sozialwissenschaftlich-handlungstheoretische Psychologie-Konzeption angesehen werden. Das Experiment ist auf dem Hintergrund der Intentionalität des kognitiv-aktiven, reflexiven Subjekts ‚Mensch' (sowohl in bezug auf die Intentionalität im weiteren, vor allem aber hinsichtlich der Intentionalität im engeren Sinn der spontan-autonomen Handlungsabsicht) wegen seiner Ansprüche an Variablenkontrolle und -manipulation nur mit (erheblichen) Einschränkungen als empirische Überprüfungsmethode geeignet. Die Aktionsforschung scheint wegen ihrer Ausgerichtetheit auf Handlungen (sowohl des Erkenntnis-Objekts wie des Erkenntnis-Subjekts) für eine handlungstheoretische Konzeption von Psychologie als empirische Überprüfungsmethode vom Ansatz her besser geeignet zu sein. Allerdings ist es müßig, methodologische Probleme wie die der ‚Härte' der Daten der internen Validität etc. von Aktionsforschungs-Projekten näher zu diskutieren bzw. methodologisch auszuarbeiten, solange die Möglichkeiten und Grenzen des Dialog-Konsenses im für das Aktionsforschungs-Konzept als konstitutiv angesetzten Diskurs und damit die Subjekt-Objekt-Relation zwischen Wissenschaftler und Projektteilnehmer auf methodologischer Ebene nicht zureichend bestimmt sind. Es lassen sich aber auch beim gegenwärtigen Argumentationsstand zwei Konsequenzen ziehen.

Generell ist festzuhalten, daß das Experiment in der Psychologie (nicht nur in einer sozialwissenschaftlichen, aber natürlich besonders für eine sozialwissenschaftlich-handlungstheoretisch konzipierte Psychologie) nicht als Königsweg der empirischen Überprüfung angesetzt werden kann; vielmehr sind methodisch ‚liberalere' bzw. ‚weichere' Überprüfungskonzepte von Quasi-Experiment (vgl. Campbell & Stanley 1963; Schwarz 1970) über Rollenspiel (vgl. Mertens 1975), Mehrebenenanalyse (vgl. Maschewsky 1977, 111ff.; Opp & Schmidt 1976) etc. bis hin zur Aktionsforschung (vgl. Moser 1975) heranzuziehen und (weiter) auszuarbeiten. Die psychologische Methodenlehre sollte generell (endlich) die Konsequenzen aus methodenkritischen Untersuchungen und Argumenten zur Experimentalmethodik ziehen und auch in der Lehre das Experiment nicht mehr als den paradigmatischen Idealfall empirischer Überprüfungsmethodik einführen, von dem aus alle anderen Überprüfungsansätze lediglich als Defizitärformen konzipiert und expliziert werden. Sie sollte sich vielmehr auf systematische Beobachtung als das allen Überprüfungsansätzen inhärente zentrale Moment konzentrieren und von dort aus eine Palette von möglichen (sozialwissenschaftlichen) Überprüfungsmodellen explizieren, von denen aus gesehen das Experiment dann als eine spezielle, besonders strikt durchführbare Variante einzuführen ist, die in ihrer Anwendbarkeit auf bestimmte Gegenstandsteilbereiche der Psychologie beschränkt ist (zu deren Charakterisierung s.o.). Daran schließt sich die spezifische Konsequenz für die hier thematische handlungstheoretische Elaboration des Gegenstandsverständnisses an; in deren Rahmen wird es, wie das Beispiel des Aktionsforschungs-Konzepts lehrt, vor allem darauf ankommen, nicht nur die Möglichkeiten des Dialog-Konsenses zwischen Erkenntnis-Objekt und Erkenntnis-Subjekt im Diskurs (vgl. oben Exkurs Zwei zur kommunikativen Validierung), sondern auch dessen Grenzen herauszuarbeiten, um eine methodologische Unterbestimmung zu vermeiden, die der Entwicklung einer handlungstheoretisch konzipierten Psychologie nur abträglich sein könnte (vgl. dazu ausführlich die folgenden Kapitel 4. u. 5.).

4. Beobachten und Erklären: Notwendigkeit der (Fremd-)Beobachtung für Erklärung

Das Subsumtions- (bzw. covering-law-)Modell der Erklärung impliziert — in welcher Variante auch immer man schließlich den Erklärungsbegriff rekonstruiert — eine Sicherung von Gesetzmäßigkeiten durch (externe) Beobachtung, d.h. also die Beobachtungs- als Außensicht-Perspektive. Die Beschreibung von Handlungen dagegen geht primär von der Innensicht-Perspektive des Handelnden aus, unabhängig von der Art und Weise der Überführung dieser Innensicht-Perspektive in eine intersubjektive Beschreibung. Die im vorigen Kapitel entwickelte und begründete These, daß die Theoriehaltigkeit solcher (Handlungs-)Beschreibung auch eine Erklärungshaltigkeit darstellt, läßt sich noch erheblich radikaler fassen: indem man nämlich postuliert, daß diese Theoriehaltigkeit qua Interpretativität den für Handlungen sinnvollen Erklärungsgehalt bereits *vollständig* enthält. Das würde bedeuten, daß für Handlungen überhaupt keine Erklärung im Sinne des Subsumtions-Modells sinnvoll ist bzw. daß die bei Handlungen angemessene Erklärungsstruktur eine andere als die des covering-law-Konzepts darstellt. Genau dies sind die beiden grundsätzlichen Varianten der *dualistischen* Position innerhalb der Handlungsphilosophie. Zum einen wird postuliert, daß Handlungen überhaupt nicht erklärt werden können (im Sinn der Rückführung auf kausale Antezedensbedingungen), zum anderen, daß Handlungen nur auf eine spezifische Art zu erklären sind, die für naturwissenschaftliche Gegenstände sinnlos und unbrauchbar wäre (vgl. unten ‚Rationale Erklärung').

In diesen Thesen liegen letztlich nur verschiedene Manifestationen der grundlegenden dualistischen Position vor, wie sie eingangs im Kapitel II. expliziert worden ist: daß nämlich für nicht-naturwissenschaftliche Gegenstände ein die externe Beobachtung implizierendes Erklärungskonzept gänzlich auszuschließen und das (nicht-beobachtende) Verstehen als zentrale und ausschließlich adäquate Methodik einzuführen sei. Die Vertreter dieser Argumentation werden in der neueren handlungsphilosophischen Diskussion ‚Intentionalisten' (oder ‚Mentalkontextualisten') genannt; zu ihnen zählen vor allem Winch, Peters, Melden, v. Wright, Taylor, Dray (vgl. Beckermann 1977; 1979; Brunner 1983; Ausführungen zu einzelnen Argumenten dieser Autoren unten). Damit wird die Position des Intentionalismus dezidiert nicht für die Gegenstandseinheit ‚Verhalten' postuliert, allerdings überwiegend bereits für die Einheiten, die ich oben (vgl. Kap. 2.5.) als ‚Tun' expliziert habe; den Kernbereich der Kontroverse zwischen den Intentionalisten und Kausalisten stellt aber natürlich die Gegenstandseinheit ‚Handeln' dar, für die von der ‚kausalistischen' Position (des Monismus) ebenfalls die Adäquatheit des Subsumtionsmodells der Erklärung behauptet wird. Nachdem in den bisherigen Kapiteln die ‚absolute' Argumentation des Monismus diskutiert, analysiert und relativiert worden ist, gilt es jetzt, die komplementäre ‚absolute' Argumentation des Dualismus zu analysieren (und zu relativieren). Das Kapitel wird daher die drei für die Psychologie relevantesten Argumente gegen eine Anwendung des Subsumtionsmodells der Erklärung im Bereich menschlichen Handelns explizieren, diskutieren und bewerten. Im Anschluß daran soll die regulative Zielidee von Erklärung, wie sie für eine sozialwissenschaftlich-handlungstheoretische Konzeption von Psychologie aufrechterhalten werden kann, soweit wie möglich umrissen werden.

4.1. Unmöglichkeit von covering-law-Erklärungen bei Handlungen?: das Logische-Beziehungs-Argument

Das grundlegendste der klassischen Argumente gegen die Adäquatheit des Subsumtions-Konzepts der Erklärung für Handlungen ist das sog. Logische-Beziehungs-Argument (vgl. v. Wright 1974; 1977; 1979). Dieses Argument geht zunächst einmal von der Charakterisierung einer Humeschen Ursache als einer logisch unabhängigen Bedingung für Verhalten bzw. Handeln aus; d.h. eine Kausalrelation muß die Forderung erfüllen, daß Ursache und Wirkung voneinander logisch unabhängig, also nur empirisch kontingent sind (v. Wright 1974, 91). Diese Anforderung wird allerdings nach der Auffassung der logischen Intentionalisten für die Beziehung zwischen Intention und Handlung nicht erfüllt. So unterscheidet v. Wright z.B. den ‚inneren' von dem ‚äußeren' Aspekt des Handelns; mit dem inneren Aspekt ist die Intention bzw. der Wille des Handelnden zum Handeln gemeint, mit dem äußeren Aspekt das von außen beobachtbare Tun (bzw. auch das Unterlassen), d.h. der Verhaltensaspekt. Das zentrale Argument gegen die Adäquatheit des subsumtionstheoretischen Erklärungsmodells ist dann, daß bei Handlungen „der Wille von dem Verhalten, dessen Ursache er sein soll, nicht logisch unabhängig ist" (o.c., 91).
Es gibt verschiedene Varianten dieses Arguments, daß eine logische Beziehung zwischen Intention/Wille als innerem Aspekt und Tun/Verhalten als äußerem Aspekt der Handlung unterstellt; deren wichtigste, die in der analytischen Handlungsphilosophie am eingehendsten diskutiert worden ist, ist die von v. Wright herausgearbeitete Variante, nach der Intentionen und Handlungen nicht unabhängig voneinander beschrieben werden können, d.h. daß man die Intention bzw. den Willen, etwas zu tun, nicht definieren kann, ohne sich auf den äußeren Aspekt der Handlung zu beziehen (l.c.). Diese – schwache – Version des Logische-Beziehungs-Arguments vermeidet bereits einige grundlegende Schwierigkeiten. So wird damit nicht behauptet, daß Willensakte niemals Ursachen von Handlungen sein können (die Begründungspflichten für dieses Argument wären z.T. uneinlösbar anspruchsvoll), sondern primär, daß eine Beschreibung bzw. Feststellung von beiden formal nicht so möglich ist, daß die Anforderungen für Humesche Ursachen und damit für das covering-law-Konzept der Erklärung erfüllt sind (zur Relation von Ursachenbegriff und Subsumtions-Modell der Erklärung s.u. 4.6.). Ebenfalls wird damit nicht be-

hauptet, daß z.B. die Prämissen eines praktischen Syllogismus mit logischer Notwendigkeit ein bestimmtes Verhalten zur Folge hätten (o.c., 110); der Rückzug auf die nicht vorhandene Unabhängigkeit in der Beschreibung/Feststellung von innerem und äußerem Aspekt bedeutet nur, daß man eine Handlung eben erst nach ihrem Auftreten als solche bestimmen kann. Die logische Schlüssigkeit der Argumentation (des praktischen Syllogismus) wird nur für den Fall postuliert, daß eine Handlung bereits erfolgt ist: „Die Notwendigkeit des praktischen Schlußschemas ist, so könnte man sagen, eine *ex post actu* verstandene Notwendigkeit" (o.c., 110).

Mit dieser Fassung des Logische-Beziehungs-Arguments werden einige ganz offensichtliche Aporien der ersten, relativ naiven Version vermieden; das gilt vor allem für das Problem, daß natürlich nicht eine logische Beziehung zwischen der Intention (innerem Aspekt) und dem Verhalten (äußerem Aspekt des Handelns) als solche behauptbar ist, sondern höchstens eine logische Beziehung zwischen Sätzen (über diese Aspekte). Es bleiben allerdings auch für die auf (Beschreibungs-)Sätze bezogene (schwache) Version des Logische-Beziehungs-Arguments genügend Schwierigkeiten bestehen; dazu gehört z.B., daß eine ‚logische' Beziehung zwischen (beschriebener) Intention und (beschriebener) Handlung implizit vorgibt, als ob für den Handelnden nur *ein* konkretes Ziel existiert, das auch in der jeweiligen Situation ganz eindeutig relevant ist. Das erscheint auf dem Hintergrund der Alltagserfahrung und der psychologischen Motivations- sowie Entscheidungstheorie ziemlich unrealistisch, da es für den Menschen recht häufig konkurrierende Ziele (bzw. Zielsetzungen) gibt (vgl. Tuomela 1978, 49f.; Hertzberg 1978, 67f.), für die außerdem nicht unbedingt eindeutige und transitive Präferenzordnungen existieren (vgl. Jungermann 1976, 24ff.). Allerdings bleibt m.E. unklar, ob man die ‚intentionalistische' Erklärung mitsamt dem von v. Wright als konstitutiv postulierten Schema des praktischen Syllogismus nicht modifizieren könnte, um sie an solche komplexeren Situationsbedingungen anzupassen. Ich will daher diese Art von Einwänden nicht in den Mittelpunkt stellen, sondern mich auf solche Schwierigkeiten konzentrieren, die nach meiner Einschätzung die Inkohärenz und Unsinnigkeit des Logische-Beziehungs-Arguments grundsätzlich nachweisen.

Eine kritische Analyse des Logische-Beziehungs-Arguments muß zunächst einmal auf die von der monistischen Position angebotene Struktur der Überführung in eine dispositionelle Motiv-Erklärung zurückgreifen (vgl. o. Kap. 3.1.; 3.4.). Dabei fällt auf, daß bei v. Wright (und anderen Vertretern des Logische-Beziehungs-Arguments) relativ ungeschieden von Intention und Wille bzw. Motiv die Rede ist; die drei Begriffe werden in gegenseitiger Ersetzungsrelation gebraucht. Das bedeutet u.a., daß ‚Intention' mit ‚Motiv' gleichgesetzt wird, was zumindest in dieser generellen Form die vorgeschlagene Überführungsstruktur in eine dispositionelle Motiv-Erklärung gar nicht trifft. Das wird z.B. auch deutlich bei den von den Vertretern des Logische-Beziehungs-Arguments gern diskutierten Basishandlungen:

Danach kann die Intention einer solchen Basishandlung, z.B. den Arm zu heben, nicht auch noch als Motiv für die Handlung im Sinne einer Humeschen Ursache der Handlung eingeführt werden (weil sie das definitorische Merkmal innerhalb der Handlungs-*Beschreibung* darstellt). Wenn z.B. ein Autofahrer den Arm hebt, um anderen Autofahrern anzuzeigen, daß er abbiegen will, kann man dieses Anzeigen-Wollen nicht als verursachendes Motiv anerkennen (Melden 1977, 152). Das Beispiel macht – noch einmal – deutlich, daß dies hauptsächlich ein Problem der Grenzziehung zwischen Beschreibung und Erklärung ist, wie es im vorigen Kapitel unter Rückgriff auf den Einklammerungs- bzw. Ziehharmonikaeffekt von Handlungs-Beschreibungen bereits diskutiert und expliziert wurde. Denn wenn man in der Tat eine sog. ‚Basishandlung' mit der Intention ‚den Arm heben' realisiert, so spricht gar nichts dagegen, die Intention ‚ein Abbiegen anzeige' als ein diese Handlung erklärendes Motiv einzuführen. Wenn man aber als intentionale Beschreibung der Handlung ‚mit dem Arm ein Abbiegen anzeigen' ansetzt, dann handelt es sich zum einen sicher nicht mehr um eine Basishandlung (was hier aber nicht zentral relevant ist), zum andern ist nach der oben entwickelten Überführungsstruktur in eine dispositionelle Erklärung in einem solchen Fall auch gar nicht die Intention der ‚Abbiege-Anzeige' als erklärendes Motiv anzusehen. Vielmehr handelt es sich dabei dann um die intentionale Beschreibung der thematischen Handlung (wobei diese „einfache, gleichlaufende Absicht" durchaus als definitorisches Merkmal eingeführt wird) und als erklärendes Motiv wäre dann z.B. die Intention ‚verhindern, daß der Hintermann auffährt' anzusetzen. Wegen des Ziehharmonikaeffekts von Handlungs-Beschreibungen bzw. der Flexibilität bei der Wahl der Komplexitätsebene für Handlungs-Beschreibungen kann man dieses Spielchen selbstverständlich fast unbegrenzt fortsetzen und z.B. auf der nächsthöheren Ebene ‚den Hintermann warnen' als Handlungs-Beschreibung einführen, was dann wiederum eine weitere („weitergehende"), vorlaufende Absicht als potentielles Motiv für eine dispositionelle Erklärung erfordert.

In manchen Beispielen hat man also den Eindruck, daß das Logische-Beziehungs-Argument darauf hinausläuft, daß man die in einer Handlungs-Beschreibung definitorisch eingeführte Intentionalität nicht auch zugleich für eine Handlungs-Erklärung verwenden darf. Dies aber ist für das covering-law-Modell der Erklärung eine Selbstverständlichkeit, die sich in der Festlegung manifestiert, daß jede Erklärung immer eine Erklärung unter einer Beschreibung darstellt (vgl. Kap. 3.1.). Soweit das Logische-Beziehungs-Argument sich auf diese Kritik hin rekonstruieren läßt, ist es für die dispositionelle Motiv-Erklärung von Handlungen nicht relevant, weil die oben explizierte Überführungsstruktur dieser Anforderung längst Rechnung trägt. Das besprochene Phänomen des Ziehharmonikaeffekts von Handlungs-Beschreibung ist allerdings auch dafür verantwortlich, daß man dennoch das zentrale Argument, der innere Aspekt der Handlung sei nicht logisch unabhängig vom äußeren feststellbar, im einzelnen analysieren muß; denn dadurch, daß je nach Einsetzen auf unterschiedlichen Komplexitätsebenen ein und derselbe volitive Aspekt einmal als Beschreibungsmerkmal und ein anderes Mal als Dispositions-Konstrukt mit explanativer Funktion (Motiv) angesetzt werden kann, gilt diese These des Logische-Beziehungs-Arguments eben auch für die Feststellung von (potentiellen) Handlungsmotiven. Die kritische Analyse dieser These ist von psychologischer Seite aus am besten und sinnvollsten vom Phänomen der Fehlleistung aus anzugehen.

Obwohl in der handlungsphilosophischen Literatur überwiegend von ‚Fehlhandlungen' die Rede ist, bleibe ich im folgenden bei dem ursprünglichen, psychoanalytischen Begriff der ‚Fehlleistung', weil nach den oben (Kap. 3.6.) vorgenommenen Explikationen eine Fehlleistung wegen der Differenz von Intention und Handlungs-Ergebnis bzw. Motivation unter die Kategorie ‚Tun' (in Ausnahmefällen eventuell sogar ‚Verhalten') zu subsumieren ist. Das Phänomen

der Fehlleistung ist allerdings als Problem in der Handlungstheorie durchaus auch außerhalb des engeren Rahmens der psychoanalytischen Theoriemodellierung diskutiert worden. Entsprechende Beispiele sind der Fall des irrtümlichen Versenkens eines Kriegsschiffes (Tirpitz/Bismarck bei Davidson, vgl. o. 3.6.) oder das psychologischere Beispiel von MacIntyre (1977, 180): „In Sartres Roman ‚Das Zeitalter der Vernunft' beabsichtigt der Held — nein, der Protagonist — Mathieu, seiner Geliebten ‚Ich liebe dich' zu sagen, und bemerkt dann, wie er ‚Ich liebe dich nicht' sagt."
Auch v. Wright selbst diskutiert das Phänomen der Fehlleistung, das m.E. für das Logische-Beziehungs-Argument eins der schwerwiegendsten Probleme darstellt, anhand eines eigenen Beispiels: „Jemand ist entschlossen, einen Tyrannen umzubringen, er ist in dessen Raum eingedrungen, zielt auf ihn mit einem geladenen Revolver — aber bringt es nicht fertig, abzudrücken. ... Es ist festzustellen, daß wir nicht annehmen, der Mörder in spe habe nicht abdrücken wollen." (1977, 138f.) Allerdings zieht v. Wright — erstaunlicherweise (vgl. Abel 1983, 131) — daraus nicht die Konsequenz, das Logische-Beziehungs-Argument aufzugeben, sondern lediglich die (oben berichtete) Folgerung, daß die ‚logische' Beziehung eben erst nach Vollzug der Handlung (‚ex post actu') festgestellt werden kann (vgl. auch Werbik 1978, 35).

Diese Argumentation ist nun m.E. auf mehreren, unterschiedlichen Ebenen, auch und gerade unter Einbeziehung psychologischer Theorieperspektiven, gänzlich uneinsichtig. Zunächst einmal ist auf eine interne konzeptuelle Inkohärenz zu verweisen. Wenn wirklich eine logische Beziehung zwischen inneren und äußeren Aspekten einer Handlung besteht und also ein innerer Aspekt ohne Rückgriff auf den äußeren überhaupt nicht festzustellen ist, bleibt es völlig unerfindlich, wie man überhaupt von einer Fehlleistung sprechen kann. Denn das Konzept der Fehlleistung impliziert ja gerade ein Auseinanderfallen von innerem und äußerem Aspekt, von intendiertem Handlungs-Ergebnis und in Realität zustandekommendem Ergebnis. Dieses Auseinanderfallen, diese Diskrepanz von intendiertem und tatsächlichem Ergebnis ist ja überhaupt nur feststellbar, wenn man für den inneren (volitiven) Aspekt einen anderen, von der Beobachtung des Ergebnisses unabhängigen Zugangsweg ansetzt. Und dieser Zugangsweg ist, zumindest von der Psychologie her, ganz einfach und natürlich: Ich frage den Handelnden (bzw. den Fehl-‚Handelnden') nach seiner Intention, seinem Wollen; bzw. ich höre ihm zu, wenn er nach (Selbst-)Beobachtung einer Fehlleistung erläutert, inwiefern diese von ihm gar nicht beabsichtigt war. Solche Selbstauskünfte des Akteurs beziehen sich natürlich dann auch auf das intendierte Handlungs-Ergebnis; aber nicht in dem Sinn, daß ein solches Ergebnis bereits als „äußerer Aspekt" einer Handlung vorliegen muß, um die Sprechakte des Handelnden in ihrer referentiellen Funktion hinsichtlich des „*inneren Aspekts*" (also der Intention, des Willens, des Motivs) adäquat zu verstehen. Damit wird eine weitere (wie ich meine zentrale) argumentative Unklarheit des Logische-Beziehungs-Arguments deutlich. Die Rede davon, daß der innere Aspekt der Handlung nicht feststellbar sei ohne Bezug auf den äußeren Aspekt, spricht für eine logische Beziehung zwischen beiden nur, wenn man diesen ‚Bezug' als extensionale Referenz auf ein externales Ereignis unterstellt. Dies ist aber weder von der analytischen Wissenschaftstheorie noch von psychologischen Objekttheorien her notwendig oder sinnvoll; vielmehr gibt es in wissenschaftlichen Satzsystemen eine Fülle von Beispielen, bei denen man sich in einem anderen, nicht so engen Sinn auf Ereignisse, Zustände, Dispositionen etc. bezieht.

Eine prinzipielle Möglichkeit ist zum Beispiel die Erwähnung von Ereignissen, wie sie etwa in Prognosen vorkommt, ohne daß daraus eine logische Beziehung zwischen der Erwähnung und dem Eintreten des Ereignisses resultiert, was Beckermann an folgendem (prognostischen) Satz verdeutlicht (1979, 464): „‚Wenn jemand das Ereignis B voraussagt, dann tritt das Ereignis B auch ein.'" Dieser Satz ist „sicher nicht deshalb analytisch, weil in ihm das Ereignis B sowohl im Antecedens als auch im Succedens erwähnt wird. (In dieser Form ist der Satz vielmehr sogar – empirisch – falsch.)"
Diese Möglichkeit des Erwähnens ist sicher für die Kategorie der Fehlleistungen nicht zentral; bei ihnen sind durchaus auch Beschreibungen von vorgestellten Handlungs-Ergebnissen möglich und gängig, wobei diese Ergebnisse eben nur vorgestellte bleiben. Ein Lehrer kann z.B. völlig ohne Schwierigkeiten beschreiben, welche kühle, souveräne Reaktion er das nächste Mal auf das provozierende Verhalten eines notorisch störenden Schülers in seiner Klasse zeigen wird – und dann doch emotional aufgeregt und aggressiv reagieren. Er kann diese Beschreibung der ‚eigentlich' intendierten Handlung überdies selbstverständlich auch nach seiner ‚ungewollten' emotionalen Reaktion geben – und gerade die Diskrepanz zwischen der Beschreibung des nur vorgestellten Handlungsziels und dem realen Tun führt ihn dazu, letzteres selbst als Fehlleistung zu klassifizieren.
Grundsätzlich gilt die Beschreibung von Handlungs-Intentionen, ohne daß diese mit dem -Ergebnis identisch sein müssen, für alle zukünftigen Handlungen genauso wie für unterschiedliche Beschreibungen (der gleichen Handlung) verschiedener Beobachter; wenn es sich im letzten Fall nicht nur um Komplexitätsunterschiede handelt, muß eine der intentionalen Beschreibungen gerade nicht mit dem realen Handlungs-Ergebnis übereinstimmen.

Die Beispiele machen deutlich, daß der logische Intentionalismus auf eine ganz paradoxe Art und Weise zu seiner Ablehnung der ‚empiristischen' Erklärungsstruktur (des covering-law-Modells der Erklärung) kommt – indem er nämlich ‚Feststellbarkeit' in geradezu absurd empiristischer (weil innerhalb des Empirismus längst überholter) Ausschließlichkeit mit direkter externer Beobachtbarkeit (hier des äußeren Aspekts der Handlung, des Handlungs-Ergebnisses) identifiziert. In der Terminologie psychologisch-objektwissenschaftlicher Theorien ausgedrückt: Man muß schon eine ganz enge und eigentlich nicht mehr vertretene behavioristische Identifizierung von Beobachten und Beschreiben ansetzen, um in Form eines Salto mortale von da aus zu der These zu gelangen, daß jeglicher volitive Aspekt von Handlungen nicht unabhängig vom beobachtbaren Verhaltensaspekt feststellbar ist und also jede verhaltenstheoretische (kausalitätsorientierte) Erklärungsstruktur für ‚Handlungen' inadäquat und sinnlos sei. Auf diese Art und Weise ist das, zumal für eine sozialwissenschaftliche Psychologie, die die Reflexions-, Sprach- und Kommunikationsfähigkeit des Erkenntnis-Objekts mitberücksichtigen will, nicht akzeptierbar; und zwar auch dann nicht, wenn dadurch die monistische Argumentationsrichtung einer einheitlichen Erklärungsstruktur (innerhalb des Subsumtionsmodells der Erklärung) gestärkt wird.

Die Unhaltbarkeit des Logische-Beziehungs-Arguments wird mittlerweile auch von v. Wright – zumindest partiell – gesehen. In neueren Publikationen (1977; 1979) hat er seine Argumentation ‚erweitert' und dadurch z.T. doch relativ grundlegend modifiziert. Zum einen führt er neben dem ‚intentionalistischen' Erklärungsmodell nun auch ein ‚imperativisches' (für symbolische Aufforderungen) und ein ‚normativisches' (für Regelungen) ein (1979, 419f.); diese Kategorien sind jedoch für die Diskussion des Logische-Beziehungs-Arguments nicht weiterführend. Für diese Beziehung und damit die ‚intentionalistische' Erklärung konzediert v. Wright jetzt allerdings, daß Intentionen und Handlungs-Ergebnisse auch unabhängig voneinander beschreibbar bzw. feststellbar sind. Dennoch gibt er das Logische-Beziehungs-Argument nicht grundsätzlich auf, sondern verteidigt es in weiter abgeschwächter Form: „Die Beziehung zwischen dem, was ich interne Determinanten einer Handlung genannt habe, und der Handlung selbst ist ... weder eine logische Inklusion noch eine Kausalbeziehung. Dennoch kann man sie in einem gewissen Sinne *begrifflich* nennen." (1977, 132) An anderer Stelle spricht er dann von einer ‚semi-logischen' oder ‚beinahe logischen' Relation (1979, 423) und zieht sich auf die Position zurück: „Die Determinanten unserer Handlungen sind weder auf Gesetzmäßigkeiten beruhende Ursachen noch deduktive Gründe, sondern sie sind Determinanten *anderer Art*. Ich weiß nicht, ob man sagen soll: Determinanten *dritter* Art." (o.c., 425). Ich persönlich denke, man sollte das nicht sagen, zumindest nicht in der empirischen Objektwissenschaft Psychologie, weil es sich dabei nur um ein Rückzugsfecht zur Gesichtswahrung handelt. Wenn man die unabhängige Beschreib- und Feststellbarkeit von Intention und Handlung (präziser Handlungs-Ergebnis) konzediert, was man nach der dargestellten Argumentationslage tun muß, dann ist das Logische-Beziehungs-Argument gescheitert.

4.2. Unabhängigkeit der Beschreibung von Intention und Handlungs-Ergebnis sowie die Ablehnung des Gesetzes-Arguments

Die konstruktive Lösungsantwort auf das Logische-Beziehungs-Argument aus der Sicht der Psychologie ist also (wie es sich schon aus den beiden Kapiteln zum Beschreiben und Verstehen ergibt) die Kommunikation mit dem Handelnden über seine Absichten, Motive und Überzeugungen, wobei dessen Auskünfte (unter bestimmten, oben dargestellten Bedingungen) als eine zureichende, von der Beschreibung des Handlungs-Ergebnisses unabhängige Feststellung (bzw. Feststellbarkeit) des inneren Aspekts der Handlung akzeptiert werden.

Das setzt natürlich voraus, daß man – untechnisch gesprochen – den Auskünften des Handelnden ‚trauen' kann, – technisch gesprochen – daß man sie als valide akzeptieren kann. Gerade das ist ja eines der Hauptthemen der wissenschaftstheoretisch explizierenden und rekonstruierenden Argumentation der Kap. 1. u. 2. gewesen: zum einen in der Explikation der Voraussetzung, daß man durchaus auch den Bezug auf Internales (wie es z.B. Zustände der Intention und Motivation darstellen) als extensionalen Bezug (Referenz) auf Basissprachen-Ebene akzeptieren kann; zum anderen daß bei einem solchen Bezug auf Internales keine positive Validierung (durch Rückgriff auf Fremdbeobachtung) möglich ist, sondern primär die Elimination von Verzerrungsfehlern im Rahmen einer kommunikativen Validierung anzustreben ist – und durch welche Merkmale einer kontrafaktisch angesetzten idealen Sprechsituation die Wahrhaftigkeit des Kommunikationspartners gestärkt bzw. approximativ gesichert werden kann (vgl. o. Kap. 2.). Dafür, daß beide Postulate, die Realisierung einer (möglichst) idealen Kommunikationssituation und die Unabhängigkeit der Beschreibung von Handlungs-Intention und -Ergebnis, als realistisch und realisierbar behauptet werden können, gibt es mittlerweile neben den oben angeführten theoretischen Beispielen auch empirische Evidenzen. Dazu zählt sicher an erster Stelle der ‚Telefonzellenversuch' (von Kaiser & Werbik 1977), in dem sowohl eine (allerdings sprachnormierte) kommunikative Erhebung der Handlungs-Intentionen (*vor* der Handlungsausführung; vgl. auch Werbik & Munzert 1978) als auch eine Überprüfung der unabhängig (vom Handlungs-Ergebnis) beschriebenen Handlungspläne im konkreten Tun realisiert wurden.

In diesem Sinn ist es keineswegs nur von der Prämisse des Gegenstandsverständnisses aus sinnvoll, von der Kommunikationsfähigkeit des psychologischen Erkenntnis-Objekts auszugehen, sondern es hat die kommunikative Erhebung und Beschreibung von motivationalen Aspekten der Handlung beim Handelnden auch praktische Relevanz und Plausibilität. Wie unsinnig das Logische-Beziehungs-Argument für einen Psychologen gerade unter Rückgriff auf die praktische Anwendung seiner Wissenschaft klingen muß, wird besonders deutlich, wenn man sich vergegenwärtigt, daß selbst unter nicht unbedingt idealen Reflexions- und Kommunikationsbedingungen die unabhängige Beschreibung von intendiertem und realem Ergebnis menschlicher Handlungs- bzw. Verhaltensweisen nicht nur möglich, sondern sogar gang und gäbe ist: z.B. als Ausgangssituation psychologischer Therapien, die sich sehr häufig mit einer Desintegration von Wollen und Handeln auseinandersetzen müssen.

Besonders sichtbar wird diese Desintegration bei Phobien und Zwängen, wobei aus der Sicht des Klienten im Fall der Phobie die Unfähigkeit der Realisierung einer Intention, im Fall des Zwangs die Unfähigkeit des Unterlassens eines nicht-intendierten Verhaltens zentral ist.
Ein Phobiker berichtet etwa: ‚Ich möchte eigentlich den Hund der Nachbarin streicheln, von dem ich weiß, daß er niemandem was zuleide tut, aber wenn ich ihm bis auf zehn Schritte nahe komme, dann bekomme ich trotzdem Angst und verlasse fluchtartig den Raum.'
Eine Person mit Wasch- und Putzzwang könnte etwa berichten: ‚Wenn ich Besuch gehabt habe, möchte ich am liebsten weitermachen, als ob niemand dagewesen wäre, aber ich muß einfach diese permanenten Reinigungsrituale durchführen, weil ich mich dem Gedanken nicht entziehen kann, daß die Wohnung über und über mit Krankheitserregern verseucht ist.'
Solche Fälle sind besonders eindeutig, aber im Prinzip gilt die darin zum Ausdruck kommende Grundstruktur der Diskrepanz von Wollen (Intendieren) und Können (Handeln) für die ganz überwiegende Mehrzahl der Problemstellungen, mit denen sich der praktisch (therapeutisch) tätige Psychologe konfrontiert sieht.

Aus der Sicht der Psychologie kann daher (sowohl von der Theorie wie der Praxis aus) das Logische-Beziehungs-Argument nur als ein mit Akribie, aber künstlichen Unterstellungen ausgetüfteltes philosophisches Scheinproblem erscheinen. Eine die Kommunikationsfähigkeit des menschlichen Erkenntnis-Objekts einbeziehende Konzeption von Psychologie muß an dieser Stelle geradezu auf der Unabhängigkeit der Beschreibbarkeit und Feststellbarkeit von innerem und äußerem Aspekt von Handlungen beharren und auf diese Weise die Konsequenz des logischen Intentionalismus ablehnen. Mit dem Logische-Beziehungs-Argument ist also die Berechtigung des covering-law-Modells von

Erklärung für Handlungen — zumindest im Bereich einer *handlungstheoretischen Psychologie* — nicht anzuzweifeln oder gar abzulehnen.

Mit dieser konstruktiven Antwort kommt zugleich die zweite prinzipielle Kritik-Richtung der Intentionalisten am Subsumtionsmodell der Erklärung im Bereich menschlicher Handlungen ins Blickfeld, die darauf hinausläuft, den Kausalisten nachzuweisen, daß sie in diesem Bereich die Anforderungen des eigenen Erklärungsansatzes selbst nicht erfüllen können. Die wichtigste Manifestation dieser Kritikperspektive ist das Gesetzes-Argument (s.u.). Es gibt aber, sozusagen im Vorfeld des Gesetzes-Arguments, einige weitere Kritikansätze, die ich hier kurz benennen, wenn auch nicht ausführlich diskutieren will, weil sie relativ schnell und eindeutig zu widerlegen sind. Das erste ist das sog. Ereignis-Argument; es lautet, daß menschliche Handlungen (und vor allem auch Motive etc. als Antezedenzien) keine Ereignisse und daher für eine Kausal-Erklärung ungeeignet sind (Beckermann 1979, 456f.). Hier ist ganz eindeutig zu erwidern, daß das Subsumtionsmodell der Erklärung nirgendwo eine Beschränkung auf Ereignisse enthält: Es können Zustände sowohl erklärt werden (Explananda) als auch zur Erklärung (als Antezedensbedingungen im Explanans) herangezogen werden, wie schon aus dem Konzept der dispositionellen Erklärung hervorgeht (da Dispositionen nicht als Ereignisse, sondern als Zustände aufgefaßt werden). Ähnlich kurzatmig ist das sog. Redeskriptions-Argument (vgl. Beckermann 1979, 471f.). Es behauptet, daß bei Handlungs-Erklärungen keine Kausalerklärungen geliefert werden (können), weil damit nur Neubeschreibungen (Redeskriptionen) dessen vorgelegt werden, ‚was der Handelnde *wirklich* tat.' Beckermann hat an Beispielen aus der Medizin deutlich gemacht, daß Neubeschreibungen sehr wohl darin bestehen können, die kausalen Ursachen (z.B. einer Erkrankung) mitanzugeben, auf deren Grundlage erst eine wirksame Therapie möglich wird. Ich spare mir hier die Anführung paralleler Beispiele aus der Psychologie; sie sind im Prinzip bereits oben (Kap. 3.) in der Diskussion des Ziehharmonikaeffekts von Handlungs-Beschreibungen angeführt worden (vgl. auch Brunner 1983, 59ff.). In relativ großer Nähe zum Gesetzes-Argument befindet sich schließlich das sog. Dispositions-Argument, das auf Ryle (1969) zurückgeht. Dieses Argument basiert ebenfalls auf der Feststellung, daß mentale Prozesse oder Phänomene keine Ereignisse sind, begründet aber auf dieser Grundlage die Unbrauchbarkeit der Kausalerklärung anders als das Ereignis-Argument; mentale Prozesse oder Zustände können als Dispositionen nicht unabhängig vom Testergebnis festgestellt werden, d.h. es besteht, wie bei Definitionen generell, eine logische Beziehung zwischen Dispositionsprädikat (hier mentaler Prozeß/Zustand) und Testbedingung (hier Handlung). Auf dieses Argument gibt es zwei Erwiderungen. Zum einen kann man darauf hinweisen, daß der Rekurs allein auf die Disposition natürlich nicht ausreicht, um zu erklären, warum etwas eintritt; z.B. erklärt die ‚Zerbrechlichkeit' einer Scheibe ihr tatsächliches Zerbrechen nur in Zusammenhang mit dem Ereignis, daß sie von einem Stein getroffen wurde (vgl. Beckermann 1979, 459). Der Rückgang auf die Disposition stellt also eine unvollständige Erklärung dar, die aber vervollständigt werden kann; die entsprechende Vervollständigung geschieht allerdings durch eine allgemeine Gesetzmäßigkeit, was das Dispositions-Argument sozusagen ins Gesetzes-Argument überführt. Letzteres gilt ebenso für die zweite Erwiderungsmöglichkeit, die von der methodologischen Struktur der (operationalen) Definition von Dispositionsprädikaten ausgeht. Wie in Kap. 1.4. expliziert, kann man diese als bilaterale Reduktionssätze auffassen, für die allerdings – vor allem bei mehrfach bedingten Definitionen – keine Analytizität anzusetzen ist, sondern deren Struktur mit der des Hypothesentestens identisch wird. Auch dieses Argument rekurriert dann darauf, daß in dispositionellen Motiv-Erklärungen (von Handlungen) generelle Gesetzmäßigkeiten enthalten sind.

Auf diese Anforderung bezieht sich – zweifelnd – das sog. Gesetzes-Argument. Die Überführung des praktischen Syllogismus in eine motiv-dispositionelle Erklärung, wie sie oben z.B. in der Explikation von Werbik (1978, 33) zitiert wurde, enthält, wie jede covering-law-Erklärung, eine gesetzmäßige Formulierung, in diesem Fall:

„G: Jede Person, die das Motiv M hat, führt in einer Situation von der Art S die Handlung H aus"

Das ‚Gesetzes-Argument' der logischen Intentionalisten besteht nun in der These, daß Handlungs-Erklärungen keine Kausalerklärungen sein können, weil sich keine entsprechenden universellen empirischen Gesetze bzw. gesetzesartigen Aussagen aufstellen lassen. Diese These stellt den komplementär-diametralen Gegenpol zur starken Variante des Logische-Beziehungs-Arguments dar, das ja eine logische Verknüpfung zwischen mentalem Zustand und Handlung postuliert (vgl. Beckermann 1977a; Hufnagel 1985). Die Erhebung bzw. Feststellung des antezedenten Motivs (M) über Sprachäußerungen des Handelnden löst daher zumindest auch das im Gesetzes-Argument enthaltene formale Problem. Denn ohne Rückgriff auf die Sprachäußerungen des Erkenntnis-Objekts und das heißt bei Beschränkung der Erhebung/Feststellung des Motivs durch Beobachtung der jeweiligen Handlung (H) in einer jeweiligen Situation (S), würde die Allgemeinaussage (G) natürlich tautologisch und damit zu einem analytisch wahren Satz; sie wäre also nicht als empirisch-synthetische Gesetzesaussage akzeptierbar (vgl. Werbik 1978, 33). Insofern ist das Gesetzes-Argument durchaus mit dem Ausgangspunkt des Logische-Beziehungs-Arguments kohärent, das ja – wie kritisiert – die Feststellbarkeit der mentalen (potentiellen) Antezedensbedingungen auf die Beobachtung des äußeren Aspekts der Handlung beschränkt; allerdings ist mit der Ablehnung der logischen Beziehung zwischen Intention und Handlung (bzw. deren Beschreibungen) und das heißt der Unabhängigkeit der Beschreibungen auch die formale Voraussetzung dafür gegeben, synthetische Sätze als potentielle Gesetzmäßigkeiten im Bereich von Handlungen zu elaborieren.

Es bleibt die Frage, die innerhalb der dualistischen Position in verschiedenen Varianten diskutiert wird, ob solche Gesetzmäßigkeiten inhaltlich-material im Bereich des Handelns möglich sind. Konkrete Handlungen implizieren, wie auch schon aus der Gesetzesformulierung von Werbik hervorgeht, daß ein individueller Akteur und eine jeweils spezifische Situation vorliegen. Davon ausgehend wird von Dualismus-Vertretern gern behauptet, daß wegen der Individualität (des Akteurs) und der historischen Einmaligkeit (der Situation) gar keine allgemeingültigen Gesetzmäßigkeiten angegeben werden können — was für sie nicht besonders tragisch ist, weil ein adäquater wissenschaftlicher Umgang mit Handlungen eben sowieso nur im Verstehen der historisch-individuell einmaligen Handlung bestehe. Zu dieser Sinnfrage wird im nächsten Punkt bei der Besprechung der sog. Rationalen Erklärung noch Stellung zu nehmen sein; hier ist zunächst vorrangig relevant, ob unter Rückgriff auf die Individualität und Historizität von Handlungen die Aufstellung und Sicherung von Gesetzmäßigkeiten (über Handlungen) unmöglich ist — womit auch das Subsumtions-Modell der Erklärung im Handlungsbereich als unbrauchbar nachgewiesen wäre. Vertreter der monistischen Position halten in bezug auf den Individualitätsaspekt entgegen, daß eine Generalisierung nicht nur über verschiedene Personen (also interindividuell) möglich ist, sondern auch innerhalb einer Person (also intraindividuell), d.h. daß die entsprechende Gesetzmäßigkeit auch aus einer „personspezifischen empirischen Generalisierung" bestehen kann (Werbik 1978, 39). Ähnliches wird in bezug auf den Historizitätsaspekt postuliert: „Die Existenz der kausalen Abhängigkeit von Ereignissen besagt nichts darüber, ob die entsprechenden Randbedingungen sich wiederholen..." (Esser et al. 1977, II, 119; vgl. auch Stegmüller 1969, 102); für die Aufstellung und Sicherung von Gesetzmäßigkeiten ist hier jedoch gegebenenfalls die Generalitäts- bzw. Abstraktheitsebene so anzusetzen, daß unter die entsprechenden Konstrukte mehrere Ereignisse (etc.) fallen und damit mehrere potentielle Falsifikatoren gegeben sind. Dies führt allerdings schon zu der Implikation, daß es nicht primäres Interesse psychologischer Forschung ist (bzw. sein kann), nur die Innensicht absolut einmaliger Handlungsereignisse zu verstehen (vgl. u. die Diskussion zur Rationalen Erklärung und das nächste Kap. 5.). Insgesamt ist festzuhalten, daß auch hinsichtlich der Individualitäts- und Historizitätsdimension die theoretischen Aussagen einer handlungsorientierten sozialwissenschaftlichen Psychologie grundsätzlich so formulierbar sind, daß sie als Gesetzmäßigkeiten innerhalb dispositioneller Motiv-Erklärungen akzeptiert werden können. Dabei lassen sich solche möglichen Gesetzesformulierungen prinzipiell auf unterschiedlichem Differenzierungsniveau formulieren; um dies zu verdeutlichen, seien zusätzlich zu der oben angeführten Gesetzesformulierung von Werbik noch zwei weitere Beispiele genannt.

Beispiele handlungstheoretischer Gesetzesformulierung:
„Für alle Personen gilt: Wenn eine Person glaubt, daß eine Handlung a eine notwendige Bedingung für die Realisierung eines Zieles b ist, und wenn die Person die Absicht b hat, dann wird die Person nach a handeln." (Esser et al. 1977, II, 126).

„L_1: ... wenn gilt:
 (1) X will $\emptyset$; und

(2) X glaubt, daß der Vollzug von H unter den gegebenen Umständen für ihn ein Mittel sei, um ∅ zu erreichen; und
(3) es gibt keine Handlung, von der X glaubt, daß er mit ihr ∅ erreichen würde, und für die er eine wenigstens gleichermaßen große Präferenz hat wie für H; und
(4) X hat keinen anderen Wunsch (bzw. keine anderen Wünsche), der ihn unter den gegebenen Umständen von seinem Wunsch ∅ abbringt; und
(5) X weiß, wie man H tut; und
(6) X ist in der Lage, H zu tun;

So gilt:
(7) X tut H." (Churchland 1977, 313)

Gerade auch für diese Gesetzesformulierungen wird eine voll entwickelte sozialwissenschaftlich-handlungstheoretische Psychologie im Laufe der Zeit alternative (eigenständige) „nomologische Prinzipien" (Churchland o.c., 313) entwickeln (müssen), die nicht nur Anleihen bei wissenschaftstheoretischen bzw. philosophischen Analysen machen. Ein letzter Aspekt ist allerdings bereits anhand der Gesetzesformulierung von Churchland zu belegen. Die dualistische Position gegen die Möglichkeit von covering-law-Erklärungen im Handlungsbereich wird bisweilen auch mit dem Argument vertreten, daß hier Kausalerklärungen nicht möglich sind, weil im vom Menschen geschaffenen, geprägten sozialen Bereich das Handeln nicht nach generellen ‚naturgegebenen' Gesetzmäßigkeiten, sondern nach sozialen Regelmäßigkeiten, d.h. sinnstiftenden Konventionen und Normen, abläuft. Dies ist jedoch ein Argument, das m.E. sehr stark von der soziologischen Perspektive geprägt ist; im Bereich der Soziologie mag es sein, daß eine einfache (verstehende?) Rekonstruktion sozialer Regeln, Normen, Konventionen zur Beantwortung soziologischer Fragestellungen ausreicht, da diese auf überindividuelle Aggregationen ausgerichtet sind. Für den Bereich der Psychologie, in dem primär das individuelle Handeln des konkreten Akteurs im Vordergrund steht und interessiert, ist m.E. eine einfache Rekonstruktion bzw. Beschreibung sozialer Konventionen nicht ausreichend. Sicherlich ist es so, daß bei Befolgung solcher Konventionen dies den (‚inneren') Sinnaspekt der Handlung (und damit die Innensicht des Handelnden) (mit-)prägt, aber die Beschreibung dieses Sinnaspekts ist nicht das primäre, zumindest nicht das einzige Erkenntnisproblem der Psychologie. Dies wird deutlich, wenn man sich vorstellt, daß der Handelnde ja auch von sozialen Konventionen und Normen abweichen kann; das bedeutet, daß für die Handlungs-Erklärung soziale Konventionen und Normen relevant sind (bzw. werden), soweit sie im Überzeugungssystem des Handelnden (kognitiv) repräsentiert sind: z.B. im Glauben, welche Mittel für die Erreichung des Handlungs-Ergebnisses unter den gegebenen Umständen brauchbar sind (vgl. o. Punkt (2) der Gesetzesexplikation von Churchland). Deswegen wurde bei der Explikation der dispositionellen Motiv-Erklärung von Handeln (im vorigen Kapitel) auch außer dem volitiven der kognitive Aspekt einbezogen; entsprechend enthält das Datendreieck zur Beschreibung von Handlungen bei Cranach et al. (1980; vgl. o. Kap. 2.) ebenfalls solche sozialen Konventionen und Interpretationen. Auch deren Berücksichtigung ist also durchaus möglich, ohne daß dadurch eine dispositionelle Motiv-Erklärung von Handlungen im Bereich der Psychologie sinnlos oder unmöglich wird. Der einzige Aspekt, der am Gesetzes-Argument als berechtigt übrigbleibt, ist daher, daß die Objektwissenschaften (einschließlich der Psychologie) bisher keine gut bewährten Gesetzmäßigkeiten anbieten können (vgl. Beckermann 1979; auch Brunner 1983, 95ff.); aber das ist für mich eher ein Grund dafür, endlich eine handlungstheoretisch ausgerichtete Psychologie zu fordern, innerhalb derer solche Gesetzmäßigkeiten erarbeitet werden können.

Aus dem gleichen Grund habe ich auch die Möglichkeit, eine Kausalerklärung von Handlungen zu explizieren, die ohne allgemeine Gesetzmäßigkeiten auskommt, wie es Davidson versucht hat (1963/75; vgl. auch Stoutland 1978, 112ff.) nicht mehr dargestellt, weil sie m.E. weder notwendig noch zu präferieren ist.

4.3. Die konstruktive dualistische Alternative: ‚Rationale Erklärung' (nach Dray)

Das Logische-Beziehungs-Argument und das Gesetzes-Argument repräsentieren die eher defensive Seite der dualistischen Position in der Erklärungsfrage, insofern als mit diesen Argumenten die Unmöglichkeit einer Kausalerklärung im Bereich menschlicher Handlungen begründet werden soll; die konstruktive Seite, d.h. die Angabe, was denn nun anstelle der Kausalerklärung gesetzt werden soll, wird durch das Konzept der ‚Rationalen Erklärung' ausgefüllt, das zunächst von Dray (1957; 1963/1975) entwickelt worden ist und in der neueren Dualismus-Diskussion eine beherrschende Rolle spielt (vgl. z.B. Apel 1979, dem ich in der Darstellung weitgehend folgen werde). Daß die Erklärungsfrage eng mit der Rolle der Beobachtung zusammenhängt, wird bei Apel durch die Unterscheidung von Innen- und Außensicht-Perspektive anhand der Sicht- bzw. Redeweisen in der ersten (oder zweiten) Person vs. der dritten Person deutlich. Danach fragt man bei der Innensicht-Perspektive, d.h. in der ersten oder zweiten Person, nach der Begründung im Sinne der Rechtfertigung von Handlungen, d.h. also nach Gründen des Handelnden, während man in der dritten Person nach den Ursachen fragt und dieses Fragen ist „unmittelbar mit dem Übergang zur *Beobachter*-Perspektive und damit zu einer eine (Ereignis-)Erklärung fordernden Warum-Frage im Sinne der *theoretischen Subjekt-Objekt-Beziehung* der (Natur-)Wissenschaft" verbunden (o.c., 216). Dieser Wechsel in die externe Beobachter-Perspektive ist (für Apel) in den vorliegenden Wissenschaftsstrukturen immer notwendig mit der Erklärungsfrage im Sinne des Subsumtionsmodells von Erklärung verbunden. Demgegenüber postuliert die dualistische Position, daß auch in der dritten Person eine Frage nach der Rechtfertigung von Handlungen möglich und sinnvoll ist (das paradigmatische Beispiel stellt hier die Wissenschaftshistorie dar). Bei dieser Frage geht es dann um den Versuch, Handlungen im Lichte von ‚guten Gründen', d.h. von normativen Standards zu rechtfertigen (o.c., 220). Unter ‚guten Gründen' werden solche verstanden, die das Handeln in einer bestimmten Situation, wenn diese Situation so gewesen ist (bzw. gewesen wäre), wie sie vom Handelnden kogniziert worden ist, als ein rationales, d.h. angemessenes Handeln rechtfertigen (vgl. Dray 1977, 282ff.). Dray nennt diese Form der Rechtfertigung ‚Rationale Erklärung', in der es also darum geht, unser Wissen um die rationalen Maßstäbe zu erweitern, die wir im Begründen und Rechtfertigen von Handlungen als gültig voraussetzen (Apel 1979, 221). Es kommt darauf an, zu zeigen, daß eine Handlung im Lichte ‚guter Gründe' für den Handelnden rational war:

> „Wenn wir in intentionalen Erklärungen die Wünsche und Überzeugungen eines Handelnden zur Erklärung seiner Handlung anführen, dann geben wir damit nicht die Ursachen dieser Handlung an, sondern zeigen, daß es für den Handelnden im Hinblick auf seine Wünsche und Überzeugungen *rational* war, so zu handeln, wie er es tat" (Beckermann 1977a, 118).

Darauf ist es zurückzuführen, daß dieses Konzept der Rationalen Erklärung auch das ‚good-reasons-Argument' genannt wird. Dabei ordnet Apel z.B. die Frage nach den guten Gründen anderer Personen als eine Fragestellung *zwischen* logisch-semantischer Rechtfertigung und kausaler Motiv-Erklärung ein (o.c., 280). Eine der entscheidenden Unterschiede zur kausalen Motiv-Erklärung ist nach Dray, daß diese Rationale Erklärung eine normative, genetische Erklärung darstellt, die ohne die Angabe allgemeiner Gesetzmäßigkeiten auskommt. Es wird lediglich eine reine *Narration* von Bedingungen für das Eintreten des (Handlungs-)Ereignisses vorgelegt. Dies mag für die Konzeption der Rationalen Erklärung nach Dray zutreffend sein (obwohl von monistischer Seite auch dazu Einwände vorgebracht worden sind), auf jeden Fall liegt darin aber, wie die Diskussion des Gesetzes-Arguments gezeigt hat, keine Unvermeidbarkeit, die das Aufgeben einer dispositionellen Motiv-Erklärung und den Übergang zu dem Konzept der Rationalen Erklärung notwendig machen.

Von hier aus kann man das Gesetzes-Argument auch als einen Teilaspekt des Konzepts der Rationalen Erklärung nach Dray auffassen, das aber, wie diskutiert, nicht zwingend ist und zugleich auch in seinem Gewicht für die mit dem Modell der Rationalen Erklärung vorliegende konstruktive dualistische Argumentation nicht überbewertet werden sollte; deshalb wurde das Gesetzes-Argument oben unter der defensiven Dualismusargumentation abgehandelt.

Als zentrale und konstitutive Dimension des Rekonstruktionskonzepts von Dray bleibt der normative Aspekt der Rationalen Erklärung zu diskutieren; denn diese Form der Erklärung soll vor allem eine normative Basis des Handelns herausarbeiten bzw. liefern, und zwar auch für den Fall, daß sich jemand gegen die ‚guten Gründe' verhalten sollte (vgl. Esser et al. 1977, II, 148ff.). Die Rationale Erklärung ist ganz auf die Innensicht-Perspektive des Handelnden ausgerichtet, sie enthüllt „den *Sinn* dessen, ... was getan wurde" (Dray 1977, 282), aber eben primär unter Rationalitätsperspektive; d.h. es kommt auf das Verstehen gemeinsamer normativer Basen an. Das manifestiert sich auch in dem Vorschlag von Hempel (1977, 399) dafür, wie die Rationale Erklärung sensu Dray in eine dispositionelle Erklärung nach dem covering-law-Modell zu überführen ist – ein Überführungsvorschlag, auf den sich auch Apel bei der Kritik der monistischen Position und Verteidigung der dualistischen Auffassung von Rationaler Erklärung bezieht (1979, 52):

(Schema R)   H war in einer Situation vom Typ S
H war ein rational Handelnder
In einer Situation vom Typ S wird jeder rational Handelnde x tun
Also hat H x getan

Für Vertreter einer monistischen (empiristischen) Erklärungs-Konzeption ist dabei die Implikation zentral, daß *jeder* rational Handelnde in dieser bzw. in einer vergleichbaren Situation mit diesen Motiven so gehandelt hätte (s. o. 4.2.) – eine Implikation, die nach monistischer Auffassung eine empirische Gesetzmäßigkeit innerhalb des Konzepts der Rationalen Erklärung darstellt. Das gilt auch und gerade in Verbindung mit der (Antezedens-)Bedingung, daß der Handelnde ein rational Handelnder war (zum dabei unterstellten Rationalitätsbegriff s. u.); denn es ist nur sinnvoll, von Erklärung zu sprechen, wenn die (Handlungs-)Konsequenzen nicht nur für ihn, sondern allgemein gelten:

„Denn wenn *Dray* sagt, daß *er* als rational Handelnder in dieser Situation und mit diesen Informationen und Motiven so gehandelt hätte, so muß er, wenn diese Behauptung irgend einen Sinn haben soll, auch zugeben, daß die rationale Person *Hempel* und überhaupt *jeder* rational Handelnde in dieser Situation und mit diesen Motiven und Informationen so gehandelt hätte; dann hat er aber mit eben diesem zugegebenen Urteil ein *elementares empirisches Gesetz* akzeptiert, das seiner Erklärung zugrundeliegt, d.h. das sie vervollständigt." (Essler 1979, 170f.).

Im Gegensatz dazu versteht Dray diese Antezedensbedingung, daß der Handelnde ein rational Handelnder war, als einen atomaren Satz; und Apel beharrt darauf, daß die Rekonstruktion des normativen Handlungsprinzips als allgemeine empirische Aussage durch Hempel nichts anderes ist als eine Unterschiebung des Subsumtions-Modells der Erklärung in Form eines materialen Reduktionismus (Apel 1979, 52); d.h. daß Hempel das, was er zu beweisen vorgibt, bereits vorab analytisch (als petitio principii) in seine Rekonstruktionsstruktur hineinsteckt. Die Kontroverse geht also darum, als welche Art von universellem Prinzip die Rationalität des Handelnden aufgefaßt bzw. modelliert wird (vgl. Stegmüller 1983, 436): als empirische Generalisierung oder als normatives Prinzip. Die dualistische Position postuliert für das Modell der Rationalen Erklärung die normative Betrachtungsweise (o.c., 437). Das gilt z.B. auch für die an Dray anschließende, neuere Rekonstruktionsvariante des Erlanger Konstruktivismus, wie sie etwa Schwemmer (1979) vorgelegt hat; in ihr wird noch einmal sehr anschaulich deutlich, wieso und auf welche Weise die Einführung von Rationalität als ‚methodischem Prinzip' mit einer Beschränkung auf (Deutungs-)Verstehen einhergeht, d.h. inwiefern beim Konzept der Rationalen Erklärung der Terminus ‚Erklärung' gerade nicht als Suche nach Ursachen zu verstehen ist:

„Damit hat sich aber ergeben, daß die Zweckrationalität einer bestimmten Person P nicht eine Behauptung ist, die unabhängig von den Deutungen der Handlungen dieser Person eingelöst werden muß. Vielmehr sind solche Deutungen – in unserem Falle also die Behauptungen, daß mit bestimmten Handlungen von P bestimmte Zwecke verbunden sind – nur sinnvoll unter der Annahme, daß P zweckrational handelt. Zweckrationalitätsannahmen sind damit – wenn sie im Zusammenhang von Deutungsbehauptungen gemacht werden – überhaupt keine empirischen Behauptungen, sondern methodische Postulate, durch die Deutungen von Handlungen durch Zwecke allererst zu einer sinnvollen Aufgabe werden. ... Die Sinnrationalität ist – im Zusammenhang von Deutungsbehauptungen – nicht als eine empirische Behauptung zu behandeln, sondern sie ist ein methodisches Postulat, durch dessen Befolgung die Handlungsdeutung überhaupt erst zu einer sinnvollen Aufgabe wird. Da sie das entscheidende Postulat ist, durch das nicht nur einzelne Schritte von Deutungen, sondern Deutungen überhaupt sinnvolle Aufgaben werden, möchte ich die Sinnrationalität ein *methodisches Prinzip* nennen, und zwar *das* methodische Prinzip für die Durchführung von Handlungsdeutungen." (Schwemmer 1979, 556f.)

Für eine sozialwissenschaftliche qua handlungstheoretische Psychologie wird man m.E. an dieser Stelle aber auf jeden Fall davon ausgehen müssen, daß auch für die Charakterisierung des Handelnden als einem rational Handelnden Indikatoren beigebracht werden sollten; dann liegt in diesem Charakteristikum allerdings in der Tat, wie von monistischer Seite postuliert, ein (deskriptiver) Dispositionsbegriff vor. Und für die empirische Sicherung von Dispositionsbegriffen wurde oben eine Strukturparallelität in Relation zur Überprüfung und Sicherung empirischer Gesetzmäßigkeiten festgestellt (vgl. Kap. 1.4.: Konstruktvalidierung). Es soll hier nicht diskutiert werden, ob das auch für historische Frageperspektiven gilt. Zumindest in der Psychologie, die es in der Regel mit konkreten, existierenden Handelnden zu tun hat, wäre es unsinnig, die Rationalität des Handelnden nicht als Dispositionsbegriff und dementsprechend die Allgemeingültigkeit eines rationalen Handlungsprinzips nicht als empirische Gesetzmäßigkeit aufzufassen und einzuführen (vgl. auch Essler 1979, 171). Das bedeutet: Es lassen sich an den ‚guten Gründen', die eine Rationale Erklärung thematisiert, eine Rechtfertigungsrolle und eine Erklärungsrolle abheben; die dahinterliegende unterschiedliche Fragerichtung wird auch von Apel als solche akzeptiert einschließlich der Möglichkeit, daß empirisch-sozialwissenschaftliche Einzeldisziplinen legitimerweise primär die Erklärungsrolle als Fragerichtung thematisieren:

„Freilich ist eine heuristische Einstellung empirischer Sozialwissenschaft nicht nur denkbar, sondern naheliegend, welche nicht primär am *Verständnis der guten oder schlechten Gründe menschlichen Handelns* interessiert ist – und auch nicht primär an der *empirisch und normativ angemessenen Rekonstruktion der menschlichen Geschichte* im Lichte der möglichen Realisierung normativer Rationalitätsprinzipien –, sondern primär oder ausschließlich daran, welche – guten oder schlechten – Gründe bzw. Intentionen als *kausal effektive Dispositionen* das faktische (Durchschnitts-)Verhalten von Menschen ... determinieren." (Apel 1979, 252f.) Dabei ordnet er die Psychologie ganz explizit als eine solche in legitimer Weise auf die Erklärungsrolle konzentrierte Disziplin ein (o.c., 237).

4.4. Die Erklärungsrolle als fundierende Voraussetzung der Rechtfertigungsrolle (Rationaler Erklärung)

Für den Vertreter einer monistischen Erklärungs-Konzeption ist aber das Problem grundsätzlicher zu stellen und zu beantworten. Wenn man schon zwischen Rechtfertigungs- und Erklärungsrolle (der – ‚guten' – Gründe) unterscheidet, ist die zentrale Frage, welche Rolle ohne die andere nicht auskommt und d.h. welche Rolle in Relation zur anderen die fundierende ist. Die monistische Position geht hier selbstverständlich davon aus, daß die kausale Effektivität (der Gründe) die fundierende Rolle spielt, die dualistische Position setzt naturgemäß die normative Rechtfertigung als das grundlegendere an. Interessanterweise ist Apels Position in bezug auf die Fundierungsfrage z.T. inkohärent; zu Beginn geht er (mit Weber) von der Vorgeordnetheit des „rationalen Verstehens" gegenüber dem „kausalen Erklären" aus (o.c., 42), zum Schluß konzediert er, daß auch im Falle einer Handlungs-Erklärung „im Lichte normativer Maßstäbe" vorausgesetzt wird, „daß die hypothetisch unterstellten *Gründe* bzw. *Intentionen* der Akteure *kausal effektiv* geworden sind." (o.c., 227) Im Bereich psychologischer Handlungs-Erklärungen läßt sich aber nun ganz eindeutig – auch für das Konzept der Rationalen Erklärung – die ‚kausalistische' Position als sinnvollere und begründetere legitimieren. Der normative Aspekt mag fundierend sein für die *Bewertung* – allerdings für die Bewertung einer kausal effektiven Relation von Gründen und Handlungen; er ist es nicht, er kann es nicht sein für das Vorliegen dieser Effektivität. Allein dadurch, daß etwas rational gerechtfertigt einen guten Grund einer Handlung darstellt, ist dieser Grund im menschlichen Leben weder bereits empirisch (beim Handelnden) vorhanden noch auch mit Sicherheit für eine Handlung effektiv. Das wäre zu schön, um wahr zu sein: daß die empirische Effektivität von Gründen von ihrer normativen Rechtfertigung als rational abhinge. Diese Unabhängigkeit und damit die Fundierungsfunktion der Erklärungsrolle für die Rechtfertigungsrolle wird besonders deutlich dort, wo beide Rollen auseinanderfallen – also wenn ich die Gründe des Handelnden nicht als ‚gute' normativ-rational rechtfertigen und akzeptieren kann und dennoch feststellen muß, daß sie effektiv waren; oder wenn die Gründe zwar als ‚gute' zu rechtfertigen sind, aber trotzdem nicht wirksam werden (vgl. z.B. Stegmüller 1983, 438 u. die Beispiele unten). Die Kehrseite der Medaille besteht darin, daß eine Rechtfertigung unsinnig ist, wenn es sich nicht um effektive Gründe handelt. Das bedeutet: Jede rationale Bewertung bzw. Rechtfertigung von Gründen als ‚gute Gründe' setzt die Wahrheit der gegebenen Erklärung (im Sinne der – kausalen – Effektivität der Gründe) voraus, eine effektive dispositionelle Erklärung impliziert aber noch nicht das Gelingen einer normativ-rationalen Rechtfertigung. Daraus folgt, daß die Rechtfertigung der Rationalen Erklärung nicht ohne den Rückgriff auf effektive Gründe und damit das Vorliegen einer Erklärung im Sinne des Subsumtions-Modells auskommt (vgl. Davidson 1963). Gerade in der

Psychologie ist ohne diese Fundierungsrelation der Erklärungsrolle von Gründen im Vergleich zur Rechtfertigungsrolle nicht auszukommen.

Ich möchte zur Verdeutlichung ein theoretisches Beispiel aus dem wissenschaftlichen Alltagsleben anführen, das in der Struktur der potentiellen Verborgenheit von ‚guten' bzw. effektiven Gründen relativ nah an die von den Dualisten bevorzugten historischen Situationen herankommt. Es handelt sich um das Handeln von Studierenden, das sich der Hochschullehrer zu erklären versucht. Gehen wir von folgender Situation aus: Ein Student P., der dem Hochschullehrer X als recht schweigsam, kaum aktiv an Diskussionen teilnehmend bekannt ist, beteiligt sich im Seminar S auf einmal sehr lebhaft an der Diskussion, und zwar mit durchaus informierten Beiträgen, er hat ersichtlich die angegebene Basisliteratur gelesen sowie durchgearbeitet und kann selbständig und kreativ auf deren Grundlage argumentieren; außerdem übernimmt er gleich zu Beginn des Semesters ein relativ bald zu haltendes Referat. Der Dozent ist ganz überrascht und sucht nach einer Erklärung dieses unerwarteten Wandels; z.T. tut er das, indem er auch mit dem Studenten über die Gründe von dessen ungewohnter Seminarbeteiligung redet. Dabei stellen sich folgende ‚gute Gründe' heraus: Der Student ist bereits im 5. Semester, er hatte ursprünglich vorgehabt, nach dem 4. Semester (wie von der Studien- und Prüfungsordnung als Regelfall vorgesehen) mit dem Vorexamen zu beginnen; dieses Ziel hat er aus verschiedenen Gründen (u.a. der Notwendigkeit, zum gekürzten BAFöG hinzuverdienen zu müssen) nicht geschafft, es fehlt ihm noch der sog. Einzelschein (Referat oder Hausarbeit, das/die als Alleinautor mit bestimmten Quantitäts- und Qualitätsanforderungen erarbeitet werden muß), um sich zur Prüfung anmelden zu können; er möchte diesen Schein möglichst schnell erwerben, um noch während des 5. Fachsemesters mit der Prüfung beginnen zu können, daher hat er die Einführungsliteratur für das Seminar frühzeitig gelesen, sich ein Thema ausgesucht und sitzt bereits an der Erarbeitung des Referats; überdies interessiert ihn die Thematik dieses Seminars mehr als die der früheren, die er beim Dozenten X besucht hat.

Der Hochschullehrer ist zufrieden, das sind wirklich ‚gute Gründe' für die ungewohnte Seminarbeteiligung des Studenten P. Leider zeigt allerdings die Aktivität des Studenten ab ca. der Mitte des Semesters erhebliche Schwankungen; manchmal verfällt er für ganze Sitzungen wieder in die aus früherer Zeit wohlbekannte Inaktivität, trotzdem beteiligt er sich u.U. bereits in der nächsten Sitzung wieder sehr vital und konstruktiv. Der Dozent probiert verschiedene Hypothesen durch, beobachtet auch die Umgebung des Studenten P und stellt fest, daß dessen Rückfall in Inaktivität immer mit dem Fehlen der Studentin N zusammenfällt. Weitere kontextuelle Beobachtungen führen den Hochschullehrer zu der Überzeugung, daß in Wirklichkeit für die Seminaraktivität vom Studenten P dessen Verliebtsein in Studentin N verantwortlich ist, daß er ihr mit seinen kompetenten Beiträgen imponieren will (was ihm wohl auch gelingt) und daß er deshalb keine Motivation zur Beteiligung mehr hat, wenn sie nicht anwesend ist.

Dies ist m.E. ein typischer Fall, bei dem all die studieninternen Gründe zwar ‚gute Gründe' für die Seminarbeteiligung des Studenten darstellen, aber dennoch nicht als ‚Rationale Erklärung' akzeptierbar sind, eben weil es gar nicht sie sind, die effektiv wirksam werden. Diese ‚guten Gründe' erklären nichts und deshalb auch nichts als ‚rational', weil sie unwirksam sind — was z.B. darin zum Ausdruck kommt, daß sie die Schwankungen in der Seminarbeteiligung des Studenten nicht erklären können. Das Verliebtsein von P in N dagegen ist als Erklärung akzeptierbar, weil es der Grund ist, der in der Tat für die Seminarbeteiligung von P effektiv ist; und der Rückgriff auf diesen effektiven Grund (gleich Ursache) bietet eine Erklärung, gleichgültig ob ich diesen Grund nun als ‚guten' akzeptiere oder nicht. Das Beispiel macht also in komplementärer Form (je nachdem von welchen ‚Gründen' aus man es betrachtet) die beiden Aspekte des Auseinanderfallens von Rechtfertigungs- und Erklärungsrolle deut-

lich: Die ‚guten Gründe', die nicht wirksam sind, sowie die effektiven Gründe, die nicht ‚gute' sein müssen; und es verdeutlicht über dieses Auseinanderfallen die Fundierungsfunktion der Erklärungsrolle, weil es intuitiv vor allem psychologisch sinnlos ist, die ‚guten Gründe' als (Rationale) Erklärung zu bezeichnen, wenn sie gar nicht vorliegen (in dem Sinn, daß sie psychisch beim Handelnden nicht die effektiv wirksamen sind).
Unter der Perspektive, daß der Rückgriff auf nicht-effektive Gründe auch deren Rechtfertigung als ‚rationale' als zweifelhaft erscheinen läßt, ist das skizzierte Beispiel (noch) nicht optimal; und zwar deshalb, weil durch den ‚eigentlichen' (effektiven) Grund die ‚uneigentlichen' (nicht-effektiven) partiell mitrealisiert werden können, außerdem auch der Grund des Verliebtseins intuitiv (und psychologisch!) nicht unbedingt als ‚schlecht' (bzw. nicht-gut) zu bewerten ist. Um auch die Problematik aufzuzeigen, die bei nicht-effektiven Gründen für die Rechtfertigungsrolle (unter dem Aspekt der ‚Rationalität') auftreten kann, möchte ich das Beispiel daher etwas modifizieren. Gesetzt sei in diesem Fall ein Student A, der dem Hochschullehrer bisher als sehr aktiver, erfolgreicher Seminarteilnehmer bekannt ist und der auf einmal in einem Seminar ausdauernd schweigt, inaktiv wird. Die Suche nach den ‚guten Gründen' bringt folgende (mögliche) Konstellation zutage: Er ist seit einiger Zeit mit der Studentin M befreundet, die sich in einer starken Leistungskonkurrenz zu ihm, der zwei Semester ‚älter' und sehr erfolgreich ist, befindet; sie wird z.B. in ihrer Seminarbeteiligung durch seine von ihr als dominierend empfundene Aktivität beeinträchtigt, deshalb hält er sich in dem Seminar, das beide zusammen besuchen, möglichst vollständig zurück. Entsprechende Erfahrungen/Beobachtungen des Hochschullehrers über das Semester hin lassen ihn jedoch an dem tatsächlichen Vorliegen dieser ‚guten Gründe' zweifeln und er kommt schließlich zu der Überzeugung, daß Student A lediglich deshalb so ausdauernd schweigt, weil er am Ende des vorhergehenden Semesters eine Hilfskraftstelle nicht bekommen hat, die beim Hochschullehrer X ausgeschrieben war; er will den Dozenten mit Ablehnung strafen.
Auch hier würde niemand (zumindest kein Psychologe) die sicher sehr ‚guten Gründe' (der Auflösung von Leistungskonkurrenz) als Rationale Erklärung akzeptieren, wenn sie ganz eindeutig keine effektiven Gründe sind, also lediglich eine ‚Rationalisierung' (im Sinne der Psychoanalyse) darstellen. Doch dieser Aspekt wird auch bereits durch die erste Version oben abgedeckt. Eine weitergehende Perspektive eröffnet diese Version hinsichtlich der Akzeptanz unter der Anforderung der ‚Rationalen Rechtfertigung'; sind die effektiven Gründe (des Strafens durch Ablehnung) als ‚rational' zu rechtfertigen (was ja entsprechend der Explikation von ‚Rationaler Erklärung' in deren Konzept mit enthalten ist)? Intuitiv würde man unter psychologischen Gesichtspunkten spontan sagen: Nein, das sind doch ganz eindeutig irrationale Gründe. Bei näherem Nachdenken wird natürlich deutlich, daß die Antwort von dem zugrundegelegten Rationalitäts-Begriff abhängt. Wenn ich irgendeine Variante eines Konzepts von Wert-Rationalität (Moral, Ethik etc.) ansetze, wie das in der Spontanantwort wohl implizit enthalten ist, dann dürfte eine Rechtfertigung als ‚rational' ausgeschlossen oder zumindest äußerst erschwert sein. Wenn ich aber von einem bloß zweck-rationalen Denken ausgehe, dann kann es durchaus sein, daß ich unter Rückgriff auf die effektiven Gründe auch eine ‚Rationale Erklärung' konzipieren kann; es kommt dann nur darauf an, was man als Zielsetzung des Studenten A ansetzt. Wenn man davon ausgeht, daß er den Dozenten X durch sein Handeln emotional beeinträchtigen will (wie dieser ihn durch die Ablehnung seiner Bewerbung als Hilfskraft belastet hat) oder daß er einfach seinem Unmut Luft machen will, dann kann man – unter rein zweckrationalen Bewertungsaspekten – diese effektiven Gründe durchaus als ‚Rationale Erklärung' rekonstruieren.
Von hier aus ist es möglich und angemessen, drei Konsequenzen zu benennen: Als Wichtigstes ist festzuhalten, daß auch in einer solchen Rekonstruktion der effektiven Gründe als Rationale Erklärung die Fundierungsrelation der Erklä-

rungsrolle enthalten und nachgewiesen ist; denn die Erklärung ist als ‚rationale' (unter Heranziehung zweckrationaler Bewertungsaspekte) nur zu explizieren, weil die Gründe effektiv sind. Zum zweiten wird die Problematik des Rationalitäts-Begriffs innerhalb des Terminus ‚Rationale Erklärung' deutlich. Soweit ich sehe, geht die von der Historie kommende Explikation des Konzepts ‚Rationale Erklärung' primär (oder sogar ausschließlich?) von der Perspektive der Zweck-Rationalität aus; um die Möglichkeiten eines umfassenderen Rationalitätsbegriffs anzudeuten, habe ich oben auch den Erlanger Konstruktivismus (Schwemmer) mit dem Konstrukt der Sinnrationalität zitiert – eine eingehendere Diskussion der darin enthaltenen prinzipiellen Wertungsproblematik werde ich im Exkurs Sechs vornehmen. Schließlich gibt es aber für das Konzept der Rationalen Erklärung auch unter Zweckrationalitäts-Perspektive noch ein Problem: Was wäre, wenn der Handelnde selbst seine Gründe gar nicht als gute, sondern als irrationale bewerten würde? Ich weiß nicht, wie Dualisten darauf reagieren würden, sondern kann nur meine Antwortrichtung angeben, die sich aus den bisherigen Konzeptualisierungen relativ eindeutig ergibt: Die effektiven Gründe sind dann weiterhin als Ursachen in einer Erklärung heranzuziehen, aber gegebenenfalls eben nicht für ein Handeln, sondern eher für ein Tun oder sogar Verhalten (wie dies auch schon oben bei den Beispielen der Fehlleistungen und des Zwangsverhaltens angedeutet wurde). Die explizite, differenzierte Konzeptualisierung dieser Konsequenz(en) wird der Gegenstand von Kapitel 5. sein.

Diese Vorgeordnetheit der empirischen Geltungsperspektive vor dem normativen (Rationalitäts-)Aspekt auch innerhalb des Konzepts der Rationalen Erklärung sieht Churchland vor allem in den Bedingungen (5) und (6) seines (oben zitierten) Handlungsgesetzes repräsentiert (1977, 328): „In ... Fällen, in denen (5) oder (6) *falsch* ist, hat der Handelnde in einem gewissen Sinne H getan, und die Bedingungen (1) bis (4) sind erfüllt; aber die Konjunktion der Bedingungen (1) bis (4) erklärt dann in *keiner* Hinsicht, weshalb X H getan hat." Für eine handlungstheoretische Psychologie und die dispositionelle Motiv-Erklärung sind die Bedingungen (2) bis (4) m.E. allerdings noch ungleich wichtiger, d.h. sie verdeutlichen zwingend, warum man auch in einer sozialwissenschaftlichen Psychologie nicht auf die Explikation und Überprüfung der Erklärungsrolle im Sinne des covering-law-Konzepts von Erklärung verzichten kann. Hinsichtlich der Überzeugung des Handelnden in bezug auf die Ziel-Mittel-Relation – Bedingung (2) in der Gesetzesexplikation von Churchland – ist festzuhalten, daß diese Überzeugung nicht inhaltlich empirisch korrekt sein muß; sie kann auch falsch sein und trotzdem, vorausgesetzt sie liegt in der Tat beim Handelnden vor, als Ursache wirksam sein. Das Entscheidende ist also, daß die Überzeugung als Antezedensbedingung empirisch gegeben ist, um von einer Erklärung sprechen zu können – und dies gilt auch für die Rationale Erklärung. Gerade wenn z.B. die inhaltliche Überzeugung des Handelnden hinsichtlich der Mittel-Brauchbarkeit der Handlung in bezug auf das gewünschte Ziel nicht korrekt ist, kann man sicher von einer ‚Rationalen Erklärung' einzig und allein in dem Fall sprechen, wenn der Handelnde in der Tat diese nicht korrekte Überzeugung auch wirklich hatte; in der Nicht-Korrektheit seiner Überzeugung liegt dann zweifellos eine Beschränkung von Rationalität, aber innerhalb dieser (beschränkten) Grenzen ist auf dem Hintergrund seiner Überzeugung die Handlung durchaus als rational zu rechtfertigen, liegen für ihn in dieser Situation ‚gute Gründe' vor, die Handlung auszufüllen. Eben dies aber läßt sich ohne Sicherung des empirischen Vorliegens der (inkorrekten) Überzeugung nicht behaupten.

Beispiele für solche ‚Rationale Erklärungen' bei inhaltlich falschen Überzeugungen des Handelnden hinsichtlich der Ziel-Mittel-Relation begegnen dem Alltagspsychologen (den Subjektiven Theoretikern der Psychologie, die wir im Alltagsleben alle sind) in Hülle und Fülle. Ein solches alltagspsychologisches Beispiel führt z.B. auch Beckermann in der kritischen Diskussion des Konzepts der Rationalen Erklärung an (1979, 482f.):
„Hans will nicht krank werden und trägt deshalb ein Amulett, weil er glaubt, daß dies Krankheiten von ihm abwenden wird. Hans trägt also ein Amulett, weil er nicht krank werden will und weil er glaubt, daß ihn sein Amulett gegen Krankheiten schützen wird. Die Gründe, die Hans für das Tragen eines Amuletts hat, sind also offensichtlich irrational; denn tatsächlich hat das Tragen eines Amuletts keinerlei Einfluß darauf, ob Hans krank wird oder nicht. Dennoch ist die Erklärung ‚Hans trägt ein Amulett, weil er nicht krank werden will, und glaubt, sich auf diese Weise gegen Krankheiten schützen zu können', natürlich *eine korrekte intentionale Erklärung.*"
Eine der im Alltagsleben häufigsten falschen Überzeugungen, die dem professionellen Psychologen einen Großteil seines Lebensunterhalts garantiert, dürfte die Überzeugung sein, daß Interaktions- oder Beziehungsprobleme am besten dadurch zu lösen sind, daß man sie negiert, verleugnet, keinesfalls beredet, und zwar schon gar nicht am Anfang, wenn sie noch durch Kommunikation und Metakommunikation behebbar sind (nach dem Motto: ‚Darüber reden schafft nur Probleme ...'). Obwohl diese Überzeugung in den meisten Fällen eindeutig falsch ist, läßt sie sich dennoch als ‚guter Grund' innerhalb einer Rationalen Erklärung rekonstruieren — aber eben nur, wenn sie beim Handelnden in der Tat vorliegt (und deshalb für ihn selbst auch ein ‚guter' Grund ist).
Dabei können in der Praxis solche Überzeugungen (auch und gerade die realitätsinadäquaten, ‚falschen') aus sehr komplexen Überzeugungssystemen bestehen (wie sie bei der Rede vom ‚Subjektiven Theoretiker' gemeint sind). Beispiele für solche komplexen falschen Überzeugungssysteme stammen etwa aus dem Aberglauben (heute der Astrologie etc.); um mich hier in keine Diskussion über die Grenzen zwischen Wissen und (Aber-)Glauben zu verwickeln, führe ich ein Beispiel aus der Belletristik an.[5] Huckleberry Finn erläutert Tom Sawyer, wie man Warzen entfernen kann:
„Das ist eigentlich ganz einfach. Hör zu! Du machst dich also um Mitternacht mit der Katze auf den Friedhof. Es muß das aber in einer Nacht sein, wo man an dem vorhergehenden Tag einen Schwerverbrecher beerdigt hat. Dann kommt nämlich um die Mitternachtsstunde der Teufel, um sich die Seele des Verstorbenen zu holen. Mitunter sind es gleich zwei oder drei Teufel. Du darfst aber nicht etwa meinen, daß du sie schon sehen kannst. Man hört nur einen starken Wind rauschen und die Stimmen von den Teufeln, wenn sie untereinander reden. Sobald sie aber dann mit der Seele von dem armen Kerl vom Friedhof verschwinden, dann schleuderst du ihnen die Katze hinterher und sagst die Verse:

    Geh zum Teufel, alte Katze,
    Ich nach Hause ohne Warze!
Das hilft auf der Stelle." (M. Twain o.J., 44)

Prinzipiell Vergleichbares gilt für den motivationalen Zustand des Handelnden — Bedingungen (3) und (4) der Gesetzesformulierung von Churchland — . Ein Motiv mag für eine Handlung als ‚guter Grund' akzeptierbar sein, aber nur, wenn es in der realen Situation auch in der Tat das beim Handeln vorliegende Motiv war. Wenn das Motiv des Handelnden eigentlich ein ganz anderes war als

dasjenige, was als ‚guter Grund' und damit als rational akzeptierbares Motiv klassifiziert werden kann, ist der Rückgriff auf dieses rational akzeptierbare Motiv keine Rationale Erklärung, weil damit überhaupt keine zureichende Erklärung gegeben wird. Ein Rekurs auf ‚uneigentliche' Motive kann ja höchstens verdeutlichen, was ‚gute Gründe' gewesen *wären*, die Erklärung einer vorliegenden Handlung wird dadurch nicht geleistet — auch keine Rationale Erklärung (vgl. als Beispiele die jeweils ‚uneigentlichen' Motive in den Beispielen der studentischen Seminarbeteiligung/-nichtbeteiligung oben).
Es bleibt also als Konsequenz nur, daß auch die ‚Rationale Erklärung' die dispositionelle Motiv-Erklärung nicht ersetzen kann (vgl. Beckermann; Stegmüller; Tuomela u.a.). Damit ist für eine sozialwissenschaftlich-handlungstheoretische Konzeption von Psychologie hinsichtlich der Erklärungsstruktur eine Entscheidung gefallen. Eine Beschränkung der psychologischen Frageperspektive auf die Innensicht, d.h. den Sinnaspekt, kann auch für hochkomplexe Einheiten, wie sie bei der Erklärung von Handlungen vorliegen, nicht schlüssig und in sich kohärent gerechtfertigt werden; das gilt sowohl hinsichtlich der Thesen zur Unmöglichkeit von dispositionellen Motiv-Erklärungen im Handlungsbereich als auch für die Konzentration auf ‚gute Gründe' des Handelnden innerhalb einer die normative Basis und Bewertung von Handlungen in den Mittelpunkt stellenden sog. Rationalen Erklärung. Gegenüber den Unmöglichkeitsthesen läßt sich deutlich machen, daß sehr wohl eine in sich kohärente Rekonstruktion von Handlungs-Erklärungen innerhalb des Subsumtions-Modells der Erklärung möglich ist; in bezug auf die Rechtfertigungsrolle (von Gründen innerhalb der ‚Rationalen Erklärung') läßt sich zeigen, daß die Erklärungsrolle, d.h. die Sicherung der kausalen Effektivität der Gründe, den fundierenden, vorgeordneten Aspekt darstellt.

Daß letztlich auch Dualisten — implizit — von dieser Fundierungsfunktion der Erklärungsrolle ausgehen, wird z.B. deutlich, wenn Schwemmer fordert: „... der erste Schritt einer praktischen Begründung ist zunächst einmal die *Feststellung* der faktisch (von den Betroffenen) verfolgten Zwecke." (1979, 549) Oder wenn Bredella gegen die (monistische) These einer bloß heuristischen Funktion des Verstehens einwendet: „Kein verstehender Historiker, der äußert, daß er *verstanden* hat, aus welchem Motiv Luther den Thesenanschlag zu Wittenberg vornahm, will damit zum Ausdruck bringen, daß er sich ein plausibles Motiv ausgedacht hat." (1980, 36) Gerade das aber impliziert, daß man die (kausale) Effektivität der Gründe sichert; deshalb macht es keinen Sinn, sich auf die Rechtfertigungsperspektive von ‚guten Gründen' zu beschränken. Man kann im Forschungsprozeß zwar durchaus vom Rechtfertigungsaspekt ausgehen, aber dieser stellt für die Erklärung des Handelns so lange nur eine heuristische Perspektive dar, wie nicht die kausale Effektivität der Gründe nachgewiesen ist.

Wie die besprochenen Beispiele verdeutlichen, ist es in einer sozialwissenschaftlich-handlungstheoretischen Psychologie nicht sinnvoll, von Erklärungen zu sprechen, wenn man nicht die kausale Effektivität der Gründe des Handelnden unterstellt und sichert; das wird im folgenden Kapitel (5.) noch konkreter diskutiert werden. An dieser Stelle ist zunächst das Fazit festzuhalten, daß auch die Einführung höchst-komplexer (Handlungs-)Einheiten die Psychologie nicht aus dem covering-law-Konzept der Erklärung herausdrängt oder entläßt; vielmehr erweist sich hinsichtlich der Erklärungsstruktur in der empirisch-sozialwissenschaftlichen Psychologie eine (eher monistische) Subsumtions-Konzeption als legitimierbar, sinnvoll und notwendig!

4.5. Die intuitive Idee des Realgrundes als Zielvorstellung kausal effektiver Gründe

Die Entscheidung in Richtung einer eher monistischen Position hinsichtlich der Erklärungsstruktur macht es notwendig, sich noch einmal näher mit dem empiristisch-analytischen Erklärungs-Konzept zu beschäftigen, und zwar vor allem in bezug auf das Kriterium der ‚kausalen Effektivität' (d.h. in bezug auf den Begriff der Ursache). Wenn auch der im vorigen Kapitel skizzierte Aufriß zum Erklärungs-Begriff innerhalb der analytisch-monistischen Position (s.o. 3.1.) mit der Feststellung abschloß, daß es eine präzise, in sich kohärente Explikation der Idee ‚kausale (Antezedens-)Bedingung' bislang nicht gibt, so läßt sich doch versuchen, das partiell unscharfe, intuitive Verständnis des Ursachen-Begriffs bzw. der Kausalrelation konkreter zu umreißen und, soweit möglich, Konsequenzen für die Zielidee der Erklärung in einer sozialwissenschaftlichen Psychologie zu ziehen. Den besten Einsatzpunkt für das intuitive Verständnis von Bedingungen, die als Realgründe oder Ursachen akzeptierbar sind, bzw. vor allem auch für solche Bedingungen, die intuitiv nicht als tatsächliche Ursachen akzeptiert werden, ist die Diskussion um die Strukturidentität oder Strukturdivergenz von Erklärung, Prognose und Technologie. Der ursprüngliche Ausgangspunkt der Diskussion innerhalb der analytischen Wissenschaftstheorie-Richtung war dabei die Strukturidentitäts-These; nach dieser sind Erklärung, Prognose und Technologie als strukturell identisch anzusetzen und unterscheiden sich lediglich durch pragmatische Differenzen in Hinblick darauf, was (in zeitlicher Relation) gegeben ist und was gesucht wird (vgl. Abb. 17 nach Prim & Tilmann 1973):

	Erklärung	Prognose	Technologie
Gesetz	gesucht	gesucht	gesucht
Randbedingung	gesucht	gegeben: Frage: was folgt daraus?	gesucht: (Maßnahmen)
Explanandum	gegeben: Frage: Warum gegeben?	gesucht	gegeben als Ziel: Frage: Wie realisierbar?

Abb. 17: Pragmatische Unterschiede zwischen Erklärung, Prognose und Technologie (nach Prim & Tilmann 1973, 105)

Die in diesem Schema enthaltene These der Strukturidentität läßt sich in dem zweiseitigen Postulat formulieren: Jede erfolgreiche Erklärung ist auch eine zureichende Prognose und jede erfolgreiche Prognose eine zureichende Erklärung (vgl. Hempel & Oppenheim 1948; Hempel 1964 — wobei diese These natürlich nur für rationale bzw. wissenschaftliche Erklärungen und Voraussetzungen postuliert wird).

Ich habe hier das Adjektiv ‚erfolgreich' eingefügt, um eine Verwechslung mit dem methodologischen Begriffsgebrauch von ‚Prognose' zu vermeiden. In der sozialwissenschaftlichen Methodenlehre bezeichnet ‚Prognose' in der Regel die Voraussage eines (Versuchs-)Ergebnisses von einer empirisch zu prüfenden (statistischen) Hypothese aus; trifft die Prognose ein, gilt die Hypothese als bewährt (im gegenteiligen Fall als entkräftet, vgl. u. 4.6.). Die hier thematische wissenschaftstheoretische Begriffsverwendung von Erklärung *und* Prognose setzt in beiden Fällen bewährte Gesetzmäßigkeiten voraus (weswegen dann nur noch die in Abb. 17 skizzierten pragmatischen Unterschiede relevant zu sein scheinen).

Eine genauere Analyse der in den einzelnen Objektwissenschaften vorkommenden Möglichkeiten — auch den naturwissenschaftlichen Einzeldisziplinen — hat allerdings an dem zweiten Teil des Postulats erhebliche Zweifel aufkommen lassen. Durch die bisherige Diskussion wurde eine ganze Anzahl von Beispielen herausgearbeitet, für die intuitiv zumindest die Identität von Prognose und Erklärung nicht akzeptierbar ist.

Beispiel: In der deutschsprachigen wissenschaftstheoretischen Literatur sicher am bekanntesten ist das Astronomen-Beispiel von Stegmüller: „Wenn immer mindestens 10 sehr erfahrene und zuverlässige Astronomen ein Ereignis in unserem Planetensystem voraussagen, dann wird dieses eintreten. 12 solcher Astronomen sagen eine Sonnenfinsternis für den zukünftigen Zeitpunkt t voraus." (Stegmüller 1966, 10) Aus diesen beiden Sätzen läßt sich die Voraussage (logisch korrekt) ableiten, daß zur Zeit t eine Sonnenfinsternis stattfinden wird. Es erscheint intuitiv rational, diese Voraussage zu akzeptieren, gleichzeitig wird die Aussage der Astronomen aber nicht als kausal effektive Antezedensbedingung im Sinne einer zureichenden (covering-law-)Erklärung akzeptiert. Gleiches gilt für Grünbaums Barometer-Fall (1962): Man kann aus einem plötzlichen, starken Abfall des Barometers (und damit des Luftdrucks) einen Sturm prognostizieren, dennoch wird der Abfall des Barometers intuitiv nicht als Ursache für den Sturm (im Rahmen einer zureichenden Erklärung) akzeptiert. Beckermann hat versucht, dasselbe für Krankheitssymptome nachzuweisen (1977a, 19f.). Toulmin hat (1961; deutsch 1968: ‚Voraussicht und Verstehen') historische Beispiele für eine Strukturdivergenz von Prognose und Erklärung herausgearbeitet; so haben z.B. die alten Babylonier mit rein arithmetischen Verfahren hervorragende Vorhersageleistungen erzielt, nämlich in bezug auf Planetenbahnen, Gezeiten etc. Die — versuchte, aber nicht erfolgreiche — Anwendung der gleichen Vorgehensweisen bei Erdbeben, Heuschreckenplagen etc. zeigt, daß dahinter keinerlei theoretisches ‚Verständnis' (wie Toulmin es formuliert) im Sinne einer zureichenden Erklärungsstruktur stand.

Die Beispiele verdeutlichen, daß vor allem Indikatoren, Symptome und Wissen aus zweiter Hand intuitiv zwar als Bedingungen für (rationale) Voraussagen akzeptiert werden, jedoch nicht als kausal effektive Antezedensbedingungen innerhalb von Erklärungen. Damit ergibt sich ganz im Gegenteil zur Ausgangsthese ein Struktur-Divergenz-Postulat. Es gibt Prognosen, die jedoch keine Erklärung darstellen; und zwar dann, wenn sich die Prognosen auf Glaubens- oder Überzeugungsgründe stützen, die nicht als Real- oder Seinsgründe (als Ursachen) für ein Ereignis akzeptabel sind (vgl. Lenk 1972, 37).

In der Formulierung von Stegmüller (1969, 198): „Aufgrund der vorangehenden Überlegungen erscheint von allen Argumenten, die gegen die strukturelle Gleichheitsthese vorgebracht wurden, das Ursachen-Argument als das überzeugendste. Man könnte es in dem einfachen Satz ausdrücken: *Wissenschaftliche Erklärungen müssen stets Ursachen (Realgründe, Seinsgründe) angeben, für wissenschaftliche Voraussagen hingegen genügen Erkenntnis- oder Vernunftgründe.*"

Damit ist in Absetzung vom Glaubens- oder Vernunftgrund das Konzept des Realgrundes intuitiv umrissen (bzw. prototypisch durch die oben angeführten Beispiele eingeführt). Das wissenschaftstheoretische Problem ist dabei, daß Vernunftgründe als Überzeugungsgründe in (rationalen) Begründungen akzeptierbar sind. Zugleich hat die wissenschaftstheoretische Diskussion des Erklärungs-Konzepts, wie oben bei der Einführung bereits dargestellt, zu einer Liberalisierung für probabilistische Gesetzesaussagen in Richtung auf das Konzept eben einer (rationalen) Begründung geführt; d.h. es läßt sich auf der Grundlage der bisherigen Explikationsversuche keine syntaktisch-semantische Unterschiedlichkeit in den Explikationen von Erklärungs- und Begründungs-Konzept herausarbeiten. Dazu sind die bisher vorgelegten Rekonstruktionen zu unpräzise (vgl. Lenk 1972, 53; zu pragmatischen Unterschieden s.u. Kap. 4.6.); dennoch ist es natürlich nicht sinnvoll, von der Zielidee des Realgrundes als notwendiger Antezedensbedingung in zureichenden Erklärungen abzugehen, auch wenn diese Idee bisher vielleicht nur primär intuitiv explizierbar ist, zumindest nicht vollständig präzisierbar ist. Es sollen daher im folgenden noch einige Explikations- bzw. Präzisierungsversuche auf der Grundlage dieser Zielidee besprochen werden, um dann abschließend die für handlungstheoretische Erklärungen greifbaren Konsequenzen zu ziehen, seien sie auch relativ generell und vorläufig.

Damit ist, wie schon einmal beim Problem der Sprachebenen (s.o. 2.6.), eine Verbindung zwischen handlungstheoretischen und wissenschaftstheoretischen Rekonstruktionen der analytischen Richtung angezielt. Es geht darum, die Rekonstruktionen zum Erklärungs-Konzept, wie sie von der Analyse der ‚normalen Sprache' (ordinary language) aus erarbeitet worden sind, soweit wie möglich mit denen zu verbinden, die unter der Perspektive einer idealen Sprache (wissenschaftstheoretischer Strang der Analytischen Philosophie) elaboriert wurden. Allerdings gibt es dafür bereits (im Unterschied zum Sprachebenen-Problem) eine Vorarbeit aus analytischer Sicht, die sich diesem Verbindungsanspruch stellt, nämlich die Arbeit von Beckermann (1977a: ‚Gründe und Ursachen'), dessen zentralen Argumentationsgang ich hier übernehmen will. Beckermann geht explizit von der Zielidee des Realgrundes und seiner kausalen Effektivität innerhalb des Subsumtions-Modells der Erklärung aus und führt als wichtigen Explikationsversuch das Konzept der INUS-Bedingung von Mackie (1965; 1977) an. Eine INUS-Bedingung ist: ‚an *insufficient,* but *necessary* part of a condition which is itself *unnecessary,* but *sufficient* for the result" (Beckermann 1977a, 28).

Beispiel: Mackie analysiert als Beispiel den Fall, daß in einem Haus ein Feuer ausbricht, das gelöscht werden kann, bevor das Haus völlig abgebrannt ist. Die Expertenuntersuchung der Brandursache führt zu dem Schluß, daß das Feuer durch einen Kurzschluß in einem bestimmten Zimmer des Hauses ausgelöst wurde. Die Aussage, daß der Kurzschluß die Ursache des Feuers war, bedeutet aber, wie Mackie zeigt, weder daß er eine notwendige, noch daß er eine hinreichende Bedingung für den Ausbruch des Feuers darstellt. In welchem Sinn kann man dann trotzdem von einer Ursache sprechen? ,,Zumindest ein Teil der Antwort ist, daß es eine Menge von Bedingungen gab (einige positive und einige negative), zu der das Vorhandensein leicht entflammbaren Materials, das Nichtvorhandensein einer passend angebrachten Sprinkleranlage und ohne Zweifel noch eine ganze Reihe anderer Dinge gehörten, die zusammen mit dem Kurzschluß eine komplexe Bedingung bilden, die für den Ausbruch des Feuers in diesem Haus hinreichend war – hinreichend, aber nicht notwendig, denn das Feuer hätte auch auf ganz anderer Basis entstehen können. Außerdem war dieser Kurzschluß ein unerläßlicher (,indispensible') Teil *dieser* komplexen Bedingung: die anderen Teile hätten alle zusammengenommen das Feuer nicht ausgelöst, wenn es diesen Kurzschluß nicht gegeben hätte. Der Kurzschluß, von dem behauptet wird, er sei die Ursache des Feuers gewesen, war somit ein unerläßlicher Teil einer komplexen hinreichenden (aber nicht notwendigen) Bedingung für das Feuer. D.h. die so genannte Ursache war in diesem Fall ein nicht hinreichender, aber notwendiger Teil einer Bedingung, die ihrerseits nicht notwendig, aber hinreichend war für die Wirkung" (Beckermann 1977a, 28; der letzte Satz stellt nichts anderes dar als die deutsche Übersetzung der Definition von INUS-Bedingung).

Es ist hier nicht entscheidend, wie weit dieser Explikations- und Präzisierungsversuch des Begriffs der Kausalursache grundsätzlich trägt; das Ausschlaggebende ist, daß damit eine Explikationsrichtung eingeschlagen ist, die der intuitiven Vorstellung von ,Realgrund' nahekommt und die sich mit den Worten Beckermanns in der Art zusammenfassen läßt, ,,daß A dann und nur dann eine Ursache von B war, wenn A 1. zusammen mit anderen Bedingungen für B hinreichend und 2. in der gegebenen Situation in dem Sinne für B unerläßlich war, daß B nicht stattgefunden hätte, wenn A *nicht* der Fall gewesen wäre." (o.c., 30) Gerade für eine sozialwissenschaftlich-handlungstheoretische Psychologie-Konzeption ist es m.E. legitim, von einem solchen der intuitiven Alltagsvorstellung nahestehenden, liberalisierten Verständnis einer Humeschen Ursache auszugehen.

4.6. Zwischenbemerkung: *Kausalität, Erklärung, Bestätigung*

Mit dieser Explikationsperspektive der Kausal-Erklärung werden – zumindest von der Zielidee her – zwei Rekonstruktionsdimensionen als integrierte benannt und behandelt, die zwar vom intuitiven Problemverständnis her zusammengehören, dennoch in der neueren Diskussion der (analytischen) Wissenschaftstheorie getrennt (worden) sind: die Probleme der Kausalität (Ursachen-Begriff) und des Erklärungs-Konzepts. Es handelt sich dabei um den (z.B. von

Stegmüller 1983, 954 so genannten) ‚Abkoppelungsbeschluß', mit dem die Kausalitätsfrage von der Explikation des Erklärungs- (bzw. Begründungs-)Modells getrennt wurde. Da die Ergebnisse dieser getrennten Rekonstruktionsperspektiven zwar überwiegend nicht direkt für eine sozialwissenschaftlich-handlungstheoretische Psychologie-Konzeption bedeutsam sind, aber doch zumindest die Grundlage für die Berechtigung und das Verständnis des liberalisierten und z.T. auf intuitive Vorstellungen zurückgreifenden Konzepts der ‚schwachen (Kausal-)Erklärung' (s.u. 4.7.) darstellt, möchte ich die Grundzüge dieser neueren metatheoretischen Analysen wenigstens kurz in Form einer Zwischenbemerkung umreißen.

Der Grund für den Abkoppelungsbeschluß dürfte vor allem in dem Fehlschlag liegen, das beide Aspekte integrierende Konzept der kausalen Erklärung über eine präzise Explikation des Begriffs ‚Kausalgesetz' zu bestimmen. Dabei geht man zunächst von der Definition aus, daß eine ‚kausale Erklärung' dann vorliegt, wenn alle im Explanans vorkommenden Gesetze Kausalgesetze sind (Stegmüller 1979a, 87). Die Problematik tritt dann bei der Explikation des Begriffs ‚Kausalgesetz' auf. Stegmüller faßt die an Feigl (1953) anknüpfende Forschung in folgender Sammlung von definierenden Merkmalen zusammen (1979a, 88ff.): Im Hinblick auf die Unterscheidung deterministische versus statistische (probabilistische) Gesetze sind Kausalgesetze als deterministische zu konzipieren; in bezug auf die Begriffsform (qualitative, komparative, quantitative Gesetzmäßigkeiten) ist für Kausalgesetze gefordert worden, daß sie quantitativ sein müssen; unter dem Aspekt der Zeitgestalt (Koexistenz- oder Sukzessionsgesetz) ist mit dem Kausalbegriff eine Zeitabfolge verbunden (von der vorhergehenden bewirkenden Ursache zur nachfolgenden determinierten Wirkung); in bezug auf die Realitätsstufe (Makro- vs. Mikroereignisse) sind Kausalgesetze als Mikrogesetze einzustufen. Neben diesen zentralen definierenden Merkmalen sind in der Diskussion noch weitere Charakteristika postuliert worden wie Homogenität der Zeit, Homogenität und Isotropie des Raumes, Stetigkeit der Funktionen, Beschränkung auf Nahwirkung etc. (– allesamt Aspekte, die im Zusammenhang mit der Objektwissenschaft Psychologie nicht näher thematisiert werden müssen). Wenn man den Begriff des ‚Kausalgesetzes' unter Rückgriff auf diese Merkmale expliziert, hat man zwar ein präzises Konzept, zugleich aber leider auch eines, das nach dem heutigen Erkenntnisstand nicht einmal mehr den in der Physik als kausal anerkannten Naturgesetzen entspricht (Stegmüller o.c., 98); das gilt z.B. schon für das zentrale Ausgangsmerkmal des Determinismus. Es ist müßig, hier die Diskussion zum Begriff des Kausalgesetzes auch nur in groben Zügen weiter nachzuzeichnen, weil ihr – relativ übereinstimmend anerkanntes – Ergebnis (in der Formulierung von Frey 1981, 73) ist: „Allgemeingültige Kriterien für Kausalgesetze kann man bisher nicht angeben. Nach Nelson Goodman ist es auch nicht möglich, Kriterien für gesetzesartige Aussagen aufzuzeigen."

Einer der Hauptstränge der auf diesem Hintergrund ablaufenden Kausalitätsdebatte bezieht sich denn auch auf die Relation von Determinismus bzw. Indeterminismus und Kausalität oder die Frage: Gibt es so etwas wie eine statistische Kausalität? – eine Frage, die wegen der Häufigkeit von probabilistischen Hypothesen in den Sozialwissenschaften für diese (und damit die Psychologie) besonders relevant ist. Die Antwort der (analytischen) Wissenschaftstheorie ist heute, selbst dort wo sie sich auf die Rekonstruktion der Physik als Objektwissenschaft beschränkt, eindeutig: Ja! In der Quantenphysik z.B. spricht „man von aufgelockerter, nur statistischer Kausalität" (Titze 1981, 39). Der Grund dafür liegt darin, daß die Quantenphysik einen Zustandsbegriff einführt, der die ‚Werte der relevanten Zustandsgrößen (wie Energie, Ort, Impuls etc.)' nur „bis auf Wahrscheinlichkeiten bestimmt." (Stegmüller 1983, 568) Diese im Mikrobereich (o.c., 573f.) geltende ‚Unschärfe' (Heisenberg) führt zu einer Auflösung des deterministischen Kausalbegriffs.

„Heisenberg selbst geht in seiner Kritik des Kausalitätsprinzips von dem von Laplace vertretenen Determinismus aus, wenn er sagt: ‚An der scharfen Formulierung des Kausalgesetzes: ‚Wenn wir die Gegenwart genau kennen, können wir die Zukunft bestimmen', ist nicht der Nachsatz, sondern die Voraussetzung falsch. Wir können die Gegenwart in allen Bestimmungsstücken prinzipiell nicht kennenlernen.'" (Oeser 1981, 217)

Selbst für die moderne Physik sind daher Kausalität und Wahrscheinlichkeit keine kontradiktorischen Gegensätze mehr, sondern stellen nur einen relativen Gegensatz dar, „der bewirkt, daß sich beide Begriff gegenseitig explizieren." (Oeser 1981, 191)

„Daraus ergibt sich, daß zwar die Interpretation des Kausalitätsprinzips geändert werden muß, aber nicht seine allgemeine Struktur, die sich als reiner Bedingungssatz durch die Formel ‚Wenn x, so y' ausdrücken läßt ..." (o.c., 218)

Die dahinter stehende Vorstellung einer statistischen (partiell indeterministischen) Kausalität gilt natürlich in noch stärkerem Ausmaß für die Sozialwissenschaften; was zugleich bedeutet, daß sich eben auch für die Sozialwissenschaften Kausalität als Konzept einer (statistischen) „Partialverursachung" (Leinfellner 1981, 244) rekonstruieren läßt. Damit hat sich für das Verständnis des Begriffs Kausal-Erklärung der Rückgang auf deterministische Ursachen als unnötig und unbrauchbar erwiesen. Was bleibt, ist die Unterscheidung von Real- bzw. Seinsgründen und Vernunftgründen: „*Nur Realgründe liefernde Erklärungen sind als kausale Erklärungen zulässig.*" (Stegmüller 1979a, 104) Solange keine scharfen Kriterien zur Unterscheidung von Real- versus Erkenntnisgründen vorliegen, ist der Rückgriff auf die – objektwissenschaftliche – Intuition zunächst einmal (wie in 4.5. beschrieben) die einzige Explikationsmöglichkeit.

Abgekoppelt davon, aber in Parallelität und mit z.T. komplementären Ergebnissen hat sich in der Diskussion um das Erklärungs-Konzept eine Art pragmatischer Wende ergeben. Die Pragmatisierung besteht vor allem darin, daß man den Aspekt der Wissenssituation einbezieht, in der sich ein nach Erklärung (und d.h. Warum-)Fragender befindet (Hansson; Gärdenfors; vgl. Stegmüller 1983, 950ff.; Niiniluoto 1978, 197f.). Diese Einbeziehung der Wissenssituation wird analog zur linguistischen Analyse von Fragehorizonten vorgenommen (vgl. z.B. Maas & Wunderlich 1972, 224ff.).

Beispiel: Wenn man etwa von der Tatsache ausgeht ‚Eva liebt den Adam', so kann man je nach Vorwissen, Antwortinteresse etc. fragen: ‚Warum *liebt* Eva den Adam?', ‚Warum liebt *Eva* den Adam?' oder ‚Warum liebt Eva den A-dam?'.

Ähnliche Frageakzentuierungen lassen sich auch für wissenschaftliche Erklärungen ansetzen; es liegen also unter pragmatischer Perspektive bei Erklärungsfragen *zumindest* zwei Wissenssituationen vor, die in Beziehung zueinander stehen (Stegmüller 1983, 959f.): das Wissen, über das der Fragende bereits verfügt, und jenes, das er durch die Antwort zu erreichen trachtet. Dementsprechend ist auch nicht von einem statischen Modell der Wissenssituation(en) auszugehen, sondern von einem dynamischen der *Wissensverschärfung*, die durch die Erklärung erreicht werden soll – der „Verschärfung einer Wissenssituation durch zusätzliches Wissen" also (o.c., 964). Diese wird rekonstruiert über eine sog. Wahrscheinlichkeitsmischung, d.h. „durch Bildung des *subjektiven Erwartungswerts der objektiven Wahrscheinlichkeit*" (o.c., 1029). Darin manifestiert sich das zur Kausalitätsdiskussion parallele, zumindest aber mit ihr vereinbare Ergebnis, daß für den pragmatischen Erklärungsbegriff ‚nicht Erklärungen mit Hilfe nomologischer Gesetze, sondern probabilistische Erklärungen das Paradigma darstellen' (o.c., 958). In diesem Kontext ergibt sich dann auch eine neue Unterscheidung zwischen Erklärung und Begründung: Eine ‚Erklärung' ist anzusetzen, wenn das Explanandum-Ereignis bereits stattgefunden hat (Erklärung gleich Begründung ex-post-facto); der Begriff der ‚Begründung' dagegen läßt offen, „ob ... das Explanandum-Ereignis auch tatsächlich stattfindet" (o.c., 971: ante-factum-Begründung, für die das prototypische Beispiel die rationale Voraussage darstellt).

Durch diese Unterscheidungen sind die bisherigen Explikationen zum systematischen Erklärungs-Konzept in wichtigen Teilen revidiert (Stegmüller 1983, 983ff.). Gerade die analytische Wissenschaftstheorie (so auch Stegmüller 1969) hat ja bislang den Begriff der Erklärung auf Explanantien mit deterministischen (Kausal-)Gesetzen beschränkt und ‚im statistischen Fall' (statistische Systematik, Analyse etc., s.o.) nur von Begründungen gesprochen, wobei unter Begründung lediglich eine rationale Erwartung auf der Basis von Vernunftgründen verstanden wurde. Dies wird nun explizit (auch von Stegmüller) nicht mehr so gesehen; vielmehr sind auch Explanantien mit probabilistischen Gesetzmäßigkeiten als Erklärung bezeichenbar, unter Rückgriff auf das Konzept des Realgrundes (qua ‚statistischer Ursache') sogar als Kausal-Erklärung.

Die Radikalität des Wechsels der Rekonstruktionsperspektive, die aus der Pragmatisierung des Erklärungskonzepts resultiert, wird besonders in der schon erwähnten Konsequenz sichtbar, daß jetzt die statistische Erklärung das Paradigma für ‚Rationale Erklärungen' stellt (Stegmüller 1983, 991). Diese relativ weitreichenden Konsequenzen der pragmatischen Wende sind die Legitimation dafür, daß bei der einführenden Explikation des Erklärungs-Begriffs (in Kap. 3.1.) die verschiedenen Untervarianten der auf statistische Gesetzmäßigkeiten zurückgehenden (nicht-pragmatischen) Struktur nicht im einzelnen thematisiert wurden (weil sie heute als überholt gelten können).

Zugleich macht dieser recht grundlegende Rekonstruktionswechsel — noch einmal — deutlich, daß sich der Objektwissenschaftler in seinem Selbstverständnis (bzw. dem Verständnis der Zielideen seiner Forschung) nicht zu sehr von den (bisherigen) Explikationserfolgen bzw. vor allem -mißerfolgen der Wissenschaftstheoretiker beeindrucken lassen soll(te). Das gilt im hier thematischen Zusammenhang auch für die Abkopplung von Kausalitäts- und Erklärungsfrage. So trennt z.B. Stegmüller die beiden Perspektiven weiterhin in bezug auf folgende Merkmalsdimensionen (1983, 1008):

Kausalität	Erklärung
„objektiv (unabhängig vom Zustand der Information eines epistemischen Subjektes)	*subjektiv* (vom Zustand mindestens eines epistemischen Subjektes abhängig)
ontologisch (den Weltverlauf betreffend)	*epistemisch* (auf Wissenssituationen relativiert)
Ursachen	*„Ursachen"* im Sinn von Vernunftgründen oder epistemischen Gründen
wahr	*akzeptiert* bzw. *für* mehr oder weniger *wahrscheinlich* gehalten
sprachunabhängig	*sprachabhängig*
vollständig	*unvollständig, selektiv* ..

Die bisher skizzierten Rekonstruktionsansätze zur Kausalität und zum Erklärungs-Konzept rechtfertigen es aber m.E. durchaus, auch für die Sozialwissenschaften (mit ihren überwiegend probabilistischen Gesetzmäßigkeiten) an der Zielidee einer zugleich statistischen und kausalen (d.h. auf Realgründe zurückgreifenden) Erklärung festzuhalten. Die Trennung der Rekonstruktionsperspektiven mag für die wissenschaftstheoretische Analyse nützlich sein, für den Objektwissenschaftler ist es legitim (und nützlich), an einer Zielidee seiner Forschungs- und Erkenntnisbemühungen festzuhalten, die beide Aspekte integriert: der Kausal-Erklärung. Und die Sozialwissenschaftler (einschließlich der Vertreter einer handlungstheoretischen Psychologie-Konzeption) sind berechtigt, von der Möglichkeit einer statistischen kausalen Erklärung auszugehen (sowie ihre Forschungsergebnisse in diesem Sinn zu interpretieren), auch wenn der Wissenschaftstheorie bisher noch keine präzise, in sich kohärente (beide Aspekte integrierende) Rekonstruktion gelungen ist.
Diese Konsequenz wird gestärkt durch Ansätze, mit deren Hilfe mittlerweile auch die objektiven Wahrscheinlichkeiten von statistischen Gesetzmäßigkeiten so interpretiert werden, daß eine Verbindung mit dem Konzept der Kausal-Er-

klärung möglich erscheint. Hier ist an erster Stelle die auf Peirce zurückgehende, vor allem von Fetzer (1971; 1974) entwickelte propensity- (bzw. Propensitäts-)Theorie zu nennen (vgl. auch Galavotti 1980; Niiniluoto 1978, 213ff.). Dabei „wird Wahrscheinlichkeit als eine Dispositionseigenschaft einer ‚experimentellen Anordnung' oder eines ‚Zufallskörpers' angesehen" (Niiniluoto 1978, 214). Daraus folgt unter anderem, „daß induktiv-probabilistische Erklärungen als eine spezielle Art von *dispositionellen Erklärungen*" (o.c., 215) zu rekonstruieren sind. Das bedeutet in der Bewertung von Niiniluoto, „daß die propensity-Theorie der Wahrscheinlichkeit zu einer interessanten propensity-Theorie der induktiv-probabilistischen Erklärung führt, in der wesentlichen theoretischen probabilistischen Gesetzen ein echter Erklärungswert zugeschrieben wird." (o.c., 219)

Dieser Rekonstruktionsansatz rückt das Problem der Bewährung oder Bestätigung von Gesetzmäßigkeiten in den Blickpunkt. In der Wissenschaftstheorie wird dabei gewöhnlich in Nachfolge von Popper der klassifikatorische (in Abgrenzung vom komparativen oder quantitativen; vgl. Groeben & Westmeyer 1975, 109f.) Begriff der deduktiven Bestätigung disktutiert, der weitgehend mit dem Falsifikationskonzept des Kritischen Rationalismus deckungsgleich ist (s.o. 1.1.-1.3.). Danach sind aus unbeschränkt universellen theoretischen (All-)Sätzen Existenz- als Basissätze (die der Beobachtung offenstehen) abzuleiten; bei Nicht-Eintreffen dieser — prognostizierten — Basissätze gilt der zugeordnete theoretische Allsatz als falsifiziert (Popper) bzw. entkräftet (Lakatos et al.), bei Eintreffen kann die universelle Hypothese vorläufig angenommen und als bewährt angesehen werden. Das deduktive Bestätigungskonzept liefert also nur empirische Evidenz *gegen die Verwerfung* von Hypothesen, *nicht für deren Annahme*, wie Kutschera komprimiert im Vergleich von deduktivem und induktivem Bestätigungsbegriff verdeutlicht hat (1972, II, 468f.):

„Zwischen induktiver und deduktiver Bestätigung besteht ein entscheidender Unterschied: Eine induktive Bestätigung macht eine Hypothese H wahrscheinlicher, trägt also dazu bei, die Gründe zu verstärken, die *hinreichen*, H als wahr zu akzeptieren. Die Bewährung gibt dagegen nur *notwendige* Bedingungen für die Akzeptierbarkeit an, ist also *kein* hinreichender Grund, H zu akzeptieren. Wenn aus H falsche Beobachtungssätze folgen, so kann H nicht wahr sein; haben sich aber alle beobachtbaren Konsequenzen von H bisher als richtig erwiesen, *so ist das kein Grund, H als wahr oder als wahrscheinlich wahr zu akzeptieren.* D.h. die deduktive Bewährung liefert uns keine positiven Gründe dafür, warum wir H akzeptieren sollen, sie schließt nur Gründe für die Verwerfung von H aus."

Das Problem ist allerdings, wie bereits in Kap. 3.1. erwähnt, daß eine präzise, kohärente Explikation des induktiven Bestätigungskonzepts, das für die Sozialwissenschaften vom Ansatz her natürlich interessanter als das deduktive wäre, bisher nicht gelungen ist (vgl. Groeben & Westmeyer 1975, 112f.). Und da in den Sozialwissenschaften (einschließlich der Psychologie) unbeschränkte universelle Hypothesen deutlich seltener sind als statistische, werden hier — und zwar primär von der psychologischen Methodenlehre — de facto nur Bestätigungskonzepte für probabilistische Hypothesen diskutiert. Dabei dominiert bisher in der Forschungspraxis — im- oder explizit — ganz eindeutig die statistische Testtheorie von Neyman & Pearson (1928; 1933; vgl. Groeben & Westmeyer 1975, 125ff.; s. auch Bortz 1979, 139ff.). Danach muß man zwischen den jeweiligen (inhaltlichen) statistischen Hypothesen und zugeordneten statistischen Oberhypothesen unterscheiden; als letztere fungieren vor allem Verteilungsannahmen (Binomial-, Poisson-, logistische Verteilung etc.). Das Prinzip der inferenzstatistischen Testung besteht dann darin, eine möglichst kleine Wahrscheinlichkeit dafür, eine ‚wahre' (statistische) Hypothese zu verwerfen, mit einer möglichst großen Wahrscheinlichkeit dafür, eine ‚falsche' Hypothese zu verwerfen, zu verbinden. Eine wahre statistische Hypothese zu verwerfen, wird als Typ-I-Fehler bezeichnet; die Wahrscheinlichkeit dieses Fehlers stellt den *Umfang* des (inferenzstatistischen) Tests gleich dem Signifikanzniveau (Irrtumswahrscheinlichkeit alpha) dar. Eine falsche Hypothese anzunehmen, wird Typ-II-Fehler genannt; dessen Wahrscheinlichkeit ist die Irrtumswahrscheinlichkeit beta des Tests (über die — in Form von 1 minus beta — die *Macht* des Tests definiert wird). Die damit erreichbare Grundstruktur der Annahme von Hypothesen weist Parallelitäten zum deduktiven Bestätigungsbegriff auf: denn bei einem Umfang von z.B. 0,01 (Signifikanzniveau von 1%) der inferenzstatistischen Testung ist nur gesichert, daß die thematische (inhaltliche) statistische Hypothese auf der Grundlage der gewählten Verteilungsannahmen lediglich in 1% aller Fälle zufällig bewährt wäre — die Restwahrscheinlichkeit von 1% für die Zufälligkeit des Ergebnisses berechtigt daher nur, die statistische Hypothese vorläufig in dem Sinn anzunehmen, daß sie nicht zu verwerfen ist (vgl. im einzelnen Bortz 1979, 139ff.).

In neuerer Zeit ist als Alternative zur statistischen Testtheorie von Neyman & Pearson die Likelihood-Testtheorie (vgl. Edwards 1972; Groeben & Westmeyer 1975, 127ff.) entwickelt worden, die aber hier nicht näher dargestellt werden soll. Denn für alle diese primär methodologischen Ansätze gilt, daß ihre Relation zu den wissenschaftstheoretischen Bestätigungskonzepten (einschließlich den Strukturen statistischer Erklärung, Analyse, Begründung etc.) weitgehend ungeklärt ist; hier klafft einfach eine (z.T. recht große) Lücke zwischen Wissenschaftstheorie und (objektwissenschaftlicher) Methodologie, die es auf die Dauer von beiden Seiten aus zu überbrücken gilt. Aber auch in bezug auf diese Lücke gilt, daß sie den Einzelwissenschaftler nicht hindern sollte, für seine objekttheoretische Forschung die anspruchsvolle (metatheoretische) Zielidee einer kausalitätsorientierten Erklärungsstruktur weiter zu verfolgen (obwohl die präzise Explikation der Bewährung bzw. Bestätigung der dabei unterstellten statistischen Gesetzmäßigkeiten noch weitgehend als ungeklärt gelten muß).

4.7. Das Konzept der ‚schwachen' Erklärung als statistische kausale Erklärung ‚von außen': der notwendige Rückgang auf (externe) Beobachtung

Auf dem Hintergrund dieser Entwicklungen ist es m. E. daher sinnvoll, an dem Konzept der statistischen Erklärung festzuhalten und sich damit zugleich nicht auf eine rein epistemische Perspektive (d.h. die Frage nach ‚Vernunftgründen') zu begrenzen.

Zur Verdeutlichung sei noch einmal kurz skizziert, wie nach dem klassischen analytischen Rekonstruktionsansatz diese Begrenzung zustandegekommen ist: Als zentrales Problem bei probabilistischen Gesetzmäßigkeiten gilt, daß man bei diesen mit der Erklärbarkeit von Einzelereignissen im Prinzip auch das Nichtauftreten des Ereignisses (durch die Differenz der im Gesetz postulierten Wahrscheinlichkeit zu 1) erklären können muß. Darin liegt ein Paradoxon, nämlich das der Erklärung des Unwahrscheinlichen, das nur zu vermeiden ist, wenn man bei probabilistischen Gesetzmäßigkeiten lediglich eine Erklärung von sog. ‚Massenereignissen' ansetzt, nicht von Einzelereignissen; d.h. z.B., daß durchschnittliche Anzahlen (bei Münzwürfen z.B. durchschnittliche Anzahl von ‚Kopf'-Würfen) erklärt werden, nicht einzelne Ereignisse. Diese Auflösungsmöglichkeit ist jedoch unter dem Aspekt der Handlungs-Erklärung, bei der es ja immer (auch) um die Erklärung einzelner Handlungen geht (bzw. gehen können muß), nicht gangbar. Die zweite Auflösungsmöglichkeit dieses Paradoxons ist diejenige, die von analytischer Seite aus vor der pragmatischen Wende präferiert worden ist und zu einer primär epistemischen Perspektive führt (s.o.): statistische Gesetze rechtfertigen nur ‚vernünftige Erwartungen', sie sind nicht als rationale Erklärungen rekonstruierbar (Beckermann 1977a, 34f.); das bedeutet, daß es in einem präzisen Sinne statistische Erklärungen eben nicht gibt, sondern nur statistische Analysen bzw. Begründungen.

Sowohl die pragmatische Wende in der Rekonstruktion des Erklärungs-Begriffs als auch die Diskussion zur Kausalität legitimieren es jedoch, wie skizziert, mit Beckermann (der wiederum auf Suppes 1970 zurückgeht) einen ‚schwachen' Begriff von kausaler Erklärung, auch im statistischen Sinn, dagegenzusetzen. Dieser geht von dem Alltagssprachgebrauch aus, daß etwas auch dann als Ursache für ein Ereignis angesetzt wird, wenn es „statistisch positiv relevant" ist (Beckermann 1977a, 39). Suppes hat das in einer probabilistischen Kausalitätstheorie expliziert, wobei sich als intuitive Grundidee festhalten läßt: Ein Ereignis A ist schon „dann die Ursache eines anderen Ereignisses B, wenn A vor B stattgefunden hat und wenn das Auftreten von A das Auftreten von B wahrscheinlicher gemacht hat, d.h. wenn B unwahrscheinlicher gewesen wäre, falls A nicht stattgefunden hätte." (Beckermann 1977a, 42) Auf der Grundlage dieser Explikationen läßt sich dann ein ‚starker Begriff' von (Kausal-)Erklärung, dem das Explikat der INUS-Bedingung zugrundeliegt, von einem ‚schwachen Begriff' unterscheiden, der auf der Grundidee der zeitlich vorhergehenden, statistisch positiv relevanten Bedingung beruht. Vergleicht man das, was von allgemein-methodologischer Sicht aus zur explanativen Funktion von Konstrukten gesagt worden ist (vgl. o. 3.2.: Herrmann 1969), so wird deutlich, daß man in der empirischen Psychologie in dem so explizierten Sinn von einer schwachen kausalen Erklärung sprechen kann. Dies gilt ebenfalls für die dispositionelle Motiv-Erklärung von Handlungen, so daß auch in einer sozialwissenschaftlich-handlungstheoretischen Psychologie-Konzeption das covering-law-Modell der Erklärung in Form der ‚schwachen' Erklärung (nach Beckermann) unter Rückgriff auf statistisch positiv relevante Realgründe vertreten werden kann. Dies ist sicherlich eine sehr vorläufige, intuitive und mit einer Fülle von offenen Problemen behaftete (s. o. 4.6.) Explikation der Zielidee ‚Kausalerklärung' für Handlungs-Einheiten, die aber auf dem Hintergrund der in diesem Kapitel vorgestellten Argumentationen m.E. sehr wohl als sinnvoll, legitim und sogar notwendig gelten darf.

In diesem Verständnis von Handlungs-Erklärung sind (zumindest) zwei metatheoretische Konsequenzen enthalten, die den Standort einer handlungstheoretischen Psychologie-Konzeption im Spannungsfeld zwischen Monismus und Dualismus charakterisieren — und zwar insofern als (wiederum) die eine Konsequenz eher der monistischen, die andere eher der dualistischen Argumentationsrichtung folgt.

— Die eher monistische Argumentationstendenz liegt im Festhalten an der Zielidee des ‚Realgrundes' begründet, in der Ausrichtung auch des Konzepts der ‚schwachen Erklärung' auf Humesche Ursachen hin. Das im Spannungsfeld von Monismus und Dualismus an dieser Stelle Entscheidende wird dabei m.E. vor allem deutlich, wenn man unter diesem Aspekt — nämlich der Zielidee der schwachen dispositionellen Motiv-Erklärung als Approximation einer Kausal-Erklärung — die klassischen Formulierungen der monistischen versus dualistischen Rekonstruktion vergleicht. Die dualistische Rekonstruktion postuliert, wie dargestellt, für Handlungen konstruktiv das Konzept der ‚Rationalen Erklärung', das eine Rekonstruktion der Innensicht des Handelnden unter Normativitätsgesichtspunkten (hier der Rationalität) darstellt. Die klassische monistisch-analytische Rekonstruktion des Erklärungskonzepts hat für die Objektdisziplinen mit probabilistischen Gesetzmäßigkeiten zwar z.T. zu einer Auflösung des Erklärungs-Begriffs im Konzept der ‚rationalen Erwartung' geführt. Gerade weil sich aber die beiden konkurrierenden metatheoretischen Traditionen damit partiell in der sprachlichen Formulierung aneinander annähern (‚Rationale Erklärung' bei der dualistischen Position und ‚rationale Erwartungs-Begründung' bei der monistischen Position), wird die methodologische Differenz in der Dimension von ‚Beobachten und Erklären' umso deutlicher. Denn die sprachliche Ähnlichkeit kann und darf nicht darüber hinwegtäuschen, daß ein ganz relevanter substantieller Unterschied besteht, der auch für das Konzept der ‚schwachen dispositionellen Motiv-Erklärung' gilt. Die Rationale Erklärung der dualistischen Position ist, um es mit den Worten von Apel zu formulieren, eine Erklärung aus der Perspektive der ersten und/oder zweiten Person, d.h. des Handelnden bzw. einer mit dem Handelnden kommunizierenden Person, die dabei die Perspektive des Handelnden (zumindest als Rolle) übernimmt; dementsprechend sind als Erkenntnismethoden in der Tat primär das Verstehen sowie die Beobachtung höchstens in der Form der Selbstbeobachtung relevant. Die rationale Erwartungs-Begründung (des monistischen Erklärungskonzepts) aber bleibt im Gegensatz dazu — über die aufrechterhaltene Zielidee der Humeschen Ursache — der Perspektive der dritten Person, d.h. des Beobachters, verpflichtet; es handelt sich im Unterschied zur Rationalen Erklärung, die primär und ausschließlich den (gegebenenfalls normativen) Sinn der Handlung aus der Innensicht-Perspektive des Handelnden erfragt, immer um eine rationale Erwartung, Begründung, Erklärung (gleichgültig nach welcher Variante der monistischen Rekonstruktionsperspektive man es benennen will) ‚von außen'. Das Festhalten an der Notwendigkeit der Erklärungsrolle von Handlungsgründen, ihrer kausalen Effektivität (oder wie immer die Manifestation der Zielidee der Humeschen Ursache heißen soll) impliziert in der Tat notwendig, so auch Apel (1979, 216ff.) und Habermas (1984, 365), die Außenperspektive der dritten Person, des externen Beobachters.

Da sich diese Konsequenz durch die ganze bisher dargestellte Argumentation zum Erklärungsproblem hindurchzieht, möchte ich dazu (abschließend) nur noch einen psychologischen Wissenschaftstheoretiker anführen: „Wenn wir menschliches Verhalten durch Gesetze oder Dispositionen erklären, dann erklären wir ‚von außen'"(Mischel 1981, 13).

Und die in diesem Kapitel diskutierten psychologischen Beispiele haben hoffentlich so weit wie möglich nachweisen können, daß eine zureichende Handlungs-Erklärung ohne diese Außenperspektive und damit ohne die konstitutive Rolle der externen Beobachtung nicht in sich kohärent und sinnvoll zu konzipieren ist — auch und gerade nicht, wenn man sich auf die intuitiven Vorstellungen normaler, alltagskommunikativer Sprachverwendung zurückbezieht. Das ist also die zentrale monistische Konsequenz: Handlungs-Erklärung im Sinne des Subsumtions-Modells von Erklärung (hier vorläufig expliziert in einem schwachen Begriff von dispositioneller Motiv-Erklärung aufgrund statistischer Gesetzmäßigkeiten) ist möglich, sinnvoll und notwendig; sie ist als solche konstitutiv verbunden mit der Außenperspektive eines externen Beobachters, d.h. setzt das beobachtungsfundierte Falsifikationskriterium (auch für hochkomplexe Handlungs-Einheiten einer sozialwissenschaftlichen Psychologie) voraus.

— Die zweite, eher aus der dualistischen Tradition kommende Konsequenz ist weniger offensichtlich, wird aber bei einer näheren Analyse der erreichten Ergebnisse deutlich. Das Festhalten an der Zielidee der Humeschen Ursache für die (dispositionelle) Handlungs-Erklärung impliziert, daß damit nicht der Rückgriff auf ‚Vernunftgründe' gemeint ist, wie sie z.B. bei Prognosen oder ‚rationalen Erwartungen' akzeptabel sind. Es ist hier nicht wichtig, daß die Trennung zwischen Vernunft- und Realgründen durch die bisherige Explikation (s.o. 4.5.) noch nicht zureichend präzise gelungen ist; ausschlaggebend ist, daß mit dem Konzept der dispositionellen Motiv-Erklärung von Handlungen die Außenperspektive (der dritten Person, des Beobachters etc.) auf die Instanz des Realgrundes konzentriert ist. In Verbindung mit den Ergebnissen von Kap. 2. u. 3. läßt sich parallel dazu festhalten, daß die Instanz der (Handlungs-)Gründe komplementär mit der Innensicht-Perspektive (des Handelnden, der ersten Person etc.) verbunden ist. Das bedeutet: Wenn bei Handlungen von ‚Gründen' die Rede ist, sind damit immer die aus der Sicht des Handelnden relevanten Motive, Überzeugungen etc. gemeint; diese Gründe sind es, die in einer differenzierten und vollständigen Handlungs-Beschreibung (s.o. Kap. 2.) auch immer (mit) zu erheben sind. Ob die aus der Sicht des Handelnden anzusetzenden Handlungs-Gründe in der Tat auch die effizienten Handlungs-Ursachen sind, ist dann im Rahmen der Handlungs-Erklärung (der Außenperspektive des Beobachters) zu klären. Das setzt aber — ausgehend von dem Menschenbild des reflexions-, rationalitäts- und handlungsfähigen Subjekts — die Erhebung der (subjektiven) Handlungs-Gründe voraus; und es hat entsprechend den Ergebnissen der Kap. 2. u. 3. die unverzichtbare Forderung zur Folge, daß der Sinnaspekt von Handlungen durch die Erhebung der Innensicht-Perspektive des Handelnden zu berücksichtigen und damit das Verstehen als Erkenntnismethodik zu akzeptieren ist. Das ist die zentrale dualistische Konsequenz: Handlungs-Erklärung innerhalb des covering-law-Konzepts (d.h. als schwache dispositionelle Motiv-Erklärung) reduziert eine sozialwissenschaftlich-handlungstheoretische Psychologie nicht auf die Außenperspektive des Beobachters; das bedeutet, daß in einer handlungstheoretischen Psychologie ‚Gründe' nicht als ‚Vernunftgründe' des externen Beobachters im Sinne der rationalen Erwartungsbegründung von (Handlungs-)Ereignissen anzusetzen sind, sondern als die subjektiv ‚gemeinten' (im doppelten Sinn von intendierten und reflexiv abgebildeten) Gründe des Handelnden für sein Handeln. Eine differenzierte und umfassende Handlungs-Beschreibung und Handlungs-Erklärung umfaßt also immer auch die Innensicht-Perspektive des Handelnden, d.h. die subjektiven Intentionen und Gründe, die der Handelnde für sein Handeln als ausschlaggebend ansetzt (reflektiert und interpretiert).

Daß damit eine aus der dualistischen Richtung kommende Perspektive realisiert ist, wird plastisch deutlich, wenn man bedenkt, was für den Dualisten normalerweise mit einer Kausal-Erklärung von Handlungen verbunden ist: „Es handelt sich hier somit nicht um eine bloße Umformulierung, sondern um die Abschaffung von Intentionen." (Bredella 1980, 43) Das kann man nun sicher für eine Handlungs-Beschreibung und -Erklärung, die dezidiert ‚Gründe' nicht als ‚Vernunftgründe' des externen Beobachters, sondern als Beweggründe des Handelnden selbst auffaßt, nicht mehr behaupten.

Beide Konsequenzen zusammengenommen bedeuten also, daß eine sozialwissenschaftlich-handlungstheoretische Psychologie sowohl nach den Gründen als auch nach den Ursachen von Handlungen fragt; und diese Konsequenz als Folgerung aus den bisher skizzierten beiden Konsequenzen ist schlußendlich weder monistisch noch dualistisch. Denn die Relation von Gründen und Ursachen ist nicht nur einer der Kristallisationspunkte innerhalb der Monismus-Dualismus-Debatte, sondern auch ein Problem, bei dessen Entweder-Oder-Beantwortung (und damit Dichotomisierung) sich die beiden Positionen formal übereinstimmend, wenn auch mit inhaltlich unterschiedlichen Richtungen, treffen: Für die monistische Position ist die Frage nach den Ursachen primär bzw. ausschließlich relevant, für die dualistische Position die Frage nach den Gründen. Die These, daß eine handlungstheoretische Psychologie nach Gründen *und* Ursachen fragen kann und sollte, erfordert allerdings, daß die Relation dieser beiden Frageperspektiven im Forschungsprozeß bzw. der Forschungsstruktur explizit anzugeben ist; insoweit *Gründe* (entsprechend den bisherigen Analyseergebnissen) *verstanden, Ursachen* aber *beobachtet* werden, impliziert dies auf methodologischer Ebene das Problem der Relation von Verstehen und Beobachten (vgl. das nächste Kapitel). Damit ist außerdem die Analyse der metatheoretischen Argumente aus Monismus- wie Dualismus-Richtung nicht nur quantitativ so weit abgeschlossen, sondern auch qualitativ zu einem solchen nicht-dichotomistischen Ergebnis gebracht, daß die Folgerungen zur Integration bzw. Synthese von Hermeneutik- und Empirismus-Tradition (in der und für die Psychologie) gezogen werden können. Diese Integrationsperspektive wird im abschließenden Teil C. (Conclusionen) mit den beiden Kapiteln ‚Verstehen *und* Beobachten' (III./5.) sowie ‚Verstehen *und* Erklären' (IV./6.) entfaltet.

Exkurs Vier: Materialismus, Willens-Freiheit und Kritik der physiologischen Substruktion in der Psychologie

Mit der Aufrechterhaltung des covering-law-Modells der Erklärung auch für Handlungs-Erklärungen ist der Punkt der Argumentation erreicht, der die größte Nähe bzw. Überlappung zur Position des Monismus (vgl. o. II.7.) darstellt (wie das komplementär für das dialogische Verstehen in bezug auf die Position des Dualismus gilt, vgl. o. Kap. 2.). An dieser Stelle ist es wichtig, klarzumachen, daß mit der Akzeption ‚monistischer' Argumentationen in bezug auf die ‚kausale Erklärbarkeit' von Handlungen keineswegs alle Implikationen der monistischen Position übernommen werden (müssen) – dies gilt vor allem für die ontologischen Vorstellungen bzw. Postulate der Monismus-Position. Denn nur wenn auch auf dem Hintergrund einer im weiteren Sinne ‚monistischen' Argumentation hinsichtlich der kausalen Erklärbarkeit von Handlungen trotzdem in bezug auf die Gegenstandskonstituierung nicht-monistische Positionen vertreten und begründet werden können, ist es möglich und sinnvoll, eine Integration der rationalen Konzepte sowohl aus der monistischen als auch dualistischen Richtung anzustreben (wie es die folgenden Kap. 5. und 6. leisten sollen). Daher soll in diesem Exkurs als Übergang bzw. als Ermöglichungsgrund für diese Integration die Kritik an der monistischen Gegenstandskonstituierung bzw. Gegenstandsontologie in der Psychologie im Vordergrund stehen.

Die ontologische Perspektive der monistischen Position ist immer noch und immer wieder durch den Physikalismus im weiteren Sinne gekennzeichnet, d.h. die These der ‚Überführbarkeit' (um es zunächst untechnisch – und damit alle möglichen Spielformen des klassischen und neueren Physikalismus umfassend – auszudrücken) von psychologischen Inhalten (Phänomenen, Phänomenbeschreibungen, Konstrukten, Zuständen etc.) in letztlich physikalische, beim derzeitigen Wissensstand praktisch physiologische Einheiten. Diese ontologische Perspektive des Monismus manifestiert sich in der neueren handlungstheoretischen Argumentation als Diskussion über den Materialismus, d.h. über Lösungsmodelle, mit denen Fälle „mentaler Verursachung" als solche „physischer Verursachung" verstanden werden können. Die erkenntnistheoretisch-ontologische Grundhaltung des Monismus zeigt sich auch in monistischen (d.h. naturwissenschaftlichen) Konzeptionen der Psychologie sehr deutlich, und zwar in dem Bestreben, psychologisch-,mentalistische' auf physiologische Erklärungen zurückzuführen. Entscheidend ist dabei, daß solche Gesetzmäßigkeiten, bei denen psychologische Konstrukte als Antezedensbedingungen durch entsprechende physiologische Konstrukte oder Indikatoren ersetzt oder zumindest gestützt bzw. ergänzt werden können, als erklärungskräftiger, realitätsadäquater bzw. ontologisch überzeugender angesehen werden. Die naturwissenschaftliche Konzeption von Psychologie ist durch das monistische Programm gekennzeichnet, (rein) psychologischen Konstrukten so weit wie möglich physiologische Variablen bzw. Indikatoren zu *unterlegen*. Ich nenne dieses Programm in Anlehnung an und zugleich Abgrenzung von der Konstruktion theoretischer Begriffe (in der Psychologie): physiologische Substruktion (qua Unterlegung physiologischer Variablen unter psychologische Konstrukte)[6]. Die assoziative Mittelstellung dieses Begriffs zwischen Konstruktion und Obstruktion ist dabei durchaus beabsichtigt, da ich die physiologische Substruktion als Manifestation materialistisch-monistischer Gegenstandspostulate für eindeutig unnötig und sogar verfehlt halte.

Ich werde versuchen, diese Bewertung im folgenden in drei Schritten zu begründen. Im ersten Schritt will ich kurz skizzieren, warum viele Vertreter der analytischen Handlungstheorie mit der kausalen Erklärbarkeit von Handlungen auch das materialistische Programm eines psychologischen Gegenstandsverständnisses verbunden sehen und welche materialistischen Lösungsmodelle in der neueren Diskussion vorgeschlagen worden sind. Im zweiten Schritt werde ich auf das für die Psychologie zentrale inhaltliche, mit dem Materialismus-Programm verbundene Problem eingehen, nämlich auf die Frage, ob und gegebenenfalls wie man sich Handlungs- und Willens-Freiheit im Rahmen einer kausal determinierten Welt vorstellen kann. Von den Ergebnissen dieser Analyse aus werde ich dann abschließend die Manifestation des monistischen Materialismus in der Psychologie in Form der physiologischen Substruktion kritisieren und als reduktionistisch ablehnen.

E.4.1. Positionen und Varianten des Materialismus-Programms in der analytischen Handlungstheorie

Die kausale Erklärbarkeit von Handlungen führt für den Handlungstheoretiker aus (nicht nur, aber vor allem) zwei Gründen zur Notwendigkeit eines monistisch-materialistischen Programms. Zum ersten impliziert die Ablehnung spezifischer Erklärungsmodelle für Handlungen, daß diese Handlungen eben prinzipiell genauso zu erklären sind, wie die ihnen entsprechenden Körperbewegungen; dann aber sind die Ursachen der einer Handlung entsprechenden Körperbewegung mit den Ursachen dieser Handlung identisch — und was sollten das andere als physische (bzw. physiologische) Ursachen sein? (Beckermann 1977b, 32) Dies gilt insbesondere, wenn man die physische Verursachung als eine von mechanischer Kausalität auffaßt, die dann notwendigerweise mit der Erklärung unter Rückgriff auf Absichten, Wünsche etc. *unverträglich* sein muß (Malcolm 1977, 357). Malcolm diskutiert das am Beispiel eines Mannes, der eine Leiter hochklettert, „um seinen Hut vom Dach wiederzuholen" (1977, 340f.). Wenn man die Bewegung des Mannes vollständig durch elektrische, chemische, mechanische oder physiologische Prozesse in seinem Körper erklären kann, dann ist es unsinnig, auf seinen Wunsch oder seine Absicht (den Hut wiederzubekommen) zurückzugreifen. Also bleibt nur die Konsequenz, ‚mentale Phänomene' theoretisch prinzipiell und praktisch soweit wie möglich auf nicht-mentale, physische Phänomene zurückzuführen. Und dies zum zweiten auch deshalb, weil das alternative Modell des psycho-physischen Dualismus als nicht zureichend begründ- bzw. explizierbar abzulehnen ist. Unter psycho-physischem Dualismus ist dabei die These zu verstehen, daß „die Natur des Physischen von der des Psychischen total verschieden" ist und beide Bereiche in sich und gegeneinander abgeschlossen sind (Kutschera 1981, 290ff.). Diese These läßt sich aus mehreren Gründen nicht aufrechterhalten: einmal folgt aus einer Feststellbarkeit der Verschiedenartigkeit von Physischem und Psychischem nicht die „totale Verschiedenartigkeit" (Kutschera 1981, 298ff.: s. dort auch Beispiele); noch wichtiger aber ist das Phänomen der psycho-physischen Wechselwirkungen (vgl. das gesamte Gebiet der Psychosomatik, der Psychopharmaka etc.: Kutschera 1981, 303ff.). Am Phänomen der psycho-physischen Wechselwirkung scheitern auch die beiden dualistischen Positionen, die auf die Annahme einer „mentalen Verursachung" verzichten: der psycho-physische Parallelismus und der Epiphänomenalismus (vgl. Bieri 1981a, 7; Kutschera 1981, 306f.). Als prinzipielle Crux aller Dualismus-Versionen erweist sich daher die Unterstellung, daß das Psychische ein kausal abgeschlossener Bereich sei (vgl. Bieri l.c.; Kutschera l.c.). Denn diese Unterstellung stimmt einfach nicht mit unserer Erfahrung überein, und zwar weder mit der Alltags- noch mit der wissenschaftlichen Erfahrung. Der (monistische) Handlungstheoretiker zieht aus diesem Scheitern der dualistischen Lösungsmodelle in Verbindung mit den Argumenten für die kausale Erklärbarkeit von Handlungen die Konsequenz der entgegengesetzten Unterstellung: nämlich daß der Bereich des Physischen als kausal abgeschlossen zu denken sei (vgl. Bieri 1981a, 8; Kutschera 1981, 309; ich werde bei der Kritik der physiologischen Substruktion auf diesen Punkt zurückkommen) und daß daher die Lösung nur in einer Überführung psychisch-mentaler Phänomene in physisch-nichtmentale bestehen kann.

„Wir können versuchen, mentale Phänomene als eine bestimmte Art von physischen Phänomenen und mentale Verursachung als einen Fall von physischer Verursachung zu verstehen. Das ist der Versuch, den der gegenwärtige Materialismus macht." (Bieri 1981b, 35)

Die drei zentralen Lösungsansätze für dieses Materialismus-Programm, die in den letzten beiden Jahrzehnten von der Analytischen Philosophie erarbeitet und diskutiert worden sind, sind die Identitätstheorie, der eliminative und der funktionale Materialismus.

Die Identitätstheorie geht von der These aus, daß mentale Phänomene identisch sind mit bestimmten neurophysiologischen oder neurochemischen Phänomenen (im Gehirn oder zentralen Nervensystem; vgl. Lewis 1977; Nagel 1981; Bieri 1981b, 36). Es handelt sich bei mentalen und physischen Phänomenen, die eigentlich identisch sind, nach Auffassung der Identitätstheorie um verschiedenartige Phänomenbeschreibungen, die aber empirisch (durch „kontingente Identitätssätze") aufeinander reduzierbar sind; und zwar werden vor allem zwei Versionen dieser Identitätsreduktion angesetzt: zum einen die Identifikation eines beobachtbaren mit einem theoretischen (theoretisch beschriebenen bzw. konstruierten) Phänomen; zum anderen die Identifikation eines funktional beschriebenen mit einem inhaltlich spezifizierten Phänomen (vgl. Bieri 1981b, 38).

Bieri nennt als Beispiele für die erste Version die „physikalische Entdeckung, daß wir ein und dasselbe Phänomen beschreiben, wenn wir von Blitzen und Entladungen elektrostatischer Energie sprechen. Blitze *sind* elektrische Entladungen. ‚Wasser' und ‚H$_2$O', fand man heraus, bezeichnen ein und dasselbe Phänomen" (l.c.); ein Beispiel für die zweite Variante ist die Entdeckung, daß die ‚Gene' als funktional beschriebenen Einheiten identisch sind mit den inhaltlich spezifizierten DNS-Molekülen.

Die Identitätstheorie wird heute vor allem aus zwei Gründen nicht mehr vertreten. Der erste Grund hat mit der Unterscheidung eines generellen und partikularen Physikalismus zu tun. Geht man davon aus, daß es zwischen mentalen und entsprechenden physischen Phänomenen generelle Identitäten („mentale Universalien") gibt, so handelt es sich um einen generellen Physikalismus (Bieri 1981b, 39); unterstellt man zwischen mentalen und entsprechenden physischen Phänomenen nur partikulare (z.B. situationsspezifische etc.) Identitäten, so handelt es sich um einen partikularen Physikalismus. Die Schwierigkeit ist, daß der generelle Physikalismus von den empirischen Daten her nicht zu verteidigen ist; zugleich beantwortet der partikulare Physikalismus aber nicht die Erklärungsfragen, die für eine Überführung von mentalen in physische Phänomene zentral sind, d.h. klärt z.B. eben nicht auf, welcher neurophysiologische Zustand bei einem durch Angst erklärbaren Handeln vorliegt. „Die Identitätstheorie befindet sich in einem Dilemma: Entweder ist sie eine Theorie über mentale Universalien, dann scheint sie empirisch unplausibel. Oder sie ist empirisch plausibel; dann sagt sie uns nicht das, was wir wissen wollen." (Bieri 1981b, 41). Die zweite zentrale Kritik ist die von Kripke an der Explikation der „kontingenten Identitätssätze"; er weist darauf hin, „daß die einzige Modalkategorie, die im Zusammenhang mit Identität einen Sinn ergibt, die Kategorie der Notwendigkeit ist" (Bieri 1981b, 43). Diese Relation liegt nun aber ganz eindeutig zwischen mentalen und physischen Phänomenen nicht vor, wie u.a. z.B. die Cannon-Bard-Kritik an der James-Lange-Theorie der Emotionen deutlich macht (diese Kritik wird zwar von handlungsanalytischer Seite nicht angeführt, weil in der analytischen Philosophie die Beispiele aus der Physik und ‚bestenfalls' Chemie und Physiologie dominieren, gehört aber gleichwohl m.E. durchaus in diesen Argumentationszusammenhang).

Die James-Lange-Theorie der Emotion ist eine frühe ‚physiologistische' Emotionstheorie; sie geht davon aus, daß physiologische Veränderungen (besonders viszeraler Art, d.h. Kontraktionen der Eingeweide etc.) die Grundlage für das Gefühlserleben bilden. Und zwar in Umkehrung der Alltagsreflexion darüber: Wir weinen nicht, weil wir traurig sind, sondern wir sind traurig, weil wir weinen (vgl. Cofer 1975, 88). Gegen diese physiologische Fundierungsrelation hat Cannon (1929) folgende Argumente angeführt (aus denen durch die Erweiterung von Bard 1934 die hier nicht weiter zu besprechende Cannon-Bard-Theorie resultierte):

„Das emotionale Erleben hält unvermindert an, selbst wenn das Bewußtsein körperlicher Veränderungen sehr vermindert oder sogar verschwunden ist; die körperlichen Prozesse scheinen sich bei verschiedenen Emotionen nicht zu unterscheiden, obwohl wir im allgemeinen wissen, welches Gefühl wir erleben; die Aktivitäten der Eingeweide werden nicht sehr genau wahrgenommen und die Eingeweide selbst sind nicht gut mit Nerven ausgestattet; das Auftreten von

Eingeweideveränderungen erfordert Zeit, während unser Erleben einer Emotion oft sehr schnell auftritt; wenn man Veränderungen in den Eingeweiden, etwa durch die Injektion von Adrenalin, hervorruft, ist das resultierende Erleben keine echte Emotion: manche Leute sagen dann z.B.: ‚Ich fühle mich, als ob ich Angst hätte', aber sie wissen, daß sie keine Angst haben." (Cofer 1975, 88f.)

Diese Gegenargumente sind auch mit empirischen Untersuchungen belegt worden (so z.B. das erste durch Fallstudien an Querschnittsgelähmten); nicht alle Argumente haben sich im Laufe der Jahrzehnte auf dem Hintergrund der empirischen Forschung (unverändert) aufrechterhalten lassen (vgl. Cofer o.c., 91ff.). Aber zumindest das zweite Argument kann auch in bezug auf neueste Varianten der physiologischen Erregungstheorie der Emotion angeführt werden; die qualitativen Differenzen von Emotionen lassen sich auf der (quantitativen) Dimension der physiologischen Aktivierung nicht (vollständig) abbilden (vgl. Ulich 1982, 165f.).

Die skizzierten Kritikpunkte haben (zusammen mit anderen: vgl. Bieri 1981b, 41ff.) bewirkt, daß heute die Identitätstheorie praktisch nicht mehr vertreten wird.

Die nächste Stufe stellt der eliminative Materialismus dar. Er geht von der These aus, daß wir bisher mentalistisch beschriebene Phänomene noch nicht zureichend in physiologisch oder physikalistisch beschriebene überführen können, daß dies aber mit fortschreitender empirisch-naturwissenschaftlicher Forschung „in nicht allzu ferner Zukunft" möglich sein wird (vgl. Malcolm 1977, 333). Eliminativ heißt diese These, weil damit behauptet wird, daß es sich bei mentalen und physischen Einheiten um Einheitenbeschreibungen von konkurrierenden Theorien handelt, die sich zeitlich nacheinander ablösen. Das bedeutet, die mentalistische Beschreibung ist innerhalb einer traditionellen (zu überholenden) common-sense-Theorie über Handeln lokalisiert, die durch eine (zukünftige) materialistische Theorie ersetzt werden wird. Der Vorteil dabei ist, daß auf diese Weise mentale Phänomene mit Gehirnphänomenen identifiziert werden können, „ohne daß Gehirnphänomene mit mentalen Phänomenen identifiziert werden müssen" (Bieri 1981b, 45). Der Nachteil ist, daß damit mentalistische Beschreibungen und d.h. der Rekurs auf innere Gegebenheiten nicht nur als eliminierbar, sondern als eliminierungsbedürftig postuliert werden; darin liegt ein Nachteil, weil das stark der Intuition des Benutzers von Alltagssprache widerspricht, der gerade das mentalistische Vokabular als eine Art „privilegiertes Vokabular, das nicht ersetzbar ist", empfindet (Bieri 1981b, 46). Und alle Erfahrungen, die insbesondere der Psychologe mit der Elimination mentalistischer Konstrukte durch den Behaviorismus (z.B. Skinner'scher Prägung) in den letzten Jahrzehnten gemacht hat, sprechen keineswegs dafür, dieses Eliminationsprogramm für empirisch erfolgversprechend oder auch nur durchführbar zu halten. Das klassische Beispiel ist die Theorie ‚sprachlichen Verhaltens', die Skinner ohne Rückgriff auf ‚mentalistische' Begriffe wie ‚Bedeutung' etc. zu elaborieren versucht hat – ein Versuch, der heute von psychologischer Seite aus praktisch durchwegs als gescheitert angesehen wird, und zwar vor allem deswegen, weil sich gerade der Bereich von Sprachproduktion und Sprachrezeption als ein paradigmatischer Fall für die internale kognitive Konstruktivität des menschlichen Subjekts erwiesen hat, die ‚mentalistische' Begriffe unverzichtbar macht (vgl. Hörmann 1981 und oben I.3.).

Beispiel: Die kognitive Konstruktivität des menschlichen Subjekts kommt z.B. besonders beim komplexen Phänomen der Ironie zum Ausdruck, und zwar sowohl bei der Produktion wie Rezeption von Ironie. Wenn etwa ein Altersheimbewohner beim Abendessen zu der sehr dicht aufgerückten Nachbarin sagt: ‚Rücken Sie doch noch ein bißchen näher!', so äußert er damit an der Oberfläche (wörtlich) eine Aufforderung zur Handlungsfortführung, meint de facto aber eine Aufforderung zum Handlungswechsel (vgl. Groeben & Scheele 1984, 30ff.). Gerade dieses Phänomen, daß man mit einem völlig eindeutigen Satz in einem bestimmten Kontext etwas anderes, ja eventuell sogar das Gegenteil des Geäußerten meinen kann, ist etwas, das eine verhaltenstheoretische ‚Sprachtheorie' überhaupt nicht zu erklären vermag; das bezieht sich in gleicher Weise auch auf das Verstehen von Ironie, bei der der Hörer ja die nicht-geäußerte, aber gemeinte Bedeutung des Sprechaktes kognitiv *konstruieren* muß (vgl. ausführlich oben 3.2.). Skinners Theorie des ‚sprachlichen Verhaltens' dagegen reduziert in dem Bemühen, völlig ohne den Begriff der ‚Bedeutung' auszukommen, das Phänomen der Ironie in unrealistischer und unsinniger Weise auf mehrdeutige Sätze, die von unterschiedlichen Rezipienten (in Abhängigkeit von Umweltreizen) verschieden wahrgenommen werden (vgl. Groeben 1984).

Der eliminative Materialismus ist also, gerade auch unter Einbeziehung der Eliminationsversuche mentalistischer Begriffe von seiten des Behaviorismus und deren Mißerfolg in der Theorieentwicklung der Psychologie, als nicht-erfolgversprechende Variante des Materialismus-Programms abzulehnen.

Als historisch und systematisch bisher letzte und zugleich wichtigste Variante dieses Programms ist daher heute der funktionale Materialismus anzusehen. Er geht von der These aus, daß mentale Zustände *funktionale Zustände* darstellen, die nicht generell identisch sind mit bestimmten physiologisch oder biochemisch definierten Zuständen (vgl. Beckermann 1977b, 64f.), die aber beim Menschen de facto durch Zustände des Gehirns realisiert werden (Bieri 1981b, 47). Funktionale Zustände bilden insgesamt z.B. die *funktionale Organisation* eines Systems ab, wie sie etwa durch das Programm eines Computers definiert wird (vgl. Putnam 1981); diese *software* des Computers (gleich funktionale Zustände) kann im Prinzip durch verschiedene materiale Identitäten realisiert werden (beim Computer die *hardware*, d.h. der physikalisch-elektrische oder -elektronische Aufbau des Computers; beim Menschen eben z.B. die physisch-physiologische Konstitution). Das bedeutet, daß der Funktionalismus logisch nicht ausschließt, „daß mentale Zustände nicht-physische Zustände sein könnten" (Bieri 1981b, 49); er vertritt jedoch die These, „daß mentale Zustände beim Menschen *faktisch* als Zustände des Gehirns realisiert sind" (Bieri l.c.). Allerdings behalten auf diese Art und Weise beide Beschreibungsweisen, die funktionale und die materiale, ihre Berechtigung, sind nicht aufeinander reduzierbar oder durcheinander ersetzbar (Beckermann 1977b, 67); d.h. der funktionale Materialismus läßt einen Dualismus der Beschreibungsebene zu (Putnam 1981, 130), ohne damit einen ontologischen Dualismus zu verbinden. Der funktionale Materialismus „kommt unseren dualistischen Intuitionen ein Stück weit entgegen, ohne zu der Annahme zu führen, daß mentale Zustände nicht-physische Zustände sind. Der funktionale Charakter mentaler Zustände ist ontologisch neutral." (Bieri 1981b, 50)

Mit der These der ontologischen Neutralität ist am (vorläufigen) Ende der Lösungsmodelle des Materialismus-Programms allerdings die zentrale problematische Zielrichtung dieses Programms, nämlich der Reduktionismus, praktisch aufgegeben (das gilt auch für neuere Explikationsversuche eines „nicht-reduktiven Materialismus": vgl. Bieri 1981b, 51ff.). Gerade die (ontologisch-)reduktionistische Komponente des Physikalismus hat sich bei der Explikation des materialistischen Monismus nicht halten lassen. Daraus ergeben sich als Konsequenz für die Psychologie als objekttheoretische Einzeldisziplin zumindest zwei Fragen. Die erste Frage ist, was diese ontologische Neutralität für die Struktur und Bewertung psychologischer Forschungsstrukturen, insbesondere das Gewicht physiologischer Variablenexplikationen bedeutet, oder kritischer verbalisiert: Wird dieses Merkmal der ontologischen Neutralität in der metatheoretischen Bewertung psychologischer Forschungsstrukturen und -ergebnisse durchgehalten oder wird letztlich nicht doch, implizit und explizit, von einer größeren ontologischen Bedeutsamkeit physiologischer Variablen bzw. von mit physiologischen Variablen verbundenen psychologischen Konstrukten ausgegangen? Die zweite Frageperspektive ist noch grundlegender. Wenn schon von einem Dualismus auf Beschreibungsebene auszugehen ist und wenn der funktionale Materialismus ontologisch neutral ist (bzw. sein soll), sind dann nicht die auf der mentalistischen (intentionalistischen etc.) Sprachebene formulierten Erlebnisqualitäten so wichtig, daß man zumindest von einem Psychologen (eventuell auch noch Philosophen; vgl. Bieri 1981b, 50f.) nicht verlangen kann, auf die Beschreibung gerade dieser Erlebnisqualitäten zu verzichten?: „Schmerz hat sicherlich bestimmte funktionale Eigenschaften (wie z.B. Auslöser für Vermeidungsreaktionen zu sein), aber eben nicht nur diese Eigenschaften; d.h. der Funktionalismus kann ‚dem spezifischen Charakter von Erlebnissen nicht Rechnung tragen'" (Bieri 1981b, 51).

Oder mit einem rein auf den physischen Bereich konzentrierten Beispiel von Kutschera (1981, 273): Die Identität der Extension zweier Prädikate besagt nicht, „daß sie dieselben Eigenschaften, Beziehungen oder Zustände ausdrükken. Haben genau die Lebewesen ein Herz, die eine Niere haben, so folgt daraus nicht, daß ein Herz zu haben nichts anderes ist, als eine Niere zu haben." Das bedeutet, daß der Funktionalismus letztlich daran scheitert, „daß die psychologische Sprache ausdrucksreicher ist als die physikalische." (Kutschera l.c.) Das läßt sich auch an einem parallelen Beispiel, das auf das von Bieri erwähnte Phänomen des Schmerzes zurückgreift, verdeutlichen.[7] Rein funktional besteht z.B. unter dem Aspekt der Signalgebung kein Unterschied, ob ein elektrischer Boiler bei Erreichen der Siedetemperatur des Wassers ein helles Schnarren von sich gibt oder ob ein Mensch, wenn er mit dem siedenden Wasser in Berührung kommt, vor Schmerz aufschreit. Das läßt sich weiter fortsetzen in den physiologischen Bereich hinein (der Veränderungen, die bei der Berührung des Menschen mit siedendem Wasser resultieren); in jedem Fall aber sind die Erlebnisqualitäten, die in dem Schmerzensschrei zum Ausdruck kommen, das psychologisch eigentlich Relevante (und zu Beschreibende).

Damit führt der funktionale Materialismus schlußendlich wieder auf die Frage zurück, was ein materialistischer Reduktionismus für die Psychologie überhaupt bringt — und zwar hinsichtlich beider Versionen, sowohl des physiologischen als auch des funktionalen Reduktionismus. Bevor ich diese Fragen auf grundsätzlichem metatheoretischem Abstraktionsniveau zu beantworten versuche, möchte ich zur argumentativen Vorbereitung und Anreicherung dasjenige inhaltliche Problem analysieren, das am psychologiespezifischsten ist und zugleich als zentrale Problematik diskutiert wird, die aus der These der kausalen Erklärbarkeit menschlichen Handelns folgt: das Problem der Handlungs- oder Willens-Freiheit.

E.4.2. Kausale Erklärbarkeit gleich Determiniertheit von Handlungen?: die Möglichkeiten, am Konzept der Handlungs- bzw. Willens-Freiheit festzuhalten

Das Problem des freien Handelns stellt sich auf dem Hintergrund der These von der kausalen Erklärbarkeit von Handlungen folgenderweise: Kann man zugleich behaupten, daß menschliche Handlungen kausal verursacht sind und daß jemand trotzdem ‚auch anders hätte handeln können', als er es getan hat? — wobei unter ‚jemand hätte auch anders handeln können' verstanden wird: „Falls er beschlossen hätte, anders zu handeln, dann hätte er anders gehandelt" (Chisholm 1977, 357). Die subjektive Erfahrung und Selbstinterpretation des (handelnden) Menschen geht von dieser (eigenen) Entscheidungsfähigkeit aus; auf dieser Entscheidungsfähigkeit basieren auch die moralischen Aspekte der Verantwortlichkeit des Handelnden für sein Handeln und der von der Gesellschaft für solche ‚verantwortlichen Handlungen' als legitim angesehen Sanktionen (vgl. Pothast 1978a, 9ff.). All dies unterstellt oder setzt die Freiheit menschlichen Handelns voraus. Kann man aber von einer solchen Freiheit sinnvoll sprechen, wenn man zugleich das Modell kausaler Verursachung von Handlungen ansetzt? Denn „in dem Bereich, in dem das Modell der Kausalität zur Deutung von Ereignissen angewandt werden kann, gibt es keine Freiheit. Die Ereignisse sind so, wie ihre Ursachen sie bestimmen" (Pothast 1978a, 26). Als kausale Bedingungen des Handelns sind psychische Zustände der Person, Zustände des Körpers als auch Zustände der Umwelt anzuführen; diese Zustände aber determinieren dann, welche Handlung von der jeweiligen Person gewählt und vollzogen wird. Das ist das Problem des freien Handelns auf dem Hintergrund der monistischen Position der kausalen Erklärbarkeit von Handlungen.

Es besteht also folgendes Dilemma: „Entweder man erklärt Personen für frei und verantwortlich; dann stimmt man überein mit der Art, wie sich die Personen selbst (sehr oft) erfahren, wenn sie eine Entscheidung treffen, und man stimmt überein mit dem System moralischer Forderungen und Reaktionen, die sich auf frei Handelnde richten. Man widerspricht der These eines allgemeinen Determinismus, und man muß die ständig zunehmende Menge empirischen Wissens, aus dem sich in einigen Fällen die Handlungen von Personen schon

heute ableiten lassen, irgendwie so deuten, daß dieses Wisssen nicht gegen die Behauptung der Freiheit verwendet werden kann. Oder man erklärt Personen für determiniert und unfrei. Dann hat man den ständig fortschreitenden Erfolg der empirischen Wissenschaft bei der Voraussage von Handlungen für sich, aber man muß das subjektive Freiheitsbewußtsein der Person für eine Täuschung erklären." (Pothast 1978a, 11; auf psychologischer Seite geht z.B. Montada (1983, 163ff.) von der gleichen Fassung der Problemstellung aus.)
Das Zitat macht deutlich, daß das Problem der Handlungs-Freiheit z.T. mit der Determinismus-These identifiziert wird. Nun könnte man aufgrund der Ergebnisse des letzten Kapitels argumentieren, daß heute Kausal-Erklärungen durchaus mit einer Vorstellung des Indeterminismus vereinbar sind und daher das Problem des freien Handelns gar nicht mehr auftritt. Damit würde man es sich gegenüber der monistischen Position aber aus zwei Gründen zu einfach machen. Zum einen wird in der Handlungsphilosphie (die ja, wie dargestellt, z.T. ohne Verbindung zur analytischen Wissenschaftstheorie abläuft) der Terminus ‚Determinismus' einfach als Äquivalent für ‚kausale Erklärbarkeit' verwandt und würde z.T. vermutlich auch für *statistische* Kausal-Erklärungen benutzt werden. Zum anderen konzediert die monistische Materialismus-These ja durchaus, daß wir derzeit – noch – keine deterministischen Kausal-Erklärungen für Handlungen liefern können; sie behauptet ‚lediglich', daß wir es irgendwann können bzw. zumindest können wollen oder wollen sollten. Die grundlegende Frage, der man sich bei der Kritik der monistischen Position auch stellen sollte, ist daher: Was wäre mit der Handlungs-Freiheit, wenn wir deterministische Kausal-Erklärungen geben könnten? Ich will deshalb in diesem Abschnitt die Identifizierung von Kausalität und Determinismus nicht zur Kritik benutzen, sondern erst im folgenden Abschnitt bei der Diskussion der physiologischen Substruktion in der Psychologie den Aspekt der statistischen Kausalität wieder (kritisch) aufnehmen.

Ein klassischer Lösungsvorschlag für das Problem des freien Handelns, der es als Scheinproblem bezeichnet und damit auflöst, geht auf Hume zurück. Dieser unterscheidet zwischen zwei Explikationen von Freiheit: Freiheit des Willens und Freiheit des Handelns. Freiheit des Handelns liegt vor durch Abwesenheit von äußerem bzw. psychischem Zwang (Hume selbst führt als solchen Zwang den äußeren des in Kettengelegtseins eines Gefangenen an, heute wird man sicher auch psychische Zwänge wie Phobien, Neurosen, Einfluß von Hypnose etc. einbeziehen; vgl. Pothast 1978a, 16). Freiheit des Willens heißt dann, in der Genese von Wünschen, Motiven etc. völlig frei und undeterminiert zu sein: in einem Sinn, wie es der Determinismusthese bzw. der Vorstellung kausaler Erklärbarkeit von Handlungen widerspricht. Diese Vorstellung von Willens-Freiheit ist gemäß Hume (und Nachfolgern: vgl. Schlick 1978) unsinnig und schafft eben erst artifiziell das Scheinproblem des ‚freien Handelns'. Denn die Handlungs-Freiheit im Sinn der Abwesenheit von (äußerem und psychischem) Zwang reicht als Explikation von ‚freiem Handeln' völlig aus und vermeidet den sinnlosen, artifiziellen Widerspruch zur These der kausalen Determiniertheit. Freies Handeln bedeutet dann „die Freiheit, gemäß den Entscheidungen des eigenen Willens zu handeln" (Pothast 1978a, 15f.), und diese Handlungs-Freiheit ist Grund genug, um von Verantwortlichkeit des Handelnden für seine Handlungen und den daraus folgenden moralischen Konsequenzen bzw. Sanktionen der Gesellschaft auszugehen. Diese Explikation von ‚freiem Handeln' ist also durchaus vereinbar mit der Vorstellung, daß Handlungen kausal verursacht sind (und damit auch der Determinismus-These). Dies gilt genauso für das subjektive Entscheidungsgefühl des Handelnden selbst; wenn ‚freies Handeln' darin besteht, gemäß den eigenen Wünschen, Absichten, Motiven etc. handeln zu können, dann trägt ja gerade deren kausale Wirksamkeit (Effektivität) zur Freiheit des Handelns bei. Vertreter dieser These der Vereinbarkeit von Handlungs-Freiheit und (kausalem) Determinismus weisen daher darauf hin, daß in der Entgegensetzung von Handlungs-Freiheit und Determinismus unsinnige und daher unzulässige Begriffsidentifizierungen vorkommen; z.B. wird die deskriptive (Natur-)Gesetzlichkeit unzulässigerweise mit einem ‚Zwang' identifiziert, den sie auf den Handelnden ausüben soll, und komplementär Freiheit mit Gesetzlosigkeit verwechselt (vgl. Schlick 1978, 160ff.).

Die Frage ist, ob mit diesen Unterscheidungen (zwischen Handlungs- und Willens-Freiheit) und der darin enthaltenen Vereinbarkeitsthese (von ‚freiem Handeln' und kausalem Determinismus) in der Tat auch für die heutige Psychologie alle Fragen gelöst sind; ob wirklich auch auf dem Hintergrund objekttheoretischer Gegenstandsannahmen und anthropologischer Vorstellungen das Konzept der Willens-Freiheit so völlig sinnfrei ist und mit einer adäquaten Explikation des Problems des freien Handelns nichts zu tun hat. Hier gibt es ein sehr grundsätzliches und existentielles Gegenbeispiel, das m.E. die Notwendigkeit nachweist, auch das Konzept der Willens-Freiheit eingehender zu analysieren: Das ist der Fall, wo jemand zwar seiner Handlungs-Freiheit beraubt wird, im Extremfall durch Gehirnwäsche und Folter, und dennoch seinen Willen, seine Absichten etc. nicht an den Zwang von außen anpaßt, d.h. seine Willens-Freiheit bewahrt (vgl. Frankfurt 1981, 295).

So hat z.B. ein Mann, der in einer südamerikanischen Militärdiktatur gefoltert wurde, um angebliche Mitverschwörer zu denunzieren, auf die völlig verständnislose Frage einer Interviewerin: ‚Haben Sie nicht irgendwann auch in der Versuchung gestanden, aufzugeben und sich den Tod zu wünschen?' sinngemäß geantwortet: ‚Ich habe nie aufgegeben – und d.h. mir oft den Tod gewünscht.'

Ganz so einfach, wie es die klassische Vereinbarkeitsthese postuliert, kann die Lösung der Problematik des freien Handelns und der Kausal-Erklärung von Handlungen für einen Psychologen also nicht sein. Gerade die Gegenüberstellung des handlungstheoretischen Menschenbilds mit dem verhaltenstheoretischen (behavioralen) Subjektmodells bietet hier jedoch ergiebige Ansatzpunkte in bezug darauf, in welchem psychologisch begründbaren Sinn von Handlungs- *und* Willens-Freiheit gesprochen werden kann und wie sich diese Konzepte zur These der kausalen Erklärbarkeit (bzw. Determiniertheit) von Handlungen verhalten.

Die behavioristische Konditionierungstheorie ist zur Analyse dieses Problems deshalb so geeignet, weil sie exakt jenes Modell mechanischer, abgeschlossener Kausalität objekttheoretisch behauptet, das in der Determinismus-These unterstellt wird. Eine der zentralen theoretischen Manifestationen dieses Modells ist es, daß nicht nur behauptet wird, der (lernende) Organismus stehe unter Kontrolle der Umwelt, sondern daß diese Kontrolle auch bei allen Organismen (d.h. Tieren wie Menschen) praktisch automatisch ablaufe: und z.B. nicht davon abhänge, ob das (menschliche) Versuchsobjekt sie bemerkt oder nicht. An diesem ‚awareness'-Problem prallen sehr deutlich die unterschiedlichen Menschenbildannahmen des (behavioristischen) Physikalismus und des (kognitiv-psychologischen) Mentalismus aufeinander. Denn wenn in der Tat auch für den Menschen eine solche automatische Kontrolliertheit durch Umwelt gilt, dann erscheint die Rede von der Handlungs- *und* Willens-Freiheit des Menschen intuitiv als unberechtigt bzw. sogar unmöglich. Das dürfte auch der Grund sein, weswegen es zum Ablauf und Ausgang des Forschungsprogramms ‚awareness' beim ‚verbal conditioning' so viele zusammenfassende Analysen gibt (vgl. etwa Holzkamp 1972a, 1327ff.; Groeben & Scheele 1977, 16ff.; Bay 1980, 125ff.). Aus dem gleichen Grund will ich die Ergebnisse dieser Analysen, obwohl sie oben (in Kap. I.3., II.3., 1.6.) bereits erwähnt worden sind, noch einmal komprimiert skizzieren.

Der Ausgangsversuch zum verbal conditioning stammt von Greenspoon (1955), bei dem Versuchspersonen aufgefordert werden, möglichst spontan verbale Äußerungen zu produzieren; aus diesen wird vom Versuchsleiter eine bestimmte Klasse (wie Tiere, Plurale, Singulare etc.) verstärkt (und zwar durch Nicken, zustimmendes Mhm etc.). Die These, daß „die Verstärkungswirkung als ein automatischer, quasi mechanischer Prozeß zu betrachten" ist (Holzkamp 1972a, 1327), wurde durch post-experimentelle Interviews der Versuchspersonen überprüft; dabei ergab sich in der ersten Phase des Forschungsprogramms zum verbalen Konditionieren, daß in der Tat durchschnittlich nur 5% der Versuchspersonen ‚awareness' zeigten, d.h. angeben konnten, welche Responseklasse vom Versuchsleiter verstärkt worden war (vgl. Krasner 1958). Gegen dieses Ergebnis wurden von ‚kognitivistischer' Seite aus vor allem zwei (methodologische) Argumente ins Feld geführt. Erstens wurden die Interviewfragen als zu allgemein und damit für die notwendigen spezifischen Hypothesen als unsensitiv kritisiert; zweitens wurden die post-experimentellen Interviews, wie es beim Konditionierungsexperiment üblich ist, erst nach Abschluß und d.h. nach einer Extinktionsphase erhoben, so daß nicht auszuschließen ist, daß die Versuchspersonen zunächst die ‚richtige' Hypothese über die Verstärker-Response-Relation aufgestellt, sie dann jedoch in der Extinktionsphase wieder verworfen haben. Eine Verbesserung der Interviewmethodik entsprechend diesen beiden Kritikpunkten ließ den Prozentsatz der Versuchsperonen mit ‚awareness' erheblich ansteigen; dies läßt sich allerdings von behavioristischer Seite aus immer noch so interpretieren, daß auch ‚awareness' als abhängige Variable aufzufassen ist, die genauso wie das konditionierte Verbalverhalten von den Verstärkerbedingungen (als unabhängige Variable) abhängt. Man kann die awareness in diesem Sinn dann interpretieren als z.B. nachträgliche Rationalisierung der Leistung durch die Versuchsperson oder Suggestion von Hypothesen durch Hinweise im Interview oder simultane Konditionierung von awareness zusammen mit der Konditionierung der verstärkten Responseklasse (vgl. Spielberger 1965, 151; auch Krasner & Ulmann 1963; Kanfer 1968). Für den Kognitivisten oder Mentalisten aber stellt die ‚awareness' die zentrale unabhängige Variable dar, ohne die der Effekt der erhöhten Äußerungshäufigkeit (der verstärkten Responseklasse) gar nicht auftritt. Um diese Hypothese zu überprüfen, haben De Nike und Spielberger (1962; 1964; 1965; 1966) die Versuchspersonen *während* des Versuchs berichten lassen, was sie über den Versuch denken, und konnten auf diese Art und Weise sichern, daß die Auftretenshäufigkeit der verstärkten Responseklasse erst von dem Zeitpunkt an ansteigt, da die Versuchsperson eine Einsicht in den Verstärkungszusammen-

hang besitzt. Damit wird die kognitive Abbildung der Reiz-Reaktions-Kontingenzen zur notwendigen unabhängigen Variable für den ‚Konditionierungs'-Effekt; die ‚awareness' hat sich im Laufe des Forschungsprogramms zum verbalen Konditionieren also von einer Störvariablen zu einer abhängigen und dann zu einer unabhängigen Variablen ‚entwickelt' – was genau jenen Wechsel von der Anomalie zum zentralen thematischen Gegenstand konstituiert, wie es in Kuhns Modell vom (revolutionären) Paradigmawechsel postuliert wird (vgl. dazu eingehender unten Exkurs Fünf).
Im hier thematischen Zusammenhang des Problems des ‚freien Handelns' ist dabei vor allem festzuhalten, daß die ‚awareness' damit nicht als hinreichende Bedingung unterstellt wird, dazu ist natürlich noch notwendig, daß die Versuchsperson sich (z.B. im Rahmen der Rolle einer sog. guten Versuchsperson; vgl. Exkurs Zwei) entsprechend den durch die ‚awareness' abgebildeten Verstärkungsintentionen des Versuchsleiters zu verhalten (bzw. zu handeln) bereit ist. Hier wird jetzt am konkreten psychologischen Beispiel die Rede vom ‚freien Handeln' deutlich: Wenn nämlich ‚awareness' (gleich Einsicht in bzw. kognitive Abbildung von Reiz-Reaktions-Kontingenzen) eine notwendige Bedingung darstellt, dann könnte die Versuchsperson auch anders handeln – nämlich wenn sie sich entschließen würde, nicht im Sinne der Rolle der ‚guten' Versuchsperson, sondern gerade gegen diese Rolle zu handeln. Wenn ‚awareness' keine notwendige Bedingung wäre und d.h. der Verstärkungsvorgang ein (mechanisch-)automatischer Prozeß wäre, dann allerdings gäbe es keine irgendwie geartete sinnvolle Möglichkeit zu sagen, daß die Versuchsperson hätte anders handeln können. Darin manifestiert sich die Ergiebigkeit dieses Beispiels für das Problem der Kausal-Erklärung/des Determinismus bzw. des freien Handelns (was natürlich auch für entsprechende parallele Probleme gilt, die aus Raumgründen hier nicht näher besprochen werden können; vgl. etwa das Problem der unterschwelligen Wahrnehmung, das sich letztlich ebenfalls fast vollständig als methodisches Artefakt hat nachweisen lassen: Brand 1980, 113ff.).

Was kann man nun aus diesem Beispiel für das Problem der Handlungs- und Willens-Freiheit ableiten? Zunächst m.E. ganz eindeutig, daß die Begrenzung des Problems auf das Konzept der Handlungs-Freiheit sensu Hume zu kurz greift. Es ist sicher unbestreitbar, daß bei Vorliegen von äußerem Zwang (über dessen Spezifizierung jetzt hier nicht gestritten werden muß) kein ‚freies Handeln' in dem Sinne anzusetzen ist, daß das Postulat moralischer Verantwortlichkeit legitim wäre. Aber das Beispiel macht deutlich, daß der ‚Zwang von außen' sich nicht nur auf die Durchführung eines vorhandenen (und d.h. wie auch immer zustandegekommenen) Willens beziehen kann, sondern auch auf die Genese dieses Willens. Wenn mein Wollen mechanisch-automatisch unter Kontrolle der Umwelt zustande kommt, dann erscheint es intuitiv ebenfalls sinnlos, von ‚Freiheit' zu sprechen, dann erscheint eine Zuschreibung von Verantwortlichkeit und ein moralisches zur-Rechenschaft-Ziehen (des ‚Reaktionen emittierenden menschlichen Organismus') ebenfalls als illegitim, dann könnte ich eben nicht anders ‚handeln' (korrekt heißt das in der hier entwickelten Terminologie: mich nicht anders verhalten). Worauf es ersichtlich ankommt, ist, daß auch die Genese des Wollens nicht direkt mechanisch-automatisch von der Umwelt determiniert wird, sondern daß diese Umwelteinflüsse durch interne Verarbeitung modifiziert und damit potentiell gebrochen werden können; daß also auch die Genese des Wollens (nicht nur, aber doch auch) von internen Verarbeitungsprozessen abhängt und damit den internalen Wertungen, Wünschen, Absichten etc. nicht entzogen ist. Zum ‚freien Handeln' gehört also nicht nur die Freiheit, zu tun, was man unmittelbar (tun) will, sondern auch die Freiheit, zu wollen, was den eigenen Wünschen, Bewertungen und damit internalen Verarbeitungsprozessen entspricht. Wenn man ‚Willens-Freiheit' in diesem Sinn (wie es z.B. auch Frankfurt 1981, 296 tut) definiert, nämlich daß der Mensch „frei ist zu wollen, was er wollen möchte" (Frankfurt l.c.), dann gehört dieser Aspekt der Willens-Freiheit für die Psychologie m.E. konstitutiv und unverzichtbar zum Problem des ‚freien Handelns'. Und diese Interpretation befindet sich auch in optimaler Kohärenz mit dem handlungstheoretischen Subjektmodell des reflexions- und kommunikationsfähigen Menschen. Frankfurt bezeichnet z.B. (1981, 296) solches „Wollen, was man wollen möchte" als „Volitionen zweiter Stufe", wobei dann Willens-Freiheit entsprechend der eben angeführten Explikation in einer Übereinstimmung von Volitionen erster Stufe (unmittelbar auf Handlungen gerichtetes Wollen, Intendieren etc.) und Volitionen zweiter Stufe (auf Wünsche, Absichten, Wollen etc. gerichtetes Wollen) besteht. Volitionen zweiter Stufe aber sind natürlich nur einem reflexiven Subjekt möglich, das in seinen Reflexionen seine Handlungsabsichten mit den Bewertungsaspekten des eigenen Zielsystems in Beziehung setzen kann. ‚Freies Handeln' ist also nach dieser Analyse eines paradigmatischen Beispiels aus der Psychologiegeschichte durch (zumindest) drei Aspekte zu kennzeichnen: Handlungs-Freiheit als Freiheit von ‚äußerem' Zwang, der die Effektivität eines handlungsleitenden Wollens verhindern könnte; Willens-Freiheit als Nicht-Determiniertheit der Genese des Wollens durch mechanisch-automatisch wirkende Einflüsse der Umwelt; und damit im Extremfall auch Willens-Freiheit gegen Handlungs-Unfreiheit.

Diese Explikation von ‚freiem Handeln' steht nach meiner Einschätzung allerdings keineswegs im Widerspruch zur These der kausalen Erklärbarkeit menschlicher Handlungen. Eine erste Grundposition, die eine solche Widersprüchlichkeit ganz eindeutig vermeiden kann, wird von der Analytischen Philosophie kaum diskutiert (vgl. die nur sehr beiläufige Erwähnung bei Kutschera 1981, 281), ist aber für die Psychologie in der Kontroverse zwischen behavioristischer (verhaltenstheoretischer) und kognitiv-mentalistischer (handlungstheoretischer) Konzeption sehr bedeutsam. Es geht darum, daß die mentalistisch-handlungstheoretische Position mit der kausalen Erklärbarkeit von Handlungen keineswegs ausschließt, daß am Ende der Suche nach erklärenden Antezedensbedingungen (z.B. auch von Handlungen) irgendwelche externen Stimuli der (physikalischen) Reizumwelt gefunden werden, ja sogar gesucht werden sollen; dabei mag die notwendige Erklärungskette (und damit Kette der Antezedensbedingungen) mehr oder weniger weit sein, das ist nicht entscheidend. Entscheidend ist vielmehr, daß diese externalen Reize auch immer internal verarbeitet werden. Selbst wenn man die These der kausalen Erklärbarkeit menschlicher Handlungen in diesem Sinn als Regel zur Suche nach solchen (letztlich physikalisch meßbaren) Antezedensbedingungen auffaßt, bleibt doch ein grundsätzlicher, struktureller Unterschied zur behavioristisch-deterministischen

Position bestehen. Die These der Erklärbarkeit menschlicher Handlungen ist vom Grundansatz her zunächst eine metatheoretische Zielidee, die These der deterministischen (automatischen) Kontrolle der Umwelt gegenüber dem (menschlichen) Individuum aber ist eine objekttheoretische Geltungsbehauptung – eine Geltungsbehauptung zudem, die hinsichtlich der Erklärbarkeit menschlicher Reaktionen unter Ausschluß internaler Verarbeitungsprozesse als empirisch falsifiziert gelten kann. Die Vermischung von metatheoretischer Zielidee und objekttheoretischer Geltungsbehauptung (und damit Verwischung ihres Unterschiedes) ist von Scheele (1981, 117f.) als Immunisierungsstrategie behavioristisch-deterministischer Positionen herausgearbeitet und kritisiert worden (s.o. Kap. II.4.); auch gegenüber der Position des Physikalismus oder Materialismus, der durch die These der kausalen Erklärbarkeit menschlicher Handlungen die Möglichkeit ‚freien Handelns' ausgeschlossen sieht, läßt sich diese Kritik vorbringen (ähnlich argumentiert auch Montada – 1983, 173ff. –, ohne allerdings auf Scheele 1981 zurückzugreifen). Da die These der Anwendbarkeit des Subsumtions-Modells der Erklärung auf menschliches Handeln vom Grundansatz her ein metatheoretisches Programm ist, besteht keinerlei Notwendigkeit, daraus ontologisch einen kausalen Determinismus abzuleiten (der – eventuell – die Möglichkeit freien Handelns ausschließen könnte). Wenn man will, kann man also sehr wohl von der kausalen Verursachung menschlicher Handlungen und zugleich der Handlungs-Freiheit (und Willens-Freiheit) des Menschen sprechen, indem man hinsichtlich der ontologischen Dimension eines physikalischen Determinismus unbestimmt, d.h. abstinent bleibt.

Aber auch wenn man einen gewissen erkenntnistheoretischen Realismus (aus welchen Gründen auch immer; vgl. Bieri 1981, 17ff.) für unverzichtbar hält und also die kausale Verursachung von Handlungen auf der Ebene objekttheoretischer Geltungsbehauptungen diskutieren will, widerspricht dieser ‚Determinismus' ebenfalls nicht der Möglichkeit des ‚freien Handelns', wie es oben expliziert worden ist. Denn wenn es darum geht, daß der Mensch das wollen kann, was er wollen will (Volition zweiter Stufe), dann ist ihm eine kausale (eventuell sogar deterministische) Genese eben dieser gewollten Volitionen nur recht; hier würde der Mensch gerade das Nicht-Gelten einer entsprechenden kausalen Wirksamkeit als Einschränkung seiner Willens- und Handlungs-Freiheit empfinden. Das heißt: In bezug auf diese Willensgenese wird die Rede vom ‚er hätte anders handeln können' sinnlos, da er ja gerade nicht gewollt hätte, „daß sein Wille ein anderer gewesen wäre" (Frankfurt 1981, 300); in bezug auf diese Explikation gilt also (ebenfalls, eventuell noch viel grundlegender) die Explikation von Schlick (1978, 168), daß eine solche kausale Gesetzmäßigkeit gerade nicht mit ‚Zwang' zu identifizieren und zu verwechseln ist. Eine psychologisch sinnvolle Explikation des Konzepts ‚freies Handeln' ist daher in der Tat, wie Frankfurt behauptet (1981, 300), gegenüber dem Problem des Determinismus neutral.

Die Gegenüberstellung von freiem Handeln und kausaler Verursachung des Handelns wird also durch die Position des (monistischen) Materialismus überzogen, d.h. in der These des Widerspruchs zwischen beiden unnötig polarisiert. Es geht beim Problem des ‚freien Handelns' gar nicht darum, daß der Mensch ein „unbewegter Beweger" sein muß (Pothast 1978a, 14; ein „primus movens immotum": Chisholm 1977, 366), es reicht völlig, ihn als ‚bewegten Beweger' zu denken. An dieser Stelle wird der Materialist aufmerken und ein Gegenargument anführen. Die Rede vom ‚bewegten Beweger' kann im Kontext des vorher Ausgeführten ja nur so verstanden werden, daß durch internale Verarbeitungsprozesse (und die dadurch ‚zustandekommende' Bedeutung, Intentionalität etc.) das Moment des ‚movens', des aktiven Bewegers eingeführt wird. Abgesehen davon, daß man fragen könnte, wie dieser ‚Sprung' erklärt werden soll (siehe dazu unten), ist doch entgegenzuhalten: Wenn nun aber alle ‚äußeren' Handlungsaspekte restlos (deterministisch) durch physikalische und/oder physiologische Antezedensbedingungen erklärt werden können, ist nicht zumindest dann jede Rede vom ‚freien Handeln' sinnlos und eben doch die Perspektive des Materialismus (bzw. Physikalismus) einzunehmen? Dem ist grundsätzlich zu entgegnen: Wenn eine solche vollständige materialistische Erklärung (die also auch auf mentale Repräsentation von Umwelt beim Menschen in der Erklärungskette verzichten könnte) vorläge, wäre diese Konsequenz sicher – an dieser Stelle – zu ziehen. Aber erstens ist mir eine solche vollständige (physikalistische oder materialistische) Erklärung menschlichen Handelns bisher nicht bekannt – und alle Forschungsergebnisse zum ‚kognitiven Konstruktivismus' sprechen im Gegensatz zur monistischen Materialismus-These dafür, daß sie in absehbarer Zeit auch nicht erreicht werden wird.

Denn ‚kognitiver Konstruktivismus' bedeutet, daß der Mensch in der Verarbeitung von Umwelt nicht nur Informationen rezipiert, sondern über die Selektion von Reizen (Reizinformationen) und deren Verbindung mit schon Gewußtem Information(en) oder Bedeutung *schafft* (s. ausführlich oben Kap. 2.2./2.3.). Das gilt – wie von einem der Begründer des kognitiven Konstruktivismus, Neisser (1974; 1979), immer wieder betont wird – bereits für Wahrnehmungsprozesse, die daher ebenfalls als ‚Kognitionen' zu klassifizieren sind. Und Neisser faßt die Unwahrscheinlichkeit der vollständigen materialistischen Erklärung in dem Fazit zusammen: „Die Tatsache der Kognition bedeutet, daß die psychologische Manipulation des Verhaltens zum Scheitern verurteilt ist" (1979, 139). Die Tatsache der Kognition als bedeutungsschaffendem Prozeß stellt also praktisch die psychologische Analogie zu Heisenbergs Angriff auf die deterministische Kausalität dar: die ‚Gegenwart, die wir nicht vollständig erkennen (und beeinflussen) können', weswegen auch die vollständige Erklärung/Prognose der davon abhängigen Zukunft nicht gelingen wird (s.o. 4.6.).

Was bleibt, ist das *Postulat* einer (vollständigen) materialistischen Erklärbarkeit; dieses allein kann aber – zum zweiten – nicht als zwingendes Argument für die Möglichkeit, Kohärenz und Notwendigkeit der Materialismus-Perspektive angeführt werden – das wäre bloß eine petitio principii. Damit befindet sich die Argumentation wieder auf einer programmatischen Frageebene, nämlich der Frage, welche Art von Antezedensbedingungen zur Erklärung menschlichen Handelns gesucht werden *sollen*. Und hier sprechen wichtige metatheoretische und vor allem auch objekttheoretisch-psychologische Argumente gegen den Ausschließlichkeitsanspruch der materialistisch-monistischen Position; ich will diese Argumente abschließend auf der wieder methodologischeren Ebene der Kritik an der physiologischen Substruktion in der Psychologie verdeutlichen.

E.4.3. *Kritik des Materialismus in der Psychologie: statt ‚Fundierung' psychologischer Konstrukte durch physiologische Substruktion das Programm eines psycho-physischen Interaktionismus*

Die Kritik eines Phänomens setzt dessen Existenz voraus und sollte, wenn diese Existenz nicht übereinstimmend als gegeben konstatiert wird, Argumente für sie anführen. Bei dem Phänomen der ‚physiologischen Substruktion' ist entsprechend der oben angeführten Explikation entscheidend, daß von einer Fundierungsrelation der physiologischen Variablen bzw. Indikatoren für psychologische Konstrukte ausgegangen wird. Nun glaube ich zwar, daß diese Fundierungsrelation (im Rahmen eines – zum Teil relativ naiven – erkenntnistheoretischen Realismus) fast durchgehend in der Psychologie unterstellt wird, möchte aber doch einige Hinweise für die Berechtigung dieser Annahme geben. Dabei will ich nicht Autoren anführen, die z.B. psychophysiologische Untersuchungen durchgeführt haben; bei ihnen ist eine solche Position als Motivation ihrer Forschungsbemühungen ja relativ selbstverständlich. Entscheidender ist, daß auch Vertreter einer handlungstheoretischen Konzeption in der Psychologie sich von diesen impliziten Bewertungen kaum oder nur schwer lösen können. So schreiben z.B. Cranach et al. (1980, 81):

„Auch den bewußten Kognitionen liegen neurophysiologische Prozesse zugrunde. Vorläufig allerdings sind Kognitionen wissenschaftlich ungleich besser erfaßbar. Allerdings wären wir auch dann einer Reduktion abgeneigt, wenn die physiologischen Korrelate der Gedanken besser bekannt wären, denn beide Prozesse sind als Phänomene gleich real."

Obwohl Cranach et al. eine antireduktionistische Position vertreten, unterläuft ihnen dennoch die typische Formulierung der physiologischen Substruktion, nämlich daß den Kognitionen physiologische Prozesse *zugrunde liegen.* Das exakt ist mit dem Fundierungspostulat gemeint – und die Formulierung dieses Fundierungspostulats und der These, daß die Prozesse „gleich real" seien, in einem Atemzug stellt wenn schon nicht einen Widerspruch, so doch zumindest eine gewisse konzeptuelle Inkohärenz dar.

In dieser üblicherweise angesetzten Fundierungsrelation (physiologischer Indikatoren für psychologische Konstrukte) manifestiert sich, daß physiologische Konstruktoperationalisierungen in der Psychologie gerade nicht ‚ontologisch neutral' verstanden werden. Dies gilt z.B. auch für die explizite metatheoretische Repräsentation des funktionalen Materialismus in dem Zwei-Phasen-Modell psychologischer Erklärung von Fodor (1977). Er postuliert, daß psychologische Erklärungen in der ersten Phase eine funktionale Analyse darstellen, die auf innere Zustände des Organismus (anhand von mentalistischen Konstrukten) zurückgreift (o.c., 424ff.); damit sind aber nach Fodor keine Kausal-Erklärungen geliefert (o.c., 427), die erst dann vorliegen, wenn in der zweiten Phase gesichert wird, „welche physiologischen Mechanismen den im Rahmen der Phase Eins eingeführten inneren Zuständen zugrunde liegen." (Beckermann 1977b, 72) In Fodors eigenen Worten:

„Eine psychologische Erklärung besteht aus einer funktionalen und einer mechanistischen Analyse: einer Theorie der Phase Eins und einer Bestimmung dessen, welches Modell der Theorie das Nervensystem des Organismus repräsentiert. Auf keinen Aspekt der Erklärung kann man verzichten." (1977, 432)

Damit ist ganz eindeutig das Merkmal der ‚ontologischen Neutralität' des funktionalen Materialismus gerade nicht realisiert. Vielmehr ist schlußendlich doch wieder die monistische Position des Reduktionismus auf Physiologie (und auf die Dauer eventuell dadurch über Chemie auf Physik) eingenommen. Wie die Analyse zum Problem des freien Handelns gezeigt hat, läßt sich diese *Notwendigkeit* des materialistischen Reduktionismus nicht aus der These der kausalen Erklärbarkeit von Handlungen ableiten! Auch gegen die Position des physiologischen Reduktionismus greifen die oben herausgearbeiteten beiden Kritikpunkte. Wenn man die These der kausalen Erklärbarkeit von Handlungen als metatheoretisches Programm expliziert, kann man ohne Schwierigkeiten — ontologisch nicht festgelegt — psychische und physische (physiologische) Antezedensbedingungen zulassen, ohne die objekttheoretische Geltungsbehauptung übernehmen zu müssen, daß die physiologischen Variablen den psychologisch erhobenen ‚zugrunde liegen'. Aber selbst wenn man sich auf die Ebene objekttheoretischer Geltungsbehauptungen begeben *will*, ist man nicht gezwungen, von einer ontologischen Fundierungsrelation der physischen qua physiologischen Variablen auszugehen; im Gegenteil, die Entwicklung der materialistischen Lösungsmodelle (s.o.) zeigt, daß dieses Postulat zu Schwierigkeiten führt, die nur durch eine ‚ontologische Neutralität' zu überwinden sind, wie sie der funktionale (bzw. nicht-reduktive) Materialismus konzipiert. Das aber bedeutet, daß eine ‚funktionale' Analyse (gleich Erklärung unter Rekurs auf ‚psychologische' Antezedensbedingungen entsprechend der Phase Eins nach Fodor) völlig ausreicht und nicht einer physiologischen Reduktion (d.h. der Phase Zwei nach Fodor) bedarf, um als kausale Erklärung von Handlungen akzeptierbar zu sein; desgleichen ist diese ‚funktionale Analyse' nicht mit einer verhaltenstheoretischen Erklärung (z.B. sensu Skinner) zu identifizieren, weil dadurch das Reduktionismuspostulat indirekt-vermittelt ebenfalls wieder eingeführt wird. Daraus folgt natürlich nicht, daß Versuche zur physiologischen Reduktion psychologischer Konstrukte als unsinnig oder illegitim aus der psychologischen Forschung ausgeschlossen werden sollten; dies wäre die komplementäre Positionsüberziehung zu dem monistischen Fundierungspostulat der physiologischen Substruktion. Es bleibt jedem Wissenschaftler in der Psychologie unbenommen, physiologische Reduktionen zu versuchen, nur kann er weder verlangen, daß andere dies auch tun müßten, noch unterstellen, daß Gesetzmäßigkeiten mit gelungener physiologischer Reduktion einen höheren Erklärungswert, größeren ontologischen Realitätsgehalt (oder wie immer man es formulieren will) besitzen. Für die Psychologie sind in der Tat (salopp ausgedrückt) funktional-psychische Zustände und material-physische Zustände „gleich real" – und zwar *innerhalb* eines Modells kausaler Erklärbarkeit von Handlungen.

An dieser Stelle kann und wird der monistische Materialismus-Theoretiker fragen, welche inhaltliche These denn die abgelehnte Fundierungsrelation ersetzen soll. Das ist eine legitime Frage, deren Beantwortung im folgenden auch zeigen wird, daß hinter dieser Ablehnung eine sowohl antidualistische als auch antimonistische Position steht. So sehr auch Monismus und Dualismus inhaltlich diametral entgegengesetzte Positionen vertreten, an einem Punkt teilen sie doch eine gemeinsame Unterstellung: Wie die Kritik am Dualismus (s.o.) gezeigt hat, ist die Annahme, die ihn vor allem in Schwierigkeiten bringt, die, daß das Physische und das Psychische in sich (kausal) abgeschlossene Systeme darstellen; das widerspricht der Erfahrung (bzw. wissenschaftlichen Empirie), nach der Physisches Psychisches beeinflussen kann, und führt zur Notwendigkeit, die dualistische Position aufzugeben (vgl. Kutschera 1981, 308f.). Dieses Phänomen der Abhängigkeit des Psychischen vom Physischen berücksichtigt der Monismus, den anderen Teil der Unterstellung aber teilt er mit dem Dualismus, nämlich das Postulat der kausalen Geschlossenheit – jetzt nur für den Bereich des Physischen behauptet. So bestimmt Bieri (1981b, 5) das klassische Leib-Seele-Problem als Konflikt zwischen folgenden drei, miteinander inkompatiblen Sätzen:

„(1) Mentale Phänomene sind nicht-physische Phänomene.
(2) Mentale Phänomene sind im Bereich physischer Phänomene kausal wirksam.
(3) Der Bereich physischer Phänomene ist kausal geschlossen."

Jeweils zwei dieser Sätze schließen den dritten aus, so daß die Lösung dieses Problems nur in einer „Auflösung" bestehen kann, d.h. in der Aufgabe eines der drei Sätze (o.c., 6f.). Der Materialismus nun versucht den Satz (1) aufzugeben, weil er Satz (2) und (3) für unverzichtbar hält. Satz (2) ist, wenn man die These kausaler Erklärbarkeit von Handlungen (unter Rückgriff auf Wünsche, Absichten, Überzeugungen etc.) aufrechterhalten will, in der Tat unverzichtbar. Für den Psychologen stellt das Hauptproblem der Satz (3) dar, der nicht nur seiner Alltagserfahrung, sondern auch wissenschaftlichen Forschungsprogrammen und deren Ergebnissen in der Psychologie widerspricht (vgl. o. die als Bereiche psychisch-physischer Wechselwirkung genannte Psychosomatik etc.). Wieso muß man von der kausalen Geschlossenheit des Physischen ausgehen? Bieri beantwortet das so (1981a, 8):

„Zwar sind wir heute von durchgängigen physikalistischen Verhaltenserklärungen noch sehr weit entfernt, und wir wissen nur, daß die zukünftige Neurophysiologie hier Auskunft geben muß. Aber dieser Mangel an empirischem Wissen ist kein Argument gegen die *prinzipielle* kausale Geschlossenheit der physischen Welt. Es scheint, daß der physikalistische Konservativismus nur durch ein *a-priori*-Argument außer Kraft gesetzt werden könnte, das zeigt, daß es für Verhalten keine vollständig physikalistischen Erklärungen geben *kann*."

Dies erscheint mir nun aber als eine völlig überzogene Anforderung an die nicht-monistische Position. Wieso muß der Anti-Monist a priori beweisen, daß es in keinem auch nur denkbaren Erklärungsfall der objekttheoretischen Disziplinen eine zureichende monistische Lösung geben kann, während der Monist nicht beweisen muß, daß nicht-monistische Erklärungslösungen unmöglich sind, sondern lediglich verdeutlichen muß, wie eine monistische Lösung möglicherweise (in der Zukunft?) aussehen könnte? Diese Ungerechtigkeit in den Argumentationsanforderungen (vgl. dazu genauer unten Exkurs 5.3.) hat für mich ganz eindeutig eine immunisierende Funktion zur Stützung der monistischen Position. Meines Erachtens reicht es durchaus, wenn der Anti-Monist umreißt, wie eine nicht-monistische Lösung aussehen könnte und gegebenenfalls noch zusätzliche Argumente dafür vorbringt, weshalb eine solche nicht-monistische Lösung brauchbarer oder sinnvoller ist. Und solche Argumente gibt es sowohl aus der dargestellten metatheoretischen Diskussion zur kausalen Erklärbarkeit von Handlungen als auch aus dem objekttheoretischen Bereich der Psychologie genügend.

Das anti-monistische (und zugleich anti-dualistische) Lösungsmodell ist die Annahme eines psycho-physischen Interaktionismus (wie ihn auch Kutschera 1981, 337ff. vertritt). Man gibt dabei die Annahme, daß das Physische ein kausal geschlossener Bereich sei, auf und geht davon aus, daß Physisches und Psychisches kausal nicht abgeschlossen, sondern gegeneinander ‚offen' sind, d.h. in (kausaler) Wechselwirkung stehen. „Psychisches und Physisches sind keine voneinander unabhängigen Bereiche", sondern besitzen eine nur *relative* Eigenständigkeit (Kutschera 1981, 337), die die Annahme einer „unaufhebbaren wechselseitigen Bezogenheit" ermöglicht (o.c., 395). D.h., daß nicht nur eine kausale Verursachung von Psychischem durch Physisches anzusetzen ist, sondern mit gleichem ‚Recht' auch eine kausale Verursachung von Physischem durch Psychisches — ohne daß ein ‚Zwang' besteht, die psychologisch-mentalistisch zu beschreibenden Ursachen auf physische, z.B. physiologisch zu beschreibende Antezedensbedingungen ‚zurückzuführen'. Das manifestiert sich darin, daß in der Psychologie also alle vier möglichen Kombinationen von physischen und mentalen Ursachen und Wirkungen legitim sind (präzise ausgedrückt: legitimerweise theoretisch behauptet und empirisch überprüft werden können), ohne daß irgendwelche (monistischen) Reduktionismusanforderungen zu stellen sind:

	Ursachen	Wirkungen
(1)	physisch	physisch
(2)	physisch	mental
(3)	mental	physisch
(4)	mental	mental

Gerade auch die Möglichkeit (3), in der sich die kausale Unabgeschlossenheit des physischen gegenüber dem psychischen Bereich manifestiert, ist eine wichtige empirische Ergebniskategorie in der Psychologie, ohne die die heutige Objektwissenschaft Psychologie gar nicht mehr denkbar ist.

Beispiel Psychosomatik: Aus dem weiten Feld psychosomatischer Phänomene sei nur ein Beispiel herausgegriffen, das in der Regel primär im Rahmen der angewandten Psychologie abgehandelt wird. Im Bereich der Arbeitspsychologie ist ein immer wieder gesichertes Ergebnis, daß der durch Schicht- (besonders auch Nacht-)Arbeit resultierende Streß zu einer Erhöhung psychosomatischer Krankheiten (wie Ulcus etc.) führt; dabei sind für den Streß maßgeblich nicht nur physiologische Variablen (wie die Umstellung des Schlaf-Wach-Rhythmus), sondern auch gerade psychologische (wie Probleme im sozialen Interaktionsbereich etc.; vgl. Frese 1977; Frese et al. 1978).

Hier ist im Zusammenhang mit der physiologischen Substruktion die These zentral, daß es auch für diese Kategorie psycho-physischer Wechselwirkungen weder notwendig noch sinnvoll ist, physiologische Reduktionismusanstrengungen zu unternehmen; dafür lassen sich abschließend folgende Argumente anführen:

— Das erste Argument bezieht sich auf den in der Psychologie (bzw. genereller in den Sozialwissenschaften) anzusetzenden Gesetzes- und Erklärungs-Begriff (vgl. o.). Zwar hat Kutschera (1981, 308) expliziert, daß man auch dann das Konzept des psycho-physischen Interaktionismus aufrechterhalten kann, wenn man von deterministischen Sukzessionsgesetzen (als Explikation von ‚Naturgesetzen') ausgeht; doch kommt z.B. das Problem der Ausschließung von mentalistischen Erklärungen bei gleichzeitig vorliegender physikalistischer (oder physiologischer) Erklärung intuitiv vor allem bei der Unterstellung von deterministischen Gesetzen zustande. Nur wenn eine physikalistische Erklärung vollständig im Sinne des Determinismus ist, kann sich überhaupt das Problem ergeben, daß der Rückgriff auf nichtphysische (mentale) Ursachen (als Manifestation ‚freien Handelns') ausgeschlossen erscheint. Nun sind aber in den Sozialwissenschaften bekanntlicherweise überwiegend nur probabilistische Gesetzmäßigkeiten erreichbar; dem trägt auch das oben explizierte Konzept der ‚schwachen Erklärung' (vgl. 4.7.) Rechnung. Unter diesem Aspekt kann dann auch bei Vorliegen einer erfolgreichen Reduktion von mentalen auf physische (bzw. physiologische) Ursachen unabhängig von der Explikation des Konzepts ‚freies Handeln' nicht davon ausgegangen werden, daß die physikalische (oder physiologische) Erklärung die psychologisch-mentalistische ausschließt. Wenn aber beide Erklärungsarten quasi nebeneinander möglich sind, stellt sich als nächstes Problem die Frage, welche der beiden aus welchen Gründen in der Psychologie vorzuziehen ist.

— Nachdem das Argument der ontologischen Fundierungsrelation zugunsten der physiologischen Erklärung nicht aufrechterhalten werden kann, greifen an dieser Stelle die Argumente, die schon bei der Bewertung des funktionalen Materialismus angeklungen sind: nämlich daß an mentalen Phänomenen unabhängig von ihrer funktionalen oder materialen Reduzierbarkeit eben gerade die Erlebnisqualitäten das Zentrale sind — das Essentielle, ohne das die objektivierende Feststellung im (negativ) bewertenden Sinn ‚reduktionistisch' ist, d.h. das Eigentliche dieser Phänomene und damit letztlich die Phänomene selbst verfehlt.

Nagel führt das sehr einfache Beispiel eines Schildes (z.B. eines Verkehrsschilds) an, das man sehr wohl als „geometrisch beschreibbare Verteilung von schwarzer Farbe auf seiner Oberfläche" bestimmen kann (1981, 66) — aber was ist damit für das (auch erklärende) Verständnis der Handlungsweise eines Verkehrsteilnehmers, der sich an die Weisung auf dem Verkehrsschild hält oder nicht, gewonnen? Ersichtlich kommt es doch zentral auf die Bedeutung an, die der Verkehrsteilnehmer in der kognitiv-mentalen Verarbeitung mit diesem Schild verbindet. Das Gleiche gilt für schmerzevozierende Reize, wie sie in dem oben erwähnten Beispiel des siedenden Wassers angesprochen worden sind; die resultierenden menschlichen Handlungsweisen sind nicht nur aus dem ‚funktionalen Wert' (z.B. einer Vermeidung von Verletzungen) heraus erklärbar.

Solche Beispiele sind sicherlich in bezug auf die Gesamtheit der Reduktionismus-Problematik (auch und gerade des physiologischen Reduktionismus) übervereinfachend; dennoch machen sie von einer ganz einfachen Perspektive aus den Rückgriff auf das verständlich, was bereits oben bei der Analyse des ‚freien Handelns' als das Zentrale der ‚internalen Verarbeitungsperspektive' benannt worden ist: die Bedeutung. Die Bedeutung, die materiale Reize im weitesten Sinne (seien sie physikalischer, neurochemischer oder physiologischer Art) in der internalen Verarbeitung oder Repräsentation des Menschen gewinnen — von Erlebnisqualitäten über mental-kognitive Merkmale bis zum Intentionalitätscharakter. Und gerade die Psychologie ist diejenige Wissenschaft, die mit einer Fülle von empirischen Ergebnissen nachgewiesen hat, daß diese subjektive ‚Bedeutung' (im weitesten Sinne) eine zentrale Funktion in der Erklärung menschlichen Handelns, Tuns und sogar Verhaltens spielt (s.o. Kap. I.3., 3.2. und E.3.ff.). Es ist daher m.E. geradezu absurd, die mental-intentionalistische Beschreibung von Phänomenen (auch qua potentieller Ursachen für menschliches Verhalten, Tun und Handeln) a priori durch einen physiologischen Reduktionismus bzw. eine physiologische Substruktion aus der Psychologie ausschließen zu wollen. Das heißt nicht, daß nicht an bestimmten Punkten bzw. in bestimmten Teilbereichen physiologische Reduktionen sinnvoll sein mögen; aber man kann keinesfalls gerade den Psychologen zu einem solchen Reduktionismus (einschließlich der Elimination subjektiver Bedeutungen) verpflichten. Wenn schon eine Verpflichtung des psychologischen Wissenschaftlers besteht, dann eher im Gegenteil die Verpflichtung, so intensiv und extensiv wie möglich der Erklärungskraft mental-intentionalistisch beschriebener Ursachen (mit subjektiver ‚Bedeutung' für das reflexive Subjekt Mensch) nachzuspüren — denn den (von der Psychologie aus reduktionistischen) Gegenpol der Gegenstandskonstituierung werden vom Ansatz ihrer jeweiligen Einzeldisziplin her schon der Neurochemiker, Neurophysiologe und Physiologe etc. realisieren.

– Es bleibt als letzter möglicher Einwand von seiten der materialistischen Monismus-Position, daß man ja eventuell alle theoretischen und/oder ontologischen Argumentationen beiseite lassen kann, um einfach nach der praktischen Veränderbarkeit bzw. Beeinflußbarkeit der entsprechenden Ursachen zu fragen. Ist es nicht so, daß physikalische bis physiologische Variablen eben direkter und einfacher zu verändern sind, so daß schon aus diesem Grund im Bereich des Physischen kausal geschlossene Erklärungsketten solchen mit postulierten psycho-physischen Wechselwirkungen überlegen sind? Dies scheint mir auch ein Argument zu sein, dem implizit viele Psychologen anhängen – zumindest solche, die die Reduktion psychologischer Variablen auf physiologische für wichtig oder gar unverzichtbar halten. Es ist aber ganz eindeutig ein Argument, daß nur von einem relativ naiven erkenntnistheoretischen Realismus aus plausibel erscheint; denn gerade dagegen sprechen die Ergebnisse der oben angeführten Teildisziplinen, die sich mit psycho-physischen Wechselwirkungen beschäftigen.

Beispiele: Man kann etwa im Fall des durch Schichtarbeit gestreßten Arbeiters noch so viel versuchen, unmittelbar an den physiologischen Bedingungen (z.B. des Ulcus) herumzuändern; man wird vielleicht die ganz spezifische psychosomatische Manifestation eliminieren können, aber solange die psychische Ursache nicht beseitigt ist, wird es sich nur um zu kurz greifende Symptomverschiebungen handeln.

Es gibt sogar ganze Teilbereiche der psycho-physischen Wechselwirkungen, wo die wichtigsten neueren Theorieentwicklungen darauf hinauslaufen, daß ehemals rein physisch-physiologisch erklärte und behandelte Phänomene (um das bewertende Wort ‚Krankheiten' hier zu vermeiden) stattdessen – nicht ohne Erfolg – psychologisch, zum großen Teil vor allem sozialpsychologisch, erklärt und behandelt werden – etwa in der ‚Psychologisierung' der Psychiatrie zur ‚Sozialpsychiatrie' (vgl. die englische und italienische Schule: Cooper 1971; Basaglia 1971; Jervis 1978; 1979; zusammenfassend Bopp 1980; Giese 1984).

Man kann also im Gegenteil auch hier offensiv argumentieren. Es scheint durchaus denkbar (und mit einigen Ergebnissen der neueren Psychologie, Psychosomatik, Sozialpsychiatrie etc. vereinbar), daß in manchen Gebieten der Psychologie die naturwissenschaftlich-monistische Konzeption bereits so viel ‚Reduktionen' vorgenommen hat, daß dadurch die Veränderbarkeit geradezu eingeschränkt worden ist; hier schließt sich der Kreis zu dem Ausgangsargument bei der Explikation des Gegenstandsvorverständnisses (s.o. II.2.), nämlich daß es im Bereich der menschlichen Handlungen das Kind mit dem Bade auszuschütten bedeutet, wenn man von Intentionen, mentalen Repräsentationen (‚Bedeutungen') etc. absieht (bzw. absehen will). Es ist zumindest denkbar, daß die naturwissenschaftlich-monistische (verhaltenstheoretische) Konzeption der Psychologie auch in bezug auf physiologische Substruktion so erfolgreich war, daß geradezu ein Nachholbedarf an (kausaler) Erklärung von physischen Phänomenen durch psychische besteht – auch und gerade unter dem Aspekt der Veränderbarkeit zum Besseren. Noch einmal: Das ist nicht so zu lesen, als wollte ich nun im Gegenzug die Psychologie bzw. die Psychologen darauf verpflichten, nur solche psychischen Erklärungen von physischen Wirkungen anzustreben; das wäre der komplementäre und damit gleiche Fehler, wie ihn der monistische Materialismus macht. Mein Plädoyer ist, daß man alle vier Erklärungskategorien entsprechend der obigen Abbildung in der Psychologie zuläßt; daß man es dabei den Ergebnissen empirischer Forschung überläßt, ob z.B. physiologische Reduktionen psychischer Ursachen zu größerer Erklärungskraft oder höherem Praxiswert (qua einfacherer Veränderbarkeit) etc. führen oder ob das vielleicht im Gegenteil nicht auch für die Überführung von physiologischen Ursachen in psychologisch beschriebene Phänomene (unter Rekurs auf ‚subjektive Bedeutung') gilt.

Damit fällt auch der allerletzte Vorbehalt, den der monistische Materialist gegen das Modell eines psycho-physischen Interaktionismus vorbringen kann: nämlich daß unklar bleibt, wie diese Interaktion in konkreto aussehen soll. Das ist sicherlich bisher nicht zureichend klar, aber das muß es auch nicht, denn gerade dies ist eine empirische Frage (vgl. auch Kutschera 1981, 341) — eine empirische Frage allerdings, die nur beantwortbar wird, wenn die Forschung in allen Kombinationen psycho-physischer Ursachen und Wirkungen zugelassen ist und versucht wird. Die ganze Materialismus-Debatte der Analytischen Philosophie entpuppt sich für den psychologischen Einzelwissenschaftler letztlich, obwohl die Analytische Philosophie gerade die Bedeutung und das Gewicht der empirischen Wissenschaften entdeckt hat (vgl. Bieri 1981a, 17ff.), hauptsächlich als ein untauglicher Versuch, empirische Fragen auf analytischem Wege (vor-)zuentscheiden. Was nottut, ist eine empirische Überprüfung der Relationen zwischen Physischem und Psychischem, die aber nur möglich ist, wenn monistische und dualistische Extrempositionen aufgegeben werden — und das heißt auch, wenn in der Psychologie von der Unterstellung einer ontologischen Fundierungsrelation physiologischer Variablen (wie sie für die physiologische Substruktion charakteristisch ist) abgerückt wird.

TEIL C: KONKLUSIONEN

III. Die Integration von hermeneutischer und empiristischer Tradition auf der methodologischen Ebene der Forschungsstruktur

5. Beobachten *und* Verstehen: Auflösung der beiderseitigen Reduktionismen

5.1. ‚Gründe, die auch Ursachen sind': Explikation und Legitimation der Integrationsperspektive

Die bisherigen Analyseergebnisse haben die Grundlage dafür gelegt, die inhaltliche und methodische Dichotomisierung der Monismus-Dualismus-Kontroverse zu überwinden und das Entweder-Oder von Innensicht- und Außensicht-Perspektive in der Psychologie zu überführen in ein Sowohl-als-Auch, in ein Integrationsmodell. Struktur und Begründung dieser Integration sind im Prinzip nichts anderes als die Konsequenz aus den Ergebnissen der vorhergehenden Kapitel und damit auch eine Folgerung aus der Entzerrung der Verstehen-Erklären-Dichotomie, d.h. der Auflösung dieser Dichotomie in die zugrundeliegenden Dimensionen von Verstehen – Beobachten und Beschreiben – Erklären. Diese differenziertere Auflösung hat nicht nur deutlich gemacht, daß die zentrale Gegenüberstellung die zwischen beschreibendem *Verstehen* und erklärendem *Beobachten* ist, sondern auch, daß weder die dualistische Kritik am Erklären noch die monistische Kritik am Verstehen rechtfertigen können, sich in einer gegenstandsangemessenen Psychologie-Konzeption auf einen Aspekt dieser Polarität zu beschränken; vielmehr ist es so, daß eine sozialwissenschaftliche Auffassung von Psychologie sowohl *Beobachten als auch Verstehen* als grundlegende Erkenntnismethoden einführen kann und sollte. Mit diesem Sowohl-als-Auch ist dann (quasi als indirekter Effekt) ein zweites verbunden, nämlich daß in einer sozialwissenschaftlich-handlungstheoretischen Psychologie sowohl die dualistische Ablehnung des Erklärens als auch die monistische Ablehnung des Verstehens zu kritisieren sind.

Eine konkrete, konstruktive Ausformulierung dieser Kritik und damit die Skizzierung eines Integrationsmodells von Verstehen und Beobachten stellt notwendig eine Konkretisierung der am Anfang explizierten Prämissen (vgl. Kap. I. u. II.) dar; geht man entsprechend der Komplexitätsprämisse von Handlungen als höchst-komplexen Ausgangseinheiten der Psychologie aus, dann manifestiert sich das Gegenstandsverständnis des reflexions-, rationalitäts- und handlungsfähigen Subjekts in der Möglichkeit und Notwendigkeit von Innensicht- und Außensicht-Perspektive. Das heißt, es kann nicht nur das Ziel der Psychologie sein, die subjektiven Gründe des Handelnden für sein Handeln, so wie sie ihm erscheinen, zu *verstehen*; genauso wenig kann es nur und ausschließlich Aufgabe der Psychologie sein, die objektiven Ursachen für das Handeln des Erkenntnis-Objekts ‚Mensch' zu *beobachten*. Es ist nicht einsichtig, daß — wie die Monismus-Dualismus-Kontroverse über weite Strecken glauben machen will — entweder die Gründe oder die Ursachen eines Handelns interessieren; in einer voll entwickelten sozialwissenschaftlich-handlungstheoretischen Psychologie können, ja sollten die Gründe *und* die Ursachen des Handelns thematisch sein — und zwar vor allem die Gründe, die sich als Ursachen des Handelns erweisen. Eine Psychologie, die das reflexions-, rationalitäts- und handlungsfähige Subjekt als zentralen Gegenstand ihrer wissenschaftlichen Bemühungen ansetzt, muß geradezu nach den *Bedingungen des Handelns* fragen, *die sowohl dem Handelnden selbst subjektiv als Gründe bewußt sein als auch dem (externen) Beobachter als Realgründe (Ursachen) gelten können.* Denn in solchen ‚Gründen, die auch Ursachen sind' — um es schlagwortartig zu benennen — manifestiert sich das explizierte Gegenstands(vor)verständnis optimal und umfassend. Die Reflexionsfähigkeit des Subjekts besteht darin, daß der Handelnde Intentionen, Gründe etc. für sein Handeln (bewußt) angeben kann; die Handlungsfähigkeit des Subjekts repräsentiert sich darin, daß diese subjektiv ‚gemeinten' Ziele, Gründe etc. ‚operativ wirksam' werden (können), d.h. handlungsleitend sind und also als Realgründe auch von der Außensicht-Perspektive her zu akzeptieren sind. Und der Zusammenfall von Innensicht- und Außensicht-Perspektive in den Gründen, die zugleich Ursachen sind, ist sicherlich eine der stärksten Manifestationen von Rationalität, in diesem Fall der Rationalität des Handelnden in der realitätsadäquaten Selbsterkenntnis. ‚Gründe, die zugleich Ursachen sind': das ist eine Zielidee, die in sich die Integration von empiristischer und hermeneutischer Tradition komprimiert — und zwar sowohl für die Gegenstands- als auch die Methodik-Dimension. In bezug auf die Gegenstandsprämissen, weil sich der (formale) Komplexitätsaspekt in den höchst-komplexen Handlungs-Einheiten manifestiert sowie der (inhaltliche) Menschenbildaspekt in dem zugrundeliegenden Modell des reflexions- bis handlungsfähigen Subjekts, und hinsichtlich der Methodik-Dimension, weil der Zusammenfall von Gründen und Ursachen, von Innensicht- und Außensicht-Perspektive nur durch die Kombination aller besprochenen Methodenaspekte, nämlich Beschreiben, Verstehen, Beobachten und Erklären, sicherbar ist. Die im Gegenstands(vor)verständnis fundierte Richtung dieser Zielidee ist schon am Ende der Analyse des verstehenden Beschreibens zum ersten Mal benannt worden: das Zusammenfallen von subjektiver Intention und objektiver Motivation, wie es für die Einheit(en) des Handelns als konstitutiv angesetzt wurde (vgl. o. Kap. 2.8.). Damals fehlten aber noch die Aspekte des Beobachtens und Erklärens; diese werden durch die Explikation der ‚Gründe, die zugleich Ursachen sind', mit abgedeckt.

Wie schon in Kap. 2. ist auch hier zu betonen, daß diese Zielidee nicht impliziert, daß das Zusammenfallen von Gründen und Ursachen den Normalfall darstellt; auf jeden Fall ist nicht auszuschließen, daß auch ein Auseinanderfallen von subjektiver Intention und objektiver Motivation, von Gründen und Ursachen vorkommen kann und wird, wie es für die Einheit(en) des Tuns expliziert wurde. Der Mensch kann sich über die Gründe, Ziele, Motive seines

Handelns täuschen und diese Selbsttäuschung ist als unvermeidbare Möglichkeit, als zentrales Merkmal der ‚condition humaine' in und von einer sozialwissenschaftlichen Psychologie zu berücksichtigen (vgl. Gean 1977, 218). Eine metatheoretische und methodologische Psychologie-Konzeption, die diese Möglichkeit der ‚falschen Innensicht' des Menschen nicht berücksichtigen und dadurch praktisch analytisch ausschließen würde, wäre nicht nur unbrauchbar, sondern unzulässig; gleichzeitig ist es aber auf dem Hintergrund des präskriptiven Aspekts, d.h. der Zieldimension des zugrundegelegten Gegenstandsverständnisses und damit Menschenbilds weder notwendig noch legitim, die Psychologie-Konzeption auf diesen Fall der nicht-validen Selbsterkenntnis zu beschränken. Selbst wenn die Möglichkeit des Auseinanderfallens von subjektiver Intention und objektiver Motivation empirisch der häufigere oder gar der Normalfall wäre bzw. ist, ist es legitim und notwendig, die Forschungsstruktur einer sozialwissenschaftlichen Psychologie auf den normativ optimalen, komplexesten Fall auszurichten: eben den des Übereinstimmens von subjektiver Intention und objektiver Motivation, d.h. der Gründe, die zugleich Ursachen sind. Dementsprechend sind die Verfehlensmöglichkeiten dieses Optimalfalls (der realitätsadäquaten reflexiven Selbsterkenntnis) als Reduktions- bzw. Defizitär-Formen der optimalen Forschungsstruktur zu rekonstruieren; dazu gehört neben dem Übergang auf Einheiten des ‚Tuns' (qua Auseinanderfallen von subjektiver Intention und objektiver Motivation) auch der auf ‚Verhaltens'-Einheiten (qua weitgehend umweltkontrollierten Reaktionen). Diese Rekonstruktion der optimalen, umfassenden Forschungsstruktur für den Idealfall der ‚Gründe, die zugleich Ursachen sind', sowie der Reduktions- bzw. Defizitär-Formen soll im folgenden in diesem Kapitel so konkret wie möglich hinsichtlich des methodologischen Forschungsprozesses geleistet werden.

Dabei kommt es darauf an, die inhaltliche, gegenstandsdeterminierte Zielvorstellung in eine methodologische Zielstruktur zu übersetzen, die eine Abbildung oder ein Erreichen der inhaltlichen Zielidee ermöglicht. Die methodologische Forschungsstruktur muß also sowohl die Erhebung von subjektiver Intentionalität (einschließlich der subjektiv ‚gemeinten' Gründe, Wirkungen als Ziele etc.) umfassen als auch die Sicherung ihrer kausalen Effektivität, d.h. die Überprüfung, ob sie in der Tat als Ursachen des Handelns zu akzeptieren sind. Auf höchstem Abstraktionsniveau ausgedrückt besteht die angezielte Forschungsstruktur also darin, sowohl eine Psychologie aus der Perspektive der ersten als auch aus der Perspektive der dritten Person zu konzipieren und — gemeinsam — zu realisieren. Eine erfolgreiche Integration muß dazu führen, auch hier das Entweder-Oder, die Entgegensetzung von Psychologie der ersten und Psychologie der dritten Person zu überwinden und in eine Gemeinsamkeit zu überführen. Dazu sind die Ergebnisse der bisherigen Analysen zum Beschreiben, Verstehen, Beobachten und Erklären zu kombinieren; die Struktur dieser integrativen Kombination ist in den vorhergehenden Kapiteln angelegt, sie soll hier zusammenfassend expliziert und auf ihre Brauchbarkeit sowohl in bezug auf die skizzierten Idealvorstellungen als auch hinsichtlich der notwendigen

Reduktions- bzw. Defizitär-Formen überprüft werden. Entsprechend den bisherigen Rekonstruktionen muß eine solche Integrationsstruktur die (gegenseitigen) Ausschließlichkeitsansprüche der monistischen und dualistischen Position, ihrer metatheoretischen Ziel- und methodologischen Kriterienexplikationen relativieren, ablehnen und überwinden.

Dies stellt denn auch den formalen Ausgangspunkt dar, wie er implizit bereits in den Eingangskapiteln (I. u. II.) eingeführt wurde und an dieser Stelle explizit (noch einmal) zu benennen und fruchtbar zu machen ist. Die einschlägigen Ubiquitäts- und Ausschließlichkeitsansprüche der monistischen und dualistischen Kriterienrekonstruktionen haben sich (vgl. o. Kap. II.3.) vor allem darin manifestiert, daß die eigene Position und das eigene Zielkriterium immer gegenüber der Konkurrenzposition als vor- und übergeordnet angesetzt wurde. Der Versuch einer integrativen Kombination dieser Zielkriterien muß notwendigerweise eine solche immunisierende gegenseitige Vor- und Überordnung transzendieren; ein möglicher Weg dazu ist, auch hier eine Dimensionstrennung vorzunehmen, d.h. die Dimension der Vorordnung von der der Überordnung unabhängig zu konzipieren und gegebenenfalls ‚gegeneinander zu variieren'. Wenn man diese formale Möglichkeit der Überwindung der komplementären Ausschließlichkeitsansprüche von monistischen versus dualistischen Kriterien betrachtet, dann zeigt sich, daß sich die Rekonstruktionsergebnisse der bisherigen Kapitel sehr gut in eine solche Dimensionsstruktur einpassen bzw. durch sie komprimiert zusammenfassen lassen: Die Innensicht-Perspektive der vom Handelnden subjektiv gemeinten Intentionen, Ziele qua Gründe etc. ist wegen der Reflexions- und Rationalitätsfähigkeit des Erkenntnis‚gegenstandes' der Psychologie in einer umfassenden handlungstheoretischen Psychologie-Konzeption als vorgeordnet anzusetzen; wegen der Möglichkeit der Selbsttäuschung des reflexiven Subjekts ist aber die Überprüfung, ob diese Gründe in der Tat ‚handlungsleitend' sind (d.h. als Ursachen von der Außensicht-Perspektive eines externen Beobachters aus zu akzeptieren sind), als übergeordnet zu postulieren. Methodologisch gilt dementsprechend, daß die Innensicht-Perspektive, das Verstehen, die Psychologie der ersten Person als untergeordnet sowie die Außensicht-Perspektive, das Beobachten, die Psychologie der dritten Person als nachgeordnet einzuführen ist. Abbildung 18 veranschaulicht diese Grobstruktur eines Integrationsmodells von Innensicht- und Außensicht-Perspektive, von Psychologie der ersten und dritten Person etc. unter Einschluß der bisher diskutierten methodologischen und metatheoretischen Zielkriterien in komprimierter Form.

Dieses Integrationsmodell stellt die Zielvorstellung der optimalen Forschungsstruktur auf der Ebene der höchst-komplexen Ausgangseinheiten in der Psychologie (d.h. von Handlungen als Einheiten mit individueller, aber kommunizierbarer Bedeutung) dar; es bezeichnet damit zugleich den grundsätzlichen Lösungsansatz für die Überwindung der unsinnigen (artifiziellen) Dichotomisierungen, wie sie in der Monismus-Dualismus-Debatte, in der Kontroverse von Verstehen versus Erklären etc. aufgestellt und zementiert worden sind –

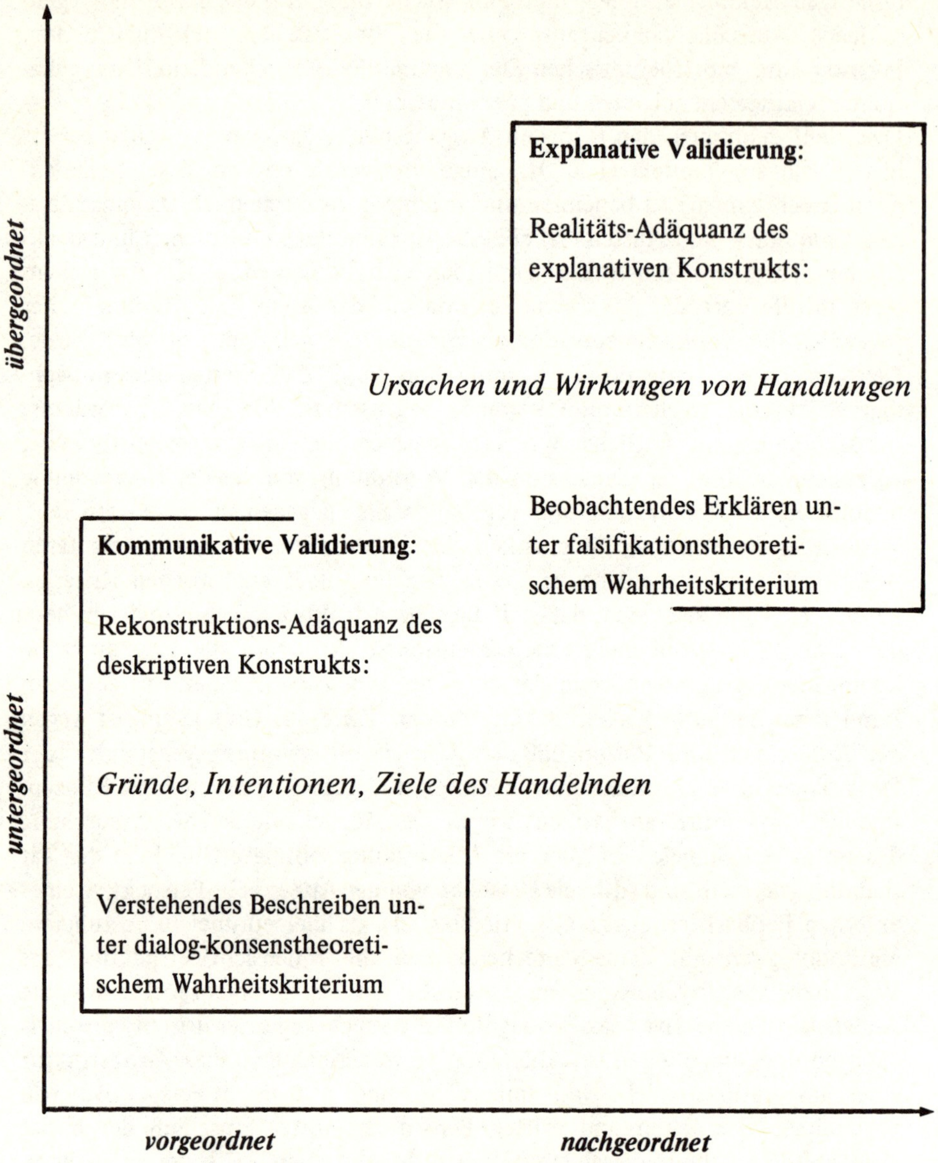

übergeordnet

Explanative Validierung:

Realitäts-Adäquanz des explanativen Konstrukts:

Ursachen und Wirkungen von Handlungen

Beobachtendes Erklären unter falsifikationstheoretischem Wahrheitskriterium

Kommunikative Validierung:

Rekonstruktions-Adäquanz des deskriptiven Konstrukts:

Gründe, Intentionen, Ziele des Handelnden

Verstehendes Beschreiben unter dialog-konsenstheoretischem Wahrheitskriterium

untergeordnet

vorgeordnet   *nachgeordnet*

Abb. 18: Integrationsmodell der methodologischen Forschungsstruktur zur Verbindung von Innensicht und Außensicht, Sinnkonstituierung und Geltungsprüfung, kommunikativer und explanativer Validierung etc. (zur Erforschung von Handlungs-Einheiten in einer sozialwissenschaftlichen Psychologie)

die Überwindung also der Dichotomisierung von Sinnkonstituierung und Geltungsprüfung, von Innensicht- und Außensicht-Perspektive, von verstehender (hermeneutischer) und beobachtender (naturwissenschaftlicher) Psychologie usw. Das formale Prinzip dieses Lösungsansatzes ist, die verschiedenen (konkurrierenden) methodologischen und metatheoretischen Zielaspekte (einschließlich der konkurrierenden Wahrheitskriterien) akzentuierend auf unterschiedliche Phasen des Forschungsprozesses zu verteilen; auf diese Weise kommt eine Sequenzierung zustande, die allerdings erst dadurch zu einer integrativen Struktur (bzw. integrierten Kombination) wird, daß diesen unterschiedlichen Forschungsphasen und den in ihnen akzentuierend verwirklichten methodologischen Zielkriterien auch akzentuierend unterschiedliche, dabei zugleich aufeinander bezogene Funktionen zugewiesen werden.

Im folgenden soll diese Unterschiedlichkeit und zugleich das Aufeinanderbezogensein der in Abbildung 18 angesetzten Strukturphasen und methodologischen Zielkriterien der Forschungsstruktur (einschließlich der Defizitär-Formen) möglichst konkret expliziert werden. Die damit angezielte integrative Funktionszuweisung für die konkurrierenden methodologisch-metatheoretischen Zielkriterien muß wegen der Überwindung der gegenseitigen Ausschließlichkeitsansprüche von monistischer und dualistischer Position gegenüber den Selbstzuschreibungen dieser Positionen notwendigerweise Abstriche machen. Das heißt, es werden bestimmte Funktionsaspekte aus dem Selbstverständnis der monistischen sowie dualistischen Position akzeptiert, wie dies in den vorausgegangenen Kapiteln auch schon begründet wurde, dabei aber gleichzeitig andere Funktionsaspekte als unbegründet kritisiert und abgewiesen – wobei die abgewiesenen Funktionsaspekte vor allem mit den unberechtigten Ubiquitäts- und Ausschließlichkeitsansprüchen der jeweiligen Position zu tun haben. Von daher gesehen ist durchaus zu erwarten, daß ein solcher integrativer Modellierungsversuch von beiden Positionen, der monistischen wie der dualistischen, Kritik auf sich zieht. Denn er gibt ja nicht nur – partiell – beiden Positionen in bestimmten Funktionszuschreibungen recht, sondern er spricht auch beiden Positionen bestimmte beanspruchte Funktionen der jeweiligen methodologisch-metatheoretischen Zielkriterien ab, und zwar vor allem jene Funktionsteilmengen, die mit der (unberechtigten) Abwehr der jeweils konkurrierenden Position zusammenhängen. Insoweit es sich bei diesen Funktionsansprüchen aber – wie oben diskutiert – um Reduktionismen handelt, spricht die Ablehnung und Überwindung solcher Ansprüche nicht unbedingt gegen den Innovationswert des thematischen Integrationsmodells. Im Gegenteil sollte die Überwindung der gegenseitigen Ubiquitäts- und Ausschließlichkeitsansprüche von monistischer und dualistischer Position deutlich machen, daß es sich bei diesem Modell nicht um einen Eklektizismus, sondern in der Tat um den Versuch einer integrativen Modellierung handelt, der notwendigerweise auch für die einzelnen Funktionsansprüche der methodologischen Zielkriterien Veränderungen beinhalten muß. Die *Begründungen* für diese Funktionsmodifikationen und -ergänzungen sind weitgehend bereits in den Analysen der bisherigen Kapitel erarbeitet worden; sie werden bei der zusammenfassenden Explikation dieses Integrationsmodells im folgenden vorausgesetzt. Die in dem Modell als berechtigt unterstellten und aufrechterhaltenen Funktionszuschreibungen in den Dimensionen von Beschreiben, Verstehen, Beobachten und Erklären will ich im folgenden anhand des vollständigen, optimalen Zwei-Phasen-Modells der Forschungsstruktur benennen, wie es für Handlungen als Ausgangseinheiten zu explizieren ist. Dabei versuche ich bewußt, die Ergebnisformulierungen und Beispiele der vorhergehenden vier Kapitel aufzugreifen, um zu verdeutlichen, daß das postulierte Integrationsmodell in der Tat die rationalen Argumente der Monismus-Dualismus-Kontroverse zu vereinbaren vermag – auch wenn dieses Vorgehen für den aufmerksamen Leser vielleicht die eine oder andere Redundanz enthält.

5.2. Das resultierende Zwei-Phasen-Modell der Forschungsstruktur: mit Dialog-Hermeneutik bei Handlungen als höchst-komplexen Ausgangseinheiten

Die optimale Forschungsstruktur — auf der Ebene hoch-komplexer Handlungs-Einheiten — beginnt (entsprechend Abbildung 18) mit der Erhebung der Innensicht des Handelnden, also der (Selbst-)Interpretation hinsichtlich der Intentionen, Ziele und Gründe seines Tuns. Innerhalb des objekttheoretischen Sprachsystems handelt es sich dabei um die Beschreibung eines (deskriptiven) Konstrukts, die wegen der Reflexions- und Kommunikationsfähigkeit des Erkenntnis-‚Objekts' auf die sprachliche Repräsentierung der Selbstinterpretation des Handelnden zurückgreifen kann und sollte. Dieser Rückgriff wird vom Erkenntnis-Subjekt in systematisch-methodischer Weise vollzogen, d.h. der Forscher verwirklicht die Methode des Verstehens in Form einer dialogischen Hermeneutik. Damit ist für den Idealfall der Handlung als hochkomplexe Ausgangseinheit die wissenschaftliche Beschreibung als ein *verstehendes* Beschreiben eingeführt, das sich im umfassendsten Fall auf das gesamte, mit der jeweiligen Handlung zusammenhängende Motivations- und Überzeugungssystem des Handelnden bezieht. Die (dialogische) Verstehensmethodik leistet dabei zweierlei: zum einen die Einigung auf das, was als korrekte Abbildung der Innensicht des Handelnden in Form des deskriptiven wissenschaftlichen Konstrukts anzusetzen ist, zum anderen auch die Einigung auf jene sprachliche Repräsentation, die als Beschreibung dieses Konstrukts fungieren kann. Wegen der Sprach- und Kommunikationsfähigkeit von Erkenntnis-Subjekt *und* Erkenntnis-Objekt handelt es sich dabei um eine Einigung auf eine Schnittmenge sprachlicher Repräsentationen, die vom Erforschten als Abbildung des in seinem spontanen Alltagssprechen Gemeinten und vom Forscher unter Bezug auf pragmatisch, d.h. historisch-räumlich gegebene Sprachvoraussetzungen als Basissprache für die wissenschaftliche Theoriebildung akzeptiert werden können. Wegen der (potentiellen) Komplexität, Differenziertheit und Strukturiertheit der Innensicht des Handelnden enthält diese Einigung der dialog-hermeneutischen Beschreibung auch immer einen Aspekt der Explikation, Präzisierung etc. der innerhalb des Forschungsprozesses vom Handelnden verbalisierten Intentionen, Ziele, Gründe des Handelns — d.h. einen Rekonstruktionsaspekt.

Die dialog-hermeneutische Beschreibung der Sinnkonstituierung von Handlungen aus der Sicht des Handelnden impliziert daher notwendig eine Entscheidung über die Rekonstruktions-Adäquanz des deskriptiven Konstrukts ‚Handlung'; diese Entscheidung erfolgt anhand des dialog-konsenstheoretischen Wahrheitskriteriums. Dabei gibt die Zustimmung des Erkenntnis-‚Objekts' zu dem, was von seiten des Erkenntnis-Subjekts auf der Grundlage und ausgehend von den natürlichen (alltagssprachlichen) Verbalisierungen des Erkenntnis-Objekts an Abbildungs- und Rekonstruktionsvorschlägen in den Dialog zwischen Forscher und Erforschtem eingebracht wird, den Ausschlag. Die Entscheidung der Rekonstruktions-Adäquanz anhand der Zustimmung des Erkenntnis-Objekts ist zunächst einmal dadurch begründet, daß gerade die (Selbst-)Interpretation des Handelnden in bezug auf sein Handeln nicht etwas von extern unmittelbar Beobachtbares ist, sondern sich primär auf internale kognitiv-konstruktive Sinngebungsprozesse bezieht; darüber hinaus muß aber die Lokalisierung der Entscheidungsgewalt auf seiten des Erkenntnis-Objekts über diesen Aspekt des primären extensionalen Bezugs auf intentional Internales beim Handelnden auch unterstellen, daß dem Erkenntnis-Objekt dieser Bezug (möglichst) verzerrungsfrei möglich ist. Diese Voraussetzung (qua Bedingung der Möglichkeit) muß konstruktiv systematisch gesichert werden, und zwar durch das kontrafaktische Konstrukt der idealen Sprechsituation. Methoden zur kommunikativen Validierung von deskriptiven (Handlungs-)Konstrukten einschließlich der dafür konstitutiven Innensicht des Handelnden müssen daher vor allem solche Realisierungen einer approximativ idealen Diskurssituation versuchen. Kommunikative Validierung erweist sich aufgrund dieser kontrafaktischen Bedingung der Möglichkeit des dialog-konsenstheoretischen Wahrheitskriteriums als nie vollständig bzw. sicher erreichbar. Zugleich entspricht aber die utopische, d.h. auf positive Entwicklungsmöglichkeiten des Menschen ausgerichtete, normative Dynamik des dialog-konsenstheoretischen Wahrheitskriteriums und infolge davon die Methodologie einer kommunikativen Validierung völlig kohärent der konstruktiven Zielkomponente des Subjektmodells des reflexions-, rationalitäts- und handlungsfähigen Menschen als Gegenstands(vor)verständnis.

Diese *Reflexivität* und (potentielle) *Rationalität* des Erkenntnis-Objekts ist es auch, durch die die Vorordnung des verstehenden Beschreibens in der Forschungsstruktur begründet ist. Denn zum einen manifestiert sich die Reflexivität des menschlichen Subjekts in der Selbstinterpretation des Handelnden hinsichtlich der Intentionen, Gründe und Ziele seines Handelns, die nur durch eine dialog-hermeneutische Beschreibung des deskriptiven Konstrukts ‚Handlung' (der „Handlung als Interpretationskonstrukt") abzudecken ist; zum zweiten resultiert das Einsetzen an der Selbstinterpretation des Handelnden daraus, daß nur diese Interpretation eine ‚operative Wirksamkeit' für die Handlung selbst haben kann, in der sich wiederum die potentielle Rationalität des Erkenntnis-Objekts manifestiert. Die Vorgeordnetheit des verstehenden Beschreibens des Handlungs-Konstrukts und damit der selbstinterpretativen Innensicht des Handelnden ermöglicht es, diese (potentielle) Rationalität des Erkenntnis-Objekts für die wissenschaftliche Rationalität des Erkenntnis-Subjekts, d.h. für die Objekttheorie der (sozialwissenschaftlich-handlungstheoretischen) Psychologie zu nutzen, indem die in der Tat operativ wirksamen Gründe etc. als kausal-effektiv (und damit approximativ als Ursachen des Handelns) für die wissenschaftliche Erklärung akzeptiert werden. Beide Aspekte der kommunikativ validierten Beschreibung des Konstrukts ‚Handlung' – die die Reflexivität manifestierende Erhebung der selbstinterpretativen Innensicht sowie die die potentielle Rationalität repräsentierende Abbildung der operativ wirksamen Instanzen des Motivations- und Überzeugungssystems des Handelnden – beide Aspekte zusammen sind im Optimalfall in der Lage, durch die in den vorgeordneten Beschreibungsvorgang ‚hineingezogene' Komplexität die Parzelliertheit, Kompliziertheit etc. psychologischer Erklärungen und Theorien insgesamt zu reduzieren und so zu einer größeren Geschlossenheit und Kohärenz (‚unification') psychologischer Theorien beizutragen.

Die Potentialität der Rationalität ist zugleich der Grund dafür, warum die dialog-hermeneutische Erhebung der Innensicht (d.h. der Selbstinterpretation des Handelnden) nicht ausreicht, sondern die Realitäts-Adäquanz dieser Innensicht in der zweiten Phase der Forschungsstruktur überprüft werden muß; denn die Potentionalität der Rationalität enthält auch die komplementäre Möglichkeit der Selbsttäuschung, des Auseinanderfallens von subjektiver Intention und objektiver Motivation, von Gründen und Ursachen. Daher muß geprüft werden, ob die vom Handelnden ‚gemeinten' Gründe etc. in der Tat operativ wirksam geworden sind, ob ihnen eine kausale Effektivität zugeschrieben werden kann, d.h. ob sie als Ursachen akzeptierbar sind (entsprechend für Ziele, ob sie als Wirkungen feststellbar sind). Die Frage nach der kausalen Effektivität der subjektiv ‚gemeinten' Gründe etc. des Handelnden ist die nach der explanativen Funktion des in der Selbstreflexion manifesten Motivations- und Überzeugungssystems des Handelnden; diese explanative Funktion thematisiert die Akzeptierbarkeit der Gründe als (Hume'sche) Ursachen innerhalb des covering-law-Konzepts der Erklärung. Der dabei zugrundegelegte Begriff der ‚schwachen Erklärung' auf der Grundlage von statistischen Gesetzmäßigkeiten, wie sie in sozialwissenschaftlichen Objektdisziplinen zumeist nur erreichbar sind, hält an dem Konzept des Realgrundes fest, das auch in liberalisiertester Version höchstens als ‚rationale Erklärung *von außen*' anzusetzen ist — und das heißt eine (Subsumtions-)Erklärung auf der Grundlage der externen Beobachtung konstitutiv erfordert. Die Realitäts-Adäquanz der explanativen Funktion von Konstrukten — hier von Handlungs-Konstrukten und damit approximativ der Funktion der kausalen Effektivität der Gründe — wird also überprüft durch ein *beobachtendes* Erklären, das als eine Manifestation des klassischen falsifikationstheoretischen Wahrheitskriteriums anzusetzen ist. Dabei wird durch die Basissätze (ohne fixe Beobachtungssprache, aber mit möglichst weitgehendem Bezug auf sinnliche Erfahrung) das (garantierende) Korrespondenzkriterium der Wahrheit approximiert und die je konkrete praktische Entscheidung anhand berechtigender Kriterien wie Konsens (d.i. Intersubjektivität zwischen den Erkenntnis-Subjekten), Kohärenz und Nützlichkeit gefällt. Dieses Festhalten am Subsumtions-Modell der Erklärung und damit an der externen Beobachtung zur Geltungsprüfung der explanativen Funktion von Gründen, Handlungen, Zielen etc. ist auch beim Ausgehen von verstehend beschriebenen Handlungs-Konstrukten nicht nur logisch möglich — nämlich durch die Überführung in eine dispositionelle Motiv-Erklärung —, sondern auch unabdingbar notwendig. Es muß nämlich über die Realitäts-Adäquanz der Wirksamkeitspostulate entschieden werden, die sowohl im subjektiven Reflexionssystem des handelnden Erkenntnis-Objekts als auch im intersubjektiven (‚objektiven') Theoriensystem des beobachtenden Erkenntnis-Subjekts unvermeidbar enthalten sind. Insofern ist die explanative Validierung von Handlungs-Konstrukten, mit der die aktive wie passive Erklärungsfunktion solcher Konstrukte innerhalb des covering-law-Konzepts der Erklärung überprüft wird, als übergeordnet anzusehen; denn sie entscheidet darüber, ob von einem Zusammen- oder Auseinanderfallen der subjektiven Intention und objektiven Motivation, der Gründe und Ursachen auszugehen ist. Läßt sich die operative Wirksamkeit der subjektiv ‚gemeinten' Gründe durch externe Beobachtung nicht sichern, so ist ein Nicht-Erreichen des Idealfalls der Handlungs-Gründe, die zugleich Ursachen sind, festzustellen. Allein bei Übereinstimmung der Ergebnisse zur kommunikativen und explanativen Validierung kann die Deckungsgleichheit von Innensicht und Außensicht, von Sinnkonstituierung und Geltungsanspruch als gesichert gelten. Das aber bedeutet, daß über die Realitäts-Adäquanz von Wirksamkeits-, Effektivitäts- bzw. Geltungsansprüchen der subjektiven Intention bzw. Motivation nur durch den weiteren, zweiten Schritt der externen Beobachtung entschieden werden kann. Dementsprechend ist diese zweite Phase der Forschungsstruktur ebenfalls unverzichtbar, weil sie über die Erklärungsrolle der subjektiv ‚gemeinten' Gründe entscheidet. Da die Erklärungsrolle als das Fundament auch der Bewertung der dialog-hermeneutisch verstandenen Handlungen (Handlungs-Konstrukte) fungiert, ist diese Phase des beobachtenden Erklärens unter dem falsifikationstheoretischen Wahrheitskriterium überdies als zur Phase des verstehenden Beschreibens und des dialog-konsenstheoretischen Wahrheitskriteriums übergeordnet einzuführen.

In dieser jeweils komplementären Lokalisierung von kommunikativer und explanativer Validierung auf den Dimensionen der Vor-/Nachordnung bzw. Über-/Unterordnung besteht die Modifikation der Funktionszuschreibung im Vergleich zu den monistischen bzw. dualistischen Funktionsansprüchen. Mit der *Vorordnung des verstehenden Beschreibens* der (selbstinterpretativen) Innensicht des Handelnden (Gründe, Intentionen, Ziele etc.) wird berechtigten dualistischen Argumenten Rechnung getragen, was zugleich mit der *Nachordnung des beobachtenden Erklärens* eine Absage an den Absolutheits- und Ausschließlichkeitsanspruch monistischer Argumente bedeutet; desgleichen wird mit der *Überordnung des beobachtenden Erklärens* als Außensicht-Perspektive zum Handeln (Ursachen und Wirkungen von Handlungen) dem berechtigten monistischen Funktionsanspruch Rechnung getragen, was zugleich eine Absage an den Absolutheits- und Ausschließlichkeitsanspruch der dualistischen Position bedeutet. Das Ausschlaggebende ist dabei, daß die optimale umfassende Forschungsstruktur auf der Ebene von Handlungen als höchst-komplexen Ausgangseinheiten der Psychologie *beide Phasen*, die der kommunikativen wie die der explanativen Validierung (d.h. des verstehenden Beschreibens und des beobachtenden Erklärens), als konstitutive Aspekte einer komplexitäts- und gegenstandsadäquaten Forschungs- und Psychologie-Konzeption konstituiert. Es ist also vom *vollständigen Optimalmodell* der Forschungsstruktur her *immer beides* zu realisieren, alle anderen Varianten sind als Defizitär-Formen für bestimmte suboptimale Fälle (des Auseinanderfallens von subjektiver Intention und objektiver Motivation bzw. primär umweltkontrollierter Reaktionsweisen) zu entwickeln.

Um es noch einmal inhaltlich zu benennen: Entgegen der Tendenz der dualistischen Position basiert die entwickelte vollständige, optimale Forschungsstruktur darauf, daß es nicht ausreicht, die Innensicht des Handelnden lediglich verstehend zu beschreiben; denn dadurch wäre nicht zu sichern, ob die ‚gemeinten' Gründe etc. auch in der Tat operativ wirksam werden, so daß die verstehende Beschreibung auf jeden Fall der Ergänzung durch beobachtendes Erklären bedarf. Desgleich ist entgegen der Tendenz der monistischen Position in dieser Forschungsstruktur verankert, daß die extern beobachtende Geltungsprüfung der explanativen Zusammenhänge, in die Handlungen im Rahmen des Subsumtions-Modells von Erklärung einzuordnen sind, allein nicht als ausreichend angesehen werden kann; denn eine adäquate Erfassung der thematischen Handlungs-Einheiten erfordert auch eine Erhebung der Innensicht-Perspektive des Handelnden und damit das (dialogische) Verstehen als Erkenntnismethode.

Diese komplementäre Ergänzung von kommunikativer und explanativer Validierung sowie ihre integrative Kombination auf den Dimensionen der Vor-/Nachordnung und Über-/Unterordnung ist eines der beiden zentralen Merkmale dieses Integrationsmodells, in dem sich das Veränderungspotential der explizierten Forschungsstruktur manifestiert. Das zweite dieser Merkmale stellt die fließende Grenze zwischen der kommunikativen und explanativen Validierungsebene dar, die in der Graphik (Abb. 18) durch die gegenseitige Überlappung und Öffnung der Konzeptrechtecke veranschaulicht ist. Diese fließende Grenze zwischen Beschreiben und Erklären geht (s.o. Kap. 3.) von dem sog. Ziehharmonikaeffekt von Handlungen aus, d.h. der Komplexitätsflexibilität, mit der der Handelnde über das Komplexitätsniveau den Umfang seiner Handlung bei der selbstinterpretativen Definition des Handelns festlegt; je nach Komplexitätsniveau können unterschiedlich weitreichende Ziele, unterschiedlich generelle Gründe angesetzt und damit unterschiedlich viele Teilhandlungen zu dem Komplex einer Gesamt-Handlung zusammengefaßt werden. Dadurch werden gegebenenfalls auf den niedrigeren Komplexitätsebenen Ursachen und Wirkungen von (Teil-)Handlungen unterstellt, deren Gültigkeit bei der explanativen Validierung der Gesamt-Handlung durch das beobachtende Erklären quasi mit übernommen werden. Solange die Erklärungskraft einer explanativen Validierung (der Gesamt-Handlung) dadurch nicht geschmälert wird, kann man dieses Hineinziehen von Erklärungshaltigkeit in die Theoriehaltigkeit der Handlungs-Beschreibung als brauchbar und legitim ansehen. Erst wenn — bedingt durch diese Absorption von Erklärungskraft durch die Beschreibungsebene — kein brauchbares Erklärungsmodell der Gesamt-Handlung möglich ist, muß entsprechend der Prämisse der optimalen Komplexitäts-Sequenzstruktur die in der Beschreibung implizierte Erklärungshaltigkeit im einzelnen überprüft werden, indem z.B. auf niedrigere Komplexitätsebenen und damit molekularere (Teil-)Handlungen in der Beschreibungsebene übergegangen wird.

Der fließenden Grenze zwischen Beschreibung und Erklärung entspricht in dem vorgelegten Integrationsmodell auch eine Überlappung und damit fließende Grenze zwischen kommunikativer und explanativer Validierung sowohl hinsichtlich der Dimension Vor- versus Nachordnung als auch Unter- versus Überordnung. Das läßt sich dadurch verdeutlichen, daß man die Aspekte des Verstehens und Beobachtens jeweils auf Beschreibungs- und Erklärungsebene betrachtet. Das (dialogische) Verstehen wird (entsprechend den Ergebnissen von Kap. 2. und den dualistischen Funktionsansprüchen) auf der Beschreibungsebene als Erkenntnismethode eingeführt. Während Verstehen für die monistische Position immer nur als Heuristik, d.h. als ,Finde'-Verfahren zur Genese von Hypothesen (Entdeckungszusammenhang), akzeptabel ist, wird es hier — in der dialogischen Variante — hinsichtlich der intentionalen Bedeutungsdimension des Handelns als erkenntnisgenerierende Methode zur Beschreibung des deskriptiven Konstrukts ,Handlung' eingesetzt (Geltungszusammenhang). Zugleich ist allerdings auch die heuristische Funktion nicht ausgeschlossen; diese wird (nach wie vor) in bezug auf die Gründe und Ziele des Handelnden und ihre Subsumierbarkeit innerhalb einer dispositionellen Motiv-Erklärung postuliert, d.h. hinsichtlich der Frage, ob die in der Selbstinterpretation des Handelnden angesetzten Gründe und Ziele in der Tat kausal effektiv werden, also als Ursachen und Wirkungen im Rahmen des beobachtenden Erklärens zu akzeptieren sind. Die fließende Grenze zwischen Beschreibung und Erklärung manifestiert sich dabei als Grenze zwischen der (erkenntnisgenerierenden) Beschreibungs- und (hypothesengenerierenden) Heuristikfunktion von Verstehen, die in der Trennung von Beschreibung im engeren Sinne versus Beschreibung im weiteren Sinne zum Ausdruck kommen. Beschreibung im engeren Sinne bezieht sich auf die für die jeweilige Fassung des deskriptiven Konstrukts Handlung (im engeren Sinn) definierende Intentionalität, d.h. die jeweilige Absicht als definierendes Merkmal; Beschreibung im weiteren Sinne bezieht sich auf die zu dieser Intention in der Selbstinterpretation des Handelnden als antezedent angesetzten Motive, Überzeugungen etc. Diese Beschreibung im weiteren Sinne enthält dann das heuristische Reservoir für die kausale Effektivitätsprüfung durch beobachtendes Erklären (im Subsumtions-Modell der ,schwachen Erklärung'). Die Flexibilität der Grenze zwischen Beschreibung und Erklärung impliziert aber auch (wie in Kap. 3. herausgearbeitet), daß die Grenze zwischen der Beschreibung im engeren und im weiteren Sinne fließend ist; wo nun im Einzelfall die Grenze sinnvollerweise zu ziehen ist, bestimmt sich nach der Erklärungskraft des Gesamtmodells einer Erklärung (d.h. dem Erklärungsansatz für eine Gesamt-Handlung auf relativ hohem Komplexitätsniveau). Da entsprechend der Prämisse der optimalen Komplexitäts-Sequenzstruktur auch hier mit dem Niveau möglichst hoch-komplexer Handlungs-Definitionen und -Beschreibungen einzusetzen ist, kommt ebenfalls eine fließende Grenze zwischen Verstehen und Beobachten zustande; insofern die von der Selbstinterpretation des Handelnden unterstellten Wirksamkeiten der Handlungs-Gründe bzw. der Handlungen in Richtung auf Handlungs-Wirkungen auf niedrigeren Komplexitätsebenen von Teilhandlungen etc. beim beobachtenden Erklären der Gesamt-Handlung mit impliziert sind, enthält das Beobachten der Gesamt-Handlung und ihrer antezedenten sowie sukzedenten Bedingungen auch diesen

Verstehensanteil (der niedrigeren Komplexitätsebenen). Durch die Beobachtung auf der höheren Komplexitätsebene wird das auf der niedrigeren Komplexitätsebene Verstandene quasi implizit-indirekt mit-beobachtet bzw. mit-realisiert. Solange die Erklärungskraft eines Gesamtmodells nicht leidet, enthält die Beobachtung von Handlungen und ihren antezedenten sowie sukzedenten Bedingungen auf hohem Komplexitätsniveau also implizite Verstehensanteile, denen durchaus Erkenntnisfunktion (innerhalb des Subsumtions-Modells der Erklärung) zuzugestehen ist.

Als Beispiele dafür können im Prinzip alle unter der Perspektive des Ziehharmonikaeffekts von Handlungen, also der fließenden Grenze zwischen Beschreibung und Erklärung, explizierten Gesamt-Handlungen gelten (s.o. Kap. 3.2.-3.5). Wenn man z.B. Lob- und Tadel-Äußerungen des Lehrers im Versuchsparadigma nach Meyer als höchst-komplexe Handlung der ‚unterstützenden Rückmeldung je nach Entwicklungsmöglichkeiten des Schülers' beschreibt und beobachtet, dann sind die auf die niedriger-komplexen Teilhandlungen bezogenen Verstehensteilmengen — etwa daß der Lehrer eine ehrliche Rückmeldung geben will, daß er seine Einschätzung der Schülerbegabung diesem vermitteln will etc. — in der Beobachtung implizit mit enthalten. Entsprechendes gilt für die Beobachtung hoch-komplexer Handlungen der Art: ‚Zum Lebensglück des Freundes durch eine Schallplatte als Geburtstagsgeschenk beitragen', oder ‚den (königlichen) Ehemann durch Gift-ins-Ohr-Träufeln ermorden'.

Entsprechend der Prämisse der optimalen Komplexitäts-Sequenzstruktur sind diese impliziten Verstehensanteile (mit Erkenntnisfunktion) innerhalb der explanativen Validierung erst dann zu reduzieren, wenn mit dem hohen Komplexitätsniveau der Handlungs-Beschreibung und -Erklärung kein zureichender Erklärungswert erreichbar ist; dann ist der Auflösungsgrad zu steigern, wobei durch das Absteigen auf dem Komplexitätsniveau der Handlungs-Definitionen und -Erklärungen die explizierten (intentionsbezogenen) Verstehensanteile sukzessiv minimiert werden, bis sie auf dem Niveau relativ molekularer Einheiten, vor allem beim Übergang auf Tuns- und Verhaltens-Einheiten, zunehmend zum Verschwinden kommen. Die nicht optimale, auf den Kopf gestellte Komplexitäts-Sequenzstruktur der bisherigen psychologischen Forschung (vgl. Kap. I.) ist der Grund dafür, daß bei den bislang überwiegenden, eher molekularen Ausgangseinheiten solche impliziten Verstehensprozesse (mit Erklärungsfunktion) kaum vorkommen und deshalb von Vertretern monistischer Psychologie-Konzeptionen weitgehend für unzulässig bis unmöglich gehalten werden.

Vergleichbares läßt sich über den Aspekt des Beobachtens sagen. Er ist (wie in Kap. 4. ausgeführt) konstitutiv relevant für die Geltungsprüfung der explanativen Validierung; erst wenn sich auch aus der Außen-Perspektive des Beobachters die subjektiv ‚gemeinten' Gründe etc. des Handelnden als effektiv wirksam erwiesen haben, kann man sie als Ursachen des Handelns akzeptieren. Für eine solche (‚schwache') Handlungs-Erklärung im Rahmen des covering-law-Konzepts von Erklärung (als dispositionelle Motiv-Erklärung) ist die Beobachtung auch und gerade des äußeren (Verhaltens-)Aspekts von Handlungen konstitutiv. Damit aber gibt es zwei Perspektiven, durch die Beobachtungsteilmengen auch innerhalb der deskriptiven Konstruktvalidierung von

Handlungen eine Rolle spielen. Die eine Perspektive ist bei der Diskussion des Basissprachen-Problems innerhalb der kommunikativen Validierung (vgl. oben Kap. 2.6.) deutlich geworden: daß nämlich das dialogische Verstehen der deskriptiven Konstruktvalidierung bei Handlungs-Einheiten auch auf internale Ereignisse bzw. Zustände Bezug nehmen kann und wird — eine Form von indirekter, nur vermittelter Beobachtung, bei der die Validierungsperspektive, wie erarbeitet, vor allem in der möglichst weitgehenden Elimination potentieller Verzerrungsfehler besteht. Dies ist also eher eine für die intersubjektive Abbildung internaler Ereignisse oder Zustände spezifische Form der Beobachtung, die nicht völlig deckungsgleich mit dem klassischen (empiristischen) Konzept der im engeren Sinne wahrnehmungsfundierten Beobachtung von außen ist. Jedoch spielt auch diese klassische Beobachtungsperspektive (als zweite) im Bereich der deskriptiven Konstrukt- qua Handlungs-Beschreibung durchaus eine Rolle. Das hängt damit zusammen, daß Handlung als ‚Interpretationskonstrukt' in der Tat einen Bezug auf Verhaltensaspekte enthält (vgl. oben Kap. 3. u. 4.), wenngleich dieser Bezug auch keine logische Beziehung zwischen intentionaler Beschreibung und Handlungs-Ergebnis impliziert; aber immerhin kann man davon ausgehen, daß der Verhaltensaspekt, der durch die (Selbst-) Interpretation des Handelnden intentional gedeutet wird, auch vorliegen muß, um von einer sinnvollen, brauchbaren und berechtigten Handlungs-Beschreibung ausgehen zu können. Die Beobachtung dieses Verhaltensaspekts sichert also quasi eine notwendige Bedingung für die Brauchbarkeit der intentionalen, kommunikativ validierten Handlungs-Beschreibung. Dementsprechend enthält die methodische Trias zur Sicherung von deskriptiven Handlungs-Konstrukten bei Cranach et al. (1980, 102; vgl. oben Kap. II.5.) auch die Beobachtung des Verhaltensaspekts von Handlungen als eine der drei konstitutiven Instanzen. Dabei kann diese Beobachtung wiederum mehr oder weniger explizit, d.h. also auch implizit, vonstatten gehen; bei weniger komplexen, stark auf Verhaltensaspekte wie z.B. Körperbewegungen bezogenen Handlungen dürfte ein expliziterer (eventuell systematischer) Beobachtungseinsatz sinnvoll sein, bei komplexeren Handlungskategorien wie z.B. Sprechakten dürfte die Beobachtungsteilmenge eher implizit sein. Das bedeutet, daß auch innerhalb des Verstehens bei der Handlungs-Beschreibung (implizite) Beobachtungsteilmengen mit-realisiert werden.

Die oben benannten Beispiele für höher-komplexe oder Gesamt-Handlungen können auch hier zur Verdeutlichung dienen, lediglich unter komplementär-entgegengesetzter Betrachtungsrichtung. Wenn man etwa Lob- und Tadel-Äußerungen des Lehrers (s.o.) als ‚unterstützende Rückmeldung ...' beschreibt, dann impliziert das eine Beobachtung des unterstellten Wirkeffekts, d.h. der unterstützenden Wirkung beim Schüler. Gleiches gilt für die Beschreibung der Handlung ‚mit einer Schallplatte als Geburtstagsgeschenk eine Freude machen'; diese Beschreibung wäre unbrauchbar und unberechtigt, wenn die implizierte Beobachtung der Freude als Wirkung beim Beschenkten nicht mit-realisiert würde. Grundsätzlich kann man sagen, daß in der Beschreibung hoch-komplexer Handlungen implizite Wirkeffekte mit-beobachtet werden müssen, wenn die Handlungs-Beschreibung als deskriptiv valide akzeptiert werden soll. Bei

Sprechakten handelt es sich entsprechend um (in der Sprechakttheorie so genannte) ‚perlokutive Effekte'; eine sinnvolle Verwendung des Sprechakts ‚jemanden von einer anderen Meinung überzeugen' impliziert die Beobachtung, daß der Gegenüber nach der Diskussion in der Tat eine (und zwar die intendierte) andere Meinung vertritt.

Der Rückgang auf die Sprechakttheorie eröffnet überdies noch einen weiteren Ansatz (von mit-realisierten Beobachtungsnotwendigkeiten). Eine der wichtigsten Perspektiven sprechakttheoretischer Analysen stellen die sogenannten Gelingensbedingungen dar. Es ist nur sinnvoll, eine Äußerung als ‚Versprechen' zu bezeichnen, wenn ich mit dieser Äußerung dem Gegenüber etwas ankündige, das von ihm gewünscht wird (im gegenteiligen Fall wäre meine Äußerung ein ‚Drohen'). Dieses ‚Gewünschtsein des angekündigten Ereignisses' (durch den Gegenüber) ist eine notwendige Bedingung für den Sprechakt ‚Versprechen' – und muß daher bei der Beschreibung einer Äußerung als ‚Versprechen' notwendig mit-beobachtet werden. Auch für andere Handlungs-Beschreibungen lassen sich solche notwendigen Adäquatheitsbedingungen angeben, die eine implizite Beobachtung unvermeidbar machen: z.B. setzt im normalen Sprachgebrauch die Beschreibung eines Tuns als Handlung des ‚Schenkens' voraus, daß es sich um einen vom Beschenkten erwünschten (z.B.) Gegenstand handelt, der auch für den Schenkenden nicht völlig wertlos ist; die Beobachtung dieser Bedingungen ist in der entsprechenden Handlungs-Beschreibung implizit mit unterstellt.

Vermutlich gibt es noch eine Fülle weiterer Möglichkeiten solcher im Rahmen von hoch-komplexen Handlungs-Beschreibungen implizierten Beobachtungen, die bislang aber wegen der großenteils objektivistisch-empiristischen Historie der Psychologie noch nicht zureichend analysiert und herausgearbeitet worden sind (siehe etwa die Thesen Brandtstädters zu ‚apriorischen Elementen in psychologischen Forschungsprogrammen': 1982; 1984; vgl. differenzierter unten Exkurs Fünf).

5.3. Möglichkeiten optimaler und eingeschränkter (Handlungs-) Rationalität als Grundlage der vollständigen Zwei-Phasen-Forschungsstruktur

Damit ist die ideale Forschungsstruktur für Ausgangseinheiten auf höchster Komplexitätsebene, nämlich auf der Ebene von Handlungs-Beschreibungen und -Erklärungen, in den Grundzügen umrissen. Diese Forschungsstruktur erlaubt es, die Reflexions-, Rationalitäts- und Handlungsfähigkeit des Menschen als psychologischem ‚Gegenstand' bzw. Erkenntnis-‚Objekt' optimal abzubilden. Das hat, wie eingangs kurz angedeutet, zwei komplementäre normative Konsequenzen. Zum einen sollte man dort, wo Reflexions-, Rationalitäts- und Handlungsfähigkeit des menschlichen Subjekts potentiell eine Rolle spielen, d.h. als Merkmale des psychologischen ‚Gegenstandes' relevant sind bzw. sein können, zur Abbildung dieser (nach dem Gegenstands(vor)verständnis zentralen, konstitutiven) Merkmale auch möglichst die vollständige ideale Forschungsstruktur realisieren. Zum anderen impliziert die grundsätzliche regulative Zielidee der gegenstandsorientierten bzw. -adäquaten Methodologie und Methodik, daß diese vollständige optimale Forschungsstruktur auch unterschritten werden kann und sollte: nämlich dann, wenn die Merkmale der Reflexions-, Rationalitäts- und Handlungsfähigkeit des menschlichen Subjekts im jeweils thematischen Gegenstandsbereich ganz eindeutig nicht relevant sind. Dies sind dann diejenigen Forschungsstruktur-Konzepte, die von der grundsätzlichen Zielidee der idealen Forschungsstruktur einer sozialwissenschaftlich-handlungstheoretischen Psychologie aus als Reduktions- oder Defizitär-Formen zu bezeichnen sind, obwohl damit nicht ausgeschlossen ist, daß sie rein quantitativ-empirisch (auch weiterhin) die modalen Formen psychologischer Forschung darstellen (können) – dann nämlich, wenn die ihnen zugrundeliegenden Einheiten des Tuns bzw. Verhaltens die empirisch häufigeren Fälle im Gegenstandsbereich der Psychologie (im Vergleich zu Handlungs-Einheiten) darstellen.

Da aus diesem ‚Zugeständnis' von monistischer Seite oft die Konsequenz gezogen wird, ein strukturelles Hinausgehen über vorhandene einheitswissenschaftliche Konzeptionen (der Psychologie) sei unnötig, will ich die Begründung der entgegengesetzten Folgerung doch noch einmal zusammenfassend anführen: Auch wenn es deskriptiv-empirisch ein Übergewicht der Tuns- und Verhaltens-Einheiten geben sollte, muß die methodologische Grundstruktur der Forschung von dem komplexeren und zugleich optimalen Fall des Handelns als Gegenstandseinheit(en) der Psychologie ausgehen. Denn nur wenn man die Forschungsstruktur von diesen höchst-komplexen, optimalen Ausgangseinheiten her konzipiert, kann man die übrigen, niedriger-komplexen Einheiten (und ihre Erforschung) durch Reduktions- oder Defizitär-Formen zureichend abdecken. Umgekehrt geht das nicht! Wenn die Forschungsstruktur konzeptuell lediglich auf Tuns- bzw. Verhaltens-Einheiten ausgerichtet und von diesen geprägt ist – wie das für die bisher weitgehend herrschende naturwissenschaftliche Psychologie-Konzeption gilt –, dann ist eine unreduzierte, gegenstandsadäquate Erforschung des menschlichen Handelns strukturell nicht (mehr) erreichbar; denn die strukturell-methodologische Begrenzung macht es in diesem Fall unmöglich, die für Handlungen zentralen Gegenstandsmerkmale (die z.B. eine kommunikative Validierung der intentionalen Innensicht erfordern) in der Forschung zu realisieren. Die methodologische Struktur muß also vom Prinzip her immer auf den komplexesten Fall ausgerichtet (und damit vorbereitet) sein, dann sind die weniger komplexen Fälle durch vereinfachende Reduktion der Forschungsstruktur abdeckbar; ist aber die Forschungsstruktur vom Grundansatz her nur auf die weniger komplexen Ausgangseinheiten aus- und eingerichtet, dann bleiben die darüber hinausgehenden Phänomene außerhalb der Reichweite der wissenschaftlichen Erkenntnis. Daher hat eine zureichende Explikation des hier vorgelegten Integrationsmodells von der vollständigen Zwei-Phasen-Struktur für Handlungs-Einheiten auszugehen und zugleich die Reduktions-Formen für Tuns- und Verhaltens-Einheiten zu umreißen. Ich werde deshalb zunächst zur Verdeutlichung verschiedene Möglichkeiten der vollständigen Zwei-Phasen-Struktur (einschließlich beschränkter Handlungs-Rationalität) skizzieren, um in den folgenden Unterkapiteln die Defizitär-Varianten für die übrigen beiden Ausgangseinheiten an Beispielen zu elaborieren.

Die Möglichkeiten optimaler und eingeschränkter Handlungs-Rationalität sind am besten an derjenigen Gegenstandskonstituierung zu diskutieren, die eine maximal elaborierte Innensicht-Perspektive des Handelnden unterstellt, d.h. die Innensicht in Form einer sog. Subjektiven Theorie rekonstruiert (s.o. Kap. 2.6.ff.).

Dazu ist es nützlich, zunächst einmal den optimalen Fall der realitätsadäquaten und damit handlungsleitenden reflexiven Selbstinterpretation des Handelnden in Termini des ‚Subjektiven-Theorie-Konstrukts' zu formulieren. Dieser Fall liegt idealtypisch dann vor, wenn ein Handelnder eine auf die Intentionen,

Gründe und Ziele des eigenen Handelns bezogene Subjektive Theorie verbalisiert, die sich bei Überprüfung durch externe Beobachtung auch als handlungsleitend (vgl. Wahl 1982) erweist, d.h. die in der Subjektiven Theorie als antezedente und sukzedente Bedingungen des jeweiligen Handelns genannten Gründe und Ziele sind in der Tat auch ‚objektiv' als Ursachen und Wirkungen dieser Handlungen akzeptierbar. Das bedeutet, daß die selbstbezogene Subjektive Theorie des Handelnden, die sein eigenes Handeln realitätsadäquat erklärt, praktisch unverändert als intersubjektive (wissenschaftliche) Erklärung seines Handelns übernommen werden kann, daß also die Selbsterkenntnis (des handelnden Erkenntnis-Objekts) für die Fremderkenntnis des (beobachtenden Erkenntnis-Subjekts) akzeptierbar ist und auf diese Art und Weise für sie genutzt wird. Darin manifestiert sich — wie im Lauf der Argumentation von den verschiedensten Perspektiven aus erarbeitet — der Idealfall eines reflexiven und rational handelnden menschlichen Subjekts, des Zusammenfallens von Innensicht und Außensicht, von subjektiver Intention und objektiver Motivation, von Ergebnissen der Sinnkonstitution und Geltungsprüfung, von ‚Gründen, die zugleich Ursachen sind': ein Fall, der nur im Bereich sozialwissenschaftlicher Objekttheorien und -disziplinen auftreten kann und dessen Möglichkeit deswegen auch genutzt werden sollte.

Als Beispiele für solche optimal rationalen, d.h. realitätsadäquaten ‚Subjektiven Theorien' können die im Kap. 4. explizierten (fiktiven), komplexen Überzeugungs- und Motivsysteme gelten, wenn man im Gegensatz zur dort besprochenen Problematik die Realitäts-Adäquanz der jeweiligen Subjektiven Theorie unterstellt. Wenn also die (Innensicht-)Begründungen eines Studierenden dafür, daß er plötzlich in einem Seminar mitarbeitet (nämlich die Motivation, möglichst rasch Prüfung zu machen, die Notwendigkeit, als Zulassungsvoraussetzung einen ‚Schein' zu erwerben, das Interesse für das Seminarthema etc.), mit den beobachtbaren äußeren Aspekten seines Tuns übereinstimmen und daher die Subjektive Theorie (auch von der externen Beobachtung her) als explanativ valide anerkannt werden kann, dann ist die subjektive Handlungs-Erklärung als ‚objektive' (wissenschaftlich-intersubjektive) übernehmbar. Vergleichbares ist für den Fall denkbar, daß ein Student seine Seminarbeteiligung aus Rücksicht auf seine leistungs- und konkurrenzdruckempfindliche Freundin einschränkt etc. (s.o. Kap. 4.4.).

Daß solche rationalen, realitätsadäquaten Selbstsichten (qua subjektiven Erklärungen eigenen Handelns) bei Menschen nicht nur vorstellbar, sondern zumindest teilweise auch empirisch beobachtbar sind, haben Kaiser & Werbik (1977) z.B. in ihrem ‚Telefonzellenversuch' sichern können. Dabei ging es darum, einen ‚Dauerredner' in einer Telefonzelle zur Beendigung seines Gesprächs zu bewegen, wofür die Versuchspartner (vorab) Handlungsalternativen entwarfen, die sie zu einem gewissen Teil später auch ausführten, so daß ihre entsprechende interpretative (Selbst-)Beschreibung mit der (externen) Beschreibung/Beobachtung des Versuchsleitergehilfen übereinstimmte (Kaiser & Werbik 1977, 121ff.).

Wie gesagt stellen solche Beispiele, auch aus der Sicht des Gegenstands(vor)verständnisses, den absoluten Idealfall dar, über dessen Häufigkeit aufgrund der bisher weitgehend noch fehlenden handlungstheoretischen Forschung in der Psychologie nichts Sicheres ausgesagt werden kann, jedoch auch nicht zu optimistische Erwartungen aufgebaut werden sollten. Denn die ganze Argumentation zur Überordnung der Perspektive des beobachtenden Erklärens (– der explanativen Validierung –) beruht ja darauf, daß der Mensch sich in seinen Reflexionen, in seiner Selbsterkenntnis irren kann, einschließlich der (Alltags-)Erfahrung, daß er dies auch nicht zu selten tut – jedenfalls nicht so selten, daß man auf die übergeordnete Instanz der explanativen Validierung innerhalb einer sozialwissenschaftlich-handlungstheoretischen Forschungskonzeption für die Psychologie verzichten könnte. Allerdings führt nicht jeder Irrtum des Handelnden dazu, daß seine Selbstinterpretation für die explanative Validierungsperspektive irrelevant wird bzw. gar die vollständige Forschungsstruktur von kommunikativer und explanativer Validierung zu reduzieren wäre. Der paradigmatische Fall für partielle Irrtümer innerhalb der Innensicht des Handelnden, die gleichwohl die Brauchbarkeit der Innensicht-Perspektive nicht grundsätzlich in Frage stellen, ist bereits bei der Diskussion der Überführbarkeit von Gründen in eine dispositionelle Motiv-Erklärung innerhalb der handlungsphilosophischen Analyse angesprochen worden. Es handelt sich um einen Irrtum im Überzeugungssystem des Handelnden, der dennoch die Innensicht hinsichtlich des Motivsystems nicht tangiert: wenn z.B. der Handelnde in bezug auf die Wirkung seiner Handlung falsche Vorstellungen oder Hypothesen hat, dennoch aber seine auf diese von ihm erwarteten Wirkungen bzw. Ziele ausgerichteten Motive in der Tat als antezedente handlungsleitende Bedingungen (auch unter externer Perspektive der explanativen Validierung) zu akzeptieren sind. In Begriffen des Forschungsprogramms ‚Subjektive Theorien' ausgedrückt handelt es sich hier um einen Fall von eingeschränkter oder begrenzter Rationalität, bei dem die Subjektive Theorie des Handelnden hinsichtlich der Wirkungen bzw. fremdbezogenen Annahmen über das Verhalten oder Handeln anderer nicht realitätsadäquat ist, zugleich jedoch die selbstbezogenen Aussagen über (motivationale) Gründe realitätsadäquat sind und daher ebenfalls (wie im vorhergehenden Beispiel) in eine ‚objektive' Erklärung bzw. Theorie übernommen werden können. Der Handelnde wird mit seiner Handlung zwar die intendierten Ziele (vermutlich) nicht erreichen, trotzdem ist seine – falsche – Überzeugung, die thematische Handlung als Mittel zur Erreichung dieser Ziele einsetzen zu können, in Verbindung mit entsprechenden (motivationalen) Präferenzzuschreibungen für diese Ziele die ausschlaggebende antezedente Bedingung für sein Handeln und damit die ‚Ursache' im Sinne der oben explizierten schwachen Variante einer statistischen Erklärung innerhalb des Subsumtions-Konzepts der Erklärung. Dementsprechend ist auch hier die Innensicht-Perspektive des Handelnden, obwohl sie nicht (vollständig) realitätsadäquat ist, in einer gegenstandsadäquaten psychologischen Forschung unbedingt zu erheben und damit die Phase der kommunikativen Validierung des deskriptiven Konstrukts ‚Handlung' (und das heißt der Selbstinterpretation des Handelnden) unverzichtbar. Dieser Fall einer ‚begrenzten' Rationalität des Handelnden, der gleichwohl die Realisierung des vollständigen Integrationsmodells der Forschungsstruktur einer handlungstheoretischen Psychologie-Konzeption unverzichtbar macht, dürfte empirisch sehr viel häufiger sein als der oben skizzierte Idealfall; für die methodologische Notwendigkeit der Realisation von Beobachtung *und* Verstehen aber sind diese Unterschiede in der inhaltlichen Rechtfertigung hinsichtlich der vollständigen idealen Forschungsstruktur unerheblich.

Als diesbezügliches Beispiel ist oben (Kap. 4.4.) bereits der von Beckermann diskutierte Fall des abergläubischen Überzeugungssystems angeführt worden: Hans glaubt, daß ein Amulett ihn vor Krankheit schützt, und dieser Glaube ist unabhängig von seiner Realitäts-Adäquanz als erklärende Antezedensbedingung für das Tragen des Amuletts anzusetzen (vgl. ähnlich Mischel 1981, 17). Gleiches gilt für die komplizierte Anweisung von Huckleberry Finn zur Entfernung von Warzen. Auch wenn die entsprechende Überzeugung inhaltlich unsinnig ist, wird man doch gegebenenfalls das Auftauchen von Tom Sawyer (und Huckleberry Finn) auf dem Friedhof um Mitternacht gerade nicht ohne Rückgriff auf ihren (Aber-)Glauben erklären können. Insofern die ‚objektive‘ Erklärung bzw. Erklärungstheorie Sätze enthält, die sich auf die subjektiv-theoretischen Aussagen (Definitionen, Hypothesen, Gesetzmäßigkeiten etc.) des Handelnden beziehen, handelt es sich dabei um eine Meta-Erklärung bzw. Meta-Theorie (vgl. differenzierter Groeben & Scheele 1982, 29ff.).

Im Prinzip kann man z.B. auch alle von der attributionstheoretischen Forschung herausgearbeiteten Attributionsfehler (vgl. Jones et al. 1971; Harvey et al. 1981) unter dieses Paradigma der beschränkten Rationalität subsumieren; die Attributionen mögen in bestimmter Hinsicht realitätsinadäquat sein, aber ihre Einbeziehung ist dennoch (bzw. deswegen) zur objektiv-wissenschaftlichen Erklärung der Handlungen des Betreffenden unverzichtbar. Weil diese Klasse der (zumindest teilweise) inadäquaten (subjektiven) Überzeugungssysteme rein quantitativ bei der (objektiven) Erklärung menschlichen Handelns eine große Rolle spielen dürfte (s.o.), sind dafür auch noch relativ komplizierte Kombinationen von realitätsadäquaten und -inadäquaten Selbst- und Weltsichtkognitionen zu erwarten, deren Explikation und Erforschung allerdings vor allem die Aufgabe des Forschungsprogramms ‚Subjektive Theorien‘ sein wird (vgl. z.B. Groeben et al. 1987).

Dieser Fall der beschränkten Rationalität, die sich in falschen Überzeugungs-(teil)systemen manifestiert, ist in besonderem Maße in der Lage, die Integration von Verstehens- und Erklärungsperspektive, wie sie in dem vollständigen Zwei-Phasen-Modell der Forschungsstruktur enthalten ist, anschaulich zu verdeutlichen, denn (gerade) die inadäquaten Überzeugungen des Handelnden müssen (vom Erkenntnis-Subjekt) verstanden sein, um das Handeln des jeweiligen Akteurs erklären zu können. Vom Kritischen Rationalismus herkommend hat Eibl sogar (im Rahmen einer ‚kritisch-rationalen Literaturwissenschaft‘) das ‚Verstehen‘ auf die Rekonstruktion solcher potentiell falschen Überzeugungen konzentriert (1976); es bedeutet für ihn „die Rekonstruktion, wie ein anderer ‚Tatsachen‘ mittels seiner Regelmäßigkeitsannahmen verknüpft oder verknüpft hat, um ein Problem zu lösen." (o.c., 60) Als Beispiel nennt er den Rekonstruktionsversuch eines Ethnologen, der auf einer Südseeinsel beobachtet, wie Eingeborene bei Mondfinsternis einen bestimmten Tanz aufführen; der Ethnologe rekonstruiert (und versteht), daß sie in dem Glauben tanzen, dadurch den Mond wieder zum Vorschein bringen zu können (was ja auch immer ‚klappt‘). Eibl selbst setzt dann als Explanandum das Wiedererscheinen des Mondes an und kommt unter dieser Voraussetzung zu der Unterscheidung, daß ‚Verstehen' die Rekonstruktion fremder (potentiell subjektiv-falscher) Tatsachenverknüpfungen bedeutet, während ‚Erklären' eine (objektiv-)richtige Tatsachenverknüpfung mit eigenen Regelmäßigkeitsannahmen darstellt (in diesem Fall die astronomische Erklärung). Es muß hier nicht entschieden werden, ob die Konzentration auf das genannte Explanandum und davon abhängig die vorgenommene (differenzierende) Entgegensetzung von Verstehen und Erklären grundsätzlich abzulehnen ist (vgl. z.B. Bredella 1980, 62ff.); denn für die hier thematische Frageperspektive einer sozialwissenschaftlich-handlungstheoretischen Psychologie ist eindeutig als Explanandum primär das Tanzen der Eingeborenen relevant. Und für dessen adäquate Erklärung ist das Verstehen der Regelmäßigkeitsannahmen der Handelnden unverzichtbar; gerade die (potentielle) ‚Falschheit' dieser Regelmäßigkeitsannahmen (des Erkenntnis-Objekts) macht eine zureichende Erklärung unmöglich, wenn sie nicht vorher (vom Erkenntnis-Subjekt) adäquat verstanden worden sind. Mischel hat das auf generellem Abstraktionsniveau folgenderweise zusammengefaßt:

„Wenn die Kriterien, anhand derer der Handelnde entscheidet, welcher Art von Situation er sich gegenübersieht und was er angesichts ihrer zu tun hat, den unseren ähneln, brauchen wir sein Handeln wahrscheinlich nur erneut zu beschreiben, um es zu erklären. Denn wir können uns an ein gemeinsames Bezugssystem von Konzepten und Verhaltensregeln halten, wenn dies auch angesichts der früheren Beschreibung noch nicht ersichtlich war. Doch wenn sich der Handelnde auf eigentümliche Konzepte oder Verhaltensregeln festgelegt hat, wird erhebliche empirische Forschungsarbeit erforderlich sein, um mehr über ihn zu erfahren. Erst dann können wir sein Handeln erklären." (Mischel 1981, 60)

Das heißt, daß wir erst mit Hilfe der *verstandenen* Konzepte (Überzeugungen, Regelmäßigkeitsannahmen, Tatsachenverknüpfungen, Subjektiven Theorien etc.) des Handelnden sein Handeln erklären (können). Methodologisch formuliert bedeutet das (in Vorausschau auf Kap. 6.) – für den Bereich menschlichen Handelns –: *Erst durch das Verstehen können wir erklären!* Soweit man bei Handlungs-Erklärungen auf solche (verstandenen qua rekonstruierten) Subjektiven Theorien etc. rekurriert und das heißt diese in der Erklärung zitiert, liegen damit metasprachliche bzw. metatheoretische Erklärungen vor (vgl. oben und ausführlicher Groeben et al. 1987).

5.4. Reduktionsformen: Unterschreitung der Dialog-Hermeneutik bei Tuns-Einheiten durch monologisches Verstehen

Das Entscheidende (im Hinblick auf das vollständige Integrationsmodell der Forschungsstruktur) bei den bisher diskutierten Fällen ist, daß sich die Subjektive Theorie des Handelnden zumindest in der Dimension der Handlungsleitung als realitätsadäquat erweist; die empirische Sicherung dieser Handlungsleitung (s.o. Exkurs Drei) weist eine (zumindest partielle) Übereinstimmung zwischen den Ergebnissen der kommunikativen und der explanativen Validierung nach. Dies ändert sich, wenn die Subjektive Theorie als Selbstinterpretation des Handelnden derart realitätsinadäquat ist, daß sie auch hinsichtlich der operativen Wirksamkeit der Gründe von der Außensicht des (externen) Beobachters aus als nicht effektiv einzustufen ist. In diesem Fall wird die Innensicht, die Selbstinterpretation des Handelnden, für die objektive Erklärung und d.h. für die explanative Validierung durch Beobachtung überwiegend irrelevant, weil funktionslos. Nach den bisherigen Analysen dürfte dieser Fall vor allem vorliegen, wenn das in der Selbstinterpretation des Handelnden implizierte, d.h. (mit-)behauptete Motivsystem nicht als realitätsadäquat akzeptiert werden kann. Das ist der prinzipielle Unterschied, der aus der Diskussion um die ‚Effektivität der Gründe' (Kap. 4.) resultiert. Die Realitätsinadäquanz von Überzeugungen (z.B. in bezug auf die Wirkungen von Handlungen) schließt nicht aus, daß diese Überzeugungen handlungsleitend sein können (also ‚effektive Gründe' des Handelns darstellen); wenn aber die in der Selbstsicht des Akteurs behaupteten Motive realitätsinadäquat sind, dann sind sie eben deswegen auch nicht handlungsleitend und können nicht als Ursachen (qua effektive Gründe) akzeptiert werden.

Beispiele für solche in der Dimension der postulierten Motive realitätsinadäquaten und daher nicht-handlungsleitenden Subjektiven Theorien sind oben bei der Diskussion der ‚Erklärungsrolle' von Gründen expliziert worden (Kap. 4.4.): etwa der Student, der meint und angibt, aus studieninternen Gründen plötzlich in einem Seminar mitzuarbeiten, dies aber (‚in Wirklichkeit') aus Verliebtheit (in eine mit anwesende Kommilitonin) tut; oder der Student, der meint und angibt, sich aus Rücksicht auf seine Freundin in der Mitarbeit zurückzuhalten, dies aber (de facto) aus Rache am Seminarleiter tut.

Dies ist der erste zentrale Gegenpol zu dem als Ausgangspunkt skizzierten (Ideal-)Fall der vollständig oder partiell realitätsadäquaten, aber auf jeden Fall handlungleitenden Subjektiven Theorie. Hier liegt zwar Reflexivität (in der erhebbaren, kommunikativ validierbaren Subjektiven Theorie) vor, aber diese reflexive Selbstinterpretation ist wegen der mangelnden Realitätsadäquanz in der Motiv-Dimension nicht-rational und nicht-handlungsleitend. Betrachtet man diesen Fall zunächst einmal strukturell, d.h. querschnittsartig in bezug auf das explizierte Forschungsmodell, so folgt daraus, daß hier das Erkenntnis-Subjekt (der Wissenschaftler) auf jeden Fall eine Außensicht-Perspektive gegenüber der Selbstreflexion bzw. Selbstinterpretation des Erkenntnis-Objekts einnehmen muß und Beschreibungs- sowie Erklärungsmodelle mit weniger komplexen und weniger subjektiv-intentionalen Bedeutungsteilmengen heranziehen muß. Im Fall der Diskrepanz zwischen Innensicht und Außensicht, dem Auseinanderfallen von subjektiver Intention und objektiver Motivation, der Inkohärenz der Ergebnisse von kommunikativer und explanativer Validierung, der Gründe, die nicht als Ursachen effektiv sind: in diesem Fall ist es also nicht nur legitim, sondern prinzipiell auch unvermeidbar, auf Einheitenebenen unterhalb der hochkomplexen Handlungs-Ebene herunterzugehen. Entsprechend den herausgearbeiteten Einheiten-Ebenen (von Handeln, Tun, Verhalten; vgl. Kap. 2.) gibt es dabei grundsätzlich zwei Möglichkeiten: einmal den Übergang auf Einheiten mit universalisierbaren Bedeutungen (,Tun'), wobei dieser Übergang vor allem durch eine monologische (Tiefen-)Hermeneutik vorzunehmen wäre, die den intentionalen Bedeutungsteilmengen der Beschreibungseinheit ,Tun' dann eine inhaltlich andere Semantik (als die vom Akteur selbstinterpretativ verbalisierte) unterstellt und diese systematisch expliziert; zum anderen den Übergang auf universelle Bedeutungseinheiten und damit im Prinzip ,Verhaltens'-Konstrukte als Ausgangseinheiten, bei denen die Bedeutungsteilmengen durch in der Beobachtung enthaltenes, implizites Verstehen realisiert werden. Für die Wahl dieser beiden grundsätzlichen Möglichkeiten lassen sich auf der Basis der bisher erzielten Rekonstruktionsergebnisse durchaus unterschiedliche Bedingungen vermuten und postulieren.

Hier ist zunächst der Übergang zu monolog-hermeneutisch beschriebenen Einheiten des Tuns relevant. Als paradigmatischer Ausgangspunkt für diese Einheiten-Kategorie wurde bisher oben bei der Diskussion der monologischen (Tiefen-)Hermeneutik das Auseinanderfallen von subjektiver Intention und objektiver Motivation expliziert, d.h. der Akteur liefert selbst eine subjektiv-intentionale *Handlungs*-Beschreibung, die aber mit dem äußeren (Verhaltens-)Aspekt nicht (bzw. zumindest in wichtigen Teilen nicht) übereinstimmt. Gleichwohl ist das Tun des Akteurs durchaus als sinnvoll versteh- und beschreibbar, nur eben unter Rückgriff auf andere als die von ihm selbst ,gemeinten' Motive; diese ,eigentlichen' (in ,Wirklichkeit' vorliegenden: ,objektiven') Motive werden vom Forscher als Erkenntnis-Subjekt durch systematisch-intersubjektive Verstehensmethodik — allerdings ohne Dialog mit dem Erkenntnis-Objekt, daher ,monologisch' — erschlossen und beschrieben. Geht man von dieser (rekonstruierten) Explikation der monologischen Verstehens-Methodik und der Einheiten-Kategorie ,Tun' aus, so kann man die monologisch-hermeneutische Tuns-Beschreibung in Abgrenzung zur subjektiv-intentionalen Handlungs-Beschreibung als ,motivationale Beschreibung' bezeichnen. Der zentrale Unterschied liegt (wie in Kap. 2.5. - 2.8. und E.3.2. expliziert) darin, daß für die intentionale (Handlungs-)Beschreibung von einem Intentionsbegriff ausgegangen wird, der subjektiv-bewußte, planvolle, gewollte (als Volition zweiter Stufe ,gemeinte') Absichtlichkeit und Motivation postuliert und unterstellt, während für die motivationale (Tuns-)Beschreibung zwar ebenfalls eine motivationale Zielgerichtetheit anzusetzen ist, die aber nicht unbedingt subjektiv bewußt und vor allem auch nicht bewußt-gewollt sein muß. Auf die in diesem Sinn nicht vollständig subjektiv-gewollte (intentionale), aber dennoch (objektiv: d.h. aus der Sicht des Erkenntnis-Subjekts) motivationale Bedeutungsdimension des Tuns bezieht sich also die monolog-hermeneutische Beschreibung (qua ,motivationale' Beschreibung).

Man kann sich sicher darüber streiten, ob diese terminologischen Benennungsvorschläge optimal sind oder nicht; ich möchte keinesfalls ausschließen, daß es bessere Nomenklaturmöglichkeiten gibt, die ich dann mit Freude übernehmen würde. Aber *daß* man die Beschreibung der beiden Einheiten-Kategorien auch terminologisch trennen sollte, resultiert m.E. zwingend aus den Unterschieden, die sowohl hinsichtlich der Gegenstandsimplikationen als auch der Verstehens-Methodik herausgearbeitet worden sind (das Folgeproblem, wie dann die Beschreibung von Verhaltens-Einheiten zu benennen ist, wird im nächsten Unterkapitel thematisiert).

Die Brauchbarkeit der Terminologie bemißt sich auf jeden Fall danach, ob durch sie die Mittelstellung des ‚Tuns' zwischen ‚Handeln' und ‚Verhalten' adäquat verdeutlicht wird, die hinsichtlich des Ausgangspunktes latenter Sinndimensionen Mischel folgenderweise zusammengefaßt hat (1981, 187): „Ein angemessenes Modell müßte beiden Aspekten gerecht werden. In ihm müßte der dynamisch unbewußte und unfreiwillige Charakter neurotischen Verhaltens ebenso vorhanden sein wie die nicht nur biologische, sondern vor allem soziale und kognitive Natur neurotischer Symptome." Insoweit, als der Terminus ‚motivationale Beschreibung' diese Aspekte in sich zu vereinen vermag, kann er als brauchbar und sinnvoll angesehen werden.

Um Mißverständnisse zu vermeiden, möchte ich aber auch noch explizit festhalten, was mit dieser Trennung von intentionaler Handlungs- und motivationaler Tuns-Beschreibung sowie dem Übergang von der einen zur anderen Beschreibungsart (und damit Einheiten-Kategorie) *nicht* verbunden ist. Zunächst einmal ist mit ‚intentionaler Handlungs-Beschreibung' — wie aus der Diskussion der Handlungs-Erklärung (Kap. 4) hervorgeht — nicht gemeint, daß diese intentionale Beschreibung die motivationale Perspektive, z.B. die der dispositionellen Motiv-Erklärung, ausschließt. Im Gegenteil soll die intentionale Beschreibung ja gerade eine möglichst einfache, realitätsadäquate Motiv-Erklärung ermöglichen; die Verbindung, z.T. sogar Überschneidung (s.o. Kap. 3: die fließende Grenze zwischen Beschreibung und Erklärung) von intentionaler Handlungs-Beschreibung und motivationaler Handlungs-Erklärung kommt dadurch zustande, daß die subjektiv ‚gemeinten' (bewußten und gewollten) Gründe als objektiv-effektive Ursachen gelten können, daß sich also eine Übereinstimmung der Perspektive von erster und dritter Person sichern läßt. Die Benennung der Handlungs-Beschreibung als intentionale Beschreibung schließt also keinesfalls die Perspektive der dritten Person (z.B. qua Motiv-Erklärung) aus; es ist lediglich so, daß die Benennung der Tuns-Beschreibung als motivationale Beschreibung signalisiert, daß bei Einheiten des Tuns bereits die Beschreibung von der Perspektive der dritten Person ausgehen muß. Und das entspricht völlig der oben geleisteten Explikation sowohl der Einheiten-Kategorien als auch der methodischen Verstehens-Ansätze. Bei Handlungs-Einheiten ist eine weitgehende Überlappung (im Idealfall sogar Identität) von Innensicht- und Außensicht-Perspektive (inhaltlich wie methodisch) möglich; bei den von der Komplexität her darunter liegenden Einheiten verringert sich — schon in der Beschreibung — der ‚Anteil' der Innensicht-Perspektive in Relation zur Außensicht (bis letztere bei den Verhaltens-Einheiten ganz eindeutig das Übergewicht hat).

Für Einheiten des Tuns kann es dabei durchaus verschiedene Ausmaße der Relation von Innensicht- und Außensicht-Perspektive geben, die für den konkreten Einzelfall der Konstituierung von Gegenstandseinheiten in der Forschungspraxis durchaus flexible Möglichkeiten eröffnen. Der Ausgangspunkt zur Rekonstruktion von Tuns-Einheiten und der darauf bezogenen monologischen

Verstehens-Methodik enthält bereits implizit die Möglichkeit eines gewissen ‚Mischverhältnisses'. Es hatte sich ja gezeigt, daß realitätsinadäquate Überzeugungen (über Handlungs-Wirkungen etc.) durchaus effektive ‚Gründe' eines Handelnden sein können und deswegen ein Abgehen von der Gegenstandseinheit ‚Handlung' nicht nötig machen; wenn nur realitäts*in*adäquate Motiv-Setzungen des Akteurs den Übergang zur Gegenstandseinheit ‚Tun' erfordern, so kann innerhalb dieses Tuns z.B. durchaus das Überzeugungssystem des Akteurs hinsichtlich der Wirkungen seines Tuns (auch wenn er dieses Tun für ein auf ganz andere Ziele ausgerichtetes Handeln hält) realitätsadäquat sein.

In dem oben wieder aufgenommenen Beispiel des Studenten, der sich (eigentlich) an dem Hochschullehrer ‚rächen' will, kann das z.B. die Überzeugung sein, daß der Dozent durch die fehlende Mitarbeit des Studenten irritiert wird, ja daß er sich sogar ärgert.

Im übrigen gilt hier für die dispositionelle Motiv-Erklärung des Tuns genau dasselbe wie für die Handlungs-Erklärung: selbst wenn die Überzeugung hinsichtlich der Wirkung eigener Aktivitäten falsch (realitätsinadäquat) sein sollte (also der Dozent sich z.B. gar nicht ärgern würde), bleibt die falsche Überzeugung in Verbindung mit den ‚eigentlichen' Motiven doch ein wichtiger (und unverzichtbarer) effektiver Grund für das Tun des Studenten. Genauso wie bei der Handlungs-Erklärung ist daher dieser auf das Überzeugungssystem bezogene Teil der Innensicht-Perspektive für die Tuns-Erklärung (unabhängig von der Realitätsadäquanz des Überzeugungssystems) durchaus relevant, ja unverzichtbar.

Daraus lassen sich mehrere Konsequenzen ableiten. Als wichtigste Folgerung ist festzuhalten, daß die ‚motivationale' Beschreibung von Einheiten des Tuns keinesfalls ein Überflüssigwerden der skizzierten Zwei-Phasen-Forschungsstruktur impliziert. Das gilt auch im Hinblick auf die zunächst einmal durchzuführende Dialog-Hermeneutik der ersten Forschungsphase; ‚motivationale Beschreibung' bedeutet nur, daß in der (endgültigen) Motiv-Erklärung des Tuns auf eine monolog-hermeneutische Beschreibung des Explanandums zurückgegangen werden kann (wobei überdies auch noch gewisse Mischverhältnisse von monolog- und dialog-hermeneutisch zustandegekommenen Beschreibungsdimensionen denkbar sind). Auch für die Unterschreitungsvariante der monolog-hermeneutischen Beschreibung von Tuns-Einheiten (sowie deren anschließende Erklärung) ist also zunächst einmal die dialog-hermeneutische kommunikative Validierung nötig, und zwar unter zwei Perspektiven: hinsichtlich des Überzeugungssystems des Akteurs, weil die diesbezüglichen Ergebnisse der kommunikativen Validierung genauso wie bei der Handlungs-Erklärung für die Erklärung des Tuns fruchtbar gemacht werden können (s.o.); und zum zweiten in bezug auf die Motivpostulate innerhalb der Selbstinterpretation (des Akteurs), weil nur deren Diskrepanz zum beobachtbaren (‚äußeren') Verhaltensaspekt die Rechtfertigung für die monolog-hermeneutische Beschreibung geben kann.

Ob man im konkreten Forschungsprozeß dann in der Tat von der kommunikativ validierten intentionalen Handlungs-Beschreibung auf die monolog-hermeneutische, (nur) motivationale Tuns-Beschreibung übergeht, hängt von den Bedingungen des Einzelfalls ab. So ist es z.B. durchaus denkbar, daß man u.U. die Komplexitätsebene der Beschreibungs-Einheit innerhalb des Handlungs-Konzepts reduziert, indem man etwa engere Beschreibungen ansetzt, für die eine Intentionalität im oben definierten Sinn akzeptierbar ist (im genannten Beispiel etwa daß ‚sich der Student im Seminar zurückhält') und nur für die weitergehende Beschreibung (ob diese ‚Zurückhaltung' nun eine ‚Rücksichtnahme' oder eher ‚Rache' darstellt) eine monolog-hermeneutische, motivationale Perspektive einnimmt. Das macht gleich eine weitere Möglichkeit des Forschungs*prozesses* deutlich. Der Forscher kann auch bei einem Auseinanderfallen von subjektiver Intention und objektiver Motivation durchaus versuchen, den Dialog mit dem Erkenntnis-Objekt fortzusetzen: indem er z.B. auf die beobachtbaren Inkohärenzen hinweist und eine neue Einigung auf realitätsadäquatere Motivpostulate anstrebt. Im konkreten Forschungsprozeß sind hier also Rückkoppelungsschleifen möglich, mit deren Hilfe u.U. der Übergang von der (kommunikativ validierten) subjektiv-intentionalen Handlungs-Beschreibung auf eine motivationale Tuns-Beschreibung hinausgeschoben oder sogar vermieden werden kann. Dabei dürfte auch die von Aschenbach (1984, 359) angeführte, interessante Möglichkeit einzubeziehen sein, daß ein ursprünglich durchaus rationales, bewußtes Handeln vom Akteur nachträglich ‚emotionalisiert' worden ist (was die entsprechende Gegenstandseinheit nur vordergründig der Tuns-oder Verhaltens-Kategorie subsumierbar erscheinen läßt). Die Ausarbeitung, welche Analysen sowie Rückkoppelungsschleifen hier sinnvoll und nötig sind, kann und muß aber m.E. einer umfassenden sozialwissenschaftlich-handlungstheoretischen Psychologie-Konzeption (und deren Durchführung) überlassen bleiben. Auf jeden Fall dürfte jetzt deutlich sein, warum ich das elaborierte Integrationsmodell eingangs als einen primär *strukturellen Entwurf* des Forschungsprozesses konzipiert und bezeichnet habe, den als *Prozeßmodell* (der Forschungsstruktur) aufzufassen ein Mißverständnis wäre.

Entsprechend der unter Komplexitätsaspekten adäquaten Problemlösesequenz stand bisher die Relation von Handlungs- und Tuns-Einheiten im Vordergrund. Da aber ‚Tun' als Restkategorie *zwischen* ‚Handeln' und ‚Verhalten' eingeführt worden ist (s.o. Kap. 2.5.), sind natürlich auch Grenzphänomene zwischen Tuns- und Verhaltens-Einheiten zu erwarten. Den Ausgangspunkt dafür kann man im Fall des sozial-konventionalen Tuns sehen, für den oben zwar nicht ein Auseinanderfallen von subjektiver Intention und objektiver Motivation, aber zumindest eine nicht vollständige Bewußtheit der konventionellen Bedeutungsdimensionen herausgearbeitet worden ist.

Im Bereich der Psychologie sind hier etwa alle Varianten einer nur unvollständig bewußten Intentionalität bzw. Motivationalität anzusetzen, für die Aschenbach z.B. folgende (von ihm auch ‚Handlung' genannten) Muster herausgearbeitet hat (1984, 149-156): Imitationshandlungen; Handlungen, deren Ausführung durch (soziale) Schemata geregelt wird; Interaktionshandlungen, die (sozialen) Interaktionsregeln folgen etc.; außerdem sind in diesem Mittelbereich zwischen Handeln und Verhalten auch Aktivitäten mit inkohärenten, konfligierenden, widersprüchlichen Orientierungen (Aschenbach 1984, 200ff.: ‚Orientierungsunverträglichkeiten') rekonstruierbar.

Dabei kann es dann aber auch Gradunterschiede der Bewußtheit (bzw. besser Nicht-Bewußtheit) der (intentionalen/motivationalen) Bedeutungsteilmengen geben, die im Extremfall nur mehr eine Klassifikation als Verhaltens-Einheit(en) zulassen.

So mögen z.B. Lob- und Tadel-Äußerungen für Lehrer Teile eines konventionalisierten Tuns darstellen, dessen Bedeutungsteilmengen bei kritischem Reflektieren (zum großen Teil) – wieder – bewußt gemacht werden können (s.u.). Bei den Reaktionen der Schüler dagegen, zumal emotionalen, ist erst im konkreten Einzelfall zu entscheiden, ob es sich um (bewußt-intentionale) Handlungen, um Tun (mit sozial konventionalen Bedeutungsaspekten) oder um dem Verhaltens-Konstrukt zuzuordnende, eher automatisch ablaufende Reaktionen handelt.

Doch ist die Analyse von Automatismen, Routinen etc. im Rahmen der elaborierten Forschungsstruktur ein Problem, das für die Strukturexplikation der Erforschung von Verhaltens-Einheiten zentral ist.

5.5. Reduktion der hermeneutischen Forschungsphase (von Anfang an): Gegenstandsbereiche mit Verhaltens-Konstrukten als Ausgangseinheiten

Die bisher besprochene Unterschreitungsversion der vollständigen integrativen Zwei-Phasen-Struktur ist dadurch gekennzeichnet, daß zunächst einmal auch die Phase der kommunikativen Validierung realisiert werden muß und erst bei Inkohärenz zwischen den Ergebnissen der kommunikativen und explanativen Validierung mit der reduzierten (nicht-dialogischen) Variante der hermeneutischen Phase weiterzuarbeiten ist. Auch die monolog-hermeneutische Reduktions-Variante muß im praktischen Forschungsprozeß also zunächst mit dem Dialog-Verstehen beginnen und dann (unabhängig davon, ob und gegebenenfalls wieviele Rückkoppelungsschleifen zwischen der reduzierteren Strukturvariante und der vollständigen Zwei-Phasen-Struktur anzusetzen sind) den Übergang zur reduzierten (Defizitär-)Form auf der Grundlage der mit der vollständigen Zwei-Phasen-Struktur erhobenen Ergebnisse im Einzelfall legitimieren. Dies setzt immerhin die Möglichkeit voraus, die thematischen Ausgangseinheiten in dem jeweiligen konkreten Gegenstandsbereich zumindest theoretisch als ‚Handlungen' aufzufassen.

Nun gibt es sicherlich Gegenstandsbereiche innerhalb der Psychologie, in denen die Unterstellung auch nur einer solchen Möglichkeit als relativ unsinnig erscheint; für diese Gegenstandsbereiche wäre eine Begründung im Einzelfall zu unökonomisch und daher ein überzogener Anspruch. Es ist also auch die grundsätzliche Unterschreitungsmöglichkeit der handlungstheoretischen Zwei-Phasen-Struktur vorzusehen, die darin besteht, daß man in Gegenstandsbereichen, in denen eine intentionale oder motivationale Beschreibung der Ausgangseinheiten nach bisher bekannten Ergebnissen und theoretischen Modellierungen unbrauchbar ist, auch auf Beschreibungsebene gleich mit der Beobachtung der Ausgangseinheiten beginnt: also praktisch die vorgeordnete Phase der hermeneutischen Validierung im Sinne eines (dialogischen oder monologischen) Verstehens schon vom Forschungsansatz her kappen kann. Das ist der von dem vollständigen Integrationsmodell am weitesten entfernte Gegenpol, weil mit der hermeneutischen Forschungsphase die ganze erste Hälfte des Strukturmodells von Anfang an eliminiert wird. Ich konzentriere mich hier auf die Diskussion dieses Extremfalls, da etwaige Zwischenformen wie das Übergehen auf bloße Verhaltens-Beschreibung nach dem Versuch einer monolog-hermeneutischen Beschreibung von Tuns-Einheiten für den Einzelfall die gleiche Legitimationsstruktur aufweisen müssen, wie sie für den Extremfall der Reduktion der hermeneutischen Validierung von Anfang an paradigmatisch elaboriert werden soll. Die Explikation des vollständigen integrativen Zwei-Phasen-Modells der Forschungsstruktur als regulative Zielidee einer sozialwissenschaftlich-handlungstheoretischen Psychologie-Konzeption (für Ausgangseinheiten auf höheren Komplexitätsebenen) schließt also keineswegs aus, daß für bestimmte Teilbereiche der Psychologie eine Forschungskonzeption sinnvoll und aufrechtzuerhalten ist, wie sie von einer naturwissenschaftlichen oder verhaltenstheoretischen Psychologie-Konzeption aus entwickelt und jahrzehntelang realisiert worden ist: nämlich für *Beschreibung und Erklärung* die Methode der *externen Beobachtung* als zentral und *ausreichend* anzusetzen.

Unter Rückgriff auf das vom Gegenstands(vor)verständnis her explizierte Menschenbild lassen sich auch grundsätzlich die Merkmale solcher Teilbereiche der Psychologie ableiten. Es muß sich um Gegenstandsbereiche handeln, in denen ganz dezidiert nicht von der Reflexions-, Rationalitäts- und Handlungsfähigkeit des menschlichen Subjekts die Rede sein kann; das heißt also Gegenstandseinheiten, bei denen entweder eine reflexive Selbstinterpretation des Erkenntnis-Objekts überhaupt nicht vorliegt oder aber, wenn sie vorliegt, ganz eindeutig und systematisch (durch bisherige empirische Untersuchungen nachgewiesen) nicht ‚operativ wirksam' wird. Als solche Gegenstandseinheiten sind nach den bisherigen Forschungsergebnissen (zumindest) folgende Phänomene anzusetzen (vgl. ausführlicher Groeben et al. 1987, Kap. 3.1.):

— Reflexe als automatisch ablaufende Organismusreaktionen auf Umweltreize, die angeboren sind.

> Als Beispiel sind hier grundsätzlich alle Reflexe zu nennen, mit denen etwa das klassische Konditionieren (sensu Pavlov) arbeitet, also von der Speichelsekretion über den Patellarsehnen- und Lidschlußreflex bis zum ‚Orientierungs- oder Untersuchungsreflex' (vgl. Foppa 1965, 17; Bredenkamp & Wippich 1977, I., 31ff.). Für all diese Reflexe gilt, daß der Mensch versuchen kann, z.B. sein Wissen um die Verbindung von Reiz und Reaktion gegen das Eintreten des Reflexes einzusetzen, daß er aber dabei keinen unmittelbaren Erfolg haben wird – auch bei der Intention, in einer Hungersituation auf Nahrung hin nicht Speichel zu produzieren, wird die Speichelsekretion trotzdem eintreten etc.; auch werden die Folgen von

Reflexen in der Regel vom Menschen weder vorausgesehen (vgl. Montada 1983, 170), noch hat eine eventuell doch vorhandene Einsicht Einfluß auf Eintreten und Ablauf der Reaktion.

- Automatismen: Automatisch ablaufende Organismusreaktionen auf Umweltreize, die erlernt sind.

Dazu gehören auf jeden Fall alle frühkindlich erworbenen, später dann automatisch ablaufenden motorischen Fähigkeiten wie Laufen, Gehen, z.T. Anziehen; daß der Erwerb solcher Automatismen aber prinzipiell nicht lebenszeitlich begrenzt ist, zeigen z.B. Versuche von Kohler (1951; 1956; 1966) mit Umkehrbrillen, bei denen etwa Erwachsene nach einer Eingewöhnungszeit trotz seitenverkehrender Umkehrbrille relativ schwierige Bewegungsabläufe (wie Motorradfahren etc.) automatisieren konnten — wobei das Wissen um das Prinzip der Umkehrbrille diese Automatisierung nicht zu beschleunigen vermag.

- Intransparenz-Situationen: Situationen, deren Komplexität, Kompliziertheit, Unstrukturiertheit, Unüberschaubarkeit etc. den Aufbau einer reflexiv-interpretativen Struktur bzw. Konzeptualisierung beim menschlichen Subjekt entweder gänzlich ver- oder doch so stark behindert, daß eine eventuell vorhandene interpretative Reflexion nicht operativ wirksam wird.

Als Beispiele für solche Intransparenz-Situationen lassen sich vom Grundansatz her die Versuchsanordnungen der behavioristischen Lerntheorie (wie Labyrinthe etc.) im Kontrast zu kognitions- bzw. gestaltpsychologischen Versuchsdesigns anführen (von Tolmans ‚Labyrinth'-Versionen bis zu Köhlers Affenversuchen; vgl. im einzelnen Groeben et al. 1987, Kap. 3.1.). Auf den menschlichen Bereich übertragen fallen unter Intransparenz-Situationen sicher unlösbare Aufgaben, die bekanntlich zu Versuch- und-Irrtum-Verhalten führen, aber auch Situationen, in denen durch emotionale (Streß-)Bedingungen eine adäquate Verarbeitung eventuell durchaus vorhandener Informationen nicht mehr möglich ist (wie z.B. Panik, woraus regressiv-planloses, hyperaktives Verhalten resultiert: vgl. Stampler 1982; Dittrich et al. 1983).

- Desintegration von Kognition, Emotion und Verhalten: selbst- und fremdinterpretative Reflexionen sind zwar vorhanden und erhebbar, sie bleiben aber handlungsirrelevant — wobei gegebenenfalls sogar diese Unwirksamkeit bereits wieder in der Reflexion des Erkenntnis-Objekts abgebildet werden kann.

Die prototypische Beispielkategorie für diesen Teilbereich stellen Phobien dar, bei denen der Betroffene weiß, daß z.B. Spinnen ‚nichts tun', und trotzdem phobische Angstzustände hat (vgl. Marks 1969; Mavissakalian & Barlow 1981).
Auch Suchtverhalten ist häufig dadurch charakterisiert, daß durchaus ein realistisches Wissen um die Sucht und eine adäquate Bewertung der Erkrankung vorliegen (können), die gleichwohl nicht handlungsleitend werden (bzw. in schweren Stadien nicht werden können; vgl. Miller 1980).
Das oben angeführte Beispiel der Paniksituation macht überdies deutlich, daß es fließende Übergänge bzw. Interaktionen zwischen Intransparenz- und Desintegrations-Situationen gibt: Emotionale Streßbedingungen können z.B. zu einer kurzfristigen Desintegration von kognitiver und conativer Dimension führen, die wiederum die Intransparenz der Situation mit-

bedingt oder zumindest verstärkt (und so weiter in einem circulus vitiosus).

Es mag sein, daß sich noch weitere Beispielkategorien für solche Gegenstandsteilbereiche finden lassen, in denen das vollständige Zwei-Phasen-Modell der handlungstheoretischen Forschungsstruktur auf die klassische Konzeption der beobachtungsfundierten Beschreibung und Erklärung von Ausgangseinheiten niedriger Komplexität reduzierbar ist; doch ist das hier nicht entscheidend, die angeführten Beispiele reichen aus, um zu verdeutlichen, daß eine solche Reduktion durch das vorgelegte Integrationsmodell der Forschungsstruktur weder ausgeschlossen werden soll noch ausgeschlossen wird.

Allerdings sollte man auch hier das quantitative Gewicht dieser nur auf Beobachtungs-Einheiten ausgerichteten Kategorie nicht überschätzen — und das heißt, es sich mit der Rechtfertigung gerade dieser Unterschreitungsvariante der optimalen Forschungsstruktur nicht zu einfach machen. Es ist nämlich immer zu bedenken (wie schon in der kritischen Rekonstruktion in Kap. I. herausgearbeitet), daß die bisherigen empirischen Ergebnisse eben hauptsächlich im Rahmen einer klassisch-verhaltenstheoretischen (und damit eher naturwissenschaftlichen) Psychologie-Konzeption erarbeitet worden sind, woraus z.T. eine artifizielle Dynamik in Richtung auf molekulare, niedrig-komplexe Einheiten einschließlich der Ausgrenzung (dialog-)hermeneutischer Methodenanteile resultiert. So sind z.B. innerhalb der Kategorie ‚Automatismen' durchaus Fälle denkbar, die sich auch auf der Ebene von ‚Handlungs'-Einheiten rekonstruieren lassen und damit einer dialog-hermeneutischen kommunikativen Validierung offenstehen. Das wären z.B. eingeschliffene Verhaltensweisen, die eine relativ lange Historie hinter sich haben, so daß die intentionalen, selbst-interpretativen Anteile bei der Genese dieses Handlungstyps lediglich durch die Routine der (automatisierten) Reaktion auf bestimmte Umweltreize aktuell nicht mehr im Bewußtsein des sich-Verhaltenden verfügbar sind, aber durch Anregung zu (auch sich-erinnernder) Reflexion wieder erreicht werden können; Beispiele dafür dürften z.B. didaktische ‚Routinen' von Lehrern sein (vgl. Bromme 1984).

In solchen didaktischen Routinen sind z.B. deskriptive und normative Aspekte durch die ‚Einschleifung' miteinander verschmolzen (Bromme 1984, 10f.); gleichzeitig mit der Situationsdiagnose ist für den Lehrer auch bereits seine adäquate Reaktionsweise gegeben (vgl. Wahl et al. 1984, 27-29): z.B. mit der Diagnose ‚motorische Unruhe der Klasse' die Reaktion ‚lauter und eindringlicher sprechen' (um die Aufmerksamkeit der Schüler zu fesseln). Weil die bewußt-planvolle Verbindung von Ausgangssituation und Handlungsantwort bei diesen routinisierten Reaktionen nur in ‚problematischen Fällen' dem Lehrer (wieder) gegeben ist, fordert Bromme (1984, 12ff.), solche Routinen aus dem Forschungsprogramm ‚Subjektive Theorien' und damit aus der Kategorie des Handelns als Gegenstandseinheit(en) herauszunehmen. Man kann allerdings m.E. auch gerade die entgegengesetzte Konsequenz ziehen: Wenn denn in ‚problematischen Situationen' diese Verbindung vom Lehrer wieder bewußt hergestellt wird, dann spricht das doch dafür, daß diese Routinen vom Ansatz her als Handlungen auffaßbar sind, für die lediglich die intentionale (selbst-interpretative Bedeutungs-)Dimension in Standardsituationen aktuell nicht verfügbar, aber grundsätzlich (z.B. durch Problematisierung) aktualisier*bar* ist (und das entspricht exakt der oben eingeführten Definition von ‚Subjektiver Theorie').

Wie bereits eingehend diskutiert, hat sich auch der Automatismus, der nach verhaltenstheoretischer Auffassung das Verhältnis zwischen Umweltreizen und kontingenten Verhaltensreaktionen beim Organismus kennzeichnet, im Laufe der Forschungsentwicklung als zumindest problematisch erwiesen; die Forschung zum ‚awareness'-Problem von kognitivistischer Seite aus hat als zentrales Resultat ergeben, daß Umweltreize erst dann eine ‚Kontrolle' über das Verhalten von *menschlichen* Organismen besitzen, wenn die Versuchspersonen die Kontingenz-Relation bemerken und Hypothesen über die zugrundeliegenden Verstärkungsprinzipien entwickeln (und ihr Verhalten bzw. Handeln nach diesen Hypothesen ausrichten; s.o. II.3.; E.4.2.). Es ist also von der kognitionspsychologischen Auffassung her durchaus zu bezweifeln, ob all jene Reaktionen, die im Rahmen einer verhaltenstheoretischen Psychologie-Konzeption als ‚automatische' gelten, in der Tat von vornherein aus der entwickelten, umfassenden Zwei-Phasen-Forschungsstruktur herausfallen. Vergleichbares kann auch in bezug auf die Intransparenzsituation aus der metatheoretischen Diskussion der Experimentalmethodik (s.o. Exkurs Drei) gefolgert werden; danach ist es so, daß die naturwissenschaftlich geprägte Methode des Experimentierens mit der Zielidee der ‚Manipulation' unabhängiger Variablen implizit eine starke Dynamik zur künstlichen Produktion intransparenter Situationen enthält, um nämlich ‚störende' kommunikative Bedingungen bei der Versuchsperson zu vermeiden (nach dem Motto ‚Die gute Versuchsperson denkt nicht', vgl. Bungard 1980). Es ist daher durchaus möglich, daß von derzeitigen psychologischen Theorien (vor allem verhaltenstheoretischer Provenienz) das empirische Gewicht von Intransparenz-Situationen ganz erheblich überschätzt wird, weil die Experimentalmethodik diese Art von Situation artifiziell schafft und in die Geltungsprüfung psychologischer Hypothesen erst einführt (s.o. E.3.1.).

Es gibt also gute Argumente dafür, daß auch zwischen der rein auf Beobachtung konzentrierten Unterschreitungsvariante des Zwei-Phasen-Modells der Forschungsstruktur und den übrigen Varianten, die zumindest im ersten Schritt von einer dialog- oder monolog-hermeneutischen Validierung ausgehen, fließende Übergänge bestehen; wie schon an anderen Stellen dürfte es auch hier legitim sein, diese Übergänge nicht im einzelnen auszuarbeiten, sondern diese Aufgabe einer voll entwickelten sozialwissenschaftlich-handlungstheoretischen Psychologie-Konzeption zu überlassen. Dazu müßte dann auf jeden Fall auch die Diskussion des (psychoanalytischen) Problems gehören, ob nicht z.B. bestimmte Formen von Zwangs‚verhalten' (Waschzwänge, Ticks etc.) eine latente (motivationale) Bedeutung besitzen und daher eher als ‚Tuns'-Einheiten unter Rückgriff auf monolog-hermeneutische Beschreibung zu konstituieren sind; darin liegt ein spezifisches Rechtfertigungsproblem, wenn man nämlich die erste Forschungsphase des vollständigen Integrationsmodells auch in *monolog*-hermeneutischer Form eliminieren will, indem man sich auf die bloß beobachtende Beschreibung von Verhaltens-Einheiten beschränkt. Eine Folgerung ist allerdings aus den angesprochenen Beispielen bereits jetzt abzuleiten, nämlich keinesfalls zu früh und damit kurzschlüssig schnell von der Berechtigung einer reduzierten, nur auf Verhaltens-Einheiten (und deren Beobachtung) ausgerichteten Forschungsstruktur auszugehen; im *Zweifelsfall* ist die Adäquanz (gerade) dieser Reduktions-Form immer (auch) im Einzelfall zu legitimieren. Die dabei zu erfüllenden Rechtfertigungsanforderungen entsprechen den hier für den grundsätzlichen Fall diskutierten (die auch schon oben in Kapitel 2.3. umrissen wurden).

Was an dieser Stelle aber noch aussteht, ist die Benennung der allein auf Beobachtung zurückgreifenden Beschreibung von Verhaltens-Einheiten in Abgrenzung zu der oben vorgeschlagenen Terminologie der ‚intentionalen' Beschreibung (für Handlungs-) und ‚motivationalen' Beschreibung (für Tuns-Einheiten). In der adjektivischen Spezifizierung sollen dabei nicht nur die methodologischen Charakterisierungen des dialogischen, monologischen und nur impliziten Verstehens zum Ausdruck kommen, sondern mindestens ebenso gewichtig auch die Gegenstandsimplikationen der Handelns-, Tuns- und Verhaltens-Einheiten. Beide Perspektiven zusammen manifestieren sich in der Relation von Innensicht- und Außensicht-Perspektive, die sich über die Gegenstandseinheiten hinweg (entsprechend dem Komplexitätsabfall) von der Innensicht weg zur Außensicht hin verschiebt. Für Verhaltens-Einheiten ist dann eine Spezifizierung der Beschreibung anzusetzen, die eine weitgehende Konzentration auf die Außensicht-Perspektive signalisiert und zugleich eine (irgendwie) *gerichtete* (vgl. oben den ‚weiten' Intentionalitäts-Begriff in E.2.3.) Verbindung dieser Einheiten mit antezedenten und sukzedenten Bedingungen nicht ausschließt; dieser Anforderung wird m.E. die Bezeichnung als ‚funktionale' Beschreibung am weitestgehenden gerecht. Das Merkmal der Funktionalität deckt, soweit ich sehe, alle bei Verhaltens-Einheiten erwartbaren Fälle ab. So kann man schon bei Reflexen von Funktionalität sprechen (der erwähnte Lidschlagreflex hat in der Regel z.B. die *Funktion*, die Augenhornhaut vor Austrocknung zu schützen, worauf auch Montada (1983, 170) hinweist); ähnliches kann man bekanntlich ebenfalls von Verhaltensreaktionen unter Kontrolle der Umwelt sagen (vgl. Skinners ‚funktionale Verhaltensanalyse'). Desgleichen sind u.U. auch triebtheoretische Theoriemodellierungen, die auf Verhaltens-Einheiten zurückgreifen, im Kontrast zu heutigen motivationstheoretischen Erklärungsansätzen als ‚funktionalistisch' zu bezeichnen. Allerdings verstehe ich auch diese terminologische Explikation wieder als einen Nomenklaturvorschlag, der jederzeit besseren Lösungen weichen kann.

5.6. Fazit: Zwei-Phasen-Modell, Reduktions-Varianten und Integrationspotential

Damit ist das Integrationsmodell von hermeneutischer und empiristischer Tradition (auf der Ebene der Forschungsstruktur) in seinen Grundzügen umrissen. Zur Verdeutlichung fasse ich die drei Struktur-Varianten für die herausgearbeiteten Gegenstandseinheiten noch einmal komprimiert zusammen.

— Bei Handlungs-Einheiten als hoch-komplexen Gegenstandseinheiten mit individueller, aber kommunizierbarer Bedeutungsdimension ist das vollständige, unreduzierte Zwei-Phasen-Modell der Forschungsstruktur zu realisieren; d.h. die ‚Handlung' wird unter dialog-hermeneutischem Rückgriff auf die Innensicht des Handelnden (seine Intentionen, Gründe, Ziele) im Sinne einer kommunikativen Validierung (zur Feststellung der Rekonstruktions-Adäquanz des Konstrukts) beschrieben. Die explanative Validierung prüft durch Rückgriff auf die (externe) Beobachtung des (äußeren) Verhaltensaspekts die Realitäts-Adäquanz der motivationalen und Überzeugungs-Gründe des Handelnden, die im positiven Fall als effektive Ursachen (bzw. Wirkungen) des Handelns (im Rahmen einer ‚objektiven' Erklärung) akzeptiert werden können. Dabei müssen sich Motivpostulate als realitätsadäquat erweisen, für Überzeugungsgründe reicht aus, daß sie vorliegen (unabhängig davon, ob sie realitätsadäquat sind oder nicht). Wenn eine derart spezifizierte Überschneidung der Ergebnisse von kommunikativer und explanativer Validierung vorliegt, sind die Gegenstandseinheiten als ‚Handlungen' und d.h. ihre dialog-hermeneutische Beschreibung als ‚intentionale Handlungs-Beschreibung' akzeptierbar.

— Bei Tuns-Einheiten als mittel-komplexen Gegenstandseinheiten mit universalisierbaren Bedeutungsdimensionen ist im Endeffekt die vorgeordnete hermeneutische Forschungsphase auf eine monologische (d.h. nur auf Konsens der Erkenntnis-Subjekte untereinander zurückgreifende) Verstehens-Methodik zu reduzieren. Das setzt jedoch in der Regel zunächst durchaus den Versuch einer kommunikativen Validierung (der Gegenstandseinheiten) voraus; der Vergleich von kommunikativer und explanativer Validierung führt in diesem Fall allerdings zur Feststellung bedeutsamer Diskrepanzen, die vor allem in einem Auseinanderfallen von subjektiver Intention und objektiver Motivation oder einem (graduell unterschiedlichen) subjektiven Nicht-Wissen der objektiven Motivation (beim Akteur) bestehen können; das Auseinanderfallen von subjektiver Intention und objektiver Motivation bedeutet, daß im Gegensatz zu den als ‚Handlung' beschreibbaren Gegenstandseinheiten die subjektiven Motivpostulate des Akteurs als realitätsinadäquat zurückzuweisen sind (wobei für Überzeugungen wie dort nur das Vorliegen relevant ist — ein zusätzlicher wichtiger Grund dafür, auch bei Tuns-Einheiten die kommunikative Erhebung der (Akteurs-)Innensicht mit einzubeziehen). Aufgrund dieser Diskrepanz(en) ist der Übergang auf eine Form sinnorientierter Außensicht-Perspektive für die vorgeordnete hermeneutische Forschungsphase legitimiert, wobei sich diese Form der Außensicht-Perspektive in dem monolog-hermeneutischen Beschreiben der (subjektiv nicht-bewußten) ‚objektiven' Motivation etc. manifestiert. Die endgültige Beobachtungs- und Erklärungsstruktur besteht dann in einer ‚motivationalen' Beschreibung und motiv-dispositionellen Erklärung der Tuns-Einheiten.

— Bei Verhaltens-Einheiten als niedrig-komplexen Gegenstandseinheiten mit universellen Bedeutungsdimensionen ist die stärkste Reduktion der Zwei-Phasen-Struktur möglich, die in der vollständigen Elimination der vorgeordneten hermeneutischen Forschungsphase besteht, da die universellen Bedeutungsteilmengen durch in der Beobachtung impliziertes (Alltags-)Verstehen (mit-)beschrieben werden (können). Die Elimination der systematisch-hermeneutischen Forschungsphase kann im Einzelfall oder auf dem Hintergrund vorhandener Forschungsergebnisse für bestimmte Gegenstands(teil)bereiche auch von Anfang an geschehen. Sie ist dadurch zu rechtfertigen, daß das Zwei-Phasen-Modell *mit* hermeneutischer Beschreibungsphase (sei es in dialogischer oder monologischer Verstehens-Variante) zu keinem größeren Erklärungswert führt. Mit der so auf die äußeren Verhaltensaspekte reduzierten Beschreibung der Gegenstandseinheiten liegt (im Kontrast zu den hermeneutisch validierten Formen der intentionalen und motivationalen Beschreibung) eine ‚funktionale' Beschreibung vor.

In dieser Struktur des integrativen Zwei-Phasen-Modells einschließlich der beiden Unterschreitungs-Varianten ist m.E. die Grundidee einer gegenstandsadäquaten Forschungsstruktur der Psychologie — soweit heute möglich — realisiert. Dabei bedeutet auch die Zulassung der skizzierten Reduktions-Formen kein Aufgeben des Integrationsversuchs von hermeneutischer und empiristischer Tradition, von *Verstehen und Beobachten* als prinzipieller regulativer Zielidee. Auch in den herausgearbeiteten reduzierten Varianten der vollständigen Zwei-Phasen-Struktur manifestiert sich diese Zielidee insofern, als entsprechend der Prämisse der absteigenden Komplexitätssequenz (von Forschung als wissenschaftlichem Problemlöseprozeß) primär und zuerst soweit wie möglich von der vollständigen integrativen Forschungsstruktur auszugehen und ein Übergang auf Unterschreitungsvarianten (im Einzelfall oder unter Rückgriff auf gesicherte Merkmale von Gegenstandsteilbereichen) zu rechtfertigen ist. Das bedeutet inhaltlich vom Gegenstandsvorverständnis her, daß die intentionale (bzw. zumindest motivationale) Sinnhaftigkeit menschlichen Handelns bzw. Tuns als Gegenstand der Psychologie, solange sie nicht aufgrund empirischer Ergebnisse abgelehnt werden muß, als Gegenstandsmerkmal anzusetzen und in einer die Sinnkonstituierung und Geltungsprüfung integrierenden Forschungsstruktur abzubilden ist. Erst wenn man begründet von eingeschränkten oder nicht vorhandenen Dimensionen von Sinnhaftigkeit ausgehen kann, sind Forschungsstruktur-Varianten einzusetzen, die entsprechend mehr bzw. ausschließliches Gewicht auf die Außensicht-Perspektive (sowohl hinsichtlich des Verstehens als auch Beobachtens) legen. In dieser Sequenzierungsnorm der Forschungsstruktur-Varianten sind die Prämissen der problemlöseadäquaten Komplexitätssequenz und des reflexions-, rationalitäts- und handlungsfähigen menschlichen Subjekts als Gegenstands-Zielidee auch methodologisch umgesetzt und abgebildet. Insgesamt werden damit die komplementären Reduktionismen der empiristischen sowie hermeneutischen Position überwunden. Die

Reduktion der Sinnfrage, die im Beobachtungs-Monismus der empiristischen Position enthalten ist, wird durch das Ausgehen von der vorgeordneten Verstehensphase, solange wie dies zu empirisch brauchbaren (Erklärungs-)Resultaten führt, überwunden; die Reduktion der Geltungsfrage, die (z.T.) durch den Verstehens-Monismus der hermeneutischen Position zustande kommt, wird durch das Aufrechterhalten der übergeordneten Phase der explanativen Validierung überwunden, auf die sich bei Nichtvorliegen intentionaler (oder motivationaler) Sinndimensionen die Forschungsstruktur schrittweise in den herausgearbeiteten Stufen reduzieren kann.

Bevor ich abschließend (in Kap. IV./6.) auf höchstem Abstraktionsniveau (der Relation von Verstehen und Erklären) im einzelnen die Frage diskutiere, ob mit diesem Integrationsversuch in der Tat eine Überwindung der bisherigen Verstehen-Erklären-*Dichotomie* möglich ist, möchte ich hier als Ausblick einige Hinweise auf das Reformpotential des vorgelegten Forschungsstruktur-Modells geben.

Ein erster Aspekt, an dem dieses Reformpotential m.E. deutlich wird, ist die mit den Verhaltens-Einheiten verbundene, nur auf Beobachtung ausgerichtete Forschungsstruktur. Dieses im Rahmen der naturwissenschaftlichen Psychologie-Konzeption bisher weitgehend herrschende Forschungsmodell stellt im Rahmen des explizierten Integrationsansatzes nur mehr eine Reduktions- bzw. Defizitär-Form dar, die der größten Rechtfertigungsanstrengungen bedarf. Darin liegt eine doch sehr starke Umgewichtung und Umbewertung, die sich aus einer Fülle von einzelnen metatheoretischen Perspektivenwechseln zusammensetzt; es sei nur an die Neubewertung des Experiments (s.o. Exkurs Drei) erinnert, das – für das vollständige Integrationsmodell – seine Funktion als ‚Königsweg' der empirischen Überprüfung verliert und anderen („weicheren') Prüfverfahren Raum abtreten muß. Darin manifestiert sich (u.a.) das eingangs als Prämisse der Analyse akzeptierte („dualistische') Argument, daß der Mensch mit seiner Fähigkeit zur Reflexion, Selbsterkenntnis etc. in der Tat einen zu anderen (natur-)wissenschaftlichen Disziplinen unterschiedlichen ‚Gegenstand' darstellt. Das Entscheidende dabei aber ist nach meiner Einschätzung, daß das in dieser Prämisse enthaltene (rationale) Reformpotential aufrechterhalten wird, ohne die zentrale (rationale) ‚monistische' Anforderung der empirischen Prüfung durch Beobachtung (von außen) aufzugeben, die vielmehr durch die explanative Validierung und deren Überordnung vollständig erfüllt ist. Zugleich bleibt die Berücksichtigung der reflexiven, potentiell rationalen, intentionalen etc. Sinndimension(en) menschlicher Existenz nicht nur ein inhaltliches Postulat, sondern wird methodologisch in der vorgeordneten hermeneutischen Forschungsphase (sei es in Form der Dialog- oder Monolog-Hermeneutik) verankert. Darin manifestiert sich, so hoffe ich, eine echte Gegenstands-Methodik-Interaktion. Dadurch daß die postulierten Gegenstandsmerkmale (des reflexions-, rationalitäts-, kommunikations- und handlungsfähigen Subjekts) für die methodologische Struktur in der vorgeordneten hermeneutischen Forschungsphase konstitutiv werden, bietet diese (integrative) Forschungsstruktur soweit wie möglich die *methodische* Sicherheit gegen Objektivismus, Molekularismus, Physikalismus bzw. Physiologismus etc.

Unverzichtbar ist dabei allerdings, das vorgeschlagene Integrationsmodell mit seinen *beiden* Forschungsphasen als Einheit zu sehen, in der keine der beiden Phasen ohne zwingende Notwendigkeit vernachlässigt werden darf. Das Modell selbst enthält diese Kohärenzforderung in der Offenheit der beiden Phasen zueinander bzw. ihrem Aufeinanderbezogensein; metatheoretisch manifestiert sich dieser gegenseitige Bezug vor allem in der fließenden Grenze bzw. Interaktion zwischen Beschreiben und Erklären, die daher nicht von ungefähr das Mittelstück und Bindeglied zwischen ‚dualistischer' und ‚monistischer' Argumentation (auch in der Kapitelabfolge oben) darstellt. Diese fließende Grenze zwischen Beschreibung und Erklärung, zwischen vorgeordneter verstehender und übergeordneter beobachtender Forschungsphase ist im Rahmen dieses Kapitels vor allem in der Benennung der Beschreibungsarten für die jeweiligen Gegenstandseinheiten zum Ausdruck gekommen. Denn die Benennung als intentionale, motivationale oder funktionale Beschreibung hängt von dem Resultat des gesamten Forschungsprozesses, der deskriptiven *und* explanativen Validierung sowie deren Relation, ab. Wissenschaftstheoretisch ist daher (auf dem Hintergrund des Integrationsmodells) auch die übliche Beziehungsexplikation von Beschreibung und Erklärung zu erweitern. Es ist nicht nur so, daß jede Erklärung immer eine Erklärung unter einer bestimmten Beschreibung ist (s.o. Kap. 3.1.), sondern es gilt auch umgekehrt: *Jede Beschreibung ist immer eine Beschreibung unter einer bestimmten Erklärung.* Und damit wird – hoffentlich – nicht nur die Einheit des vorgelegten Zwei-Phasen-Modells deutlich, sondern auch unabweisbar, wie unzulässig eine Reduktion der vollständigen Forschungsstruktur (vor allem die Elimination der gesamten hermeneutischen Forschungsphase) ohne die (oben) geforderten Rechtfertigungsgründe wäre.

Die damit in Gang gesetzte Auflösung von etablierten Dichotomisierungen und Grenzziehungen wird bei einer Ausarbeitung der sozialwissenschaftlich-handlungstheoretischen Psychologie-Konzeption erhebliche Konsequenzen bis hinein in den Sektor der methodologischen Zielkriterien haben. Es seien dafür abschließend nur zwei Beispiele genannt. Das erste Beispiel bezieht sich auf die klassische Maxime, daß der ‚Gegenstand' durch Beobachtung bzw. Beschreibung möglichst wenig verändert werden sollte. Diese Maxime ist beim Rückgriff auf ein auch Bewertungsdimensionen nicht scheuendes, positive Entwicklungsmöglichkeiten des Menschen explizierendes Gegenstands(vor)verständnis nicht mehr zwingend gültig (wie schon oben in E.1.2. angesprochen).

In bezug auf die Erhebung Subjektiver Theorien haben Scheele & Groeben (1984, 6) diesen – intendierten – Wechsel der Methodik-Maxime(n) folgenderweise zusammengefaßt:
„Die Veränderung des Erkenntnis‚gegenstandes' ist nicht ein zu vermeidender Fehler, sondern ist, da es sich bei dem zugrundegelegten epistemologischen Subjektmodell auch um ein unter der Perspektive menschlicher Entwicklung positiv bewertetes Menschenbild handelt, eine durchaus akzeptierte Konsequenz der Forschung: als der Veränderung des Menschen auf seine positiven Entwicklungsmöglichkeiten hin. Wenn man von einer rekonstruierenden Erhebung Subjektiver Theorien spricht, dann ist damit also ganz eindeutig me-

thodisch mitgemeint, daß die jeweiligen untersuchten Reflexionen/Kognitionen inhaltlich und strukturell expliziert und präzisiert werden."

Der zweite (Beispiel-)Aspekt folgt praktisch aus dem ersten. Denn wenn die dialog-hermeneutische Erhebung von z.B. Subjektiven Theorien zu einer mehr oder minder großen ‚Rekonstruktionstiefe' führen kann, so ist sie mit großer Wahrscheinlichkeit eben auch nicht mehr von den Rekonstruktionsfähigkeiten des involvierten Forschers (Erkenntnis-Subjekt) unabhängig. Praktisch gesprochen: Die Beschreibung und kommunikative Validierung hochkomplexer (Handlungs-)Einheiten als deskriptive Konstrukte in der Psychologie kann in Abhängigkeit von den kommunikativen und Verstehens-Fähigkeiten des jeweiligen Forschers zu unterschiedlichen Ergebnissen führen. Damit aber ist das klassische Intersubjektivitätskonzept, das als Unabhängigkeit der Ergebnisse von den interindividuellen Unterschieden der Erkenntnis-Subjekte definiert ist, zumindest partiell in Frage gestellt bzw. eingeschränkt. Es wird unter Umständen notwendig, auf die Dauer ein anderes Intersubjektivitätskonzept zu entwickeln, das entsprechend den Zielexplikationen des dialog-konsenstheoretischen Wahrheitskriteriums (s.o. Kap. 2.7.) mehr auf die Gemeinsamkeit zwischen Erkenntnis-Subjekt und Erkenntnis-Objekt abhebt. Dies dürfte für klassische naturwissenschaftliche Methodologievorstellungen höchst beunruhigend sein. Sieht es doch so aus, als lösten sich damit auch die Grenzen zwischen Wissenschaft und Kunst auf – denn in der Wissenschaft ist geradezu die Auswechselbarkeit der individuellen Kompetenz von Erkenntnis-Subjekten konstitutiv, während die Kunst diametral entgegengesetzt auf die Unverwechselbarkeit dieser Kompetenzen abzielt. In dieser (letzten?) fließenden Grenze aber kommt lediglich die positive Zielidee zum Ausdruck, daß eine post-dichotomistische, sozialwissenschaftliche Psychologie auch von der (Forschungs-)Methodik her eine humane, kommunikative Wissenschaft darstellt (bzw. darstellen sollte). Und wird nicht im Kontrast zur derzeitigen Methodologie das Reformpotential dieser Wissenschaftskonzeption unmittelbar greifbar, wenn man sich vorstellt, daß dann bereits und gerade in der psychologischen Methodenlehre das konstruktive Lehrziel eingeführt sein könnte: die Fähigkeit des Forschers (Erkenntnis-Subjekt) zur Kommunikation mit den Menschen (Erkenntnis-Objekten) als humane Kommunikationskompetenz zu entwickeln? (vgl. auch unten Kap. 6.6.)

An den Beispielen solcher Konsequenzen ist m.E. erkennbar, daß das vorgelegte Integrationsmodell trotz der Überordnung der explanativen (Beobachtungs-)Perspektive keineswegs den Aspekt der Verstehens-Methodik lediglich als akzidentell-zusätzlichen enthält; vielmehr kann durchaus weitgehend von einem Gleichgewicht zwischen hermeneutischem und empiristischem Ansatz, von Gegenstandsorientierung und Methodenorientierung und damit insgesamt von einer auf dem Hintergrund des explizierten Gegenstands(vor)verständnisses relativ gegenstandsadäquaten Methodikstruktur die Rede sein. Anderseits bedeutet diese Auflösung fixer Grenzen auch nicht, daß damit grundsätzlich jede Explikation einer Wissenschaftskonzeption und Forschungsstruktur unmöglich oder unsinnig wird (z.B. im Sinn des ‚Anything goes' von Feyerabend) – das explizierte Integrationsmodell kann dafür in den herausgearbeiteten Grundzügen als Beispiel gelten. Allerdings wird es im weiteren darum gehen, das in der Integrationsperspektive von hermeneutischer und empirischer Wissenschaftstradition enthaltene Reformpotential auch hinsichtlich der Methodologie und Methodik einer sozialwissenschaftlichen Psychologie erst noch umfassender auszuarbeiten. Daß dabei von weniger fixen Grenzziehungen auszugehen ist, als es die bisherige metatheoretische und methodologische Diskussion – vor allem innerhalb einer monistisch-naturwissenschaftlichen Wissenschaftskonzeption – unterstellt, ist weder als Gegenargument noch als Grund zur Beunruhigung anzusehen. Wenn man sich daran erinnert, daß die Entwicklung der metatheoretischen Diskussion sowieso bei den meisten Konzepten zu einer Flexibilisierung der ursprünglich als relativ fix angesehenen Grenzen geführt hat (s.o. Kap. 0.2. und einzelne Beispiele in 1.1., 3.1., 4.5.), dann ist in diesen ‚Auflösungserscheinungen' sehr viel eher die Chance zu sehen, daß hier einmal die metatheoretische Reflexion und Rekonstruktion von seiten der einzelnen Objektdisziplinen aus einen zur generellen metatheoretischen Diskussion (befruchtenden) ‚Vorlauf' besitzt, d.h. dasjenige vorwegnehmend beschleunigt, was in der Entwicklung der Wissenschaftstheorie über kurz oder lang sowieso erreicht werden wird.

Exkurs Fünf: Paradigmen-Inkommensurabilität, Erkenntnisfortschritt und paradigmenübergreifende Argumentation

Das skizzierte Integrationsmodell von Hermeneutik und Empirie nimmt, wie es auch nicht anders sein kann, in bezug auf die klassischen Ausgangspositionen von Dualismus und Monismus (s.o. Kap. II.) eine eigentümliche Zwitterposition ein. Einerseits soll es ein Modell sein, um hermeneutische und empirische Methoden im idealen Zwei-Phasen-Modell der Forschungsstruktur zu vereinen, was eine argumentative Kommunikation zwischen hermeneutischen (dualistischen) und empiristischen (monistischen) Methodikern voraussetzt; zum anderen aber impliziert die Struktur des idealen Zwei-Phasen-Modells – z.B. mit dem Postulat des Ausgehens vom Handlungs-Konstrukt – unvermeidbar das Menschenbild des reflexions-, kommunikations- und handlungsfähigen Subjekts und unterstellt es (z.B. durch die Nicht-Reduzierbarkeit der Handlungs-Einheiten auf Verhaltens-Einheiten) als einen gegenüber der verhaltenstheoretischen Konzeption von Psychologie umfassenderen, sinnvolleren und insgesamt überlegenen theoretischen Ansatz. Dementsprechend ist dieses Menschenbild (etwa in der Form des sog. epistemologischen Subjektmodells: vgl. Groeben & Scheele 1977) auch als (neues) Paradigma im Sinne von Kuhn propagiert worden; gerade diese Verbindung mit dem Revolutionsmodell der Wissenschaftsgeschichte hat (aus verständlichen Gründen) viel Ablehnung oder zumindest Fragen auf sich gezogen (vgl. paradigmatisch Westmeyer 1981).
Man kann sich natürlich gegenüber solcher Kritik darauf zurückziehen, daß hier mit dem Paradigma-Konzept ein – gerade aktuelles – Modell oder Sprachspiel gewählt worden ist, um zu verdeutlichen, was mit einem solchen ‚neuen' oder alternativen Subjektmodell (als Gegenstandskonstituierung) und der darauf ausgerichteten Forschungsstruktur gemeint ist und propagiert werden soll – und zwar sowohl für die Möglichkeiten als auch Grenzen eines solchen Menschenbild-Ansatzes innerhalb der Theorieelaboration, der praktischen Forschung und der argumentativen Kommunikation in der Wissenschaft. Allerdings sollte man auch für diese Veranschaulichungsfunktion in der Lage sein, entsprechende Fragen zumindest umrißhaft zu beantworten und sich damit den in diesen Fragen enthaltenen metatheoretischen Problemen zu stellen. Als solche Probleme sind vor allem anzusehen: inwiefern ein derartiger handlungstheoretischer Ansatz (mit dem skizzierten Zwei-Phasen-Modell der Forschungsstruktur) einen Theorien- oder Erkenntnisfortschritt darstellen kann, inwiefern die Nicht-Reduzierbarkeit der Theorieansätze (und Einheiten-Ebenen) überhaupt noch eine rationale Argumentation und Kommunikation zwischen Vertretern der unterschiedlichen ‚Paradigmen' erlaubt – oder ob sich mit der Anwendung des Paradigmabegriffs und der entsprechenden Theoriekonzeption des non-statement views eventuell wissenschaftlich rationale Kritik in Sozialpsychologie und überredende Propaganda auflöst (wie es zum großen Teil der Kritische Rationalismus gegen das wissenschaftshistorische Modell von Kuhn geltend

gemacht hat). Ich will diese Probleme im folgenden Exkurs diskutieren, weil ich hoffe, daß dadurch nicht nur der logische und psychologische Standort des vorgeschlagenen Integrationsmodells transparenter wird, sondern daß auch Ansatzpunkte für die Aufrechterhaltung von rationaler Argumentation in Paradigmadebatten greifbar werden. Ich werde also versuchen, zumindest ansatzweise folgende Fragen zu beantworten: Was ist das für ein Paradigma-Begriff, der im Rahmen des Revolutionsmodells der Theorienentwicklung (nach Kuhn) angesetzt wird? Steht dahinter auch ein ‚neuer' Theorie-Begriff (non-statement view von Theorien)? Lassen sich diese metatheoretischen Konzepte sinnvoll auf die Psychologie und ihre Theorien übertragen? Wird durch das Inkommensurabilitätspostulat zwischen Theorien (Paradigmen) in der Tat jegliche rationale Diskussion zwischen Vertretern unterschiedlicher Theorien aufgelöst bzw. läßt sich auf dem Hintergrund des Inkommensurabilitätspostulats überhaupt noch von einem Theorien- oder Erkenntnis*fortschritt* sprechen oder reduziert sich jegliche Entwicklung auf einen nur zufälligen und in seinem Wert nicht mehr abschätzbaren Theorienwandel? Und unter der Voraussetzung, daß man die Vorstellung bzw. Rekonstruktion eines Zustandes, bei dem ganze Forschergruppen in einem Theoriensolipsismus gefangen sind, für falsch oder unsinnig hält: Kann man paradigmenübergreifende Zielideen oder Standards angeben, die eine rationale Auseinandersetzung zwischen Vertretern unterschiedlicher Paradigmen ermöglichen?

E.5.1. *Paradigmen-Inkommensurabilität und das Rationalitätsproblem: Lösungs-Rekonstruktionen des non-statement views von Theorien*

Das Paradigmakonzept ist von Kuhn – wie erwähnt – innerhalb eines wissenschaftshistorischen Modells der Rekonstruktion von Wissenschaftsentwicklungen eingeführt worden (vgl. Kuhn 1967, 67ff.; Bayertz 1981, 14f.). Die Ausgangsthese ist dabei, daß in einer Disziplin in der Regel eine Theorie so beherrschend ist, daß sie allgemein anerkannt wird und daher die entscheidende integrierende Kraft darstellt; für eine solche ‚herrschende' Theorie hat Kuhn den Begriff des Paradigmas vorgeschlagen (vgl. 1967, 98ff.). Es konstituiert Gemeinsamkeiten auf metaphysischer, soziologischer und operativ-konstruktiver Ebene (vgl. Masterman 1970, 61ff.) – für letztere hat Kuhn auch den Begriff des ‚Musterbeispiels' eingeführt (1972, 198). Nach der Kritik, vor allem von Masterman (1970), hat er späterhin den Paradigma-Begriff zu präzisieren versucht, indem er ihn durch „disziplinäre Matrix" ersetzt hat (1977, 392). Darunter subsumiert er vier Hauptbestandteile: symbolische Verallgemeinerungen; gemeinsame Modelle (z.B. Heurismen); gemeinsame Werte (z.B. methodologische Standards) und Musterbeispiele. Eine im Hinblick auf diese vier Aspekte herrschende Theorie wirkt sich im Normalfall („normale Wissenschaft") nun so aus, daß die Wissenschaftler versuchen, die mit dieser Theorie erklärbaren (bzw. vorhersagbaren) Tatsachen möglichst präzise zu bestimmen, d.h. so weit möglich und sinnvoll auf diese Weise Theorie und Tatsachen aneinander anzupassen und damit die Theorie zu präzisieren (vgl. Bayertz 1981, 35). Normale Wissenschaft ist in diesem Verständnis also eine Form des „Lösens von Rätseln", wie sie vom herrschenden Paradigma gestellt und in ihm sinnvoll bearbeitet werden können (Kuhn 1967, 56f.). Normale Wissenschaft ist daher nicht, wie es der Kritische Rationalismus postuliert, durch permanente Theorienkonkurrenz und d.h. durch die Entwicklung immer neuer Theorien sowie Entdeckung neuer Tatsachen etc. gekennzeichnet (Kuhn 1967, 65).

Zugleich führt dieses Ausarbeiten einer einzigen, herrschenden Theorie jedoch paradoxerweise um so sicherer zu deren Sturz und Überwindung, weil die zunehmende Präzisierung der Erwartungen und Vorhersagen immer geringere Abweichungen als Anomalien für die Erklärungskraft bzw. generell Leistungsfähigkeit der Theorie erscheinen lassen (vgl. Kuhn 1967, 79ff.). Es kommt schließlich zur Krise, die normale Wissenschaft wird durch „außerordentliche Forschung" ersetzt, in der vor allem auch metaphysische Reflexionen sowie Diskussionen über metatheoretische und methodologische Standards häufig werden (Kuhn 1967, 61ff.). In solchen krisenhaften Phasen außerordentlicher Forschung kommt es dann auch zur Entwicklung neuer Theorieansätze, von denen einer schlußendlich das alte Paradigma verdrängt und sich als neues etabliert. Entscheidend für die wissenschaftstheoretische Diskussion dieses wissenschaftshistorischen Modells ist, daß dieser Prozeß der Verdrängung eines alten durch ein neues Paradigma nach Kuhn eine Revolution darstellt, d.h. nicht durch logische oder empirische Argumente ‚erzwungen' werden kann, sondern einen Wechsel von Überzeugungen bei den beteiligten Wissenschaftlern beinhaltet, also eine Sache der überredenden Argumentation ist oder wie Lakatos es formuliert hat: Wissenschaftliche Revolutionen sind nach Kuhn irrational, d.h. „eine Angelegenheit der Massenpsychologie (mob psychology)" (1974, 171f.). Wissenschaftstheoretisch provokativ war das wissenschaftshistorische Modell von Anfang an deshalb, weil mit dieser Rekonstruktion von Wissenschaftsentwicklung(en) die Relevanz von Rationalität für Wissenschaft in Frage gestellt wurde (vgl. Bayertz 1981, 70f.; Stegmüller 1980, 29f.).

Während der Kritische Rationalismus Kuhns Revolutionsmodell der Wissenschaftsentwicklung eben wegen dieses Rationalitätsproblems zum größten Teil vehement bekämpft hat (vgl. vor allem Lakatos & Musgrave 1970/1974), hat die Analytische Wissenschaftstheorie — und zwar vor allem Stegmüller in Nachfolge von Sneed — versucht, konstruktiv zu reagieren, indem sie hinter dem wissenschaftshistorischen Modell auch eine andere wissenschaftstheoretische Auffassung des Theorie-Begriffs vermutete. Diese neue Auffassung ist als non-statement view von Theorien rekonstruiert und ausgearbeitet worden (vgl. vor allem Stegmüller 1973; 1979c; d; e; 1980).

Seit 1977 hat Stegmüller den Terminus non-statement view nach einem Vorschlag von Bar-Hillel durch „strukturalistische Auffassung von Theorien" ersetzt, damit dieses neue Theorienkonzept nicht nur negativ charakterisiert wird (vgl. Stegmüller 1979e, 134; 1980, 2, 22f.). Wegen der vielfältigen Belastetheit und Verbrauchtheit des ‚Struktur'-Begriffs in der Psychologie bleibe ich für die folgende kurze Skizze aber beim alten Terminus der ‚Nicht-Aussagenkonzeption' von Theorien (vgl. auch Herrmann 1974; 1976).

Nach dieser Auffassung sind Theorien nicht mehr als ein System von Sätzen bzw. Aussagen anzusehen, sondern als eher „begriffliche Gebilde", die unter Rückgriff auf informelle Logik und Mengenlehre formuliert werden (Stegmüller 1980, 4); d.h. eine Theorie ist durch ein „mengentheoretisches Prädikat S" definiert, „durch dessen Einführung die Theorie axiomatisiert wird" (Stegmüller 1973, 49). In der alten Terminologie von 1973 besteht eine ‚non-statement'-Theorie aus einem Strukturkern K und der Menge der intendierten Anwendungen I (o.c., 207ff.). Zur Überprüfung, ob bestimmte intendierte Anwendungen in der Tat zu einem Modell der jeweiligen Theorie führen, müssen Kernerweiterungen vorgenommen werden, die durch Nebenbedingungen und Sekundärannahmen gebildet werden. Eine weitere Ausdifferenzierung der logischen (bzw. mathematischen) und empirischen Komponente von Theorien nach dem non-statement view ist hier nicht nötig (vgl. dazu Stegmüller 1973, 120ff.; 1979e, 135ff.; 1980, 36ff.), weil diese Explikation von Stegmüller selbst (entsprechend dem Vorgang von Sneed) auf ausgereifte, voll axiomatisierte physikalische Theorien beschränkt wird. Die für unsere Diskussion ausschlaggebende wissenschaftstheoretische Konsequenz aus der Nicht-Aussagenkonzeption von Theorien ist, daß eine solche Theorie wegen ihres quasi-begrifflichen Charakters von vornherein gar nicht falsifiziert werden kann. Der negative Ausgang einer empirischen Überprüfung kann keine Falsifikation der Theorie darstellen, sondern lediglich das Scheitern eines Anwendungsversuchs (Stegmüller 1979c, 105; 1979e, 154ff.); man muß die speziellen Gesetze revidieren, nicht aber die Theorie.

Wenn man diese Theorie-Konzeption unterstellt, dann erweisen sich viele der von Kuhn wissenschaftshistorisch rekonstruierten Phänomene durchaus als mit dem Rationalitäts-Konzept vereinbar: z.B. ‚daß bei normaler Wissenschaft die Theorie konstant bleibt, während sich die Überzeugungen der Wissenschaftler ändern können' (Stegmüller 1973, 180ff.); daß in normaler Wissenschaft der Fehlschlag eines Anwendungsversuchs nicht die Theorie, sondern den unter diesem Paradigma forschenden Wissenschaftler diskreditiert (Stegmüller 1980, 42); und vor allem, daß auch eine Vielzahl von gescheiterten Anwendungsversuchen keineswegs einen irgendwie gearteten rationalen Zwang zur Aufgabe des herrschenden Paradigmas ausüben kann, denn: „Da die Anzahl der logisch möglichen Erweiterungen eines gegebenen Strukturkerns potentiell unendlich ist, beweist keine endliche Anzahl derartiger Versager, daß die Theorie als Grundlage für empirische Hypothesenbildung preiszugeben ist." (Stegmüller 1980, 78) Theorien werden also entsprechend dem non-statement view, wie Kuhn es behauptet, nicht durch Falsifikationen gestürzt, sondern dadurch verdrängt, daß eventuell ganze Forschergenerationen „daran scheitern, die Theorie erfolgreich anzuwenden", und daher in Phasen der Krise und außerordentlicher Forschung neue Strukturkerne entwickelt werden, die sich durch die Anhängerschaft in den nachwachsenden Forschergenerationen durchzusetzen in der Lage sind (vgl. Stegmüller 1979d, 119f.; 1980, 43f.). Damit ist das Rationalitätsproblem in bezug auf die Funktion der Falsifikation bzw. die Nicht-Falsifizierbarkeit von Theorien durch die Entwicklung der Nicht-Aussagenkonzeption von Theorien gelöst. Denn auf dem Hintergrund dieser Theorien-Konzeption ist die Nicht-Falsifizierbarkeit keine Immunisierung der Theorien mehr und damit auch nicht irrational – vielmehr sind Theorien von vornherein immun gegen Falsifizierung; es ist daher auch durchaus rational, sich bei einem Scheitern von Anwendungsversuchen von weiteren derartigen Versuchen einen möglichen Erfolg zu versprechen.

Das stellt allerdings nur für die eine Hälfte des Rationalitätsproblems, wie es der Kritische Rationalismus im wissenschaftshistorischen Modell von Kuhn gegeben sieht, eine Lösung dar. Die andere Hälfte besteht in der Inkommensurabilitäts-These; denn nach Kuhn sind unterschiedliche Paradigmen so tiefgreifend substantiell verschieden, daß sie ihren Anhängern „verschiedene Dinge über das, was es im Universum gibt" (Kuhn 1967, 115) mitteilen, d.h. unterschiedliche Weltbilder implizieren. Dieser Aspekt ist schon oben (Kap. 1.) unter der Perspektive der Theorieabhängigkeit von Beobachtungssprache diskutiert worden. Wegen dieser Theorieabhängigkeit und der Nicht-Aufspaltbarkeit von Reizaufnahme und Reizinterpretation (vgl. Bayertz 1981, 82) implizieren unterschiedliche Paradigmen auch immer verschiedene Erfahrung(en); jede wissenschaftliche Revolution realisiert in dem darin ablaufenden Paradigmawechsel also auch einen totalen Bruch nicht nur mit dem bisherigen Weltbild, sondern auch mit der bisherigen Welterfahrung. Das Problem, das auf dem Hintergrund der Inkommensurabilitäts-These für die Rekonstruktion von Theorienentwicklung auftritt (für das Basissprachen-Problem s.o. 1.2.), ist: Wenn verschiedene Theorien (Paradigmen) so völlig unvergleichlich sind, wie kann man dann noch von einem Erkenntnisfortschritt durch Theorienwechsel sprechen? Handelt es sich dann nicht mehr nur lediglich um eine diskontinuierliche Aufeinanderfolge völlig isolierter Theorien, die letztlich völlig irrational, zumindest aber a-rational (weil nicht von Rationalität beeinflußt oder gar determiniert) ist?

Stegmüller hat ursprünglich dieses Problem insoweit als berechtigt anerkannt, als er von einer „Rationalitätslücke" sprach, die er durch eine Rekonstruktion des Paradigmawechsels als Erkenntnisfortschritt zu schließen versuchte (1973, 9). Weil diese Schließung möglich ist und dem wissenschaftshistorischen Modell von Kuhn nicht widerspricht, hält er mittlerweile die „Rede von einer Rationalitätslücke für unangemessen" (1980, 46). Nach dieser Rekonstruktion unterstellt Kuhn die Inkommensurabilität von Theorien nur innerhalb des Aussagenkonzepts des Theorie-Begriffs: „Die Grundbegriffe der verdrängten Theorie sind nicht mittels der verdrängenden Ersatztheorie definierbar" (Stegmüller 1980, 48). Unter dem non-statement view von Theorien aber ist durchaus ein Vergleich zwischen Theorien möglich, und zwar hinsichtlich der explanativen und prognostischen Leistungsfähigkeit der Theorie. „Kuhns These von der Nichtkumulativität derjenigen Form von Fortschritt, der in revolutionärer Theorienverdrängung besteht, ist durchaus verträglich mit dem Gedanken einer kumulativen Wissensvermehrung im Verlauf solcher revolutionärer Phasen" (Stegmüller 1980, 49). Nach der Rekonstruktion von 1973 muß von einer neuen Theorie, die im Vergleich zur alten einen Theorien- bzw. Erkenntnisfortschritt leisten soll, gefordert werden, daß sie die alte in einem dreifachen Sinn ‚aufhebt'. Die neue muß die Erklärungsleistung der alten Theorie ebenso gut erbringen können; sie muß darüber hinausgehende Phänomene, die ‚neuen' Probleme, Gegenstandsperspektiven etc. befriedigend behandeln und erklären können; außerdem muß sie erklären können, warum die alte Theorie bestimmte Phänomene und Fragen nicht zufriedenstellend beantworten konnte. Stegmüller faßt diese Rekonstruktion mittlerweile so zusammen, daß ein Theorienwechsel mit Erkenntnisfortschritt vorliegt, wenn sich die verdrängte Theorie partiell und approximativ in die verdrängende einbetten läßt (1979d, 121f.; 1979e, 166f.; 1980, 183f.).

Damit scheint auch die zweite Hälfte des Rationalitätsproblems durch die Rekonstruktion von Theorien im non-statement view gelöst. Die Inkommensurabilität wird auf den Vergleich von Theorien in der Aussagenkonzeption reduziert, so daß innerhalb der Nicht-Aussagenkonzeption von einem Theorienwechsel mit Erkenntnisfortschritt die Rede sein kann. Dieses Konzept des revolutionären Theorien- oder Paradigmawechsels mag zwar vergleichsweise metaphorisch und nicht maximal präzise sein, aber es reicht aus, um die – berechtigte – Kritik des Kritischen Rationalismus an einer völligen Inkommensurabilität von Theorien und damit einem Modell beliebiger bzw. irrationaler Theorienentwicklung zu überwinden. Auf dem Hintergrund dieser Rekonstruktion ergeben sich im hier thematischen Zusammenhang zwei Fragen:

1. Läßt sich der Paradigmabegriff einschließlich der Nicht-Aussagenkonzeption von Theorien auf die Psychologie übertragen, und stellt das Menschenbild des reflexions-, kommunikations-, rationalitäts- und handlungsfähigen Subjekts in diesem Rahmen ein ‚neues' Paradigma dar, das einen Erkenntnisfortschritt bringen kann?
2. Ist zwischen Vertretern einer verhaltenstheoretisch-naturwissenschaftlichen Konzeption und einer handlungstheoretisch-sozialwissenschaftlichen Auffassung von Psychologie eine rationale Diskussion möglich, und welche paradigmaübergreifende Zielideen können für eine solche Kommunikation angesetzt werden?

E.5.2. Übertragbarkeit auf die Psychologie: das Menschenbild des reflexions- und handlungsfähigen Subjekts als Paradigma mit Erkenntnisfortschritt?

Hinsichtlich der Übertragbarkeit des non-statement views auf die Psychologie ist der Rekonstruktionsentwurf von Stegmüller, Sneed und anderen sehr eindeutig, insofern er (wie eingangs erwähnt) auf formalisierte und axiomatisierte Theorien beschränkt ist; eine direkte, unmittelbare Übertragung auf psychologische Theorien ist, weil diese praktisch durchgehend solchen Anforderungen nicht genügen, also nicht möglich. Dennoch läßt sich, wie Herrmann (1974; 1976) gezeigt hat, diese Perspektive auch auf nicht-formalisierte sozialwissenschaftliche Theorien übertragen. Dabei handelt es sich allerdings um eine ‚nicht-technische' Anwendung, die die Konzepte des non-statement views nur mehr „analogisierend" (Herrmann 1974, 2) verwendet. Auch diese nicht-technische, analogisierende Übertragung ist aber sehr wohl in der Lage, heuristisch fruchtbare Ergebnisse im Hinblick auf die Struktur wissenschaftlichen Theoretisierens zu erzielen (vgl. z.B. Herrmann 1976, 95ff.).
Theorien werden für diese analogisierende Übertragung von Herrmann als Forschungsprogramme im Sinn von Problemlösungsprozessen aufgefaßt; analog zum Strukturkern („begriffliches Gebilde", s.o.) von Theorien unter dem non-statement view ist dann jedes Problem durch einen Annahmenkern – quasi definitorisch – charakterisiert. Dieser Kern manifestiert sich in Annahmen über mögliche bzw. tatsächliche Zustände eines Gegenstandsbereichs, über Zustandsüberführungen (zwischen Ist- und Sollzuständen) usw. Bei der Lösung von Problemen stehen solche ‚Kernannahmen' selbst nicht zur Disposition! Normale Wissenschaft versucht dann, Probleme zu lösen, indem der Annahmenkern angewendet wird, d.h. indem über Zusatz- und Sekundärannahmen empirisch überprüfbare Hypothesen, Erwartungen, Prognosen usw. abgeleitet werden. Die ‚Enttäuschung' solcher Erwartungen, d.h. also die Falsifikation, führt – genauso wie im non-statement view rekonstruiert – nicht zur Aufgabe der Kernannahmen, sondern nur zur Revision der Zusatzannahmen. Der problemdefinierende Annahmenkern kann auch bei Nicht-Erfolg von Anwendungen dieses Annahmenkerns in bestimmten Gegenstandsteilbereichen durchaus rational aufrechterhalten werden, so daß für andere Teilbereiche, Gegenstands- und Frageperspektiven immer wieder weitere Anwendungsversuche durchgeführt werden können, ohne daß dies irrational wäre. Es lassen sich also in dieser analogisierenden Weise durchaus die Charakteristika des non-statement views von Theorien auf psychologische Theorien übertragen, wenn man darunter solche problemdefinierenden Annahmenkerne versteht. Dies gilt auch und gerade für die Immunität derartiger Annahmenkerne gegenüber Falsifikationen; denn würde man die problemdefinierenden Kernannahmen revidieren, so würde sich das thematische Problem auflösen. Herrmann schlägt deswegen zur Rekonstruktion solcher Annahmenkerne das „Verfahren versuchsweiser Annahmenelimination" vor. Damit wird überprüft, ob durch die Ausschließung bestimm-

ter Annahmen das thematische Problem verschwindet oder nicht; diejenigen Annahmen, die das Problem zum Verschwinden bringen, wären dann als Kernannahmen zu akzeptieren und bleiben bei der Anwendung des Annahmenkerns in empirischer Forschung von potentiellen Falsifikationen untangiert.

Ein sehr einfaches und zugleich anschauliches Beispiel für solche problemdefinierenden Kernannahmen bietet das Forschungsprogramm ‚Optische Täuschungen'. Wenn man optische Täuschungen erforschen will, unterstellt man notwendigerweise, daß bei einer Diskrepanz zwischen physikalischer Messung und psycho-physiologischer Wahrnehmung den physikalischen Meßdaten der größere Realitätsgehalt zuzuschreiben ist. Es ist dabei z.B. völlig irrelevant, wieviele Menschen (approximativ z.B. die ganze Weltbevölkerung) in ihrer Wahrnehmung übereinstimmen, bei einer Diskrepanz zwischen Wahrnehmung und physikalischer Messung wird dennoch nicht den Wahrnehmungsdaten der höhere Realitätsgehalt zugesprochen — würde man die Annahme des größeren Realitätsgehalts der physikalischen Messung aufgeben, so hätte sich das Problem der ‚Optischen Täuschung' aufgelöst in ein Problem der Validität physikalischer Messungen. Für die Erforschung sog. optischer Täuschungen ist also die Unterstellung der Validität physikalischer Messungen eine problemkonstituierende Kernannahme. Sie ist als solche auch gegen alle denkbaren Ergebnisse empirischer Untersuchungen zum Problem optischer Täuschungen immun, denn wenn man sie revidiert, forscht man über etwas anderes als ‚Optische Täuschungen'.

Da bei diesem Beispiel der problemkonstituierende ‚Annahmenkern' aus einer einzigen Kernannahme besteht, stellt die Problemdefinition der optischen Täuschung natürlich keine potentiell paradigmahafte, umfassende (non-statement-)Theorie (in) der Psychologie dar; dies trifft dann schon eher für das Menschenbild des reflexions-, kommunikations- und handlungsfähigen Subjekts zu, für das die als ‚Gegenstandsvorverständnis' explizierten Merkmale (s.o. Kap. II. sowie 5.3. bis 5.5.) als Annahmenkern angesetzt werden können. Entsprechendes gilt für die komplementäre Gegenposition der verhaltenstheoretischen Konzeption von Psychologie und das ihr zugrundeliegende behaviorale Subjektmodell (vgl. Groeben & Scheele 1977, 6ff.; Scheele 1981). Auch hier ist es so, daß diese Annahmenkerne im Prinzip hinsichtlich der potentiellen Ergebnisse von Kernanwendungen in empirischen Untersuchungen immun sind; das läßt sich z.B. am Übergang von hoch-komplexen Handlungs-Einheiten zu niedriger-komplexen Verhaltens-Einheiten innerhalb der in diesem Kapitel entwickelten idealen Zwei-Phasen-Struktur der Forschungsmethodik verdeutlichen. Selbst wenn es noch so viele empirische Untersuchungen gegeben hat, in denen die ‚Empirie' einen Übergang auf Verhaltens-Konstrukte und damit verhaltenstheoretische Modellierungen in der Psychologie ‚erzwungen' hat, bleibt es dennoch rational, bei der nächsten Untersuchung in einem anderen Gegenstandsteilbereich, unter einer anderen Frageperspektive etc. wieder auf der Ebene der Handlungs-Konstrukte einzusetzen und damit eine Anwendung des handlungstheoretischen Menschenbildes zu versuchen. Vorausgesetzt ist dabei natürlich, daß man eben gerade dieses Problem der Reflexions-, Kommunikations-, Handlungs- und Rationalitätsfähigkeit des Menschen untersuchen *will*, weil man es vom Gegenstands(vor)verständnis her als das sinnvolle(re) und ergiebige(re) Problem ansieht.

Die Unterscheidung von (quasi-)analytischen Setzungen und falsifizierbaren, hypothetischen Anwendungen dieser Kernannahmen wird letztendlich auf möglichst allen Ebenen zwischen solchen Einzelproblemen (wie es die ‚Optische Täuschung' darstellt) und Generalmodellen des Menschenbildes zu leisten sein. Daß hier noch eine Menge von Analysearbeit aussteht, machen die Beiträge von Smedslund (1978; 1979; 1984), Brandtstädter (1982; 1984; 1985) und Laucken (1984) deutlich, die als erste Trennungsversuche von analytischen Kernannahmen und empirischen Hypothesen auf unterschiedlichen Problemniveaus gelten können. Laucken expliziert etwa die oben am Beispiel der ‚Optischen Täuschung' vorgenommene Trennung für die Wahrnehmungspsychologie generell, indem er behauptet, daß durch die Unterstellung der physikalischen Umwelt als vielgliedrig und ungeordnet sowie der phänographischen Umwelt als überschaubar und geordnet erst jener ‚Geordnetheitssprung' (1984, 259) geschaffen wird, den die Wahrnehmungstheorie dann (empirisch) erklärt. Smedslund hat mit der prinzipiellen These provoziert, daß eine Fülle von empirischen Untersuchungen nichts anderes belegen als ‚notwendige (z.B. common sense-)Wahrheiten', die zuvor als analytische Implikationen in die Fragestellung ‚hineingesteckt' wurden – eine These, die auf dem Hintergrund der Nicht-Aussagenkonzeption von Theorien als gar nicht so verwerflich, sondern grundsätzlich akzeptabel erscheint. Die Schwierigkeit dürfte in der Elaboration konkreter Trennungslinien von analytischen und synthetischen Annahmen liegen, wie z.B. die Beiträge von Brandtstädter verdeutlichen; er hat derartige ‚apriorische Elemente' (wie er analytische (Kern-) Annahmen nennt; vgl. 1982, 275) für Forschungsprogramme wie Kausalattribution in Leistungszusammenhängen, die Theorie korrespondenter Inferenzen, moralische und sozial-kognitive Entwicklung, Reaktanz und gelernte Hilflosigkeit etc. herausgearbeitet (1982; 1985) – und damit vehemente Kritik aus empiristischer Richtung geerntet (vgl. Reisenzein 1984; Erwiderung durch Brandtstädter 1984). Diese Diskussion macht vor allem deutlich, wie ungewohnt derartige theoretische Kernannahmen-Analysen bisher in der Psychologie noch sind und welche Aufgaben in diesem Bereich für eine nicht-empiristische Psychologie-Konzeption und -Entwicklung in der Zukunft offenstehen.

Innerhalb normaler Wissenschaft werden also Mißerfolge bei der Anwendung von problemkonstituierenden Annahmenkernen nur bis zur Revision von Zusatzannahmen, empirischen Hypothesen, Erwartungen etc. „durchschlagen" – was schon aus der begrifflichen Natur des Annahmenkerns folgt (Herrmann 1974, 11). Allerdings gilt natürlich auch hier die Möglichkeit des Paradigmawechsels in ‚außerordentlicher Forschung', die als Problemersetzung zu charakterisieren ist. Eine solche Problemersetzung ist z.B. als Konsequenz aus langfristig erfolglosen Kernanwendungen denkbar (Herrmann 1974, 13ff.), wie es eingangs unter der Prämisse des Gegenstands(vor)verständnisses (s.o. Kap. II.) für die Abwendung von verhaltenstheoretischen Konzeptionen in der Psychologie postuliert worden ist. Auch hier gilt in Parallelität zum non-statement view, daß verschiedene Problemstellungen mit unterschiedlichen Annahmenkernen (in der Psychologie) nicht in echter Konkurrenz zueinander stehen, d.h. daß zwischen solchen Theorien qua unterschiedlichen problemkonstituierenden Menschenbildern mit verschiedenen Annahmenkernen „nicht aufgrund empirischer Information strikt entschieden" werden kann (Herrmann 1974, 16). Es ist diese Inkommensurabilität der Menschenbilder, die hinter den Nicht-Reduzierbarkeiten steht, die in der bisherigen Diskussion unterstellt, postuliert und begründet wurden: vor allem die Nicht-Reduzierbarkeit der drei Einheiten-Kategorien und damit deren Bedeutungsdimensionen aufeinander (also der universellen, universalisierbaren und kommunizierbaren Bedeutungsteilmengen). Das Problem, das bleibt und hinsichtlich der Übertragung der Nicht-Aussagenkonzeption von Theorien für die Psychologie abschließend in diesem Zusammenhang beantwortet werden soll, ist, ob das Menschenbild des reflexions-, rationalitäts- und handlungsfähigen Subjekts einschließlich der darauf ausgerichteten und davon abgeleiteten Zwei-Phasen-Forschungsstruktur als potentielles Paradigma mit Erkenntnisfortschritt gegenüber (vor allem) dem verhaltenstheoretischen Subjektmodell angesehen werden kann.

Zuvor aber ist noch kurz einem Mißverständnis vorzubeugen. Die völlig ungewohnte, revolutionäre Inanspruchnahme des Merkmals ‚Nicht-Falsifizierbarkeit' für Theorien durch die Nicht-Aussagenkonzeption hat manche wissenschaftstheoretisch Interessierte zu der kurzschlüssigen Annahme verleitet, es läge ein Verhältnis gegenseitiger Ausschließung zwischen statement und non-statement view von Theorien vor. Dem ist aber keineswegs so; auch Stegmüller betont, „daß die strukturalistische Auffassung in gar keinem Gegensatz zum Aussagenkonzept steht" (1979b, 485). Es ist vielmehr so, daß es innerhalb des statement views zwei methodologisch relevante Ebenen gibt: die der theoretischen Hypothesenexplikation (Erklärungsversuche) und die des entsprechenden Hypothesentestens (mit Hilfe von Beobachtungsdaten etc.). Diesen beiden Ebenen ist durch den non-statement view lediglich eine weitere vorgeordnet worden: (nicht-technisch formuliert) die Ebene der Kernannahmen, der Problem(rahmen)definition; wobei die regulative Zielidee der Falsifizierbarkeit, in welcher Liberalisierung auch immer, nur bis zu der Ebene der satzsprachlichen Hypothesen reicht, nicht bis auf die Ebene der Annahmenkerne (d.h. eines ‚Paradigmas'). Der non-statement view hat also im Bereich der Wissenschaftstheorie nicht den statement view ersetzt, sondern lediglich ergänzt. Man kann jetzt ein Drei-Bereichs-Modell wissenschaftlicher Forschungsprogramme ansetzen, die aus Problemstellungen (gleich Annahmenkernen ‚begrifflicher Art') bestehen, aus Anwendungen solcher Annahmenkerne, die (klassisch-)theoretische Aussagensysteme generieren, und aus empirischen Überprüfungen (die in empirischer Basissprache repräsentiert sind, s. Kap. 1.). Dabei tangieren die Ergebnisse der empirischen Überprüfungen nur die Anwendungen der Annahmenkerne, nicht die Annahmenkerne selbst.

Diese metatheoretische Modellierung ist m.E. heuristisch außerordentlich wertvoll, weil sie Möglichkeiten und Grenzen der Diskussion über problemkonstituierende Annahmenkerne – und d.h. Menschenbilder bzw. das Gegenstands(vor)verständnis in der Psychologie – verdeutlichen kann. Es wird nämlich klar, daß Gegenstands- qua Menschenbild-(gleich Paradigma-)Debatten in der Psychologie gerade nicht auf der Grundlage von empirischen Evidenzen bzw. empirischer Kritik an theoretischen Satzsystemen allein und strikt entscheidbar sind. Dies zu versuchen, wäre eine unrealistische Überziehung der rationalen Kraft, die in empirischen Daten enthalten ist, – und damit irrational. Eine rationale Diskussion über Gegenstandsverständnisse, Menschenbilder,

Paradigmen (oder wie immer man es nennen will) ist nur dadurch möglich, daß man Überzeugungsgründe dafür zusammenstellt, warum eine bestimmte Problemstellung, ein bestimmter Annahmenkern bedeutsamer, ergiebiger, sinnvoller und legitimer sei als ein alternatives Paradigma – wobei klar sein muß, daß solche Überzeugungsgründe und Rechtfertigungsargumente niemals einen Wechsel zu einem neuen Paradigma ‚logisch erzwingen' können. Ein wichtiger und unverzichtbarer derartiger Überzeugungsgrund ist sicher darin zu sehen, daß das neue Paradigma das alte im oben explizierten Sinn ‚aufzuheben' in der Lage ist, d.h. im Vergleich zum alten einen Theorien*fortschritt* darstellt. Da es im Zusammenhang mit der handlungstheoretischen Konzeption der Psychologie nicht um eine Rekonstruktion historisch vergangener Theorienentwicklung, sondern um die konstruktive Propagierung eines Paradigmawechsels für die Zukunft geht, können noch keine Argumente dafür vorgebracht werden, daß der neue Theorienansatz diese größere Leistungsfähigkeit bereits erbracht hat, sondern höchstens, daß er sie von der Grundstruktur her zu erbringen in der Lage sein kann.

Dazu sind zunächst zwei zum Teil komplementäre Kritikpunkte an der These eines Paradigmawechsels zu entkräften: nämlich einmal der Einwand, daß die verhaltenstheoretische Konzeption der Psychologie und damit das behaviorale Subjektmodell gar nicht ein im Sinn des Paradigma-Begriffs beherrschender Theorieansatz in der Psychologie der letzten Jahrzehnte gewesen sei; und zum anderen die z.T. komplementäre Behauptung, daß das Menschenbild des reflexions-, rationalitäts- und handlungsfähigen Subjekts bereits durch Theorieansätze wie den der Psychologie der Informationsverarbeitung längst abgedeckt worden sei (vgl. zu beiden Kritiken Westmeyer 1981; 1984). Es kann und soll hier nicht im einzelnen, sondern nur mit einigen generellen Hinweisen auf diese beiden Einwände eingegangen werden. Zur Frage, ob der Behaviorismus im Sinne des Paradigma-Begriffs als ‚herrschende' Theorie der letzten Jahrzehnte angesehen werden kann, sind auch bereits genügend Argumente vorgebracht worden (vgl. z.B. Groeben & Scheele 1977, 34ff.; besonders auch Scheele 1981, 47ff.), die m.E. vor allem unter Einbeziehung der sozialen Komponenten der disziplinären Matrix und damit der Forschungsmethodik äußerst überzeugend sind (s.o. in E.3.1. z.B. die Kritik der Experimentalmethodik und die dort zitierte methodenkritische Literatur, z.B. Maschewsky 1977; Bungard 1980 etc.).

Einer der wichtigsten Aspekte, der aus dem impliziten Herrschafts- und dem mit diesem verbundenen Ubiquitätsanspruch des verhaltenstheoretischen Paradigmas resultiert, ist die Überziehung des Verhaltens-Begriffs, der vor allem von Scheele (1981) ausführlich analysiert und kritisiert worden ist. Ich will die dort herausgearbeiteten Argumente und Nachweise hier nicht wiederholen, sondern nur auf eine entsprechende Konsequenz von Taylor zurückgreifen, der bereits vor allen Debatten um einen möglichen Paradigmawechsel das Fazit gezogen hat: „Die Schlüsselbegriffe des Behaviorismus wurden also bei dem Versuch, die widerspenstigen Phänomene zu bewältigen, so sehr gestreckt und erweitert, daß sie nahezu inhaltslos wurden." (Taylor 1975, 272)

Nur zur Abrundung möchte ich noch auf die wissenschaftshistorische These von Thomae hinweisen, daß theoretische (Neu-)Ansätze der europäischen Psychologie erst dann wirksam geworden sind, als sie von Amerika aus (mit dem Segen des ‚methodologischen Behaviorismus') ‚reimportiert' wurden (er führt als Beispiele die ‚kognitive Wende' und die life-span-development-Forschung an; 1984, 37f.).

Das in diesem Zusammenhang ausschlaggebende Argument aber ist m.E., daß von Kritikern der These des Paradigmawechsels praktisch durchwegs übersehen wird, daß mit einer handlungstheoretischen Konzeption von Psychologie eben auch eine konstitutive Einbeziehung hermeneutischer Verfahren — im Optimalfall in Form dialog-hermeneutischer Methodik — postuliert ist (z.B. in der vom ‚epistemologischen Subjektmodell' aus entworfenen Forschungsstruktur für die Erforschung sog. Subjektiver Theorien: Groeben & Scheele 1977, 51ff.). Daß z.B. der Theorieansatz der Psychologie der Informationsverarbeitung keinen strukturellen Unterschied zu klassischen Forschungsansätzen des methodologischen Behaviorismus aufweist (vgl. Westmeyer 1984), ist eine These, der ich durchaus voll und ganz zustimmen kann; nur bezieht der Theorieansatz der Informationsverarbeitung eben auch keineswegs hermeneutische Methoden in die Forschungsstruktur mit ein und ist daher auch nicht als Manifestation für ein potentielles ‚neues Paradigma' des reflexions- und handlungsfähigen Subjekts einzuführen (bzw. von Vertretern des ‚Paradigmawechsels' so niemals eingeführt worden). Die Kritiker der These vom Paradigmawechsel reduzieren diese hier mißverstehend auf nicht gemeinte Theorieansätze, indem sie einen der entscheidenden Punkte, nämlich die konstitutive Funktion (dialog-)hermeneutischer Verfahren einfach übersehen bzw. übergehen.

Das gilt z.B. auch und gerade für die einschlägige, an dieser Stelle zumeist angeführte Explikation einer ‚Cognitive Science' als (neuem?) Paradigma durch Mey (1982). Für Mey steht vor allem der Informationsverarbeitungs-Ansatz mit der Frage nach (natürlichen sowie künstlichen) internalen Modellen bzw. Repräsentationen der Umgebung (o.c., XV) im Mittelpunkt. Daß er diese objekttheoretischen Aspekte zur metatheoretischen Explikation des Konzept ‚Paradigma' nutzt, ist sicher innovativ, aber diese Innovation verbleibt inhaltlich-theoretisch sowie methodisch ganz eindeutig und intendiert bei den Perspektiven einer ‚Kognitiven Psychologie' (in Nachfolge von Lindsay, Norman, Rumelhart) sowie der ‚Artificial Intelligence'-Forschung (Mey 1982, XVIII). Das aber impliziert, auch wenn Mey ‚neue Verbindungen' zwischen Wissenschaften propagiert (‚new alliances', o.c., 259), gerade nicht eine Verbindung und Integration mit sozialwissenschaftlich-hermeneutischen Methodikansätzen (vgl. auch z.B. Mandl & Spada 1984).

Bezieht man jedoch die hermeneutische Methodologie als konstitutiv für die These des Paradigmawechsels mit ein, dann lassen sich m.E. sehr wohl beide kritischen Einwände begründet abweisen. Denn unter der Perspektive der konstitutiven Funktion dialog-hermeneutischer Methodik war (und ist zum großen Teil) der behavioristische Theorien- und Forschungsansatz durchaus beherrschend, insofern als er die Zulassung und Entwicklung solcher Methoden weitgehend verhindert hat. Dementsprechend ist auch das hier explizierte handlungstheoretische Menschenbild und Forschungsmodell m.E. durchaus als ‚neues' Paradigma postulierbar; zumindest gibt es bisher wegen des erwähnten mißverstehenden Reduzierens von seiten der Gegner der Paradigmawechsel-These noch überhaupt keine Argumente dagegen, daß eine Theorie, die eine solche Integration von hermeneutischer und empirischer Forschungsmethodik impliziert, als derartiger ‚revolutionärer' Theorienansatz angesehen werden kann.

Wenn man das handlungstheoretische Menschenbild in diesem Sinne als mit dem Zwei-Phasen-Modell der Forschungsstruktur verbunden ansetzt, dann wird auch deutlich, daß es den Anforderungen an die größere Leistungsfähigkeit im Sinne des Erkenntnisfortschritts von der Grundstruktur her genügen kann. Denn das Einsetzen auf der Ebene komplexer Handlungen und – bei Mißerfolg in den Erklärungsversuchen – das Übergehen auf Ebenen weniger komplexer Tuns- sowie Verhaltens-Einheiten sichern, daß die so strukturierte und konstituierte handlungstheoretische Konzeption von Psychologie durchaus all jene Erklärungsleistungen, die die (nur) verhaltenstheoretische Psychologie zu leisten imstande ist, ebenfalls erbringen wird (können); zugleich ist sie aber auch in der Lage, jene Phänomene, die durch die Vernachlässigung oder sogar das Ausschließen von autonomer Intentionalität des menschlichen Subjekts vom verhaltenstheoretischen Menschenbild her nicht erklärbar sind, zu erklären. Weil entsprechend der elaborierten Forschungsstruktur die Forschung auf der höchst-komplexen Ebene der Handlungs-Einheiten einzusetzen hat, ist auch soweit wie möglich gesichert, daß überdies erklärt werden kann, warum bei erfolgreichen Handlungs-Erklärungen die rein verhaltenstheoretische Modellierung nicht (oder nicht befriedigend) zum Erfolg kommt. Die vorgelegte handlungstheoretische Konzeption der Psychologie dürfte also, soweit das vom Grundansatz her überhaupt beurteilbar ist, in der Tat den rein verhaltenstheoretischen Ansatz in dem geforderten dreifachen Sinn in sich ‚aufheben' – oder mit der neueren Formulierung von Stegmüller ausgedrückt: Der verhaltenstheoretische Ansatz ist durch die entwickelte Forschungsstruktur (partiell und approximativ) in das handlungstheoretische Paradigma der Psychologie eingebettet.

Als Beispiele für eine solche ‚Aufhebung' bzw. ‚Einbettung' werden in der bisherigen wissenschaftshistorischen Diskussion vor allem solche Theorien angeführt, bei denen die neue, ‚fortgeschrittenere' Theorie die alte als „Grenz- oder Spezialfall einschließt" (z.B. die klassische Physik Newtons als Grenz- oder Spezialfall der Relativitätstheorie Einsteins: vgl. Bayertz 1981, 88). Exakt dies trifft auch z.B. für die Relation der beiden Extrempole Verhaltens- und Handlungstheorie zu. Das verhaltenstheoretische Modell ist in dem skizzierten Ansatz einer handlungstheoretischen Psychologie als Grenz- oder Spezialfall anzusehen, der dann eintritt, wenn der Rückgriff auf die Intentionalität des menschlichen Subjekts nicht zu einer erfolgreichen Beschreibung und Erklärung des beobachtbaren Agierens (sei es ‚Handeln' oder ‚Tun') führt. Um Mißverständnisse zu vermeiden, sei noch einmal darauf hingewiesen, daß der Terminus ‚Spezialfall' nicht impliziert, daß solche Fälle nur äußerst selten auftreten dürfen; vielmehr handelt es sich um einen Grenz- bzw. Spezialfall auch und gerade unter bewertenden Gesichtspunkten: insofern als für das reflexions-, kommunikations- und handlungsfähige Subjekt Mensch eben die autonom-intentionale Handlung als der ‚Normalfall' im Sinne normativ-positiver Auszeichnung postuliert wird, und der Rückgriff auf nicht-intentionale Beschreibung und Erklärung als die nicht-optimale Reduktions-Form anzusehen ist. Allerdings wird dieser spezielle Fall durch die gewählte handlungstheoretische Konzeption der Psychologie keineswegs ausgeschlossen, sondern eben nur als Defizitär-Form im Verhältnis zur Handlung in die umfassendere handlungstheoretische Forschungskonzeption eingebettet.

E.5.3. *Paradigmenübergreifende Argumentation: vom pragmatischen Begründungs-Begriff bis zur Argumentationsintegrität*

Damit sind m.E. noch einmal ‚gute Gründe' für die Wahl des handlungstheoretischen Paradigmas in der Psychologie genannt (über die in Kap. II. genannten hinaus). Existenz und Wirksamkeit solcher Begründungen in Paradigmadebatten werden auch von Kuhn nicht bestritten (vgl. Bayertz 1981, 80); allerdings insistiert er darauf, daß solche Gründe „nur den Status eines Überredungsversuchs" haben (Kuhn 1967, 106). Entsprechend sprechakttheoretischen Unterscheidungen zwischen Überreden und Überzeugen kann man solchen Gründen (wie den oben angeführten) allerdings m.E. durchaus den Charakter einer Überzeugungs-Argumentation zugestehen (vgl. zum Unterschied zwischen überredender und überzeugender Argumentation z.B. Kopperschmidt 1973). Allerdings ist mit diesen Überzeugungs-Argumenten noch nicht das Problem gelöst, daß die Vertreter konkurrierender Paradigmen auch auf unterschiedliche metatheoretische und methodologische Werte zurückgreifen, auf diese Art und Weise in quasi abgeschlossenen Welten leben und denken – und damit aneinander vorbeireden (vgl. Stegmüller 1979d, 119).
Eine rationale Kommunikation und Diskussion, die diesen Namen verdient, ist zwischen Vertretern verschiedener Paradigmen eigentlich nur denkbar, wenn es überparadigmatische Werte gibt, von deren Gemeinsamkeit aus Begründungen auch für den jeweiligen Diskussionspartner, wenn sie denn adäquat sind, nicht folgenlos bleiben (vgl. Bayertz 1981, 102). Denn darin besteht ja die praktische Gefahr des Paradigma-Konzepts und der Inkommensurabilitäts-These für die konkrete wissenschaftliche Diskussion und Arbeit: daß jeder sich berechtigt fühlt, sich auf die paradigmaimmanenten methodologischen Zielkriterien zurückzuziehen und damit intertheoretische Diskussionen (noch mehr als bisher) ausbleiben, die dennoch allein zu einem Theorienwechsel mit Erkenntnisfortschritt führen können. Wenn das Konzept eines Paradigmawechsels mit Erkenntnisfortschritt nicht für die praktische wissenschaftliche Diskussion folgenlos bleiben soll, muß es also überparadigmatische metatheoretische Zielideen geben, auf deren Hintergrund bzw. unter Rückgriff auf die sich das ‚bessere' (leistungsfähigere) Paradigma auch in der praktischen wissenschaftlichen

Diskussion (zumindest approximativ) durchzusetzen in der Lage ist. Die Rolle einer solchen metatheoretischen, überparadigmatischen Basis kann m.E. nur — bei entsprechender Ausarbeitung — die Argumentationstheorie spielen; welche Ansatzpunkte es dafür in der bisher entwickelten Argumentationstheorie gibt, möchte ich abschließend (in diesem Exkurs) kurz skizzieren.

Die heutige Variante der Argumentationstheorie ist 1958 von Toulmin mit seinem Buch „The uses of argument" begründet worden (deutsch 1975); als Ausgangspunkt kritisiert er die formal-logische Schlußlehre als für praktische, anwendungsorientierte (Sozial-)Wissenschaften weitgehend ungeeignet (wobei er sich selbst vor allem auf den für ihn paradigmatischen Fall der Jurisprudenz konzentriert). Sein zentraler Vorwurf ist, daß sich die Logik auf den einfachsten Fall von Argumentation beschränkt hat, nämlich das analytische Schließen von universellen Sätzen als ‚Oberprämissen' aus; diese Schlußform ist aber auf die Mehrzahl praktisch relevanter Argumentationen gar nicht anwendbar (Toulmin 1975, 128ff., 148ff.). Toulmin hat daher für solche auch praktisch relevanten Argumentationen folgende liberalisierte formale Struktur eines Argumentationsschemas vorgeschlagen (vgl. Abb. 19).

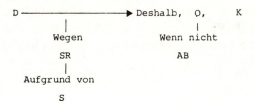

(D = Datum; K = Konklusion; SR = Schlußregel; O = Modale Operatoren; AB = Ausnahmebedingung; B = Stützung)

Toulmins Paradebeispiel für dieses Schema ist die Abwicklung der These, daß Harry ein britischer Staatsbürger ist (S. 96):

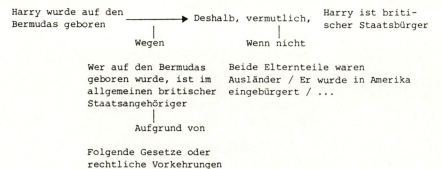

Abb. 19: Argumentationsschema nach Toulmin (1975, 89ff.; vgl. auch Göttert 1978, 32)

Die Liberalität dieses Argumentationsschemas im Vergleich zu traditionellen deduktiven Schlußformen manifestiert sich vor allem in der Offenheit der Kategorie der Schlußregeln und deren Verhältnis zu den Daten bzw. der Konklusion. Toulmin legt starkes Gewicht darauf, daß damit nicht nur Schlußregeln gemeint sind, die analytische Schlüsse zulassen, bei denen also in der Schlußregel praktisch bereits die Information enthalten ist, die in der Konklusion geliefert wird (vgl. Toulmin 1975, 125ff.; Völzing 1979, 83), sondern daß damit auch Schlußregeln gemeint sind, die die Ableitung von ‚substantiell Neuem' ermöglichen. Damit sind die Schlußregeln nicht mehr nur auf Gesetze oder dergleichen beschränkt, sondern hängen von dem Argumentationsziel, vom Gegenstandsbereich, vom historischen Wissensstand etc. ab. Das heißt, die zentrale Instanz argumentativen Schließens wird von Toulmin pragmatisiert (vgl. Kopperschmidt 1980, 86ff., 104); im Prinzip ist als Schlußregel alles möglich, auf das sich wissenschaftliche Diskussionsteilnehmer unter Rückgriff auf Übereinstimmung in Argumentationszielen, bereichsspezifischen Standards, situationsspezifischem Wissen etc. einigen (können). Als zentrales Beispiel solcher Flexibilität des Argumentationsschemas wird von der neueren Argumentationstheorie häufig die Unterscheidung von Erklärung versus Rechtfertigung als Argumentationsziel diskutiert. ‚Erklären' wird dabei verstanden als Antwort auf die Frage, „warum etwas der Fall ist (oder nicht der Fall ist)", während ‚Rechtfertigen' beantwortet „warum behauptet werden darf, daß etwas der Fall ist" (Kopperschmidt 1980, 73). In der Explikation von Göttert (1978) wird unter Rechtfertigen auch noch der Rekurs auf normative Aspekte verstanden (vgl. Abb. 20).

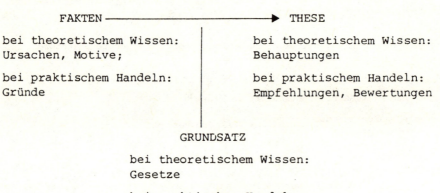

Abb. 20: Generelles Argumentationsschema nach Göttert (1978, 29)

Wie die oben dargestellten Analysen zum covering-law-Modell der Erklärung, zur statistischen Analyse und Rationalen Erklärung gezeigt haben, sind aber gerade diese disjunktiven Trennungen nicht möglich. Sowohl die Grenze zwischen der Antwort, warum etwas der Fall ist, und der Antwort, warum behauptet werden darf, daß etwas der Fall ist, als auch die Unterscheidung zwischen Erklären von Handlungen und (als rational) Rechtfertigen von Handlungen sind nicht fix bzw. nicht im Sinne eines Entweder-Oder zu denken. Vielmehr handelt es sich um fließende Grenzen bzw. um Unterschiede, die im Sinne eines Sowohl-als-Auch aufzulösen sind (vgl. vor allem die ‚pragmatische Wende' beim Erklärungs-Konzept: Kap. 4.6.). Nachdem das Argumentationsschema sensu Toulmin gerade für diese (akzentuiert) unterschiedlichen Zielsetzungen als geeignet erscheint, kann man begründet davon ausgehen, daß die so rekonstruierte Struktur von ‚Argumentation' auch geeignet ist, einen weiten Begriff von ‚Begründung' zu konstituieren. Es wäre dies ein Konzept von ‚Begründen', das sowohl die Leistung des Erklärens als auch des Rechtfertigens in sich vereint, und zwar die letztere in den beiden Varianten: sowohl der Begründung, warum es rational ist, ein bestimmtes Ereignis unter Rückgriff auf eine bestimmte Gesetzmäßigkeit zu erwarten (s.o. 4.7.: ‚rationale Erklärung von außen'), als auch, warum es unter normativen Gesichtspunkten einer bestimmten Situation als rational bezeichnet werden kann, so und nicht anders zu handeln (s.o. 4.3.: ‚Rationale Erklärung' im engeren Sinne nach Dray; vgl. zu diesem Oberbegriff von ‚Begründung' Kopperschmidt 1980, 79). Die Argumentationsstruktur nach Toulmin kann vom Grundansatz her also die in der bisherigen Diskussion der Erklärungsproblematik herausgearbeiteten Liberalisierungen und Varianten in sich aufnehmen und integrieren: vom klassischen deduktiv-nomologischen Erklärungs-Konzept (Hempel & Oppenheim) über das Konzept der statistischen Analyse, der rationalen Erwartungshaltung von außen, das ‚schwache' Erklärungs-Konzept (Beckermann) bis hin zur (normativ) Rationalen Erklärung (von innen: Dray) und der Identifikation von Gründen und Ursachen (qua Integrationsmodell von hermeneutischem und empirischem Ansatz in der Psychologie). Wie eine solche argumentationstheoretische Integration und Reformulierung der bisherigen wissenschaftstheoretischen Explikationen im einzelnen auszusehen hat, welche Möglichkeiten von Schlußregeln in welchen Situationen, unter welchen Argumentationszielen, Konstellationen etc. zulässig bzw. anzustreben sind, das ist natürlich im einzelnen von der Argumentationstheorie erst noch auszuarbeiten; es umfaßt auch die eventuelle Elaboration weiterer potentieller Argumentationsstrukturen, wie sie z.B. Völzing (1979) für den Handlungsbereich versucht hat.

Auf jeden Fall ist damit ein umfassender Begründungs-Begriff anvisiert, der nicht nur die Liberalisierungen der neueren wissenschaftstheoretischen Diskussion aufnimmt, sondern auch eine paradigmenübergreifende Argumentation ermöglichen sollte. Denn auch beim Begründungs-Konzept ist darauf zu achten, daß man nicht über die Begriffsexplikation unrealistische oder die Diskussion erschwerende bzw. verhindernde Anforderungen einführt. So haben z.B. Janich et al. (1974) den impliziten Begründungs-Begriff des Kritischen Rationalismus kritisiert. Danach steckt in der Kritik am sog. Münchhausen-Trilemma (das ist, daß die Letztbegründung von Sätzen entweder zu einem unendlichen Regreß, zu einem Begründungszirkel oder einem dogmatischen Abbruch der Begründung führt) implizit ein ‚deduktives' Begründungs-Konzept, das nur die deduktiv-schließende Ableitung von gesicherten Sätzen akzeptiert (vgl. Janich et al. 1974, 36). In Abgrenzung davon ist ein pragmatischer Begründungs-Begriff vonnöten, wie ihn eben z.B. die Argumentationstheorie unterstellt. Die damit angezielte Pragmatisierung überschreitet dann auch das infolge der ‚pragmatischen Wende' (s.o. Kap. 4.6.) explizierte Begründungs-Konzept, weil der hier gemeinte Begründungs-Begriff zum einen Dialogsituationen mit abdecken soll (s.u.) und zum anderen nicht nur auf die Perspektive der Warum-Frage(n) einzuschränken ist. Erst ein derart pragmatisch liberalisierter Begründungs-Begriff ist in der Lage, die zentrale Idee des Kritischen Rationalismus, nämlich die rationale Kritik der Positionen aneinander, die weder auf experimentell-empirische Daten noch auf analytische Schlüsse beschränkt ist, wirklich zu realisieren. Mit Hilfe dieses (im einzelnen noch auszuarbeitenden) pragmatischen Begründungs-Begriffs der Argumentationstheorie sollte auf die Dauer daher eine paradigmenübergreifende rationale Diskussion und Argumentation möglich sein.

Wenn auch die Argumentationstheorie auf diese Weise einen Rahmen für paradigmenübergreifende Diskussionen bieten mag, so sind damit aber trotzdem noch keine (konkreten) metatheoretischen Zielvorstellungen gegeben, die als von konkurrierenden Theorien qua Paradigmen unabhängig anzusetzen sind. Doch auch in bezug auf solche Argumentationsnormen bietet m.E. die Argumentationstheorie einen Rahmen, den es nicht nur metatheoretisch, sondern ebenso in der praktischen wissenschaftlichen Diskussion auszuarbeiten gilt. Die Grundlage dafür, daß gerade die Argumentationstheorie solche Explikationsmöglichkeiten eröffnet, liegt darin, daß Argumentation einen dialogischen Grundansatz impliziert. Argumentation ist unvermeidbar und notwendigerweise immer auf den Diskurs als Gespräch ausgerichtet, auf einen Geltungsanspruch von Aussagen, „deren Gültigkeit ... *durch andere* verbürgt ist", auf „nicht-monologische Verständigungssuche und Gewißheitsfindung" (Kopperschmidt 1980, 16ff.). Die paradigmenübergreifende normative Zielvorstellung für die Rationalität solcher (dialogischen) Argumentation möchte ich ‚Argumentationsintegrität' nennen.

Was damit gemeint ist, soll zunächst an einem Beispiel aus der Diskussion über die These des Paradigmawechsels in der Psychologie veranschaulicht werden. In dieser Diskussion hat z.B. Westmeyer (1981, 118) gegen die Kritik am behavioralen Subjektmodell durch Groeben & Scheele (1977) monierend eingewandt, daß Groeben & Scheele als Vertreter eines anti-behavioristischen Ansatzes (‚epistemologischen Subjektmodells') das einschlägige zusammenfassende Hauptwerk von Skinner („About behaviorism"), das lange genug vor dem Erscheinen dieser anti-behavioristischen Kritik publiziert war (nämlich 1974(b)), nicht berücksichtigen. Daraus sei zu entnehmen, daß Groeben & Scheele das behaviorale Subjektmodell überhaupt nicht auf dem neuesten Stand zu rezipieren bereit seien und daher ihre Kritik (zumindest teilweise) einen Strohmann aufbaue. Nun kann man natürlich erwidern, daß diese Einschätzung seines Werkes von dem Autor Skinner selbst nicht geteilt wird, denn er schreibt im Vorwort ganz eindeutig, daß dieses Werk als eine Zusammenfassung für den Laien („layman") gedacht ist – und von daher gesehen eben auch kaum neue Rekonstruktionen oder Elaborationen des behavioristischen Ansatzes bieten will und kann. Insofern kann man sich als kritisierter Autor von Westmeyer u.U. ungerecht behandelt fühlen, weil Westmeyer bei seiner Kenntnis der Skinnerschen Publikationen sicher in der Lage gewesen ist, diese Begründung der kritisierten Autoren zu antizipieren. Doch das ist hier nicht das Ausschlaggebende. Unter Integritäts-Gesichtspunkten ist relevant, daß von Vertretern des verhaltenstheoretischen Ansatzes, die zur selben Zeit auf Skinner *in positiver Absicht* der Elaboration seiner Position zurückgreifen, das thematische Buch ebenfalls nicht zitiert wird – höchstwahrscheinlich und berechtigterweise aus dem gleichen Grund, wie er oben angeführt worden ist. Dies gilt z.B. für ein grundlegendes Werk über Verhaltenstherapie, das ebenfalls 1977 herausgekommen ist, und in dem auch derjenige Autor, der dort die verhaltenstheoretische Grundlegung der Verhaltenstherapie unter Rückgriff auf Skinner herausarbeitet, eben jene Skinnersche Zusammenfassung der behavioristischen Position für den Laien nicht berücksichtigt. Der Autor dieser Elaborationen ist Westmeyer (1977; Westmeyer & Manns 1977 in Westmeyer & Hoffmann 1977). Und das ist es, was – unter anderem – mit Argumentationsintegrität gemeint ist: daß es nicht legitim ist, von anderen etwas zu verlangen, was man selbst (mit durchaus guten Gründen) nicht tut.

Wie das Beispiel zeigt, bezieht sich Argumentationsintegrität also deutlich auf Metanormen des Argumentierens. Dies ist nun bisher ganz eindeutig kein zentrales Forschungsgebiet der (kontemporären) Argumentationstheorie. Der Grund dafür liegt, wie Hegselmann (1985) m.E. sehr überzeugend historisch herausgearbeitet hat, darin, daß die Argumentationstheorie trotz der inhaltlichen Entgegensetzung zur Logik (s.o. Toulmin) in Parallelität zu ihr (und ihrer Entwicklung) weitgehend als ‚Theorie des singulären Arguments' und nicht als ‚Theorie des Argumentierens' konzipiert und betrieben wird (1985, 128). Zwar bietet z.B. Aristoteles im 9. Buch der ‚Topik' mit den ‚Sophistischen Widerlegungen' eine Kritik an unzulässigen Argumentationsstrategien (Hegselmann 1985, XIII), aber der dialog-orientierte Ansatz der ‚Topik' wurde dann unter der Perspektive der im engeren Sinne logischen Analyse (‚Analytiken') so rezipiert, als biete die ‚Topik' nur den vorläufigen Rahmen des Gegenstands, „dessen Behandlung dann in den Analytiken einen zunächst adäquaten Abschluß" findet (o.c., 15). Die Logik hat auf diese Weise ihren eigentlichen dialogischen Ursprung verlassen, ohne daß dies bemerkt wurde.

Das heißt, es läßt sich – mit den Worten von Hegselmann (1985, 18) – „festhalten, daß die Logik ihre *Entstehung* offenbar dem Interesse verdankt, die Regeln des Miteinander-Redens zu formulieren. Die *Entwicklung* der Logik ist hingegen ein Prozeß, in dem ein *Teilproblem* aus dieser umfassenden Problemstellung zu *dem* die weitere Forschung leitenden Problem wurde."

Unter dieser Verdrängung des ursprünglichen dialogischen Grundinteresses leidet sicher zu einem großen Teil auch noch die heutige Argumentationstheorie. Die Ausarbeitung der (generellen) Zielidee ‚Argumentationsintegrität' führt allerdings notwendig zu diesem Dialog-Ursprung zurück und dürfte daher sowohl für die Argumentations*theorie* als auch für die einzelwissenschaftliche,

IV. Handeln, Tun, Verhalten als Einheiten einer unreduzierten Gegenstands-Methodik-Interaktion

6. Verstehen *und* Erklären: Methodische Manifestationen eines nicht-dichotomistischen, integrativen Menschenbilds in der Psychologie

Das vorgelegte Integrationsmodell der Zwei-Phasen-Forschungsstruktur zur Realisierung einer sozialwissenschaftlich-handlungstheoretischen Psychologie-Konzeption macht im Hinblick auf das Verhältnis von Verstehen und Erklären im einzelnen dasjenige deutlich, was am Ende der Prämissenexplikation (s. oben Kap. II.7.) zu vermuten war und zum Analyseplan des vorliegenden Buches geführt hat, jetzt aber konkreter benennbar ist: nämlich daß Verstehen und Erklären sich eigentlich *nicht direkt* konzeptuell gegenüberstehen, sondern eher ‚diagonal‘, d.h. als Teile der zwei dabei involvierten und quasi orthogonal aufeinander stehenden Dimensionen Verstehen—Beobachten und Beschreiben—Erklären. Dabei kommt die konzeptuelle Gegensätzlichkeit bzw. sogar Ausschließlichkeit von Verstehen und Erklären in den bisherigen Kontroversen dadurch zustande, daß das jeweilige Konzept immer mit dem Alternativpol auf der anderen Dimension identifiziert worden ist: Erklären also mit der Außensicht-Perspektive des Beobachtens und Verstehen mit der (vor allem) deskriptiv-beschreibenden Innensicht-Perspektive. Ausschlaggebend ist dabei, daß diese Identifikation bisher zumeist nicht als eine akzentuierende, sondern weitgehend als disjunktive vorgenommen wurde. Im Gegensatz dazu ist bei dem entwickelten Integrationsmodell mit dem Verstehen lediglich *akzentuierend* die Beschreibungsperspektive verbunden (vgl. oben Kap. 2.), desgleichen mit dem Erklären *akzentuierend* die Beobachtungsperspektive (vgl. oben Kap. 4.). Daraus folgt nicht, daß man, wenn man seinen Gegenstand (hier das menschliche Erkenntnis-‚Objekt‘) verstehen will, diesen nur beschreiben darf; genauso wenig folgt aus dem Ziel der Erklärung, daß man nur beobachten darf. Der Versuch des Verstehens schließt prinzipiell keineswegs das Ziel des Erklärens aus, genausowenig wie der Versuch des Erklärens das Ziel des Verstehens ausschließen kann. Insofern eine solche, allerdings nur akzentuierende, Verbindung der beiden explizierten Dimensionen besteht, ist mit der im vorigen Kapitel behandelten Relation von Verstehen und Beobachten zugleich auch — indirekt — die Relation von Verstehen und Erklären mit behandelt worden. Das vorliegende Integrationsmodell stellt daher zwangsläufig auch die Konzeption einer *verstehenden und erklärenden Psychologie* dar, wobei das Verstehen dem Erklären vorgeordnet und das Erklären dem Verstehen übergeordnet ist. Die Integrationsstruktur ist also im Prinzip die gleiche wie die im vorigen Kapitel für das Verhältnis von Verstehen und Beobachten besprochene. Es sollen daher in diesem Kapitel vor allem spezifische, mit der erwähnten ‚Diagonalität‘ zusammenhängende Integrationsaspekte diskutiert werden. Außerdem möchte ich auf (durch die Relation Verstehen-Erklären vorgegebenen) abstrakteren Dimensionen herausarbeiten, welche unnötigen (akzidentellen) Dichotomien durch das entwickelte Integrationsmodell überwunden werden (können) und dabei potentielle Mißverständnisse vorab ausräumen sowie noch ausstehende Rechtfertigungen ergänzen.

6.1. Erklären *durch* Verstehen: die ‚neuen' Funktionen des Verstehens

Das Charakteristische des Integrationsmodells in der Dimension Verstehen–Erklären ist, daß es diese beiden methodologischen Zielideen als aufeinander bezogen ansetzt, als sich ergänzend und gegenseitig vervollständigend. Das heißt, Verstehen und Erklären werden nicht nur als gemeinsam *möglich* begriffen, sondern als gemeinsam *nötige* Forschungsstruktur-Phasen – nötig, um dem spezifischen Gegenstand der Psychologie gerecht zu werden. Darin, daß auch die Forschungsphase des Verstehens als unter dem Kriterium der Gegenstandsangemessenheit notwendig eingeführt wird, liegt im Vergleich zu klassischen empiristischen Wissenschaftskonzeptionen der Psychologie das Reformpotential dieses Integrationsmodells. In der Dimension Verstehen–Erklären manifestiert sich das Integrationspotential des Modells daher vor allem in der Erweiterung um zusätzliche ‚neue' Funktionen des Verstehens, wie sie in dieser Form vom empiristischen Monismus (bisher) nicht akzeptiert wurden. Als solche neuen Funktionen des Verstehens sind in der entwickelten Forschungsstruktur (zumindest) die folgenden drei enthalten:

– Verstehen in *Erkenntnisfunktion bei der Beschreibung* von (hoch-)komplexen Einheiten (wie Handeln oder Tun). Im Gegensatz zur empiristisch-monistischen Begrenzung des Verstehens auf eine heuristische Funktion werden hier hermeneutische Verfahren mit Erkenntnisfunktion zugelassen und eingesetzt, weil die Explikation (kommunikative bzw. intersubjektive) Validierung von deskriptiven Konstrukten Teil des wissenschaftlichen Erkenntnisprozesses ist. Der Methode des Verstehens wird in einer so konzipierten Forschungsstruktur – zumindest zum Teil – die Funktion und Stellung zuteil, die innerhalb einer monistisch-naturwissenschaftlichen Psychologie-Konzeption allein die Methode der Beobachtung innehat.

– Die *vorgeordnete Heuristikfunktion* des Verstehens für Erklärung. Auch diese Funktion geht über die von der klassischen Monismus-Position zugestandene Rolle der Hermeneutik hinaus – denn innerhalb solcher klassischen Konzeptionen ist mit dem Konzept der Heuristik die Beliebigkeit verbunden, ob und in welcher Form ein Wissenschaftler derartige hermeneutischen Verfahrensteilmengen innerhalb des Entstehungszusammenhangs von Hypothesen, d.h. zur Generierung von Theorien, einsetzen will oder nicht. Im Gegensatz dazu impliziert das entwickelte Zwei-Phasen-Modell der Forschungsstruktur, daß in der Regel vom heuristischen Reservoir der Innensicht des Handelnden, d.h. der potentiellen Selbsterkenntnis des reflexiven menschlichen Subjekts, auszugehen ist; die Etablierung und Ausarbeitung hermeneutischer Methoden auch in bezug auf die heuristische Funktion wird also nicht nur zugelassen, sondern unter Rückgriff auf die Reflexions-, Rationalitäts- und Handlungsfähigkeit des menschlichen Subjekts als geboten postuliert. Die Vorordnung der Heuristikfunktion des

Verstehens bedeutet daher, daß von dem entwickelten (Forschungs-)Strukturmodell hermeneutische Methoden unter Rückbezug auf den spezifischen Gegenstand als verpflichtend angesetzt werden, so daß ihre Vernachlässigung oder Elimination spezifischer Rechtfertigung bedarf.

— Die *indirekte Erklärungsfunktion* von Verstehen innerhalb der Theoriehaltigkeit von Beschreibung bei (hoch-)komplexen (Handlungs- bzw. Tuns-)Einheiten. Dies ist die Konsequenz der fließenden Grenze zwischen Beschreibung und Erklärung, die in Verbindung mit der Maxime der absteigenden Komplexitätsrichtung bei der Einheitenkonstituierung innerhalb der Forschung (als Problemlöseprozeß) zu der Forderung führt, daß so viel wie möglich indirekte, durch ‚Innensicht'-Verstehen realisierte Erklärungshaltigkeit anzustreben ist: so lange nämlich, wie dadurch die Erklärungskraft der gesamten theoretischen Modellierung nicht beeinträchtigt wird. Nach den herausgearbeiteten Beispielanalysen sind dafür (wenigstens) zwei grundsätzliche Fallkategorien anzusetzen:

— — Im Optimalfall sind in dem verstehenden Beschreiben von Handlungs-Einheiten sowohl hinsichtlich antezedenter Motivationsbedingungen als auch sukzedenter Wirkungseffekte Aussagen enthalten, die in der gesamten theoretischen Modellierung durchaus Erklärungs- (bzw. erklärungsanaloge) Funktionen erfüllen können.

— — Im suboptimalen Fall (bei Handlungs- sowie Tuns-Einheiten) kann das Verstehen vor allem des Überzeugungssystems des Akteurs, auch wenn es sich um realitäts*in*adäquate Überzeugungen hinsichtlich der Wirkungen des eigenen Agierens handelt, dennoch eine unverzichtbare Funktion zur Erklärung dieses Agierens übernehmen und erfüllen.

Die Explikation dieser drei ‚neuen' Funktionen macht deutlich, daß natürlich auch diese Funktionen nicht disjunktiv voneinander zu trennen sind, sondern miteinander verbunden sind und z.T. ineinander übergehen. Vor allem durch die indirekte Erklärungsfunktion wird jene Art der Verbindung von Verstehen und Erklären deutlich, die die Bezeichnung ‚Integration' rechtfertigt. Denn das Verstehen wird nicht einfach als zusätzliche — und auch beliebig verzichtbare — Forschungsteilmenge eingeführt, sondern als eine solche, die vom methologischen Normfall her als unverzichtbarer Teil auch und gerade der Erklärungsbemühung anzusetzen ist. In eben diesem Sinn gilt, wie im vorigen Kapitel am konkreten Beispiel herausgearbeitet, für menschliches Handeln und Tun: *Erst durch das Verstehen ist das Erklären möglich!* Daß dies für Verhaltens-Einheiten nicht so gilt, schränkt die damit erreichte Integration von Verstehen und Erklären keineswegs ein, da die bei Verhaltens-Einheiten nur auf Beobachtung und Erklärung reduzierte Forschungsstruktur ja als eine Defizitär-Form des vollständigen Zwei-Phasen-Modells expliziert und begründet wurde.

Es wurde schon thematisiert, inwiefern das entwickelte Integrationsmodell auch eine Verbindung der Perspektiven der ersten und der dritten Person darstellt; dies wird in der ‚diagonalen' Relation von Verstehen und Erklären erst umfassend deutlich. Wenn man auch hier von der höchst-komplexen Einheit des Handelns ausgeht, so kann man mit Oldemeyer (1979) in phänomenologischer Betrachtungsweise folgende (akzentuierende) Zuordnung von Handlungs-Dimensionen zu Personperspektiven (des außen-stehenden Beobachters bzw. erlebenden Teilnehmers) vornehmen:

„Die Beobachteransicht kann vom Gesamtstrom eines individuellen Lebens nur den *Verhaltensstrom* (bzw. die jeweils ablaufenden und abgelaufenen Teile vom ihm) zum Objekt machen, die Teilnehmeransicht nicht nur den jeweils ablaufenden *Bewußtseinsstrom*, sondern dazu (als intentionale Inhalte desselben) Aspekte des eigenen Verhaltensstroms. Beide ‚Ströme‘ des Lebensprozesses sind aus methodischen Gründen meist isoliert voneinander zum Thema wissenschaftlicher Untersuchung gemacht worden (z.B. in behavioristischen und introspektiven Arbeitsrichtungen der Psychologie)." (Oldemeyer 1979, 735)

Diese Trennung der Perspektiven – sowohl des Verhaltens- versus Bewußtseinsstroms, des außen-stehenden Beobachters versus erlebenden Teilnehmers, der dritten versus ersten Person – wird durch das Zwei-Phasen-Modell der Forschungsstruktur überwunden. Die oberste – auch präskriptive – Zielidee dieser Struktur ist es, vorhandene Deckungsgleichheiten oder zumindest Überlappungen von Bewußtseins- und Verhaltensstrom, von Selbst- und Fremderkenntnis herauszuarbeiten. Die Zielidee der ‚Gründe, die auch Ursachen sind‘, zielt auf jene Schnittmenge der Psychologie der ersten und der dritten Person ab, in der Verstehen und Erklären übereinstimmen – und zwar im Prinzip in allen möglichen Kombinationen von Selbst- und Fremdbezug. Nicht nur das Übereinstimmen von Selbstverstehen und Selbsterklärung, sondern auch das Übereinstimmen von Selbst- und Fremdverstehen sowie darüber hinaus von Selbst- und Fremderklärung, und d.h. letztlich von Selbstverstehen und Fremderklärung, ist die Optimalvorstellung, die hinter dem Zwei-Phasen-Modell steht und zu der alle anderen Möglichkeiten als Reduktions-Varianten aufzufassen sind. Damit ist dann auch diejenige Implikation aufgehoben, die von dualistischer Seite aus immer beklagt wird, nämlich daß nur die Analyse aus der Perspektive der dritten Person als wissenschaftlich zulässig gilt (vgl. Apel 1979, 215; Aschenbach 1984, 278). Die Suche nach dem Bereich, in dem sich die Inhalte von Verstehen und Erklären überschneiden, ja die Ergebnisse beider identisch sind, muß auch das Verstehen als Teil der wissenschaftlichen Erkenntnis unterstellen und akzeptieren – allerdings nur in Verbindung mit dem Erklären. Darin manifestiert sich (noch einmal) die Überwindung der monistischen wie dualistischen Verabsolutierungstendenzen: Verstehen ohne Erklären stellt einen methodologischen Reduktionismus dar, insofern als die zureichende (externe) Sicherung des Verstandenen (in der Dimension von kausaler Effektivität) verfehlt wird; Erklären ohne Verstehen stellt (in der Psychologie) einen Gegenstandsreduktionismus dar, insofern als die prinzipielle Fähigkeit zur Selbsterkenntnis des menschlichen Erkenntnis-‚Objekts‘ verfehlt wird (vgl. im einzelnen unten 6.2. u. 6.3.).

Damit aber ist in der Tat, wie Aschenbach et al. (1983, 127f.) es postulieren, eine Erweiterung des Empirie-Begriffs vorgenommen, die nach der Formulierung dieser Autoren darin besteht, daß zu den empirisch-beobachtungssprachlichen Wahrheiten solche von ‚deutungs- und beurteilungssprachlicher' Art hinzukommen:

„Beobachtungssprachliche Wahrheiten betreffen dabei z.B. das geäußerte, mittels hinweisender Gesten prädizierbare Verhalten. Untersuchungsmethode ist die Beobachtung. Deutungssprachliche Wahrheiten beziehen sich z.B. auf die Zuschreibung sprachlicher oder nicht-sprachlicher Handlungsorientierungen, die durch hinweisende Gesten allein nicht mehr sprachlich expliziert werden können. Untersuchungsmethoden sind Beobachtung, Selbst- oder Fremddeutung oder Dialog." (Aschenbach et al. 1983, 127f.)

In den angeführten Untersuchungsmethoden sind leicht die drei Kategorien der Dialog- und Monolog-Hermeneutik sowie des in Beobachtung enthaltenen, nur impliziten Verstehens wiederzuerkennen. Dabei liegt auf den ersten Blick durchaus eine Art Asymmetrie zwischen Beobachtungs- und Verstehensaspekten vor. Denn bei Verhaltens-Einheiten gehen die Verstehensaspekte, weil nur implizit, praktisch in den Beobachtungsprozessen auf, fallen mit diesen zusammen. Bei Tuns- und Handlungs-Einheiten sind die Verstehensprozesse wegen der universalisierbaren bzw. individuellen, aber kommunizierbaren Bedeutungsteilmengen dieser Einheiten zwar von den Beobachtungsprozessen getrennt, letztere aber sind ebenfalls vorhanden und als unverzichtbar anzusetzen, weil sie den ‚äußeren Aspekt' dieser Einheiten abdecken; und der ‚äußere Aspekt' von Tuns- und Handelns-Einheiten muß, wie herausgearbeitet, mit dem durch das Verstehen erhobenen ‚inneren Aspekt' übereinstimmen, um beide in einer integrierten, adäquaten Beschreibung als Handelns- oder Tuns-Einheit(en) akzeptieren zu können. Die Beoachtung hat also im Verhältnis zum Verstehen ganz eindeutig die grundlegendere, ‚übergewichtige' Rolle inne. Diese Folgerungsaussage ist sicherlich die in der monistischen Tradition naheliegende Formulierungsvariante. Man kann es aber auch durchaus von der hermeneutischen Tradition aus, und dann eben doch etwas anders, formulieren. Dabei ist darauf zurückzugehen, daß auch bei Beobachtungsprozessen implizit Verstehensanteile vorhanden sind, die auf dem Zeichencharakter der jeweiligen Einheiten basieren, wobei dieser eben lediglich durch universelle Bedeutungsdimensionen konstituiert wird. Diese Einsicht, die oben (Kap. 1.2.) ausführlich begründet wurde, ist eine, die in der Psychologie durchaus Tradition hat; man findet sie etwa unter explizitem Rückbezug auf die Verstehensproblematik bei Bühler (1927) in folgender Form:

„Man darf in der Wahrnehmungslehre nie vergessen, daß schon die einfachsten Qualitäten, wie ‚rot' und ‚warm' nicht für sich selbst, sondern als Anzeichen für etwas anderes zu fungieren pflegen. Als Anzeichen für Eigenschaften der wahrgenommenen Dinge und Ereignisse. Anders wird dem nur in dem einigermaßen problematischen Grenzfall, wo man das Ansich dieser Qualitäten in der Wahrnehmung zu bestimmen sucht. Ist aber die Zeichenfunktion einmal da, so macht es prinzipiell keinen Unterschied mehr aus, ob die Röte der Kirsche als Anzeichen ihres roten Geschmacks oder die Rötung einer menschlichen Wange als Anzeichen eines schämig-schüchternen Benehmens fungiert. ... Die Alternative, ob im konkreten Fall ‚Wahrnehmung' oder ‚Analogieschluß' des Kontaktverstehens vorliegt, wäre demnach verfehlt, weil es Wahrnehmungen frei von jeder Zeichenfunktion der Sinnesdaten nur in einem für das gewöhnliche Leben gänzlich unwichtigen Grenzfall geben kann." (Bühler 1927, 97; vgl. auch Cassirer 1956/83, 214f.)

Wenn man auf diese Art und Weise auch in jeder (beobachtenden) Wahrnehmung bereits Verstehensprozesse feststellt – allerdings nicht systematisch-methodischer Art, sondern als Prozesse des Alltagsverstehens, die sich auf in einem bestimmten Kulturkreis universell geteilte Bedeutungsdimensionen beziehen –, dann läßt sich die oben gezogene Konsequenz auch anders formulieren: In den mit bedeutungshaltigen Gegenstandseinheiten befaßten Sozialwissenschaften (wie etwa der Psychologie) geht es darum, die Prozesse und Inhalte systematischer Verstehensmethoden (wie Dialog- und Monolog-Hermeneutik) an die universellen Prozesse und Inhalte des (Alltags-)Verstehens zurückzubinden, sie auf diese zurückzuführen. Entsprechend besteht dann eine adäquate Gesamtbeschreibung höher-komplexer Tuns- und Handelns-Einheiten in der Identitätsfeststellung ihrer nicht-universellen Bedeutungsdimensionen (aus der Perspektive der ersten Person) mit den universellen Bedeutungsdimensionen (aus der Perspektive der dritten Person) – und das heißt in der Kohärenz der systematisch-methodischen Verstehensprozesse mit den universell-intuitiven des Alltagsverstehens.

Diese Position, die eben auch schon in der Beobachtung und Wahrnehmung des Menschen kognitiv-konstruktive Verstehensprozesse diagnostiziert, wird neuerdings vor allem durch die Vertreter eines sog. ‚radikalen Konstruktivismus' hervorgehoben (vgl. Maturana 1982; von Glasersfeld 1986; Watzlawick 1981). Sie tun das jedoch in einem m.E. unglücklichen systemtheoretischen Sprachspiel, das den Eindruck eines überzogenen und daher unhaltbaren Relativismus und Solipsismus erweckt. Der nicht-überzogene, als rational akzeptierbare Kern dieser Position, nämlich daß jegliche menschliche Erkenntnis – vom (kommunikativen) Verstehen bis zu (wahrnehmender) Beobachtung – Elemente der Konstruktion von Wirklichkeit enthält, ist in den Argumenten, auf die sich das hier entwickelte Integrationsmodell der Forschungsstruktur stützt, durchaus enthalten. Allerdings ist diese Position m.E. in sich kohärenter und adäquater innerhalb des handlungstheoretischen Sprachspiels formulierbar (vgl. dazu im einzelnen unten 6.2.).

6.2. Jenseits der Ausschließlichkeitsansprüche von Monismus und Dualismus

Eine solche ‚Rückführbarkeit' auf universelle Verstehensdimensionen (von Beobachtungs-Einheiten) ist aber nicht zu verwechseln mit dem in der dualistischen Richtung häufig propagierten Verstehens-Monismus. Die Analyse von Verstehen und Erklären läuft innerhalb der dualistischen Position, wie schon mehrfach betont (vgl. oben Kap. II.7., 2.4., 4.1.-4.3.), zumeist auf die implizite oder explizite These von Verstehen *oder* Erklären hinaus. Das gilt (leider) auch für Rekonstruktionen und Entwürfe, in denen von einer „Komplementarität" von Verstehen und Erklären die Rede ist; Komplementarität wird dabei so verstanden, daß sich die beiden metatheoretischen Zielideen Verstehen und Erklären „*gegenseitig ausschließen* und *gerade dadurch* ergänzen." (Riedel 1978, 30) Diese merkwürdig dichotomisierende Auffassung von Komplementarität wird besonders durch Apel expliziert:

„Die Phänomenbereiche der kausal erklärbaren Prozesse bzw. Ereignisse und der verstehbaren Handlungen setzen einander offenbar in der Unterschiedenheit ihrer begrifflichen Interpretation voraus; und das heißt: sie *schließen einander* insofern *aus*, als ihre begrifflichen Interpretationen einander *ergänzen* müssen." (Apel 1979, 105; vgl. auch 1973, Bd. 2, 111-114)

Der in dieser Form der Komplementaritäts-These enthaltene Ausschließlichkeitsanspruch des Verstehens manifestiert sich vor allem in den nur deskriptivhermeneutischen Forschungsbemühungen von Richtungen wie dem Symbolischen Interaktionismus, der Ethnographie etc. (vgl. AG Bielefelder Soziologen 1973; Gergen 1982, 192ff.). Das hier entwickelte Modell der Zwei-Phasen-Forschungsstruktur wendet sich mit der Aufrechterhaltung des Erkenntnisziels der Erklärung (in subsumtionstheoretischer Form) vehement gegen einen solchen hermeneutischen Ausschließlichkeitsanspruch. Dabei ist durchaus unterstellt, daß die weitgehende Elimination des Pols der Sinnkonstituierung durch die bisherige naturwissenschaftlich-monistische Forschungskonzeption der Psychologie sowohl zu methodologischen als auch theoretischen Reduktionismen geführt hat (vgl. die Kritik des Experiments in Exkurs Vier, die Kritik von Gegenstandsreduktionismen in Kap. II. etc.). Sicher ist auch verständlich, daß die Verabsolutierung naturwissenschaftlicher Wissenschafts- und Methodenkonzeptionen in der Psychologie Wissenschaftlern mit dualistischem Grundansatz wie ein habitualisiertes Mißtrauen des Forschers (Erkenntnis-Subjekt) gegenüber dem Erforschten (Erkenntnis-Objekt) erscheinen müssen (vgl. etwa die Phänomene der ‚argwöhnischen Versuchsperson', der ‚Täuschung' etc.: E.4.1.). So mag es zwar verständlich sein, nicht aber akzeptierbar, wenn die dualistische Position in einer — irrationalen — Gegenreaktion die Sozialwissenschaften generell und damit auch die Psychologie speziell auf das verstehende Beschreiben (der Innensicht) von menschlichen Sinn-Konstruktionen beschränken will. Das wäre einzig und allein dann sinnvoll, wenn die Selbstinterpretation (z.B. des handelnden Menschen) in jedem Fall und notwendig auch Selbsterkenntnis wäre; dann wäre das Verstehen dieser Selbstinterpretation immer und notwendig auch ein Erklären. Auf dem Hintergrund der möglichen Selbsttäuschung des Menschen (s.o. 5.1./2.), ist eine solche Unterstellung aber als Wunschdenken zu kritisieren. Dementsprechend ist es auch als Wunschdenken abzulehnen, wenn man die sinnkonstitutiven Dimensionen am (menschlichen) ‚Gegenstand' der Psychologie als so zentral und ausschlaggebend ansetzt, daß deren (rein) deskriptive Abbildung in den Ergebnissen und der methodologischen Struktur der Psychologie schon eine zureichende Aufgabenstellung für diese Einzelwissenschaft wäre. Eine realistische Berücksichtigung nicht nur der Möglichkeiten, sondern auch der Grenzen des reflexiven Subjekts ‚Mensch' muß eine solche Fragen- und Aufgabenbeschränkung als reduktionistisch ablehnen; denn sie reduziert die wissenschaftliche

Erkenntnis auf das Verstehen dessen, was als Alltags-Rationalität beim reflektierenden (handelnden, tuenden etc.) Subjekt bereits vorhanden ist, ohne die Möglichkeit zur Überwindung der Irrtümer dieses Subjekts systematisch-methodisch zu eröffnen. Aufgabe des (psychologischen) Wissenschaftlers muß es sein, die potentielle Alltags-Rationalität *und* -Irrationalität des Menschen als Gegenstand der Psychologie (verstehend) zu beschreiben, zu erklären und zu bewerten — was durch das Zwei-Phasen-Modell der Forschungsstruktur ermöglicht wird.

Das gilt auch und gerade unter dem Aspekt der gesellschaftlichen Verantwortung des Wissenschaftlers. Denn die Gesellschaft setzt den Wissenschaftler unter Aufwendung erheblicher (finanzieller und struktureller) Ressourcen vom unmittelbaren Handlungs- und Zeitdruck, dem der Mensch in seinem Alltagsleben gewöhnlich unterliegt, frei; gerade damit er auf systematischere, methodischere Art und Weise Erkenntnisse überprüfen und sichern kann, d.h. zu einer höheren, begründeteren Form von Rationalität fähig ist. Soweit die dualistische Position mit den beschriebenen Ausschließlichkeitsansprüchen verbunden wird, leistet sie daher ihrem Ziel, nämlich die Sozialwissenschaften aus der Herrschaft naturwissenschaftlich-monistischer Wissenschaftskonzeptionen herauszulösen, einen Bärendienst — weil soche Ausschließlichkeitsansprüche nur dazu führen, die Position der hermeneutischen Methodologie zu schwächen und ihre Einbeziehung in die Forschungsstruktur der Sozialwissenschaften zu verhindern. Um es noch einmal anthropologisch-inhaltlich im Kontrast zu formulieren: Die unveränderte Übertragung naturwissenschaftlicher Methodologie auf den psychologischen Gegenstandsbereich kann sicher als ungerechtfertigtes, habitualisiertes Mißtrauen gegenüber den Möglichkeiten der menschlichen Selbsterkenntnis kritisiert werden (vgl. Aschenbach 1984, 313); wenn man aber das kommunikative, auf Vertrauen zwischen Erkenntnis-Subjekt und Erkenntnis-Objekt ausgerichtete hermeneutische Element in einer psychologischen Methodologie verabsolutiert, pervertiert man Vertrauen zu unkritischer Naivität. Die Integration von Verstehen und Erklären ist also nicht dadurch erreichbar, daß man das Erklären kurzschlüssig im Verstehen auflöst (bzw. als unnötig ausgrenzt). Die Überwindung der Monismus-Dualismus-Dichotomie besteht deshalb hinsichtlich der Ausschließlichkeitsansprüche des Dualismus vor allem darin, das Erklären nicht auf naturwissenschaftliche Gegenstände und Forschungsstrukturen zu beschränken (vgl. oben Kap. 4./5.), oder mit den Worten von Patzig (1973, 400):

„Daß führende Theoretiker der Geisteswissenschaften mit ihrer Meinung so lange Glauben gefunden haben, nach der die Erklärung ein methodisches Prinzip der Naturwissenschaften und nur der Naturwissenschaften sei, kann man nur so *erklären*, daß viele Geisteswissenschaftler nicht *verstanden* haben, was eine Erklärung eigentlich ist."

Daß auch der letzte und bisher sophistizierteste dualistische Rekonstruktionsversuch, nämlich der von Schwemmer aus dem Bereich des Erlanger Konstruktivismus vorgelegte, unter dieses Verdikt fällt und daher nicht als Integration von hermeneutischem und empiristischem Ansatz akzeptierbar ist, hat m.E.

sehr überzeugend Abel (1983) herausgearbeitet. Schwemmers ‚Erklärungsschema' (vgl. 1975; 1976; 1979; s.o. Kap. 4.3.) besteht in der Rekonstruktion von drei Begründungsschritten (Begründung der Handlung durch einen Zweck, Begründung des Zwecks durch eine Maxime, Begründung der Maxime durch übergeordnete Maximen); der entscheidende Unterschied zu subsumtionstheoretischen Erklärungsansätzen liegt darin, daß die ‚Zweckrationalität' nicht als empirische Gesetzmäßigkeit, sondern als methodisches Prinzip eingeführt wird (s.o. 4.3.). Schwemmers zentrales Argument gegen die Rekonstruktion von Zweckrationalität als empirischer Gesetzmäßigkeit ist — im Gegensatz zu der Argumentation in Kap. 1., auf der u.a. das hier vorgeschlagene Integrationsmodell beruht —, daß eine Befragung von Personen über ihre Zwecke, Ziele etc. ‚keine *nicht mehr überprüfungsbedürftige Instanz* der Wahrheit' darstelle (Abel 1983, 164); die Begründung der Zweckrationalität als methodisches Prinzip dagegen könne auf grundlegende (‚erste') natürliche, d.h. kulturinvariante Bedürfnisse zurückgreifen (Abel 1983, 148). Abel hat m.E. zwingend herausgearbeitet, daß Schwemmer die Anforderungen, die er an die empirische Erhebung von Zweck- bzw. Zielsetzungen durch Befragung stellt (nämlich die einer ‚nicht mehr überprüfungsbedürftigen Instanz') für die eigene Rekonstruktion unzulässigerweise dispensiert, weswegen sein Modell ebenfalls als eine kurzschlüssige Verkürzung der Erklärensproblematik abzulehnen ist:
„Den Maßstab, an dem die abgelehnte Methode gemessen wird, macht Schwemmer in bezug auf die eigene Methode ... nicht mehr geltend. Die Zweckrationalitätsannahme als methodisches Prinzip soll ... durch die Zweckdefinition begründet werden." (Abel 1983, 165) „Der Vorschlag, die Zweckrationalitätsannahme nicht darauf zu überprüfen, ob sie als eine zutreffende Darstellung der Realität anzusehen ist und ihre Anwendung zur Deutung der Ziele nicht im Hinblick auf das zu lösende Deutungsproblem zu hinterfragen, sondern ihre Behandlung der Zweckrationalitätsannahme mit terminologischen Festsetzungen gleichzusetzen, läuft aber letztlich auf einen reinen Konventionalismus hinaus, der sicher kaum geeignet ist, hier etwas zur Lösung der Wahrheit bzw. zur Überprüfungsproblematik beizutragen." (o.c., 169) „Dieser Konventionalismus ist überdies mit einem naiven Realismus verbunden, der deutlich wird, wenn die Wissensgewinnung — die Gewinnung eines verläßlichen Wissens über die nur mittelbar feststellbaren natürlichen Bedürfnisse — als unproblematisch angesehen wird." (o.c., 173)

Die angeführten Beispiele machen hoffentlich deutlich, daß das entwickelte Zwei-Phasen-Modell der Forschungsstruktur in der Tat eine Überwindung dualistischer Ausschließlichkeitsansprüche leistet; zugleich ist damit (auf höchstem Abstraktionsniveau) noch einmal eine Rechtfertigung dafür angeführt, warum eine solche Überwindung notwendig ist. Aus dualistischer Perspektive wird diese Ablehnung der dualistischen Ausschließlichkeitsansprüche sicher z.T. als Auflösung in Richtung der Monismus-Position empfunden werden; die oben explizierten ‚neuen' Funktionen des Verstehens — vor allem die indirekte Erklärungsfunktion von Verstehen — machen aber m.E. die Feststellung unabweisbar, daß das vorgelegte Integrationsmodell keineswegs als Reduktion auf den monistischen Ansatz angesehen werden kann. Vor allem in der Einführung der über Verhaltens-Konstrukte hinausgehenden Tuns- und Handlungs-Einheiten mit den entsprechenden Gegenstands- und Methodikimplikationen manifestiert sich die Überwindung monistischer Ausschließlichkeitsansprüche, weil damit dem dualistischen Grundansatz einer gegenstandsspezifischen Methodikstruktur Rechnung getragen wird. Durch die Einführung dieser Einheiten-Kategorien wird die monistische Grundposition, nämlich daß

sich ‚Wissenschaftlichkeit' einzig und allein (d.h. unabhängig von möglichen Gegenstandsunterschieden) durch eine einheitliche Methodikstruktur bestimmt, überholt.
Und genauso wie im Fall des Dualismus ist auch beim Monismus diese Überwindung der Ausschließlichkeitsansprüche vehement zu verteidigen; denn es ist doch völlig uneinsichtig, nicht zu akzeptieren, daß der Gegenstand der Psychologie strukturell andere und weitergehende Merkmale besitzt, als das für Gegenstände klassischer Naturwissenschaften zutrifft. Nur wegen der überwertigen Idee einer bestimmten Konzeption von Wissenschaftlichkeit diese Unterschiede (wie Sprach-, Reflexions-, Kommunikations-, Rationalitäts- und Handlungsfähigkeit des menschlichen Subjekts) schlicht und einfach zu vernachlässigen, muß m.E. jedem, der sich die Fähigkeit bewahrt hat, einschlägige metatheoretische oder philosophische Kontroversen auch einmal quasi ‚von außen' zu betrachten, als unbegreifliche Übersimplifizierung erscheinen (der Pleonasmus ist beabsichtigt)! Solche deutlichen und durchgreifenden Unterschiede in der Gegenstands-Konstituierung von Objektdisziplinen nicht in der Wissenschaftsstruktur dieser Disziplinen zu berücksichtigen, erscheint — bei auch nur minimaler Distanz zum Alltagsgeschäft der wissenschaftlichen Kontroverse betrachtet — wie eine Form von übergeneralisiertem, unflexiblem Denken, von dem völlig unklar bleiben muß, wie es zu einem sinnvollen, differenzierten und für die Ausgangssituation der verschiedenen Einzelwissenschaften adaptiven wissenschaftlichen Fortschritt führen soll.
Die anti-monistische Bedeutung der explizierten Einheiten-Kategorien ergibt sich vor allem daraus, daß sie als aufeinander nicht-reduzierbare, d.h. emergente Einheiten eingeführt worden sind. Entsprechend den referierten Diskussionen — auch im Bereich der Dualismus-Position — ist solche Nicht-Reduzierbarkeit von Gegenstandseinheiten als Nicht-Reduzierbarkeit von Sprachspielen (language strata: Waisman 1953) aufzufassen. Während in der Regel lediglich die Relation des intentionalistischen versus nicht-intentionalistischen Sprachspiels (Handlungs- versus Verhaltens-Einheiten) diskutiert wird, impliziert das vorgelegte Integrationsmodell mit den drei Einheiten ‚Handeln, Tun, Verhalten' auch drei aufeinander nicht reduzierbare Sprachspiele der intentionalen, motivationalen und funktionalen Beschreibung. Die Explikation dieser drei Beschreibungs-Kategorien (oben) hat sowohl in bezug auf Verstehens- wie Gegenstandsmerkmale ausführliche Begründungen ihrer Nicht-Reduzierbarkeit mit enthalten (vgl. dialogisches versus monologisches versus implizites Verstehen und Übereinstimmung versus Auseinanderfallen von subjektiver Intention und objektiver Motivation sowie die bloß funktionale Genese von Verhalten).
Derartige ‚Unverträglichkeiten' von Sprachspielen (wie die Nicht-Reduzierbarkeit in der handlungsphilosophischen Analyse gewöhnlich benannt wird) werden in neuester Zeit in der Psychologie z.T. auch von Autoren postuliert und begründet, die eher dem monistischen Pol der Wissenschaftskonzeption zuzurechnen sind. So hat z.B. Herrmann (1982; 1984) die Akteur-System-Kontamination als unzulässig kritisiert und darauf hingewiesen, daß sie zu vitiösen Re-

ifikationen, Homunkularisierungen etc. führt (z.B. in Rumelharts Rede vom ‚Schema, das die Hand bewegt': Herrmann 1982, 4f.; vgl. kritisch Seiler 1984). Dies ist m.E. in der Tat ein berechtigtes Beispiel für die Unverträglichkeit von Sprachspielen, das sich in die oben explizierten Ebenentrennungen problemlos einordnen läßt. Daran ändert sich m.E. auch nichts, wenn man durch die einfache Gleichsetzung von Akteur und System beide Sprachspiele zu verbinden versucht, wie es Ropohl (1980) versucht. Denn die Beschreibung des Handelns von individuellen Akteuren muß sich wegen deren im Handlungs-Sprachspiel unterstellter, spontan-natürlicher Intentionalität letztlich doch immer — auch — außerhalb einer Systemperspektive stellen. Das wird unmittelbar deutlich, wenn man die Eingangsdefinition von Ropohl seinen späteren Explikationen zum Handlungs-Begriff gegenüberstellt:
„Unter einem Handlungssystem wollen wir also eine Instanz verstehen, die Handlungen vollzieht. Wir sprechen zwar von abstrakten Handlungssystemen, weil wir es vorläufig offenlassen, welche empirischen Interpretationen dafür in Frage kommen, doch legen wir unser Modell von vornherein so an, daß ein Handlungssystem mit beliebigen empirischen Handlungsträgern identifiziert werden kann." (o.c., 328)
„Handeln ereignet sich nicht nur als reaktive Anpassung eines Handlungssystems an Veränderungen seiner Umgebung, sondern tritt auch als spontan-autochthone Gestaltung innerhalb und *außerhalb des Handlungssystems* auf." (o.c., 336; kursiv von mir: N.G.)

In der Emergenz der Gegenstandseinheiten als Nicht-Reduzierbarkeit der entsprechenden Sprachspiele aufeinander liegt also neben den ‚neuen' Funktionen des Verstehens der zweite prinzipielle Ansatzpunkt, mit dem durch das vorgeschlagene Integrationsmodell monistische Ausschließlichkeitsansprüche überwunden werden. Trotzdem ist die damit konzipierte Lösung des Emergenzproblems auch nicht (vollständig) dualistisch zu nennen und kann daher die Position des Zwei-Phasen-Modells jenseits von Monismus *und* Dualismus noch einmal abschließend verdeutlichen. Denn z.B. auch die handlungsphilosophische Diskussion beschränkt sich bei der Diskussion der Verträglichkeit oder Unverträglichkeit von Sprachspielen (vor allem des intentionalen versus nichtintentionalen) auf die Entscheidung zu einem bestimmten Zeitpunkt (praktisch in einer Querschnittsperspektive): „Beide Beschreibungsweisen haben ... ihr eigenes Recht. Beide können nicht durch die jeweils andere ersetzt werden." (Beckermann 1977b, 67) Damit ist für den Handlungsphilosophen und Metatheoretiker die Emergenzfrage prinzipiell beantwortet und abgeschlossen.

Diese Antwort bedeutet aber unter der Perspektive des praktisch forschenden Einzelwissenschaftlers lediglich, daß es nicht sinnvoll ist, einen bestimmten Vorgang *gleichzeitig* im handlungs-, tuns- oder verhaltenstheoretischen Sprachspiel beschreiben zu wollen. Daraus folgt jedoch nicht — wie es häufig implizit in den handlungsphilosophischen Analysen unterstellt scheint —, daß man sich ein für alle Mal für das eine oder andere Sprachspiel entscheiden muß. Innerhalb der Sequenzperspektive der Forschungsstruktur als Problemlöseprozeß kann man zwar davon ausgehen, daß zum Zeitpunkt t_1 nicht zwei Sprachspiele gleichzeitig eingesetzt werden können und sollen, das schließt aber nicht aus, daß zu verschiedenen Zeitpunkten ($t_2, t_3 \ldots t_n$) sehr wohl unterschiedliche Sprachspiele möglich sind und brauchbar sein können. In der geforderten

Multilingualität des (psychologischen) Wissenschaftlers manifestiert sich die post-dichotomistische Integrationsdynamik des entwickelten Forschungsstruktur-Modells. Der Sprachspiel-Pluralismus bildet überdies die als zentral postulierten Gegenstandsmerkmale des menschlichen Erkenntnis-Objekts adäquat ab: nämlich sowohl die Fähigkeit zur Sinnkonstruktion als auch die Organismushaftigkeit, allerdings in je unterschiedlichen, nicht aufeinander reduzierbaren Sprachspielen. Durch die postulierte Sequenz der Gegenstandseinheiten (und damit Sprachspiele) wird eine Lösung vorgelegt, die von der dualistischen Argumentation (des spezifischen, handlungsfähigen Erkenntnis-Gegenstandes) ausgeht und zugleich naturwissenschaftlich-monistische Sprachspielmanifestationen nicht ausschließt, sondern ebenfalls konstitutiv mit einbezieht. In diesem Sprachspiel-Pluralismus bei gleichzeitigem Monismus der (subsumtionstheoretischen) Erklärungsstruktur manifestiert sich die Mittel- und Mittlerstellung des entwickelten Forschungsstruktur-Modells zwischen Monismus und Dualismus, Verstehen und Erklären etc., die im folgenden noch hinsichtlich weiterer, dadurch überwindbarer Dichotomien verdeutlicht werden soll.

6.3. Überwundene Dichotomien: vom Entdeckungs-/Geltungszusammenhang über die Innen-/Außen- bis zur Selbst-/Welt-Sicht

Am offensichtlichsten wird durch das entwickelte Integrationsmodell die Trennung von Entdeckungs- (context of discovery) und Geltungszusammenhang (context of justification) überwunden. Die Trennung dieser beiden Zusammenhänge, die man bis Kant zurückverfolgen kann (vgl. Apel 1979, 77ff.), wird gleichermaßen von der Analytischen Wissenschaftstheorie und vor allem auch von Popper vertreten; besonders über die Position des Kritischen Rationalismus hat sie sich auch in den Sozialwissenschaften etabliert. Dabei soll der Terminus ‚Entdeckungszusammenhang' das Problem bezeichnen, auf welche Art und Weise der Wissenschaftler zu den Hypothesen als potentiellen Gesetzmäßigkeiten seiner Wissenschaft kommt; dies wird als rein heuristische Frage angesehen, mit der sich verschiedene Objekt-Disziplinen (z.B. die Denkpsychologie oder Soziologie) beschäftigen können, die aber für die Geltung der thematischen wissenschaftlichen Aussagen irrelevant ist. Der ‚Geltungszusammenhang' thematisiert dagegen das Problem, ob die postulierten (potentiellen) Gesetzmäßigkeiten in der Tat – nach entsprechenden empirischen Überprüfungen – als bewährte Gesetzesaussagen akzeptierbar sind.

Von Vertretern des Dualismus ist diese strikte Trennung des öfteren als problematisch angegriffen worden (vgl. Apel, l.c.); dabei sind in erster Linie (wissens-)soziologische Argumente dafür vorgebracht worden, daß beim menschlichen ‚Gegenstand' Genese und Geltungshypothesen nicht unabhänig voneinander sind (vgl. Probleme wie self fulfilling und self destroying prophecy). Im vorgelegten Zwei-Phasen-Modell der Forschungsstruktur wird diese dichotomistische Trennung von Entdeckungs- und Geltungszusammenhang dadurch aufgehoben, daß die (erste) Phase der kommunikativen Validierung als *vorgeordnete* Heuristik-Phase eingeführt wird. Die Vorgeordnetheit (s.o. Funktion des Verstehens) impliziert, daß damit eine in der Regel verpflichtende Heuristik implementiert ist; dahinter steht die aus dem Gegenstands-(vor)verständnis resultierende Zielidee, die potentielle Selbst-Erkenntnis des reflektierenden Menschen (auch und gerade als Erkenntnis-‚Objekt') für die wissenschaftliche (Fremd-)Erkenntnis der Psychologie zu nutzen. Es wird also — ausgehend von den (potentiellen) Grundcharakteristiken des Erkenntnisgegenstandes — ein bestimmter Entdeckungszusammenhang ganz eindeutig präferiert, der als Königsweg zum Finden sinnvoller Gesetzesaussagen (in einer sozialwissenschaftlichen Psychologie) angesetzt wird. Der zweite Schritt zur Überwindung der Dichotomie von Entdeckungs- und Geltungszusammenhang besteht dann darin, daß dem entwickelten Forschungsstruktur-Modell die Zielvorstellung der ‚Gründe, die auch Ursachen sind' zugrundeliegt. Das impliziert, wie herausgearbeitet, das Zusammenfallen der in der vorgeordneten Heuristikphase (kommunikativen Validierung) erhobenen (subjektiv gemeinten) Gründe mit den in der nach- und übergeordneten Prüfphase (explanative Validierung) zu sichernden Ursachen (in Form vollständiger auf Motiv- und Überzeugungssystem bezogener oder nur partieller motivbezogener Überlappung). Dadurch, daß die Reflexion des Menschen (qua Erkenntnis-Objekt) in dieser Forschungsstruktur als potentielle Quelle von (Selbst- wie Fremd-)Erkenntnis — z.T. selbst durch das Wissen um irrige Überzeugungen des Menschen — eingesetzt wird, überwindet die von dieser Reflexion ausgehende Heuristik(-Phase), indem sie zu sinnvollen *und* gültigen Gesetzmäßigkeiten führt, die traditionelle Trennung von Entdeckungs- und Geltungszusammenhang.

Damit rückt überdies jene Dichotomie-Dimension in den Mittelpunkt, die vom kritischen Leser vermutlich als die wichtigste angesehen wird, weil sie im Hinblick auf die Überwindung durch das postulierte Integrationsmodell am problematischsten erscheint: die Trennung von Innen- und Außensicht. In der Tat ist die Argumentation — z.B. bei den Eingangsprämissen (s.o. Kap. I. u. II.) — von dem historischen Faktum einer Entgegensetzung von Innensicht- und Außensicht-Perspektive ausgegangen. Die Sinnkonstituierung der verstehenden Psychologie wurde mit der Innensicht-Perspektive identifiziert, die Geltungsprüfung der erklärenden Psychologie mit der Außensicht-Perspektive; auch bei der Analyse von Beschreiben, Verstehen, Beobachten und Erklären wurde diese Zuordnung aufrechterhalten, wenn auch zugleich ausdifferenziert. Die phänomenalen Bedeutungsdimensionen menschlichen Agierens (Intentionalität im engeren wie weiteren Sinne) wurden von der Innensicht-Perspektive einer Psychologie der ersten Person erschlossen und durch das Verstehen der auf diese Weise subjektiv ‚gemeinten' Gründe abgebildet; die Akzeptierbarkeit dieser Gründe als realitäts-adäquate (d.h. Ursachen qua Realgründe) wurde über die externe Beobachtung (im Rahmen eines statistischen Erklärungs-Konzepts) entschieden — und d.h. der Perspektive der dritten Person überantwortet. Man kann darin, wie es vor allem Herzog (1984; 1985; 1986) tut, die Trennung von

,res cogitans' und ‚res extensa' nach Descartes erkennen und diese Feststellung mit der Kritik verbinden, daß auf der Grundlage einer solchen cartesianischen Erkenntnistheorie eine Überwindung der klassischen Dualismus-Monismus-Dichotomie nicht möglich ist. Allerdings zeigt m.E. die spezifische Kritik gerade von Herzog, daß das entwickelte Integrationsmodell der Forschungsstruktur zwar von den historisch manifesten Gegensätzen der (u.a. cartesianisch-)traditionellen Erkenntnistheorie ausgeht, diese dann aber durch die Verbindung bzw. Versöhnung einer Psychologie der ersten und der dritten Person zu überwinden in der Lage ist. Denn die cartesianische Erkenntnistheorie führt nach Herzog zu dem, was Bakan (1965) den „mystery-mastery complex" genannt hat; danach steht das Erkenntnis-Subjekt *außerhalb* der Welt, die es erkennt. Dieser ‚archimedische Punkt' des Erkennens impliziert – notwendig (?) –, daß das Erkenntnis-Subjekt eine quasi-göttliche Leistung, eben die der Erkenntnis, vollbringt, während das Erkenntnis-Objekt als der von dieser Leistung aus zu beherrschende, transparente Gegenstand angesetzt wird. Deshalb faßt Herzog den ‚mystery-mastery complex' als einen ‚Gotteskomplex' (Richter) auf (Herzog 1985, 619f.):

„Das Subjekt der Forschung ist umhüllt von einer göttlichen Unanschaulichkeit und Unergründbarkeit, während das Objekt der Forschung als völlig durchschaubare Maschine erscheint." (Herzog 1986, 11)

Diese Kritik zeigt nun m.E. deutlich, daß gerade das dem entwickelten Integrationsmodell zugrundeliegende Gegenstandsverständnis von Erkenntnis-Objekt *und* Erkenntnis-Subjekt solche potentiellen Implikationen der cartesianischen Erkenntnistheorie überwindet. Denn dem Zwei-Phasen-Modell der Forschungsstruktur liegt ganz dezidiert ein Menschenbild zugrunde, das von der Parallelität der definierenden Merkmale bei Erkenntnis-Objekt und Erkenntnis-Subjekt ausgeht (s. oben Kap. II.4.). Von Anfang an hat für die Argumentation, aus der das vorgeschlagene Integrationsmodell entwickelt wurde, die Zielidee der ‚Selbstanwendung' im Vordergrund gestanden: d.h. die Anforderung, daß die dem Erkenntnis-Objekt zugeschriebenen Merkmale denen, die für das Erkenntnis-Subjekt postuliert werden, so weit wie möglich entsprechen sollen (vgl. etwa Groeben & Scheele 1977, 65ff.; 105ff.; Groeben 1979a). Darin, daß in dem entworfenen Integrationsmodell dezidierte Rechtfertigungsanstrengungen verlangt werden, wenn man in der Forschungsstruktur von dieser Parallelität zwischen Erkenntnis-Subjekt und Erkenntnis-Objekt abweicht, zeigt sich m.E. unabweisbar, daß der explizierte ‚mystery-mastery complex' sowohl von dem zugrundeliegenden Gegenstands(vor)verständnis als auch von der explizierten methodologischen Forschungsstruktur her abgelehnt und transzendiert wird. Die Zielidee der ‚Gründe, die auch Ursachen sind', ist eindeutig auf die Auszeichnung jenes Bereichs als optimal ausgerichtet, in dem Innensicht- und Außensicht-Perspektive deckungsgleich sind; alle anderen Bereiche werden – wiederum sowohl vom Gegenstands(vor)verständnis als auch von der Methodologie her – als Defizitär-Varianten begriffen und implementiert. Darin manifestiert sich das Bemühen, an beiden Perspektiven festzuhalten, ohne sie gegeneinander auszuspielen: d.h. weder die Außensicht (Geltungsprüfung etc.) zugunsten der Innensicht noch auch die Innensicht (phänomenale Bedeutungen, Intentionalität etc.) zugunsten der Außensicht aufzugeben. Insofern versucht das entworfene Integrationsmodell ähnlich wie die phänomenologische Orientierung in der Psychologie die „Alternative von Innerlichkeit und Äußerlichkeit, von Privatem und Öffentlichem, von Innen (dem Subjektiven und Mentalen) und Außen (dem Objektiven und Physischen)" (Graumann & Métraux 1977, 35) zu überwinden. Dabei hält sie allerdings daran fest, daß für die Psychologie die phänomenalen Bedeutungsdimensionen (der Umwelt-‚Reize' wie des eigenen Agierens) ein zentrales Ausgangsmerkmal des psychologischen Gegenstandes sein müssen. Das wurde oben bei der Kritik des Materialismus begründet und hat in Verbindung mit der ebenfalls aufrechterhaltenen Notwendigkeit, die ‚von außen ansetzende Intersubjektivität der Geltungsprüfung' nicht zu vernachlässigen, zu der Konzeption eines psycho-physischen Interaktionismus geführt. Auch diese Konzeption ist als eine Überwindung der dichotomisierenden Innen-Außen-Trennung anzusehen, weil sie entsprechende Reduktionen (hier vor allem des ‚Inneren' auf das ‚Äußere') auflöst.

An dieser Stelle ist allerdings eine Erweiterung der in den bisherigen Argumentationen manifesten Formulierungspraxis notwendig. Es wurde bei der Explikation der Psychologie aus der Perspektive der ersten Person versus der Perspektive der dritten Person immer eine – akzentuierende – Zuordnung von Innensicht und erster Person bzw. Außensicht und dritter Person vorgenommen; diese Redeweise ist auf dem Hintergrund der skizzierten Überwindung der Innen-Außen-Trennung eindeutig unvollständig. Die Rechtfertigung für diese Unvollständigkeit liegt darin, daß am Anfang, um Verwirrungen zu vermeiden, lediglich vereinfachend die unterschiedlichen Ausgangspunkte benannt wurden. Insgesamt ist es (gerade auf der Grundlage des explizierten Menschenbildes) so, daß sowohl das Erkenntnis-Objekt als auch das Erkenntnis-Subjekt über eine Innen- wie Außensicht verfügen. Auch das Erkenntnis-Objekt ist als reflexives Subjekt nicht nur zu einem Selbst-Verstehen fähig, sondern ebenso zur Selbst-Beobachtung; desgleichen konstituiert das Forschungsstruktur-Modell methodologisch, daß das Erkenntnis-Subjekt nicht nur (Fremd-)Beobachtung realisieren soll, sondern eben auch (Fremd-)Verstehen. Die dem entwickelten Integrationsmodell unterliegende Zielidee besteht vollständig aus der Übereinstimmung von Selbst- und Fremd-Verständnis wie auch Selbst- und Fremd-Beobachtung sowie noch einmal beider Pole miteinander. Diese optimale, vollständige Übereinstimmung zwischen Erkenntnis-Objekt und Erkenntnis-Subjekt in den jeweils verschränkten Innensicht- und Außensicht-Perspektiven wurde oben (E.3.3.) als die Zielidee rekonstruiert, die dem Aktionsforschungsansatz unterliegt. Daß in diesem Zusammenhang (wie auch in anderen) dennoch den Fällen, in denen eine solche vollständige Integration der Perspektiven nicht gelingt, mehr Analyseraum gewidmet wurde, widerspricht nicht der prinzipiellen Überwindung der Innen-Außen-Dichotomie durch das vorgeschlagene

Strukturmodell, sondern bildet nur die methodologische Notwendigkeit ab, systematische, präzise Lösungswege vor allem auch für jene Fälle zu erzielen, in denen die ideale (integrative) Zielvorstellung nicht zu realisieren ist.

Mit dieser Überwindung der Innen-Außen-Trennung (und d.h. zugleich mit der entsprechenden Verbindung von Selbst- und Weltsicht) dürfte — auf Dauer — auch die Integration einiger anderer klassischer Gegensätze verbunden sein, die hier nicht im einzelnen ausgeführt, sondern nur noch kurz angesprochen werden sollen. Dazu gehört an vorderer Stelle sicher die klassische Entgegensetzung von Idiographik versus Nomothetik. Das Zwei-Phasen-Modell der Forschungsstruktur geht mit der kommunikativen Validierung zunächst einmal ganz eindeutig vom Einzelfall des je handelnden Individuums aus. Die Phase der explanativen Validierung bezieht sich zunächst auf die Erklärung dieses Einzelfalls, enthält inhärent aber auch eine Dynamik über den Einzelfall hinaus, so daß vom aufrechterhaltenden Erklärungsanspruch her nomothetische Zielvorstellungen integriert sind (vgl. auch Aschenbach 1984, 305; Kebeck & Sader 1984, 203f., 228f.). Dabei ist diese über den Einzelfall hinausgehende („nomothetische') Fragerichtung nicht auf die Phase der explanativen Validierung beschränkt, sondern kann auch bereits in der kommunikativen Validierungs-Phase einsetzen: z.B. hinsichtlich der Allgemeinheit Subjektiver (Handlungs-)Theorien bzw. der Frage, inwiefern bestimmte Typen von (subjektiv-theoretischer) Selbstsicht von bestimmten Versuchspartner-Gruppen geteilt werden (vgl. als methodischen Ansatz die Kombination von SLT und Inhaltsanalyse: Scheele & Groeben 1984; 1986; prinzipielle Diskussion bei Lohaus 1983).

Mit dieser Verbindung von idiographischen und nomothetischen Frageperspektiven ist dann inhaltlich auch die Integration von kognitiven und sozialen Aspekten (vgl. Mey 1982, 253: „between *self* and *world*") thematisch. Das führt unmittelbar über in ein klassisches Problem der Psychologie, nämlich die Person-Umwelt-Relation, in der vor allem die trait-state-Kontroverse historisch bedeutsam ist. Dabei wird heute theoretisch allgemein ein Interaktionismus, d.h. also eine Wechselwirkung zwischen Person und Umwelt (bzw. trait und state) vertreten (vgl. Mischel, W. 1968; Endler 1973; Endler & Magnusson 1976; Magnusson & Endler 1977). Entsprechende theoretisch-methodologische Analysen (vgl. vor allem Olweus 1977) haben allerdings mittlerweile zu der Einsicht geführt, daß z.B. der statistisch-varianzanalytische Interaktions-Begriff dem theoretisch postulierten nicht gerecht wird (vgl. Amelang & Bartussek 1981, 463ff.). Der varianzanalytische Interaktionsbegriff fällt eher unter das Konzept, das Olweus (1977) und Hyland (1984) als ‚unidirektionale Interaktion' expliziert haben, d.h. daß z.B. Verhalten durch zwei miteinander interagierende *unabhängige* Variablen beeinflußt wird; demgegenüber meint der theoretisch konzipierte Interaktions-Begriff eine Interdependenz, d.h. die ‚reziproke Beeinflussung' (reciprocal causation) der thematischen Variablen, also z.B. daß die Person von der Situation beeinflußt wird, ihrerseits aber ebenfalls die Situation beeinflußt (vgl. Hyland 1984, 314). Für diese (echte)

Wechselwirkung zwischen Individuum und Umwelt dürfte nun in der Tat das handlungstheoretische Modell besonders ergiebig oder gar repräsentativ sein (vgl. Eckensberger 1979a, 13f.). Dabei vermeidet es m.E. auch vom Ansatz her eine inadäquate Übergewichtung eines der beiden Pole, die man in komplementärer Gegensätzlichkeit beim behavioristischen versus humanistischen Ansatz entdecken kann; während behavioristische Modelle sicher in der Gefahr stehen, den Umwelt-Pol übergewichtig zu repräsentieren, kann man das Gegenteil der humanistischen Psychologie (als überzogene Reaktion auf den Behaviorismus) vorwerfen: „Die humanistischen Psychologen neigen ihrerseits dazu, menschliche Handlungen in konkreten und sinnvollen Situationen zugunsten innerer Erfahrungen und individueller Fähigkeiten zu vernachlässigen" (Graumann 1980, 49).

Auf lange Sicht könnte auf der Basis eines solchen (echten) Interaktionismus m.E. auch eine Integration von Grundlagen- und angewandter Forschung resultieren, die wiederum eine praxisorientierte und zugleich die Ausbildung in der Grundlagenforschung nicht vernachlässigende Studienkonzeption der Psychologie ermöglichen kann – eine Zielidee, die heute weitgehend verdrängt zu werden scheint durch eine Dichotomisierung zwischen forschungs- und technologiezentriertem Studium (vgl. Herrmann 1979b, 166ff.).

6.4. Zwischenbemerkung: noch einmal der Handlungs-Begriff – ein Vergleich verschiedener Konzeptionen

Das Integrationspotential des entwickelten Forschungsstruktur-Modells hängt, wie in den vorhergehenden Kapiteln begründet, primär von den als Ausgangspunkt und Zielidee eingesetzten höchst-komplexen Gegenstandseinheiten des Handelns ab, die – wie Kaminski formuliert (1981, 95) – „eine bestimmte Form der *theoretischen Integration* geradezu *erzwingen*." Es ist daher sinnvoll, die Gegenstands- und Methodikimplikationen des hier zugrundegelegten Handlungs-Konzepts abschließend noch einmal durch einen Vergleich mit anderen, in der derzeitigen Diskussion unterscheidbaren Handlungs-Konzeptionen zu verdeutlichen. Diese Aufgabe ist in ausführlicherer Form in einer Heidelberger Diplomarbeit (Hufnagel 1985) angegangen worden, auf deren Ergebnisse ich mich im folgenden bei der Besprechung der Konzeptionen von Oesterreich, Cranach et al. und Werbik stütze.

Oesterreichs Modell der Handlungsregulation und -kontrolle (1981) versucht explizit, die Tradition der Sowjetischen Tätigkeitspsychologie (die, auf Leontjew zurückgehend, in der neueren deutschen Diskussion vor allem von Hacker (1973) und Volpert (1974) vertreten wird) mit der parallelen Position aus der anglo-amerikanischen Psychologie von Miller, Galanter & Pribram (1973) zu verbinden. Oesterreich strebt diese Verbindung dadurch an, daß er fünf hierarchische Regulationsebenen einführt: Erschließungsplanung, Bereichsplanung, Zielplanung, Handlungsplanung, Handlungsausführung (vgl. zusammenfassendes Schaubild 1981, 142f.). In Parallelität sowohl zum Hackerschen Prinzip der hierarchisch-sequenziellen Handlungsregulation als auch zum *Test-Operate-Test-E*xit-Prinzip von Miller et al. wird die Handlung als zyklische Einheit angesetzt, bei der von einem (übergeordneten) Ziel aus ein Aktionsprogramm als geordnete Sequenz von Einzelaktionen abgeleitet wird; nach deren Durchlaufen erfolgt ein Vergleich mit dem Ziel und entsprechend dem Ergebnis dieses Vergleichs die Feststellung, daß die Handlung abgeschlossen ist, oder das Durchlaufen eines neuen Zyklus. Dabei kann jede einzelne Aktion wieder Ziele für Aktionsprogramme auf tieferer Ebene enthalten, worin sich die hierarchische Gliederung der zyklischen Einheiten manifestiert. Auf der untersten Ebene der Handlungsausführung setzt Oesterreich in der Regel einzelne ‚direkt beobachtbare Bewegungseinheiten' (o.c., 13) an. Dem Handeln liegt als generelles Motiv ein Kontrollstreben zugrunde, wobei die Handlungsregulation prinzipiell gesellschaftlichen Charakter hat.

Hinsichtlich der methodischen Konsequenzen wird aus dieser Konzeptexplikation schon deutlich, daß für Oesterreich zunächst einmal die klassische Beobachtung des Bewegungsfelds als Handlungsfeld im Vordergrund steht. Lediglich zur inhaltlichen Erfassung von Erschließungs- und Bereichsplanung scheint eine Einbeziehung der subjektiven Perspektive des Handelnden nötig oder sinnvoll (Hufnagel 1985, 195); dazu wird aber von Oesterreich ersichtlich keine über die gegenwärtigen Erhebungsmethoden hinausgehende Verstehens-Methodik als nötig empfunden. Auf dem Hintergrund der in den vorhergehenden Kapiteln begründeten Konstitutionsmerkmale für ‚Handeln' lassen sich daher folgende Unterschiede für Oesterreichs Handlungs-Konzept feststellen und kritisieren: Die Festlegung der Komplexität von (Handlungs-)Einheiten wird nicht dem Agierenden überlassen, sondern (implizit) immer vom Erkenntnis-Subjekt vorgenommen (vgl. das von Oesterreich erwähnte Forschungsprojekt: o.c., 287ff.). „Durch die Vorgabe einer fixen Ebenen-Einteilung wird zudem suggeriert, es gäbe die Möglichkeit einer ‚objektiven' Normalbeschreibung von Handlungen." (Hufnagel 1985, 197) Außerdem konfundiert Oesterreich (wie die gewählten Vorgänger von Miller et al. bis Hacker) das handlungs- und das denk- (qua system-)theoretische Sprachspiel: „Als ‚intentional' aufgefaßte Abläufe werden in algorithmischen Computer-Analogien beschrieben, so daß beispielsweise ein Begriff wie ‚Verantwortlichkeit' keinen Platz hat." (Hufnagel l.c.) Schließlich bleibt das Modell Oesterreichs auch hinsichtlich der mit Handlungen verbundenen (potentiellen) Rationalität weitgehend theoretisch unterbestimmt.

Die Theorie von Cranach et al. (1980) ist bereits verschiedentlich (s.o. Kap. II. 5./6., E.4.3.) behandelt worden. Der Ansatz wird anschaulich verdeutlicht durch die drei Datenklassen innerhalb handlungstheoretischer Konzepte (manifestes Verhalten, bewußte Kognitionen, soziale Konventionen: s.o. Abb. 3, S. 77). In diesem Rahmen konzentrieren sich Cranach et al. auf die konzeptuelle Differenzierung des Handlungs-Konzepts, indem sie die hierarchische sowie prozessuale Organisation explizieren; dazu entwickeln sie Konstrukte in

9 Bereichen: 1. Handlungsverlauf; 2. Organisationsebene; 3. Zielbestimmung; 4. kognitive Steuerung; 5. unterbewußte Selbstregulierung; 6. soziale Steuerung; 7. Werte und Attitüden; 8. handlungsrelevantes Wissen; 9. interaktive Handlungen (o.c., 83ff.). Sie bieten damit primär einen konzeptuellen Rahmen für die Beschreibung sowie (spätere) Erklärung von Handlungen; allerdings impliziert ihr Ansatz durchaus die Grundthese, daß sich die zunächst einmal vor allem für die Handlungs-Beschreibung eingesetzten Konstrukte auf Dauer auch für die Handlungs-Erklärung als brauchbar erweisen. Außerdem „wird von einer relativ großen Übereinstimmung der subjektiven Kognition, des beobachtbaren Verlaufs und der konventionsgeleiteten Interpretation durch ‚naive' Beobachter ausgegangen" (Hufnagel 1985, 200f.).

Wie schon beim Problem der Handlungsleitung angesprochen besteht ein Unterschied zu dem von mir angesetzten Handlungs-Begriff sicher darin, daß auch bei „unterbewußter Selbstregulierung" (Cranach et al. 1980, 82f.) von ‚Handeln' gesprochen wird, obwohl für solche Prozesse der ‚Selbstregulierung' (z.B. im Bereich der Neurophysiologie) kaum Intentionalität (im engeren Sinne) angenommen werden kann. Im hier thematischen Zusammenhang ist außerdem vor allem die Methodik zur Erhebung der bewußten Kognitionen sowie sozialen Konventionen von Interesse. Für erstere wird vor allem ein Selbstkonfrontations-Interview eingeführt, das Kalbermatten (1982) ausführlicher beschrieben hat: Dabei wird eine Versuchsperson, nachdem ihr Handeln auf Video aufgezeichnet worden ist, relativ kurz danach mit dieser Aufzeichnung konfrontiert; in einem halbstrukturierten Interview werden die handlungsbegleitenden Kognitionen erfragt, die schlußendlich in inhaltsanalysierter Form auf die übrigen Konstruktebenen (des Verhaltens und der sozial konventionalisierten, naiven Interpretationen zurückbezogen werden). Die Methode zur Erfassung der subjektiven Intentionen etc. besteht hier vor allem in einem monolog-hermeneutischen Ansatz, was bedeutet, daß die ‚Übersetzung' der spontan-natürlichen Sprache des Erkenntnis-Objekts in die ‚Basissprache' des Erkenntnis-Subjekts von letzterem — und zwar ausschließlich — vorgenommen wird (vgl. Cranach et al. 1980, 265ff.; Hufnagel 1985, 204). Hufnagel sieht darin einen ‚objektivistischen bias', der die Perspektive des Agierenden — unnötig — in den Hintergrund drängt (o.c., 205). Diese Einschätzung erscheint zudem dadurch gerechtfertigt, daß Cranach et al. — wie Oesterreich — vor allem „systemtheoretische Vorstellungen" einer Handlungstheorie explizieren wollen (o.c., 202), so daß trotz der zitierten Daten-Trias (als Ausgangsstruktur) auch Elemente einer Konfundierung von intentionaler und funktionaler Forschungseinstellung vorliegen (Hufnagel l.c.).

Die Position von Werbik (und Mitarbeitern: Werbik 1978; 1984; Werbik & Munzert 1978; Kaiser & Werbik 1977; Aschenbach et al. 1983) ist oben noch ausführlicher dargestellt worden (als die von Cranach et al.: s. Kap. II.5.; 3.4.; 4.1./2.). Das liegt an der Nähe zu der von mir eingeführten Handlungs-Konzeption, denn auch Werbik geht von der Intentionalität (im engeren Sinne) als definierendem Merkmal des Handelns aus. Diese (Handlungs-)*Absicht* manifestiert sich nach ihm in einer Selbstaufforderung des Handelnden, die als Übernahme einer Aufforderung rekonstruiert wird (bei Zurückweisung von Aufforderungen erfolgt natürlich keine Handlung). In Abhängigkeit von dieser Selbstaufforderung kommt es zu einem Suchprozeß hinsichtlich der geeigneten Mittel, um das Handlungsziel zu realisieren; im Erfolgsfalle endet der Suchprozeß in der Ausführung der gewählten (Handlungs-)Mittel (vgl. Werbik 1978, 50ff.; 1984, 637ff.). Wie schon im einzelnen besprochen geht Werbik ebenfalls davon aus, daß die Intentionen des Handelnden durch dessen Selbstauskünfte zu sichern sind. Während er zunächst im Rahmen des Erlanger Konstruktivismus dafür eine Sprachnormierung von seiten des Erkenntnis-Subjekts ansetzte, präferiert er mittlerweile auch die Sicherung der ‚Wahrhaftigkeit' durch eine (partiell kontrafaktische) ideale Sprechsituation; dazu gehört an erster Stelle ein ‚Vertrauensverhältnis' zwischen ‚Akteur und Betrachter' (Werbik 1984, 644f.). Da sich die Beurteilung, ob ein solches Vertrauensverhältnis vorliegt, nach seiner Ansicht aber nicht auf empirische Kriterien und operationale Vorschriften stützen kann, sieht er darin eine ‚salvatorische Klausel' für den Versuch einer nomologischen Handlungs-Erklärung (o.c., 648f.); daraus zieht er nun die Konsequenz, daß man beim Rückgriff auf den Selbstbericht des Handelnden nicht von einer Kausal-Erklärung, sondern eher von einem idealtypischen Modell mit primär heuristischer Funktion ausgehen sollte (o.c., 650). Der Unterschied von Werbiks Position zu dem hier vertretenen Handlungs-Begriff liegt also vor allem darin, daß Werbik entweder das Aufrechterhalten des (nomologischen) Erklärungsziels mit einer (gegenstandsreduzierenden) Sprachnormierung im Bereich des verstehenden Beschreibens der Handlungs-Intentionalität verbindet oder bei nicht-reduktionistischer Verstehens-Methodik den (nomologischen) Erklärungsanspruch aufgibt. Ich habe oben (s. 1.7.; 4.7.) ausführlich diskutiert, daß beide Konsequenzen unnötig sind, und zwar durchaus auch unter Rückgriff auf die empirischen Ergebnisse des für seine Konzeption zentralen Überprüfungsversuchs (‚Telefonzellenversuch': Kaiser & Werbik 1977).

Die angeführten Beispiele machen deutlich, daß die zentrale Unterschiedsdimension (zwischen den besprochenen Handlungs-Konzepten und dem hier eingeführten Handlungs-Begriff, auf den sich das entwickelte Zwei-Phasen-Modell der Forschungsstruktur stützt) die der reflexiven Breite und Tiefe der postulierten (Handlungs-)Intentionalität ist; dabei verschränken sich Gegenstands- und Methodenaspekte. Unter der Gegenstandsperspektive handelt es sich um die Frage der Bewußtheit (und partiell der Realitäts-Adäquanz) der Intentionalität, aus dem sich unter der Methodenperspektive das Problem ergibt, ob das Verstehen dieser Intentionalität durch den Forscher im Dialog mit dem Erforschten erfolgen kann und soll (oder nicht: dialogische versus monologische Hermeneutik). Die dargestellten Konzepte (mit Ausnahme der letzten Variante von Werbik) sind dadurch charakterisiert, daß sie für den Handlungs-Begriff auch nicht (voll) bewußte Intentionalität zulassen, über die das Erkenntnis-Objekt folglich keine (bzw. keine zureichende) Auskunft geben kann; d.h. es

werden auch Einheiten unter die Kategorie ‚Handeln' subsumiert, die in den hier explizierten Einheiten-Kategorien (s.o. Kap. 2.8.; 5.1.-6.) unter die Tuns-Kategorie fallen würden.
Dies gilt in ähnlicher Weise auch für die Position von Eckensberger und Mitarbeitern (vgl. Eckensberger 1979b; Eckensberger & Burgard 1983; Eckensberger & Emminghaus 1982; Eckensberger & Meacham 1984b). Eckensberger geht weitgehend von der anglo-amerikanischen (analytischen) Handlungsphilosophie aus und versteht unter Handlungen ‚zukunftsorientierte, absichtsvolle, zielgerichtete psychische Aktivitäten ..., die dem Handelnden *potentiell* (d.h. nicht in jedem konkreten Vollzug) voll bewußt sind.' (Eckensberger & Emminghaus 1982, 212) Für die Handlungsplanung werden, ähnlich zu den schon besprochenen Handlungs-Konzepten, Charakteristika angesetzt wie hierarchische Verschachtelung, finale Verknüpfung von Handlungsmittel und Handlungsziel, Situationsrelativität etc. (o.c., 213f.). Der entscheidende Unterschied zum hier postulierten Handlungs-Begriff, und d.h. die zentrale Problematik, liegt darin, daß zwar ‚im Prinzip' die Fähigkeit zu bewußtem Handeln (Eckensberger 1979b, 269) unterstellt wird, zugleich aber für den methodischen Forschungsprozeß und die theoretische Rekonstruktion auch von ‚Handeln' gesprochen wird, wenn die Gründe, „die in einer Theorie der Handlung anzunehmen sinnvoll sein kann", dem Handelnden nicht (voll) bewußt sind (Eckensberger & Emminghaus 1982, 236).

„Wir postulieren nicht einmal, daß die ‚Tiefenstruktur' für normative Bezugssysteme ... auch durch den Handelnden selbst notwendig explizit werden kann: Dennoch können Handlungen und Handlungsbeurteilungen (Entscheidungsprozesse) mit Hilfe dieser Prozesse (u.a. dem kognitiven) adäquat beschrieben werden." (l.c.)

Das bildet sich auch in der Erhebungsmethodik ab, bei der von Eckensberger (und Mitarbeitern) im Problembereich der moralischen Entwicklung (in Fortführung des Ansatzes von Kohlberg (1976) das ‚Dilemma-Kern-Interview' entwickelt worden ist. Dabei wird dem Versuchspartner ein grundsätzlicher moralischer Konflikt vorgegeben, zu dessen Lösung er weitere relevante Informationen erfragen kann. Die Auswertung der vom Versuchspartner versuchten Konfliktlösung und vor allem der dazu angeführten Gründe allerdings erfolgt in monolog-hermeneutischer Weise (d.h. durch inhaltsanalytische Intersubjektivität auf seiten des Erkenntnis-Subjekts; vgl. Villenave-Cremer & Eckensberger 1982). Eine unter diesen Prämissen erfolgreiche Rekonstruktion bisheriger Aggressionsforschung und deren Ergebnisse unter dem Handlungs-Konzept (wie sie Eckensberger & Emminghaus 1982 versucht haben) ist daher m.E. nur möglich, weil der zugrundegelegte Handlungs-Begriff Phänomene des Auseinanderfallens von subjektiver Intention und objektiver Motivation bzw. zumindest des nicht (voll) bewußten, primär sozial-konventionell regulierten Agierens (und d.h. die Kategorie der Tuns-Einheiten) mit umfaßt.
Damit bewegt sich Eckensbergers Konzeption – z.T. sicher bedingt durch die interkulturelle Ausrichtung seiner Forschungen – im Grenzbereich zum sozio-

logischen Handlungs-Begriffs, wie ihn z.B. Weber expliziert hat. Bei der Diskussion der Tuns-Kategorie ist bereits dargestellt worden (s.o. Kap. 2.5.), daß Weber in seinem Handlungs-Begriff zwar von einem ‚subjektiv *gemeinten* Sinn' ausgeht, diesen aber gerade nicht als subjektiv bewußte Intention des Individuums versteht, sondern für *reales* Handeln überwiegend ‚dumpfe Halbbewußtheit oder Unbewußtheit des ‚gemeinten Sinns' ansetzt (Weber 1956, 10). Dies gilt prinzipiell für alle Handlungstypen (also z.B. zweck- und wertrationales sowie affektuelles Handeln), ganz besonders aber sicherlich für den Typ des traditionalen Handelns, der als ‚eingelebte Gewohnheit' an der ‚Grenze des sinnhaft orientierten Handelns' steht (Weber 1956, 12). Aber auch der Fall der Diskrepanz von subjektiver Intention und objektiver Motivation (die von der Psychoanalyse in den Mittelpunkt gestellte Form des ‚Tuns') wird von Weber unter die Kategorie Handlung subsumiert:

„Es verhüllen vorgeschobene ‚Motive' und ‚Verdrängungen' ... oft genug gerade dem Handelnden selbst den wirklichen Zusammenhang der Ausrichtung seines Handelns derart, daß auch subjektiv aufrichtige Selbstzeugnisse nur relativen Wert haben." (o.c., 4)

Daraus folgt unter anderem, daß die methodologische Konzeption, die Weber vertritt, mit dem hier entwickelten Integrationsmodell von Verstehen und Erklären gerade nicht deckungsgleich ist — obwohl dieses Modell auf den ersten Blick lediglich als Wiederaufnahme des Weberschen Ansatzes erscheinen mag, nach dem es die Aufgabe der Soziologie ist, ‚Sinnadäquanz' und ‚Kausaladäquanz' in einer verstehenden *und* erklärenden Sozialwissenschaft zu verbinden (vgl. Käsler 1979, 154f.). Beide Konzepte, das der Sinnadäquanz und der Kausaladäquanz, sind aber mit den hier entwickelten Zielideen der Rekonstruktions-Adäquanz und Realitäts-Adäquanz nicht deckungsgleich. Dadurch, daß der im (Weber'schen) Handlungs-Begriff implizierte ‚subjektiv gemeinte Sinn' schlußendlich doch auf einen ‚idealtypisch' und damit überindividuell-objektiv *gedachten* Sinn fokussiert wird, konzentriert sich auch das für die Sinnadäquanz konstitutive Verstehen nicht auf die ‚deutende Erfassung des im Einzelfall Gemeinten', sondern ‚des durchschnittlich und annäherungsweise Gemeinten ... bzw. des für den reinen Typus (Idealtypus) einer häufigen Erscheinung wissenschaftlich zu konstruierenden (‚idealtypischen') Sinnes oder Sinnzusammenhangs' (Weber 1956, 4; vgl. auch Käsler 1979, 153); d.h. es handelt sich gerade nicht um eine dialogische, sondern dezidiert um eine monologische Hermeneutik. Komplementär dazu bezieht sich folglich auch die Kausaladäquanz vom Grundansatz her weniger auf die reale Handlung eines konkreten Individuums, sondern auf generelle Handlungsklassen, die zudem noch als ‚idealtypische' die Unterstellung der Zweckrationalität enthalten.

„Um aber dennoch zu einem kontrollierbaren ‚Verstehen' und ‚Erklären' gelangen zu können, führt Weber den idealtypischen Grenzfall der *vermeintlichen*, d.h. hypothetischen Geltung absoluter Zweck- und Richtigkeitsrationalität ein, d.h. er unterlegt die Frage, wie denn gehandelt worden *wäre*, wenn diese Rationalität gegolten *hätte*." (Käsler 1979, 179)

Das ist zwar nicht völlig deckungsgleich mit der Einführung von Zweckrationalität als methodischem Prinzip (s.o. Schwemmer: Kap. 6.2.), geht doch aber in eine vergleichbare Richtung. Es gibt daher zwei relativ grundsätzliche Differenzen zwischen dem hier entwickelten Integrationsmodell (einer verstehend-erklärenden Psychologie) und dem Weberschen Ansatz (einer verstehenden und erklärenden Soziologie): Die hermeneutische Teilmenge der Wissenschaftskonzeption wird bei Weber lediglich in einer monolog-hermeneutischen Form eingeführt, und die Erklärung des Handelns impliziert die Annahme von Zweckrationalität als Idealtypus-Prinzip.

Eine solche Konzeption mag für die Soziologie, deren Gegenstandseinheiten letztlich sicherlich umfassendere Aggregationsebenen (im Vergleich zur Psychologie) erreichen müssen, brauchbar sein, wobei hier nicht zu diskutieren ist, ob mit einem solchen Verständnis von ‚Handeln' sowie Sinn- und Kausaladäquanz in der Tat eine Integration von Verstehen und Erklären möglich ist. In der Psychologie jedoch muß eine adäquate Handlungs-Konzeption m.E. ganz dezidert vom konkreten Handeln des Individuums und das heißt dem *realen*, nicht idealtypischen ‚subjektiv gemeinten Sinn' ausgehen. Damit ist aber – zumindest für den Kernbereich dieser intentionalen Sinndimension – Bewußtheit zu unterstellen. Dem widersprechen auch routinisierte Handlungsabläufe nicht, in denen die intentionale Sinndimension zwar nicht vollständig *aktuell* bewußt, aber durch Problematisierung doch eben aktualisier*bar* ist (s.o. E.1.1.; 5.3.-6.). Als Kernbereich, für den bewußte Intentionalität anzusetzen ist, läßt sich mit Schmalt (1984, 540) der Bereich der Bewertungsprozesse ansetzen: „Das Prinzip der Bewußtheit fordert, daß zumindest die bewertende Stellungnahme zu einer abgelaufenen Handlung bewußt repräsentiert ist." (l.c.) Damit ist keine Substantialisierung des Bewußtseins verbunden (vgl. Oldemeyer 1979, 731), sondern eine attributivische ‚aktualistische' Deutung gemeint (l.c.). Auch Oldemeyer postuliert, daß auf dem Hintergrund einer solchen aktualistischen Auffassung ‚Bewußtsein und Handeln ... als strukturanalog' zu betrachten sind (o.c., 733). Diese (zumindest aktualisier*bare*) Bewußtheit der präskriptiven qua Entscheidungs-Dimension des Handelns markiert die Freiheitsspielräume des Handelnden (Oldemeyer 1979, 755).

Und in diesem Aspekt der Freiheitsspielräume ist eine gegenstandsbezogene Problemperspektive gegeben, die auch und gerade in der interdisziplinären Relation von Psychologie und Soziologie für die Beibehaltung des hier postulierten Handlungs-Konzepts – in Absetzung vom soziologischen (z.B. Weberschen) Handlungs-Begriff – spricht. Denn die Aufgabe der Psychologie im Kanon der Sozialwissenschaften muß es m.E. ganz eindeutig sein, die personalen Freiheitsspielräume des handelnden Individuums zu thematisieren und zu erforschen. Das bedeutet nicht, daß man soziale Einflüsse und gerade auch Begrenzungen des individuellen Handelns bzw. Formen primär sozial-konventionalisierten Agierens leugnet. Aber aus diesen Einflüssen, Begrenzungen etc. ist nie und nimmer die Reduktion der beiden Disziplinen Soziologie und Psychologie aufeinander abzuleiten, und zwar weder in der einen noch in der anderen Richtung. Die Reduktion von Soziologie auf Psychologie ist interessanterweise vor allem von naturwissenschaftlichen (z.B. verhaltenstheoretischen) Modellansätzen aus versucht worden (vgl. Hummel 1969, Opp 1972); ein solcher Psychologismus oder methodologischer Individualismus (vgl. Lenk 1979, 123f.) verfehlt aber die transindividuellen Aggregationsebenen, die einen legitimen Problembereich der Soziologie darstellen. Genauso wenig ist allerdings die Psychologie auf Soziologie zu reduzieren, wie es bisweilen implizit im Zusammenhang mit einer ‚emanzipatorischen' Einstellung in Nachfolge zur 68er-Bewegung geschieht (vgl. Schulz v. Thun 1980, 109ff.). Die Psychologie hat auch gerade im Kanon der Sozialwissenschaften die Freiheitsräume des Individuums zu erforschen, wobei Freiheit „als Aufhebung der ‚blinden' ... Determinationskraft bestimmter Faktoren" zu verstehen ist (vgl. Oldemeyer 1979, 756; s. auch oben die Diskussion von Handlungs- und Willens-Freiheit bzw. die ‚Brechung' von Umweltdeterminationen durch kognitive Verarbeitung, Umbewertung etc.: Exkurs Vier). Diese Funktion ist nur dann adäquat zu erfüllen, wenn man das psychologische Handlungs-Konzept *nicht* auf den skizzierten soziologischen Handlungs-Begriff reduziert — und das heißt am Bewußtheitspostulat in der explizierten Version festhält. Es mag sein, daß daraus nicht in jedem Fall eine dialogische Hermeneutik zur Erfassung der intentionalen Sinndimension des Handelns resultieren muß; das wird gegebenenfalls bei der Ausarbeitung einer handlungstheoretisch-sozialwissenschaftlichen Psychologie zu diskutieren sein. Aber man sollte von den Gegenstandsimplikationen her m.E. gerade auch im interdisziplinären Vergleich von Handlungs-Begriffen an dem hier postulierten, im engeren Sinne psychologischen Handlungs-Konzept festhalten, auf dessen Grundlage sich die Integration von Verstehen und Erklären in Form der explizierten Synthese von kommunikativer und explanativer Validierung ergibt.

6.5. Gegenstands- *und* Methodikimplikationen der Einheiten Handeln, Tun, Verhalten

Vor allem dieser interdisziplinäre Vergleich macht — noch einmal — deutlich, daß der hier vorgeschlagenen Konzeption der Gegenstandseinheiten durchaus Zieldimensionen inhärent sind und sein sollen. Das gilt für die Unterscheidung und insbesondere die Sequenz der Einheiten Handeln, Tun, Verhalten sowie auch für die Explikation des Handlungs-Begriffs selbst. Diese Zielperspektiven gehen von der im Ansatz sicher dualistisch zu nennenden Frage aus, was am Gegenstand der Psychologie das ‚spezifisch Menschliche' — auch und gerade im positiven Sinne — sei. Monistisch-naturwissenschaftliche Konzeptionen der Psychologie sind, vermittelt über die These der Methoden-Einheitlichkeit, eher auf die Frage ausgerichtet, was im Bereich der (organismischen) Natur das Gemeinsame sei; eine Ausrichtung, die sich z.B. im Verhaltens-Begriff und dessen Anwendbarkeit auf Organismen von Ratten bis Menschen manifestiert. Dem hier verfolgten Modell von Differenzierung und Integration verschiedener Gegenstands- und Methodenperspektiven unterliegt die Vorstellung, daß man von den ‚differentia specifica' des Menschlichen ausgehen sollte, ohne dadurch die mit anderen Organismen geteilte ‚natürliche Basis' auszuklammern. Die Trias der Einheiten Handeln, Tun, Verhalten wird dieser Zielvorstellung m.E. vergleichsweise optimal gerecht. Das impliziert allerdings auch, daß die als *spezifisch menschlich* anzusehenden Gegenstandsmerkmale und entsprechenden -einheiten (wie sie in Abb. 21 noch einmal komprimiert verdeutlicht sind) als positiv ausgezeichnete Ausgangs- und Zielpunkte gelten (sollten), so weit und so lange dies empirisch möglich ist, d.h. zu erklärungskräftigen Theorien führt.

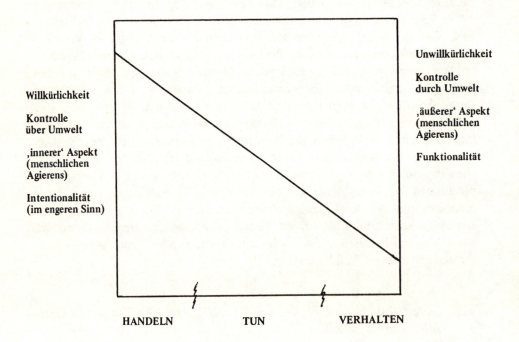

Abb. 21: Gegenstandsimplikationen der Einheiten Handeln, Tun, Verhalten

Dahinter steht die dualistische Grundposition, daß es nur eine ‚ultima ratio' sein kann und darf, potentiell bedeutungs- bzw. sinnhafte Phänomene, Ereignisse etc. des menschlichen Bereichs als bloß zufällige, unwillkürliche etc. zu behandeln, nämlich dann, wenn diese Phänomene überhaupt nicht mehr als intentionale (Handlungen) oder motivationale (Tuns-Einheiten) rekonstruierbar sind (vgl. Schwemmer 1976, 69ff.). Die im skizzierten Integrationsmodell vorgesehene Pluralität der Einheiten-Kategorien, Sprachspiele etc. ermöglicht es zugleich, diesen dualistischen Grundansatz nicht als fixe, überwertige Idee (und d.h. unter Verdrängung der Realität) zu verfolgen, sondern mit der (eher monistischen) Frage nach dem gemeinsamen Organismisch-Natürlichen zu verbinden.

Für solche Explikation(en) gilt in concreto, was oben (Kap. I.4.) grundsätzlich dargestellt worden ist. Man kann solche Definitionen im Prinzip in unterschiedlichster Weise vornehmen — und in der bisherigen Diskussion werden in der Regel sowohl der Handelns- als auch der Verhaltens-Begriff sehr viel weiter gefaßt (wenn auch natürlich von verschiedenen Theoretikern). Die entscheidende Frage ist, welche Definition bzw. Explikation am sinnvollsten, am brauchbarsten ist. Für die im Laufe dieser Arbeit vorgeschlagenen Begriffsexplikationen (von Handeln, Tun, Verhalten) bin ich vor allem von zwei Brauchbarkeitskriterien ausgegangen: zum einen in den Einheiten-Definitionen die Perspektive der (positiven) ‚differentia specifica' des Menschlichen abzubilden und zum anderen möglichst präzise Begriffe zu entwickeln, die nicht in der Gefahr der Bedeutungsentleerung durch Begriffsüberziehung stehen, wie es in monistischen Konzeptionen meist mit dem Verhaltens-Begriff und in dualistischen mit dem Handlungs-Konzept geschieht (s.o. Kap. 2.5.-8; 5.6. und Graumann 1979; Scheele 1981). In erster Linie haben diese Brauchbarkeitsgesichtspunkte dazu geführt, die beiden ‚Außenpole' des Handelns und Verhaltens möglichst eng zu definieren und das heißt mit sehr dezidierten (polaren) Gegenstandsimplikationen zu verbinden: wie Willkürlichkeit, Kontrolle über Umwelt, Intentionalität (im engeren Sinne), Bewußtheit etc. beim ‚Handeln' und Unwillkürlichkeit, Kontrolle durch Umwelt, Funktionalität etc. beim ‚Verhalten' (s. Abb. 21). Dem entspricht, daß die mittlere Kategorie des ‚Tuns' relativ breit (als ‚Restkategorie': s.o. Kap. 2.5.; 5.4.) eingeführt worden ist, für die weitere Unterdifferenzierungen wie Auseinanderfallen von subjektiver Intention und objektiver Motivation einerseits, rein konventionale (nicht-bewußte) Sinnhaftigkeit andererseits etc. möglich und erwartbar sind. Ich halte diese Begriffsexplikation für brauchbarer als die angeführten Alternativen, weil sie die konkurrierenden dualistischen und monistischen Frageansätze in bezug auf den menschlichen Gegenstand (der Psychologie) sowohl präzise abzubilden als auch zu integrieren in der Lage ist.

Diese Integrationswirkung resultiert aber nicht nur bzw. nicht einmal primär aus den Gegenstandsimplikationen der Einheiten-Kategorien, sondern — wie bereits einmal betont — vor allem daraus, daß die Gegenstandsaspekte mit zugeordneten Methodikimplikationen verbunden sind. Dieses Vorgehen, nämlich daß die unterschiedenen Einheiten-Kategorien sowohl durch Gegenstands- als auch Methodikmerkmale definiert werden, bietet die größtmögliche Sicherheit dafür, daß die eingangs als Prämisse herausgearbeitete Zielvorstellung einer adäquaten Gegenstands-Methodik-Interaktion von dem entwickelten Zwei-Phasen-Modell der Forschungsstruktur erfüllt wird. Auf die Verschränkung von Gegenstands- und Methodikimplikationen bei der Einheitendefinition ist außerdem zurückzuführen, daß die am Anfang explizierten, in der heutigen Diskussion zentralen metatheoretischen und methodologischen Problemfragen (s.o. Kap. I.2.) bei der Explikation der Einheiten Handeln, Tun, Verhalten im Laufe der Analyse praktisch alle bearbeitet werden mußten und, wie ich hoffe, beantwortet werden konnten.

Allerdings ist es bisher in der theoretischen und metatheoretischen Diskussion nicht üblich, Gegenstands- und Methodikaspekte auf diese Art und Weise zu verbinden. In der Regel werden, wenn die monistische Verabsolutierung der Methodikperspektive erst einmal überwunden ist, Gegenstandsvorstellungen gerade getrennt von Methodenaspekten expliziert und rekonstruiert, um dann bestenfalls nach Konsequenzen solcher gegenstandskonstituierenden Vorstellungen auf der Methodenebene zu fragen. So geht z.B. Herzog (1984, 94ff.) ganz dezidiert davon aus, daß Modelle im Sinne einer gegenstandskonstituierenden Funktion vorgeordnet sind und einen ‚nicht empirischen Charakter' besitzen. Da das Kriterium der ‚Wahrheit' nur für Hypothesen, Gesetzmäßigkeiten etc. angesetzt werden kann, ist über Gegenstandsmodelle nicht empirisch zu entscheiden; darin kommt neben der gegenstandskonstituierenden Funktion auch die oben besprochene präskriptive Dynamik zum Ausdruck, d.h. die Dimension der Gegenstandsvorstellung, durch die das Menschliche als ‚Potenz' und nicht als ‚Faktizität' thematisiert wird (Herzog, l.c.). Diese prinzipiellen metatheoretischen Bestimmungen sind auch bei den hier eingeführten Einheiten-Kategorien unterstellt; dennoch impliziert das entwickelte Integrationsmodell mit der Sequenzstruktur des Übergehens von einer Einheiten-Kategorie auf eine (oder mehrere) andere, daß die Wahl der adäquaten Einheiten-Kategorie nicht nur eine analytische Entscheidung darstellt. Vielmehr wird ein indirekter Empiriebezug unterstellt, der als Brauchbarkeit der jeweiligen Einheiten-Ebene für die Generierung erklärungskräftiger Theorie-Modellierungen expliziert worden ist (s.o. die Rede von der ‚Beschreibung unter einer Erklärung', durch die die Abhängigkeit des Beschreibungs-Sprachspiels vom jeweils adäquaten Erklärungsmodell ausgedrückt wird). In dem quasi-analytischen bzw. quasi-synthetischen Konzept der Brauchbarkeit von Einheiten-Kategorien sind die Funktionen der Gegenstandskonstituierung, der Zieldynamik und des Empiriebezugs integriert. Ich gehe davon aus, daß die Integration dieser drei Funktionsaspekte jener eingangs postulierten Zielvorstellung einer Gegenstands-Methodik-Interaktion gerecht wird, und zwar gerade auch unter Einbezug des Gegenstands(vor)verständnisses als problemdefinierender Basis für theoretische Erklärungsmodelle (s.o. E.5.1. die Diskussion des non-statement view).

Damit wird überdies das Integrationspotential der herausgearbeiteten Forschungsstruktur (und der mit ihr verbundenen Einheiten-Kategorien) für inhaltlich-theoretische Richtungen und Traditionen der Psychologie deutlich. Wie aus der Explikation und Benennung der Einheiten-Kategorien (s.o. Kap. 2.5.-8.; 5.2.-5.) hervorgeht, sind die klassischen, sich als paradigmatisch verstehenden Theorierichtungen der Psychologie unschwer zuzuordnen: der Behaviorismus der Verhaltens-Kategorie, die Psychoanalyse der Tuns-Kategorie und die ‚selbsternannte' (Graumann 1980) „dritte Kraft", die Humanistische Psychologie, wenn man sie ihrer irrationalistischen Tendenzen entkleidet (Graumann o.c., 47ff.), der Handlungs-Kategorie. Die Einführung der Tuns-Einheiten als Restkategorie impliziert, daß diese Einheiten-Kategorie sicher nicht durch die Theorietradition der Psychoanalyse erschöpft ist; es wurden oben (s.2.5.; 6.4.)

bereits entsprechende sozialpsychologische bzw. soziologische Theorieansätze diskutiert. Paralleles gilt sicher auch für die Kategorie der Handlungs-Einheiten, in der die ‚Humanistische Psychologie' keinesfalls der einzige Theoriestrang, für viele vermutlich nicht einmal der dominante sein dürfte; hier sind vor allem die besprochenen (6.4.) konkurrierenden, sich ‚handlungstheoretisch' nennenden Theoriemodelle anzuführen, aber auch der Ansatz, der schon zu Beginn (I.3.) als ‚kognitiver Konstruktivismus' eingeführt wurde. Allerdings ist die Theorieperspektive des ‚Kognitiven Konstruktivismus' ihrerseits sicher nicht auf die Kategorie der Handelns-Einheiten beschränkt, sondern auch im Bereich des Tuns bzw. Verhaltens ansetzbar und zu verfolgen. Darin wird deutlich, daß die Relation von Einheiten-Kategorien, Subjektmodellen und Theorieansätzen erst noch im einzelnen analysiert und bestimmt werden muß.

Bei der Explikation der Einheiten-Kategorien ist herausgearbeitet worden, daß diese Kategorien mit bestimmten Subjektmodell-Vorstellungen verbunden sind. Derartige Vorstellungen sind hinsichtlich des Generalitätsniveaus z.T. mit schon diskutierten, explizierten Subjektmodellen vergleichbar, z.T. sind diese Modelle aber auch auf abweichendem Abstraktheitsniveau expliziert. So unterscheidet z.B. Herzog (1984) als ‚Globalmodelle' der Psychologie: das Maschinen-, das Organismus-, das Handlungsmodell sowie das Modell des ‚Homo clausus'. Maschinen- und Handlungsmodell scheinen den entsprechenden Einheiten-Kategorien leicht zuzuordnen zu sein, obwohl die Explikation des Handlungsmodells nach Herzog im Vergleich zum hier postulierten Gehalt der Handlungs-Kategorie relativ eingeschränkt ist und auch die Verhaltens-Kategorie natürlich nicht durch mechanistische Modellimplikationen erschöpft wird. Beim Organismusmodell (vor allem wenn man es wie Herzog primär unter Rückgriff auf Piaget expliziert) sowie beim ‚Homo clausus' werden aber u.U. Grenzen zwischen einzelnen Einheiten-Kategorien überschritten. Ähnliches gilt für die Explikation von psychologischen Globalmodellen durch Eckensberger (1979a; b), der für psychologische Theorien vier ‚metaphysische Modelle' benennt: Maschine, lebender Organismus, ‚Ökosystem', reflexiver Mensch.

Auf diesem Hintergrund möchte ich die explizierten Einheiten-Kategorien von den Gegenstandsimplikationen her zunächst einmal als höchst-abstrakten Rahmen für (globale) Subjektmodelle der Psychologie bezeichnen. Die Einordnung derartiger Globalmodelle in diesen Rahmen wäre im Zuge der Ausarbeitung einer sozialwissenschaftlich-handlungstheoretischen Psychologie im einzelnen zu leisten. Dabei könnte ich mir vorstellen, daß die Begründung solcher Zuordnungen am sinnvollsten und sichersten möglich wird, wenn man die unterscheidbaren Menschenbild-Vorstellungen auf zentralen anthropologischen Dimensionen charakterisiert: ein Verfahren, mit dem Hjelle & Ziegler (1976, 10ff.) begonnen haben, die unter anderem Dimensionen wie Freiheit versus Determiniertheit, Rationalität versus Irrationalität, Proaktivität versus Reaktivität, Homöostasis versus Heterostasis etc. unterscheiden (vgl. auch Montada 1983, 163ff.).

Das Beispiel des ‚Kognitiven Konstruktivismus' macht überdies deutlich, daß es auch Dimensionen gibt, die sozusagen quer zu dem von der beobachtbaren menschlichen Aktivität ausgehenden Kategoriensystem des Handelns, Tuns und Verhaltens stehen; dazu ist neben der Kognition vor allem auch die Emotion zu zählen. Beide Dimensionen sind grundsätzlich auf allen drei Einheiten-Ebenen abhebbar. Zugleich kann in bezug auf sie bei ansteigendem Komplexitätsgrad der Einheiten von einer zunehmenden Integration gesprochen werden, insofern als die Einheiten-Ebenen — wie expliziert — in wachsendem Maße eine integrierte Persönlichkeit unterstellen. Vor allem die Einheiten-Kategorie des Handelns setzt in der explizierten Weise eine Überwindung der im Alltagsdenken herrschenden (neo-romantizistischen) Dichotomisierung von Emotion und Kognition konstitutiv voraus. Das manifestiert sich u.a. z.B. in den sog. Erwartungs- x Wert-Modellen der auf Handlungen bezogenen Motivationstheorien, deren Bewertungsprozesse „auf kognitiven, aber auch auf affektiven Komponenten" beruhen (Schmalt 1984, 539). Bei einem konstruktiv explizierten Handlungs-Modell ist diese Integration von Emotions- und Kognitionsaspekten außerdem theoretisch eingebettet in eine „dialektische Interaktion zwischen dem Menschen und seiner konkreten sozialen Umgebung" (Graumann 1980, 49; vgl. auch Groeben & Brinkmann 1986). Damit ist vor allem der Alltagsvorstellung widersprochen, daß kognitive Verarbeitung und in deren Folge Bewußtheit die Intensität und Extensität von Emotionen verringern; vielmehr ist für eine integrierte Persönlichkeit davon auszugehen, daß Bewußtheit auch und gerade des emotionalen Erlebens die Intensität von Gefühlen steigern kann, vor allem aber die Unterdrückung oder Manipulation von Gefühlen, Bedürfnissen etc. vermeiden und damit z.B. Entfremdung verringern hilft (vgl. Portele 1980, 65). Daher ist m.E. durchaus Aschenbach zuzustimmen, wenn er für eine nicht-dichotomistische Handlungs-Theorie postuliert:

„Emotionalität ... und Rationalität ... oder Gefühl und Argumentation stellen mithin genetisch und methodisch gesehen keine sich wechselseitig ausschliessenden Gegensätze dar. Vielmehr ist Rationalität oder Argumentation ein zusätzlicher Schritt zur Emotionalität oder zu den Gefühlen, der für den Fall von Schwierigkeiten im ‚gefühlsmäßigen' sprachlichen oder nicht-sprachlichen Handeln der Überwindung einer leiden-schaftlichen oder problematischen ‚Naivität der ersten handlungsleitenden Einfälle' dient, und solchermaßen zur Bewältigung unserer Schwierigkeiten beitragen soll" (1984, 186).

Das wirft — noch einmal — ein entscheidendes Licht auf das im explizierten Handlungs-Begriff enthaltene Rationalitäts-Konzept. Auch hier ist mit Nachdruck darauf hinzuweisen, daß der immer wieder anzutreffende ‚Verkopfungs'-Vorwurf nur reduktionistische Varianten des Rationalitäts-Konzepts trifft, z.B. wenn Rationalität mit rein zweckrationalem Handeln identifiziert wird. Wenn sinnrationale Aspekte (d.h. Orientierungen auf umfassendere soziale Strukturen hin; vgl. Aschenbach 1984, 167) und vor allem wertrationale Perspektiven (d.h. Aspekte der Wertigkeit von Handlungen z.B. unter moralischen bzw. ethischen Gesichtspunkten; vgl. Groeben 1979b; s.u. E.6.1.) einbezogen werden, kann von einer unvermeidbaren Beschränkung des Rationalitäts-Konzepts auf kognitive Dimensionen nicht (mehr) die Rede sein (Pettit 1982, 76).

Das auch in einem solchen umfassenden Rationalitäts-Konzept zum Ausdruck kommende Bild einer integrierten Persönlichkeit ist, schon wegen der positiven Zielfunktion, das einer ‚voll entwickelten Person' (vgl. Humanistische Psychologie: Rogers). Herzog kritisiert dieses Menschenverständnis als ‚adultomorph, individualistisch und intellektualistisch' (bzw. ‚academicomimetic': Little; Herzog 1985, 624ff.); die Kritik des ‚Adultomorphen' impliziert den Vorwurf, daß damit ein querschnittartig-statisches Menschenbild eingeführt wird, das dynamische Entwicklungsaspekte vernachlässigt. Dies ist allerdings m.E. eine Bewertung, die zu stark von entwicklungspsychologischen Dynamikvorstellungen ausgeht. Es ist zwar zuzugestehen, daß das Bild einer integrierten Persönlichkeit im größeren Rahmen des handlungsfähigen (etc.) menschlichen Subjekts den Zustand einer abgeschlossenen Entwicklung thematisiert; damit ist aber im Rahmen der hier vorgestellten Forschungsstruktur auf der Ebene des Gegenstands(vor)verständnisses keineswegs eine a-dynamische Statik verbunden. Die in diesem Gegenstandsverständnis enthaltene Dynamik wird durch die Zielfunktion der Modellvorstellungen gebildet (im explizierten Sinn der positiven Entwicklungsmöglichkeiten). Damit ist sicher nicht die Entwicklung des einzelnen Individuums zu einer integrierten Persönlichkeit vorgezeichnet; eine solche Konzentration auf in dieser Weise entwicklungspsychologische Perspektiven wäre aber sehr viel eher ‚individualistisch' zu nennen. Das heißt, das dynamische Moment von Menschenbildannahmen in der Psychologie muß nicht unbedingt ein entwicklungspsychologisches Moment sein; die im entworfenen Integrationsmodell angezielte präskriptive Dynamik setzt auf einem generelleren und damit zugleich grundsätzlicheren Niveau an, auf dem Gegenstands- und Methodikaspekte vereint werden. Das schließt nicht aus, sondern ermöglicht es durchaus, ja läßt es als gewünscht erscheinen, daß solche prinzipielle methodisch-präskriptive Dynamik bei der Ausarbeitung einer sozialwissenschaftlich-handlungstheoretischen Psychologie durch entsprechende Erklärungsansätze entwicklungspsychologischer Art komplettiert wird.

Mit dem Hinweis auf die Gegenstands-Methodik-verbindende Zielfunktion der einschlägigen Menschenbildannahmen ist auch zu legitimieren, daß diese Annahmen in der explizierten Forschungsstruktur nicht am Schluß, sondern am Anfang eingeführt werden (indem entsprechend den Postulaten zur Komplexitätssequenz von der Einheiten-Kategorie des Handelns auszugehen ist). Denn nur dadurch, daß die positive Zieldynamik der problemdefinierenden, gegenstandskonstituierenden Menschenbildannahmen gerade den Anfang der Forschungsstruktur konstituiert, ist zu sichern, daß alle in der Empirie vorhandenen Entsprechungen zu diesen Zielvorstellungen entdeckt werden (können) – sowie zugleich Nicht-Entsprechungen als Diskrepanz zu denk- und wünschbaren Entwicklungsmöglichkeiten aufgedeckt (und kritisiert) werden. Nur durch eine solche, von der explizierten (anthropologischen) Zieldynamik ausgehende Forschungsstruktur ist eine Psychologie-Konzeption zu erreichen, die konzeptuelle Beschränkungen des gegenwärtigen gesellschaftlichen Wissensbestandes überwinden und damit für ihren Gegenstand konstruktiv verändernd wirken kann (d.h. ‚generativ' ist, wie es Gergen 1980, 261ff. nennt).

6.6. Verstehend-erklärende Psychologie als Bindeglied zwischen Natur- und Geisteswissenschaften

Die angesprochenen anthropologischen Grundvorstellungen einer verstehend-erklärenden Psychologie implizieren letztlich, daß sich der anthropologische Status der Forschungsstruktur einschließlich der durch sie geforderten methodologischen Kompetenz des Forschers ebenfalls ändert. Es ist schon angesprochen worden, daß die unmodifizierte Übertragung der naturwissenschaftlichen (fixen) Subjekt-Objekt-Trennung auf sozialwissenschaftliche Gegenstandsbereiche anthropologisch wie ein habitualisiertes Mißtrauen des Erkenntnis-Subjekts gegenüber dem Erkenntnis-Objekt (und dessen Reflexivität bzw. Rationalität) wirkt (s.o. Kap. 6.2.). Die Konzeption des Erklärens durch Verstehen, der konstitutiven Vorordnung einer kommunikativen Validierung als optimaler regulativer Zielvorstellung, bedeutet, daß so etwas wie ‚kommunikative Kompetenz' als Anforderung für das *methodologische* Fähigkeitsprofil des (psychologischen bzw. sozialwissenschaftlichen) Forschers einzubeziehen ist. In dieser Anforderung treffen sich unterschiedlichste Stränge der hermeneutischen Tradition wie etwa die phänomenologische Ausrichtung (vgl. Kebeck & Sader 1984, 211ff.), die Kritische Theorie (in ihrer kommunikationswissenschaftlichen Rekonstruktionsausrichtung: Habermas 1971; 1981), die Argumentationstheorie, die – wie geschildert (s.o. E.5.3.) – der ‚monologischen Vernunft von Logik und Methode die *dialogische Vernunft des Gesprächs* zur Seite stellt' (Herzog 1986, 16f.). Da in dieser Kommunikation Wahrheit anhand von Wahrhaftigkeit (in den Auskünften des Erkenntnis-Objekts) erreicht werden soll, diese aber selbst wiederum kaum bei Desintegration von Kognition und Emotion erreichbar sein dürfte, wird damit auch methodologisch die anthropologische Zielidee einer Kognitions-Emotions- sowie Handlungs-Integration implementiert (vgl. auch Moser 1983, 55).

Eine auf diese Weise die kommunikative und explanative Validierung verschränkende Wissenschaftskonzeption bezieht daher als konstitutive Möglichkeit ein, was für naturwissenschaftliche Gegenstände unmöglich ist, bei sozialwissenschaftlichen aber prinzipiell möglich wird und konkret realisiert werden sollte: die Verständigung mit dem Erkenntnis-Objekt! Das Ziel einer Verbindung von Psychologie der ersten und der dritten Person impliziert, daß die Kommunikation zwischen Erkenntnis-Subjekt und -Objekt im Optimalfall auch zu einer (wachsenden) Übereinstimmung in den Reflexionen, der Welt- und Selbstsicht beider Seiten führt (s.o. 6.3.). Zur Realisierung dieser metatheoretischen Zielidee sind auf Dauer in Form der Selbstanwendung auch inhaltlich-theoretische Aspekte (aus der Sozialpsychologie der Interaktion und Kommunikation) heranzuziehen, die in diesem Zusammenhang die Funktion methodologischer Kriterien zur Realisierung einer adäquaten, auf kommunikative Verständigung ausgerichteten Forschungsstruktur gewinnen können.

So lassen sich aus der bisherigen objekttheoretischen Forschung z.B. als Bedingungen, Möglichkeiten und Manifestationen gegenseitigen Verständnisses anführen:

- zunehmende Ähnlichkeit der Selbstbilder (der Gesamtheit der Verhaltenserwartungen),
- Verringerung der Differenzen zwischen Hetero- und Autostereotypen (Übereinstimmung oder Ähnlichkeit vom jeweils eigenen Fremd- und Selbstbild – das ‚Nähe-Erlebnis'),
- Verringerung der wechselseitigen Heterostereotypen und Autostereotypen (Übereinstimmung von jeweils eigenem Fremd- und fremdem Selbstbild; der Partner sieht einen, wie man sich selber sieht),
- Verringerung der Differenz zwischen vermutetem Fremdbild und eigenem Selbstbild (Vertrauen in die Urteilsfähigkeit des Partners),
- Verringerung der Differenz zwischen vermutetem Fremdbild und dem tatsächlichen Fremdbild (Möglichkeit, sich in die Sicht des Partners zu versetzen).' (Lückert 1982, 52 in Nachfolge von Hofstätter 1966)

Mit diesen (anzustrebenden) Ähnlichkeitsrelationen ist lediglich eine Ausdifferenzierung des prinzipiellen Selbstanwendungspostulats gegeben, wie es eingangs als Prämisse zur Generierung von Subjektmodellen begründet worden ist (Kap. II.4.); das Entscheidende ist dabei, daß diese Konkretisierungen sich jetzt nach der Explikation und Rechtfertigung des Zwei-Phasen-Modells der Forschungsstruktur auf den konkreten Forschungsprozeß als Kommunikation zwischen Erkenntnis-Subjekt und -Objekt beziehen. Für das Erreichen solcher konkreten Zielzustände des kommunikativen Forschungsprozesses lassen sich aus der bisherigen Forschung auch durchaus noch erleichternde bzw. positiv wirksame Mittel und Wege angeben. Dieterich führt etwa (aus der Forschung zu Interaktionsstilen) die Reversibilität der Kommunikation an (1982, 27), außerdem die Fähigkeit zu Metakommunikation (o.c., 135, um intra- und interpersonale Konflikte auflösen zu können). Die Ausarbeitung einer derartigen methodologischen Nutzung bisheriger objekttheoretischer Forschung wird sicher noch eine Fülle weiterer Perspektiven thematisieren können (vgl. auch Groeben & Scheele 1977, 177ff.). Dabei ist jedoch zu erwarten, daß es durchaus auch Abgrenzungen, z.B. gegenüber therapeutischen Haltungen und Handlungen, geben wird; so lehnt etwa Dieterich die therapeutischen Zielkriterien der Gesprächspsychotherapie (Rogers: emotionale Wärme, Echtheit, bedingungslose Wertschätzung etc.) für nicht-therapeutische (Verständigungs-)Kontexte als zu weitgehend („eine Zumutung") ab. Bei aller Wertschätzung der ‚emotionalen Komponente der Verständigungsbereitschaft' (Dieterich o.c., 28) stimme ich ihm in der Bewertung gerade für den Zielbereich einer Forschungskommunikation (die nicht gleichzeitig auch noch Therapiefunktion erfüllen kann; s.o. die Kritik an der Aktionsforschung: E.3.3.) zu: „So nützlich möglicherweise der Stimmungs- und einstellungsmäßige Anteil der Verständigungsgrundlage sein mag, maßgeblich ist doch der kognitive Aspekt." (Dieterich 1982, 29) Eine Explikation und Gewichtung solcher und weiterer Übertragungsperspektiven aus der bisherigen objekttheoretischen Forschung zur Konzeptualisierung einer verständigungsorientierten Forschungskommunikation wird eine der Aufgaben einer Methodenlehre in einer voll entwickelten sozialwissenschaftlichen Wissenschaftskonzeption (der Psychologie) sein.

Wenn verstehendes Erklären in diesem Sinne verständigungsorientierte Kommunikation konstitutiv (mit-)realisiert, dann nimmt eine so konzeptualisierte Psychologie nicht nur eine Stellung mitten zwischen Natur- und Geisteswissenschaften ein, sondern kann eventuell auch eine Mittlerfunktion zwischen beiden erfüllen. Und eine solche Mittlerfunktion ist, wie nicht nur die Monismus-Dualismus-Dichotomie zeigt, historisch überfällig; denn natur- und geisteswissenschaftliches Denken haben sich im Laufe des 20. Jahrhunderts doch so weit auseinandergelebt (s.o. Kap. 0., II.2.ff.), daß man (mit Snow 1967) praktisch von zwei getrennten Kulturen sprechen kann. Snow hat als Extrempole dieser beiden Kulturen die ‚literarische und naturwissenschaftliche Intelligenz' ausgemacht, wobei seine These ist, daß sich ‚das geistige Leben der gesamten westlichen Welt immer mehr in zwei diametrale Gruppen aufspaltet' (o.c., 11) — diametral deswegen, weil die beiden Kulturen durch gegenseitige Fremdstereotypien gekennzeichnet sind, die wiederum durch mangelnde Kommunikation nur mehr gegenseitig verfestigt werden.

„Die Gegenspieler der Naturwissenschaftler haben die tief eingewurzelte Vorstellung, jene seien immer seichte Optimisten, die nicht merken, wo die Menschheit steht. Andererseits glauben die Naturwissenschaftler, den literarisch Gebildeten gehe jede Voraussicht ab, sie kümmerten sich kaum um ihre Mitmenschen und sie seien in einem tieferen Sinne antiintellektuell und eifrig darauf bedacht, Kunst und Denken auf das existentielle Moment zu beschränken usw. Wer nur eine einigermaßen scharfe Zunge hat, könnte solche versteckten Spitzen en masse produzieren. Auf beiden Seiten findet sich manches, was nicht völlig aus der Luft gegriffen ist. Aber das alles ist destruktiv, und vieles beruht auf gefährlichen Fehldeutungen." (Snow 1967, 13)

Wenn man nur den wissenschaftlichen Bereich herausgreift, manifestieren sich diese beiden Kulturen in der Trennung von ‚sciences' und ‚humanities' (vgl. Berlin 1974; Riedel 1978, 10), also dem, was im Deutschen in der Regel ‚Naturwissenschaften' versus ‚Geistes- bzw. Kulturwissenschaften' genannt wird. Dieser Unterscheidung lassen sich andere metatheoretische Polarisierungen zuordnen wie die von exogener versus endogener Weltsicht (vgl. Gergen 1982, 175ff.) oder der Galiläischen versus Aristotelischen Tradition (wobei die Galiläische Tradition mit der Suche nach Kausal-Erklärungen, die Aristotelische mit teleologischem Denken gleichgesetzt wird; vgl. Lewin 1927; Stegmüller 1983, 483). Auf jeden Fall ist auch die Unterscheidung von technischem versus kommunikativem Erkenntnisinteresse (Habermas 1968; 1981) und damit von Naturwissenschaften versus Kommunikationswissenschaften als Manifestation einer solchen Dichotomie der zwei Kulturen anzusetzen. Gerade wenn man diese Dichotomie unter Rückgriff auf das Konstrukt des technischen versus kommunikativen Erkenntnisinteresses rekonstruiert, wird die potentielle Mittlerstellung einer verstehend-erklärenden Psychologie mit der konstitutiven Forschungsphase einer (verständigungsorientierten) kommunikativen Validierung deutlich. Diese Psychologie-Konzeption versucht, auf der Grundlage eines dem Natur- wie dem Kulturbereich zugehörigen Gegenstandes beiden Erkenntnisinteressen gerecht zu werden. Daß gerade die Psychologie im interdisziplinären Kanon der Wissenschaften vom Gegenstandsbezug her dazu die Chance hat, ist immer wieder betont worden (vgl. Cassirer 1961/80, 57ff.; Koch 1981; Mischel 1981, 298ff.). Dieser Hoffnung gerecht werden aber kann sie erst, wenn sie ihre Einheiten so komplex wählt, daß die für Geistes- bzw. Kulturwissenschaften konstitutiven Bedeutungs- bzw. Sinndimensionen mit enthalten sind. Cassirer hat das prinzipiell philosophisch verdeutlicht, indem er der Eigenschafts- bzw. Gesetzes-Konstanz der physischen Welt die Ebene der Bedeutungen gegenübergestellt hat (1961/ 80, 74f.):

„Dennoch ist die Kultur gleichfalls eine ‚intersubjektive Welt'; eine Welt, die nicht in ‚mir' besteht, sondern die allen Subjekten zugänglich sein und an der sie alle teilhaben sollen. Aber die Form dieser Teilhabe ist eine völlig andere als in der physischen Welt. Statt sich auf denselben raum-zeitlichen Kosmos von Dingen zu beziehen, finden und vereinigen sich diese Subjekte in einem gemeinsamen Tun. Indem sie dieses Tun miteinander vollziehen, erkennen sie einander und wissen sie voneinander im Medium der verschiedenen Formwelten, aus denen sich die Kultur aufbaut. Den ersten und entscheidenden Schritt, den Schritt, der vom ‚Ich' zum ‚Du' hinüberführt, muß auch hier die Wahrnehmung tun. Aber das passive Ausdruckserlebnis genügt hierfür so wenig, wie die bloße Empfindung, die einfache ‚Impression', zur objektiven Erkenntnis genügt. Die wahre ‚Synthesis' kommt erst in jenem aktiven Austausch zustande, den wir, in typischer Form, in jeder sprachlichen ‚Verständigung' vor uns sehen. Die Konstanz, deren wir hierfür bedürfen, ist nicht die von Eigenschaften oder Gesetzen, sondern von Bedeutungen." (o.c., 75)

Es ist ausführlich erarbeitet worden, daß für den Bereich der Psychologie die Einheiten-Kategorie des Handelns diese Ebene der Bedeutungs- bzw. Sinndimension (der kultürlichen Welt) mit der Ebene der Eigenschafts- und Gesetzes-Konstanz (der Naturwelt) zu verbinden in der Lage ist — mit den Worten von Oldemeyer (1979, 760):

„Die Doppelfunktion der Reflexion für das Handeln: die Linearisierung der unwillkürlichen Erfahrens- und Verhaltenszyklen *und* die Re-Zyklisierung der selbstbestimmten, fortschrittsorientierten Handlungsketten — scheint ein Indiz dafür zu sein, daß der Mensch nicht nur ... von Natur her darauf angelegt ist, ein Kulturwesen zu sein, sondern daß er auch von Kultur her nach wie vor ein Naturwesen bleiben möchte."

Darin, daß das vorgeschlagene Integrationsmodell der Forschungsstruktur von der Handlung als höchst-komplexer Ausgangseinheit der Psychologie ausgeht, liegt die Begründung dafür, daß für dieses Forschungsstrukturmodell die Mittel- und Mittler-Stellung zwischen Natur- und Geisteswissenschaften auch auf metatheoretisch-methodologischer Ebene behauptet werden kann. Wenn diese Einschätzung berechtigt ist, impliziert das allerdings den Anspruch, daß mit diesem Modell auch auf der Metaebene der wissenschaftstheoretischen Diskussion die Zieldynamiken beider Traditionen (der Hermeneutik wie des Empirismus) realisiert und verbunden werden. Denn man kann gute Argumente dafür anführen, daß auch die wissenschaftstheoretischen Bemühungen der dichotomistisch gegeneinanderstehenden Traditionen als je einzelne gescheitert sind. So interpretiert z.B. Weingart (1984, 63ff.) das Prinzip des ‚Anything goes' (von Feyerabend) als Bankrotterklärung der empiristischen Wissenschaftstheorie gegenüber den praktizierenden Objektwissenschaften, die den ‚absolutistischen Machtanspruch' der Metatheorie auf Dauer einfach nicht anerkannt haben, sondern unabhängig davon Forschungsstrukturen entwickelt und — erfolgreich — angewendet haben. Ob dies auch für den Bereich der Psychologie in solcher Radikalität behauptet werden kann, soll hier nicht weiter untersucht werden. Aber eine Integration von hermeneutischer und empiristischer Tradition auch auf metatheoretischer Ebene bedeutet zumindest eine Erweiterung der Wissenschaftstheorie um jene Zieldimensionen, die mit dem kommunikativen Erkenntnisinteresse verbunden sind. Dafür ist an erster Stelle sicherlich die Funktion der Emanzipation im klassischen (Kantschen) Sinne der ‚Aufklärung des Menschen als Ausgang aus selbstverschuldeten Unmündigkeiten' anzusetzen (vgl. Habermas 1968; auch Aschenbach 1984, 231f.). Damit wäre dann ein Typ von Wissenschaftstheorie erreicht, der ebenfalls integrativ zu nennen wäre, insofern nämlich als die rein wissenschaftsimmanente Rationalitätsexplikation mit der (Rationalitäts-)Verantwortung gegenüber der Gesellschaft verbunden wird (vgl. auch das Modell der wissenschaftsimmanenten versus -transzendenten Bedingungen bei der Rekonstruktion von Theorien- bzw. Wissenschaftsentwicklungen; z.B. Lakatos 1971). Gergen nennt diesen — anzustrebenden — Typ von Wissenschaftstheorie, der ‚endogene und exogene' Perspektiven von Rationalität verbindet: soziorationale Metatheorie (‚social rationalist metatheory': 1982, 207). Ich hoffe, daß der hier vorgelegte wissenschaftstheoretische Versuch einer methodologischen Integration von Hermeneutik und Empirismus als ein Schritt in Richtung auf eine solche integrative, soziorationale Metatheorie angesehen werden kann.

Exkurs Sechs: Wertung als Utopie in einer sozialwissenschaftlichen Psychologie

In den bisherigen Analysen und Argumentationen ist mehrfach unterstellt worden (s.o. Kap. II.4.; E.3.3.; E.5.2.), daß eine sozialwissenschaftlich-handlungstheoretische Psychologie eine Wissenschaft sein sollte, die nicht nur metatheoretisch-methodologische, sondern auch objekttheoretische Wertungen ausspricht und begründet – und damit das seit Max Weber in den empirischen Wissenschaften vorherrschende Werturteilsfreiheits-Postulat nicht akzeptiert, sondern überwunden hat. Diese Forderung nach Überwindung des Werturteilsfreiheits-Postulats ist in der heutigen Wissenschaftstheorie noch keinesfalls allgemein anerkannt, sondern stellt eher eine Außenseiterposition dar. Da ich eine solche Überwindung aber als eine positive Entwicklung in der Wissenschaftskonzeption (der Sozialwissenschaften) ansehen würde, stellt sie für mich eine Utopie dar.

Damit gehe ich nicht vom alltagssprachlichen, sondern vom wissenssoziologischen Begriff der ‚Utopie‘ aus. Alltagssprachlich wird ‚Utopie‘ zumeist als pejorativer Begriff mit der Bedeutung des Unrealistischen, Illusionären etc. verwendet. Wissenssoziologisch liegt mit ‚Utopie‘ eher ein positiv wertender Begriff vor, der als Gegenpol zum Begriff der Ideologie expliziert werden kann (vgl. Neusüss 1972, 29). ‚Utopie‘ bezeichnet dann ein Denken, das historisch überholte, gesellschaftlich determinierte (bzw. vermittelte) Vorstellungen überwindet. Utopisches Denken ist also ein ‚sich-Freidenken von den gesellschaftlichen Determinationen der Wissenskontrolle‘ (Krysmanski 1963; vgl. auch Groeben 1974, 68ff.).

In diesem positiven wissenssoziologischen Sinn können Wertungen in einer sozialwissenschaftlichen Psychologie in zweierlei Hinsicht utopisch sein: zum einen (metatheoretisch) vom reinen Faktum der Überwindung des Werturteilsfreiheits-Postulats her, zum anderen (objekttheoretisch) vom Inhalt der dann möglichen (und anzustrebenden) wissenschaftlichen Werturteile her. Hinsichtlich beider Perspektiven möchte ich die potentielle (utopische) Entwicklung einer sozialwissenschaftlich-handlungstheoretischen Psychologie in diesem abschließenden Exkurs – an einigen Beispielaspekten – kurz umreißen. Ich werde daher zunächst das metatheoretische Problem der Überwindung des Werturteilsfreiheits-Postulats diskutieren (E.6.1.) und dabei (ausgehend von früheren Arbeiten: Groeben 1979b; 1986) die Möglichkeiten und Grenzen der Ziel-Mittel-Argumentation darstellen. Zum zweiten werde ich einige mögliche utopische Zielvorstellungen als Merkmale eines denkbaren zukünftigen Menschen (und damit einer anzustrebenden Anthropologie?) benennen, wobei ich als Heuristik auf literarische Utopien zurückgreife; ich hoffe dabei, daß dieses inhaltliche Vorgehen zugleich eine Veranschaulichung für die oben postulierte metatheoretische Integrationsdynamik bieten kann: indem nämlich unter Rückgriff auf die literarische Intelligenz das gesellschaftliche Aufklärungs- und Veränderungspotential der empirisch-psychologischen Theoriemodelle erweitert wird.

E.6.1. Die Überwindung des Werturteilsfreiheits-Postulats

Das Werturteilsfreiheits-Postulat basiert auf der These eines Dualismus zwischen Werten und Tatsachen, Soll- und Seins-Urteilen, präskriptiven und deskriptiven Sätzen („ought' und ‚is': Hudson 1969). Diese Position des Tatsachen-Werte-Dualismus manifestiert sich in zwei Teilthesen, nämlich daß (1) Soll-Sätze nicht auf Seins-Sätze reduziert werden können und daß (2) Soll-Sätze nicht aus Seins-Sätzen abzuleiten sind. Gegen die erste Teilthese wurde eingewandt, man könne Soll-Sätze auf Seins-Sätze über Wünsche, Wollen etc. zurückführen; eine differenzierte Analyse dieses Arguments zeigt aber, daß es sich nur um eine Verschiebung des Problems handelt, denn man muß dann zwischen entsprechenden Kategorien von Seins-Sätzen unterscheiden: deskriptiven und evaluativen, so daß es klarer und konsequenter erscheint, die evaluativen Sätze gleich als präskriptive (und damit Soll-Sätze) einzuführen. Hinsichtlich der zweiten Teilthese hat Searle (1977) versucht, die Ableitbarkeit von Soll-Sätzen aus Seins-Sätzen anhand eines Beispiels plausibel zu machen; und zwar hat er über mehrere Zwischenschritte aus dem deskriptiven Satz ‚Jones hat geäußert, ‚‚Hiermit verspreche ich Dir, Smith, 5 Dollar zu zahlen'' den präskriptiven ‚abgeleitet': ‚Jones muß Smith 5 Dollar zahlen'. Die Diskussion dieses Versuchs führt aber zu dem Nachweis, daß Searle beim Übergang zwischen einzelnen Sätzen in seiner ‚Ableitungsreihe' Prinzipien unterstellt, die als normative Prämissen (und d.h. Soll-Sätze) anzusehen sind, z.B. die Voraussetzung, daß man seine Versprechen halten soll oder muß (Hudson 1969, 25). Die These des Tatsachen-Werte-Dualismus gilt daher auch heute noch (bei den meisten Philosophen) als unwiderlegt. Daraus folgt vor allem, daß Soll-Sätze nicht – allein – aus Seins-Sätzen ableitbar sind, weil „der Bedeutungsumfang eines abgeleiteten Satzes niemals den Bedeutungsumfang jener Aussage überschreiten" kann, „aus der er abgeleitet ist" (Prim & Tilmann 1973, 119). Eine Verletzung dieses Prinzips wird ‚naturalistischer Fehlschluß' genannt.

Ein solcher naturalistischer Fehlschluß, d.h. die (vorgebliche) ‚Ableitung' eines präskriptiven allein aus einem deskriptiven Satz, läge z.B. vor, wenn man aus dem deskriptiven Satz ‚Der Mensch denkt, das Tier nicht' den präskriptiven ‚ableiten' wollte: ‚Also muß die Psychologie primär Denkprozesse erforschen'. Dieser präskriptive Satz ergibt sich korrekt aber nur, wenn man zur deskriptiven Prämisse die präskriptive Oberprämisse hinzufügt: ‚Die Psychologie sollte das spezifisch Menschliche erforschen' (s.o. Kap. 6.5.). Wenn man z.B. als Oberprämisse einführen würde: ‚Die Psychologie sollte das menschlichen und tierischen Organismen Gemeinsame erforschen', dann ergäbe sich eine völlig andere Konsequenz aus dem angeführten deskriptiven Satz. Ich komme bei der Diskussion der Ziel-Mittel-Argumentation auf die Struktur solcher deskriptiv-präskriptiv-gemischter Satzsysteme zurück.

Auf der Grundlage dieses Tatsachen-Werte-Dualismus ist dann von Weber die Forderung nach ‚strenger Unterscheidung von Erfahrungswissen und Werturteil' aufgestellt worden, die heutzutage vor allem vom Kritischen Rationalismus als Werturteilsfreiheits-Postulat tradiert wird. Nach Albert (1968) lassen

sich in bezug auf Werturteile in den Wissenschaften drei Ebenen unterscheiden:
1. Die Ebene der Wertbasis, d.h. der metatheoretischen Präskriptionen als Basis für die Explikation und Evaluation von Wissenschaftskonzeptionen;
2. Wertungen als Objekt der sozialwissenschaftlichen Forschung (z.B. Zielfestsetzungen, wertende Einstellungen, Präferenzsysteme etc. des Menschen als Gegenstand der Psychologie);
3. Wertungen als objekttheoretische Aussagen der Wissenschaft, d.h. präskriptive Aussagen mit wissenschaftlichem Rationalitätsanspruch.

Das Werturteilsfreiheits-Postulat bezieht sich lediglich auf die dritte Ebene. In den ersten beiden Ebenen ist es nicht thematisch, denn metatheoretische Wertungen sind unvermeidbar — die Wissenschaftstheorie strebt sie ja explizit an; und Wertungen als Objekt der sozialwissenschaftlichen Forschung sind eine empirische Tatsache — hier geht es lediglich darum, daß Aussagen über Wertungen selbst nicht präskriptiv sein müssen, sondern als deskriptive aufzubauen und einzuführen sind. Das Problem ist allerdings, ob die explizierten Ebenen so unabhängig voneinander fungieren, wie es bei dieser Konzentration des Werturteilsfreiheits-Postulats auf die Ebene 3 unterstellt ist. Hinsichtlich der Relation von Ebene 1 und 3 ist oben bereits mehrfach diskutiert worden, daß die Festlegung auf bestimmte methodologische Zielvorstellungen auch die Selektion (und Bewertung) entsprechender Gegenstandsannahmen impliziert (s.o. die Diskussion zur Methodik-Determination der Forschung, I.4.ff.; zur Aktionsforschung, E.3.3.; vgl. auch Prim & Tilmann 1973, 134ff.). Noch wichtiger aber ist die Nicht-Abschottbarkeit der Ebenen 2 und 3 gegeneinander. Groeben & Scheele haben (1977, 129f.) im einzelnen herausgearbeitet, wie die Erforschung eines im Objektbereich der Psychologie positiv bewerteten Phänomens (etwa der Kreativität) zu Wertungsnotwendigkeiten innerhalb des wissenschaftlichen Aussagensystems führt. So wird für die Operationalisierung des positiv präskriptiven Begriffs ‚kreatives Produkt' üblicherweise die Einschätzung von Experten herangezogen; dabei ist der Begriff ‚Experte' allerdings ebenfalls ein präskriptiver, für den eine wissenschaftliche Begründung notwendig wäre. Die vom Werturteilsfreiheits-Postulat dominierte Wissenschaftsauffassung drückt sich lediglich um die Explikation dieser unvermeidbaren präskriptiven Aspekte herum, indem sie Termini wie ‚Experten', ‚Evaluation' etc. benutzt, als wären sie deskriptive oder nur metatheoretisch-präskriptive. Dadurch kommt es zu einer Fülle von ‚kryptonormativen Begriffen', worauf Brandtstädter & Montada (1977) (mit Beispielanalysen zu ‚erfolgreicher Aggressivität', ‚neurotischen Verhaltensstörungen' etc.) hingewiesen haben.

Das bedeutet, daß die völlige Vermeidung von Wertungen (als Aussagen in objekttheoretischen Satzsystemen) im strikten Sinn des Werturteilsfreiheits-Postulats gar nicht möglich ist. Sie ist überdies — heutzutage — auch nicht sinnvoll. Zu Zeiten von Max Weber, als vor allem die Geisteswissenschaften durch eine naive und irrationale Wertungsinflation gekennzeichnet waren, in deren Zusammenhang persönliche Präferenzen von Wissenschaftlern unbegründeter- und damit unberechtigterweise als Aussagen mit wissenschaftlicher Rationalitätsdignität ausgegeben wurden, erfüllte das Werturteilsfreiheits-Postulat durchaus eine antiideologische Funktion (vgl. Groeben & Westmeyer 1975, 216f.). Mittlerweile aber ist durch den Siegeszug der empiristischen Wissenschaftskonzeption(en) die Gefahr einer kurzschlüssigen Vermischung von deskriptiven und präskriptiven Aussagen sehr viel geringer geworden. Daher schafft der rigorose Rückzug der empirischen Wissenschaften aus dem Bereich der Ziel- und Normendiskussion sowie -begründung heute lediglich ein „Vakuum, das zwangsläufig von irrationalistischen Strömungen ausgefüllt wird" (Thiel 1972, 58). Es ist daher für die kontemporäre und zukünftige sozialwissenschaftliche Psychologie die Überwindung des Werturteilsfreiheits-Postulats anzustreben, weil:

— „Kritik und Begründung auch außerhalb von deduktiv-schließenden Systemen deskriptiver Sätze möglich ist;
— die Vermeidung von Wertungsimplikation durch Trennung von wissenschaftlichen Aussagenebenen forschungspraktisch und -methodisch weder möglich noch sinnvoll ist." (Groeben & Scheele 1977, 131).

Als derzeit wichtigste Möglichkeit einer solchen ‚Kritik und Begründung außerhalb von deduktiv-schließenden Satzsystemen' ist die Ziel-Mittel-Argumentation (Z-M-A) anzusetzen. Die Grundstruktur dieser Z-M-A ist implizit schon in der oben diskutierten Überwindung des naturalistischen Fehlschlusses enthalten. Sie sei hier noch einmal am Beispiel eines möglichen objekttheoretischen Argumentationsschritts verdeutlicht:

Es sei der Fall gesetzt, daß ein Psychologe objekttheoretisch den präskriptiven Satz (P0) äußert: ‚Der Mensch sollte möglichst kreativ sein.' Wenn er nach der Rechtfertigung dieser Norm gefragt wird, könnte er z.B. anführen: ‚Wenn der Mensch kreativ ist, kann er die sich immer schneller verändernde (Um-)Welt konstruktiv-flexibel verarbeiten.' Dieser deskriptive Satz (D1) reicht allerdings, wie expliziert, zur Begründung des präskriptiven Satzes nicht aus, es ist noch eine präskriptive (P1) Oberprämisse nötig, die in diesem Beispielfall etwa lauten würde: ‚Der Mensch sollte die (Um-)Welt möglichst konstruktiv-flexibel verarbeiten.'

Eine formale Notation dieser Ziel-Mittel-Argumentation läßt sich folgenderweise vornehmen:

(P1)   ! konstruktiv-flexible Verarbeitung
(D1)   Kreativität   ⟶   konstruktiv-flexible Verarbeitung
(P0)   ! Kreativität

Gleichermaßen sind natürlich auch negativ-präskriptive Auszeichnungen möglich, die aber an der Struktur der Z-M-A nichts Prinzipielles ändern.

Dieses einfache Beispiel macht die grundsätzlichen Möglichkeiten und Grenzen einer Z-M-A-Begründung von präskriptiven Aussagen deutlich. Die Grundstruktur sieht so aus, daß man ein Ziel (eine Norm, einen Wert; vgl. zur ‚metonymischen Äquivalenz' Kalinowski 1972, 9) begründet, indem man in einem empirischen Satz Folgen bzw. Wirkungen dieses Ziels (bzw. seiner Realisierung) angibt;

entscheidend ist dabei, daß diese Folgen bzw. Wirkungen ebenfalls als präskriptiv (positiv) auszuzeichnende angesetzt werden (vgl. vor allem König 1975). Die Rechtfertigung einer Präskription besteht also immer aus einem empirischen und einem normativen Satz (König et al. 1975, 40). Daraus folgt, daß ein Begründungsversuch (für Präskriptionen) immer dann als gescheitert anzusehen ist, wenn sich der heranzuziehende deskriptive Satz entweder (z.B. über Sprachkritik) als sinnlos oder (über empirische Prüfungen) als falsch erweist. Die empirische Prüfung der in Ziel-Mittel-Argumentationen enthaltenen deskriptiven Sätze kann daher durchwegs eine ‚negative Kritik' der thematischen Präskriptionen leisten (König 1975, 29). Eine empirische Bewährung des deskriptiven Satzes führt allerdings nicht zu einer endgültigen Legitimation der Ausgangspräskription, sondern nur zu einer Rechtfertigung in Relation auf die als positiv ausgezeichneten Wirkungen dieses Ziels. Die Z-M-A ist daher immer nur in der Lage, eine relative Begründung unter Bezug auf präskriptive Oberprämissen zu liefern. Dementsprechend wäre die angeführte Beispiel-Argumentation auch weiter fortzusetzen, indem als nächstes nach der Begründung für die positive Auszeichnung von konstruktiv-flexibler (Welt-)Verarbeitung zu fragen und ein diesbezüglicher deskriptiver Satz D2 einschließlich dem entsprechenden präskriptiven Satz P2 darüber zu setzen wäre — und so fort. Dies führt dann schlußendlich zu letzten, obersten Zielen oder Normen bzw. sog. Grundwerturteilen (Weisser; vgl. Prim & Tilmann 1973, 122), deren Rechtfertigung nicht mehr innerhalb einer Z-M-A möglich ist (s.u.).

Die formale Notation des Beispiels zeigt überdies auch, warum die Z-M-A als Begründung außerhalb von deduktiv-schließenden Satzsystemen anzusehen ist. Als deduktive Schlußweise ist im Rahmen der hier zugrundegelegten Struktur nur der modus ponens akzeptabel: ‚Wenn p, dann q; nun aber p, also q' (Salmon 1963, 24). Die formale Struktur der Z-M-A aber lautet: ‚Wenn p, dann q; nun aber q, also p'. Dies ist für deduktive Ableitungen ein logisch unzulässiger Schluß („The fallacy of affirming the consequent": Salmon 1963, 27). Diese nicht-deduktive Struktur der Z-M-A entspricht der des praktischen Syllogismus (s.o. 2.6.) und ist daher von Gatzemeier (1975a, 52) zutreffenderweise ‚praktische Implikation' genannt worden.

Als weiterer Strukturierungsaspekt ist die ‚auf- oder absteigende' Fragerichtung zu unterscheiden. In dem oben angeführten Beispiel wurde nach der Begründung der positiven Wertung von Kreativität gefragt, die darin besteht, daß man diese Wertung in Relation auf deskriptive und präskriptive Oberprämissen rechtfertigt. Man kann nun natürlich auch sozusagen ‚von oben' ausgehend nach den Mitteln für die Realisierung bestimmter Ziele fragen, im Beispiel etwa nach dem Mittel zur Realisierung des Ziels ‚konstruktiv-flexible (Welt-)Verarbeitung'. Dann würde man die notierte Z-M-A von oben nach unten lesen bzw. ‚nach unten' (zur Ebene P minus 1, P minus 2 etc.) fortsetzen müssen. Das bedeutet: Jedes Mittel ist im Hinblick auf darunterliegende Ebenen auch ein Ziel, jedes Ziel ist im Hinblick auf darüberliegende Ebenen auch ein Mittel. Ob man von bestimmten Ausgangspräskriptionen in der Begründungsperspektive zu übergeordneten Oberzielen ‚aufsteigt' oder aber in der Mittelperspektive zu bestimmten Unterzielen (gleich Mitteln) ‚absteigt', ist nur ein pragmatischer Unterschied; die Struktur des präskriptiv-deskriptiv gemischten Satzsystems bleibt unabhängig davon die gleiche (vgl. Scheele 1981, 146). Die Ebene (P0) bezeichnet lediglich den Punkt, an dem im pragmatischen Kontext die jeweilige Argumentation (in Begründungs- oder Mittelperspektive) einsetzt.

Eine zureichende Z-M-A setzt natürlich die Realitäts-Adäquanz der in ihr enthaltenen deskriptiven Sätze voraus. Für deren Sicherung gelten die in der Metatheorie und Methodenlehre empirischer Wissenschaften aufgestellten Anforderungen und Verfahrensweisen: von der Analyse der Semantik und Syntax dieser deskriptiven Sätze bis hin zu experimentellen, quasi-experimentellen und non-experimentellen Überprüfungen des Realitätsgehalts. Ein besonderes Gewicht bei der empirischen Überprüfung hat im Rahmen der Z-M-A die Frage der eventuell mitrealisierten Ziele (qua Wirkungen) als sog. (nicht-intendierte) Nebenfolgen (vgl. Brezinka 1976, 90; Groeben & Scheele 1977, 159ff.). Bei Feststellung solcher Nebenfolgen ergibt sich auf der entsprechenden präskriptiven Ebene das Problem möglicher Zielkonflikte, die durch Strategien der Ziel-Hierarchisierung gelöst werden müssen (vgl. Groeben 1979b, 64ff.).

Die Bewährung der deskriptiven Sätze einer Z-M-A und d.h. der Nachweis, daß die als Mittel angesetzten Antezedensbedingungen in der Tat die als Ziele postulierten Wirkungen auslösen, sichert die Zweckrationalität des jeweiligen (Argumentations-)Systems. Das ist der Grund, warum der Z-M-A zum Teil der Vorwurf gemacht wird, daß sie eine (bloß zweckrationale) ‚Erfolgsethik' impliziert. Dies ist jedoch für eine adäquate, umfassende Explikation der Ziel-Mittel-Argumentation nicht zutreffend, die durchaus auch Aspekte dessen abbilden kann, was bei Max Weber ‚Gesinnungsethik' heißt (vgl. Ruhloff 1980, 101). So können z.B. die nicht-intendierten Nebenfolgen im Konflikt mit der unmittelbaren präskriptiven Prämisse gesehen werden, aber auch mit erst auf höheren Stufen der Z-M-A eingeführten (‚wertrationalen') Oberzielen. Wenn dann auch noch Oberziele von anderen Argumentationshierarchien in die Betrachtung einbezogen werden, ist der enge Rahmen der Zweckrationalität eindeutig überschritten. Die Lösung solcher, die Zweckrationalität transzendierenden Zielinkohärenzen ist entweder über flankierende Maßnahmen, die die jeweiligen Nebenfolgen kompensieren können, oder aber, wenn diese Lösung nicht greift, durch Zielhierarchisierungen vorzunehmen. Im letzteren Fall kann es durchaus eintreten, daß ein ‚funktionierendes' Mittel wegen der Inkohärenz zu einem weit entfernten Oberziel trotz seiner zweckrationalen Effektivität verworfen wird. Damit ist der Aspekt der ‚Wertigkeit der Mittel' thematisch, der geradezu den Gegenpol zum erfolgsethischen Prinzip des ‚Der Zweck heiligt die Mittel' darstellt.

Es wäre z.B. denkbar, daß *ein* effektives Mittel zur Erreichung von Kreativität darin besteht, Kinder und Jugendliche autoritär in ihren kognitiven, affektiven und conativen Handlungsspielräumen so radikal zu begrenzen, daß sie irgendwann ausbrechen und in der Überschreitung vorgegebener Systemgrenzen Befriedigung und Lust an der kreativen Grenzüberschreitung lernen. Trotz einer (hier einmal fiktiv vorausgesetzten) zweckrationalen Effektivität könnte man den Einsatz dieses Mittels wegen der manipulativen Implikationen aus moralischen Gründen ablehnen.

Auch solche Aspekte sind durchaus in einer Z-M-A abbildbar (zum praktischen Procedere vgl. im einzelnen Groeben 1986, 191ff.). Gleiches gilt für Metanormen als sog. ‚Brückenprinzipien' zwischen präskriptiven und deskriptiven Sätzen (Albert 1971), die das Normieren normieren (z.B. die Metanorm ‚Sollen impliziert Können; vgl. Tranøy 1972; König 1982, 100). Mit Hilfe der Ziel-Mittel-Argumentation ist es also sehr wohl möglich, praktisch-rationale Begründungen für Werturteile mit einer Integration von Zweck- und Wertrationalität, von Erfolgs- und Gesinnungsethik zu entwickeln.

Das soll aber nicht darüber hinwegtäuschen, daß die rational-argumentative Diskussion und Rechtfertigung von Werturteilen in den Sozialwissenschaften durchaus noch auf eine Fülle ungelöster bzw. zumindest nicht zureichend gelöster Probleme stößt. Dazu gehört mit an erster Stelle die je konkrete Entscheidung über das Akzeptieren bestimmter Z-M-A-Schritte, für die es bislang keine befriedigende Systematik gibt. Die sog. Entscheidungstheorie, die sich vor allem damit beschäftigt hat (vgl. Jungermann 1976), beschränkt sich auf Entscheidungsregeln im Rahmen der reinen Zweckrationalität und unterstellt selbst innerhalb dieser Grenzen nicht nur als normatives, sondern auch als deskriptives Modell z.T. unrealistische Voraussetzungen (wie die ‚Werttransitivität', d.h. eine eindeutige Präferenzordnung aller Zielvorstellungen: vgl. Intemann 1976, 470; Jungermann 1976, 24ff.). Für praktisch relevante Entscheidungen über Ziel-Mittel-Argumente wird man davon ausgehen müssen, daß sie immer nur ‚situationsvariant' möglich sind, d.h. unter Bezug auf das historisch-pragmatische Wissen und die im jeweiligen Argumentationskontext vertretenen Argumente sowie Argumentationspartner. Das bedeutet: Rechtfertigungen von Werturteilen sind in der Regel dialogdefinit bzw. dialogabhängig (König 1975, 250; Ringel 1978, 129f.). Für die Gestaltung solcher Dialoge gelten die im Rahmen des dialog-konsenstheoretischen Wahrheitskriteriums (s.o. Kap. 2.7.; Exkurs Zwei) explizierten Zielvorstellungen der idealen Sprechsituation gleichermaßen.

Auch unter der Voraussetzung einer approximativ idealen Sprechsituation bleibt aber das Problem der Legitimation von Grundwerturteilen bestehen; denn die Z-M-A kann, wie expliziert, immer nur eine relative Rechtfertigung in bezug auf präskriptive Oberprämissen leisten, bei der Begründung quasi letzter Werturteile stößt sie an ihre Grenzen. Vor allem für diesen Fall ist unter anderem das Beratungsmodell des Erlanger Konstruktivismus (s.o. 4.3.; 6.2.: Schwemmer) gedacht, das eine Lösung von Grundwertkonflikten durch das sog. Moralprinzip vorsieht: danach sind kontroverse Zielsetzungen auf generellere Ziele (Grundwerturteile etc.) zurückzuführen, die wiederum durch gemeinsam anerkannte Grundwerte ersetzt werden sollen; die daraus ableitbaren, miteinander verträglichen Unterziele sind den Beratungsteilnehmern als neue

Normen zumutbar. Das Problem bei diesem Modell ist, daß die Unterstellung, es könnten auf jeden Fall gemeinsam anerkannte Grundwerte gefunden werden, im praktischen Leben z.T. unrealistisch sein dürfte, wie nicht nur etwa durch Formen des ideologischen Terrorismus, sondern auch schon durch manche hochschulpolitische Differenzen zwischen Studenten- und Hochschullehrerschaft in der Universität der 70er Jahre verdeutlicht worden ist. Abgesehen von diesem deskriptiven Argument kann man sogar präskriptiv fragen, ob die Zielvorstellung, daß immer gemeinsame Grundwerte ausgemacht werden (sollen), in einer ‚offenen, pluralistischen Gesellschaft' (Popper 1958a) überhaupt anstrebenswert ist (vgl. König 1975, 186; Höffe 1975, 236ff.; Ruhloff 1980, 137f.).

Es wird daher heute sehr viel mehr auf transzendentalpragmatische Normenbegründungen zur Legitimation oberster Normen zurückgegriffen, durch die nachgewiesen werden soll, daß man bei einem sich-Einlassen auf Argumentationen notwendigerweise bereits bestimmte ‚Primärziele' akzeptiert und übernimmt (vgl. König 1975, 160ff.; König et al. 1975). Dabei bleibt allerdings umstritten, ob ein solcher Versuch der ‚präskriptiven Letztbegründung' nicht zirkuläre Elemente enthält (Neemann 1980, 318) und daher einen ‚transzendentalen Fehlschluß' darstellt (Treml 1975, 64). Überdies ist auch hier, wie es der Kritische Rationalismus für Letztbegründungen im deskriptiven Bereich getan hat, problematisierbar, ob (präskriptive) Letztbegründungen überhaupt wünschbar sind (Schmidt 1985, 8); die Aufmerksamkeit kann und wird sich dann u.U. von der Legitimation auf die rationale und nicht-dogmatische Durchsetzung von Normen verlagern (vgl. Oelmüller 1978). All diese Fragen bezeichnen Probleme der Überwindung des Werturteilsfreiheits-Postulats, die nicht nur, aber auch im Rahmen der Ausarbeitung einer sozialwissenschaftlich-handlungstheoretischen Psychologie noch weiter angegangen und bearbeitet werden müssen.

In diesem Zusammenhang wird sich der Psychologe überdies — mehr als bisher — generellen Ethik- bzw. Moral-Problemen stellen müssen (vgl. z.B. Kutschera 1982; Ricken 1983), die zugleich die Verbindung zurück zu der metatheoretisch-methodologischen Wertbasis enthalten. In diese (Problem-)Kategorie der allgemeinen Ethik menschlichen Handelns fällt z.B. das Selbstanwendungs-Postulat für die Generierung von psychologischen Subjektmodellen (s.o. II.4.), d.i. die Forderung, die Menschenbildannahmen über das Erkenntnis-Subjekt so weit wie eben möglich denen über das Erkenntnis-Objekt nicht widersprechen zu lassen; die Rechtfertigung dieses Postulats muß auf das in der Ethik zentrale (z.B. schon dem Kant'schen Imperativ unterliegende) Verallgemeinerungsprinzip (vgl. Singer 1975; Groeben 1981b) zurückgreifen (allgemeine Diskussion etwa bei Hegselmann 1979; Wimmer 1980). Noch drängender dürfte auf absehbare Zeit aber die ethische Problematik der psychologischen (vor allem experimentellen) Forschungsmethodik werden (vgl. Schuler 1980; Lenk 1985); denn auch wenn man das ‚humanwissenschaftliche Experiment als sozialen Kontrakt' rekonstruiert (Schuler 1980, 55ff.), so bleibt doch gerade die über einen ‚Kosten-Nutzen-Austausch' zwischen Versuchsleiter und -teilnehmer hinausgehende Perspektive das zentrale offene Problem ethischer (Selbst-)Kontrolle des Forschers (vgl. Groeben 1985).

E.6.2. Utopische Zielvorstellungen einer zukünftigen Psychologie?

Bei der Diskussion hoch-komplexer Konstrukte in der Psychologie (s.o. 1.5.) wurde bereits die ‚polare Integration' (von Teilkonstrukten) als ‚Prinzip' zur Explikation von ‚utopischen' Konstrukten diskutiert; unter ‚polarer Integration' (vgl. Groeben 1981b) verstehe ich dabei, daß zwei in einer jeweiligen, historisch-räumlich vorliegenden Situation gegenläufige (psychische) Merkmale als polar zusammengehörig konzipiert werden, so daß der (nur) empirisch negative Zusammenhang in einen positiven überführt wird. In dieser Integration von (lediglich) akzidentell gegenläufigen Merkmalen (Zuständen, Dispositionen etc.) fungieren die je einzelnen Merkmale gegenseitig als korrektiv, d.h. verhindern, daß die Maximierung des jeweils ‚entgegengesetzten' Aspekts ins Negative umschlägt, bzw. ermöglichen, daß die positiven Funktionen eines Merkmals auch bei Maximierung (in Kombination mit dem polar integrierten) aufrechterhalten bleiben. Als Beispiel war die Integration von Angst- (bzw. Psychopathologie-)Dimensionen und Ich-Stärke im Kreativitätskonstrukt expliziert worden, die einerseits verhindert, daß Ich-Stärke in sozialdarwinistische Durchsetzungsfähigkeit umschlägt, zum anderen ermöglicht, daß die Angstdimensionen als Sensibilität und Empathie (gegenüber Selbst und Umwelt) wirksam werden. Ich möchte nun unter Rückgriff auf positive literarische Utopien einige weitere Möglichkeiten utopischer Konstrukte, auch und gerade in Form solcher polaren Integrationen, heuristisch skizzieren.

Unter einer ‚positiven literarischen Utopie' verstehe ich (entsprechend der neueren Utopiediskussion: vgl. Winter 1978; Biesterfeld 1982; Gnüg 1983) einen literarischen Text, der Strukturmerkmale der gegebenen Welt, die als negativ, bedrohlich etc. empfunden werden, durch Merkmale einer positiven Entwicklung (des Menschen, seiner Gesellschaft etc.) kontrastiert, wobei diese gedachte positive Entwicklung als (fiktive, aber vollzogene) Realität literarisch dargestellt wird. Im 20. Jahrhundert sind derartige positive literarische Utopien aus innerliterarischen (z.B. der Nähe des Grundansatzes zur sog. ‚Trivialliteratur') und außerliterarischen Gründen (z.B. dem suspekt gewordenen Fortschrittsglauben; vgl. Biesterfeld 1982, 76ff.; Gnüg 1983, 17f., 153ff.) relativ selten geworden. Es dominiert derzeit die negative Utopie, in der Strukturmerkmale der gegebenen Welt (die als negativ, bedrohlich etc. empfunden werden) in ihrer negativen Entwicklung fort- und zuendegedacht werden, um diese negativen Entwicklungsmöglichkeiten der vorhandenen Realität als ‚Abschreckung' literarisch darzustellen. Ich stelle hier als Beispiele dennoch positive literarische Utopien in den Mittelpunkt, einerseits um die Heuristik nicht mit zu komplizierten literaturwissenschaftlichen Dekodierungsproblemen zu belasten, andererseits aber auch, um mich der weit verbreiteten Furcht davor, daß man mit konstruktivem Denken als naiv gelten könnte, zu widersetzen.

Die Beispielaspekte, die ich im folgenden anhand von solchen literarischen Texten benennen möchte, sollen im oben explizierten Sinn von Utopie positive Entwicklungsmöglichkeiten des Menschen skizzieren und damit potentielle Ansatzpunkte einer utopischen Anthropologie der Psychologie identifizieren. Dabei strebe ich weder eine auch nur approximative Vollständigkeit noch eine Systematik an; es geht mir nur darum, das heuristische Potential der ‚literarischen Intelligenz' für eine sozialwissenschaftlich-kommunikative Psychologie anzudeuten und einige veranschaulichende Perspektiven zu umreißen, in welche Richtung das eingangs (Kap. II.) explizierte Gegenstands(vor)verständnis im Laufe der Entwicklung und Ausarbeitung einer sozialwissenschaftlich-handlungstheoretischen Psychologie erweitert und angereichert werden könnte. In diesem Zusammenhang konzentriere ich mich vor allem auf Persönlichkeitsmerkmale und soziale Einstellungen als Zielperspektiven, ohne damit soziale Rahmenbedingungen und Situationsmerkmale mindergewichten zu wollen, die auf Dauer selbstverständlich ebenfalls zu thematisieren sind.

Eine der zentralen Gegenstandsperspektiven, auf die in der bisherigen Argumentation zur Konzipierung einer sozialwissenschaftlich-handlungstheoretischen Psychologie immer wieder zurückgegriffen wurde, ist im ‚kognitiven Konstruktivismus' des Menschen zu sehen. Diese Fähigkeit des Menschen, selbst in vergleichsweise ‚passiven' Rezeptionsvorgängen, von Wahrnehmungen über Sprachverstehen bis hin zu Verstehensprozessen in sozialen Interaktionen, eine aktive Verarbeitung zu realisieren, ist nicht nur empirisch gut bewährt, sondern als Grundmerkmal einer aktiv-konstruktiven Welt- und Lebensaneignung auch positiv zu bewerten. Dennoch enthält eine derartige Fähigkeit auch Gefahren eines ‚negativen Umschlagens', die vor allem in einer auf ökonomische Effektivität ausgerichteten Konventionalisierung von Bedeutungskonstruktionen zu sehen sind: d.h. darin, daß der Mensch mit präformierten Bedeutungsmatrizen an die Welt (und natürlich auch sich selbst) herangeht und so möglicherweise zu verzerrenden, realitätsabgehobenen Verarbeitungen kommt. Diese Gefahr ist sicher unter Zeit- und Leistungsdruck besonders groß, weil dann die in präformierten Bedeutungsdimensionen liegende Ökonomie (Zeitersparnis) besonders effektiv erscheint. Ein möglicher Gegenpol zu solchen präformierten Bedeutungsmatrizen wird vor allem in den Schriften von Aldous Huxley literarisch gestaltet; dazu gehört nicht zuletzt die positive literarische Utopie ‚Eiland' (1973; englisches Original ‚Island' 1962). Generell ist Huxley – wie das bei der Präferenz des 20. Jahrhunderts für negative Utopien nicht verwunderlich ist – mit der Dystopie ‚Schöne neue Welt' (1953; englisches Original ‚Brave new world': 1932) sehr viel bekannter geworden. Erstaunlich ist, daß dies nach meinem Wissen auch für Psychologen gilt, obwohl ‚Eiland' als die gelungenste, im engeren Sinne ‚psychologische' positive Utopie gelten kann, in die viele Vorstellungen der Humanistischen Psychologie eingegangen sind – Vorstellungen, mit denen Huxley vor allem durch seine letzte Ehefrau in Berührung gekommen ist. Er hat diese Konzepte in einen literarischen Text eingebaut, der von der Anlage her das klassische Schema eines utopischen Reiseromans realisiert, in dem der Reisende ein ideales Gesellschaftsgebilde durch Erläuterungen, Anschauung und Erfahrung kennenlernt (vgl. Winter 1978, 202ff.). In ‚Eiland' wie auch in ‚Die Pforten der Wahrnehmung' (1954: Über Selbstversuche mit Mescalin) sind Wahrnehmungsprozesse (sowie diesen zugrundeliegende Wahrnehmungseinstellungen) beschrieben, die als Gegenpol zur Verarbeitung im Rahmen präformierter Bedeutungsmatrizen angesehen werden können:

„Er wandte den Kopf noch ein wenig weiter nach links und sah sich unvermutet durch den Glanz von Juwelen geblendet. Und was für seltsame Juwelen! Schmale Platten aus Smaragd und Topas, aus Rubin und Saphir und Lapislazuli, die, in Reihen übereinandergeschichtet, erglänzten gleich einer Mauer des neuen Jerusalem. Dann – am Ende, nicht am Anfang – kam das Wort. Am Anfang waren diese Juwelen, diese bunten Glasfenster, die Mauern des Paradieses. Und erst jetzt bot sich endlich das Wort ‚Bücherschrank' seiner Überlegung dar." (Huxley 1973, 325)

Das entscheidende Merkmal dieser Wahrnehmung und Verarbeitung liegt in der Tatsache, daß das Wort als konzeptuelle Bezeichnung dem Wahrnehmungsprozeß nicht vorangeht oder (relativ) gleichzeitig gegeben ist, sondern erst mit Verzögerung, quasi ‚am Ende' der Rezeption. Ich möchte eine derartige Wahrnehmung und Wahrnehmungshaltung daher ‚präsemiotisch' nennen. Eine Wahrnehmung, die vor und damit zumindest teilweise unabhängig von bedeutungsbezogenem Identifizieren stattfindet; die Objekte sind aus ihrer üblichen Umwelt herausgelöst, weil sie nicht als ein Teil von dieser vorab kategorisiert werden. Die Wahrnehmungsgegenstände können – nahezu – als Objekte an sich wirken, d.h. bevor sie als Objekte mit einer bestimmten Bedeutung erkannt werden. In den ‚Pforten der Wahrnehmung' hat Huxley diese Wahrnehmungseinstellung und Verarbeitungsweise sehr ausführlich in bezug auf den Faltenwurf an natürlichen und Kunst-Objekten beschrieben (1954, 56ff.). Interessanterweise wird die Fähigkeit und Einstellung zur präsemiotischen Wahrnehmung durchaus gerade auch von Künstlern, die mit Sprache arbeiten, als konstitutive Voraussetzung für das Aufrechterhalten der Verbindung von (sprachlichen) Bedeutungen mit Realität, Leben etc. angesehen. So ist die Theorie des Nouveau Roman (vgl. Robbe-Grillet 1963/65) zu einem großen Teil darauf konzentriert, Bedingungen, Rechtfertigungen und Realisationsmöglichkeiten für die Darstellung von ‚Welt' vor jeder sprachlichen Bedeutung herauszuarbeiten (vgl. als entsprechenden literarischen Versuch auch die ‚Momentaufnahmen': Robbe-Grillet 1962). Die polare Integration von präsemiotischer Wahrnehmung und kognitivem Konstruktivismus ist im übrigen in entsprechende Polaritäten auf höheren Generalitätsniveaus einbettbar, die letztlich in der Polarität von (mittelalterlicher?) contemplatio und (neuzeitlicher) actio enden. Diese polare Integration von (im westlichen Sprachspiel) Aktivität und Kontemplation ist letztlich das umfassende Thema von Huxleys ‚Island', das er durch Verbindung von Humanistischer Psychologie und östlicher Philosophie zu entfalten und konkretisieren versucht. Es ist hier nicht der Ort, auf diesen Syntheseversuch weiter einzugehen, aber die Bereitschaft und Fähigkeit zu präsemiotischer Wahrnehmung ist in diesem Rahmen sicherlich als eine der Möglichkeiten zu verstehen, den kontemplativen Pol des menschlichen Seins gegenüber dem aktiv(istisch)en (wieder) zu stärken.

Betrachtet man den ‚Kognitiven Konstruktivismus' in diesem größeren Rahmen, so gewinnt er unversehens neue Dimensionen, z.B. die eines bewußten, vitalen Schaffens von Bedeutungen. Welche Aspekte einem solchen ‚Schaffen von Bedeutungen' integrierbar sind, kommt sehr anschaulich in der literarischen Utopie von M. Tournier („Freitag oder Im Schoß des Pazifik': 1968) zum Ausdruck. Diese Utopie ist eine Neugestaltung des literar-utopischen Robinson-Themas (aus dem 18. Jahrhundert: D. Defoe 1719) und damit eine Re-Utopisierung für das 20. Jahrhundert aus im weiteren Sinne existenzphilosophischer Sicht. Tournier stellt „Freitag in den Mittelpunkt, der die von Robinson gegebene Ordnung des Inseldaseins zerstört." (Frenzel 1983, 651) Das zentrale Symbol dafür, wie der naturwüchsige, vitale Freitag sich Welt aneignet, indem er ‚Bedeutung schafft', ist der wilde Ziegenbock Andoar, den Freitag jagt; dabei versichert er immer und immer: ‚Andoar wird fliegen, Andoar wird singen'. Robinson versteht dieses ‚Versprechen' nicht und erlebt staunend, wie Freitag den Ziegenbock fängt, tötet und aus Haut und Därmen einen Drachen sowie eine Äolsharfe zusammenbastelt.

„Am Ufer schaukelte ein großer Vogel, rautenförmig und goldgetönt, bizarr in den Himmel. Freitag löste sein geheimnisvolles Versprechen ein und brachte Andoar zum Fliegen. ...
Als Robinson zu ihm kam, lag er im Sand. Die Hände hatte er im Nacken verschränkt, und die Drachenschnur war um seinen linken Knöchel geknotet. Robinson streckte sich neben ihm aus, und alle beide schauten sie lange Andoar zu, der mitten in den Wolken lebte, plötzlichen unsichtbaren Angriffen ausweichend, hin- und hergezerrt von widerstreitenden Luftströmungen, kraftlos geworden durch eine plötzliche Windstille, aber bald mit einem schwindelerregenden Satz die ganze verlorene Höhe wieder aufholend. (Tournier 1968, 165) ...
Freitag zog Robinson zu der skelettartigen Gestalt der toten Zypresse. Lange bevor er den Baum sehen konnte, glaubte Robinson ein himmlisches Konzert zu hören, in dem sich Flöten- und Geigentöne miteinander vermischten. Es war nicht eine Melodie, deren aufeinanderfolgende Noten die Seele mitreißen und ihr den in der Melodie enthaltenen Schwung vermitteln. Dies war eine einzige Note — aber reich an unendlicher Harmonie — die auf die Seele einen entscheidenden Einfluß ausübte, ein Akkord, aus unzähligen Komponenten zusammengesetzt. ...
Der fliegende Andoar trieb sein Wesen über dem singenden Andoar, und es schien, als ob er über ihn wachte und ihn gleichzeitig bedrohte. Vor allem war da dieses mächtige melodische Röhren, diese wahrhaft elementar-unmenschliche Musik. Sie war alles in einem: die dunkle Stimme der Erde, die Harmonie der himmlischen Sphären und die dumpfe Klage des großen geopferten Bocks. ... Erde, Baum und Wind feierten einstimmig Andoars nächtliche Apotheose." (Tournier 1968, 168f.)

‚Bedeutung schaffen' heißt in höchster Intensität und Extensität Transformation von Welt: z.B. die Überführung von Natur in Kultur, die Integration von Vitalität und Ästhetik. Der Hedonismus dieser Integrationen in der symbolisch-literarischen Darstellung von Tournier macht anschaulich, welche Helligkeit und Leichtigkeit utopischerweise mit den Bedeutungsdimensionen menschlichen Handelns verbunden sein können, ohne daß dadurch die Vitalität und existentielle Intensität der organismischen Natürlichkeit (des Menschen) verloren geht. (Die utopische Konstruktivität und vitale Kraft dieser symbolischen Darstellung wird im übrigen auch deutlich, wenn man diese positive literarische Utopie mit anderen literarischen Versuchen zu den Problemen der Integration von Kunst und Leben, natürlicher Vitalität und kultürlicher Ästhetik etc. vergleicht: z.B. Thomas Manns ‚Tod in Venedig'; 1912.) Als Paradigma dieser utopischen Integration von Körperlichkeit und Bedeutung (Natur und Ästhetik etc.) kann die Erotik gelten – gerade in Absetzung zur Sexualität, d.h. als Verschmelzung von physischer Morphologie (auch der Bedürfnisse) und psychischer Bedeutung (der Anatomie, Sehnsüchte, Handlungen etc.). Diese Verschmelzung ist sicherlich für männliche Körperlichkeit und Empfindung nicht unmöglich, zugleich aber im Rahmen der bisherigen Kulturhistorie und den gegenwärtigen Sozialisationsbedingungen für weibliche Erotik ungleich zentraler.

So beschreibt Tournier z.B. Freitags Körper mit folgenden Worten: „Seine Seele schwebt zwischen den Nebeln, die das Ende eines unbeständigen Tages einhüllen, sie läßt seinen Körper im Sand zurück, aufrecht auf gespreizten Beinen stehend. Nah beim ihm sitzend, betrachte ich diesen Teil des Beines hinter dem Knie – genau gesagt: die Kniekehle – ihre perlmutterne Blässe, das große H, das sich hier abzeichnet. Anschwellend und fleischig, wenn das Bein gespannt ist, höhlt sich diese Kehle aus Fleisch und wird weich, wenn es sich beugt." (1968, 175)
Aber das erotische ‚Prinzip' scheint weiblichen Geschlechts zu sein: „Die rohe Wollust, welche die Lenden der Liebenden durchzuckt, hat sich für mich in ein süßes Frohlocken verwandelt, das mich einhüllt und mich von Kopf bis Fuß durchströmt, so lange der Sonnengott mich in seine Strahlen taucht. Es handelt sich jetzt nicht mehr um einen Substanzverlust, der das Tier *post coitum* traurig zurückläßt. Im Gegenteil, meine Uranosliebe erfüllt mich mit einer Lebenskraft, die mich für einen ganzen Tag und eine ganze Nacht stark macht. Wäre man genötigt, diesen Sonnenkoitus auf menschliche Verhältnisse zu übertragen, so müßte man mich in weiblicher Gestalt und als Gattin des Himmels definieren." (Tournier 1968, 181)

Die Entwicklung des Mannes in Richtung auf ‚weibliche Erotik' ist sicher ein Aspekt polarer Integration, der als ‚Androgynität' vor allem im Bereich der Kreativitätsforschung wiederholt postuliert worden ist (vgl. Helson 1966; Ulmann 1968, 134f.). Dazu gehört sicher nicht zuletzt auch das Überwinden maskulinistischer Sprache im (erotisch-)sexuellen Bereich; das erfordert, eine Vitalität *und Sensibilität* verbindende erotische Sprache zu entwickeln, wie sie ansatzweise in der literarischen Utopie ‚Wunschweltende' (von Joyce Thompson: 1984) verwirklicht ist (auf die ich ansonsten hier nicht weiter eingehen will).
Die existentielle Tiefe und Brisanz des polar integrierten ‚Bedeutung-Schaffens' wird allerdings erst nachvollziehbar, wenn man es im Kontrast zu den vorhergegangenen, unzureichenden Versuchen von Robinson sieht, mit der Einsamkeit auf der Insel und der dadurch bedingten Gefahr einer Reduktion auf die Organismushaftigkeit des Menschen bzw. dem Untergehen in der Sinnlosigkeit des Lebens fertig zu werden. Diese Versuche, vom Aktivismus auf der Leistungsebene zur Fruchtbarmachung der Insel bis zu den rein formalistischen Zivilisationsbemühungen durch ‚Erlaß von Gesetzen' etc., erweisen sich im Vergleich zu Freitags Integriertheit (‚im Schoß des Pazifik') als ein Scheitern gegenüber der existentiellen Erfahrung, daß der Mensch einsam ist in einer absurden, an sich sinnlosen Welt. Jener Erfahrung, die Camus als den konse-

quentesten Denker der sinnlosen Welt und absurden Existenz zu der radikalen Frage geführt hat: ‚Gibt es etwas, was den Suizid nicht unausweichlich macht?' (‚Der Mythos von Sisyphos': 1956, 9ff.). Daß Robinson am Schluß von Tourniers positiver Utopie ganz bewußt nicht wie Freitag die Möglichkeit ergreift, die einsame Insel zu verlassen, sondern — zusammen mit einem neuen Gefährten — ‚im Schoß des Pazifik' bleibt, läßt sich als ebenso radikale, konstruktive Antwort auf diese Frage interpretieren. Einzig die Transformierung von Welt (zum Besseren) als existentieller Kern eines Schaffens von Bedeutungen kann den Suizid als unausweichlich scheinende Konsequenz der Sinnlosigkeit unnötig machen. Unter der Perspektive der polaren Integration läßt sich daraus für utopisches Denken und Fühlen eine These herleiten, die verdeutlicht, wie weit eine existentiell erfahrene und gemeinte positiv-utopische Konstruktivität von naiver Zuversicht entfernt ist. Utopisches Denken und Fühlen, das existentielle Bedürfnis nach der Transformierung der Welt (zum Besseren) beruht gerade auf dem Leiden an den negativen Strukturen und Zuständen der Realität (s.o. die Begriffsexplikation von ‚Utopie'), auf dem Gefühl und der Erfahrung von Sinnlosigkeit des in dieser Welt ‚unbehausten Menschen' (Holthusen 1951). Dementsprechend ist z.B. auch als kognitiv-emotionale Wirkung der Lektüre von literarischen Utopien zunächst einmal eine Intensivierung des Leidens an der Welt anzusetzen (vgl. Groeben & Vorderer 1986). Dieses Leiden an der Welt kann so stark und durchdringend werden, daß es den Lebenswillen — nicht irrational, sondern auf rationale Art und Weise — aufzufressen droht; das Überleben des utopisch denkenden und fühlenden Menschen hängt dann von der Fähigkeit und der Erfahrung, Bedeutungen in dem angegebenen Sinn (der Transformation von Welt) zu schaffen, ab — eine der radikalsten denkbaren polaren Integrationen: ein so intensives Leiden an der Welt, daß es nur durch deren Veränderung in Richtung auf Sinnhaftigkeit, vitale Ästhetik, Erotik, Zärtlichkeit auszuhalten ist.

Es erübrigt sich, im einzelnen darauf einzugehen, daß die angeführten literarischen Utopien natürlich bestimmte ideologische Überwertigkeiten unserer derzeitigen Gesellschaftsstruktur und -kultur relativieren; dazu gehört z.B., daß durch eine vergleichsweise starke Konzentration auf menschliche Interaktion und Beziehungen implizit (und z.T. auch explizit) eine zu starke Leistungsbestimmtheit des menschlichen Lebens konterkariert wird. Daraus könnte man bestimmte polare Integrationen von Leistungs- und Interaktionsbereich — etwa auch von Arbeit und Ästhetik etc. — rekonstruieren. Wichtiger aber ist mir die Überwindung einer empirischen Gegenläufigkeit, die z.T. auch in den genannten literarischen Utopien nicht überwunden scheint: nämlich die zwischen Ästhetik und Moral. Bei Tournier kommt diese Gegenläufigkeit z.B. dadurch zum Ausdruck, daß die Seite der Moralität menschlichen Handelns nur sehr unzureichend in Form eines zu überwindenden, legalistischen Denkens manifest wird. Sehr viel expliziter und konstruktiver wird der Pol moralischen Handelns in der Utopie ‚Planet der Habenichtse' (1976) von Ursula K. LeGuin dargestellt (amerikanisches Original: ‚The Dispossessed', 1974).

Es handelt sich bei diesem Werk um eine Utopie aus anarchistischer Sicht; die literarische Struktur des Textes ist dadurch geprägt, daß die Autorin aus dem Bereich der Science Fiction kommt, mit diesem Buch aber ganz eindeutig einen utopischen Entwurf realisiert (zur Abgrenzung von Science Fiction und Utopie vgl. z.B. Hienger 1972). Dabei wird mit einfachen sprachlichen Mitteln ein sehr komplexer und komplizierter Reiseroman der Zukunft erzählt, der sich letztlich als ein utopischer Bildungsroman des Physikers Shevek erweist, der von der anarchistischen Gegenwelt Anarres zum Ursprungsplaneten Urras reist, um mit dieser (von Anarres aus gesehen) ‚negativen' (ideologischen) Welt seine Idee der ‚Allgemeinen Temporaltheorie' (Fortentwicklung der Relativitätstheorie zur Integration von Sein und Werden) zu teilen.

Die anarchistische Konzeption von Moralität ist sehr viel stärker (als z.B. unser positives Recht) auf das Brückenprinzip ‚Sollen impliziert Können' ausgerichtet; entscheidend aber ist das Postulat, die individuelle Moralentwicklung (im Idealfall hin zum Kant'schen Imperativ) nicht dadurch zu behindern, daß man ihre Frei- und d.h. Entwicklungsräume durch übermäßige gesetzliche Kodifizierung vehement einschränkt. Die anarchistische These behauptet, daß man die Moralität des individuellen Handelns durch die Verringerung von institutionell gesetztem, positivem Recht stärken kann und sollte (vgl. das ‚Anarchistische Manifest' von Goodman 1978, auf das sich LeGuin bei der Konzipierung von Anarres stützt: Wiese 1985, 388). Ich will hier nicht diskutieren, ob diese Idee, die Moralität des Menschen durch das Schaffen eines institutionellen Vakuums zu vergrößern, sinnvoll und realistisch ist oder nicht. Worauf es mir mehr ankommt, ist, die polare Integration von Moralität und Ästhetik im menschlichen Handeln als Weiterführung von Tournier und LeGuin zu postulieren; denn diese Integration ist auch im Entwurf von LeGuin literarisch nicht befriedigend realisiert, da sie den Pol der Ästhetik zu sehr auf eine rein funktionale Ästhetik (noch unterhalb der Bauhaus-Konzeption) reduziert.

Die zentrale Idee der anarchistischen Konzeption von LeGuin jedoch ist eine, die sicher gerade auch für Menschen, die im Rahmen kapitalistischer Gesellschaftsstrukturen aufgewachsen und sozialisiert worden sind, eine revolutionäre utopische Kraft entfalten kann: Teilen statt besitzen! Die ‚Habenichtse' verfügen über keinen persönlichen Besitz und sind daher vom Besitz auch nicht besessen (‚The Dispossessed'). Das, was es gibt, zu teilen, bedeutet deshalb, sich zu helfen, allerdings weder in egoistischer noch in altruistischer Weise. Teilen ist eine Lebensnotwendigkeit, wie es oben für das Schaffen von Bedeutung als Transformierung von Welt expliziert worden ist; dieses Teilen bezieht sich auf alles, von der (physischen) Nahrung bis zu den (revolutionären) Ideen utopischer Entwicklung:

„Auf Anarres ist gar nichts schön, nichts außer den Gesichtern. Die anderen Gesichter, die Männer und Frauen. Etwas anderes haben wir nicht, wir haben nur uns. ... Und in den Augen sieht man die Pracht, die Pracht des menschlichen Geistes. Weil unsere Männer und Frauen frei sind; da sie nichts besitzen, sind sie frei. Und Ihr, die Besitzenden, Ihr seid besessen. Ihr lebt alle im Gefängnis. Jeder für sich allein, mit einem Haufen all dessen, was Ihr besitzt. Ihr lebt im Gefängnis, sterbt im Gefängnis. Das ist alles, was ich in Euren Augen sehe – die Mauer, *die Mauer*! (LeGuin 1976, 228) ...

Wir wissen, daß es für uns keine Hilfe gibt außer der Hilfe, die wir einander leisten, daß uns keine Hand retten wird, wenn wir einander nicht die Hand reichen. Und diese Hand, die Ihr ausstreckt, ist ebenso leer wie die meine. Ihr habt nichts. Ihr besitzt nichts. Euch gehört nichts. Ihr seid frei. Alles, was Ihr habt, ist das, was Ihr seid, und das, was Ihr gebt. ... Ihr müßt allein kommen, und nackt, wie das Kind auf die Welt, in seine Zukunft kommt, ohne Vergangenheit, ohne Besitz, ganz und gar abhängig von anderen Menschen. Ihr könnt nicht nehmen, was Ihr nicht gegeben habt, und Ihr müßt Euch selber geben. Ihr könnt die Revolution nicht kaufen. Ihr könnt die Revolution nicht machen. Ihr könnt nur die Revolution sein. Sie ist entweder in Euch, oder sie ist nirgends." (o.c., 298)

Ich will diese Thesen nicht im einzelnen auf unsere derzeitige Gesellschaftsstruktur (die weitgehend im Sinne einer negativen Utopie durch die Darstellung von ‚Urras' bei Le Guin gemeint ist) anwenden und diskutieren; die Relevanz dürfte unmittelbar deutlich sein: von den Konsequenzen für persönliche Beziehungen (ohne Besitzansprüche, Eifersucht, ‚Treue'?: vgl. dazu Le Guin selbst) bis hin zur Nord-Süd-Problematik auf unserem Planeten (Hunger in den sog. Entwicklungsländern; Industrialisierung der Dritten Welt etc.). Ich möchte vielmehr einige Folgerungsaspekte für utopisches Denken, auch in Verbindung mit der ‚Allgemeinen Temporaltheorie', daraus ziehen. Man muß sich nicht darüber streiten, ob Utopien reformerisch oder notwendigerweise revolutionär sind; daß sie nur ‚in uns' sein können, ist schon als die existentielle Radikalität des Bedürfnisses nach Veränderung von Welt herausgearbeitet worden. Zugleich aber kann gerade utopisches Denken nur wirksam werden, wenn es ein geteiltes ist. Allein durch die mindestens dyadische Gemeinsamkeit des Schaffens von (neuen) Bedeutungen wird eine Veränderung von Welt erreicht. Das aber enthält die Gefahr, daß das Charisma utopischen Denkens zu missionarischem Dogmatismus verkommt, wie es in der Geschichte der Menschheit vor allem Religionskriege immer und immer wieder in höchster Unmenschlichkeit demonstriert haben (von Kreuzzügen und Inquisition im Mittelalter bis zum heutigen sog. Golfkrieg zwischen Iran und Irak). Dieser Gefahr ist nur zu begegnen, wenn man auch utopisches Denken (und seine Inhalte) nie als Besitz begreift, als endgültige Wahrheit, sondern nur als einen Weg. Und genau das ist die Lehre der ‚Allgemeinen Temporaltheorie':

„Man *kann* heimkehren, versicherte die Allgemeine Temporaltheorie, so lange man begreift, daß ‚heim' ein Ort ist, an dem man nie zuvor gewesen ist." (Le Guin 1976, 61)

Die Sehnsucht nach der Welt ohne sinnloses Leiden, ohne Ungerechtigkeit, ohne, ohne ..., das ist die Heimat des utopisch denkenden und fühlenden Menschen. Dadurch, daß der utopische Mensch nur in der Sehnsucht zu Hause ist, können sich in seinem Fühlen und Denken intensivstes Veränderungsbedürfnis und Idealitäts-Denken mit maximalem Realitätsbezug verbinden — und zwar ohne daß er entweder in missionarischen bzw. totalitären Dogmatismus oder aber in die pragmatistische Anpassung des Utopischen an das unmittelbar Mögliche abgleitet (vgl. Blochs ‚Prinzip Hoffnung': 1959).

Ich hoffe sehr, daß das in diesem Buch entwickelte Modell einer Integration von Hermeneutik und Empirismus im Bereich der Wissenschaftstheorie einige Momente eines so verstandenen utopischen Denkens und Fühlens verwirklicht.

Anmerkungen

[1] Zur Verdeutlichung dieser rigoristischen Kritik aneinander seien einige Argumente der konkurrierenden Richtungen (aus den 70er Jahren) in Auswahl einander gegenübergestellt.

(Neo-)Marxistische Kritik am Kritischen Rationalismus

a) Methode

— Der Kritische Rationalismus reduziert den Begründungsbegriff auf ‚logische Begründung' — für die allein das Letztbegründungstrilemma gilt. Mit einem nichtrestringierten Begründungsbegriff ist durchaus ein Anhalten des Begründungsregreß denkbar, der nicht gleich dogmatisch zu nennen ist (Brülisauer 1969, 344ff.).

— Das Konzept der Wahrheitsannäherung durch Elimination des Falschen (im Kritischen Rationalismus) widerspricht den Postulaten des Kritischen Rationalismus selbst: denn Kriterien für die Richtung der Theorienentwicklung auf die Wahrheit hin darf es ja nach Aufgabe der Letztbegründung gar nicht geben. Der Terminus ‚regulatives Prinzip' ist „lediglich ... die Vorspiegelung einer näheren Bestimmung des Konzepts der Wahrheitsannäherung" (Holzkamp 1972, 187).

— Gegen den eingeschränkten Begriff von Rationalität beim Kritischen Rationalismus ist ein Rationalitätsbegriff zu verteidigen, der auch „Einstellungen und Handlungen rationalen Kriterien unterstellt": Wissenschaft als Handlung und als Verwertung sind nicht der subjektiven Willkür zu überlassen (vgl. Ströker 1973, 131f.).

— Der Kritische Rationalismus bricht die Wissenschaftsreflexion immer wieder an einem symptomatischen Punkt ab: mit der Weigerung, „daß die Bedingungen der Möglichkeit subjektiver Erkenntnis zugleich auch die Bedingungen der Möglichkeit objektiver Wahrheit sind." (Wellmer 1967, 219f.)

Kritischer Rationalismus contra Neomarxismus

a) Methode

— Die Manifestationstheorie der Wahrheit führt zu einer irrationalen Diskriminierung und Denunziation aller übrigen epistemologischen Standorte: in einer Konspirationstheorie; da die Wahrheit (irgendwo) offen zutage liegt, ist ihr Nichterkennen ein böser Wille: die Konspiration des Kapitalisten, um das Proletariat mit falschen Ideologien zu verblenden (Popper 1960, 43f.).

— Das Konzept der ‚gesellschaftlichen Praxis' ist nicht als Wahrheitskriterium akzeptierbar, denn Umgestaltungspraxis kommt „als Verifikationsmethode immer zu spät". Das semantisch eingeführte Wahrheitskriterium wird als pragmatisches benutzt und reduziert sich so auf ‚Nützlichkeit', und zwar „interessenbedingte und interessenabhängige Nützlichkeit" (Lay 1971, 213).

— Das, was Habermas ‚Interesse' nennt, stellt eigentlich eine Begriffsüberziehung dar. Es handelt sich nicht um ein subjektiv erlebbares Interesse, sondern um eines, „bei dem u. U. niemand empirisch nachweisbar interessiert ist — um ein transzendentales Interesse." (Lobkowicz 1969, 261)

— Der Marxismus degeneriert die Prognosen Marx' zur Prophetie, indem er sie gegen falsifizierende Erfahrung immunisiert (Popper 1958b, 235ff.) — durch Leerformeln etc. (vgl. Topitsch 1965, 17ff.).

— Der Kritische Rationalismus überträgt die Trennung von de- und präskriptiven Aussagen unreflektiert aus dem Kontext der Rekonstruktion von Aussagesystemen auf den Aspekt der Theorie der Forschungsentwicklung, wo er aber zu einem Prokrustesbett wird (und z.B. zum Dezisionismus führt; Radnitzky 1970, 131f.).

— Hinsichtlich der Theorie des Wissenswerten nimmt der Kritische Rationalismus letztlich eine dezisionistische Haltung ein: Was wissenswert ist und was nicht, wird als nicht der rationalen Erörterung zugänglich angesetzt und unterliegt so „nur noch einem Entscheidungsakt, ... der sich durch sich selbst legitimieren zu können glaubt" (Wieland 1970, 52).

— Der Kritische Rationalismus ist nicht kritisch im umfassenden Sinn, z.B. nicht im ideologiekritischen Sinn, da er nicht reflexiv ist, d.h. er kritisiert nicht sich selbst auch in seiner sozialen Funktion bzw. seinem sozialen Kontext — das leistet nur der Marxismus (vgl. Radnitzky 1970, 156).

— Die ideologiekritische Abstinenz des Kritischen Rationalismus, indem er eine Einbettung der empirischen Forschung in gesamtgesellschaftliche Theoriemodelle und -perspektiven ablehnt und sich auf die Perspektive der empirischen Methodologie konzentriert, führt zum Epiphänomenalismus: Er nimmt „das, was die Welt aus uns gemacht hat, fälschlich für die Sache selbst" (Adorno 1965, 516).

— Aufgrund der „autistisch-formalistischen Rückbezogenheit" der methodologiezentrierten Kritik des Kritischen Rationalismus muß diese inhaltlich zufällig und äußerlich bleiben. Die Richtungslosigkeit der Kritik macht den sog. Kritischen Rationalismus zu einem „blinden Kritizismus" (Holzkamp 1972, 191).

— Die philosophiegeschichtliche Betrachtung der Dialektiker beruft sich immer (als Bestätigung ihrer Theorie) auf Einsichten, die einzig und allein unter der Voraussetzung der Theorie gelten: statt Bewährung „Autoverifizierung" (Lobkowicz 1969, 254).

— Auch die Untersuchung von historischem (-gesellschaftlichem) Geschehen wird immer eine Untersuchung auf „die in ihm enthaltenen Wirkungszusammenhänge hin" sein — und eine solche Untersuchung „kommt ohne Erklärungen nicht aus": mit allen ihren wissenschaftstheoretischen Charakteristika, die an Erklärungen als Anforderung zu stellen sind (Albert 1970, 18).

— Die ganze ‚dialektische Methode' ist, da es keine Kriterien für ihre Handhabung bzw. Beherrschung gibt, nichts als ein „Freibrief für ‚spekulative' Willkür" (Lobkowicz 1969, 257). Dialektik ist eine Leerformel, die aus dem dreiphasigen Erlösungsrhythmus gnostisch-apokalyptischer Prägung entstanden ist (Topitsch 1966, 271); Leerformel deshalb, weil die Bedeutung von ‚Negation' überaus vage bleibt und „praktisch jeder beliebige Sachverhalt als ‚Negation' in den dialektischen Rhythmus eingeordnet werden kann" (Topitsch 1966, 284f.): Dialektik ist keine Methode, sondern eine ‚Form werthafter Dramatisierung von Welt' (o.c., 291).

— Die marxistische Geschichtstheorie stellt sich als „widersprüchliche Kombination von Determinismus und Aktivismus" dar (Seiffert 1971, 152); das Endresultat der ‚klassenlosen Gesellschaft' wird zugleich als „Norm für das politische Handeln" und als unausweichliches ‚Ergebnis einer mit Notwendigkeit ablaufenden Entwicklung' dargestellt (Topitsch 1966, 130f.).

b) Gesellschaftstheorie

— Die Notwendigkeit der Zukunftsplanung schlägt in der ausschließlichen Technologisierung der bürgerlichen Planungsideologie bzw. kritisch-rationalistischen Stückwerkstechnologie in eine im Prinzip ziellose Flucht in die Zukunft um — da die Frage, wer die ‚Programmierer programmiere', nicht behandelt wird (Willms 1969, 44f.).

— Die Psychologie als Sozialwissenschaft muß sich in ihrem Erkenntnisstreben immer auf die menschliche Gesellschaft richten; hier jedoch ist — im Gegensatz zu den vom Kritischen Rationalismus als Paradigma genommenen Naturwissenschaften — das Subjekt und das Objekt der Erkenntnis (unter gesamtgesellschaftlicher Perspektive) „identisch: der gesellschaftliche Mensch" (Holzkamp 1972, 132f.).

— Die bürgerliche Wissenschaftstheorie immunisiert durch ihre Konzentration auf den Methodenaspekt ihre eigene Gesellschaftstheorie (implizit), da auf diese Weise der wissenschaftliche Zweifel daran gehindert wird, „sich auf die Grundlagen des Kapitalismus auszudehnen" (Linder 1966, 35).

— Von gesellschaftlichen Leiden bzw. Beschränkungen kann es (als gesellschaftliche) keinen „individuellen Dispens geben"; die „Idee der repressionslosen ‚Freiräume' innerhalb der bürgerlichen Gesellschaft" ist „selbst eine bürgerlich-idealistische Vorstellung, die ihrerseits gegen die umfassende Wahrheitsfrage immunisieren soll" (Holzkamp 1972, 236).

— Die gesellschaftlich-historische Analyse der „Realzusammenhänge, in denen die psychologische Forschung steht, soll ... gerade Abhängigkeiten ‚hinter dem Rükken' der Wissenschaft, auch ‚politische Steuerung', sichtbar machen und damit eine der Voraussetzungen für ihre Aufhebung schaffen helfen."(Holzkamp 1972, 184)

b) Gesellschaftstheorie

— Das marxistische Gesellschaftsmodell geht immer noch von der „Fiktion eines gesamtgesellschaftlichen Subjekts aus", wobei die gesamte vorliegende Holismus-Kritik vernachlässigt wird (Albert (1973, 202).

— Die soziale Utopie der Neuen Linken ist eigentlich noch vager als die Poppers: die bekannte Konstruktivismusschwäche des Marxismus (Radnitzky 1970, 157; Seiffert 1971, 127ff.).

— Die überwertige Idee der totalen Reduktion auf ökonomische Faktoren ist viel zu primitiv; man müßte eine Faktorenanalyse leisten hinsichtlich der Frage, welche Phänomene (Fehlentwicklungen, Unzuträglichkeiten etc.) z.B. auf das kapitalistische System zurückzuführen sind — und welche nicht (d.h. auch in jedem anderen System auftreten würden): Welche „Gegebenheiten sind systemspezifisch, ... welche -neutral?" (Seiffert 1971, 121)

— Die sog. nomothetische (bürgerliche) Wissenschaft (Psychologie) determiniert im Gegensatz zu den neomarxistischen Behauptungen wegen ihrer Methodologieakzentuierung weder „konkrete Realisationshandlungen" noch schreibt sie „Sollagen vor" (Herrmann 1973, 77).

— Die historische Analyse zeigt eindeutig, daß in vielen Forschungsbereichen eine „dem unmittelbaren Druck der technischen Praxis enthobene und insofern freie wissenschaftliche Tätigkeit institutionell" gesichert werden konnte (Ströker 1973, 122) und gerade die so entstandenen Theorien zu den fruchtbarsten — auch in Bezug auf spätere, unvorherzusehende praktische Lösungskapazität — gehören (Albert 1973, 80f.).

— Da „der von Subjekten veranstaltete Forschungsprozeß dem objektiven Zusammenhang, der erkannt werden soll, durch die Akte des Erkennens hindurch selber zugehört" (Habermas 1965, 291), ist eine umfassende Erkenntnis nur durch das dialektische ‚Durchdenken der natürlichen Hermeneutik des sozialen Lebensraums' möglich (o.c., 293). Die Notwendigkeit eines hermeneutischen Vorverständnisses ordnet die kritisch-historische Analyse allen empirischen Untersuchungen vor und macht eine gesamtgesellschaftliche Geschichts- und Gesellschaftstheorie unverzichtbar (Holzkamp 1972, 194ff.).

— Das Konzept der ‚Relevanz' stellt demgegenüber eindeutig den Versuch dar, Wissenschaft von wissenschaftsexogenen Aspekten aus zu determinieren, in diesem Fall: zu politisieren. Eine solche Politisierung aber stellt lediglich einen Ersatz für die zuvor aufgegebenen, wissenschaftsendogenen Ideale von Wahrheit und Erkenntnisfortschritt dar! (Albert 1973, 188f.).

[2] Die Aufstellung dieser Fragen ist in einer Übungs-Vorlesung von mir zur handlungs- versus verhaltenstheoretischen Psychologie (im WS 1984/85) entstanden, bei deren Teilnehmern ich mich für die Mitarbeit bedanke.

[3] Die Vermischung von ‚erkenntnisorientierter' und ‚technologischer' Forschung, die in diesem Beispiel impliziert ist, ist bewußt intendiert, weil konzeptuelle Inkohärenzen einer Position in beiden Forschungsebenen manifest werden (müssen) und Beispiele aus dem Bereich der ‚erkenntnisorientierten' Forschung in den Kapiteln I. und II. bereits ausführlich besprochen worden sind.

[4] Den Grundansatz dieser kritischen Gegenargumentation verdanke ich L.-M. Alisch.

[5] Die Anregung dazu verdanke ich Nikola von St. Paul.

[6] Die Anregung zu dieser Terminologie stammt aus Diskussionen mit M. Hepke in den Jahren 1970/71.

[7] Die Anregung zu diesem Beispiel verdanke ich Nikola von St. Paul.

Literatur

Abel, B. 1983: Grundlagen der Erklärung menschlichen Handelns. Tübingen
Abel, Th. 1949: The Operation Called ‚Verstehen'. American Journal of Sociology 54, 211-218
Adair, J.G. & Spinner, B. 1981: Subjects' Access to Cognitive Processes: Demand Characteristics and Verbal Report. Journal for the Theory of Social Behavior 11, 30-52
Adorno, T.W. 1965: Soziologie und empirische Forschung. In: Topitsch, E. (ed), Logik der Sozialwissenschaften, Köln/Berlin, 511-525
Adorno, T.W. et al. (eds) 1969: Der Positivismusstreit in der deutschen Soziologie. Berlin
Albert, H. 1968: Traktat über Kritische Vernunft. Tübingen
Albert, H. 1970: Theorie, Verstehen und Geschichte. Zeitschrift für Allgemeine Wissenschaftstheorie 1, 3-23
Albert, H. 1971: Kritizismus und Naturalismus. In: Lenk, H. (ed), Neue Aspekte der Wissenschaftstheorie, Braunschweig, 111-128
Albert, H. 1973: Vom Instrumentalismus zur Hermeneutik des Gesamtsubjekts. Holzkamps Übergang zum verstehenden Materialismus im Lichte realistischer Kritik. In: Albert, H. & Keuth, H. (eds), Kritik der Kritischen Psychologie, Hamburg, 179-220
Amelang, M. & Bartussek, D. 1981: Differentielle Psychologie und Persönlichkeitsforschung. Stuttgart
Anderson, J.R. & Bower, G.H. 1973: Human Associative Memory. New York
Apel, K.O. 1965: Die Entfaltung der ‚Sprachanalytischen Philosophie' und das Problem der ‚Geisteswissenschaften'. Philosophisches Jahrbuch 72, 239-289
Apel, K.O. 1973: Transformation der Philosophie, 2 Bde. Frankfurt/M.
Apel, K.O. 1979: Die Erklären:Verstehen-Kontroverse in transzendentalpragmatischer Sicht. Frankfurt/M.
Apel, K.O. et al. (eds) 1978: Neue Versuche über Erklären und Verstehen. Frankfurt/M.
Arbeitsgruppe Bielefelder Soziologen (ed) 1973: Alltagswissen, Interaktion und gesellschaftliche Wirklichkeit, 2 Bde. Reinbek
Aristoteles 1922: Organon, 5 Bde. Hamburg
Aschenbach, G. 1984: Erklären und Verstehen in der Psychologie. Bad Honnef
Aschenbach, G. et al. 1983: Das Problem der Konsensbildung und die Krise der ‚nomothetischen' Psychologie. In: Jüttemann, G. (ed), Psychologie in der Veränderung, Weinheim/Basel, 103-144
Aschenbach, G. et al. 1985: Kulturwissenschaftliche Aspekte qualitativer psychologischer Forschung. In: Jüttemann, G. (ed), Qualitative Forschung in der Psychologie, Weinheim/Basel, 25-44
Ashmore, H.S. et al. 1962: Encyclopaedia Britannica, Vol. 8. London
Ayer, A.J. 1956: The Problem of Knowledge. London
Ayer, A.J. 1963/1977: Truth. In: The Concept of a Person and other Essays, London, 162-187; dt.: Wahrheit. In: Skirbekk, G. (ed), Wahrheitstheorien, Frankfurt/M., 276-299
Bakan, D. 1965: The Mystery-Mastery Complex in Contemporary Psychology. American Psychologist 20, 186-191
Bales, R. 1972: Die Interaktionsanalyse: Ein Beobachtungsverfahren zur Erforschung kleiner Gruppen. In: König, R. (ed), Beobachtung und Experiment in der Sozialforschung, Köln, 148-167

Ballstaedt, S.-P. et al. 1980: Zur Vorhersagbarkeit von Lernergebnissen auf der Basis hierarchischer Textstrukturen. Deutsches Institut für Fernstudien an der Universität Tübingen, Forschungsbericht Nr. 11
Ballstaedt, S.-P. et al. 1981: Texte verstehen, Texte gestalten. München/Wien
Ballweg, J. 1981: Experimenteller und alltagssprachlicher Ursache-Wirkung-Begriff. In: Posch, G. (ed), Kausalität – Neue Texte, Stuttgart, 147-156
Bannister, D. & Fransella, F. 1971/1981: Inquiring Man. Harmondsworth; dt.: Der Mensch als Forscher. Münster
Bard, P. 1934: On Emotional Experience after Decortication with some Remarks on Theoretical Views. Psychological Review 41, 309-329; 424-449
Barron, F. 1967: The Psychology of Creative Writer. In: Mooney, R. & Razik, T. (eds), Explorations in Creativity, New York/London, 69-74
Barron, F. 1968: Creativity and Personal Freedom. Princeton
Barron, F. 1969: Creative Person and Creative Process. New York
Basaglia, F. (ed) 1971: Die negierte Institution oder die Gemeinschaft der Ausgeschlossenen. Frankfurt/M.
Bay, R. 1980: Verbale Konditionierung – Plädoyer gegen eine Black-Box-Vp. In: Bungard, W. (ed), Die ‚gute' Versuchsperson denkt nicht. Artefakte in der Sozialpsychologie, München, 125-144
Bayertz, K. 1981: Wissenschaftstheorie und Paradigmabegriff. Stuttgart
Beck, K. 1984: Die empirischen Grundlagen der Unterrichtsforschung – eine kritische Analyse der Leistungsfähigkeit von Beobachtungsmethoden. Habilitationsschrift, Universität Mannheim
Beckermann, A. 1977a: Gründe und Ursachen. Kronberg/Ts.
Beckermann, A. 1977b: Handeln und Handlungserklärungen. In: Beckermann, A. (ed), Analytische Handlungstheorie, Bd. 2: Handlungserklärungen, Frankfurt/M., 7-84
Beckermann, A. 1979: Intentionale versus kausale Handlungserklärungen. In: Lenk, H. (ed), Handlungstheorien – interdisziplinär, Bd. II.2., München, 445-490
Below, W. 1981: Metatheoretische Analysen psychologischer Handlungstheorien. München
Berg, W. 1978: Uneigentliches Sprechen. Tübingen
Berk, U. 1979: Konstruktive Argumentationstheorie. Stuttgart
Berlin, J. 1974: The Divorce between the Sciences and the Humanities. Urbana, Ill.
Betti, E. 1967: Allgemeine Auslegungslehre als Methodik der Geisteswissenschaften. Tübingen
Bieri, P. (ed) 1981: Analytische Philosophie des Geistes. Königstein/Ts.
Bieri, P. 1981a: Generelle Einführung. In: Bieri, P. (ed), Analytische Philosophie des Geistes, Königstein/Ts., 1-28
Bieri, P. 1981b: Materialismus: Einleitung. In: Bieri, P. (ed), Analytische Philosophie des Geistes. Königstein/Ts., 31-55
Bieri, P. 1981c: Intentionalität: Einleitung. In: Bieri, P. (ed), Analytische Philosophie des Geistes. Königstein/Ts., 139-144
Biesterfeld, W. 1982: Die literarische Utopie. Stuttgart
Bischof, N. 1966: Erkenntnistheoretische Grundlagenprobleme der Wahrnehmungspsychologie. In: Metzger, W. (ed), Hdb. der Psychologie, Bd. I.1.: Wahrnehmung und Bewußtsein, Göttingen, 21-78
Blickle, G. & Groeben, N. 1986: Gegen einen objektivistisch halbierten Kognitivismus. Kognitiv-konstruktives Sprachverstehen und nicht-paradoxale Wirkungen von Lob und Tadel. Bericht aus dem Psychologischen Institut der Universität Heidelberg (im Druck)

Bloch, E. 1959: Das Prinzip Hoffnung, 3 Bde. Frankfurt/M.
Bock, M. 1978: Wort-, Satz-, Textverarbeitung. Stuttgart
Bopp, J. 1980: Antipsychiatrie. Theorien, Therapien, Politik. Frankfurt/M.
Boring, E.G. 1950: A History of Experimental Psychology. New York (1. Auflage 1929)
Bortz, J. 1979: Lehrbuch der Statistik. Berlin/Heidelberg/New York
Bortz, J. 1984: Lehrbuch der empirischen Forschung für Sozialwissenschaftler. Berlin/Heidelberg/New York
Bosshardt, H.-G. 1984: Deskriptions- und Integrationsprobleme beim psychologischen Erklären. Analyse und Kritik 6, 160-189
Brand, H.W. 1980: ‚Soziale Wahrnehmung‘ — oder Wahrnehmung in sozialen Situationen. In: Bungard, W. (ed), Die ‚gute‘ Versuchsperson denkt nicht, München, 95-123
Brandtstädter, J. 1977: Gedanken zu einem psychologischen Modell optimaler Entwicklung. In: Schneider, J. & Schneider-Düker, M. (eds), Interpretationen der Wirklichkeit, Saarbrücken, 117-142
Brandtstädter, J. 1982: Apriorische Elemente in psychologischen Forschungsprogrammen. Zeitschrift für Sozialpsychologie 13, 267-277
Brandtstädter, J. 1984: Apriorische Elemente in psychologischen Forschungsprogrammen: Weiterführende Argumente und Beispiele. Zeitschrift für Sozialpsychologie 15, 151-158
Brandtstädter, J. 1985: ‚A Rose has no Teeth‘ — Zum Problem der Unterscheidung zwischen Begriffsverwirrungen und überraschenden empirischen Befunden in der Psychologie. In: Wapnewski, P. (ed), Wissenschaftskollegjahrbuch 1983/84, Berlin, 27-39
Brandtstädter, J. & Montada, L. 1977: Erziehungsleitende Implikationen der Erziehungsstilforschung. Trierer Psychologische Berichte 4, Heft 2
Bredella, L. 1980: Das Verstehen literarischer Texte. Stuttgart
Bredenkamp, J. & Graumann, C.F. 1973: Möglichkeiten und Grenzen mathematischer Verfahren in den Verhaltenswissenschaften. In: Gadamer, H.-G. & Vogler, P. (eds), Neue Anthropologie, Bd. 5: Psychologische Anthropologie, München, 51-93
Bredenkamp, J. & Wippich, W. 1977: Lern- und Gedächtnispsychologie, Bd. 1. Stuttgart
Brennenstuhl, W. 1975: Handlungstheorie und Handlungslogik. Kronberg/Ts.
Brenner, C. 1967: Grundzüge der Psychoanalyse. Frankfurt/M.
Brentano, F. 1924-1928: Psychologie vom empirischen Standpunkt, 3 Bde. (ed: O. Kraus), Leipzig
Brezinka, W. 1971: Von der Pädagogik zur Erziehungswissenschaft. Eine Einführung in die Metatheorie der Erziehung. Weinheim
Brezinka, W. 1976: Erziehungsziele. Erziehungsmittel. Erziehungserfolg. München
Bridgman, P.W. 1927: The Logic of Modern Physics. New York
Broad, C.D. 1923: The Mind and its Place in Nature. New York
Bromme, R. 1984: On the Limitations of the Theory Metaphor for the Study of Teachers' Expert Knowledge. Occasional Paper 44. Institut für Didaktik der Mathematik, Universität Bielefeld
Bruder, K.J. 1982: Psychologie ohne Bewußtsein. Die Geburt der behavioristischen Sozialtechnologie. Frankfurt/M.
Bruder, K.J. 1984: Behaviorismus. In: Lück, H.E. et al. (eds), Geschichte der Psychologie. Ein Handbuch in Schlüsselbegriffen, München, 74-81
Brülisauer, B. 1969: Über Kritischen Rationalismus. Kant-Studien 60, 341-351

Brunner, V.F. 1983: Probleme der Kausalerklärung menschlichen Handelns. Bern/Stuttgart
Bühler, K. 1927: Die Krise der Psychologie. Jena
Bungard, W. (ed) 1980: Die ‚gute' Versuchsperson denkt nicht. München
Bunge, M. 1963: The Myth of Simplicity. Englewood Cliffs, N.J.
Campbell, D.T. & Stanley, J.C. 1963/1970: Experimental and Quasi-Experimental Designs for Research on Teaching. In: Gage, N.L. (ed), Handbook of Research on Teaching, Chicago, 171-246; dt. Übersetzung von E. Schwarz: Experimentelle und quasi-experimentelle Anordnungen in der Unterrichtsforschung. In: Ingenkamp, K. (ed), Handbuch der Unterrichtsforschung, Teil I., Weinheim, 445-632
Camus, A. 1942/1956: Le Mythe de Sisyphe. Paris; dt.: Der Mythos von Sisyphos. Reinbek
Cannon, W.B. 1929: Bodily Changes in Pain, Hunger, Fear, and Rage. New York
Cantor, N. 1981: Perceptions of Situations: Situation Prototypes and Person-Situation Prototypes. In: Magnusson, D. (ed), Toward a Psychology of Situations: An Informational Perspective, Hillsdale, 229-244
Cantor, N. & Mischel, W. 1979: Prototypes in Person Perception. Advances in Experimental Social Psychology 13, 3-52
Carmichael, H.P. et al. 1932: An Experimental Study of the Effect of Language on the Reproduction of Visually Perceived Form. Journal of Experimental Psychology 15, 72-86
Carnap, R. 1932-1933: Psychologie in physikalischer Sprache. Erkenntnis, Bd. III, 107-143
Carnap, R. 1936/1937: Testability and Meaning. Philosophy of Science 3, 420-471; 4, 2-40
Carnap, R. 1956: The Methodological Character of Theoretical Concepts. Minnesota Studies in the Philosophy of Science 1, 38-76
Cassirer, E. 1953: Philosophie der symbolischen Formen. Darmstadt
Cassirer, E. 1980: Zur Logik der Kulturwissenschaften. Darmstadt
Cassirer, E. 1983: Wesen und Wirkung des Symbolbegriffs. Darmstadt
Charlton, M. & Neumann, U. 1982: Fernsehen und die verborgenen Wünsche des Kindes. Weinheim
Chisholm, R.M. 1977: Die menschliche Freiheit und das Selbst. In: Pothast, U. (ed), Seminar: Freies Handeln und Determinismus, Frankfurt/M., 71-87
Chomsky, N. 1959: Rezension: B.F. Skinner: Verbal Behavior. Language 35, 26-58
Churchland, P.M. 1970/1977: The Logical Character of Action Explanation. Philosophical Review 79, 214-236; dt.: Der logische Status von Handlungserklärungen. In: Beckerman, A. (ed), Analytische Handlungstheorie, Bd. 2: Handlungserklärungen, Frankfurt/M., 304-331
Cofer, C.N. 1975: Motivation und Emotion. München
Cooper, D. 1971: Psychiatrie und Antipsychiatrie. Frankfurt/M.
Cotton, J.L. 1980: Verbal Reports on Mental Processes: Ignoring Data for the Sake of the Theory? Personality and Social Psychology Bulletin 6, 2, 278-281
Cranach, M. v. et al. 1980: Zielgerichtetes Handeln. Bern/Stuttgart/Wien
Dann, H.D. et al. (eds) 1982: Analyse und Modifikation subjektiver Theorien von Lehrern. Zentrum für Bildungsforschung, SFB 23, Forschungsbericht 43, Konstanz

Danto, A.C. 1965/1977: Basic Actions. American Philosophical Quarterly 2, 141-148; dt.: Basis-Handlungen. In: Meggle, G. (ed), Analytische Handlungstheorie, Bd. 1: Handlungsbeschreibungen, Frankfurt/M., 89-110

Davidson, D. 1963/1975: Actions, Reasons, and Causes. Journal of Philosophy 60, 685-700; dt.: Handlungen, Gründe und Ursachen. In: Ritsert, J. (ed), Gründe und Ursachen gesellschaftlichen Handelns, Frankfurt, 108-128

Davidson, D. 1971/1977a: Agency. In: Binkley, R. et al. (eds), Agent, Action, and Reason, Oxford, 3-25; dt.: Handeln. In: Meggle, G. (ed), Analytische Handlungstheorie, Bd. 1: Handlungsbeschreibungen, Frankfurt/M., 282-307

Davidson, D. 1967/1977b: The Logical Form of Action Sentences. In: Rescher, N. (ed), The Logic of Decision and Action, Pittsburgh, 81-95; dt.: Die logische Form von Handlungssätzen. In: Meggle, G. (ed), Analytische Handlungstheorie, Bd. 1: Handlungsbeschreibungen, Frankfurt/M., 308-331

Deci, E.L. 1975: Intrinsic Motivation. New York

Defoe, D. 1719: The Life and Strange Surprising Adventures of Robinson Crusoe. London

DeNike, L.D. 1964: The Temporal Relationship between Awareness and Performance in Verbal Conditioning. Journal of Experimental Psychology 68, 521-529

Dick, F. 1974: Kritik der bürgerlichen Sozialwissenschaften. Heidelberg

Diemer, A. 1968: Die Differenzierung der Wissenschaften in die Natur- und die Geisteswissenschaften und die Begründung der Geisteswissenschaften als Wissenschaft. In: Diemer, A. (ed), Beiträge zur Entwicklung der Wissenschaftstheorie im 19. Jahrhundert, Meisenheim am Glan, 174-223

Dieterich, R.: 1982: Verständigung – psychologisch verstanden. In: Scheidt, F. (ed), Lernziel Verständigung – Dialogprinzip und Dialogverhalten, München/Basel, 14-43

Dijk, T.A. van 1980: Textwissenschaft. München

Dijk, T.A. van & Kintsch, W. 1983: Strategies of Discourse Comprehension. New York

Dilthey, W. 1894/1968: Ideen über eine beschreibende und zergliedernde Psychologie. Sitzungsberichte der Berliner Akademie der Wissenschaften 1894, 1309-1407; wiederabgedruckt 1968 in: Gesammelte Schriften, Bd. V., Stuttgart, 139-240

Dittrich, J. et al. 1983: Panic Disorder: Assessment and Treatment. Clinical Psychological Review 3, 215-225

Dörner, D. 1974: Die kognitive Organisation beim Problemlösen. Bern

Dörner, D. 1976: Problemlösen als Informationsverarbeitung. Stuttgart

Dörner, D. 1982: Wie man viele Probleme zugleich löst – oder auch nicht. Sprache und Kognition 1, 55-66

Dörner, D. 1984: Denken, Problemlösen und Intelligenz. Psychologische Rundschau 35, 1, 10-20

Dray, W. 1957: Laws and Explanation in History. Oxford

Dray, W. 1964: Philosophy of History. Englewood Cliffs

Dray, W. 1975: Historische Erklärungen von Handlungen. In: Giesen, B. & Schmid, M. (eds), Theorie, Handeln und Geschichte, Hamburg, 261-283; dt. Übersetzung von 1963: The Historical Explanation of Actions Reconsidered. In: Hook, S. (ed), Philosophy and History, New York, 105-135

Dray, W. 1977: Der Sinn von Handlungen. In: Beckermann, A. (ed), Analytische Handlungstheorie, Bd. 2: Handlungserklärungen, Frankfurt/M., 275-303; dt. Übersetzung von 1957: Laws and Explanation in History, Kap. V, Abschn. 1-5. Oxford
Eckensberger, L.H. 1979a: Konstruktion und Rekonstruktion von Wirklichkeit durch den Menschen als Problemstellung der Psychologie. Annales Universitatis Saraviensis, Reihe Philos. Fak., Bd. 17
Eckensberger, L.H. 1979b: A Metamethodological Evaluation of Psychological Theories from a Cross-Cultural Perspective. In: Eckensberger, L.H. et al. (eds), Selected Papers from the Fourth International Congress of the International Association for Cross-Cultural Psychology held at Munich, Federal Republic of Germany, July 28-August 5, 1978; Lisse, 255-275
Eckensberger, L.H. & Burgard, P. 1983: The Cross-Cultural Assessment of Normative Concepts: Some Considerations on the Affinity between Methodological Approaches and Preferred Theories. In: Irvine, S.H. & Berry, J.W. (eds), Human Assessment and Cultural Factors, New York/London, 459-480
Eckensberger, L.H. & Emminghaus, W.B. 1982: Moralisches Urteil und Aggression: Zur Systematisierung und Präzisierung des Aggressionskonzeptes sowie einiger empirischer Befunde. In: Hilke, R. & Kempf, W. (eds), Aggression, Bern/Stuttgart/Wien, 208-296
Eckensberger, L.H. & Meacham, J.A. 1984a: Action Theory, Control and Motivation. Introduction. Human Development 27, 163-165
Eckensberger, L.H. & Meacham, J.A. 1984b: The Essentials of Action Theory: A Framework for Discussion. Human Development 27, 166-172
Edwards, A.F. 1972: An Account of the Statistical Concept of Likelihood and its Application to Scientific Inference. Cambridge
Eibl, K. 1976: Kritisch-rationale Literaturwissenschaft. München
Ehrenfels, Chr. v. 1890: Über Gestaltqualitäten. Vierteljahresschrift für Wissenschaftliche Philosophie XIV
Endler, N.S. 1973: The Person versus the Situation – A Pseudo Issue? A Response to Alker. Journal of Personality 41, 287-303
Endler, N.S. & Magnusson, D. 1976: Toward an Interactional Psychology of Personality. Psychological Bulletin 83, 956-974
Engelkamp, J. 1973: Semantische Strukturen und die Verarbeitung von Sätzen. Bern
Engelkamp, J. 1974: Psycholinguistik. München
Engelkamp, J. 1976: Satz und Bedeutung. Stuttgart
Ericsson, K.A. & Simon, H.A. 1980: Verbal Reports as Data. Psychological Review 87, 3, 215-251
Esser, H. et al. 1977: Wissenschaftstheorie, 2 Bde. Stuttgart
Essler, W.K. 1970: Wissenschaftstheorie 1. Definition und Reduktion. Freiburg
Essler, W.K. 1971: Wissenschaftstheorie 2. Theorie und Erfahrung. Freiburg
Essler, W.K. 1973: Wissenschaftstheorie 3. Wahrscheinlichkeit und Induktion. Freiburg
Essler, W.K. 1979: Wissenschaftstheorie 4. Erklärung und Kausalität. Freiburg
Feger, H. & Graumann, C.F. 1983: Beobachtung und Beschreibung von Erleben und Verhalten. In: Feger, H. & Bredenkamp, J. (eds), Enzyklopädie der Psychologie. Methodologie und Methoden, Bd. 2: Datenerhebung, Göttingen/Toronto/Zürich, 76-134
Feigl, H. 1953: Notes on Causality. In: Feigl, H. & Brodbeck, M. (eds), Readings in the Philosophy of Science, New York, 408 ff.

Feinberg, J. 1965/1977: Action and Responsibility. In: Black, M. (ed), Philosophy in America, London, 134-160; dt.: Handlung und Verantwortung. In: Meggle, G. (ed), Analytische Handlungstheorie, Bd. 1: Handlungsbeschreibungen, Frankfurt/M., 186-224
Ferster, C.B. & Skinner, B.F. 1957: Schedules of Reinforcement. New York
Fetzer, J.H. 1971: Dispositional Probabilities. In: Buck, R.C. & Cohen, R.S. (eds), Boston Studies in the Philosophy of Science VIII, Dordrecht, 473-482
Fetzer, J.H. 1974: A Single Case Propensity Theory of Explanation. Synthese 28, 171-198
Feyerabend, P.K. 1967: On the Improvements of the Sciences and the Arts, and the Possible Identity of the Two. In: Cohen, R.S. & Wartofski, M. (eds), Boston Studies in the Philosophy of Science III, Dordrecht, 387-415
Feyerabend, P.K. 1970a: Wie wird man ein braver Empirist. In: Krüger, L. (ed), Erkenntnisprobleme der Naturwissenschaften, Köln/Berlin, 303-353
Feyerabend, P.K. 1970b: Against Method, Outline of an Anarchistic Theory of Knowledge. Minnesota Studies in the Philosophy of Science, 17-130
Fodor, J.A. 1964/1977: Explanations in Psychology. In: Black, M. (ed), Philosophy in America, Ithaka, N.Y., 179-191; dt.: Erklärungen in der Psychologie. In: Beckermann, A. (ed), Analytische Handlungstheorie, Bd. 2: Handlungserklärungen, Frankfurt/M., 412-434
Foppa, K. 1965: Lernen — Gedächtnis — Verhalten. Köln
Forguson, L.W. 1969/1977: Austin's Philosophy of Action. In: Fann, K.T. (ed), Symposium on J.L. Austin. London, 127-147; dt.: Austins Handlungstheorie. In: Meggle, G. (ed), Analytische Handlungstheorie, Bd. 1: Handlungsbeschreibungen, Frankfurt/M, 282-307
Frankfurt, H.G. 1981: Willensfreiheit und der Begriff der Person. In: Bieri, P. (ed), Analytische Philosophie des Geistes, Königstein/Ts., 287-302
Frenzel, E. 1983: Stoffe der Weltliteratur. Stuttgart
Frese, M. 1977: Psychische Störungen bei Arbeitern. Salzburg
Frese, M. et al. (eds) 1978: Industrielle Psychopathologie. Bern/Stuttgart
Frey, G. 1981: Zur Frage der Ursachenfindung. Pragmatische Aspekte der Kausalforschung. In: Posch, G. (ed), Kausalität — Neue Texte, Stuttgart, 55-78
Friedman, N. 1967: The Social Nature of Psychological Research: The Psychological Experiment as a Social Interaction. New York
Friedrich, W. 1979: Zur Kritik des Behaviorismus. Köln
Galavotti, M.C. 1980: Propensity and Explanation of Action. Quality and Quantity 14, 767-785
Gatzemeier, M. 1975a: Wissenschaftstheoretische Probleme der Lernzieltheorie. Rechtfertigung — Deduktion — Kompabilität. In: Künzli, R. (ed), Curriculumentwicklung: Begründung und Legitimation, München, 41-56
Gatzemeier, M. 1975b: Grundsätzliche Überlegungen zur rationalen Argumentation. In: Künzli, R. (ed), Curriculumentwicklung — Begründung und Legitimation, München, 147-158
Gean, W.D. 1965/1966/1977: Reasons and Causes. The Review of Metaphysics 19, 667-688; dt.: Gründe und Ursachen. In: Beckermann, A. (ed), Analytische Handlungstheorie, Bd. 2: Handlungserklärungen, Frankfurt/M., 195-220
Gergen, K.J. 1980: Towards Intellectual Audacity in Social Psychology. In: Gilmour, R. & Duck, S. (eds), The Development of Social Psychology, London, 239-270
Gergen, K.J. 1982: Toward Transformation of Social Knowledge. New York

Gerst, M.S. 1971: Symbolic Coding in Observational Learning. Journal of Personality and Social Psychology 19, 7-17
Giedymin, J. 1970: The Paradox of Meaning Variance. The British Journal for the Philosophy of Science 21, 257-268
Giese, E. 1984: Psychiatrie ohne Irrenhaus. Rehburg-Loccum
Gigerenzer, G. 1981: Messung und Modellbildung in der Psychologie. München/Basel
Glasersfeld, E. von: 1986: Begriffssemantik und Wissenskonstruktion. Braunschweig (im Druck)
Gniech, G. 1976: Störeffekte in psychologischen Experimenten. Stuttgart/Köln/Mainz
Gnüg, H. 1983: Der Utopische Roman. München/Zürich
Göttert, K.-H. 1978: Argumentation. Tübingen
Göttner, H. 1973: Logik der Interpretation. München
Goldman, A.I. 1971/1977: The Individuation of Events. Journal of Philosophy 68, 761-774; dt.: Die Identität von Handlungen. In: Meggle, G. (ed), Analytische Handlungstheorie, Bd. 1: Handlungsbeschreibungen, Frankfurt/M., 332-353
Goodman, P. 1978: Anarchistisches Manifest. Darmstadt
Graumann, C.F. 1979: Verhalten und Handeln — Probleme einer Unterscheidung. In: Schluchter, W. (ed), Verhalten, Handeln und System, Frankfurt/M., 16-31
Graumann, C.F. 1980: Psychologie — human oder humanistisch?. In: Völker, U. (ed), Humanistische Psychologie, Weinheim/Basel, 39-51
Graumann, C.F. 1984: Bewußtsein und Verhalten. Gedanken zu Sprachspielen der Psychologie. In: Lenk, H. (ed), Handlungstheorien — interdisziplinär, Bd. III, 2, München, 547-573
Graumann, C.F. & Métraux, A. 1977: Die phänomenologische Orientierung in der Psychologie. In: Schneewind, K.A. (ed), Wissenschaftstheoretische Grundlagen der Psychologie, München, 27-53
Greeno, J. et al. 1978: Associative Learning. Englewood Cliffs
Greenspoon, J. 1955: The Reinforcing Effect of two Spoken Sounds on the Frequency of two Responses. American Journal of Psychology 68, 409-416
Grice, H.P. 1975: Logic and Conversation. In: Cole, P. & Morgan, J.L. (eds), Syntax and Semantics, Vol. 3: Speech Acts, New York/London, 41-58
Grice, H.P. 1979: Logik und Konversation. In: Meggle, G. (ed), Handlung, Kommunikation, Bedeutung, Frankfurt/M., 243-265
Groeben, N. 1972: Literaturpsychologie. Stuttgart
Groeben, N. 1974: Wissenspsychologische Dimensionen der Rezeptionsforschung. Zur Präzisierung der kommunikationswissenschaftlichen Funktion einer empirischen Literaturwissenschaft. Zeitschrift für Literaturwissenschaft und Linguistik 15, 61-79
Groeben, N. 1977/1980: Rezeptionsforschung als empirische Literaturwissenschaft. Kronberg; 2. Aufl. Tübingen
Groeben, N. 1979a: Widersprüchlichkeit und Selbstanwendung: Psychologische Menschenbildannahmen zwischen Logik und Moral. Zeitschrift für Sozialpsychologie 10, 267-273
Groeben, N. 1979b: Normkritik und Normbegründung als Aufgabe der Pädagogischen Psychologie. In: Brandtstädter, J. et al. (eds), Pädagogische Psychologie: Probleme und Perspektiven, Stuttgart, 51-77

Groeben, N. 1981a: Die Handlungsperspektive als Theorierahmen für Forschung im pädagogischen Feld. In: Hofer, M. (ed), Informationsverarbeitung und Entscheidungsverhalten von Lehrern, München, 17-48
Groeben, N. 1981b: Zielideen einer utopisch-moralischen Psychologie. Zeitschrift für Sozialpsychologie 12, 104-133
Groeben, N. 1982: Leserpsychologie: Textverständnis – Textverständlichkeit. Münster
Groeben, N. 1984: Rezeption als Konstruktion. Das Prinzip der ‚Sinnkonstanz' am Beispiel von Ironie. In: Engelkamp, J. (ed), Psychologische Aspekte des Verstehens, Heidelberg/New York, 185-201
Groeben, N. 1985: Reflexivität des Erkenntnis-Objekts und Moralität des Erkenntnis-Subjekts – eine Skizze. In: Lenk, H. (ed), Humane Experimente? Genbiologie und Psychologie, München, 138-148
Groeben, N. 1986: Die Herleitung von Erziehungszielen. In: Twellmann, W. (ed), Handbuch Schule und Unterricht, Bd. 8.1, Düsseldorf, 175-198
Groeben, N. & Brinkmann, U. 1986: Menschenbilder der Psychologie: Einsichten und Ausblicke – Zu W. Herzogs ‚Modell und Theorie in der Psychologie'. Bildungsforschung und Bildungspraxis (im Druck)
Groeben, N. & Scheele, B. 1977: Argumente für eine Psychologie des reflexiven Subjekts. Darmstadt
Groeben, N. & Scheele, B. 1982: Einige Sprachregelungsvorschläge für die Erforschung Subjektiver Theorien. In: Dann, H.D. et al. (eds), Analyse und Modifikation Subjektiver Theorien von Lehrern, Konstanz, 9-32
Groeben, N. & Scheele, B. 1984: Produktion und Rezeption von Ironie, Bd. I: Pragmalinguistische Beschreibung und psycholinguistische Erklärungshypothesen. Tübingen
Groeben, N. & Vorderer, P. 1986: Empirische Literaturpsychologie. In: Langner, R. (ed), Psychologie der Literatur, Weinheim (im Druck)
Groeben, N. & Westmeyer, H. 1975: Kriterien psychologischer Forschung. München (2. Aufl. 1981)
Groeben, N. et al. 1985: Produktion und Rezeption von Ironie, Bd.II: Empirische Untersuchungen zu Bedingungen und Wirkungen ironischer Sprechakte. Tübingen
Groeben, N. et al. 1987: Das reflexive Subjekt – Ein Grundriß des Forschungsprogramms ‚Subjektive Theorien'. In Vorbereitung
Grünbaum, A. 1962: Temporally-Asymmetric Principles, Parity between Explanation and Prediction, and Mechanism and Teleology. Philosophy of Science 29, 162-170
Gurwitsch, A. 1975: Das Bewußtseinsfeld. Berlin/New York
Haag, F. et al. 1972: Aktionsforschung. München
Habermas, J. 1965: Analytische Wissenschaftstheorie und Dialektik. Ein Nachtrag zur Kontroverse zwischen Popper und Adorno. In: Topitsch, E. (ed), Logik der Sozialwissenschaften, Köln/Berlin, 291-311
Habermas, J. 1968: Erkenntnis und Interesse. Frankfurt/M.
Habermas, J. 1971: Vorbereitende Bemerkungen zu einer Theorie der kommunikativen Kompetenz. In: Habermas, J. & Luhmann, N. (eds), Theorie der Gesellschaft oder Sozialtechnologie – Was leistet die Systemforschung?, Frankfurt/M., 101-141
Habermas, J. 1973: Wahrheitstheorien. In: Fahrenbach, H. (ed), Wirklichkeit und Reflexion, Pfullingen, 211-265
Habermas, J. 1981: Theorie des kommunikativen Handelns, 2 Bde. Frankfurt/M.

Habermas, J. 1984: Was heißt Universalpragmatik? In: Habermas, J., Vorstudien und Ergänzungen zur Theorie des kommunikativen Handelns, Frankfurt/M., 353-440
Hacker, W. 1973: Allgemeine Arbeitspsychologie. Berlin (Ost)
Hamlyn, D.W. 1970: The Theory of Knowledge. London
Hanson, N.R. 1961: Patterns of Discovery. Cambridge
Harras, G. 1983: Handlungssprache und Sprechhandlung. Berlin
Harris, A.E. 1984: Action Theory, Language, and the Unconscious. Human Development 27, 196-204
Harvey, J.H. et al. 1981: Perspectives on Attributional Processes. Dubuque, Iowa
Heckhausen, H. 1980: Motivation und Handeln. Berlin/Heidelberg/New York
Hegselmann, R. 1979: Normativität und Rationalität. Zum Problem praktischer Vernunft in der Analytischen Philosophie. Frankfurt/M.
Hegselmann, R. 1985: Formale Dialektik – Ein Beitrag zur Theorie des rationalen Argumentierens. Hamburg
Heider, F. & Simmel, M. 1944: An Experimental Study of Apparent Behavior. American Journal of Psychology 57, 243-259
Heider, T. & Waschkowski, R. 1982: Sechzehn Subjektive Theorien zum Konstrukt ‚Partnerschaft'. Unveröffentlichte Diplomarbeit, Psychologisches Institut der Universität Münster
Heinze, T. et al. 1975: Handlungsforschung im pädagogischen Feld. München
Helson, R. 1966: Personality of Women with Imaginative and Artistic Interests. The Role of Masculinity, Originality, and other Characteristics in their Creativity. Journal of Personality 34, 1-25
Hempel, C.G. 1962: Deductive-Nomological versus Statistical Explanation. Minnesota Studies in the Philosophy of Science 3, 98-169
Hempel, C.G. 1962/1977: Rational Action. In: Proceedings and Addresses of the APA, 35, 5-23; dt.: Rationales Handeln. In: Meggle, G. (ed), Analytische Handlungstheorie, Bd. 1: Handlungsbeschreibungen, Frankfurt/M., 388-428
Hempel, C.G. 1964: Explanation in Science and History. In: Colodny, R.G. (ed), Frontiers in Science and Philosophy, Pittsburgh, 7-33
Hempel, C.G. 1965: Aspects of Scientific Explanation and other Essays in the Philosophy of Science. New York/London
Hempel, C.G. 1968: Explanatory Incompleteness. In: Brodbeck, M. (ed), Readings in the Philosophy of the Social Sciences, London, 398-415
Hempel, C.G. 1971: The Meaning of Theoretical Terms: A Critique of the Standard Empiristic Construal. In: Suppes, P. et al. (eds), Logic, Methodology and Philosophy of Science IV, Amsterdam, 367-378
Hempel, C.G. & Oppenheim, P. 1948: Studies in the Logic of Explanation. Philosophy of Science 15, 135-175
Hergenhahn, B.R. 1976: An Introduction to Theories of Learning. Englewood Cliffs, N.J.
Herrmann, T. 1969: Lehrbuch der empirischen Persönlichkeitsforschung. Göttingen
Herrmann, T. 1973: Über einige Einwände gegen die Nomothetische Psychologie. In: Albert, H. & Keuth, H. (eds), Kritik der Kritischen Psychologie, Hamburg, 41-83
Herrmann, T. 1974: Psychologische Theorien – nicht als Aussagengefüge betrachtet. Bericht aus dem Psychologischen Institut der Universität Marburg Nr. 42

Herrmann, T. 1976: Die Psychologie und ihre Forschungsprogramme. Göttingen.
Herrmann, T. 1979a: Ist Reizkontrolliertheit des Menschen eine widersprüchliche Konzeption? Bemerkungen zu einem antibehavioristischen Argument. Zeitschrift für Sozialpsychologie 10, 262-266
Herrmann, T. 1979b: Psychologie als Problem. München
Herrmann, T. 1982: Über begriffliche Schwächen einiger kognitivistischer Kognitionstheorien: Begriffsinflation und Akteur-System-Kontamination. Sprache und Kognition 1, 3-14
Herrmann, T. 1984: Vom Nutzen konzeptuell akzeptabler Theorien – Bemerkungen zu Th.B. Seilers Kritik –. Sprache und Kognition 2, 103-111
Herzog, W. 1984: Modell und Theorie in der Psychologie. Göttingen/Toronto/Zürich
Herzog, W. 1985: Metatheorie der Pädagogischen Psychologie – Eine Integration von Pädagogik und Psychologie auf erkenntnistheoretischer und organismischer Grundlage. Habilitationsschrift Zürich (Manuskript)
Herzog, W. 1986: Modell und Erkenntnis in der Erziehungswissenschaft. Gastvortrag an der Universität Paderborn (13.2.1986)
Hertzberg, F. 1976/1978: On Deciding. In: Manninen J. & Tuomela, R. (eds), Essays on Explanation and Understanding, Dordrecht, 233-247; dt.: Sich entscheiden. In: Apel, K.O. et al. (eds), Neue Versuche über Erklären und Verstehen, Frankfurt/M., 59-78
Hienger, J. 1972: Literarische Zukunftsphantastik. Eine Studie über Science Fiction. Göttingen
Hjelle, L.A. & Ziegler, D.J. 1976: Personality Theory: Basic Assumptions, Research, and Applications. New York
Höffe, O. 1975: Strategien der Humanität. Freiburg i.Br.
Hörmann, H. 1967: Psychologie der Sprache. Berlin
Hörmann, H. 1976: Meinen und Verstehen. Frankfurt/M.
Hörmann, H. 1980: Der Vorgang des Verstehens. In: Kühlwein, W. & Raasch, A. (eds), Sprache und Verstehen, Bd. 1., Tübingen, 17-29
Hörmann, H. 1981: Einführung in die Psycholinguistik. Darmstadt
Hofer, M. et al. 1982: Bedingungen und Konsequenzen individualisierenden Lehrerverhaltens, Teil II: Die Interpretation individualisierenden Lehrerverhaltens durch Schüler: Schlußfolgerungen aus selbstkonzeptbezogenen Eigenschaftszuschreibungen (am Beispiel von Tadel). DFG-Abschlußbericht. Braunschweig
Hofstätter, P. 1966: Einführung in die Sozialpsychologie. Stuttgart
Holthusen, H.E. 1951: Der unbehauste Mensch. Motive und Probleme der modernen Literatur. München
Holzkamp, K. 1964: Theorie und Experiment in der Psychologie. Berlin
Holzkamp, K. 1968: Wissenschaft als Handlung. Berlin
Holzkamp, K. 1972: Kritische Psychologie. Frankfurt/M.
Holzkamp, K. 1972a: Soziale Kognition. In: Graumann, C.F. (ed), Hdb. d. Psychologie, Bd. 7,2: Sozialpsychologie, Forschungsbereiche, Göttingen, 1263-1341
Holzkamp 1983: Grundlegung der Psychologie. Frankfurt/M./New York
Hookway, C. 1982: Unbestimmtheit und Interpretation. In: Hookway, C. & Pettit, P. (eds), Handlung und Interpretation, Berlin, 27-57
Hubig, C. 1978: Dialektik und Wissenschaftslogik. Berlin/New York
Hudson, W.D. (ed) 1969: The Is-Ought Question. London

Hufnagel, G. 1985: Psychologische und metatheoretische Überlegungen zur Kritik des logischen Intentionalismus. Unveröffentlichte Diplomarbeit, Psychologisches Institut der Universität Heidelberg
Hummel, H.J. 1969: Psychologische Ansätze zu einer Theorie des sozialen Verhaltens. In: König, R. (ed), Hdb. der Empirischen Sozialforschung, Bd. II, Stuttgart, 1157-1277
Huxley, A. 1932/1953: Brave New World. London; dt.: Schöne neue Welt. Frankfurt/M.
Huxley, A. 1954: The Doors of Perception. London; dt.: Die Pforten der Wahrnehmung. München
Huxley, A. 1962/1973: Island. London; dt.: Eiland. München
Hyland, M.G. 1984: Interactionism and the Person x Situation Debate. Annals of Theoretical Psychology 2, 303-328
Intemann, L. 1976: Normative Entwicklungsmodelle in der Curriculumsentwicklung. Pädagogische Rundschau 30, 466-480
Irle, M. 1975: Lehrbuch der Sozialpsychologie. Göttingen
Iser, W. 1972: Der implizite Leser. München
Iser, W. 1976: Der Akt des Lesens. München
Jaeggi, E. 1979: Kognitive Verhaltenstherapie. Weinheim/Basel
James, W. 1977: Der Wahrheitsbegriff des Pragmatismus. In: Skirbekk, G. (ed), Wahrheitstheorien, Frankfurt/M., 35-59
Janich, P. et al. 1974: Wissenschaftstheorie als Wissenschaftskritik. Frankfurt/M.
Jervis, G. 1978: Kritisches Handbuch der Psychiatrie. Frankfurt/M.
Jervis, G. 1979: Die offene Institution: Über Psychiatrie und Politik. Ff/M.
Jones, E.E. et al. 1971: Attribution: Perceiving the Causes of Behavior. Morristown, N.J.
Jungermann, H. 1976: Rationale Entscheidungen. Bern/Stuttgart/Wien
Kämmerer, A. 1983: Die therapeutische Strategie ‚Problemlösen'. Münster
Käsler, L.D. 1979: Einführung in das Studium Max Webers. München
Kaiser, H.J. & Werbik, H. 1977: Der ‚Telefonzellenversuch' — Ein erstes Experiment zur Überprüfung einer Theorie sozialen Handelns. Zeitschrift für Sozialpsychologie 8, 115-129
Kalbermatten, U. 1982: The Self-Confrontation Interview. An Evaluation of a Research Method. Research Reports from the Department of Psychology, University of Bern
Kalinowski, G. 1972: Einführung in die Normenlogik. Frankfurt/M.
Kaminski, G. 1981: Überlegungen zur Funktion von Handlungstheorien in der Psychologie. In: Lenk, H. (ed), Handlungstheorien — interdisziplinär, Bd. III.1, München, 93-121
Kamitz, R. 1973: Positivismus. München/Wien
Kamlah, W. 1960: Wissenschaft, Wahrheit, Existenz. Stuttgart
Kamlah, W. & Lorenzen, P. 1967: Logische Propädeutik. Mannheim
Kamlah, W. & Lorenzen, P. 1977: Wahrheit und Wirklichkeit. In: Skirbekk, G. (ed), Wahrheitstheorien, Frankfurt/M., 483-495
Kanfer, F.H. 1968: Verbal Conditioning: A review of its Current Status. In: Dixon, T.R. & Horton, D.L. (eds), Verbal Behavior and General Behavior Theory, Englewood Cliff, 254-290
Kanizsa, G. 1972: Stichwort ‚Sättigung'. In: Arnold, W. et al. (eds), Lexikon der Psychologie, Bd. III, Freiburg, 237
Kaufmann, A. 1975: Introduction to the Theory of Fuzzy Subsets, Vol. 1: Fundamental Theoretical Elements. New York

Kebeck, G. & Sader, M. 1984: Phänomenologisch-experimentelle Methodenlehre. Ein gestalttheoretisch orientierter Versuch der Explikation und Weiterführung. Gestalt Theory 6, 3, 193-245
Keil, W. & Sader, M. 1967: Fragebogenforschung. Materialien zur Fragebogenforschungsübung. Mainz (Manuskript)
Keller, G. 1981: Die Psychologie der Folter. Frankfurt/M.
Kelly, G.A. 1955: The Psychology of Personal Constructs, Vol. I, II. New York
Kintsch, W. 1974: The Representation of Meaning in Memory. New York
Kintsch, W. 1977/1982: Memory and Cognition. New York; dt.: Gedächtnis und Kognition. Berlin/Heidelberg/New York
Kintsch, W. & Keenan, J. 1973: Reading Rate and Retention as a Function of the Number of Propositions in the Base Structure of Sentences. Cognitive Psychology 5, 257-274
Kintsch, W. et al. 1975: Comprehension and Recall of Text as a Function of Content Variables. Journal of Verbal Learning and Verbal Behavior 14, 2, 196-214
Klüver, J. 1979: Kommunikative Validierung – Einige vorbereitende Bemerkungen zum Projekt ‚Lebensweltanalyse von Fernstudenten'. In: Heinze, Th. (ed), Lebensweltanalyse von Fernstudenten, Fernuniversität Hagen, 68-84
Koch, S. 1956: Behavior as Intrinsically Regulated: Work Notes towards a Pretheory of Phenomena Called Motivated. In: Jones, M.R. (ed), Nebraska Symposium on Motivation, Lincoln, 42-86
Koch, S. 1964: Psychology and Emerging Conceptions of Knowledge as Unitary. In: Wann, T.W. (ed), Behaviorism and Phenomenology, Chicago, 1-41
Koch, S. 1971: Reflections on the State of Psychology. Social Research 38, 669-709
Koch, S. 1973: Psychologie und Geisteswissenschaften. In: Gadamer, H.-G. & Vogler, P. (eds), Neue Anthropologie, Bd. 5: Psychologische Anthropologie, Stuttgart, 200-236
Koch, S. 1981: The Nature and Limits of Psychological Knowledge. American Psychologist 36, 3, 257-269
Köckeis-Stangl, E. 1980: Methoden der Sozialisationsforschung. In: Hurrelmann, K. & Ulich, D. (eds), Handbuch der Sozialisationsforschung, Weinheim, 321-370
König, E. 1975: Theorie der Erziehungswissenschaften, Bd. 2: Normen und ihre Rechtfertigung. München
König, E. 1982: Aufgaben und Positionen handlungsleitender Erziehungswissenschaft. In: König, E. & Zedler, P. (ed), Erziehungswissenschaftliche Forschung: Positionen, Perspektiven, Probleme, München, 80-103
König, E. 1983: Methodenprobleme der Handlungsforschung – Zur Diskussion um die Handlungsforschung. In: Zedler, P. & Moser, H. (eds), Aspekte qualitativer Sozialforschung, Opladen, 79-94
König, E. et al. 1975: Basiswissen Philosophie. München
Kohlberg, L. 1976: Moral Stage and Moralization. The Cognitive-Developmental Approach. In: Lickona, T.D. (ed), Moral Development and Behavior, New York, 31-53
Kohler, I. 1951: Über Aufbau und Wandlung der Wahrnehmungswelt. Österr. Akad. d. Wiss. phil.-hist. Kl. 227/1, Wien, 1-118
Kohler, I. 1956: Der Brillenversuch in der Wahrnehmungspsychologie mit Bemerkungen zur Lehre von der Adaption. Zeitschrift für Experimentelle und Angewandte Psychologie 3, 381-417

Kohler, I. 1966: Die Zusammenarbeit der Sinne und das allgemeine Adaptionsproblem. In: Metzger, W. (ed), Hdb. d. Psychologie, Bd. I.1: Wahrnehmung und Bewußtsein, Göttingen, 616-655
Kopperschmidt, J. 1973: Rhetorik. Stuttgart
Kopperschmidt, J. 1978: Das Prinzip vernünftiger Rede. Stuttgart
Kopperschmidt, J. 1980: Argumentation. Stuttgart
Kordig, C.R. 1972: The Justification of Scientific Change. Dordrecht
Kraft, V. 1950: Der Wiener Kreis. Wien
Krasner, L. 1958: Studies of the Conditioning of Verbal Behavior. Psychological Bulletin 55, 148-170
Krasner, L. & Ulmann, L.P. 1963: Variables Affecting Report of Awareness in Verbal Conditioning. Journal of Psychology 56, 193-202
Kraut, P.E. & Lewis, S.H. 1982: Person Perception and Self-Awareness: Knowledge of Influences on One's Own Judgements. Journal of Personality and Social Psychology 42, 3, 448-460
Krysmanski, H.J. 1963: Die utopische Methode. Köln/Opladen
Kubrik, S. 1964: A Clockwork Orange. Film
Kuhn, Th.S. 1967: Die Struktur wissenschaftlicher Revolutionen. Frankfurt/M.
Kuhn, Th.S. 1972: Postscript – 1969, Zur Analyse der Struktur wissenschaftlicher Revolutionen. In: Weingart, P. (ed), Wissenschaftssoziologie 1: Wissenschaftliche Entwicklung als sozialer Prozeß, Frankfurt/M., 287-319
Kuhn, Th.S. 1974: Second Thoughts on Paradigms. In: Suppe, F. (ed), The Structure of Scientific Theories, Urbana, Ill., 459-482
Kuhn, Th.S. 1977: Neue Überlegungen zum Begriff des Paradigmas. In: Kuhn, Th.S., Die Entstehung des Neuen, Frankfurt/M., 389-420
Kutschera, F. v. 1972: Wissenschaftstheorie, 2 Bde. München
Kutschera, F. v. 1976: Einführung in die intensionale Semantik. Berlin/New York
Kutschera, F. v. 1981: Grundfragen der Erkenntnistheorie. Berlin
Kutschera, F. v. 1982: Grundlagen der Ethik. Berlin
Lakatos, I. 1968: Criticism and the Methodology of Scientific Research Programs. Meetings of the Aristotelian Society, London, 149-186
Lakatos, I. 1970: Falsification and the Methodology of Scientific Research Programs. In: Lakatos, I. & Musgrave, A. (eds), Criticism and the Growth of Knowledge, Cambridge, 91-196
Lakatos, I. 1971: History of Science and its Rational Reconstructions. In: Buck, R.C. & Cohen, R.S. (eds), Studies in the Philosophy of Science, Vol VII., Dordrecht, 91-136
Lakatos, I. 1974: Falsifikation und die Methodologie wissenschaftlicher Forschungsprogramme. In: Lakatos, I. & Musgrave, A. (eds), Kritik und Erkenntnisfortschritt, Braunschweig, 89-189
Lakatos, I. & Musgrave, A. (eds) 1970/1974: Criticism and the Growth of Knowledge. Cambridge; dt.: Kritik und Erkenntnisfortschritt. Braunschweig
Laucken, U. 1984: Von Setzungen und ihren Folgen. Psychologische Beiträge 26, 250-262
Laplanche, J. & Pontalis, J.B. 1972: Das Vokabular der Psychoanalyse, 2 Bde. Frankfurt/M.
Lay, R. 1971: Grundzüge einer komplexen Wissenschaft, 2 Bde. Frankfurt/M.
Lechler, P. 1982: Kommunikative Validierung. In: Huber, G.L. & Mandl, H. (eds), Verbale Daten, Weinheim, 243-258
LeGuin, U.K. 1974/1976: The Dispossessed. New York; dt.: Planet der Habenichtse. München

Leinfellner, W. 1967: Einführung in die Erkenntnis- und Wissenschaftstheorie. Mannheim
Leinfellner, W. 1981: Kausalität in den Sozialwissenschaften. In: Posch, G. (ed), Kausalität – Neue Texte, Stuttgart, 221-259
Leithäuser, T. & Volmerg, B. 1979: Anleitung zur empirischen Hermeneutik. Psychoanalytische Textinterpretation als sozialwissenschaftliches Verfahren. Frankfurt/M.
Lenk, H. 1972: Erklärung, Prognose, Planung. Freiburg
Lenk, H. 1978: Handlung als Interpretationskonstrukt. In: Lenk, H. (ed), Handlungstheorie – interdisziplinär, Bd. II.1, München, 279-350
Lenk, H. 1979: Zur wissenschaftstheoretischen Situation der deutschen Soziologie. In: Lüschen, G. (ed), Deutsche Soziologie seit 1945. Entwicklungsrichtungen und Praxisbezug, Opladen, 108-132
Lenk, H. 1983: Wie philosophisch ist die Anthropologie? In: Frey, G. & Zelger, J. (eds), Der Mensch und die Wissenschaften vom Menschen, Bd. 1, 145-187
Lenk, H. (ed) 1985: Humane Experimente? Genbiologie und Psychologie. München/Paderborn
Lersch, P. 1962: Aufbau der Person. München
Lewin, K. 1927: Gesetz und Experiment in der Psychologie. Berlin
Lewin, K. 1953: Tat-Forschung und Minderheitenprobleme. In: Lewin, K., Die Lösung sozialer Konflikte, Bad Nauheim, 278ff.
Lewis, D.K. 1966/1977: An Argument for the Identity Theory. The Journal of Philosophy 63, 17-25; dt.: Ein Argument für die Identitätstheorie. In: Beckermann, A. (ed), Analytische Handlungstheorie, Bd. 2: Handlungserklärungen, Frankfurt/M., 398-411
Liebhart, E.H. 1978: Therapie als kognitiver Prozeß. In: Pongratz, L.J. (ed), Hdb. d. Psychologie, Bd. 8.2: Klinische Psychologie, Göttingen, 1785-1819
Linder, H. 1966: Der Zweifel und seine Grenzen. Berlin (Ost)
Link, G. 1976: Intensionale Semantik. München
Lisch, R. & Kriz, R. 1978: Grundlagen und Modelle der Inhaltsanalyse. Reinbek
Lobkowicz, N. 1969: Interesse und Objektivität. Philosophische Rundschau 16, 249-273
Lohaus, A. 1983: Möglichkeiten individuenzentrierter Datenerhebung. Münster
Lohaus, A. & Kebeck, G. 1984: Die experimentelle Situation aus der Sicht von Versuchsperson und Versuchsleiter. Zeitschrift für Experimentelle und Angewandte Psychologie 31, 84-100
Lorenzer, A. 1974: Die Wahrheit der psychoanalytischen Erkenntnis. Ein historisch-materialistischer Entwurf. Frankfurt/M.
Lowry, R. 1971: The Evolution of Psychological Theory. Chicago
Lück, H.E. et al. (eds) 1984: Geschichte der Psychologie. Ein Handbuch in Schlüsselbegriffen. München
Lückert, H.-R. 1982: Verständigung als vernunftgeleitete Kommunikation. In: Scheidt, F. (ed), Lernziel Verständigung – Dialogprinzip und Dialogverhalten, München/Basel, 44-59
Maas, U. & Wunderlich, D. 1972: Pragmatik und sprachliches Handeln. Frankfurt/M.
MacCorquadale, K. & Meehl, P.E. 1948: On a Distinction between Hypothetical Constructs and Intervening Variables. Psychological Review 55, 95-107

MacIntyre, A.C. 1966/1977: The Antecedents of Action. In: Williams, B. & Montefiori, A. (eds), British Analytical Philosphy, London, 205-225; dt.: Was dem Handeln vorhergeht. In: Beckermann, A. (ed), Analytische Handlungstheorie, Bd. 2: Handlungserklärungen, Frankfurt/M., 168-194

Mackie, J.L. 1965: Causes and Conditions. American Philosphical Quarterly 2, 245-264

Mackie, J.L. 1977: Dispositions, Grounds, and Causes. Synthese 34, 361-369

Magnusson, D. & Endler, N.S. 1977: Interactional Psychology: Present Status and Future Prospects. In: Magnusson, D. & Endler, N.S. (eds), Personality at the Crossroads, New York, 3-31

Malcolm, N. 1968/1977: The Conceivability of Mechanism. The Philosophical Review 77, 45-72; dt.: Ist der Mechanismus verstehbar? In: Beckermann, A. (ed), Analytische Handlungstheorie, Bd. 2: Handlungserklärungen, Frankfurt/M., 332-363

Mandl, H. & Spada, H. 1984: Antrag auf Einrichtung eines Schwerpunktprogramms ‚Wissenspsychologie'. Unveröffentlichtes Manuskript

Mann, Th. 1912: Der Tod in Venedig. München

Marks, I.M. 1969: Fears and Phobias. London

Martin, J.R. 1972/1977: Basis Actions and Simple Actions. American Philosophical Quarterly 9, 59-68; dt.: Basis-Handlungen und einfache Handlungen. In: Meggle, G. (ed), Analytische Handlungstheorie, Bd. 1: Handlungsbeschreibungen, Frankfurt/M. 111-136

Maschewsky, W. 1977: Das Experiment in der Psychologie. Frankfurt/M.

Masterman, M. 1970: The Nature of a Paradigm. In: Lakatos, I. & Musgrave, A. (eds), Criticism and the Growth of Knowledge, Cambridge, 59-90

Mavissakalian, M. & Barlow, D.H. (eds) 1981: Phobia. Psychological and Pharmacological Treatment. New York/London

Mattes, P. 1984: Psychologie im westlichen Nachkriegsdeutschland und in der Bundesrepublik. In: Lück, H.E. et al. (eds), Geschichte der Psychologie. Ein Handbuch in Schlüsselbegriffen, München, 28-33

Maturana, H.R. 1982: Erkennen: Die Organisation und Verkörperung von Wirklichkeit. Braunschweig

Meichenbaum, D.H. 1979: Kognitive Verhaltensmodifikation. München/Baltimore

Melden, A.I. 1961/1977: Free Action. London, 18-25, 43-66, 73-78, 83-92, 96-103, 171f., 184-188; dt.: Freie Handlungen. In: Beckermann, A. (ed), Analytische Handlungstheorie, Bd. 2: Handlungserklärungen, Frankfurt/M., 120-167

Mertens, W. 1975: Sozialpsychologie des Experiments. Hamburg

Mertens, W. & Fuchs, G. 1978: Krise der Sozialpsychologie? München

Metzger, W. 1963: Psychologie. Darmstadt

Mey, M. de 1982: The Cognitive Paradigm. Dordrecht/London

Meyer, B.J.F. 1975: The Organization of Prose and its Effects on Memory. Amsterdam

Meyer, W.U. 1978: Der Einfluß von Sanktionen auf Begabungsperzeptionen. In: Görlitz, D. et al. (eds), Bielefelder Symposium über Attribution, Stuttgart, 71-92

Meyer, W.U. 1984: Das Konzept von der eigenen Begabung. Bern/Stuttgart/Toronto

Meyer, W.U. & Plöger, F.O. 1979: Scheinbar paradoxe Wirkungen von Lob und Tadel auf die wahrgenommene eigene Begabung. In: Filipp, H.-S. (ed), Selbstkonzept-Forschung, Stuttgart, 221-235

Meyer, W.U. et al. 1978: Ursachenerklärung von Rechennoten: II. Lehrerattribuierungen und Sanktionen. Zeitschrift für Entwicklungspsychologie und Pädagogische Psychologie 10, 2, 169-178
Meyer, W.U. et al. 1979: The Informational Value of Evaluative Behavior. Influences of Praise and Blame on Perceptions of Ability. Journal of Educational Psychology 2, 259-268
Meyer, W.U. et al. 1982: Auswirkungen von Tadel auf die Beurteilung des eigenen Leistungsstandes und auf das Interesse an Aufgaben. Zeitschrift für Entwicklungspsychologie und Pädagogische Psychologie 14, 263-276
Miller, G.A. et al. 1960/1973: Plans and Structure of Behavior. New York; dt.: Strategien des Handelns. Stuttgart
Miller, W.R. (ed) 1980: The Addictive Behaviors. Oxford
Mischel, W. 1968: Personality and Assessment. New York/London
Mischel, W. 1974: Processes in Delay of Gratification. In: Berkowitz, L. (ed), Advances in Experimental Social Psychology 7, 249-292
Mischel, T. 1981: Psychologische Erklärungen. Gesammelte Aufsätze. Frankfurt/M.
Misiak, H. & Sexton, V.S. 1966: History of Psychology. New York/London
Montada, L. 1983: Verantwortlichkeit und das Menschenbild in der Psychologie. In: Jüttemann, G. (ed), Psychologie in der Veränderung, Weinheim, 162-188
Moser, H. 1975: Aktionsforschung als kritische Theorie der Sozialwissenschaften. München
Moser, H. 1983: Zur methodologischen Problematik der Aktionsforschung. In: Zedler, P. & Moser, H. (eds), Aspekte qualitativer Sozialforschung, Opladen, 51-78
Müller, G.E. 1923: Komplextheorie und Gestalttheorie. Göttingen
Naess, A. 1975: Kommunikation und Argumentation. Kronberg/Ts.
Nagel, T. 1981: Physikalismus. In: Bieri, P. (ed), Analytische Philosophie des Geistes, Königstein/Ts., 56-72
Neemann, U. 1980: Ist Eckard Königs ‚Theorie der Erziehungswissenschaft' eine ‚Kritik der pädagogischen Vernunft'? Zeitschrift für allgemeine Wissenschaftstheorie 11, 2, 302-320
Neisser, U. 1967/1974: Cognitive Psychology. New York; dt.: Kognitive Psychologie. Stuttgart
Neisser, U. 1977/1979: Cognition and Reality. San Francisco; dt.: Kognition und Wirklichkeit. Stuttgart
Neusüss, A. (ed) 1972: Utopie. Neuwied
Newtson, D. 1973: Attribution and the Unit of Perception of Ongoing Behavior. Journal of Personality and Social Psychology 28, 1, 28-38
Newtson, D. 1976: Foundations of Attribution: The Perception of Ongoing Behavior. In: Harvey, J. et al. (eds), Directions in Attribution Research, Hillsdale, N.J., 223-247
Neyman, J. & Pearson, E.S. 1928: On the Use and Interpretation of Certain Test Criteria for Purposes of Statistical Inference. Biometrica 20, 175-240; 263-294
Neyman, J. & Pearson, E.S. 1933: On the Problem of the Most Efficient Tests of Statistical Hypotheses. Trans. Royal Society, London, Series A, 231, 289-337
Niiniluoto, I. 1976/1978: Inductive Explanation, Propensity, and Action. In: Manninen, J. & Tuomela, R. (eds), Essays on Explanation and Understanding, Dordrecht, 335-368; dt.: Induktive Erklärung, Disposition und

Handlung. In: Apel, K.O. et. al. (eds), Neue Versuche über Erklären und Verstehen, Frankfurt/M., 192-233
Nisbett, R.E. & Bellows, N. 1977: Verbal Reports about Cause Influences on Social Judgements: Private Access versus Public Theories. Journal of Personality and Social Psychology 35, 613-624
Nisbett, R.E. & Wilson, T.D. 1977: Telling More than We Can Know: Verbal Reports on Mental Processes. Psychological Review 84, 3, 231-259
Noble, C.E. 1952: An Analysis of Meaning. Psychological Review 59, 421-430
Oelmüller, W. (ed) 1978: Materialien zur Normendiskussion, 2 Bde. Paderborn
Oeser, E. 1981: Kausalität und Wahrscheinlichkeit. In: Posch, G. (ed), Kausalität — Neue Texte, Stuttgart, 190-220
Oesterreich, R. 1981: Handlungsregulation und Kontrolle. München
Oevermann, U. et al. 1979: Die Methodologie einer ‚objektiven Hermeneutik‘ und ihre allgemeine forschungslogische Bedeutung in den Sozialwissenschaften. In: Söffner, H.G. (ed), Interpretative Verfahren in den Sozial- und Textwissenschaften, Stuttgart, 352-434
Oevermann, U. et al. 1983: Die Methodologie einer ‚objektiven Hermeneutik‘. In: Zedler, P. & Moser, H. (eds), Aspekte qualitativer Sozialforschung, Opladen, 95-123
Oldemeyer, E. 1979: Handeln und Bewußtsein. In: Lenk, H. (ed), Handlungstheorien — interdisziplinär, Bd. II.2., München, 729-764
Olweus, D. 1977: Personality Factors and Aggression with Special Reference to Violence within Peer-Group. In: Hartup, W.W. & de Witt, J. (eds), Origins of Aggression, The Hague, 247-277
Opp, K.-D. 1970: Methodologie der Sozialwissenschaften. Reinbek
Opp, K.-D. 1972: Verhaltenstheoretische Soziologie. Reinbek
Opp, K.-D. & Schmidt, P. 1976: Einführung in die Mehrvariablenanalyse. Reinbek
Orne, M.T. 1962: On the Social Psychology of the Psychological Experiment: With Particular Reference to Demand Characteristics and their Implications. American Psychologist 17, 776-783
Orne, M.T. 1969: Demand Characteristics and the Concept of Quasi-Controls. In: Rosenthal, R. & Rosnow, R.L. (eds), Artifact in Behavioral Research, New York, 147-179
Paivio, A. 1971: Imagery and Verbal Processes. New York
Patzig, G. 1973: Erklären und Verstehen. Neue Rundschau 84, 392-413
Pettit, P. 1982: Die Theorie des rationalen Menschen. In: Hookway, C. & Pettit, P. (eds), Handlung und Interpretation, Berlin, 58-84
Pfungst, O. 1907: Das Pferd des Herrn von Osten. Leipzig
Pongratz, L.J. 1967: Problemgeschichte der Psychologie. Berlin/München
Popper, K.R. 1934: Logik der Forschung. Wien
Popper, K.R. 1958a: Die offene Gesellschaft und ihre Feinde, Bd. 1. Bern
Popper, K.R. 1958b: Falsche Propheten. Bern
Popper, K.R. 1960: On the Sources of Knowledge and of Ignorance. London
Popper, K.R. 1962: Some Comments on Truth and Growth of Knowledge. In: Nagel, E. et al. (eds), Logic, Methodology, and Philosophy of Science, California, 285-292
Portele, G. 1980: Humanistische Psychologie und die Entfremdung des Menschen. In: Völker, U. (ed), Humanistische Psychologie, Weinheim/Basel, 53-75
Pothast, U. (ed) 1978: Seminar: Freies Handeln und Determinismus. Frankfurt/M.

Pothast, U. 1978a: Einleitung. In: Pothast, U. (ed), Seminar: Freies Handeln und Determinismus, Frankfurt/M., 7-31

Prim, R. & Tilmann, H. 1973: Grundlagen einer kritisch-rationalen Sozialwissenschaft. Heidelberg

Putnam, H. 1981: Die Natur mentaler Zustände. In: Bieri, P. (ed), Analytische Philosophie des Geistes, Königstein/Ts., 123-135

Quine, W.V.O. 1956/1966: Quantifiers and Propositional Attitudes. Journal of Philosophy 53, 177-187; abgedruckt 1966 in: The Ways of Paradox and Other Essays, New York, 183-194

Radnitzky, G. 1970: Contemporary Schools of Metascience. Göteborg

Ramsey, F.P. 1927/1977: Facts and Propositions. Proceedings of the Aristotelian Society, Suppl. Vol. VII; dt.: Tatsachen und Propositionen. In: Skirbekk, G. (ed), Wahrheitstheorien, Frankfurt/M., 224-225

Razran, G. 1949: Semantic and Phonetographic Generalisations of Salivary Conditioning to Verbal Stimuli. Journal of Experimental Psychology 39, 642-652

Reisenzein, R. 1984: Empirie und Analytizität: Einige Anmerkungen zu Brandtstädters ‚Apriorische Elemente in psychologischen Forschungsprogrammen'. Zeitschrift für Sozialpsychologie 15, 74-80

Rehbein, J. 1977: Komplexes Handeln. Stuttgart

Rescher, N. 1973/1977: The Criteriology of Truth. In: The Coherence of Truth Theory. Oxford; dt.: Die Kriterien der Wahrheit. In: Skirbekk, G. (ed), Wahrheitstheorien, Frankfurt/M., 337-390

Rich, M.C. 1979: Verbal Reports on Mental Processes: Issues of Accuracy and Awareness. Journal for the Theory of Social Behaviour 9, 1, 29-37

Ricken, F. 1983: Allgemeine Ethik. Stuttgart

Riedel, M. 1978: Verstehen oder Erklären? Stuttgart

Ringel, G. 1978: Institutionenkritik. Überlegungen zu Möglichkeiten und Grenzen der Rechtfertigung. Phil. Diss. Friedr.-Alex.-Univ. Erlangen-Nürnberg

Robbe-Grillet, A. 1962/1963: Instantanées. Paris; dt.: Momentaufnahmen. München

Robbe-Grillet, A. 1963/1965: Pour un Nouveau Roman. Paris; dt.: Argumente für einen neuen Roman. München

Ropohl, G. 1980: Ein systemtheoretisches Beschreibungsmodell des Handelns. In: Lenk, H. (ed), Handlungstheorien – interdisziplinär, Bd. I., München, 323-360

Rosch, E. 1975: Cognitive Representations of Semantic Categories. Journal of Experimental Psychology: General 104, 192-253

Rosch, E. 1978: Principles of Categorization. In: Rosch, E. & Lloyd, B. (eds), Cognition and Categorization, Hillsdale, N.J., 27-48

Rosenthal, R. 1963: On the Social Psychology of the Psychological Experiment: The Experimenter's Hypothesis as Unintended Determinant of the Experimental Results. American Scientist 51, 268-283

Rosenthal, R. 1966: Experimenter Effects in Behavioral Research. New York

Rosenthal, R. & Fode, K.L. 1963: The Effect of Experimenter Bias on the Performance of the Albino Rat. Behavioral Science 8, 183-189

Ruhloff, J. 1980: Das ungelöste Normenproblem in der Pädagogik. Heidelberg

Russel, B. 1946/1977: William James. In: Russel, B., History of Western Philosophy, London, 770-773; dt.: William James. In: Skirbekk, G. (ed), Wahrheitstheorien, Frankfurt/M., 59-62

Rustemeyer, R. 1984: Selbsteinschätzung – vermittelt durch die Emotionen anderer Personen. Zeitschrift für Entwicklungspsychologie und Pädagogische Psychologie 14, 144-161

Ryle, G. 1949/1969: The Concept of Mind. London; dt.: Der Begriff des Geistes. Stuttgart
Salmon, W.C. 1963: Logic. Englewood Cliffs, N.J.
Salmon, W.C. 1965: The Status of Prior Probabilities in Statistical Explanation. Philosophy of Science 32, 137-146
Salmon, W.C. 1971: Statistical Explanation and Statistical Relevance. Pittsburgh
Sanders, C. 1978: Die behavioristische Revolution in der Psychologie. Salzburg
Savigny, E. v. 1970: Analytische Philosophie. Freiburg/München
Schäfer, K.H. & Schaller, K. 1976: Kritische Erziehungswissenschaft und kommunikative Didaktik. Heidelberg
Schafer, R. 1982: Eine neue Sprache für die Psychoanalyse. Stuttgart
Scheele, B. 1981: Selbstkontrolle als kognitive Interventionsstrategie. Weinheim
Scheele, B. & Groeben, N. 1979: Zur Rekonstruktion von subjektiven Theorien mittlerer Reichweite. Eine Methodik-Kombination von halbstandardisiertem Interview und Dialog-Konsens über die Theorie-Rekonstruktion mittels der Struktur-Lege-Technik. Bericht aus dem Psychologischen Institut der Universität Heidelberg Nr. 18
Scheele, B. & Groeben, N. 1984: Die Heidelberger Struktur-Lege-Technik (SLT). Weinheim
Scheele, B. & Groeben, N. 1986: Methodological Aspects of Illustrating the Cognitive-Reflective Function of Aesthetic Communication: Employing a Structure-Formation Technique with Readers of (Positive) Literary Utopias. Poetics (im Druck)
Scheffler, I. 1967: Science and Subjectivity. Indianapolis/New York/Kansas City
Schlick, M. 1978: Wann ist der Mensch verantwortlich? In: Pothast, U. (ed), Seminar: Freies Handeln und Determinismus, Frankfurt/M., 157-168
Schmalt, H.-D. 1984: Psychologische Aspekte einer Theorie der Handlung. In: Lenk, H. (ed), Handlungstheorien – interdisziplinär, Bd. III.2, München, 517-546
Schmidt, S.J. 1985: Wertaspekte einer anwendungsorientierten empirischen Literaturwissenschaft. In: Nikol (ed), Angewandte Literaturwissenschaft, Braunschweig (zit. aus Manuskript)
Schneewind, K.A. 1969: Methodisches Denken in der Psychologie. Bern/Stuttgart/Wien
Schneider, G. 1985: Strukturkonzept und Interpretationspraxis der objektiven Hermeneutik. In: Jüttemann, G. (ed), Qualitative Methoden in der Psychologie, Weinheim/Basel, 71-91
Schütz, A. 1960/1974: Der sinnhafte Aufbau der sozialen Welt. Wien/Frankfurt/M.
Schuler, H. 1980: Ethische Probleme psychologischer Forschung. Göttingen
Schulz von Thun, F. 1980: Ist humanistische Psychologie unpolitisch? In: Völker, U. (ed), Humanistische Psychologie, Weinheim/Basel, 109-113
Schultz, D.P. 1969: A History of Modern Psychology. New York/London
Schwarz, E. 1970: Experimentelle und quasi-experimentelle Anordnungen in der Unterrichtsforschung. In: Ingenkamp, K. (ed), Handbuch der Unterrichtsforschung, Teil I, Weinheim, 445-632; dt. Übersetzung von Campbell, D.T. & Stanley, J.C. 1963

Schwemmer, O. 1975: Begründung und Erklärung. In: Mittelstrass, J. (ed), Methodologische Probleme einer normativ kritischen Gesellschaftstheorie, Frankfurt/M., 43-87
Schwemmer, O. 1976: Theorie der Rationalen Erklärung. München
Schwemmer, O. 1979: Praktische Begründung, rationale Rekonstruktion und methodische Überprüfung. In: Lenk, H. (ed), Handlungstheorien — interdisziplinär, Bd. II.2, München, 535-580
Schwemmer, O. 1983: Empirie ohne Experiment. Plädoyer für einen methodischen ‚Zwischenschritt‘ bei unserer wissenschaftlichen Erfahrungsbildung. In: Jüttemann, G. (ed), Psychologie in der Veränderung, Weinheim, 66-99
Searle, J.R. 1969/1977: Speech Acts. Cambridge; dt.: Sprechakte. Frankfurt/M.
Seiffert, H. 1971: Einführung in die Wissenschaftstheorie, 2 Bde. München
Seiler, T.B. 1984: Was ist eine ‚konzeptuell akzeptable Kognitionstheorie?‘? Anmerkungen zu Theo Herrmann: Über begriffliche Schwächen kognitivistischer Kognitionstheorien. Sprache und Kognition 2, 87-101
Singer, M.G. 1975: Verallgemeinerung in der Ethik. Frankfurt/M.
Skinner, B.F. 1953: Science and Human Behavior. New York
Skinner, B.F. 1957: Verbal Behavior. New York
Skinner, B.F. 1972: Cumulative Record — A Selection of Papers (Kap. A Case History in Scientific Method). New York
Skinner, B.F. 1973: Jenseits von Freiheit und Würde. Reinbek
Skinner, B.F. 1974a: Die Funktion der Verstärkung in der Verhaltenswissenschaft. München
Skinner, B.F. 1974b/1978: About Behaviorism. New York; dt.: Was ist Behaviorismus? Reinbek
Skinner, B.F. 1983: Origins of a Behaviorist. Psychology Today 17, 9, 22-33
Skirbekk, G. (ed), 1977a: Wahrheitstheorien. Frankfurt/M.
Skirbekk, G. 1977b: Einleitung. In: Skirbekk, G. (ed), Wahrheitstheorien, Frankfurt/M., 8-34
Skirbekk, G. 1982: Rationaler Konsens und ideale Sprechsituation als Geltungsgrund? Über Recht und Grenzen eines transzendentalpragmatischen Geltungskonzepts. In: Kuhlmann, W. & Böhler, D. (eds), Kommunikation und Reflexion, Frankfurt/M., 54-82
Smedslund, J. 1978: Bandura's Theory of Self-Efficacy: A Set of Common Sense Theorems. Scandinavian Journal of Psychology 19, 1-14
Smedslund, J. 1979: Between the Analytic and the Arbitrary: A Case Study of Psychological Research. Scandinavian Journal of Psychology 20, 129-140
Smedslund, J. 1984: What is Necessarily True in Psychology? Annals of Theoretical Psychology 2, 241-272
Smith, E.R. & Miller, F.D. 1978: Limits on Perception of Cognitive Processes: A Reply to Nisbett and Wilson. Psychological Review 85, 4, 355-362
Sneed, J.D. 1971: The Logical Structure of Mathematical Physics. Dordrecht
Sneed, J.D. 1976: Philosphical Problems in the Empirical Science of Science: A Formal Approach. Erkenntnis 10, 115-146
Snow, C.P. 1967: Die zwei Kulturen. Stuttgart
Sökeland, W. 1980: Indirektheit von Sprechhandlungen. Tübingen
Sommer, J. 1982: Dialogische Forschungsmethoden. Bericht aus dem Psychologischen Institut der Universität Heidelberg Nr. 30
Spielberger, C.D. 1962: The Role of Awareness in Verbal Conditioning. In: Eriksen, C.W. (ed), Behavior and Awareness, Durham, N.C., 73-101

Spielberger, C.D. 1965: Theoretical and Epistemological Issues in Verbal Conditioning. In: Rosenberg, S. (ed), Directions in Psycholingistics, New York, 149-200
Spielberger, C.D. & de Nike, L.D. 1966: Descriptive Behaviorism versus Cognitive Theory in Verbal Operant Conditioning. Psychological Bulletin 73, 300-326
Spranger, E. 1922: Lebensformen. Geisteswissenschaftliche Psychologie und Ethik der Persönlichkeit. Halle
Spranger, E. 1926: Die Frage nach der Einheit der Psychologie, Sitzungsberichte d. Preuss. Akad. d. Wiss. (Phil.-hist. Klasse), Berlin, 172-199
Stachowiak, H. 1973: Allgemeine Modelltheorie. Wien/New York
Stampler, F.M. 1982: Panic Disorder: Description, Conceptualization, and Implications for Treatment. Clinical Psychological Review 2, 469-486
Stanley, J.C. 1971: Reliability. In: Thorndyke, R.L. (ed), Educational Measurement, Washington, 356ff.
Stegmüller, W. 1966: Erklärung, Voraussage, wissenschaftliche Systematisierung und nichterklärende Information. Ratio 8, 1-22
Stegmüller, W. 1968: Das Wahrheitsproblem und die Idee der Semantik. Wien/New York
Stegmüller, W. 1969: Probleme und Resultate der Wissenschaftstheorie und Analytischen Philosophie, Bd. 1: Erklärung und Begründung. Berlin/Heidelberg/New York
Stegmüller, W. 1973: Probleme und Resultate der Wissenschaftstheorie und Analytischen Philosophie, Bd. 2.2: Theorienstrukturen und Theoriendynamik. Berlin/Heidelberg/New York
Stegmüller, W. 1979a: Kausalgesetze und kausale Erklärungen. In: Stegmüller, W. (ed), Rationale Rekonstruktion von Wissenschaft und ihrem Wandel, Stuttgart, 87-107
Stegmüller, W. 1979b: Hauptströmungen der Gegenwartsphilosophie II. Stuttgart
Stegmüller, W. 1979c: The Structuralist View of Theories. Berlin/Heidelberg/New York
Stegmüller, W. 1979d: Normale Wissenschaft und wissenschaftliche Revolutionen. Kritische Betrachtungen zur Kontroverse zwischen Karl Popper und Thomas S. Kuhn. In: Stegmüller, W. (ed), Rationale Rekonstruktion von Wissenschaft und ihrem Wandel, Stuttgart, 108-130
Stegmüller, W. 1979e: Akzidenteller („nichtsubstantieller') Theorienwandel und Theorienverdrängung. In: Stegmüller, W. (ed), Rationale Rekonstruktion von Wissenschaft und ihrem Wandel, Stuttgart, 131-176
Stegmüller, W. 1980: Neue Wege der Wissenschaftsphilosphie. Berlin/Heidelberg/New York
Stegmüller, W. 1983: Probleme und Resultate der Wissenschaftstheorie und analytischen Philosophie, Bd. 1: Erklärung, Begründung, Kausalität. 2. verbesserte und erweiterte Auflage. Berlin/Heidelberg/New York
Stoutland, F. 1976/1978: The Causal Theory of Action. In: Manninen, J. & Tuomela, R. (eds), Essays on Explanation and Understanding. Dordrecht, 271-304: dt.: Die kausale Theorie der Handlung. In: Apel, K.O. et al. (eds), Neue Versuche über Erklären und Verstehen, Frankfurt/M., 105-152
Strelka, J. 1978: Methodologie der Literaturwissenschaft. Tübingen
Ströker, E. 1973: Einführung in die Wissenschaftstheorie. Darmstadt
Suppes, P. 1970: A Probabilistic Theory of Causality. Amsterdam

Tarski, A. 1972: Die semantische Konzeption der Wahrheit und die Grundlagen der Semantik. In: Sinnreich, J. (ed), Zur Philosophie der idealen Sprache, München, 53-100
Taylor, Ch. 1975: Erklärung und Interpretation in den Wissenschaften vom Menschen. Frankfurt/M.
Thiel, C. 1972: Grundlagenkrise und Grundlagenstreit. Meisenheim
Thomae, H. 1984: Psychologie – eine amerikanische Wissenschaft?. In: Lück, H.E. et al. (eds), Geschichte der Psychologie. Ein Handbuch in Schlüsselbegriffen, München, 34-40
Thompson, J. 1984: Conscience Place; dt.: Wunschweltende. Reinbek
Thoresen, C.E. & Mahoney, M.J. 1974: Behavioral Self-Control. New York
Timaeus, E. 1974: Experiment und Psychologie. Göttingen
Titze, H. 1981: Das Kausalproblem und die Erkenntnisse der modernen Physik. In: Posch, G. (ed), Kausalität – Neue Texte, Stuttgart, 30-54
Tolman, E.C. 1932: Purposive Behavior in Animals and Men. New York
Topitsch, E. 1965: Sprachlogische Probleme der sozialwissenschaftlichen Theorienbildung. In: Topitsch, E. (ed), Logik der Sozialwissenschaften, Köln/Berlin, 17-36
Topitsch, E. 1966: Sozialphilosophie zwischen Ideologie und Wissenschaft. Neuwied/Berlin
Topitsch, E. 1969: Mythos, Philosophie, Politik. Zur Naturgeschichte der Illusion. Freiburg
Toulmin, S. 1958/1975: The Uses of Argument. Cambridge; dt.: Der Gebrauch von Argumenten. Kronberg
Toulmin, S. 1961/1968: Foresight and Understanding. London; dt.: Voraussicht und Verstehen. Frankfurt/M.
Tournier, M. 1967/1968: Vendredi ou les Limbes du Pacifique. Paris; dt.: Freitag oder Im Schoß des Pazifik. Hamburg
Tränkle, U. 1983: Fragebogenkonstruktion. In: Feger, H. & Bredenkamp, J. (eds), Enzyklopädie der Psychologie. Methodologie und Methoden, Bd. 2: Datenerhebung, Göttingen/Toronto/Zürich, 222-301
Tranøy, K.E. 1972: ‚Sollen' impliziert ‚Können'. Eine Brücke von der Tatsache zur Norm? Ratio 14, 111-125
Treiber, B. & Groeben, N. 1976: Vom Paar-Assoziations-Lernen zum Elaborationsmodell. Forschungsprogrammwechsel in der Psychologie des verbalen Lernens. Zeitschrift für Sozialpsychologie 7, 3-46
Treml, A.K. 1975: Über die Unfähigkeit zu begründen. In: Künzli, R. (ed), Curriculumentwicklung. Begründung und Legitimation, München, 57-72
Tugendhat, E. 1977: Heideggers Idee von der Wahrheit. In: Skirbekk, G. (ed), Wahrheitstheorien, Frankfurt/M., 431-448
Tugendhat, E. & Wolf, U. 1983: Logisch-semantische Propädeutik. Stuttgart
Tuomela, R. 1976/1978: Explanation and Understanding of Human Behavior. In: Manninen, J. & Tuomela, R. (eds), Essays on Explanation and Understanding, Dordrecht, 183-205; dt.: Erklären und Verstehen menschlichen Verhaltens. In: Apel, K.O. et al. (eds), Neue Versuche über Erklären und Verstehen, Franfurt/M., 30-58
Twain, M. o.J.: Tom Saywers Abenteuer. Klagenfurt
Ulich, D. 1982: Das Gefühl. Eine Einführung in die Emotionspsychologie. München/Baltimore
Ulmann, G. 1968: Kreativität. Weinheim
Villenave-Cremer, S. & Eckensberger, L.H. 1982: On the Role of Affective Processes in Moral Judgement Performance. Paper presented at the ‚In-

ternational Symposium on Moral Education', Fribourg, Switzerland, Aug. 30.–Sept. 3., 1982
Völzing, V.L. 1979: Begründen, Erklären, Argumentieren. Heidelberg
Volpert, W. 1974: Handlungsstrukturanalyse als Beitrag zur Qualifikationsforschung. Köln
Wahl, D. 1982: Handlungsvalidierung. In: Huber, L. & Mandl, H. (eds), Verbale Daten, Weinheim, 259-274
Wahl, D. et al. 1984: Psychologie für die Schulpraxis. München
Waisman, F. 1953: Language Strata. In: Flew, A. (ed), Logic and Language, 2nd. Series, Oxford, 11-31
Walther, E. 1974: Allgemeine Zeichenlehre. Stuttgart
Watzlawick, P. (ed) 1981: Die erfundene Wirklichkeit. Wie wissen wir, was wir zu wissen glauben? Beiträge zum Konstruktivismus. München
Weber, M. 1921/1984: Soziologische Grundbegriffe. Tübingen
Weber, M. 1956: Wirtschaft und Gesellschaft. Grundriß der Verstehenden Soziologie, 1. Halbband. Tübingen
Weingart, P. 1984: Anything Goes – Rien ne va plus. Der Bankrott der Wissenschaftstheorie. Kursbuch 78, 561-575
Weingartner, P. 1971: Wissenschaftstheorie I. Stuttgart
Wellmer, A. 1967: Methodologie der Erkenntnistheorie. Frankfurt/M.
Werbik, H. 1971: Das Problem der Definition ‚aggressiver' Verhaltensweisen. Zeitschrift für Sozialpsychologie 2, 233-247
Werbik, H. 1975: Zur Definition ‚aggressiven' Handelns. In: Schmidt-Mummendey, A. & Schmidt, H.D. (eds), Aggressives Verhalten, München, 118-125
Werbik, H. 1976: Grundlagen einer Theorie sozialen Handelns, Teil I und II. Zeitschrift für Sozialpsychologie 7, 248-261 u. 310-326
Werbik, H. 1978: Handlungstheorien. Stuttgart
Werbik, H. 1981: Über den empirischen Gehalt von Handlungstheorien. In: Michaelis, W. (ed), Bericht über den 32. Kongreß der Deutschen Gesellschaft für Psychologie in Zürich 1980, Göttingen, 294-301
Werbik, H. 1984: Über die nomologische Auslegung von Handlungstheorien. In: Lenk, H. (ed), Handlungstheorien – interdisziplinär, Bd. III.2., München, 633-651
Werbik, H. & Munzert, R. 1978: Kann Aggression handlungstheoretisch erklärt werden? Psychologische Rundschau 29, 195-208
Werbik, H. & Schwarz, H. 1974: Anmerkungen zu einer Theorie der Überprüfung handlungstheoretischer Aussagen. Psychologische Beiträge 16, 238-253
Werkmeister, W.H. 1968: The Basic and Structure of Knowledge. New York
Wersig, G. 1968: Inhaltsanalyse. Berlin
Wertsch, J.V. & Lee, B. 1984: The Multiple Levels of Analysis in a Theory of Action. Human Development 27, 193-196
Wertheimer, M. 1971: Kurze Geschichte der Psychologie. München
Westmeyer, H. 1972: Logik der Diagnostik. Stuttgart
Westmeyer, H. 1973: Kritik der psychologischen Unvernunft. Stuttgart
Westmeyer, H. 1977: Verhaltenstherapie: Anwendung von Verhaltenstheorien oder kontrollierte Praxis? In: Westmeyer, H. & Hoffmann, N. (eds), Verhaltenstherapie, Hamburg, 187-203
Westmeyer, H. 1981: Zur Paradigmadiskussion in der Psychologie. In: Michaelis, W. (ed), Bericht über den 32. Kongreß der Deutschen Gesellschaft für Psychologie in Zürich 1980, Göttingen, 115-126

Westmeyer, H. 1984: Die kognitive Wende in der Psychologie. Ein Paradigmenwechsel? Vortrag vom 1.2.1984 im ‚Colloquium zur Wissenschaftsgeschichte', Hochschule der Bundeswehr Hamburg

Westmeyer, H. & Hoffmann, N. (eds) 1977: Verhaltenstheraphie. Grundlegende Texte. Hamburg

Westmeyer, H. & Manns, M. 1977: Beobachtungsverfahren in der Verhaltensdiagnostik. In: Westmeyer, H. & Hoffmann, N. (eds), Verhaltenstherapie. Grundlegende Texte, Hamburg, 248-262

White, A.R. 1970: Truth. London

White, P. 1980: Limitations on Verbal Reports of Internal Events: A Refutation of Nisbett and Wilson and of Bem. Psychological Review 87, 1, 105-112

Wieland, W. 1970: Möglichkeiten der Wissenschaftstheorie. In: Bubner, R. (ed), Hermeneutik und Dialektik, Tübingen, 1-56

Wiese, K. 1985: Wahres Reisen ist stets Heimkehr. Nachwort in: LeGuin, U.K., Planet der Habenichtse, München, 382-393

Willms, B. 1969: Planungsideologie und revolutionäre Utopie. Berlin/Köln/Stuttgart/Mainz

Wilson, T.D. & Nisbett, R.E. 1978: The Accuracy of Verbal Reports about the Effects of Stimuli on Evaluation and Behavior. Social Psychology 41, 118-131

Wilson, T.D. et al. 1981: Awareness and Self-Perception: Verbal Reports on Internal States. Journal of Personality and Social Psychology 40, 1, 53-71

Wimmer, R. 1980: Universalisierung in der Ethik. Frankfurt/M.

Winter, M. 1978: Compendium Utopiarium. Typologie und Bibliographie literarischer Utopien, 1. Teilband: Von der Antike bis zur deutschen Frühaufklärung. Stuttgart

Wottawa, H. 1980: Grundriß der Testtheorie. München

Wright, G.H. v. 1971/1974: Explanation and Understanding. Ithaka; dt.: Erklären und Verstehen. Frankfurt/M.

Wright, G.H. v. 1976/1977: Determinism and the Study of Man. In: Manninen, J. & Tuomela, R. (eds), Essays on Explanation and Understanding, Dordrecht, 415-435; dt.: Handlung, Norm und Intention. Berlin/New York, 131-152

Wright, G.H. v. 1979: Das menschliche Handeln im Lichte seiner Ursachen und Gründe. In: Lenk, H. (ed), Handlungstheorien – interdisziplinär, Bd. 2.2., München, 417-430

Wundt, W. 1900-1920: Völkerpsychologie. Eine Untersuchung der Entwicklungsgesetze von Sprache, Mythos und Sitte. 10 Bde. Leipzig

Zedler, P. & Moser, H. (eds) 1983: Aspekte qualitativer Sozialforschung. Opladen

Zielke, M. 1982: Probleme und Ergebnisse der Veränderungsmessung. In: Zielke, M. (ed), Diagnostik in der Psychotherapie, Stuttgart, 41-59

Zilsel, E. 1976: Die sozialen Ursprünge der neuzeitlichen Wissenschaft. Frankfurt/M.

AUTORENREGISTER

Abel, B. 265, 388, 436
Abel, T. 142f., 436
Adair, J.G. 136-138, 436
Adorno, T.W. 10, 433, 436
Albert, H. 69, 91, 416, 433-435, 436
Amelang, M. 395, 436
Anderson, J.R. 32-34, 436
Apel, K.O. 3, 11, 14f., 102, 140, 178-80, 273-277, 294f., 383, 386, 391, 436
AG Bielefelder Soziologen 386, 436
Aristoteles 99, 377, 412, 436
Aschenbach, G. 4f., 13, 16, 53, 119, 121, 123, 125, 151, 163, 180, 250f., 257, 346f., 383f., 387, 395, 398, 408, 414, 436
Ashmore, H.S. 75, 436
Ayer, A.J. 99-101, 103, 436
Bakan, D. 393, 436
Bales, R. 146f., 436
Ballstaedt, S.-P. 34f., 37, 437
Ballweg, J. 242, 437
Bannister, D. 131, 437
Bard, P. 301, 437
Barlow, D.H. 349, 451
Barron, F. 110f., 437
Bartussek, D. 395, 436
Basaglia, F. 319, 437
Bay, R. 308, 437
Bayertz, K. 360f., 363, 371f., 437
Beck, K. 117, 188, 437
Beckermann, A. 3, 261, 266, 269f., 273f., 281f., 284-286, 293f., 299, 303, 314, 340, 375, 390, 437
Bellows, N. 137, 453
Berg, W. 212, 437
Berk, U. 379, 437
Berlin, J. 412, 437
Betti, E. 143f., 206, 437
Bieri, P. 172, 300-304, 311, 315, 320, 437
Biesterfeld, W. 423, 437
Bischof, N. 50, 437
Blickle, G. 209, 212-216, 437
Bloch, E. 430, 438
Bock, M. 34f., 438
Bopp, J. 319, 438
Boring, E.G. 25, 438
Bortz, J. 103, 109, 292, 438
Bosshardt, H.-D. 90, 125, 438
Bower, G.H. 32-34, 436
Brand, H.W. 309, 438
Brandtstädter, J. 69f., 336, 367, 417, 438
Bredella, L. 142f., 186, 282, 296, 341, 438
Bredenkamp, J. 247, 249, 251, 348, 438
Brennenstuhl, W. 72, 438
Brenner, C. 164, 438
Brentano, F. 166, 248f., 438
Brezinka, W. 62, 420, 438
Bridgman, P.W. 88, 438
Brinkmann, U. 408, 444
Broad, C.D. 24, 438
Bromme, R. 350, 438
Bruder, K.J. 13, 55, 438
Brülisauer, B. 432, 438
Brunner, V.F. 261, 269, 273, 439
Bühler, K. 4, 384f., 439
Bungard, W. 243, 246, 351, 369, 439
Bunge, M. 109f., 439
Burgard, P. 400, 441
Campbell, D.T. 87, 153, 246, 260, 439
Camus, A. 427f., 439
Cannon, W.B. 301, 439
Cantor, N. 44, 439
Carmichael, H.P. 89f., 439
Carnap, R. 76, 86-88, 101, 108, 439
Cassirer, E. 54, 125, 220, 385, 412f., 439
Charlton, M. 200f., 439
Chisholm, R.M. 305, 312, 439
Chomsky, N. 65, 439
Churchland, P.M. 272, 280, 439
Cofer, C.N. 301f., 439
Cooper, D. 319, 439
Cotton, J.L. 135, 439
Cranach, M. v. 71, 76f., 156, 173, 222-224, 272, 313, 335, 397f., 439
Dann, H.D. 176, 439
Danto, A.C. 60, 440
Davidson, D. 171f., 176, 227f., 231, 237f., 265, 273, 277, 440
Deci, E.L. 120, 440
Defoe, D. 426, 440
DeNike, L.D. 308, 440, 457
Dick, F. 247, 440
Diemer, A. 54, 440
Dieterich, R. 411, 440
Dijk, T.A. van 35, 440
Dilthey, W. 1-4, 14-16, 26, 80, 140f., 440
Dittrich, J. 349, 440
Dörner, D. 43-45, 60, 440
Dray, W. 15, 206, 261, 273-275, 375, 440f.
Eckensberger, L.H. 71, 396, 400, 407, 441, 458
Edwards, A.F. 292, 441

Ehrenfels, C. v. 21, 441
Eibl, K. 340, 441
Emminghaus, W.B. 400, 441
Endler, N.S. 395, 441, 451
Engelkamp, J. 33, 441
Ericsson, K.A. 135-138, 441
Esser, H. 2, 75, 78, 93, 179, 221, 271, 274, 441
Essler, W.K. 105, 108, 111, 205-207, 221, 275f., 441
Feger, H. 97, 441
Feigl, H. 287, 441
Feinberg, J. 226, 232, 441f.
Ferster, C.B. 61, 442
Fetzer, J.H. 291, 442
Feyerabend, P.K. 11f., 92f., 358, 413, 442
Fode, K.L. 245, 454
Fodor, J.A. 74, 313f., 442
Foppa, K. 348, 442
Forguson, L.W. 225f., 442
Frankfurt, H.G. 307, 310f., 442
Fransella, F. 131, 437
Frenzel, E. 426, 442
Frese, M. 317, 442
Frey, G. 287, 442
Friedman, N. 243, 442
Friedrich, W. 13, 61, 96, 442
Fuchs, G. 243, 451
Galavotti, M.C. 291, 442
Gatzemeier, M. 257, 419, 442
Gean, W.D. 324, 442
Gergen, K.J. 4, 13, 120, 250f., 386, 409, 412, 414, 442
Gerst, M.S. 249, 443
Giedymin, J. 94, 443
Giese, E. 319, 443
Gigerenzer, G. 40, 128-132, 443
Glasersfeld, E. v. 385, 443
Gniech, G. 243, 245, 443
Gnüg, H. 423, 443
Göttert, K.-H. 373f., 443
Göttner, H. 140, 142, 443
Goldman, A.I. 172, 228, 443
Goodman, P. 429, 443
Graumann, C.F. 55, 57, 97, 247-249, 251, 253, 394, 396, 405f., 408, 438, 441, 443
Greeno, J. 33f., 443
Greenspoon, J. 153, 308, 443
Grice, H.P. 212, 443
Groeben, N. 5, 10, 13, 25, 30, 32-35, 37f., 43, 49f., 53f., 56, 61f., 65, 67-69, 98, 100, 109f., 113, 117, 131f., 142, 148f., 153, 175f., 179f., 186, 190-194, 202, 204-206, 209f., 212-216, 218, 229, 235, 255, 275, 291f., 303, 308, 340f., 348f., 356, 359, 366, 369f., 376, 393, 395, 408, 411, 415-418, 420-423, 428, 437, 443f., 455, 458
Grünbaum, A. 284, 444
Gurvich, A. 249, 444
Haag, F. 255, 444
Habermas, J. 10f., 49, 77, 102, 140, 178-181, 258, 295, 410, 412, 414, 432, 435, 444
Hacker, W. 396f., 445
Hamlyn, D.W. 74, 98, 100, 445
Hanson, N.R. 92, 445
Harras, G. 73f., 176, 186, 226f., 232, 238, 445
Harris, A.E. 164-167, 445
Harvey, J.H. 340, 445
Heckhausen, H. 70, 445
Hegselmann, R. 377, 422, 445
Heider, F. 89, 146, 445
Heider, T. 195, 445
Heinze, T. 254, 257, 445
Helson, R. 427, 445
Hempel, C.G. 95, 202-204, 274f., 284, 375, 445
Hergenhahn, B.R. 22, 26, 445
Herrmann, T. 11, 43, 61, 67, 104, 111, 154, 179, 207, 235, 241f., 293, 362, 365, 367, 389f., 396, 434, 445f.
Herzog, W. 27, 29, 40, 52f., 61, 75, 125, 179, 186, 392f., 406f., 409f., 446
Hertzberg, F. 263, 446
Hienger, J. 429, 446
Hjelle, L.A. 407, 446
Höffe, O. 422, 446
Hörmann, H. 35, 47, 65, 216, 303, 446
Hofer, M. 210, 446
Hoffmann, N. 377, 460
Hofstätter, P. 411, 446
Holthusen, H.E. 428, 446
Holzkamp, K. 4, 27, 29, 43, 51, 56, 107, 153, 234, 251, 254, 308, 432-435, 446
Hookway, C. 119, 121, 446
Hubig, C. 248, 446
Hudson, W.D. 416, 446
Hufnagel, G. 270, 396-398, 447
Hummel, H.J. 403, 447
Huxley, A. 424f., 447
Hyland, M.G. 395, 447
Intemann, L. 421, 447
Irle, M. 249f., 447
Iser, W. 142, 447
Jaeggi, E. 57, 447
James, W. 101, 447

Janich, P. 375f., 447
Jervis, G. 319, 447
Jones, E.E. 340, 447
Jungermann, H. 263, 421, 447
Kämmerer, A. 63, 447
Käsler, D. 169, 401, 447
Kaiser, H.J. 139, 268, 338, 398f., 447
Kalbermatten, U. 398, 447
Kalinowski, G. 408, 447
Kaminski, G. 396, 447
Kamitz, R. 87, 447
Kamlah, W. 97-99, 101f., 104, 447
Kanfer, F.H. 308, 447
Kanizsa, G. 96, 447
Kaufmann, A. 44, 447
Kebeck, G. 23, 45f., 53, 125, 250, 253, 395, 410, 448, 450
Keenan, J. 35, 448
Keil, W. 117, 448
Keller, G. 78, 448
Kelly, G.A. 62, 131f., 190, 448
Kintsch, W. 34f., 37, 440, 448
Klüver, J. 181, 448
Koch, S. 13, 42, 53, 55f., 120, 412, 448
Köckeis-Stangl, E. 196-198, 448
König, E. 69, 259, 419, 421f., 448
Kohlberg, L. 400, 448
Kohler, I. 349, 448f.
Kopperschmidt, J. 179, 372, 374-376, 378f., 449
Kordig, C.R. 94f., 449
Kraft, V. 87, 449
Krasner, L. 153, 308, 449
Kraut, P.E. 136, 449
Kriz, R. 151, 450
Krysmanski, H.J. 415, 449
Kubrik, S. 68, 449
Kuhn, T.S. 11f., 61, 92-94, 309, 359-364, 372, 449
Kutschera, F. v. 173, 291, 300, 304, 310, 315-317, 320, 422, 449
Lakatos, I. 112, 291, 361, 414, 449
Laplanche, J. 164, 449
Laucken, U. 367, 449
Lay, R. 432, 449
Lechler, P. 181, 449
Lee, B. 226, 459
LeGuin, U.K. 428-430, 449
Leinfellner, W. 86, 98, 126, 288, 450
Leithäuser, T. 161, 450
Lenk, H. 3, 57, 71f., 74, 79, 177f., 242, 285, 403, 422, 450

Lersch, P. 4, 107, 450
Lewin, K. 255f., 412, 450
Lewis, D.K. 300, 450
Lewis, S.H. 136, 449
Liebhart, E.H. 57, 450
Linder, H. 434, 450
Link, G. 173, 450
Lisch, R. 151, 450
Lobkowicz, N. 432f., 450
Lohaus, A. 250, 395, 450
Lorenzen, P. 98f., 101f., 104, 447
Lorenzer, A. 13, 178, 450
Lowry, R. 46, 450
Lückert, H.-R. 411, 450
Maas, U. 211, 218, 288, 450
MacCorquadale, K. 108, 450
MacIntyre, A.C. 265, 451
Mackie, J.L. 285f., 451
Magnusson, D. 395, 441, 451
Mahoney, M.J. 57, 458
Malcolm, N. 74f., 232f., 299, 302, 451
Mandl, H. 370, 451
Mann, T. 427, 451
Manns, M. 377, 460
Marks, I.M. 349, 451
Martin, J.R. 60, 451
Maschewsky, W. 241-247, 249, 277, 369, 451
Masterman, M. 360, 451
Mattes, P. 4f., 451
Maturana, H.R. 385, 451
Mavissakalian, M. 349, 451
Meacham, J.A. 71, 400, 441
Meehl, P.E. 108, 450
Meichenbaum, D.H. 57, 451
Melden, A.I. 261, 263f., 451
Mertens, W. 243, 245, 248, 260, 451
Métraux, A. 248, 251, 394, 443
Metzger, W. 21, 46, 451
Mey, M. de 370, 395, 451
Meyer, B.J.F. 37, 451
Meyer, W.U. 209f., 212-216, 233, 236, 334, 451f.
Miller, F.D. 135-139, 456
Miller, G.A. 57, 396f., 452
Miller, W.R. 349, 452
Mischel, T. 13, 57, 61, 119, 164f., 167, 173, 295, 340f., 344, 412, 452
Mischel, W. 44, 395, 439, 452
Misiak, H. 5, 13, 24, 452
Montada, L. 69, 306, 311, 349, 352, 407, 417, 438, 452
Moser, H. 256-258, 260, 410, 452
Müller, G.E. 226, 452

Munzert, R. 106f., 268, 398, 459
Musgrave, A. 361, 449
Naess, A. 378, 452
Nagel, T. 300, 318, 452
Neemann, U. 422, 452
Neisser, U. 90, 146, 312, 452
Neumann, U. 200f., 439
Neusüss, A. 110, 415, 452
Newtson, D. 96f., 452
Neyman, J. 292, 452
Niiniluoto, I. 288, 452
Nisbett, R.E. 133-139, 190, 453
Noble, C.E. 31, 453
Oelmüller, W. 422, 453
Oeser, E. 288, 453
Oesterreich, R. 396f., 453
Oevermann, U. 155, 157-162, 197, 201, 453
Oldemeyer, E. 383, 402f., 413, 453
Olweus, D. 395, 453
Opp, K.-D. 108, 260, 403, 453
Oppenheim, P. 202f., 284, 375, 445
Orne, M.T. 244, 453
Paivio, A. 31f., 453
Patzig, G. 143, 387, 453
Pearson, E.S. 292, 452
Pettit, P. 177, 408, 453
Pfungst, O. 244, 453
Plöger, F.O. 209f., 451
Pongratz, L.J. 21, 23f., 248, 453
Pontalis, J.B. 164, 449
Popper, K.R. 8, 14, 51, 89-92, 103, 112, 146, 291, 391, 422, 432, 434, 453
Portele, G. 408, 453
Pothast, U. 305f., 312, 453f.
Prim, R. 283, 416f., 419, 454
Putnam, H. 303, 454
Quine, W.V.O. 96, 114, 173f., 454
Radnitzky, G. 433f., 454
Ramsey, F.P. 87, 99, 454
Razran, G. 113, 454
Reisenzein, R. 367, 454
Rehbein, J. 72-74, 170f., 222-224, 454
Rescher, N. 73, 102, 454
Rich, M.C. 135, 139, 454
Ricken, F. 422, 454
Riedel, M. 2, 14f., 140f., 386, 412, 454
Ringel, G. 421, 454
Robbe-Grillet, A. 425, 454
Ropohl, G. 390, 454
Rosch, E. 44, 454
Rosenthal, R. 243-245, 454
Ruhloff, J. 420, 422, 454
Russell, B. 101, 454

Rustemeyer, R. 210, 454
Ryle, G. 64, 269, 455
Sader, M. 23, 45f., 53, 117, 125, 250, 253, 395, 410, 448
Salmon, W.C. 205, 419, 455
Sanders, C. 13, 55, 86, 455
Savigny, E. v. 111, 455
Schäfer, K.H. 62, 455
Schafer, R. 165-167, 184, 186, 238, 455
Schaller, K. 62, 455
Scheele, B. 13, 38, 53, 56f., 61f., 65-67, 69, 117-119, 121, 153, 175f., 179, 186, 190-194, 212, 218, 303, 308, 311, 340, 356, 359, 366, 369f., 376, 393, 395, 405, 411, 417f., 420, 444, 455
Scheffler, I. 94, 455
Schlick, M. 87, 306f., 311, 455
Schmalt, H.-D. 402, 408, 455
Schmidt, P. 260, 453
Schmidt, S.J. 422, 455
Schneewind, K.A. 108, 455
Schneider, G. 157, 160, 455
Schütz, A. 177, 186, 455
Schuler, H. 422, 455
Schultz, D.P. 13, 20, 455
Schulz von Thun, F. 403, 455
Schwarz, E. 153, 260, 455
Schwemmer, O. 247, 258, 275f., 280, 282, 387f., 402, 404, 421, 456
Searle, J.R. 59, 211, 416, 456
Seiffert, H. 433f., 456
Seiler, T.B. 390, 456
Sexton, V.S. 5, 13, 24, 452
Simmel, M. 89, 146, 445
Simon, H.A. 135-138, 441
Singer, M.G. 68, 422, 456
Skinner, B. F. 56, 61, 65, 105, 116, 302f., 314, 352, 376f., 442
Skirbekk, G. 98f., 101-103, 180, 456
Smedslund, J. 367, 456
Smith, E.R. 135-139, 456
Sneed, J.D. 95, 361f., 365, 456
Snow, C.P. 411f., 456
Sökeland, W. 211, 456
Sommer, J. 124, 456
Spada, H. 370, 451
Spielberger, C.D. 308, 456f.
Spinner, B. 136-138, 436
Spranger, E. 4f., 55, 141, 457
Stachowiak, H. 52, 128, 457
Stampler, F.M. 349, 457
Stanley, J.C. 40, 153, 246, 260, 439, 457
Stegmüller, W. 11, 95f., 99, 203-207, 221f., 242, 271, 275, 277, 282,

284f., 287-290, 361-365, 368, 371f., 412, 457
Stoutland, F. 373, 457
Strelka, J. 142, 457
Ströker, E. 432, 434, 457
Suppes, P. 293, 457
Tarski. A. 99f., 458
Taylor, C. 173, 261, 369, 458
Thiel, C. 418, 458
Thomae, H. 370, 458
Thompson, J. 427, 458
Thoresen, C.E. 57, 458
Tilmann, H. 283, 416f., 419, 454
Timaeus, E. 243, 458
Titze, H. 288, 458
Tolman, E.C. 23f., 26, 349, 458
Topitsch, E. 54, 432f., 458
Toulmin, S. 284, 373-375, 377, 458
Tournier, M. 426-429, 458
Tränkle, U. 417, 458
Tranøy, K.E. 421, 458
Treiber, B. 32-34, 56, 216, 458
Treml, A.K. 422, 458
Tugendhat, E. 102, 108, 458
Tuomela, R. 263, 282, 458
Twain, M. 281, 458
Ulich, D. 109, 302, 458
Ulmann, G. 111, 458
Ulmann, L.P. 308, 449
Villenave-Cremer, S. 400, 458
Völzing, V.L. 374f., 378f., 459
Volmerg, B. 161, 450
Volpert, W. 396, 459
Vorderer, P. 235, 428, 444
Wahl, D. 338, 350, 459
Waisman, F. 389, 459
Walther, E. 187, 459
Waschkowski, R. 195, 445

Watzlawick, P. 385, 459
Weber, M. 55, 69, 168f., 187, 277, 401f., 415-417, 420, 459
Weingart, P. 413, 459
Weingartner, P. 100, 459
Wellmer, A. 432, 459
Werbik, H. 62, 71, 106f., 121-123, 139, 195, 222f., 265, 268, 270f., 338, 398f., 447, 459
Werkmeister, W.H. 100f., 459
Wersig, G. 148, 459
Wertheimer, M. 20f., 23f., 45, 459
Wertsch, J.V. 226, 459
Westmeyer, H. 10, 25, 49f., 56, 61, 98, 100, 105, 110, 112, 180, 202, 204-207, 210, 255, 291f., 359, 369f., 376f., 418, 444, 459f.
White, A.R. 98, 100f., 460
White, P. 137f., 460
Wieland, W. 433, 460
Wiese, K. 429, 460
Willms, B. 434, 460
Wilson, T.D. 133-139, 190, 453, 460
Wimmer, R. 422, 460
Winter, M. 423f., 460
Wippich, W. 348, 438
Wolf, U. 108, 458
Wottawa, H. 40, 460
Wright, G.H. v. 171, 176, 206, 221, 227, 232, 241f., 261-263, 265, 267, 460
Wunderlich, D. 73, 211, 218, 288, 450
Wundt, W. 4, 20, 23, 55, 224, 252, 460
Ziegler, D.J. 407, 446
Zielke, M. 41, 460
Zilsel, E. 54, 142, 460

SACHREGISTER

Abkoppelungsbeschluß (von Kausalitäts- und Erklärungsfrage) 287, 290
Absicht
– einfache, gleichlaufende vs. weitergehende, vorlaufende 232, 264
  s. auch Intention
Akteur-System-Kontamination 389
Aktionsforschung 64, 241, 254-260, 394, 411, 417
Alltagsintuition, Rückgriff auf 27f., 64, 107, 113
Alltagssprache 59, 64, 106f., 126
– als oberste Metasprache 11
– Rückgriff auf 120-125, 127, 132, 139, 150, 161, 175, 182, 188
– Überführung von A. in wissenschaftliche Basissprache 130f., 150, 175, 182, 195, 398f.
Analytische (Handlungs-)Philosophie 3, 10, 56, 59, 64, 183, 217, 225, 227, 261f., 300f., 310, 320, 400
analytische Handlungstheorie 59f. 167, 171, 176, 229, 232, 238, 252, 299
Analytische Wissenschaftstheorie 3, 10f., 39, 59, 86, 88, 202-204, 265, 283, 286, 289, 361
Angst 107, 109, 349
Annahmenelimination 365
Annahmenkerne
  s. non-statement view
Anomalie (von Theorien) 56, 65, 361
  s. auch Theorienwandel
anthropomorphe Erklärungsansätze 54f., 57f.
Antinomie 99
a priori-Theorie 133, 135f.
Argumentation(s)- 101, 372, 378f.
– integrität 372, 376-379
– schema 373f.
– theorie 10, 29, 373, 375, 377f.
Artefakt, methodisches 136, 138
  s. auch Divergenz-Artefakt
Assoziationspsychologie 20f., 23-27, 31-34, 36, 41, 134, 136
  s. auch Elementarismus
Atomismus 21, 23, 34, 137, 151
Attributionsfehler 340
Aussagenkonzeption
  s. statement view
Ausschließlichkeitsanspruch 67, 385, 387-389
Außensicht 2, 55-58, 61, 78, 150, 162f., 176, 178, 183, 186, 188, 215f., 233f., 240, 261, 273, 342, 354, 380, 382-384, 392

– Deckungsgleichheit mit Innensicht 331, 338, 344
  s. auch Intention, subjektive
– Überordnung von 325, 331
Auswertung, unangemessene
  s. Artefakt, methodisches
Automatismus 79, 347, 349-351
Autonomie 61f., 152f.
awareness-Problem 117, 133, 153, 308f., 351

Basishandlung 60, 227, 263f.
Basissatz 88-91, 100, 103, 112, 114, 291
  s. auch Zwei-Sprachen-Modell;
  s. auch Beobachtungssprache
Basissprache, empirische 93, 96f., 104, 114f., 119-121, 125, 330
– Vorgabe von 116-118, 122
– wissenschaftliche 121-127, 131, 150, 171, 175, 182, 328, 398
  s. auch Alltagssprache
Basissprachen-Problem 115, 120, 122, 125, 128, 140, 144-146, 150, 170, 335, 363
  s. auch Beobachtungssprache
Bedeutung
– experimentell induzierte 153
– intentionale 150, 155, 343
– latente Teilmengen von 155f., 160, 162, 183, 198, 351, 400f.
– manifeste 155f.
– Schaffen von 425-430
– subjektive 160-162, 318, 320,
  s. auch Intention
Bedeutungs-
– begriff 187
– dimensionen 145f., 149, 188, 368, 412f.
– – aktualisierbare 351
– – individuelle, kommunizierbare 83, 150, 152, 154, 169, 177, 185, 187, 208, 218, 220, 227, 229, 251, 254, 353, 384
– – universalisierbare 83, 148, 150f., 163f., 168, 184f., 187, 198, 202, 208, 215, 218f., 228, 343, 353, 384
– – universelle 83, 146-148, 151-153, 184f., 187f., 218, 343, 354, 384f.
– komponenten 130, 132
– träger 130, 132
– überschuß 108-110, 114
Begriff
– Intension vs. Extension 94, 106f.,

109, 171-176, 182f.
  s. auch Konstrukt
— kryptonormativer 69, 417
— theoretischer 175f.
Begründung 205, 375f.
— statistische 205
  s. auch unter Argumentation: Gründe; Letztbegründung; Rechtfertigung
Behaviorismus 4f., 13, 21, 23, 31, 36, 55-57, 61f., 65, 67, 75, 86, 88, 96, 105, 186, 196, 302f., 369, 396, 406
  s. auch Psychologie-Konzeption, verhaltenstheoretische; Subjektmodell, behaviorales
— logischer 115
— methodologischer 23, 56, 62, 65, 115, 370
— Neo- 13
— subjektiver 57
Beobachtbarkeit (als Kriterium) 56, 75, 104, 146, 171, 177, 266
Beobachten 82f., 86f., 103, 107, 115, 126, 145, 154, 202, 215, 261, 294, 322, 335, 381, 383
— erklärendes 322, 334
— systematisches 185, 260
Beobachtung(s)-
— begriffe, interindividuelle Differenzen in der Anwendung 117
— Daten mit hohem Inferenzgrad 196
— externe 118f., 126, 139, 348
Beobachtungssatz 86, 95, 100, 125
  s. auch Basissatz
Beobachtungssprache (L_B) 88f., 91f., 93, 95-98, 104, 113f., 126f.
  s. auch Theoriesprache
— Liberalisierung des B.-Konzepts 89, 97f., 114
— Problem 82, 86-91
  s. auch Basissprachenproblem
— Theorieabhängigkeit von 90, 92-98, 100, 112f., 146, 175f., 363
Beobachtungstheorie 112f.
Beratungsmodell 258, 421
Beschreiben 5f., 23, 74, 82f., 86f. 92, 97, 107, 114f., 124f., 140, 144f., 202, 207-209, 213, 217, 219, 228, 234, 253
— beobachtungsfundiertes 350-352
— enger vs. weiter Sinn von 333, 345
— erklärendes 215, 227, 235f., 238-240, 261, 332, 382, 406
— fließende Grenze zwischen B. und Erklären 219f., 224, 228, 232,

234, 236-239, 241, 332f., 334, 344, 382
— funktionales 352, 354, 356
— intentionales 171, 173-178, 183, 187, 198, 220, 224, 226-228, 272, 296, 318, 344-347, 352f., 356
— internaler vs. externaler Aspekt von 173f., 182f.
— motivationales 343-347, 352, 354, 356
— Theoriehaltigkeit von
  s. erklärendes
— verstehendes 76f., 79f., 119, 145, 170, 178f., 182f., 188f., 232-234, 237-239, 261, 263f., 328f., 331f., 382, 386, 399
Bestätigungskonzept (deduktives vs. induktives) 291
Bewegung 60, 74f., 86, 106, 171, 177, 299, 335
bilateraler Reduktionssatz 108, 111, 270
Bewußtsein 2, 20, 62, 249, 383
  s. auch Intentionalität, weiter Begriff von
Brückenprinzip
  s. Metanorm

covering-law-Modell
  s. Subsumtionsmodell
Contentanalyse
  s. Inhaltsanalyse

Definition
— Kriterien 98, 105, 111
— mehrfach bedingte 111f.
— operationale 107-112, 114, 116
— zirkuläre 105
  s. auch Bedeutung
Defizienzformen menschlicher Handlungs-Fähigkeit 63
demand characteristics
  s. Experiment, Sozialpsychologie des
Desintegration
— Kognition, Emotion und Verhalten 349, 408
— Wollen und Können 265-268
Determinismus 287, 305-307, 309, 311f., 317
Dialog-Hermeneutik
  s. Hermeneutik, dialogische
Dichotomie
— Außensicht- und Innensicht-Perspektive 322
— Erklären und Verstehen 3f., 12, 14-16, 78, 80, 144f., 322

- Monismus und Dualismus 1-6, 9, 14-16, 25, 28, 49, 55, 64, 75, 78, 205, 297, 322f., 327, 411
- Sinnkonstituierung und Geltungsprüfung 57f., 78, 81
- Überwindung von
  s. Integration

Dilemma-Kern-Interview 400
Diskurs 259f., 376
Dispositionsargument 269f.
Dispositionsprädikat 107f.
disziplinäre Matrix 61, 360, 369
Divergenz-Artefakt 129
Dualismus passim
  s. auch unter Dichotomie; Integration

Einheiten passim
- hochkomplexe, molare 21, 24-26, 29f., 36-39, 44-47, 74f., 86, 110, 119f., 124f., 144f., 151, 155, 169f., 177-179, 181f., 185-189, 196, 202, 208, 236f., 366, 382, 413
- mittelkomplexe 202, 236, 238, 382
- molekulare 21, 24, 26, 29-39, 44f., 47, 74f., 147, 177, 185, 189, 196, 236, 366
- Molekularisierungsdynamik (bei der E.-Definition) 37f., 40, 42, 45, 350

Einheitskonzeption von Wissenschaft 52f., 75f., 81, 86, 93, 337
Einheitssprache 76, 86, 119, 123
Einklammerungseffekt von Intentionen 225f.
Elementarismus 2, 16, 21, 23-27, 32, 60, 81, 151
Emergenz-Problem 74f., 81, 237, 389, 390
Emergenz-These 189, 389
Emotion 60, 63, 101, 107, 133, 301f., 408
Emotions-Kognitions-Integration
  s. unter Integration
Empirismus 4, 9, 34, 55, 86, 93
empiristische Grundsprache 95
Entanthropologisierungsdynamik 58, 64
Entdeckungszusammenhang
  s. Verstehen, beschreibendes
Entscheidungsfähigkeit
  s. Verantwortlichkeit
Entscheidungstheorie 421
Entwicklungsmöglichkeiten des Menschen, positive 27, 70, 110, 167, 183, 190, 319, 329, 356, 409, 423
  s. auch Utopie

Epiphänomenalismus 300
Epistemo-Pathologie 42, 56
Ereignis-Argument 269
Ereignisse, internale 56, 114, 118-122, 125, 127, 133, 136-139, 153, 175f., 182, 186, 269, 299, 304, 314, 335
  s. auch Selbstauskunft
Erkenntnisfähigkeit
  s. Selbsterkenntnis; Subjektmodell, epistemologisches
Erkenntnisfortschritt
  s. Theorienfortschritt
Erkenntnistheorie 50f.
Erkenntnisziel-Festlegung 74f., 78
Erklären 2-6, 20, 23, 58, 74, 82f., 202, 205-217, 219, 228, 234, 261f., 289f., 293f., 298
- beobachtendes 330f., 333, 339
- deduktiv-nomologisches (kausales) 15, 25, 28, 31, 34, 39, 61, 66, 77-83, 87, 136, 171, 202f., 205f., 239, 241-243, 266, 272, 275, 285f., 288-290, 292, 294-296, 375, 399
- verstehendes 2, 12-16, 80f., 83, 381, 410
  s. auch Verstehen als Erkenntnismethode

Erklärung(s)-
- abstand 235
- dispositionelle Motiv- 206, 220-222, 224, 252, 263, 269-274, 276, 280, 291, 294-296, 330, 333f., 339, 344f., 354
- empirische 203
- genetische 206, 274
- induktiv-statistische 204, 290-292, 392
- intentionale 281
- Kette 206, 215, 252, 310
- Liberalisierung des monistischen E.-Anspruchs 219f.
- metatheoretische 340f.
- pragmatischer E.-Begriff 289
- probabilistische
  s. induktiv-statistische
- Rationale 3, 15, 261, 271, 273-282, 294f., 375
- schwache 242, 287, 293f., 317, 330, 333f., 339, 375
  s. auch Subsumtionsmodell der Erklärung
- teleologische 3, 221f.
- theoretische 203

Erlebnisqualität 304, 317f.
Erlanger Konstruktivismus 10, 102, 104, 121, 195, 258, 275, 280, 287, 399, 421
Erotik 427
Experiment 153, 196, 215, 241-260, 351, 369, 386
- Quasi-Experiment 153f., 251, 254, 260
- Sozialpsychologie des 243-246, 250
experimenter effects
  s. Experiment, Sozialpsychologie des
Extension
  s. unter Begriff

Falsifikation 362f., 365-367, 379, 432
- Nicht-Falsifizierbarkeit
  s. non-statement view
Falsifikationsprinzip 91, 291
Fehlleistung 163f., 237, 264-266, 280
Frankfurter Schule
  s. Kritische Theorie
Fragebogenforschung 115, 117, 120
Freiheit
- vs. Determiniertheit 407
  s. auch Kontrolle
- der Handlung 299, 305-312, 314, 317f., 402f.
- des Willens 253, 298f., 305-311, 403
Funktionalismus 21, 23

Gedächtnis 33-35, 137f.
Gegenläufigkeit von Sinnkonstituierung und Realgeltung 57f.
  s. auch unter Dichotomie
Gegenstand(s) -
  s. auch Subjektmodell
- annahmen, implizite 41
- auffassung, unreduzierte 41f., 46, 48
- determination 39-41, 45
- frage 50f., 80, 241
- konstituierung 50, 52, 57, 406
Gegenstands-Methodik-Interaktion 16, 25-27, 30, 45, 49f., 63, 80f., 124-126, 152, 185f., 243, 245, 336, 355, 357, 380, 404-406, 409
- Verfehlen der 43
Gegenstandsspezifizät 2f., 12-14, 20, 115, 403f.
Gegenstandsverständnis 52-54, 56, 58f., 61, 169

Gegenstands(vor)verständnis 10-12, 27, 30, 49, 51, 53f., 58f., 62f., 78-81, 128 und passim
Gelingensbedingungen (von Sprechakten) 218, 336
Geltungsprüfung 54-58, 78f., 151, 326, 330-332, 334, 354
Geltungszusammenhang
  s. Verstehen als Erkenntnismethode
Gesetzes-Argument 267, 269f., 273f.
Gesetzes-Aussagen 92, 95, 241, 289f., 330
Gesetzes-Begriff 317
Gesetzmäßigkeit
- deterministisch-nomologische 206, 242, 287, 289
  s. auch Erklärung, deduktiv-nomologische
- empirisch-synthetische 239, 270, 275, 388
- handlungstheoretische 270f., 273
- probabilistische 203f., 206, 242, 285, 287, 290, 293f., 317
Gestalttheorie 5, 20f., 23-27, 34, 36, 38, 43, 45f., 81, 89, 92, 226, 253
good reasons-Argument
  s. Erklärung, Rationale
Gründe
- aktualisierbare 402
- die auch Ursachen sind (effektive) 277-280, 282f., 323, 329-331, 333f., 338, 342, 344f., 353, 392
- nicht voll bewußte
  s. Bedeutungsteilmengen, latente
- subjektiv gemeinte (gute) 273f., 276-279, 281f., 323, 330-332, 334, 344, 353, 392, 401
  s. auch Intention, subjektive
Gütekriterien 116, 118, 121, 246f., 249, 259

Handeln
  passim
- automatisiertes
  s. Automatismus
- intrinsisch motiviertes 120
Handlungsbegriff 16, 49, 55, 57-60, 62-65, 71-77, 81, 163-171, 173, 177, 184-189, 227, 232f., 255, 396f., 399-403, 405, 408
- psychoanalytischer 165
- Überziehung des 186
Handlungsebenen 223
Handlungs-Ergebnis 74, 174, 227-229, 232f., 236
Handlungs-Folge 74, 227-229, 232, 236

Handlungsforschung
    s. Aktionsforschung
Handlungsfreiheit
    s. Freiheit des Handelns
Handlungsgrund 3, 166, 193-197
    s. auch Gründe
Handlung als Interpretationskonstrukt 57f., 71f., 122, 175-178, 188, 329, 335
Handlung, innerer vs. äußerer Aspekt von 262-268, 270, 384
Handlungsketten 223, 226
Handlung, komplexe 72-74, 170-181, 222f., 233
    s. auch Einheiten, hochkomplexe
Handlungsnormen 258
Handlungsrechtfertigung 374
Handlungsregulation 396-398
    – bewußte vs. unterbewußte 156
Handlungssteuerung 156
Handlungstheorie 3, 6, 13, 217, 253f., 265, 338
    – analytische
    s. analytische Handlungstheorie
Handlung, verleugnete 166f.
Handlungsziel 3, 166, 221
    – zweckrationales s. unter Rationalität
Hempel-Oppenheim-Schema 202f.
Hermeneutik 9, 28, 78, 104, 141f., 239, 370, 381, 387
    – deskriptive 386
    – dialogische 124f., 139f., 144f., 150-152, 154, 156f., 161, 170f., 178f., 181-189, 195f., 198f., 208, 218, 220, 240, 328-332, 341, 345, 347f., 351-354, 357, 370, 385, 399, 401, 403
    – monologische 124f., 140f., 142-145, 147-157, 161, 164, 170, 177, 183-185, 187-189, 197-201, 218f., 341, 343-347, 351-354, 385, 398-402
    – monologische Tiefen-H. 155-168, 170, 176, 183f., 197, 201, 343
    – Vermischung von monologischer und dialogischer H. 196-199
hermeneutischer Zirkel 141

Ich-Beteiligung 131f.
Idealnorm 67f.
Identitätstheorie 300-302
Ideologie 415, 428, 432
Immunisierungsstrategie 12, 51, 66, 135, 138, 311, 316, 379, 432, 434
Informationstheorie 113

Informationsverarbeitung 30-34, 36, 38f., 369f.
    s. auch Psychologie, informationsverarbeitungstheoretische
Inhaltsanalyse 124, 147-149, 151, 153, 155, 184, 197, 199
Innensicht 2, 57f., 62, 78f., 118, 170f., 176-178, 183, 188, 215f., 220, 226, 236, 238-240, 250, 261, 272-274, 282, 294-296, 328-330, 332, 337, 339, 342, 345, 353, 380-387, 392
    – intentionale 163, 233
    – Vorordnung von 325, 331
    s. auch Außensicht; Intention, subjektive
Integrationsstruktur der Forschung
    s. Zwei-Phasen-Modell der Forschungsstruktur
Integration, polare
    s. polare Integration
Integration von
    – Emotion und Kognition 63, 68, 408-410
    – Entdeckungs- und Geltungszusammenhang 391f.
    – Erklären und Verstehen 325, 340, 355, 382, 387, 401, 403
    s. auch Zwei-Phasen-Modell der Forschungsstruktur
    – Hermeneutik und Empirismus 9, 12, 58, 79f., 83, 240, 297, 322f., 326f., 353f., 357, 359, 371, 375, 379, 387, 414, 431
    – Ideographik und Nomothetik 395
    – Innensicht- und Außensicht-Perspektive 322-324, 326, 331, 382f., 391-395, 410
    – kommunikative und explanative Validierung 326, 331f., 392, 403
    – Monismus und Dualismus 6, 16, 64, 78, 80f., 83, 126, 220, 240, 297, 322, 325, 327, 387
    – Selbst- und Welt-Sicht 391, 395, 410
    – Sinnkonstituierung und Geltungsprüfung 326, 331, 338
    – Wert- und Zweckrationalität 421
Intension
    s. unter Begriff
Intentionalismus 3, 34, 261, 266-270
Intentionalität 13, 27, 61-66, 71f., 76-79, 106f., 169-178, 181-188, 218, 224-226, 228f., 232, 392, 398f., 402, 405 und passim
    – Begriff der 65, 72, 161, 166f., 248f., 252-254, 259

- experimentell induzierte 120
- frei steigende 76, 117, 120f., 123, 252-254
- subjektive, Auseinanderfallen von s.I. und objektiver Motivation 160f., 163-165, 167-170, 177, 183-185, 201, 218, 323f., 330-332, 342f., 346, 353, 400f., 405
  s. auch Selbsttäuschung
-- Zusammenfallen von s.I. und objektiver Motivation 170, 183, 186, 323f., 331, 338
- unvollständig bewußte 346f.
  s. auch Bedeutung, latente
- weiter Begriff von 165-167, 218, 248-251, 253, 259, 352, 392

Interaktionismus 395f.
internale Ereignisse
  s. Ereignisse, internale
internale Verarbeitungsprozesse 309-311, 318
Intersubjektivität 101, 103f., 117, 121-123, 125, 146f., 150, 187, 357, 400
Interview
- halbstandardisiertes 190f., 193
- postexperimentelles 117, 249, 308
Intransparenz-Situationen 349, 351
Introspektionismus 41, 87
INUS-Bedingungen 285f., 293
Ironie 37, 131, 191, 194, 212, 303

kausale Erklärbarkeit von Handlungen 299f., 307, 310-316
kausale Geschlossenheit des Physischen 315f., 319
Kausalismus 3, 261
Kausalität 136, 221, 241f., 252, 286, 290
  s. auch Erklären, deduktiv-momologisches
- interventionistisches K.-Konzept 242
- statistische 288
Kernannahmen
  s. non-statement view
klassische Testtheorie, Überwindung der 40
Kognitiver Konstruktivismus 30, 35, 312, 407f., 424f.
kognitive Konstruktivität 61f., 120, 153, 212f., 220, 246, 248, 302f.
  s. auch Subjektmodell, handlungstheoretisches
kognitive Landkarte 90
kognitive Psychologie
  s. Psychologie, informationsverarbeitungstheoretische

kognitive Wende 60, 370
Kommunikationsobligat 86, 105
kommunikative Einbeziehung (des Erkenntnis-‚Objekts' bei der Einheiten-Festlegung) 42, 46f., 81
Komplementaritäts-These (von Verstehen und Erklären) 385f.
Komplexitätsbegriff 43f.
Kompositionsregeln 75
Konditionierung, klassische 113
Konsensus 91, 141, 147, 155
  s. auch Hermeneutik
- sprachfreier 199f.
- zwischen Erkenntnis-Subjekt und Erkenntnis-Objekt (Dialog-K.) 125, 141, 179, 184, 198, 200, 259f.
  s. auch Wahrheitskriterium, dialog-konsenstheoretisches
Konstrukt-
- deskriptive Funktion von 111, 113, 116, 207f., 213, 228, 328f.
- explanative Funktion von 207f., 215, 228, 235, 239, 293, 330f.
- extensionale Analyse von 94, 106f., 109, 112-114, 126
  s. auch Begriff, Extension
- geschlossenes 108
- hypothetisches 108
- intensionale Analyse von 94, 106-109, 113f.
  s. auch Begriff, Intension
- offenes 108, 110f.
- Operationalisierung 132
- persönliches 132
- potentiell realitätsveränderndes (utopisches) 110
- Validität 111-113
Konstruktivismus
  s. Kognitiver; s. Radikaler
Kontextualismus 251
  s. auch Intentionalismus
Kontroll(e)
- durch die Umwelt 61, 65, 67f., 186, 252, 307f., 311, 324, 332, 351f., 403, 405
- streben 397
- über die Umwelt 27, 67, 252, 405
  s. auch Selbstkontrolle
Konventionen 398, 402
  s. auch Bedeutungsdimensionen, konventionelle
Konversationsmaximen 212f., 215
Kreativität 110f., 113, 418-421, 423, 427
Krise
  s. Theorienwandel, revolutionärer
Kriteriumsvalidität 111f.

Kritischer Rationalismus 9-11, 49-51, 69, 103, 291, 340, 359, 361, 363f., 379, 416, 422, 432-434
Kritischer Realismus 50f.
Kritische Theorie 9-11, 50, 104, 155, 178, 181, 257, 410, 432-434

Leib-Seele-Problem 65, 315
Lerntheorie
   s. Behaviorismus
Leseforschung, literarische 235
Letztbegründung 91, 103, 376, 422
Lob/Tadel 209-213, 215, 224f., 228f., 233, 235f., 334f., 347
Logik 373, 377
– zweiwertige 108
Logische-Beziehungs-Argument 262-268, 270
Logischer Empirismus 3, 10, 56, 59, 87f., 204
Lügen 379

Manifestationsgesetz
   s. bilateraler Reduktionssatz
man the scientist
   s. Parallelität von Alltagspsychologe und Wissenschaftler
Materialismus 298-301, 304, 308, 311-315, 319f., 394
– eliminativer 302f.
– funktionaler 303, 305, 313f., 317
Markov-Modell 113
Marxismus
   s. Kritische Theorie
Mechanismus 27, 34
mehrperspektivische Triangulation 196-199
   s. auch Validierung, kumulative
mentale Phänomene
   s. Ereignisse, internale
mentale Verursachung 298, 300, 316
Mentalismus 308
mentalistische Begriffe 302f.
Meßkonzept
– dreigliedriges 128-132
– zweigliedriges 129-132
Metanorm (Sollen impliziert Können) 421, 429
Methodik-Determination 25f., 28f., 45, 49, 52-54, 56, 81, 417
   s. auch Gegenstands-Methodik-Interaktion; Reduktion
Methodologie
   passim
Modellbildung 67, 129
– der ersten, zweiten, dritten Stufe 128f.
Molekularisierungsdynamik
   s. unter Einheiten

Molekularismus
   s. Elementarismus
Monismus
   passim
   s. auch unter Dichotomie; Integration
Moral 428f.
Moralität des Wissenschaftlers 66, 71, 242, 246f., 422
Motiv 232, 263, 270, 281f., 296, 307, 353
– eigentliches, objektives 343, 354
– uneigentliches 282
– vorgeschobenes 401
Motivation, objektive
   s. unter Intention, subjektive
Motivsystem 176, 181-183, 252, 328-330, 338f.
– realitätsinadäquates 342, 345, 353
Münchhausen-Trilemma
   s. Letztbegründung
myth of simplicity 109

Nachprüfbarkeit 142f.
   s. auch Validierung
Nachvollziehbarkeit
   s. Wahrheitskriterium der Evidenz
naturalistischer Fehlschluß 416, 418
Neopositivismus 3, 10, 56, 59, 76, 87f., 91
New Dualism 3
non-statement view 11f., 61, 359-368, 406
Normalbeschreibung (einer Handlung) 226, 397
Normen
   s. Wertung
Nouveau Roman 425

Objektivismus 23, 42, 45, 81, 215-217, 234, 250, 254, 355
Objektivitätsanspruch 116
Onthologisierung 64
Operationalisierung
   s. Definition; s. Konstrukt
Operationalismus 109
Optische Täuschung 366f.
ordinary language school 59, 173, 217, 285

Paar-Assoziations-Lernen 31f., 41
Paradigma ... s. Theorie ...
Paradigmawechsel
   s. Theorienwandel
Parallelität
– von Alltagspsychologie und Wissenschaftler 62, 190
– von Erkenntnis-Objekt und -Subjekt 393

Partialverursachung 288
Persönlichkeit, integrierte
　s. Integration, Emotion und Kognition
Person-Umwelt-Interaktionismus 395f.
Perspektive
— der dritten Person
　s. Außensicht
— der ersten Person
　s. Innensicht
Phänomene, mentale
　s. Ereignisse, internale
Phänomenanalyse 107
Phänomenologie 107, 248, 251
Philosophie der normalen Sprache
　s. ordinary language school
Physikalismus
　s. Materialismus; s. auch Einheitswissenschaft
physiologische Substruktion 298-300, 313f., 317-320
polare Integration 110, 423, 425, 427-429
Positionseffekt 134, 136
Positivismus(streit) 10, 11, 59
Präskription
　s. Wertung
Pragmalinguistik 59
pragmatische Wende 288, 293
praktische Implikation 419
praktischer Syllogismus 171, 176, 220-222, 263, 270, 419
Prinzip
— der Folgen 68
— Kooperations-
　s. Kommunikationsmaximen
— der Ökonomie 151, 155, 210, 233
— der Selbstanwendung 45, 61, 67f., 75, 81, 94, 393, 410f., 422
— der Verallgemeinerung 68, 422
Problemlösen 43-46, 81
— Forschen als P. (mit adäquater Sequenzstruktur) 43, 45f., 81, 124, 152, 155, 169, 177, 182, 188, 239f., 332-334, 354, 382, 390
Prognose 20, 39, 66, 135, 205, 266, 283-285, 295, 365
propensity-Theorie 291
Propositionstheorie 33-38
Prozesse, mentale, internale
　s. Ereignisse, internale
Psychoanalyse 23, 155, 161, 163-167, 178, 200f., 279, 401, 406
　s. auch unter Sprachspiel
Psychologie
— Gestalt-
　s. Gestalttheorie

— humanistische 4, 396, 406f., 424
— informationsverarbeitungstheoretische 369f.
— systemtheoretische
　s. Systemtheorie
Psychologie-Konzeption
— handlungstheoretische 1-4, 28, 43, 65f., 69, 76, 78, 114, 126, 188, 195f., 205, 224, 233f., 252, 254f., 259f., 269, 271f., 276, 280, 282, 286, 290, 294, 296f., 310, 313, 322f., 326, 329, 337, 341, 346, 348, 351, 356, 359, 364, 369-372, 380, 396, 403, 407, 409, 411, 422, 424
— humane 357
— naturwissenschaftlich-experimentelle 1f., 4f., 13-15, 28, 34, 39, 43, 52, 54f., 80f., 133, 151, 163, 234, 241, 258, 298, 348, 355, 358, 364, 381, 386f.
— nicht-dichotomistische 8, 10, 13-16, 357
　s. auch Zwei-Phasen-Struktur
— sozialwissenschaftliche
　s. handlungstheoretische
— verhaltenstheoretische 57, 65f., 68-70, 76, 116-122, 162, 186, 195f., 205, 250, 253, 310, 319, 348, 350f., 359, 364, 366-368
psycho-physischer Dualismus 299f.
psycho-physischer Interaktionismus 313, 316f., 319f., 394
Psychosomatik 317, 319
Quasi-Experiment
　s. Experiment

Radikaler Konstruktivismus 385
Rationalisierung 279
Rationalität 294, 408f., 432
　s. auch Subjekt, rationalitätsfähiges
— beschränkte 280, 337, 339, 432
— Wert- 279, 400f., 408, 420f.
— von Wissenschaft 29, 39, 64, 360-364, 368, 372, 378f., 414, 417f.
— Zweck- 169, 276, 279f., 388, 400-402, 408, 420f.
Reaktivität
　s. Kontrolle durch die Umwelt
Realgeltung
　s. Geltungsprüfung
Realgrund 242, 283, 285f., 288, 290, 294, 296, 323, 330, 393
Realismus (erkenntnistheoretischer) 319, 388
Realitäts-Adäquanz
　s. Validierung, explanative

Rechtfertigung
  s. Gründe, subjektiv gemeinte
Rechtfertigungsverpflichtung 69, 152, 154-156, 170, 188f., 351f., 354-356, 382
Redeskriptions-Argument 269
Reduktionismen 10, 16, 26, 34, 36, 38, 40, 47, 53, 60, 70, 115f., 118, 156f., 163, 196, 216, 275, 318
Reduktionssatz, bilateraler
  s. bilateraler Reduktionssatz
Redundanztheorie 99f.
Reflexe 348f., 352
Reflexion
  s. Selbsterkenntnis
Reflexivität
  s. Subjekt, reflexionsfähiges
Rekonstruktions-Adäquanz
  s. Validierung, kommunikative; Wahrheitskriterium, dialog-konsenstheoretisches
Reliabilitäts-Validitäts-Dilemma 40
Revolutionsmodell der Wissenschaftsentwicklung
  s. Theorienwandel
Role-Construct-Repertory-Grid-Test 131f., 199
Routine
  s. Automatismus

Satzsysteme, deskriptiv-präskriptiv-gemischte 69, 416, 420
  s. auch Ziel-Mittel-Argumentation
Selbstanwendungspostulat
  s. Prinzip der Selbstanwendung
Selbst-Aufforderung 399
Selbstauskunft 139, 265, 399
– Fähigkeit zur 137-139, 190, 195, 198-200, 329
– Korrektheit von 135-137, 267
  s. auch Validierung, explanative
– Unfähigkeit zur 133f., 138, 190
Selbstbericht 118-121, 133
– systematisierter 118
Selbstbeobachtung 119, 136-138, 295
Selbsterkenntnis 77f., 81, 163, 179, 323, 338, 349f., 355, 381, 386f., 392, 394
Selbstkontrolle 57, 65f.
Selbsttäuschung 79, 324f., 330, 339, 386
Semantik 94, 106
  s. auch unter Begriff
Semiotizität 187f.
Sequenzstruktur
  s. Problemlösen, Forschen als P.

Sinn(-)
  s. auch Bedeutung
– Deutung 177
– empiristisches S.-Kriterium 87f.
– haftigkeit 55-58, 62, 64, 71, 77-79, 81, 119, 144, 296, 354f.
– horizont 141
– invarianz von Begriffen 93
– konstanz 47, 216
– konstituierung 54f., 57, 78f., 326, 328, 331, 354, 386
– konstruktion 35, 135, 141, 391f.
  s. auch Innensicht
– konventionsbestimmter 219
  s. auch Konvention
– setzung 177
– subjektiv gemeinter 168f., 187, 401f.
sinnarme Silben 31-33, 41
Situationsanalyse 251, 253
SLT (Heidelberger Struktur-Lege-Technik) 190-196
Sprache
– Alltags-
  s. Alltagssprache
– Einfluß von S. auf Wahrnehmung 89
– semantische Bezeichnungsfunktion von 115f.
Sprachnormierung 121-123, 195, 399
Sprachspiel
– argumentationstheoretisches 12
– handlungstheoretisches 60, 65, 79, 119f., 126, 189, 385, 389f., 397
– intentionales
  s. handlungstheoretisches
– metatheoretische S.-Anforderungen 10-12
– Nicht-Reduzierbarkeit von 389f.
– Pluralismus 391, 404
– psychoanalytisches 165
– systemtheoretisches 385, 390, 397
– Unverträglichkeit von S.
  s. Nicht-Reduzierbarkeit von S.
– verhaltenstheoretisches 189, 221
Sprachverarbeitung
– kognitiv-konstruktive 30f., 36, 38, 40f., 46f., 89, 212f., 216f.
– verhaltenstheoretische Konzeption von 30-32, 36, 65, 89, 218, 302
Sprechakttheorie 59, 211f., 233, 336, 372
Sprechhandlung 141, 211-213, 217f., 236, 303, 335f.

Sprechsituation, ideale 179f., 182f., 186f., 193, 195f., 199, 257f., 267, 329, 399, 421
statement view 11f., 106, 363f., 368
Struktur-Divergenz-Postulat 284
Strukturidentitäts-These 283f.
Subjektive Theorien 62f., 133, 137, 176, 178, 190, 193-195, 239, 337-342, 350f., 356, 370, 395
Subjekt
– handlungsfähiges 62f., 65, 125, 170, 177, 252, 254
– kommunikationsfähiges 42, 46, 82, 107, 114f., 123, 125, 131, 133, 199-201, 328
– rationalitätsfähiges 62, 65, 200f., 323, 329f., 336-338, 397, 410
– reflexionsfähiges 13, 28f., 46, 51, 61f., 65, 118, 128, 133, 137-139, 153, 170, 179, 200, 220, 246-248, 259, 301, 323, 329, 342, 392, 410
– modellbildendes 130-132
– sprachfähiges 13, 30, 42, 46, 82, 88, 114-116, 120-126, 128, 131, 133, 182, 328
s. auch Autonomie; kognitive Konstruktivität; Kontrolle
Subjektmodell
– behaviorales 61f., 64, 67, 116, 133, 307, 366, 369, 371, 376
– epistemologisches 62, 67f., 356, 359, 370, 376
– Globalmodelle 53, 407
– handlungstheoretisches 64, 70f., 75, 114, 180, 188, 260, 307, 366, 370f.
– mechanistisches 27
– organismisches 27, 70, 78
Subjekt-Objekt-Trennung 179, 410
Subjekt-Subjekt-Relation 255f., 258
Substruktion, physiologische
s. physiologische Substruktion
Subsumtionsmodell der Erklärung 28, 83, 202, 206, 219-222, 224, 234, 239, 261f., 264, 266, 268-275, 277, 280, 282-285, 294-296, 298, 311, 330-334, 339, 375, 386, 388, 391
Suchtverhalten 349
surplus meaning
s. Bedeutungsüberschuß
Syllogismus
– praktischer
s. praktischer Syllogismus
– statistischer 204
symbolischer Interaktionismus 78

Symmetrie zwischen Erkenntnis-Subjekt und Erkenntnis-Objekt 193, 195f.
System
– empirisches 130
– theorie 385, 390, 397f.
s. auch Sprachspiel, systemtheoretisches

Täuschung 135f., 246, 386
Tatsachen-Werte-Dualismus 416
Testtheorie 292
Textverarbeitung 34-36
Theorien
– Aussagenkonzeption von
s. statement view
– Inkommensurabilität von 93f., 359f., 363f., 372
– Kohärenz von 330
– Nicht-Aussagenkonzeption von
s. non-statement view
– fortschritt 359f., 363-365, 368f., 371f.
– konkurrenz 3, 5-7, 94, 114, 174, 361, 378
Theorieneutralität von Beobachtungssätzen 95
s. auch Basissprache, empirische
Theorienpluralismus 26
Theorie-Praxis-Integration 28, 255
Theorien, Subjektive
s. Subjektive Theorien
Theorienwandel 91f., 94, 360, 364, 367, 369-371, 376
– revolutionärer 11, 92, 309, 359-361, 363f., 371
– Übertragbarkeit auf die Psychologie 364f.
Theoriesprache (L_T) 88f., 93, 95-98, 113
s. auch Beobachtungssprache
Tiefenhermeneutik
s. Hermeneutik, monologische Tiefen-
T-O-T-E-Prinzip 397
Transformation von Welt 426
Transzendentalpragmatik 102
treatment check 152
T-Theoretizität von Begriffen 95-97, 126
Tun(s) 83, 163, 182f., 198, 201f., 218, 228, 232f., 235, 238, 253, 324, 348, 351, 353, 371, 380, 382, 388, 400f., 403f., 406-408
– Begriff 168-170, 184, 186, 219, 405
– sozial-konventionales 346

Ubiquitätsanspruch
  s. Ausschließlichkeitsanspruch
Überzeugungssystem 170f., 173-176, 178, 181-183, 187, 190, 222, 232, 252, 272, 296, 328-330, 338-340, 353, 382
— realitätsinadäquates 342, 345, 382
Umarmungsstrategien 57, 66
Universalismus 34
Universalpragmatik 102
Utopie (positive) 69-71, 110, 415, 423f., 426, 430f.
— literarische 415, 423-429
— negative 423f., 430

Validierung 118
— explanative 83, 176, 331f., 334, 338f., 342, 347, 353, 355-357, 381, 392, 395, 401, 410
— kommunikative 83, 181-183, 190, 196, 199, 218, 267, 329, 331f., 335, 337, 339, 345-347, 353, 356f., 381, 392, 395, 401, 410, 412
— — Übereinstimmung der Ergebnisse von k.V. und explanativer V. 331f., 341f.
— — Über- bzw. Vorordnung von e.V. bzw. k.V. s. Zwei-Phasen-Modell der Forschungsstruktur
— kumulative 196, 198
Validität, Gegenläufigkeit von interner und externer 246
Veränderung (des Gegenstands) 20, 40
— als Nicht-Reliabilität 41
Verantwortlichkeit 71f., 165, 167f., 226, 305f., 309, 397
— des Wissenschaftlers 387, 414
verbal learning
  s. Sprachverarbeitung, verhaltenstheoretische Konzeption von
Vereinbarkeitsthese (von freiem Handeln und kausalem Determinismus) 307
Verhalten(s)
  passim
— -Begriff 16, 55, 57f., 60f., 64f., 71, 74-76, 81, 168, 184-188, 403, 405
— — Überziehung des 186, 369
— zielgerichtetes (purposive behavior) 26, 62, 71, 173, 218
Verhaltenstherapie 57, 116
Verstehen
— als Erkenntnismethode 2, 12-16, 78, 80f., 83, 123-127, 140, 142f., 156, 182, 333f., 381f., 388, 410f.

— als Heuristik
  s. beschreibendes
— beobachtendes 152, 156
— beschreibendes 2, 14-16, 55, 127, 140f., 143, 145, 180, 219, 238f., 261, 282, 322, 333, 381
— dialogisches
  s. Hermeneutik, dialogische
— erklärendes
  s. V. als Erkenntnismethode
— fließende Grenze zwischen V. und Beobachten 333
— implizites 150f., 153, 185, 197, 240, 352
— rekonstruktives 340f.
Verstehenskritik, analytische 140, 142-145
Verstehenssystematisierung 147, 168, 184, 343
Versuchsperson
— denkende 246
— ideale 246, 309, 351
Verzerrungsfehler 258
— Elimination von 175, 267, 335
Volitionen 156
— zweiter Stufe 310f., 343
  s. auch unter Freiheit

Wahrhaftigkeit 104, 182, 399, 410
Wahrheit 96-101, 103-105, 107, 127
Wahrheitskriterium 91, 97-104, 327, 406, 432
— dialog-konsenstheoretisches 104, 127, 157, 175, 178-181, 183, 186, 190, 193, 196-199, 328f., 331, 357, 421
— empirisches 180
— Evidenz- 100, 102, 142-144
— falsifikationstheoretisches 330f.
— garantierendes bzw. berechtigendes 102f.
— Kohärenz- 100f., 103f., 330
— Konsensus- 100-102, 104, 162f., 181, 330
— Korrespondenz- 100f., 103f., 181, 330
— Pragmatik- 100f, 104, 330
Wahrnehmung
— als konstruktiver Prozeß 90
— interpretative 146
— präsemiotische 425
  s. auch Beobachtung
Wertung 66, 69-71, 218, 415-422
— Begründung von 418f.
— utopische Funktion von 69-71
Werturteils-Freiheits-Postulat 27, 69, 415-418, 422

W(Widersprüchlichkeits)-Argument 67
Willens-Freiheit
  s. Freiheit des Willens
Wissenschaft
— normale 360-362, 367
— rationale
  s. Rationalität von Wissenschaft

Ziehharmonikaeffekt (von Handlungs-Beschreibung) 220, 226f., 232, 264, 269, 332, 334
Zielgerichtetheit 26, 34, 62, 71f.
  s. auch Handlung; Intentionalität
Ziel-Mittel-Argumentation 69, 415f., 418-421

Ziel-Mittel-Relation 221f., 280f.
Zwangsverhalten 63, 268, 280, 351
Zweckrationalität
  s. Rationalität, Zweck-
Zwei-Phasen-Modell der Forschungsstruktur 83, 157, 313, 324-328, 331f., 336-341, 345-348, 350f., 353-357, 359f., 366, 368, 371, 380-383, 385-396, 399, 401, 405f., 409-411, 413
— Unterschreitungsvarianten 324f., 327, 331, 336f., 347, 351-356, 382f., 393
Zwei-Sprachen-Modell 87-89, 91, 97f., 104

Über den Autor:

N.G., Jahrgang 1944, hat sich in seinem wissenschaftlichen Werdegang in beiden ‚Kulturen', der des Empirismus und der Hermeneutik, engagiert: Im Bereich der empirischen Wissenschaften Studium der Psychologie, Dipl.Psych. (1967), Dr.phil. (1971, Nebenfächer: Soziologie, Germanistik), Habilitation (1972); im Bereich der hermeneutischen Wissenschaften Studium der Dt. Philologie und k. Theologie, Fachwiss. Examen S I (1967), M.A. (1972: Neuere Dt. Philologie), Habilitation (1982: Allg. Literaturwissenschaft). Er vertritt metatheoretisch für die hermeneutische (Literatur-)Wissenschaft eine Empirisierung (bisherige Hauptwerke: Literaturpsychologie. Literaturwissenschaft zwischen Hermeneutik und Empirie, Stuttgart 1972; Rezeptionsforschung als Empirische Literaturwissenschaft, Kronberg 1977, 2. Aufl. Tübingen 1980), für die empirische (Sozial-)Wissenschaft eine Hermeneutisierung (bisherige Hauptwerke: Groeben & Scheele: Argumente für eine Psychologie des reflexiven Subjekts, Darmstadt 1977; Scheele & Groeben: Die Heidelberger Struktur-Lege-Technik. Eine Dialog-Konsens-Methode zur Erhebung Subjektiver Theorien mittlerer Reichweite, Weinheim 1984). G. lehrt an der Universität Heidelberg als Professor für Allg. Psychologie und Psycholinguistik, an der Universität/GH Siegen als Privatdozent für Allg. Literaturwissenschaft.